Christian Kl

# Thomas Bernhards Theaterstücke

J. B. METZLERSCHE VERLAGSBUCHHANDLUNG
STUTTGART

Gedruckt mit Unterstützung der Universität Hamburg


Die Deutsche Bibliothek – CIP-Einheitsaufnahme
**Klug, Christian:**
Thomas Bernhards Theaterstücke /
Christian Klug. – Stuttgart : Metzler, 1991
(Metzler Studienausgabe)
ISBN 3–476–00780–4

6003609973

© 1991 J. B. Metzlersche Verlagsbuchhandlung
und Carl Ernst Poeschel Verlag GmbH in Stuttgart
Einbandgestaltung: Willy Löffelhardt
Satz: Johanna Boy, Regensburg
Druck: Gulde-Druck, Tübingen
Printed in Germany

# Thomas Bernhards Theaterstücke

# Inhalt

# Vorwort

Thomas Bernhards Figuren haben ein einziges Thema: ihr Existieren. Sie sprechen über die Existenz im allgemeinen, über Sinn oder Unsinn, Komik oder Tragik ihres Lebens oder des Lebens ihrer Mitspieler, sie fragen nach den lebensgeschichtlichen Ursachen ihres Erfolges, ihres Scheiterns oder ihrer sogenannten Todeskrankheit. Und wenn sie über anderes sprechen, bleibt ihr einziges Thema unausgesprochen als dasjenige präsent, von dem sie ablenken. Veranlaßt wird dieses Reden durch die Situation: die Figuren in Bernhards Theaterstücken warten auf ein bedeutungsvolles Ereignis, feiern Geburtstage und Jubiläen oder haben Todesangst.

In diesen Situationen erhält der Handlungsaspekt ihrer Rede besondere Bedeutung: nicht die Richtigkeit der philosophischen Thesen, nicht die Stimmigkeit, mit der sie Lebensverläufe besprechen, steht im Vordergrund, sondern die Art und Weise, in der sich die Figuren redend in ihrer Existenz einrichten und zum Existieren verhalten. An die Figurenrede werde ich deshalb die folgenden Fragen richten: Welche Handlung vollzieht die Figur mit ihrer Äußerung? Welche Rolle nimmt sie redend ein? Welche Rolle mißt ihre Äußerung dem Gegenüber zu? Welches Interaktionssystem mit welchen Freiheitsgraden implizieren die Rede und ihre Form? Wie verhalten sich Bernhards Figuren zu ihrer Freiheit und Möglichkeit? In welchem Maße bringen sie ihre Verzweiflung am Dasein selbst hervor?

Diese Fragen weisen auf die ethische Dimension der Poetik Thomas Bernhards, deren philosophischen Hintergrund er — wie in der vorliegenden Arbeit erstmalig nachgewiesen wird — in Auseinandersetzung mit der Existenzdialektik Søren Kierkegaards gewonnen hat. Die Einsicht in Bernhards poetische Rezeption der Philosophie Kierkegaards führt zu grundsätzlichen Revisionen bisheriger Forschungspositionen und gibt einen Maßstab, mit dem sich die Einflüsse anderer Philosophen und Schriftsteller gewichten lassen.

Den Schwerpunkt habe ich vor allem aus zwei Gründen auf Bernhards Theaterstücke gelegt: Zum einen hat Thomas Bernhard als Dramatiker in der Literaturwissenschaft bislang eine vergleichsweise geringe Beachtung gefunden, die in einem auffälligen Mißverhältnis steht zu der breiten öffentlichen Anerkennung, ja Popularität seiner Theaterstücke im deutschsprachigen Raum und darüber hinaus. Hartnäckig hat sich bei Literaturwissenschaftlern das hier revidierte Vorurteil gehalten, Bernhards Theaterstücke seien genau so wie seine Romane und Erzählungen, nur nicht so gut, womit man stillschweigend die frühe Prosa zum verbindlichen Maßstab erklärt hat. Zum andern ist Bernhards Hinwendung zum Theater um 1970 Ausdruck einer ästhetischen Neuorientierung: im Unterschied zu seiner ›absoluten Prosa‹ der sechziger Jahre wird in seinen Stücken die Reflexion auf die existentielle Dialektik der Figurenrede und der eigenen Kunstausübung zum dominierenden Aspekt. Obwohl sich diese Untersuchung auf die Theaterstücke Thomas Bernhards konzentriert, ver-

steht sie sich als Einführung in das Gesamtwerk. So werden die Analysen zur dramatischen Sprache Bernhards durch vergleichende Darstellungen ergänzt, in denen ich
die Unterschiede zur erzählerischen Sprache und die werkgeschichtlichen Entwicklungslinien skizziere. Auch die Abschnitte über Bernhards Hauptmotive und Leitbe-
griffe wie ›Todeskrankheit‹, ›Finsternis‹, die ›Wald‹-Allegorie und ›Musikalität‹ gehen auf das gesamte Werk ein.

Der Ansatz der vorliegenden Arbeit, die Figurenrede unter dem Aspekt des Sich-
zu-sich-Verhaltens zu analysieren, wird zunächst im Einleitungsteil dieser Arbeit entwickelt und gegenüber vorliegenden, das Problem der Subjektivität bei Bernhard be-
rücksichtigenden Interpretationsansätzen profiliert. (Mit Forschungsergebnissen zu
Einzelfragen setze ich mich detailliert an Ort und Stelle auseinander.) Sodann wird der
Ansatz auf drei Ebenen angewendet: erstens auf der Ebene von Bernhards ›existen-
tialisierender‹ poetischer Rezeption der Philosophie Pascals und Kierkegaards; zweitens in der Analyse lexikalischer, syntaktischer und argumentativer Stereotypien; bei
der Darstellung seiner poetischen Verfahren; drittens in der Interpretation zweier
Theaterstücke.

$$* * *$$

(1) In der Einleitung stelle ich zunächst die Auffassung des Redens als eines Verhaltens des Redenden zu sich und zu seiner Existenz vor. Diese Auffassung korrespondiert einem system-, sprach- und verhaltensbezogenen Verständnis des Selbst, dessen
erste Ansätze Kierkegaard formuliert und das sich in neueren Ansätzen der Psychoanalyse und Kommunikationstheorie durchgesetzt hat. In der Forschung hat dieser er-
weiterte Selbst-Begriff freilich auch dort, wo Subjektivität als das entscheidende Thema Bernhards erkannt worden ist, keinen Niederschlag gefunden. Statt dessen hat
man die Figurenrede am groben Maßstab eines kognitivistisch verkürzten Identitäts-
begriffs gemessen. Das Urteil konnte somit nur auf Nicht-Identität lauten, während
sich in oder hinter der dissoziierten Rede der Protagonisten zumeist durchaus Selbst-
verständigungsprozesse in Form impliziter Bezugnahmen nachkonstruieren lassen. In
den Bewegungsgesetzen dieser individuell verschiedenen Selbstverständigungsprozes-
se, mit denen Bernhard typische Weisen existentiellen Verhaltens gestaltet, werden
unterschiedliche, durch die dramaturgische Situation irritierte Identitäten deutlich.

(2) Bei der poetischen Rezeption philosophischer Denkfiguren und Begriffe folgt
Thomas Bernhard einzig und allein seinem individuellen Ausdruckswillen. Keineswegs versucht er, ihnen mit philologischer Akribie gerecht zu werden. Die Begriffe
und Philosophennamen, die Bernhard in seinen Texten zitiert, illustrieren und variieren nahezu sämtlich stets dieselbe Denkfigur: die, mit einem Wort Adornos, einer
›Ontologie des falschen Zustands‹. Aus der Philosophie entleiht er Begriffsprägungen
als Abbreviaturen komplexer Befindlichkeiten, als konzisen und prägnanten Ausdruck
existentieller Situationen und Konflikte, distanziert sich aber von Versuchen seiner
Figuren, ihr Unglück metaphysisch zu untermauern. Dies zeige ich exemplarisch an
Bernhards Pascal-Rezeption; dies gilt aber ebenso für die Funktion schopenhauer-

scher Denkfiguren bei Bernhard. Seine Theaterstücke unterscheiden sich weniger durch ihren Gehalten an Themen und philosophischen Thesen, sondern vielmehr durch die Handlungen, die die Figuren mit diesem begrifflichen Material vollziehen.

Für die sinntheoretische Ausrichtung der Poetik von Thomas Bernhards Theaterstücken ist die Existenzdialektik Søren Kierkegaards ein entscheidender Reflexionshorizont. Anders als bei Schopenhauer oder Pascal entleiht Bernhard aus der Philosophie Kierkegaards also nicht nur Begriffe und Denkfiguren als Material der Figurenrede. Kierkegaards nachidealistisches subjekttheoretisches Modell der ›Krankheit zum Tode‹ wird nicht nur fortwährend von Bernhards Figuren zitiert, sondern liefert den entscheidenden Schlüssel zum Verständnis jener Lebensprozesse, deren durch Angst und Verzweiflung ausgelöste Krisis Bernhards Texte beschreiben und seine Figuren besprechen; das Verlaufsschema der Todeskrankheit übernimmt Bernhard als dramaturgisches Grundmodell seiner Theaterstücke. Obwohl man gesehen hat, daß Bernhard mit dem Ausdruck ›Todeskrankheit‹ auf Kierkegaards ›Krankheit zum Tode‹ Bezug nimmt, wurden Ausmaß und Konsequenzen dieser Anknüpfung bisher nicht erkannt.

Vor dem Hintergrund der Existenzdialektik interpretiere ich das von Bernhards Figuren immer wieder besprochene Problem, daß sich die Wahrheit nicht sagen lasse, als Problem der Mitteilung von Innerlichkeit. Entgegen bisherigen Auffassungen hat das Wahrheitsproblem bei Bernhard weder mit Erkenntnistheorie noch mit der ›Sprachkrise‹ der Jahrhundertwende etwas zu tun hat.

Erst im Kontext des kierkegaardschen Ironie- und Humorbegriffs wird auch Bernhards Konzept der Komödientragödie verständlich. Insbesondere mit der eigentümlichen Komik der Theaterstücke Thomas Bernhards hatte die Rezeption ihre Schwierigkeiten. Man hielt dem Autor vor, er habe die einstmals kritischen Gehalte seiner frühen Prosa zu lauen Scherzen veräußert. Die meisten Forschungsbeiträge, die sich mit dem Phänomen des Komischen bei Bernhard beschäftigen, sind bestimmt von einem falschen Entweder-Oder, von der schlechten Alternative von Ernst oder Komik. Die Pointe von Thomas Bernhards poetisch-existentieller Fundamentalfrage, »Ist es eine Komödie? Ist es eine Tragödie?«, liegt jedoch darin, daß sie eben nicht alternativ beantwortet werden kann, sondern komplementäre Modi der Wahrnehmung derselben Sache akzentuiert. Auch wo man bemerkte, daß Bernhard ›Komödie‹ und ›Tragödie‹ als auswechselbare Begriffe verwendet, konnte ein Sinn dieser Begriffsoszillationen nicht angegeben werden; ihr existenzdialektischer Sinnhorizont wurde nicht gesehen. Die Komik der Theaterstücke Bernhards beruht keineswegs auf vordergründigem Unernstmachen, sondern entspringt einem schärferen, genaueren Denken über die Art und Weise, in der die Figuren sich über ihre Situation verständigen und ihr Scheitern thematisieren. Die Komik gibt dabei nicht den Stachel der Kritik oder die Würde der leidenden Figur preis, sondern distanziert nur von ihrem Verhalten, etwa ihres intellektuellen Größenwahns, und relativiert die scheinbare Unschuld des ideosynkratischen Subjekts. In Worten Kierkegaards gesprochen, ist der Dramatiker Thomas Bernhard ein ›humoristisch experimentierender Psychologe‹, der auf die ›Dialektik‹ jeder Mitteilung aufmerksam ist und macht.

Die verschiedenen Verfahren von Unbestimmtheit, Unverständlichkeit und Widersprüchlichkeit, deren sich Bernhard bedient, löse ich wie das Wahrheitsproblem aus den verfehlten erkenntnistheoretischen Bezügen, in die sie bislang gestellt worden sind, und erläutere sie in Anlehnung an Kierkegaards Theorie der ›indirekten Mitteilung‹ als Strategien der Wirkung. (Hier ist vielleicht eine Anmerkung angebracht, warum ich in dieser Arbeit nicht näher auf Bernhards Wittgenstein-Rezeption eingehe: erstens gewinnt Bernhard von Wittgensteins Seite keine neuen Gedanken hinzu, sondern nur neue Formulierungen für Überlegungen, die bereits Kierkegaard zur Problematik des Sagbaren und Unsagbaren angestellt hat; zweitens spielen diese Formulierungen, verglichen mit Prosawerken wie *Gehen* und *Korrektur*, in Bernhards Stücken keine Rolle; die Anspielungen im Stück *Ritter Dene Voss* beziehen sich durchweg auf die Lebensgeschichte Wittgensteins. Für die Erzählprosa wäre es aber sicher lohnend, Bernhards Wittgenstein-Rezeption aufzuarbeiten, wobei nicht nur Wittgensteins Verhältnis zur Philosophie Kierkegaards, sondern überhaupt die Kierkegaard-Rezeption im Wien der Jahrhundertwende zu berücksichtigen wäre.)

(3) Drei der sechs Kapitel des dritten Teils analysieren im lexikalischen, metaphorischen, syntaktischen und topischen Bereich Formen der bernhardschen Sprache als typische Weisen redenden Sich-zu-sich-Verhaltens. Im Kontrast zum vordergründig aufbegehrenden und polemischen Gestus dominieren Sprecherrollen, die in quasi-gesetzhaften Formulierungen Überraschendes zum Erwarteten umdeuten, den jeweiligen Zustand bewahren möchten, die Möglichkeit von Alternativen dementieren und an gewohnten Selbstkonzepten festhalten. Bernhard macht die der Dialektik des Selbstbewußtseins entspringenden Mechanismen kenntlich, mit denen die Protagonisten an ihrem falschen, aber gewohnten Leben festhalten.

Wo der Wirkungsaspekt von Bernhards indirekt mitteilenden Verfahren oder das Spiel mit verdeckten Sinnbezügen Gegenstand der Untersuchung ist, geht die Darstellung über die thematische Begrenzung der Figurenrede als Sich-zu-sich-Verhalten hinaus. Dies ist im Kapitel über Musikalität als Stilprinzip und Metapher immanenter Reflexion der Fall sowie in den Abschnitten zur Intertextualität: mittels verdeckter Zitate und Anspielungen betreibt Bernhard in *Die Macht der Gewohnheit* eine verschlüsselte Auseinandersetzung mit Novalis und stiftet in *Immanuel Kant* eine verborgene humoristische Wechselrede mit Kants Frühschriften.

(4) Die Rezeption hatte ferner ihre Schwierigkeiten damit, daß Bernhards Stücke einerseits traditionellen, fast naturalistischen Grundmustern der Handlungsentwicklung folgen, andererseits aber konsequent die Zuverläsigkeit der mitgeteilten Fakten durch Widersprüchlichkeit, Übertreibung oder Stilisierung in Frage stellen. Obwohl dies im Grundsatz bemerkt wurde, fiel man im Zuge der Interpretation immer wieder in die Unterstellung einer konsistenten Fabel und eines kausalfinalen Handlungsgerüsts zurück. Mit meinen Interpretationen von *Der Ignorant und der Wahnsinnige* und *Die Jagdgesellschaft* versuche ich exemplarisch zu zeigen, wie eine differenzierte Interpretation möglich ist, die Brüche und Inkonsistenzen nicht mit falschen Vereindeutigungen nivelliert, sondern als sachlich oder wirkungsbezogen motivierte ernst nimmt.

\* \* \*

*Zur Zitierweise:* Die Werke Thomas Bernhards und Søren Kierkegaards zitiere ich mit Siglen, die im Verzeichnis der Siglen und Abkürzungen des Anhangs entschlüsselt werden. Forschungs- und sonstige allgemeine Literatur zitiere ich durchgehend unter Angabe des Verfassers und der Seitenzahl sowie, sofern mehrere Arbeiten eines Verfassers benutzt werden, unter Nennung eines Kurztitels, dessen Auflösung dem Literaturverzeichnis zu entnehmen ist.

# Einleitung

## Reden als Sich-zu-sich-Verhalten

Sprechen ist eine Form des Handelns. Durch die Art und Weise des Sprechens verhält man sich zu sich und damit zu seiner Existenz. Unter den zeitgenössischen Autoren deutschsprachiger Literatur hat dies niemand mit größerer Eindringlichkeit deutlich gemacht als Thomas Bernhard. Alle seine Figuren leiden an einer sogenannten ›Todeskrankheit‹: an einer individuell unterschiedlichen, aber unvermeidlichen Verzweiflung am Dasein. Im Akt des Äußerns offenbart sich, welcher Art diese Todeskrankheit ist, ob der Redende überhaupt von seiner Todeskrankheit weiß, ob er sie als Scherz deklariert, ob er seinem Schicksal trotzt oder aber resigniert. Jedes sprachliche Gebilde impliziert eine Rolle desjenigen, der da spricht, denkt oder schreibt. Diese Rolle läßt sich nicht allein durch ein entsprechendes performatives Verbum wie ›versprechen‹, ›behaupten‹ oder ›fragen‹ zureichend identifizieren. Der Handlungsaspekt umfaßt mehr als die in linguistischen Sprechakttheorien üblicherweise klassifizierten illokutionären Akte oder Rollen, nämlich auch den Aspekt der Selbstinszenierung des Sprechers. Der Charakter dieser sprachlichen Selbstinszenierung wird vor allem durch das verwendete Vokabular, den zugrundegelegten Werthorizont, die eingenommene Haltung zum Redegegenstand und durch die Wahl der rhetorischen Mittel und Figuren bestimmt. Dieser Aspekt selbstbezüglichen Handelns bleibt immer zu einem gewissen Grade unbewußt.

Der eigentümliche ästhetische Reiz seiner poetischen Sprache beruht nicht zuletzt darauf, daß Thomas Bernhard diese unbewußte Selbstbezüglichkeit besonders sorgfältig ausgearbeitet hat. Bernhard spielt vor allem mit dem 'Beziehungsaspekt' (Watzlawick et. al.) von Sprache. Die Palette unausdrücklicher reflexiver Sprechhandlungen reicht von der größenwahnsinnigen Pose über die Zurschaustellung von Teilnahmslosigkeit und Geringschätzung bis zur Selbsterniedrigung. Eine der Grundkonstellationen in Bernhards Figurengestaltung ist die Differenz des anscheinend Gemeinten zum Unbewußten, das sich in der tatsächlich agierten Rolle ausspricht. Jede Rede, auch die absichtlich selbstreflexive, enthält blinde Flecken, die sich nur nachträglich bewußt machen lassen. Indem Thomas Bernhard in den sprachlichen Selbstinszenierungen seiner Protagonisten diese blinden Flecken akzentuiert, zeigt er, daß das Ich nach einem Diktum Sigmund Freuds »nicht einmal Herr ist im eigenen Hause« (*Studienausgabe I* 284). Systematisch verzerrte Kommunikation ist Darstellungsmittel.

Alle Figuren Thomas Bernhards versuchen redend, sich in einem Leben einzurichten, dessen Grundbedingungen sie nicht ändern zu können glauben oder nicht ändern wollen. Noch mit den unscheinbarsten Bemerkungen verfolgen sie das ihnen gemeinsame Interesse, ihr real verlorenes psychisches Gleichgewicht wieder herzustellen. Das Gesamtwerk Thomas Bernhards ist motivisch und thematisch außerordentlich homogen. Dieser Homogenität gegenüber steht aber eine Vielfalt von Figuren und Situationen, die exemplarische Weisen repräsentieren, in denen sich Menschen zu ihrem Leben verhalten. Thomas Bernhards Theaterfiguren sind existentielle Typen, die sich hinsichtlich der Strategien, mit denen sie das genannte Ziel verfolgen, unterscheiden. Während Bernhards Zwangsneurotiker und Erfolgsmenschen versuchen, qua Sprecherrolle einerseits ihre Selbstachtung, Menschenwürde oder Macht zu stabilisieren oder andererseits Irritationen, Erniedrigungen und Ängste abzuwehren, existieren Figuren wie die bernhardschen Schriftsteller nicht gegen, sondern durch das Absurde, *quia absurdum* im Sinne Søren Kierkegaards. Sie beruhigen sich durch die Verabschiedung all jener Sinnerwartungen, an deren Scheitern die anderen verzweifeln.

Indem Thomas Bernhard seine Figuren und ihr selbstbezügliches Handeln typisiert, macht er deutlich, daß seine dramatische Phänomenologie beschädigter Subjektivität von exemplarischem Anspruch ist; die komischen Fehlleistungen und Marotten sind keineswegs nur individuell und zufällig, sondern in ihnen drückt sich die universell behauptete Heteronomie von Subjektivität aus. Die Krankheiten seiner Figuren dienen dem Autor als »Vergrößerungsglas«[1], um die universellen Krankheiten, deren Symptome sich an jedem in irgendeiner Form nachweisen lassen, übertreibend deutlich zu machen.

Die dramatische Versuchsanordnung von Rede als Sich-zu-sich-Verhalten setzt zumindest implizit eine Theorie der Existenz voraus, die erklärt, daß und warum man sich immer schon zu sich verhält. In dieser Arbeit wird gezeigt, daß sich Bernhard in zahlreichen Anspielungen mit der entsprechenden philosophisch-literarischen Tradition auseinandergesetzt und eine eigenständige »neue Mythologie« des Subjekt-Seins entwickelt hat.[2] In Autobiographie und Fiktion schildert er exemplarische Momente, in denen Erzähler oder Figuren von Wahrheiten ihres Lebens eingeholt werden. Den Bezug zum Existieren gestaltet Bernhard vorwiegend negativ, als ereignishafte Enthüllung lange gehegter Selbsttäuschungen. Während die eine Kategorie von Figuren, der auch die Sympathie des Autors gehört, von diesem enttäuschenden Erlebnis nur desillusioniert wird, stürzen sich die anderen Hals über Kopf in den Selbstmord oder in groteske Gewalttaten. Niemals mündet die erschließende Kraft dieser Ereignisse in prätendierte dauerhafte Eigentlichkeit. Von einer muffigen Heroik der Grenzerfahrung, wie sie in Anbetracht der deutlichen Anknüpfung ans existentialistische Denken vorstellbar wäre, findet sich keine Spur. Dagegen steht schon die Selbstironie und der durchgängige Humor Bernhards, der die eigenen Gewißheiten immer wieder der Feu-

---

[1]   So bemerkt Hartmut Reinhardt (*Subjekt* 338) treffend mit Bezug auf Nietzsche
[2]   Vgl. Gerhard vom Hofe, *Ecce Lazarus*. In diesem Aufsatz stellt G. vom Hofe Grundzüge von Bernhards »›Privat‹-Metaphysik« am Beispiel seiner autobiographischen Schriften dar. Vom Hofe zeigt, wie Bernhard im Medium literarisierter Selbstbeobachtung zu einen »neuen Mythologie« des Subjekt-Seins und zu einer eigenständigen und ernstzunehmenden »intellektualgeschichtliche[n] Position jenseits der Romantik, Schopenhauers und Nietzsches, auch der modernen Existenzphilosophie« findet (35).

erprobe des Komischen unterzieht. Die zahlreichen Anspielungen, in denen Bernhard
diese Auseinandersetzung reflektiert, sind bislang kaum beachtet worden; die Bezugnahmen auf Kierkegaard hat man überhaupt nicht bemerkt. Und dort, wo solche Bezugnahmen nachgewiesen wurden (etwa auf Schopenhauer oder Pascal), blieb dies
punktuell. Konkurrierende Bezüge wurden bisher weder im Vergleich zueinander ge-
wichtet, d.h. zitierende Anleihen von polemischen Anspielungen unterschieden, noch
stellte man sie in den systematischen Zusammenhang einer Theorie des Selbstseins.
Demgegenüber zeigt die vorliegende Arbeit die überraschende Konsistenz dieses
Zusammenhangs.

Subjektivität bedeutet für Thomas Bernhard wesentlich tragikomische Opferexi-
stenz und radikale Abhängigkeit. Die Zeitlichkeit und Unabgeschlossenheit des Existierens nötigen zu permanenter Neuorganisation von Erfahrungen. An seinen Figuren
demonstriert Bernhard insbesondere zwei Techniken der Entlastung von dieser Aufgabe: die Zuflucht zu Rollenidentitäten und die Idealisierung eines imaginären Selbst.
Verstörende Ereignisse und Erinnerungen machen diese Behelfslösungen aber immer
wieder zunichte und damit erneute Anpassungen des Selbstbildnisses erforderlich.
Mit dieser autohermeneutischen Aufgabe sind Bernhards Figuren jedoch hoffnungslos
überfordert. Unfreiwillig bringen sie genau die lebensgeschichtlich erworbene ›Todeskrankheit‹ immer wieder zum Ausdruck, von der sie redend abzulenken versuchen.
Es gibt, wie es schon in der frühen Erzählung *Der Italiener* heißt, »kein Mittel, sich
selbst zu entfliehen« (*AdB* 107). Bernhard thematisiert Subjektwerdung als gewaltsame Einschreibung von Heteronomem ins Subjekt; die erlittene Beschädigung ist ein
ursprünglicher Akt.

Seinen Zugang zum Subjektivitätsproblem hat Thomas Bernhard über die Beschäftigung mit dem eigenen bedrängenden Identitätsproblem gefunden. Nach dem
Scheitern der lyrischen Versuche unmittelbaren Selbst- und Leidensausdrucks wird
ihm das Schreiben zum einzigartigen Medium der Selbstanalyse und der Objektivierung der eigenen Schwierigkeiten mit dem Existieren. Das Schreiben ist für Bernhard
»die Lebensnotwendigkeit« (*Keller* 45). Das Ziel lautet, ein Ich zu werden; der erste
Schritt hierzu besteht darin, schreibend Distanz zur eigenen Verzweiflung zu gewinnen. In *Die Ursache* bezeichnet der Erzähler das Selbststudium als »[s]eine Metaphysik« (*Urs* 95). »Die Existenz klarmachen [...], ist die einzige Möglichkeit, mit ihr fertig zu werden« (*Keller* 150f.). Der Rang dieser literarischen »Bewältigungsversuche«
besteht darin, im Verhalten zu den eigenen Lebensproblemen allgemeine Bestimmungen des Subjekt-Seins zu entdecken. Selbstbeobachtung ist dabei der primäre Vorgang; die philosophische Lektüre stiftet demgegenüber nur Begriffe als verdichtete
Erfahrungen, die zuerst gemacht sein wollen. Bernhard schreibt aus einem Gefühl des
Entronnenseins[3] und, wie er in seinem Monolog *Drei Tage* (1971) berichtet, aus »Opposition gegen [s]ich selbst« (*DT* 85). Da sich diese Opposition in jedem seiner Wer-

---

[3]   In einem Interview mit André Müller bekennt Bernhard, bei der Beschreibung von »Situationen, die zentrifugal auf den Selbstmord zusteuern, sind es sicher Beschreibungen eigener Zustände, in denen ich mich, während ich schreibe, sogar wohl fühle vermutlich, eben weil ich
mich *nicht* umgebracht habe, weil ich selbst dem entronnen bin.«

ke auf neuem Niveau wiederholt, entwickelt sich die Folge seiner literarischen Selbst-
distanzierungen mit bemerkenswerter gedanklicher Stringenz. Die Mechanismen von
Selbstflucht und Selbsttäuschung, die der Autor an seinen Hauptfiguren demonstriert,
verlieren an Faszination. Diese Entwicklung ist als »Authentizitätsverlust« (Jooß,
*Aspekte* 11) und Einbuße an ästhetischer Gestaltungskraft aufgefaßt worden. Im Gegensatz zu dieser Auffassung möchte ich diesen Prozeß als schrittweise Entmystifi-
zierung früherer Positionen darstellen, in welchem die Hinwendung zum Theater einen bedeutenden Schritt markiert. Damit die Folgerichtigkeit der Werkentwicklung
einsichtig werden kann, muß zunächst die Struktur des Identitätskonfliktes skizziert
werden, von welchem diese Entwicklung ausgeht.


## Zur Genese der Problemkonstellation


Nicht-Identität zeigt sich in der bernhardschen Versuchsanordnung nicht im Bereich
gestörter Gegenstandserkenntnis, wie das kognitivistische Mißverständnis glauben
macht[4], sondern an Unsicherheiten bei der symbolischen Interpretation von Handlungen. Identität wird in einem Prozeß der Internalisierung und Integration reziproker Interpretationen des eigenen Verhaltens gebildet. Deshalb können bestimmte Formen
der Rolleninterpretation durch Bezugspersonen die Identitätsbildung nachhaltig stören. Dies ist unter anderem dann zu erwarten, wenn die reziproken Deutungen des eigenen Verhaltens notorisch unsicher sind, wenn sie ständig in einem den kognitiven
Entwicklungsstand des Kindes überfordernden Widerspruch zu dessen Selbstdeu-
tungen stehen oder wenn sie gar die dilemmatische Struktur der Beziehungsfalle oder
des *double bind*[5] aufweisen. Indem das Kind beständig mit Deutungen seiner Absichten und Gefühle konfrontiert wird, die seine eigenen Deutungen als falsch zurückweisen, wobei zugleich verboten ist, die Divergenz zu thematisieren oder die Situation zu
verlassen, gewöhnt es sich an das Gefühl, sich permanent über sein Inneres zu täuschen.[6] Das Kind habitualisiert die Spaltung von seinen Emotionen, der Zugang zum
Selbst wird versperrt.
    Durch solche lebensgeschichtlich erworbenen Irritationsmuster, wie sie Bernhard
in seinen autobiographischen Erzählungen und seiner späten Prosa beschrieben hat –
und nicht allein durch sogenannte traumatische Erfahrungen –, wird das generelle
Problem selbstbezüglichen Verhaltens psychologisch qualifiziert. Bereits als Kind gewöhnt sich Bernhard infolge der übermächtigen und unfehlbaren Interpretations-
instanzen Großvater und Mutter an ein quälendes Übermaß an Reflexion, an
schuldbewußter Selbstbeobachtung. Der Verzicht auf Selbstartikulation ist eine Form

---

[4]   Vgl. hierzu den Forschungsüberblick.
[5]   Zum Begriff des *double bind* vgl. Gregory Bateson, *Ökologie des Geistes*, insbesondere Teil
III: »Form und Pathologie in der Beziehung«.
[6]   Vgl. Bateson 276ff.

der Anpassung an solche Verhältnisse, die Nicht-Identität geradezu erzwingt. Die systematisch verzerrte Kommunikation in den von Bernhard immer wieder gestalteten *double-bind*-Situationen zeigt auf beklemmende Weise den engen Zusammenhang von Macht und Sprache. Auf diesen Zusammenhang zielend, heißt es in *Verstörung*: »›Die größten Verbrechen sind die‹, sagte der Fürst, ›von den *Über*legenen an den *Unter*legenen *in Wörtern* begangenen, in Gedanken *und* in Wörtern begangenen Verbrechen‹« (*V* 81f.). Vor allem seit der Hinwendung zum autobiographischen Erzählen schildert Bernhard auch Szenen unmittelbarer Zurückweisung durch die Mutter. So unterstellt diese ihm notorisch böse Absichten, fühlt sich bedroht durch seine Zuneigung und durch seine äußere Ähnlichkeit mit seinem (unehelichen) Vater (vgl. *Die Kälte* 71-76):

»Die Rache meiner Mutter bestand sehr oft darin, *mich* auf das Rathaus zu schicken, um mir selbst die fünf Mark abzuholen, die der Staat für mich im Monat (!) [als Ausgleich der vom Vater verweigerten Alimente] bezahlte, sie hatte sich nicht gescheut, mich direkt in die Hölle zu schicken als Kind mit der Bemerkung: *damit du siehst, was du wert bist.* Auch das werde ich natürlich nicht vergessen, wie die eigene Mutter sich an dem untreuen Manne rächt, indem sie ihr und dieses Mannes Kind in die Hölle schickt mit einem teuflischen Satz, mit dem teuflischsten Satz aller Sätze, den ich im Ohr habe.« *(Kälte* 73)

Als Bernhard nach dem Kriege eine Fotografie seines Vaters aufreibt, die eine ihn erschreckende Ähnlichkeit mit diesem erkennen läßt, und seiner Mutter zeigt, verbrennt sie das Bild wütend (vgl. *Kälte* 75). Wie er in *Ein Kind* berichtet, hat er vor den Sätzen der Mutter viel mehr Angst gehabt als vor dem Ochsenziemer, mit dem sie ihn schon wegen der geringfügigsten Vergehen schlug (vgl. *Kind* 37f., 138). Schließlich erlebt das Kind seine guten Vorsätze schon selbst als »Geplapper« (13), es fühlt sich auch ohne schlechte Absichten als Betrüger und Verbrecher. Der folgende Satz formuliert den Keim alles späteren Unglücks: »Ich liebte meine Mutter, aber ich war ihr kein lieber Sohn [...]. Der Gedanke an mich erfüllte mich mit Abscheu« (*Kind* 14).

Nicht ontologische Spekulationen über Schein und Sein, sondern frustrierte narzißtische Bedürfnisse des Kindes sind Ursprung des Theatertopos' bei Thomas Bernhard. Wie die anderen das eigene Verhalten immer als Ausdruck verborgener Motive und böser Absichten gedeutet haben, so beurteilen Bernhards Figuren auch die Handlungen anderer nach diesem Modell. Zum einen wird der Topos ›Rollenspiel‹ zum metaphorischen Vehikel automatisierter Abwehr; indem Bernhards Figuren die Perspektive des unbeteiligten Zuschauers einnehmen, schaffen sie ästhetische Distanz zu den Handlungen anderer und entbinden sich zugleich von der Forderung nach identitätsangemessenem Verhalten, dessen Möglichkeit sie pauschal bestreiten. Zum andern drückt sich im Theatertopos eine prinzipiell taktische Einstellung zur Interaktion aus: das Kind versucht jene zu imitieren, die die Zuneigung, die es selbst ersehnt, erlangen.[7] Da beide Komponenten aufeinander bezogen bleiben, ist nicht nur jegliche

---

[7] Vgl. hierzu die Bedeutung des klerikalen Starschauspielers Spadolini, des Liebhabers seiner Mutter, für den Franz-Josef Murau in *Auslöschung*.

Spontaneität verhindert, sondern alle erlangte Anerkennung wird dadurch vergiftet, daß sie als Effekt überlegener Taktik und Schauspielerei erscheint. Wie Thomas Bernhard am deutlichsten an Franz-Josef Murau, dem Erzähler seines zuletzt erschienenen Romans, *Auslöschung. Ein Zerfall*, dargestellt hat,[8] müssen noch dem Erwachsenen die eigenen Gefühlsäußerungen als theatralisches Rollenspiel gelten. Für alle Figuren Thomas Bernhards ist die Suche nach dem Selbst unterschiedlich stark, aber irreversibel pervertiert zur Suche nach dem spektakulären Auftritt, gleich, ob vor anderen oder vor dem inneren Auditorium.

Der Mangel an gesundem Narzißmus muß kompensiert werden. Da das beschädigte Subjekt Interaktion fast immer als demütigend erlebt, muß es versuchen, das ihm fehlende Gefühl von Selbstwert und Identität monologisch aus sich selbst zu konstruieren. Diese selbstkonstruierte, zumal die nach dem Vorbild gestörter Beziehungen modellierte Anerkennung kann aber die Anerkennung durch den Anderen niemals wirklich ersetzen. Mit diesem Zugang zum Problem existierender Subjektivität gelingt Thomas Bernhard die Verschränkung eines zentralen philosophischen Problems der Moderne mit seinen individualpsychologischen Momenten, die in dieser konzentrierten Dichte in der deutschsprachigen Gegenwartsliteratur ohne Beispiel ist.

# Eine werkgeschichtliche Skizze: Zur Stellung der Theaterstücke im Gesamtwerk Thomas Bernhards

## Thomas Bernhards literarische Anfänge

Als Thomas Bernhard 1963 mit seinem ersten Roman, *Frost*, schlagartig der literarische Durchbruch gelingt, liegen die Anfänge seines Schreibens dreizehn Jahre zurück. Eigenen Angaben zufolge hat er um 1950 in der Lungenheilstätte Grafenhof mit dem Schreiben begonnen: »immer den Tod vor Augen«. »Vier Jahre lang«, also von 1948 bis 1951, »wurde ich von einem Krankenhaus zum anderen geschleppt, abgehorcht und ›gefüllt‹.«[9] Wie Bernhard in seiner autobiographischen Erzählung *Die Kälte* berichtet, hat er sich nach dem Tod seines Großvaters 1949, aber bereits vor seiner ersten Einweisung nach Grafenhof »in das Schreiben geflüchtet«. »Aberhunderte Gedichte« habe er verfaßt, »Produkte eines achtzehnjährigen Verzweifelten« (*Kälte* 35f.). Nach verschiedenen Sanatoriumsaufenthalten kommt Thomas Bernhard über den Salzburger SPÖ-Politiker und späteren Festspielpräsidenten Josef Kaut zum *Demokratischen Volksblatt*, der Tageszeitung der Salzburger SPÖ.[10] Abgesehen von drei im *Münchner Merkur* gedruckten Gedichten[11] sind Bernhards Beiträge zum *De-*

---

8   Vgl. vom Verfasser, *Interaktion*.
9   [Biographische Notiz]«, in: *Stimmen der Gegenwart* 1954, S. 259.
10  Vgl. das Interview, das Karin Kathrein 1984 mit Thomas Bernhard führte.
11  »Mein Weltenstück« (*Münchner Merkur* vom 22. April 1952), »Sommer« (6. Juni 1952), »Der Bauer« (26. Juni 1952).

*mokratischen Volksblatt* seine ersten nachgewiesenen Veröffentlichungen. Für diese Tageszeitung schreibt er in der Zeit von Anfang 1952 bis Mai 1954 mehr oder minder regelmäßig Reportagen über Vermischtes, Besprechungen von Autorenlesungen und Leseaufführungen, Berichte über Wanderungen in die Umgebung Salzburgs sowie Gedichte und kürzere Prosatexte. Ich habe diese Texte ausführlich in einem Aufsatz dargestellt[12] und beschränke mich daher auf knappe Charakterisierung. Wenn Bernhard in *Die Kälte* schreibt, er habe seine lyrische Produktion bereits bei seinem zweiten Aufenthalt in Grafenhof (1951) aus »Scham, Gedichte zu schreiben«, eingestellt (*Kälte* 142), so entspricht dies nicht den Tatsachen: Gedichte Bernhards erscheinen noch bis 1962.

Von heute her besehen überraschen die Positivität und das affirmative Weltbild dieser frühen, heiter unbedarften Texte zunächst. Diese Dokumente einer scheinbar heilen, in Brauchtum und Naturnähe geborgenen Existenz stehen in einem »krassen Widerspruch« (Mixner, *Leben* 65) zu Bernhards späteren Invektiven gegen ein nationalsozialistisch-katholisches Salzburg und gegen eine stumpfsinnige Provinzbevölkerung, wie er sie etwa in *Die Ursache* führt. Mit Ausnahme des 1953 veröffentlichten Textes »Der große Hunger« erwecken Bernhards Beiträge zum *Demokratischen Volksblatt* ganz und gar nicht den Eindruck, Produkte eines »Verzweifelten« (*Kälte* 35f.) zu sein. Insofern steht diese erste, bis 1954 dauernde Phase recht isoliert da.

In diesen Texten präsentiert sich ein Autor, der vollständig vom restaurativen Klima Österreichs zu Beginn der fünfziger Jahre beherrscht ist. Es läßt sich nicht entscheiden, ob es die integrative Kraft der Ideologie ist, die Identitätskonflikte gar nicht erst aufkommen läßt, oder ob sich Bernhard nur um so fester an Geborgenheit vermittelnde Vorstellungen anklammert, je stärker sich irritierende Konflikte ankündigen. Die Idyllik dieser frühen Texte beruht vor allem auf zwei Momenten: auf der Vorstellung einer das individuelle Dasein gleichsam überwölbenden Schöpfungsordnung und auf Phantasien harmonischer Sozialbeziehungen. Der soziale Raum dieser Verklärungen ist das Dorf. Hier vollzieht sich das Zusammenleben der Menschen in geordneten und überschaubaren Bahnen, im Einklang mit der Natur, im Rhythmus der Jahreszeiten. Der beschaulichen Ikonographie der Heimatliteratur gemäß hat alles seinen Platz, ist alles Gleichnis, sinnerfüllter Ausdruck ewiger und universeller Ordnungsprinzipien. Unter entgegengesetztem Vorzeichen wirkt dieser Verweisungszusammenhang noch in Bernhards späterer Prosa fort.

Bernhards Texte dieser Zeit sind Medium imaginärer Wunscherfüllung. Die idyllische Schilderung der Welt des Dorfes, die Bernhard auf seinen Wanderungen aufsucht, ist verquickt mit rückwärtsgewandten Phantasien über die eigene Kindheit. Erst nach und nach verliert sich die beruhigende Kraft der traditionellen Sinnsysteme und der bäuerlichen Idylle mit Zentrum Henndorf. Hinsichtlich Bernhards späterer Prosa wurde von einer »Liquidation des ›habsburgischen Mythos‹« (Donnenberg, *Österreich* 243, 246) und von der »Negation einer in die Vergangenheit projizierten Utopie« (Gamper, *Utopie*) gesprochen. Vor dem Hintergrund der ersten Texte Bernhards und ihrer rückwärtsgewandten Phantasien erhält dieses Urteil zusätzliche Bedeutung.

---

12  Zum folgenden vgl. vom Verf., *Arbeiten* mwN.; vgl. auch Mixner, *Leben*; Dittmar, *Journalist*.

Bernhards spätere Attacken gegen alles Österreichische, gegen Provinzialismus und trügerische Selbstgewißheit richten sich also unausgesprochen auch gegen Vorstellungen, die sein eigenes Denken jahrelang bestimmt haben. Die Heftigkeit seiner Angriffe muß nicht zuletzt auf das Gefühl zurückgeführt werden, betrogen und ideologisch verführt worden zu sein.

Einen Ausweg aus der beengenden Atmosphäre des Salzburgs der fünfziger Jahre weist ihm die Literatur, insbesondere die literarische Moderne, die er im Rahmen seiner Arbeit fürs Feuilleton des *Demokratischen Volksblatts* entdeckt. So ist es nicht verwunderlich, daß er seine geistige Unabhängigkeit 1955 – die erste Phase abschließend – mit einer wüsten Polemik gegen die angeblich konservative Spielplangestaltung des Salzburger Landestheater zu proklamieren versucht.[13]

In einer zweiten Phase, der auch seine Gedichtbände von 1957/58 zuzurechnen sind, versucht Bernhard, seiner existentiellen Unruhe, Orientierungslosigkeit, Einsamkeit und der verzweifelten Suche nach dem eigenen Grund unmittelbar Ausdruck zu verleihen.[14] In diesen Gedichten ist bereits ein Großteil der späteren Motive wie Krankheit, Verfall, Einsamkeit, Selbstbezichtigung und Zweifel versammelt, doch verbleiben diese immer noch im Rahmen traditioneller Muster. Ohne sich auf objektive Anlässe des Leidens und auf die unhintergehbare Konventionalität der Sprache einzulassen, ringt der Autor in kaum fiktionalisierter Selbstaussage um unmittelbaren Ausdruck. Dies führt aber nur zu unfreiwilliger Komik, großspurigem Pathos und Allüre. Bernhard transponiert die Verzweiflung seines lyrischen Ichs unter anderem in religiös geprägte Vorstellungen. Auch die Anrufung Gottes etwa bleibt beliebige Pathosformel, die weniger die Not des vereinsamten Ich ausdrückt als dessen Selbstüberhebung. Die notorischen Selbstanklagen wirken auf befremdliche Weise angelesen und bemüht. Die exaltierte Selbsterniedrigung und die Überdimensionierung eigener Schuld und Unwürdigkeit sind unglaubwürdig und gekünstelt.

Auf das Scheitern dieses Versuchs reagiert Bernhard mit Reduktionen, welche die dritte Entwicklungsphase seines Frühwerks markieren: mit der Tendenz zur Isolation von Begriffen und mit der Reduktion auf eine »paradigmatische Situation« (Mixner, *Leben* 76), für die die um 1959 entstandenen *Ereignisse* beispielhaft sind.[15] Durch diese »Chiffrierung von Bewußtseinserfahrungen« (Mixner, *Leben* 84) findet Bernhard einen Ausweg aus der »Sackgasse« (Donnenberg, *Lyrik* 20), in die er mit seiner Lyrik geraten war. Künstlerisch entscheidend ist für Thomas Bernhard um 1960 offenbar die Verabschiedung obsoleter Sinnerwartungen, deren Enttäuschung seine Lyrik der zweiten Phase beklagt. So heißt es in dem 1965 veröffentlichten Prosatext *Ein junger Schriftsteller*: »Lange Zeit, fast drei Jahrzehnte, ›drei tödliche Jahrzehnte‹, hatte er sich die Welt und die Atmosphäre um sie herum als eine höchst sinnvolle vor-

---

[13] »Salzburg wartet auf ein Theaterstück«, in: *Die Furche* Nr. 49 vom 3. Dezember 1955; vgl. hierzu J. Dittmar, *Der skandalöse Bernhard* 73f.
[14] Vgl. zu dieser Phase Donnenberg, *Lyrik*; Mixner, *Leben*; Barthofer, *Berge*.
[15] Wenn Herbert Gampers Datierung zutrifft, arbeitet Thomas Bernhard bereits um 1957/58 an reduktionspoetischen Experimenten, wie die unveröffentlichten Kurzschauspiele, das Stück *Der Berg* und das Libretto *die rosen der einöde* zeigen.

setzen lassen« (*EjS* 59). Erst Selbstdistanz und die Objektivierung des eigenen Leids schaffen die Voraussetzung dafür, einen Prosatext wie *Frost* zu schreiben.

#### Erzählprosa bis *Gehen* (1971)

Im Mittelpunkt von Bernhards erstem umfangreichen Prosatext steht die monologische Ich-Aussage des »phantastischen Abgrundmenschen« (*F* 297) Strauch, eines Kunstmalers, der das Malen aufgegeben und sich in das Dorf Weng zurückgezogen hat, eine Art Vorhölle, in der er an sich selbst und an anderen das allgemeine Elend des Menschen studiert. Die Sprache Strauchs verfügt über jene lyrischen Qualitäten, an denen es Bernhards Gedichten mangelte: sie besticht durch ihre unerhört präzisen, ebenso komplexen wie expressiven Verdichtungen sowie durch die ständige Parallelführung von buchstäblicher und sinnbildlicher Bedeutung. Doch Bernhard gelingt in der Rollenprosa von *Frost* auch die Plausibilisierung der Sprachnot; sprachliche Mißgriffe und Geschraubtheiten untergraben hier nicht, wie in der Lyrik, die ästhetische Information, sondern sind Mittel der Darstellung einer Figur im Modus ihrer Rede.

Ohne Zweifel ist *Frost* eines der faszinierendsten Prosawerke der Gegenwartsliteratur. Mit diesem Roman hat Thomas Bernhard der Literatur neue Möglichkeiten für die indirekte Darstellung von Innerlichkeit erschlossen. Die »ungeheuren Zusammenhänge« (*F* 137), die sich gleichsam hinter der Rede Strauchs auftun, verweisen auf einen Horizont authentischer Erfahrung; Strauchs Verstörung erscheint einschließlich seiner Selbsttäuschungen verständlich und in sich notwendig. Doch im Hinblick auf das erklärte Ziel, *die* Existenz aufzuklären (*Keller* 167), geht Bernhard mit *Frost* nur einen Schritt. Das Allgemeine, das sich in der mentalen Verfassung des zum Wahnsinn tendierenden Protagonisten und der Wenger Konzentration von Schwachsinn und Niedertracht zeigen soll, vermag Bernhard in diesen Extrembeispielen menschlicher Existenz nur anzudeuten. Dem Ziel, in den Reden der Figuren allgemeingültige Mechanismen des Verhaltens zum eigenen Existieren aufzuzeigen, versucht Bernhard in den anschließenden Prosaarbeiten Schritt für Schritt näherzukommen. Dies schlägt sich in verschiedenen Entwicklungslinien nieder, die ich kurz skizzieren möchte.

Diese Entwicklungen konvergieren in der schrittweisen Zurücknahme des Spektakulären. So weicht die bedrohliche und gespenstische Szenerie Wengs oder der Fochlermühle (*Verstörung*) der Banalität des rustenschacherschen Hosengeschäfts (*Gehen*). Die Verstörungen der zitierten Hauptfigur erscheinen dadurch nicht mehr als zwangsläufiger Reflex auf äußere Anlässe; Ereignisse des Realgeschehens werden zu bloßen Stichworten ihrer Projektionen. Der Autor akzentuiert damit in wachsendem Maße die Eigendynamik mentaler Prozesse. Deren Folgerichtigkeit bemißt sich nicht länger an ›der Wirklichkeit‹, sondern an immanenten Kriterien. Damit einher geht die sukzessive Destruktion des utopischen Potentials verzweifelter, romantisch inspirierter Rede. Das Licht der Erlösung erscheint als Irrlicht; es stellt sich unvermeidlich ein, doch sein Schein trügt. Generell schwindet die ausdrückliche Fühlungnahme der Figuren mit dem Absoluten. Bernhard reduziert den Beziehungsreichtum und die faszinierende Bildlichkeit seiner Sprache. An die Stelle gleichnishafter Rede treten groteske Überzeichnung und Zuspitzung als Gestaltungsmittel.[16] Die Sprache wird analytischer. Bernhard arbeitet immer weniger mit den semantischen Beziehungen und der Assoziativität des sprachlichen Materials. Statt dessen wird die Logik der Argumentation, vor allem in Gestalt antinomischer und tautologischer Beziehungen, zum Mittel indirekter Figurendarstellung. In *Das Kalkwerk* (1970) und *Gehen* (1971) stellt Bernhard die grotesk-komischen Selbstwidersprüche und Selbsttäuschungen der abwesenden, nur über Mittlerfiguren zitierten Protagonisten in den Vordergrund. Für den Leser wird es dadurch schwerer, sich mit dem Protagonisten zu identifizieren und dessen Selbstverlust in scheinbar objektive, d.h. nicht vom Subjekt zu verantwortende Sinnzusammenhänge zu folgen.

Hinwendung zum Theater

Bernhards erneute Wendung zum Theater 1967/70 markiert keinen Bruch in seiner literarischen Entwicklung im Sinne einer völligen Abkehr von früheren Positionen.[17] Dennoch bedeutet diese Hinwendung mehr als nur einen Wechsel des literarischen Mediums. Sie ist zugleich die Konsequenz aus einem erkannten Darstellungsproblem und aus einer gewandelten subjektphilosophischen Einstellung.

Das Problem der Darstellung ist das eines glaubhaften Übergangs vom Ich zum Wir. Schon in seiner frühen Prosa will Bernhard in der monologischen Selbstaussage einer verzweifelten, ideosynkratischen Hauptfigur allgemeine Bestimmungen der Existenz deutlich machen und zeigen, daß niemand dem Transzendenzproblem auskommen kann, daß sich jeder zum ›Unendlichen‹ (Kierkegaard) verhält: »Was wir besitzen, ist die Erfahrung, ein Metaphysisches, vor welchem wir [...] kapitulieren« (*Wahrheit* 347). Das Dilemma besteht für Bernhard darin, daß der Mensch immer über das Faktische hinaus ist und ihm dennoch verhaftet bleibt. In der Prosa versucht Bernhard, das Allgemeine hinter dem Einzelfall durch Wechsel in der Erzählhaltung, durch Wechsel zwischen Nähe und Distanz anzudeuten. Im Hinblick auf die beanspruchte Exemplarizität sind der Konzeption von Bernhards früher Prosa Grenzen gesetzt. Diese Grenzen überschreiten die Stücke unter anderem durch stärkere Typisierung des Personals und eine Erweiterung der Figurenkonstellation.

In der Erweiterung des Personals schlägt sich auch die veränderte subjektphilosophische Haltung nieder. Die dominierende Figur der Prosa, das außergewöhnliche Individuum des Apokalyptikers, hat in den Theaterstücken seine Faszination verloren; die utopische Dimension seiner Verzweiflung und die gebannte Fixierung auf das »totale Geistesprodukt« (*Kw* 62), welches authentischen Selbstausdruck und totalisierende universalwissenschaftliche Welterfassung zur Einheit zu führen hatte, sind verabschiedet. Der einzige Protagonist der Theaterstücke, der noch auf den »idealen Augenblick« wartet, ist eine komische Figur: der unverbesserliche Pedant Caribaldi in

---

[16]  Vgl. I. Petrasch, *Konstitution* 317ff.
[17]  Vgl. hierzu unten den Überblick über Forschungspositionen zur Stellung der Theaterstücke im Gesamtwerk Thomas Bernhards in Abschnitt S. 28ff.

*Die Macht der Gewohnheit.* Aus spektakulären Einzelgängern werden durchschnittlichere Figuren, Jedermänner.

Die von Ängsten verzerrte Wahrnehmung obliegt in den Stücken zwangsneurotischen Figuren wie dem General (*Die Jagdgesellschaft*) oder Höller (*Vor dem Ruhestand*). Ihre Identität ist ein nur mühsam gegen innere und äußere Irritationen errichteter Gewaltzusammenhang. Die permanente Bedrohung ihrer Identität versuchen sie durch brutale, nach außen gerichtete Gewalt, in der sich die innere reproduziert, zu verteidigen. In den monologischen Stücken oder Szenen stehen diesen Figuren keine einfühlsamen Zuhörer mehr gegenüber wie die Erzählfiguren der Prosa, sondern schweigende Dienstboten, die nur auf Sprechakte mit eindeutiger Handlungsanweisung reagieren.[18]

Anders ist die Figurenkonstellation in den Konversationsstücken, die entgegen dem herrschenden Vorurteil vom monologischen Charakter der bernhardschen Dramatik den Hauptteil ausmachen.[19] Ein Figurentypus fungiert in gewissem Sinne als Stellvertreter der Autors in den Stücken. Es ist der Typus des desillusionierten Relativisten wie der Doktor (*Der Ignorant und der Wahnsinnige*) und die Schriftsteller (*Die Jagdgesellschaft, Am Ziel*), für den die Unmöglichkeit absoluter Selbstvermittlung, an der die Prosafiguren verzweifeln, triviale Voraussetzung ist. Sie stehen in Bernhards Konversationsstücken den Zwangsneurotikern als komplementäre Figuren gegenüber. Zwischen beiden Typen stehen Mittlerfiguren, die wie die Generalin durch Vermittlung ihrer philosophierenden Hausfreunde vom Absurden angehaucht worden sind, ohne jedoch Konsequenzen zu ziehen: Die Generalin bleibt die Ehefrau des Generals, und Ritter wohnt weiterhin bei ihrer betulichen Schwester Dene im elterlichen Haus (*Ritter Dene Voss*). Thomas Bernhard spaltet die in der ›synthetischen Person‹ (Novalis) seiner Prosafiguren zusammengedachten Existenzmöglichkeiten auf und ordnet sie bestimmten Typen zu. Ein Ergebnis dieser Aufspaltung sind die für seine Konversationsstücke charakteristischen Dreiecksgeschichten.[20] Mit der Zeit lockert Bernhard diese in seinen ersten Stücken noch recht starren Rollenmuster. Die schematische Typologie von Todeskranken weicht einem differenzierteren Personal; die Interaktionen werden durch wechselnde Koalitionen dynamischer. Im Hinblick auf das skizzierte Darstellungsproblem gelingt es Bernhard mit Typisierung und Aufspaltung zu zeigen,

---

[18] Ihr Schweigen hat vor allem zwei Aspekte: Sie dokumentieren damit einerseits die praktische Folgenlosigkeit der rein interpretatorischen Rede ihrer Herrschaften; andererseits sind sie in der Position des Opfers von Herrschaftssprache: an ihnen werden symbolische Handlungen verübt, denen gegenüber sie wehrlos sind; unfähig, auf das Symbolische zu reagieren, klammern sie sich in einer Art psychotischer Notreaktion ans Buchstäbliche (vgl. Bateson, *Ökologie* 279).

[19] Wirklich monologisch sind nur die ersten drei Szenen des ersten Aktes von *Der Schein trügt*, in denen Karl allein auf der Bühne steht. Alle anderen Reden finden nicht nur in der Gegenwart anderer Figuren statt, sondern setzen diese voraus. Die Reden von Bernhards Theaterfiguren können nur unter der (überaus problematischen) Voraussetzung sinnvoll als monologische bezeichnet werden, daß ein qualitativer Maßstab gelingender Kommunikation vorausgesetzt wird, der in Bernhards Konversationen unterschritten würde.

[20] Vgl. unten S. 279ff.

daß sich alle in irgendeiner Weise zum Unendlichen verhalten. Als Dramatiker markiert Bernhard das Transzendenzproblem in unscheinbarsten Äußerungen und alltäg-
lichsten Verrichtungen und zeigt, daß jeder unvermeidlich über den Moment hinaus
ist und sich zu seinen Möglichkeiten verhält. Bernhards universelle Dialektik von
Selbsterkenntnis und Ablenkung macht alle Figuren gleichrangig, denn:

»Es ist gleich, ob einer mit seinem Preßlufthammer oder an seiner Schreibmaschine verzweifelt.
Nur die Theorien verstümmeln, was doch so klar ist, die Philosophien und die Wissenschaften
insgesamt, die sich der Klarheit in den Weg stellen mit ihren unbrauchbaren Erkenntnissen.«
(*Keller* 166)

### Autobiographische und späte Prosa

Während sich Thomas Bernhard zu Anfang der siebziger Jahre dem Theater zuwendet, legt er vier Jahre lang kein neues Prosawerk vor, was wohl als Indiz einer grundsätzlichen Umorientierung verstanden werden kann.[21] Erst 1975 erscheinen wieder
zwei Prosatexte, *Korrektur* und *Die Ursache*. Während *Korrektur*, von der Themen-
stellung her eine Art Nachzügler, eine weitere Variation des aporetischen Projekts
bringt, repräsentiert *Die Ursache* einen neuen Ansatz: den autobiographischen. Hier
deutet Bernhard die lebensgeschichtliche Genese seiner ›Todeskrankheit‹ an. Auf die
Phänomenologie der Verzweiflung folgt damit die Andeutung ihrer zuvor verdrängten
Ätiologie.

In seiner späten Erzählprosa setzt Bernhard nochmals eine werkgeschichtliche Zäsur: Indem er seine Erzählfiguren problematischer Interaktion aussetzt, prüft er, ob
und in welcher Form es ihnen gelungen ist, gegenüber den entmystifizierten Zwängen
autonom, d.h. handlungsfähig und unabhängig zu werden. Eine Pointe besteht darin,
daß Bernhard die Fähigkeit zur richtigen Handlung von Selbsterkenntnis abkoppelt.
Franz-Josef Murau, Ich-Erzähler in *Auslöschung*, findet trotz umfassender Selbst-
kenntnis keinen Zugang zu einem authentischen Selbst; im vollen Bewußtsein seiner
»Abscheulichkeit« verhält er sich genau so, wie er es eigentlich nicht will. Umgekehrt ist es in *Holzfällen* der Burgschauspieler, ein selbstgefälliger Schwätzer, der in
Anbetracht der peinlichen Ereignisse beim künstlerischen Abendessen in der Gentz-
gasse die erlösenden offenen und zugleich angemessenen Worte findet.

---

[21] Diese Pause steht in auffallendem Widerspruch zu einer Äußerung Bernhards aus dem Jahre
1971: »Das Furchtbarste ist für mich Prosa schreiben... Überhaupt das Schwierigste... Und von
dem Augenblick an, in dem ich das bemerkt habe und gewußt hab’, *habe ich mir geschworen,*
nur noch Prosa zu schreiben« (*DT* 85).

# Zur Forschungslage

## Vorbemerkung

Die Forschungsliteratur zum Werk Thomas Bernhards hat mittlerweile einen so großen Umfang erhalten, daß ein repräsentativer Überblick, der den referierten Ansätzen
auch nur annähernd gerecht zu werden versuchte, einen selbständigen Forschungsbericht erforderte. Ein solcher Forschungsbericht wäre überaus wünschenswert, zumal
die bislang vorliegenden Arbeiten zum Werk Bernhards auf eine konstruktive Auseinandersetzung mit konkurrierenden Ansätzen weitgehend verzichten. Wendelin
Schmidt-Dengler bemerkte zu Recht: »Kritiker und Literaturwissenschaftler zitieren
[wenn überhaupt] Äußerungen ihrer Kollegen in bezug auf Bernhard meist nur deshalb, um ihre Mißbilligung zum Ausdruck zu bringen« (*Schwierigkeit* 123). Ein umfassender Bericht zur Forschungslage kann hier nicht gegeben werden. Deshalb
möchte ich im folgenden nur die Lücke bestimmen, die ich mit vorliegender Arbeit
schließen möchte. Forschungsergebnisse zu Einzelproblemen diskutiere ich jeweils in
den Anmerkungen zum Text.

Zunächst zum Gegenstand der Untersuchung. Der Schwerpunkt der Bernhard-Forschung liegt eindeutig auf der Erzählprosa. Das gilt sowohl für generalisierende Arbeiten als auch für Einzelinterpretationen. Besonderes Gewicht haben hierbei die frühe Prosa bis *Korrektur* (1975) sowie die zwischen 1975 und 1982 erschienenen autobiographischen Erzählungen. Im Vergleich hierzu hat die Forschung Bernhards dramatische Produktion vernachlässigt. Dabei hat Thomas Bernhard bis zu seinem Tode
1989 siebzehn abendfüllende Theaterstücke veröffentlicht – seine frühen Kurzschauspiele, die späteren Dramolette und Dialektstücke sind darin nicht mitgezählt. Nun ist
die Quantität allein noch kein Argument, doch Thomas Bernhard ist zweifellos einer
der herausragenden deutschsprachigen Dramatiker der siebziger und achtziger Jahre.
Selbst dann, wenn man dem Erzähler Thomas Bernhard den größeren literarischen Rang
beimißt als dem Dramatiker, ist die Vernachlässigung des letzteren ungerechtfertigt.

Diese Vernachlässigung ist Symptom der unter Bernhards Interpreten verbreiteten
Auffassung, daß die Stücke genauso seien wie seine Prosa, nur nicht so gut. Es heißt,
Bernhard schreibe seine Stücke nur zur Entspannung, »als eine Art Capriccio, Moment der Erholung, iocose Erleichterung vom Prosaschreiben« (Sorg, *Leben* 149). Die
Stücke seien defizitäre Variationen des Bekannten ohne eigene Qualitäten. Man beklagt Substanz- und »Authentizitätsverlust« (Jooß, *Aspekte* 11), eine Veräußerung des
einstmaligen utopischen Horizonts (Gamper, *TB* 160) und eine »Trivialisierung der
einstmals großen Inhalte« (Sorg, *TB* 9). Die einschlägigen Forschungspositionen zur
Stellung der Theaterstücke im Gesamtwerk Bernhards werden unten noch eingehend
diskutiert.

Im Gegensatz zum herrschenden Tenor wird in dieser Arbeit gezeigt, daß Thomas
Bernhard mit den Theaterstücken einen veränderten Zugang zur Subjektivitätsproble-

matik wählt. Kurz gesagt, werden die früheren Fluchtmechanismen entzaubert und mit komplementären, aber ebenfalls defizitären Verhaltensweisen kontrastiert. Parallel zu diesem Wandel geht Bernhard von der Reflexionspoetik seiner frühen Prosa zu einer Art Reduktionspoetik über. Der Rezipient wird nicht mehr eingeladen, sich in der Überfülle der Analogien und Bedeutungsbeziehungen des sprachlichen Materials zu verlieren; vielmehr wird er im Sinne der ›indirekten Mitteilung‹ Kierkegaards irritationsdramatisch auf seine Wahrheit aufmerksam gemacht.

Die ungleichgewichtige Beachtung von Erzählprosa und Dramatik spiegelt sich auch in den im folgenden diskutierten Arbeiten. Die bisher vorgelegten subjekttheoretischen und psychologischen Interpretationen behandeln nahezu ausschließlich die erzählenden Werke Thomas Bernhards und erwähnen die Theaterstücke nur am Rande. Unter den Arbeiten zu Bernhards Theaterstücken gehe ich nur auf Herbert Gampers 1977 erschienene Monographie (*Thomas Bernhard*) ein, die nach wie vor die bedeutendste und kenntnisreichste Studie zum Thema ist.

Mit der Analyse der Figurenrede unter dem Gesichtspunkt selbstbezüglichen Verhaltens möchte ich ein in der Bernhard-Forschung verbreitetes Mißverständnis ausräumen, das ich das kognitivistische Mißverständnis nenne. Es besteht darin, die Reflexionen der bernhardschen Figuren nicht als Verhalten zu sich zu verstehen, sondern nach dem Modell von (Gegenstands-)Erkenntnis zu beurteilen. Auf diese Weise lassen sich aber die Dynamik und die charakteristische Widersprüchlichkeit der Rede nicht oder nur unzureichend erklären. Dies zeigt sich auch an den im folgenden diskutierten subjekttheoretischen Arbeiten.

Hartmut Reinhardt (*Das kranke Subjekt*) sieht die Figurenrede dadurch vorangetrieben, daß Versuche denkender Selbstvergewisserung ausbleiben oder mißlingen. Einen ähnlichen Grund benennen Gerhard vom Hofe und Peter Pfaff; sie verweisen auf scheiternde Vergewisserungen eines Absoluten. Beide Ansätze beschreiben also nur, was verfehlt wird: die Erkenntnis von etwas Transzendentem und Transgeschichtlichem.

Wie im folgenden gezeigt wird, läßt sich mit dieser Beschreibung nicht erklären, warum Bernhards Figuren endlos in ihren vergeblichen Reflexionen fortfahren. Es würde gewiß näherliegen, derlei fruchtlose Versuche abzubrechen, die für das Scheitern verantwortlichen maximalistischen Erwartungen aufzugeben und sich sinnvolleren Fragen zuzuwenden. Der Zwang zu fortgesetztem Scheitern läßt sich nur aus der psychischen Ökonomie des Redenden erklären: Die Reflexion aufs Absolute oder auf die eigene Identität (als Inbegriff eines wahren, nicht-realisierbaren Selbst) kann einerseits nicht ans Ziel kommen, weil dieses wahre Selbst noch gar nicht entwickelt ist; andererseits darf sie nicht ans Ziel kommen, denn auf vertrackte Weise ziehen Bernhards Figuren gerade aus ihrem Scheitern Lust- und scheinbaren Identitätsgewinn. Konsequent scheiternd, befolgen Bernhards Figuren liebgewonnene Gewohnheiten und immunisieren ein imaginäres Selbstbildnis gegenüber Einsprüchen der Realität. Sofern Bernhards Figuren abstrakt über Grenzen und Schwierigkeiten menschlicher Erkenntnisfähigkeit spekulieren, versuchen sie nur, ihr tatsächliches Dilemma zu kaschieren oder als notwendiges erscheinen zu lassen.

# Subjektphilosophische Interpretationsansätze

## Zu Hartmut Reinhardt, »Das kranke Subjekt« (1976)

Kritik und Forschung haben von Anfang an Widersprüchlichkeit und Sprunghaftigkeit als charakteristische Merkmale der Figurenrede in Thomas Bernhards Rollenprosa und Dramatik erkannt. Bereits die Beiträge zum 1970 von Anneliese Botond herausgegebenen Band *Über Thomas Bernhard* weisen darauf hin, daß sich Bernhards Monologe dem Verständnis verschließen, wollte man sie allein an Maßstäben diskursiver Logik messen. Hartmut Reinhardt ist aber einer der ersten Interpreten Bernhards, die diesen Phänomenen entscheidende Bedeutung beimessen und sie methodologisch ernstnehmen. Bernhards Verzicht darauf, die Bruchstücke der Figurenrede explizit zu vermitteln, versteht Reinhardt als »Dissoziation« des Redesubjekts (342f.).[22] Damit stellt Reinhardt die Werke Bernhards »in einen wesentlichen Problemhorizont der modernen Literatur, die Frage nach der Subjektivität« (345). Durch die eigentümliche Beschränkung literarischer Formen auf rollenhafte Selbstaussagen der Hauptfiguren – durch »monologische Reduktion« (340) – mache Thomas Bernhard nachdrücklich deutlich, daß Subjektivität als solche das entscheidende Thema sei und daß es nicht darum gehe, lediglich die kontingente Subjektivität einer einzelnen Figur auszudrüken (vgl. 346). Alle weiteren Gesichtspunkte, unter denen das Werk Bernhards betrachtet werden kann, stellt Reinhardt »in den Horizont des Subjektivitätsproblems«, denn entscheidend ist jeweils »der Rückbezug auf das Selbst« (352, Fn. 98).

> »Bernhards künstlerische Leistung ist darin zu fassen, daß er die Möglichkeiten des Subjekts in eigentümlicher Radikalisierung untersucht und Formen der Beschädigung ans Licht rückt, die sowohl der gesellschaftliche Pragmatismus wie auch die gesellschaftliche Aufklärung zu übersehen neigen. Die Orientierung an der Repräsentationsleistung, wie sie die Tradition der Subjektivität zugeschrieben hat, befähigt diesen Autor dazu, die Gefährdungen und Zerstörungen zu erfahren, denen das Subjekt unter den heutigen Bedingungen ausgesetzt ist. Das Notieren solcher Phänomene bleibt nicht in einer privaten Willkür oder provinziellen Enge, sondern wendet sich mit herausfordernder Konsequenz an das Zeitbewußtsein.«     (Reinhardt, *Subjekt* 355)

Dem ist nachdrücklich zuzustimmen. In den Monologen von Bernhards Figuren weist Reinhardt zwei komplementäre Varianten ausbleibender Selbstvermittlung nach. Die erste besteht in der Aussparung einer bewußten Selbstvermittlung durch Selbstverlust in ungezügelte Vorstellungstätigkeit: »Das Selbst kommt aus seinen Vollzügen nicht mehr zu sich zurück und bleibt in der permanenten Vorstellungsbewegung« (344), wie Reinhardt zutreffend am Beispiel des Fürsten Saurau (*Verstörung*) feststellt. Bei der zweiten Variante wird der Versuch zur Selbstvermittlung zwar unternommen, doch scheitert er. Von diesen beiden Weisen des Sich-zu-sich-Verhaltens zeichnet Reinhardt jedoch ein undifferenziertes und verkürzendes Bild. Das liegt zum einen

---

[22] Reinhardt, *Subjekt* 342f. Im folgenden zitiere ich diesen Aufsatz nur unter Angabe der Seitenzahl.

daran, daß Reinhardt die Differenzierungen, die Bernhards Theaterstücke und späte
Prosa gebracht haben, 1976 noch nicht absehen konnte. Zum anderen liegt das darin
begründet, daß er den Begriff der Identität und die Ansprüche an Selbstvermittlung so
hoch ansetzt, daß die Selbstvermittlung an diesem Maßstab gemessen nur mißlingen
kann. Das komplexe Phänomen des Sich-zu-sich-Verhaltens reduziert Reinhardt auf
die Aufgabe, die eigene Identität zu denken. Ausbleibende Selbstvermittlung erscheint als ein nur kognitives Defizit. Damit bleiben entscheidende Aspekte der Sub-
jektivitätsproblematik bei Bernhard unberücksichtigt: z.B. die Anlässe und Situationen, in denen die Frage nach der Identität überhaupt erst thematisch wird; die Einbet-
tung des Identitätsproblems in interpersonelle Beziehungen; die Ursachen für das
Scheitern der Selbstvermittlung; die psychische Dynamik von Selbstflucht und Abwehr; mithin bleibt das Exemplarische an den von Bernhard dargestellten Denkbewe-
gungen unerkannt.

*Phänomene der Dissoziation*

Reinhardt konstatiert zunächst ganz richtig, daß in den Monologen von Bernhards Figuren keine explizite Selbstvermittlung stattfindet. Hieraus zieht er jedoch den unzu-
treffenden Schluß, daß gar keine Selbstvermittlung stattfinde.[23] Die Dissoziation der
Figurenrede geht aber nicht so weit, wie Reinhardt glaubt. Die Vorstellungsbewegung
läßt nämlich durchaus Zusammenhänge erkennen, die nicht bloß assoziativ sind, sondern eine bewußte, aber nicht ausgesprochene Selbstvermittlung anzeigen. Die
Vermittlungsschritte, die in Bernhards Monologen und Konversationen ausgespart
sind, lassen sich in der Regel aus Kontext und Redepragmatik nachkonstruieren; mitunter muß man auch jene philosophischen Kontexte heranziehen, auf die angespielt
wird, um zu entdecken, was zwei isolierte Begriffe oder asyndetische Äußerungen
verknüpft. Dissoziation ist bei Bernhard nicht das einheitliche Formphänomen, für
das sie Reinhardt hält. Es handelt sich zum einen um ein affektsprachliches Stilmittel,
zum anderen um eine Aussparungstechnik im Sinne jenes musikanalogen Verfahrens,
das Adorno als ›konstitutive Dissoziation‹ bezeichnet hat[24]; die Vermittlung wird ins
Material verlegt. Die unausdrücklichen, aber rekonstruierbaren Textzusammenhänge
enthalten nicht nur Hinweise auf die zugrundeliegende Einheit des Bewußtseins der
redenden Figur, sondern zeigen oft auch, daß sie ihre wechselnden Vorstellungen mit
dem Bewußtsein der ihnen zugrundeliegenden Einheit begleitet.

---

[23]  Reinhardt spricht vom „Ausbleiben der Selbstvermittlung" (344) und von einem „unvermittelte[n] Selbst" (348). An einer Stelle erwähnt Reinhardt zwar die „Indirektheit der Vermittlung" (348), meint damit aber nicht die Reflexionsstruktur, sondern die verschachtelte erzählerische Präsentation der Rollenprosa in *Das Kalkwerk*.
[24]  Konstitutive Dissoziation‹ zielt in musikanaloger Weise auf „begriffslose Synthesis" (Adorno, *Parataxis* 184f.).

*Zu Reinhardts Identitäts- und Selbstbegriff*

Aus Reinhardts Ausführungen zur Denkbewegung von Bernhards Figuren ist zu schließen, daß er von gelingender Selbstvermittlung verlangt, sie solle umfassend sein, explizit und vorgängig erfolgen. Zu dieser überzogenen Anforderung paßt, daß Reinhardt keine Kriterien dafür benennt, wann eine solche Selbstvermittlung erfolgreich geleistet wurde.

Das Grundproblem des Ansatzes von Reinhardt ist, daß er die von Kant *transzendental* deduzierten Bedingungen der Möglichkeit von Erfahrung überhaupt in positive Kriterien für die Beurteilung von *empirischen* Akten von Selbstbewußtsein umdeutet.[25] Die transzendentale Deduktion verlangt indessen nur die *Möglichkeit*, zu einer Mannigfaltigkeit von Vorstellungen die Identität des zugehörigen Selbstbewußtseins hinzuzudenken. Das heißt aber nicht, daß jede Vorstellungstätigkeit auch tatsächlich von der permanenten Reflexion auf die Einheit des vorstellenden Bewußtseins begleitet sein muß. Diese Forderung erhebt Reinhardt aber; so merkt er zum Monolog des Saurau an, dieser begleite seine Vorstellungen zwar mit Bewußtsein, »aber es kommt nur eine assoziative Bündelung und keine synthetische Verknüpfung zustande« (344).

Diese Beschreibung trifft auf eine große Zahl von Figurenäußerungen zu. Der entscheidende Fehler besteht darin, daß Reinhardt das faktische Ausbleiben expliziter Synthesis als Indiz für die Unmöglichkeit derselben auffaßt. Wenn er von der Nicht-Identität der Protagonisten spricht, so stützt er sich damit nicht auf einen psychologischen Begriff von Nicht-Identität, sondern meint damit, daß die transzendentale Bedingung der Möglichkeit von Erfahrung nicht gegeben sei. Es komme zu einer »völlige[n] Destruktion von Welterkenntnis als Konsequenz der Nichtidentität des Erkenntnissubjekts« (344).

Um diese sehr starke These zu belegen, reicht es jedoch nicht aus, das bloße Ausbleiben der Synthesis zu konstatieren. Es wäre vielmehr zu zeigen gewesen, daß es unmöglich ist, zu den Vorstellungen einer der Figuren Bernhards eine synthetische Einheit hinzuzudenken. Es dürfte jedoch recht schwierig sein, einen solchen Nachweis zu führen, denn bei der transzendentalen Einheit des Bewußtseins handelt es sich um eine apriorische Bedingung, die aller möglichen Erfahrung vorausgeht. Kant verweist darauf, daß auch »die Auflösung, *Analysis*, die ihr [der Synthesis] Gegenteil zu sein scheint, sie doch jederzeit voraussetze; denn wo der Verstand vorher nichts verbunden hat, da kann er auch nichts auflösen« (*KdrV* 135, *B* 130). Aus diesem Grunde geht auch das folgende Argument Reinhardts am Problem vorbei. Er merkt zu Konrad, der Hauptfigur in *Das Kalkwerk*, an, seine Vorstellungstätigkeit sei »so beschaffen, daß sie ihre Vorstellungen nicht festhalten kann bzw. die zu jeder syn-

---

[25] Reinhardt begründet seine Entscheidung, Kants »Transzendentale Deduktion der reinen Verstandesbegriffe« als philosophischen Bezugsrahmen des Subjektivitätsproblems zu wählen, damit, daß die „Repräsentationsleistung, wie sie die Tradition der Subjektivität zugeschrieben hat" (355), bei Thomas Bernhard Orientierungsmarke der Figurendarstellung sei. Ohne diese Behauptung näher zu begründen, verweist Reinhardt außerdem auf apologetische Äußerungen des Fürsten in *Verstörung* über Kant (343, Fn. 32).

thetischen Einheit *voraus*geforderte Einheit des Selbstbewußtseins sogleich auflöst« (347; Hervorhebung C.K.). Wie diese Auflösung vonstatten gehen soll, ist schlechterdings nicht vorstellbar. Es ist zwar durchaus möglich, daß ein Subjekt die qualitative Einheit einer Anzahl empirischer Vorstellungen auflöst oder nicht zu denken vermag; diese Problemstellung setzt aber bereits die fundierende, wenn auch nicht unbedingt explizierte Einheit des Bewußtseins voraus, dem die empirischen Vorstellungen angehören.

Um die Kritik am Ansatz Reinhardts zu begründen, muß der Unterschied zwischen transzendentaler und empirischer Apperzeption bei Kant kurz erläutert werden. Diese Verwechslung transzendentaler und empirischer Bestimmungen unterläuft Reinhardt mehrfach beim Versuch, das zutreffend Deskribierte in der Kantschen Begrifflichkeit zu analysieren. Dabei weist Kant immer wieder nebenbei, aber deutlich auf den Unterschied zwischen transzendentaler und empirischer Apperzeption hin:

»Denn das empirische Bewußtsein, welches verschiedene Vorstellungen begleitet, ist an sich zerstreut und ohne Beziehung auf die Identität des Subjekts.«        (*KdrV* 137, *B* 133) Das empirische Selbstbewußtsein ist »jederzeit wandelbar, es kann kein stehendes oder bleibendes Selbst in diesem Flusse innerer Erscheinungen geben, und wird gewöhnlich der *innre Sinn* genannt, oder die *empirische Apperzeption*. Das, was *notwendig* als numerisch identisch vorgestellt werden soll, kann nicht als ein solches durch empirische Daten gedacht werden. Es muß eine Bedingung sein, die vor aller Erfahrung vorhergeht.«        (Kant, *KdrV* 167f., *A* 107)

Das »stehende und bleibende Ich« ist kein empirisch aufweisbares Phänomen, sondern, wie auch Reinhardt weiß (vgl. 343), denknotwendige Voraussetzung. Die objektive, transzendentale Einheit der Apperzeption müsse

»von der *subjektiven Einheit* des Bewußtseins unterschieden werden, die eine Bestimmung *des inneren Sinnes*[26] ist, dadurch jedes Mannigfaltige der Anschauung zu einer solchen Verbindung empirisch gegeben wird. Ob ich mir des Mannigfaltigen als zugleich, oder nach einander, *empirisch* bewußt sein könne, kommt auf Umstände, oder empirische Bedingungen, an. Daher die empirische Einheit des Bewußtseins, durch Assoziation der Vorstellungen, selbst eine Erscheinung betrifft, und ganz zufällig ist [...]; die empirische Einheit der Apperzeption, die wir hier nicht erwägen, und die auch nur von der ersteren, unter gegebenen Bedingungen in concreto, abgeleitet ist, hat nur subjektive Gültigkeit. Einer verbindet die Vorstellung eines gewissen Worts mit einer Sache, der andere mit einer anderen Sache; und die Einheit des Bewußtseins, in dem, was empirisch ist, ist in Ansehung dessen, was gegeben ist, nicht notwendig und allgemein geltend.«        (*KdrV* 141, *B* 139f.)

In der transzendentalen Synthesis werde ich mir meiner selbst nicht bewußt, wie ich mir erscheine, »sondern nur *daß ich bin.* Diese Vorstellung ist ein *Denken*, nicht ein *Anschauen*« (*KdrV* 152 , *B* 157). Zur empirischen Erkenntnis meiner selbst muß ein

---

[26] Die Form des inneren Sinnes ist die Zeit; vgl. § 6 (*KdrV* 80 f., *A* 33, *B* 49). „Unsere Vorstellungen mögen entspringen, woher sie wollen, [...] so gehören sie doch als Modifikationen des Gemüts zum inneren Sinn, und als solche sind alle unsere Erkenntnisse zuletzt doch der formalen Bedingung des inneren Sinnes, nämlich der Zeit unterworfen" (*KdrV* 162, *A* 99)

Anschauen jedoch hinzutreten, durch das das Mannigfaltige, das es zu verbinden gilt, allererst gegeben wird. Die Folge ist: »ich habe demnach keine *Erkenntnis* von mir, *wie ich bin*, sondern bloß, wie ich mir selbst *erscheine*« (*KdrV* 153, B 158). Wer sich selbst zu erkennen versucht, ist dieser »einschränkenden Bedingung« unterworfen und kann sich »jene Verbindung nur nach Zeitverhältnissen, welche ganz außerhalb den eigentlichen Verstandesbegriffen liegen, anschaulich machen« (*KdrV* 153, B 159). Die Konsequenz ist: selbst wenn es gelänge, die Einheit gegebener Vorstellungen zu denken, wäre das Ergebnis, das nur eine weitere Vorstellung unter anderen ist, im nächsten Augenblick potentiell schon überholt.

Ich habe Kant ausführlich zitiert, um zu demonstrieren, daß der transzendental-philosophische Rahmen prinzipiell ungeeignet ist, empirische Bewußtseinsakte zu beurteilen. Kant erklärt selber, daß die empirische Einheit der Apperzeption im Zusammenhang der transzendentalen Deduktion nicht weiter zu erwägen sei (*KdrV* 141, B 139f.). Die vereinzelten Bemerkungen Kants zur Aktivität alltäglichen Selbstbewußtseins sowie zu dessen Zeitlichkeit und Kontextabhängigkeit entsprechen den von Bernhard gestalteten Denkprozessen immerhin besser als die überzogenen Maßstäbe Reinhardts.

Die Tätigkeit empirischen Bewußtseins kann angemessen nur mit ›weicheren‹ Begriffen von Identität und Nicht-Identität beurteilt werden, als sie Reinhardt aus dem kantschen Kontext ableitet. Die Beschreibungen, die Reinhardt von der ausbleibenden Selbstvermittlung bei Bernhard gibt, treffen nur unter dem Vorbehalt zu, daß man den verwendeten Begriffen solche weicheren Bedeutungen verleiht.

Die transzendentale Einheit ist a priori gegeben, ob das empirische Bewußtsein darauf reflektiert oder nicht.[27] Das Problem von Selbstvermittlung und Selbstbewußtsein muß folglich vom (kognitivistisch verkürzten) Identitätsbegriff abgekoppelt und als Phänomen des Verhaltens eines Subjekts zu sich und zu seiner Existenz verstanden werden. In Teil II dieser Arbeit stelle ich die Existenzdialektik Kierkegaards, der Selbstbewußtsein als »Handlung« versteht (*BA* 149), als ein solches Modell des Sich-zu-sich-Verhaltens vor, mit dem sich die Vorstellungs- und Äußerungsakte der Figuren Bernhards differenzierter beschreiben lassen. Empirisches Sich-zu-sich-Verhalten wird von einer Vielzahl affektiver, sozialer und interaktiver Komponenten be-

---

[27] Im Gegensatz zur Auffassung Reinhardts (vgl. *Subjekt* 345) ist es ohne weiteres möglich, zu den wechselnden Vorstellungen und Stimmungen hinzuzudenken, daß sie ein und derselben Figur zugehören, wenn auch zu unterschiedlichen Zeitpunkten. Nichts weiter verlangt Kants Begriff der ›numerischen Identität‹. Hiervon sind in gewisser Weise nur die »Versionenwidersprüche« (vgl. M. Kohlenbach, *Ende*) auszunehmen, d.h. Tatsachenbehauptungen, die unauflösbare Widersprüche enthalten. Wenn beispielsweise der Erzähler in *Holzfällen* an einer Stelle die Ankunft des Burgtheaterschauspielers beim »künstlerischen Abendessen« schildert, an anderer Stelle aber behauptet, diesen Zeitpunkt verschlafen zu haben, so ist ein solcher Widerspruch nicht mehr sinnvoll aus der Subjektivität der Erzählfigur zu motivieren, es sei denn, man erblickte darin ein Symptom psychischer Erkrankung. Ein solcher Widerspruch zwischen einander ausschließenden Versionen läßt sich nicht durch Reflexion auf Identität des Vorstellungsbewußtseins auflösen, es sei denn, man unterstellte absichtliches Lügen oder Irreführen.

stimmt, die nachträglich nur einzeln, aber niemals in ihrer Gesamtheit bewußt gemacht werden können. Identität muß als regulative Idee für die unabschließbare
autohermeneutische Aufgabe im Rahmen praktischen Sich-zu-sich-Verhaltens verstanden werden.

Reinhardts Darstellung erweckt durch den Kontext der kantschen Begrifflichkeit den
falschen Eindruck, als könnte der Fürst sein Identitätsproblem lösen, wenn er nur die
synthetische Einheit aller seiner Vorstellungen hinzudächte. Selbst wenn der Fürst
diese Synthesis leistete, würde er nur die qualitative Einheit seines faktischen Selbsts
denken, nicht aber jenes ›wahre Selbst‹ finden, nach dem er eigentlich sucht, denn
dieses hat sich noch gar nicht entwickelt. Die Identität ist erst noch herzustellen, ein
unabschließbares Projekt. In der Problematik der Selbstvergewisserung spielen Momente eine mitunter entscheidende Rolle, die mit der gedachten Synthesis überhaupt
nicht berührt werden und nur nachträglich ins Bewußtsein gehoben werden können:
Gefühle, verinnerlichte Werte, Bedürfnisse nach Selbstachtung, Sicherheit und Anerkennung. Mit wachsender Deutlichkeit hat Thomas Bernhard vor allem in seinen letzten Prosawerken gezeigt, daß das Denken nicht zureicht, um Identitätsprobleme zu lösen: In Situationen extremer Verunsicherung durch Handlungsdruck weicht Franz-Josef Murau dem bewußten Selbstbezug nicht aus, er analysiert seine Situation vorbe-
haltlos und zutreffend und kann trotzdem nicht handeln, weil er die Spontaneität, die
ihm fehlt, nicht entwickelt hat; er kann sich sein Selbst nicht ausdenken (vgl. *Aus*
338). Das komplexe Phänomen des Sich-zu-sich-Verhaltens kann mit dem kantischen
Ansatz, der Selbstbewußtsein nach dem Modell von Gegenstandserkenntnis denkt,
nicht angemessen dargestellt werden. Deshalb stütze ich mich in dieser Arbeit auf
Kierkegaards dialektisches Konzept einer heteronomen Subjektivität, mit dem sich
Bernhards literarische Analysen der Ursachen des Subjektivitätsproblems ungleich
differenzierter beschreiben lassen. Die »Selbstbewegung« kommt nicht aufgrund eines kognitiven Defizits an kein Ende, sondern weil die Identität des reflektierenden
Subjekts eine unabgeschlossene Identität widerstrebender Impulse ist, die in wechselnden Situationen wechselnden Beanspruchungen ausgesetzt ist.


*Sprechsituation*

Ungeklärt bleibt bei Reinhardt auch, was das Exemplarische an der ausbleibenden
Selbstvermittlung, wie sie Bernhard darstellt, ist. Bei der Beurteilung der dissoziierten
Rede von Bernhards Figuren ist zu bedenken, daß die Aussparung expliziter Selbstbe-
ziehung der alltägliche und unproblematische Normalfall ist. Man existiert ›zunächst
und zumeist‹ als ›Man-Selbst‹ (Heidegger, *SuZ* 126ff.). Die Konstitution eines Selbst
ist also ›immer schon‹ geleistet, wenn auch nur die eines uneigentlichen Selbst. Die
Frage nach der eigenen Identität oder nach dem wahren Selbst stellt sich nur unter
der Voraussetzung begründeten Zweifels, z.B. bei widersprüchlichem Verhalten, bei
Kommunikationsstörungen, unter dem Zwang zur Entscheidung oder wenn neue Erfahrungen nach Überprüfung des bisherigen Selbstbildnisses verlangen. In diesen Si-

tuationen stellt sich die Frage nach dem Selbst aber immer in konkreter Gestalt: als Frage nach dem, was man tun oder lassen will, nach dieser Eigenschaft oder jenen Überzeugungen. Auch das reflektierteste Selbstbewußtsein beruht auf einer unabsehbaren Fülle unthematischer Voraussetzungen. In bestimmten Situationen können sich diese Voraussetzungen jedoch als problematisch erweisen. In diesen Fällen wird eine bisherige oder bevorzugte Vorstellung von der eigenen Identität irritiert und zur Anpassung gezwungen. Die Folge sind solche autohermeneutischen Suchbewegungen, wie sie Bernhard in mehr oder minder radikalisierter Form darstellt. In solchen Situationen ist dissoziierte Rede als affektsprachliche Aussparungstechnik motiviert. Die redende Figur artikuliert in expressivem, heuristischem Sprechen kaleidoskopartig verschiedene Facetten ihrer Identität, erprobt und verwirft in der Phantasie Handlungs- und Deutungsmöglichkeiten. Es ist nun ein entscheidender Unterschied von Bernhards späteren Stücken und Erzählungen zur frühen Prosa, daß das sprachlich dissoziierte Ausprobieren eigener Möglichkeiten mitunter tatsächlich zu einer Art Selbstfindung führt. Die Abfolge der einzelnen Anproben ist von einem durchgehenden Selbstbewußtsein begleitet, die authentische Haltung zu einer bestimmten Situation wird entdeckt, ohne die von Reinhardt geforderte synthetische Verknüpfung explizit zu leisten. Die Situationen, die diese heuristischen Prozesse veranlassen, bewirken Krisen des Selbstbewußtseins, die vor die Alternative von anpassender Selbsterkenntnis oder Verdrängung stellen. Das Problem stellt sich mit besonderer Schärfe in jenen extremen Situationen, die auch viele Theaterstücke Bernhards zeigen: in der Angst und in der Vorahnung des eigenen Todes.

Reinhardt vermißt in den Reden von Bernhards Figuren die Wirkung einer »Verstandesregel«, die die einzelnen Vorstellungen generieren und fundieren soll: »[...] Die Einbildungskraft, nicht mehr an ein Identisches gebunden, gehorcht in der Produktion und Verknüpfung von Bildern keiner Verstandesregel mehr, sondern läßt sich in ein freies Spiel los, das [...], kantisch gesprochen, ›regellose Haufen‹ entstehen läßt« (344). Es stimmt sicher, daß bestimmte Vorstellungen und Phantasien bernhardscher Figuren keinen alltäglichen Verstandesregeln entsprechen. Reinhardt behauptet jedoch die wesentlich stärkere These, daß sie gar keiner Verstandesregel mehr gehorchten, ohne diese These zu belegen. Auch in diesem Falle wird eine Überlegung Kants überstrapaziert. Bei Kant sichert die Verstandesregel die Intersubjektivität einzelner empirischer Urteile[28], nicht aber die Kohärenz aufeinanderfolgender Urteilsakte, somit auch nicht die Identität des urteilenden oder vorstellenden Subjekts. Wäre das so, dann stellte sich das Subjekt unter einen Identitätszwang, indem es alles leugnet, was nicht von dieser Regel hervorgebracht wird. Dies wäre die Identität des Zwangsneurotikers, die Reinhardt aber sicher nicht zum Maßstab machen will. Solche gewaltsam errichteten Identitäten, die ihre Kontingenz und geschichtliche Unabge-

---

[28] Kant erläutert die Bedeutung der Verstandesregel am Beispiel der Zuordnung von Zinnober und Rot (vgl. *KdrV* 163f., A 100). Man kann nicht behaupten, daß die Einbildungskraft von Bernhards Protagonisten in dem Sinne keiner Verstandesregel mehr gehorchten, daß sie sich tatsächlich über die Farbe von Zinnober täuschten. Kant verlangt nur, daß die in der Vorstellung verknüpften Erscheinungen »assoziabel« seien (*KdrV* 177, A 122).

schlossenheit verleugnen und das Nicht-Identische an der eigenen Identität[29] mit
Bann belegen, sind dem Wahnsinn näher[30] als eine bloß sprunghafte und inkohärente
Reflexion auf die eigene Identität. Insbesondere in seinen Theaterstücken zeigt Bern-
hard, daß solche Zwangsidentitäten nicht dauerhaft funktionieren können.

Fazit: Hartmut Reinhardt stellt zwei grundlegende Varianten von Selbstverlust als
typische Merkmale der bernhardschen Figurenrede dar. Diesem Befund wird sein Ansatz jedoch nicht gerecht, denn als Maßstab dient ein eigentümlich kriterienloses
Denken der eigenen Identität als empirisierter Variante von Kants transzendentaler
Apperzeption. Die Selbstvermittlungsversuche von Bernhards Hauptfiguren sind gerade darin exemplarisch, daß sie im Spannungsfeld divergierender Ziele stattfinden: sie
zielen auf Ruhe im Dasein, auf Selbstachtung, Abwehr von Irritationen und Zerstreuung. Dem alltäglichen Selbstsein gegenüber ist die Frage nach expliziter Selbstvermittlung ein viel zu grobes Kriterium. In dieser Untersuchung zu den Theaterstücken
Bernhards wird statt dessen danach gefragt, ob und in welchen Fällen es zu folgenreichen Selbsttäuschungen führt, wenn eine bewußte Selbstvermittlung ausbleibt. Das
bedeutendste Beispiel für solche Selbsttäuschungen, wie sie Thomas Bernhard an seinen Figuren als komische Fehlleistungen demonstriert, ist die Eigenaktivität des Verzweifelten beim Hervorbringen seiner Verzweiflung.

## Strukturaler Reduktionismus

Ein letzter Einwand richtet sich gegen die reduktionistische Tendenz des Ansatzes
von Hartmut Reinhardt. Er behauptet, daß aus der in seinem Sinne subjektphilosophischen Perspektive die bis dato in der Bernhard-Rezeption vorgelegten, wie er meint,
partikularen Deutungsangebote in einer generalisierenden These zusammengefaßt
werden könnten:

> »Die Perspektiven, unter die man Autor und Werk bisher gebracht hat, also vor allem die Negati-
> vität von Naturbegriff und Heimaterlebnis, die Auslieferung an private Obsessionen und der
> Todesgedanke, die Rückbeziehung auf romantische Traditionen einerseits und sprachstrukturali-
> stische Experimente andererseits, können allenfalls einzelne Aspekte klären und verführen über-
> dies zu billigen Distanzierungen.«                                                  (355)

---

[29] Nicht-Identität erscheint bei Bernhard nicht nur als Krankheit (345), sondern auch im positiven Sinne von Novalis' »synthetischer Person« (*HKA III*, IX, 63), als Bewußtsein von der Fülle
von Möglichkeiten, die in einem selbst angelegt sind. Auch Bernhard verläßt »das *Identische*
um es darzustellen« (*II*, II, 1).
[30] Reinhardt meint, Bernhard stelle den Wahnsinn als extreme Möglichkeit ausbleibender
Selbstvermittlung dar, und spricht von einer »völlige[n] Destruktion von Welterkenntnis als
Konsequenz der Nichtidentität des Erkenntnissubjekts« (344). Der Wahnsinn vieler Figuren
Bernhards bemißt sich aber nicht an der Aussparung expliziter Vermittlungsschritte, sondern an
ihrer Unsicherheit, Ereignissen oder einzelnen fremden und eigenen Äußerungen den richtigen
metakommunikativen Status (z.B. buchstäblich/metaphorisch) zuzuerkennen. Diese systematische Unsicherheit bezeichnet G. Bateson als das für *double-bind*-Geschädigte typische »trans-
kontextuelle Syndrom« (vgl. Bateson, *Ökologie* bes. 271ff., 354ff.).

Reinhardt behauptet also, daß alle diese Aspekte nur im Hinblick auf das in ihnen sich ausdrückende Problem der Subjektivität relevant seien. Er übertreibt diese Funktionalisierung jedoch, indem er Themen und Motive zum beliebigen Material dissoziierter Rede reduziert. Das bedeutet, Themen und Motive dienten lediglich zur Herstellung von Vermittlungslücken. So erkennt Reinhardt zum Beispiel in Bernhards Theatermetaphorik nur eine »letzte Klammer, die dem Monolog in der Durchbrechung der logischen Rationalität noch einen Zusammenhalt gibt« (342). Damit wird der Eindruck erweckt, als gehe es nur um eine x-beliebige Verklammerung amorpher, im übrigen beziehungslos aneinandergereihter Textbausteine. Die Theatermetaphorik stiftet jedoch nicht irgendwelche Zusammenhänge, sondern steht bei Bernhard als rhetorisches Mittel narzißtischer Abwehr für ein Verhalten zur Welt.[31] Bezogen auf die monologische Reduktion in Bernhards Theaterstücken, aber mit darüber hinausweisender Intention, schreibt Reinhardt: »Der Monolog bildet das Gerüst, an das alles andere angehängt wird« (352). Damit erklärt Reinhardt mit reduktionistischem Absolutheitsanspruch die poetisierte Sinnlücke zur Substanz. Anhand dieser »allenfalls einzelne[n] Aspekte«, die Reinhardt als bloßes Anhängsel abtut, demonstriert Thomas Bernhard immerhin exemplarische Verhaltensweisen. Bernhards Darstellung dieser Anhängsel folgt einer Logik, die auf eine Theorie der Subjektivität bzw. des Selbstseins verweist, bruchstückhaft zwar, aber dennoch rekonstruierbar.

## Zu Gerhard vom Hofe und Peter Pfaff, »Die ästhetische Provokation des ›Eschaton‹ in der Prosa Thomas Bernhards« (1980)

Im Unterschied zum identitätsphilosophischen Ansatz Hartmut Reinhardts stützen sich Gerhard vom Hofe und Peter Pfaff in ihrer Interpretation auf ein Modell heteronomer Subjektivität, auf die Existenzdialektik Søren Kierkegaards. Kierkegaard formuliert die Einsicht, daß das Subjekt nicht naiv auf seine Identität als die eines Vorhandenen reflektieren kann, sondern daß es sich zu einem Zwiespalt, zu einer Divergenz existentieller Möglichkeiten verhalten muß, die nicht es selbst souverän hervorgebracht hat. Mit Hilfe dieses Modells erklären vom Hofe und Pfaff als erste die Reflexionen der Figuren von Bernhards Erzählprosa als Verhalten zur unabschließbaren Aufgabe des Existierens. Vor diesem Horizont lassen sich Bernhards Werke als Varianten einer ästhetischen Versuchsanordnung und die Entwicklung des Gesamtwerks als folgerichtige Kette von Problemlösungen beschreiben. Vom Hofe und Pfaff haben dies für Bernhards Erzählprosa von *Frost* bis *Ja* skizziert. Die »ästhetische Provokation des ›Eschaton‹« spielt in Bernhards Theaterstücken zwar keine Rolle mehr; beschwörende Bezugnahmen auf letzte Wahrheiten findet man nur in karikaturistischer Form. Doch mit dem philosophischen Hintergrund, vor dem Gerhard vom Hofe und Peter Pfaff Bernhards frühe Prosa analysieren, wird jener Problemhorizont eröffnet, auf den in modifizierter Form auch die vorliegende Arbeit aufbaut. Das Phänomen, das die beiden Autoren speziell im Blick haben, ist das folgende.

---

[31] Vgl. z.B. *Aus* 142, 171, 282, 545, 633-636.

Die Hauptfiguren in Bernhards früher Prosa richten ihr gesamtes Leben und Denken auf letzte Wahrheiten. Sie versuchen, in ein unmittelbares Verhältnis zum Absoluten zu treten, ihre vorübergehenden Evidenzen und erfüllten Augenblicke zu kommunizieren oder in ein absolutes Werk zu zwingen. Diese Versuche scheitern notwendigerweise, denn kommunizieren lassen sich die Ahnungen ihrer Innerlichkeit nur in geschichtlich vermittelter Gestalt. Auf diese Weise erscheint die absolute Wahrheit stets als bloß relative. Die Realisierung verfällt »unweigerlich dem prophetischen Anathema über alle Endlichkeit« (35). Der Bezug auf absolute Wahrheit, der nur rein negativ »in transitorischen Momenten aufblitzt« (35), wird zur unthematischen Gerichtetheit. Vergeblich warten Bernhards Privatwissenschaftler auf den »idealen Augenblick« zur Niederschrift ihrer universalwissenschaftlichen Studien.

Die skizzierte Denkbewegung von Bernhards Protagonisten interpretieren vom Hofe und Pfaff als zugespitzte Variante jener Denkbewegung, die Kierkegaard die ›Bewegung der Unendlichkeit‹ nennt. »Wie kein anderer versucht Bernhard, das Unendliche für das Ästhetische kommensurabel zu machen und es ins Werk zu zwingen als Widerlegung der erfahrenen Leere der Transzendenz« (32). Für die Hauptfiguren in Bernhards früher Prosa besteht ihr existentielles Dilemma subjektiv darin, daß sich ihre beständig aufs Unendliche gerichtete Innerlichkeit nicht unmittelbar mitteilen läßt. In kierkegaardschen Kategorien formuliert, umkreisen alle Werke Thomas Bernhards das problematische Verhältnis endlicher und unendlicher Orientierungen. Das ist in Grundzügen die Versuchsanordnung, zu der die einzelnen Werke unterschiedliche Aspekte beisteuern und Problemlösungen formulieren. Kierkegaards existenzdialektisches Modell betrachtet Selbstbewußtsein als positionales Verhalten zu konkreten Möglichkeiten und umgeht dadurch die Aporie von Kants Reflexionsmodell des Selbstbewußtseins, die Selbstaufspaltung in Subjekt und Objekt unendlich zu perpetuieren.

Von seinen späteren Theaterstücken und Prosawerken unterscheiden sich Thomas Bernhards frühe Romane und Erzählungen durch ein Pathos, das unter anderem auf dem paradox zugespitzten Verhältnis zwischen endlichen und unendlichen Orientierungen beruht. Während die verschiedenen Hauptfiguren diese Paradoxie variieren, wächst die erzählerische Distanz; das Pathos wird immer deutlicher als Effekt einer Selbsttäuschung und Selbstüberhebung kenntlich gemacht. Im Unterschied hierzu werden dem Ich-Erzähler in *Ja* (1978) geschichtliche Vermittlungen akzeptabel. Die Reflexionen zielen nicht mehr auf ein unmittelbares Verhältnis zu letzten Wahrheiten, sondern vergewissern sich in erinnernder Rückschau rettender Erlebnisse. Der Ich-Erzähler durchschaut die frühere, wie unter Zwang selbstgewählte »Kontaktlosigkeit«, aus der ihn die Perserin erweckt, als seine »Katastrophe« (*Ja* 21). Doch bevor sich diese ›kommunikative Wende‹ in der Erzählprosa niederschlägt, bereitet sie Thomas Bernhard mit der Hinwendung zum Theater vor. In seinen Theaterstücken transferiert Bernhard das existentielle Dilemma seiner Apokalyptiker und einzelgängerischen Ausnahmeexistenzen aus ihren verstiegenen Selbstmystifikationen in Formen alltäglichen Verhaltens und Redens. Die permanent offenbarungsbereite Erlebnisstruktur, in der vom Hofe und Pfaff zutreffend die »Reprise der Ur-Erfahrung nihilistischer Moderne« erblicken, verknappt und konzentriert Thomas Bernhard in seinen Stücken zum Exempel, an dem die Prämissen dieser Erlebnisstruktur studiert werden. Der Aspekt des Sich-zu-sich-Verhaltens schwingt in der Rede nicht nur mit, sondern wird zum entscheidenden Thema.

Für die Untersuchung der dramatischen Sprache Thomas Bernhards muß vom Hofes und Pfaffs Darstellung der kierkegaardschen Existenzdialektik aus mehreren Gründen ergänzt und korrigiert werden. Die beiden Autoren verkürzen die ›Bewegung der Unendlichkeit‹ um die von Kierkegaard ethisch geforderte Komplementärbewegung, die ›Rückkehr in die Endlichkeit‹. Bei den Hauptfiguren in Bernhards früher Prosa fehlt nämlich diese Rückkehr aus der Reflexion, wie schon Reinhardt bemerkt hat, und hier wäre anzusetzen. Dieser unvollständige Existenzbegriff ist vermutlich der Grund dafür, daß Gerhard vom Hofe und Peter Pfaff Bernhards frühe Apokalyptiker als Nachfahren des kierkegaardschen Humoristen verstehen (33). Gewiß negieren Bernhards Apokalyptiker wie Kierkegaards Humorist alles Endliche, doch nehmen sie ihr Leiden davon aus; sie erkennen nicht, wieviel schlechte Unmittelbarkeit in ihrem Verzweiflungspathos mitspielt. Die wesentliche Einsicht ins Leiden erlangen sie nur unvollkommen; erst recht sind sie weit davon entfernt, ihr Leiden als »Scherz« zu widerrufen. Dies sind aber die Kennzeichen für den kierkegaardschen Humoristen. Das Verhalten von Bernhards Verzweifelten trägt jene Merkmale, die Kierkegaard unter dem Titel ›Trotz‹ und ›dämonisches Rasen‹ analysiert. Ihnen fehlt die Rückkehr in die Endlichkeit. Ohne diese Rückkehr ist die ›Bewegung der Unendlichkeit‹ eine latent psychotische Identifikation mit dem unverkörperten Selbst (Laing, *Selbst* 63). Diese Latenz hat Reinhardt im Blick, wenn er im Monolog des Fürsten Saurau »eine Selbstdarstellung des Wahnsinns als extreme Möglichkeit ausbleibender Selbstvermittlung« (345) erkennt. Eine echt humoristische Haltung findet sich erst bei den Intellektuellen-Figuren der Theaterstücke Bernhards, beim Doktor in *Der Ignorant und der Wahnsinnige* und beim Schriftsteller in *Die Jagdgesellschaft*.

Die Existenzdialektik Søren Kierkegaards wird in dieser Arbeit erneut und umfassender als bei Gerhard vom Hofe und Peter Pfaff dargestellt, denn das Referat der beiden Verfasser enthält – bedingt durch die erwähnten thematischen Beschränkungen – zu große Lücken. Doch es gibt noch einen bedeutenderen Grund dafür, der Analyse der Theaterstücke eine ausführliche Darstellung der kierkegaardschen Philosophie vorangehen zu lassen. Thomas Bernhard lehnt sich in Thematik und ästhetischer Konzeption stark an Kierkegaards Theorie des Existierens an. Diese Anknüpfungen werden in dieser Arbeit erstmals nachgewiesen; sie sind im Verhältnis zu anderen philosophisch-literarischen Einflüssen zu gewichten. Erst im Bezug auf das zugrundeliegende philosophische Modell zeigt sich, daß Bernhard bei der Gestaltung der Figurenrede nicht nur an redepragmatischen Äußerlichkeiten ansetzt, sondern Verhaltensweisen markiert, die für das alltägliche Sich-zu-sich-Verhalten exemplarisch sind. Indem er in seinen Theaterstüken die Selbstbezüglichkeit von Redehandlungen besonders akzentuiert, zielt Bernhard keineswegs, wie die Kritik überwiegend unterstellt hat, auf eine billige Distanzierung von der Hauptfigur, sondern auf ein Allgemeines, das sich in ihrem Verhalten zu sich selbst exemplarisch zeigt. Bernhards Humor, den er als Einheit des Komischen und Tragischen versteht, verhindert solche billigen Distanzierungen. Das Exemplarische wird unter anderem deutlich, wenn der Autor seine

Figuren in Situationen von Angst und Verzweiflung reden läßt, in Situationen, auf deren Erschließungscharakter Kierkegaard als erster systematisch reflektiert hat.

## Psychologische Ansätze: Theorie des Narzißmus und des *double bind*

Die subjekttheoretischen Ansätze von Hartmut Reinhardt sowie von Gerhard vom Hofe und Peter Pfaff beschreiben, wie Versuche der bernhardschen Figuren, sich ihrer Identität oder eines Absoluten zu vergewissern, scheitern. Beide Ansätze begründen jedoch nicht, warum diese Versuche fortgesetzt werden, obwohl sie notwendig scheitern müssen. Diese Begründung kann nur mit psychologischen Kategorien geleistet werden, wie sie beispielsweise die Theorien des Narzißmus oder der Beziehungsfalle bereitstellen. Sofern das moderne Subjekt seinen ›unendlichen Mangel an Sein‹ tatsächlich schmerzhaft empfindet, und von diesem Mangel nicht nur als einer ontologischen Abstraktion weiß, hat es ihn lebensgeschichtlich erworben. Bernhards Theorie der Todeskrankheit behauptet, daß dieser Erwerb in irgendeiner Weise mit Notwendigkeit erfolgt.

Schon Hartmut Reinhardt weist auf psychologische Determinanten hin und bezieht sich dabei auf die »persönlichen Erfahrungen« des Autors, wie dieser sie in seinen autobiographischen Erzählungen geschildert habe: »Hier formuliert der Autor das eigene Identitätsproblem als Keimzelle des in seinem Werk aufgeworfenen Subjektivitätsproblems« (355). Indem sich Reinhardt jedoch nur auf die Autorpsychologie, wie sie sich aus den autobiographischen Erzählungen ergibt, stützt, bleibt die psychologische Begründung dem poetischen Werk äußerlich, gleichsam als Produktionsmotiv vorgeordnet.

Die genannten Ansätze hingegen spüren den psychischen Konflikt in den Mechanismen der Figurenrede selbst auf. Dies leisten vor allem die Arbeiten von Urs Bugmann, Manfred Mittermayer sowie vom Verfasser[32], die sich insbesondere auf Heinz Kohuts Theorie des Narzißmus (*Narzißmus*) stützen. Dieser Ansatz diagnostiziert die narzißtische Dynamik nicht als Schreibmotiv des Autors, sondern als den Texten inhärierende Konfliktstruktur. Ich gehe hier nicht weiter auf die einschlägigen Mechanismen narzißtischer Selbst-Konstitution ein; sie werden im zweiten Teil vor dem Hintergrund der Phänomenologie paradoxer Existenz, wie sie Thomas Bernhard in Auseinandersetzung mit Pascal und Kierkegaard entwickelt, erläutert. Vor dem Hintergrund zwiespältiger psychischer Mechanismen, Pascals »verworrenem Trieb«, läßt sich auch Reinhardts Befund, Bernhard schildere Nicht-Identität als Krankheit, mit der entgegenstehenden Auffassung von Gerhard P. Knapp und Frank Tasche (*Die permanente Dissimulation*) vermitteln, Bernhards Texte dienten der Verschleierung vorhandener Krankheitssymptome. Die Tendenz zur Dissimulation, zur Täuschung

---

[32]  U. Bugmann, *Bewältigungsversuch*; M. Mittermayer, *Lust*; ders., *Strauch*; C. Klug, *Interaktion*.

über den eigenen Zustand, ist nämlich auch eine Weise, in der sich die Krankheit des Selbst äußert.

Ein zweiter Ansatz basiert auf der Theorie des *double bind*. Diese Theorie erklärt systematisch verzerrte Kommunikationsgewohnheiten, wie sie für Thomas Bernhards Figuren typisch sind, nicht unbedingt aus traumatischen Erfahrungen, sondern vor allem aus Anpassungsleistungen, die zu Gewohnheiten geworden sind.[33] Die Theorie des *double bind* oder der Beziehungsfalle beschreibt Bedingungen, unter denen sich ein Subjekt daran gewöhnt, in Situationen, denen es nicht entkommen kann, Opfer zu sein. Die Situation der Beziehungsfalle ist in Kürze durch die folgenden Bedingungen bestimmt: Wenn das Opfer eine bestimmte Handlung ausführt, verliert es; wenn es diese Handlung nicht ausführt, verliert es ebenso; es darf dem Dilemma bei Strafe nicht ausweichen, es muß seine Niederlage immer wieder selbst herbeiführen.[34] Die Opfer passen sich dieser Situation durch bestimmte systematische Verzerrungen ihrer Kommunikationsweise an. Sie vermeiden es beispielsweise, ihr Selbst zu manifestieren, um dadurch die gewohnheitsmäßige Bestrafung zu umgehen. Diese in gewissem Sinne zweckmäßigen Anpassungen ans *double bind*-System wirken in anderen Interaktionskontexten wie Ich-Schwäche und Unsicherheiten in der metakommunikativen Einordnung von Äußerungen.[35]

Das Dilemma wird zur habituellen Erwartung des *double-bind*-Geschädigten. Dies zeigt sich bei Bernhards Figuren besonders deutlich an den *Ad hoc*-Theorien, mit denen sie beweisen wollen, daß sie, sofern sie handeln, nur verlieren können. Eine Interpretation aus der Perspektive der *double bind*-Theorie hat Renate Fueß vorgelegt (*Nicht fragen*). Fueß gibt einen guten Überblick über die Theorie des *double bind* und über die Frage, welchen Nutzen sie für die Interpretation von Literatur verspricht, während die Ergebnisse ihrer eigentlichen Textanalyse nicht recht deutlich werden.

---

[33] Zur Frage der pathogenen Wirkungen doppelbindender Situationen vgl. Watzlawick et. al. 194-199.
[34] Vgl. Bateson, *Ökologie* 276f. passim.
[35] Watzlawick et. al. nennen als wichtigsten Typen solcher Anpassungen 1) Konzentration auf nebensächliche Informationen; 2) Fixierung auf Buchstäblichkeit; 3) Versuche, nicht zu kommunizieren (202f.).

# Forschungsliteratur zu Thomas Bernhards Theaterstücken

## Zur Stellung der Theaterstücke im Gesamtwerk Thomas Bernhards

> »Ein gelesenes Drama ist ein Buch statt einer lebendigen Handlung. Wenige
> Leser haben die Gabe, sich jene Objektivierung, jene Wirklichkeit hinzuzuden-
> ken, welche das Wesen des Drama ausmacht, wenigstens seinen Unterschied
> von den übrigen Dichtungsarten.« (Franz Grillparzer, *Selbstbiographie* 253)

Immer wieder ist die Homogenität von Thomas Bernhards Gesamtwerk, ja dessen
Tendenz zu Monotonie und Wiederholungen, als charakteristischer Zug desselben
hervorgehoben worden. Ulrich Klingmann hält Bernhards Theaterstücke für eine bloße »Übertragung der Romane *Frost* und *Verstörung* auf die Bühne.«[36] Überaus bün-
dig drückt dies auch Herbert Gamper aus: »Jedes Werk, obschon anders, ist immer
das Gleiche« (*Wissenschaft* 10). Kritiker und Interpreten lasen und lesen die Werke
Bernhards ungeachtet ihrer Gattungszugehörigkeit als jeweils nur geringfügige
Abwandlungen eines einzigen und wesentlich immergleichen Textes. Einige gehen so
weit, jegliche Entwicklung oder Wandlung in Bernhards Werkgeschichte zu bestreiten.[37]

Auch der Autor selbst konzediert weitreichende Übereinstimmungen. Gefragt, ob
seine Theaterstücke nicht »immer auch Wiederholungen ein und desselben Stückes«
seien, bejahte Bernhard nicht ohne Ironie: das sei ganz richtig, »weil die Prosa ja
auch so ist« (*Spiegel-Interview* 172).[38] Die thematische und stilistische Geschlossenheit des Bernhardschen Gesamtwerks wird in der Forschung nahezu einhellig, und
das heißt: über inhaltliche, weltanschauliche und methodologische Differenzen hinweg, festgestellt.[39]

So viel Evidenz die These von der Homogenität des Bernhardschen Œuvres auch
hat, unterliegt sie dennoch den für generalisierende Behauptungen dieser Art typischen Selbstbestätigungsmechanismen: man nimmt schließlich nur noch diejenigen

---

[36] Klingmann (*Begriff* 80f.) behauptet dies zumindest für die ersten Theaterstücke Bernhards.
In der ersten Theaterstücken Bernhards bleibe das negativistische Sinnprinzip der Prosa noch
voll erhalten, es handele sich um die »Darstellung des Lebens als Katastrophe und Untergang«
(ebd. 83).

[37] Schmidt-Dengler, *TB* 62; Brettschneider, *Zorn* 185.

[38] In *Die Berühmten* sagt der Verleger, seinen Vergleich zwischen dem Künstler und dem Ad-
ler, der »immer dieselben Kreise zieht«, fortführend: »Der wahre Künstler / ist immerfort der
Schöpfer einundderselben Kunst / Denken Sie nur an Mozart« (*Ber* 91).

[39] »Die Beurteilung ist nicht an die ideologische Einstellung der Kritiker gebunden« (Schmidt-
Dengler, *Schwierigkeit* 124; ähnlich Thomas Fraund, *Bewegung* 6). Trotz aller sonstigen Diver-
genzen gibt es, wie Schmidt-Dengler richtig bemerkt, in »einer Hinsicht [...] jedoch bei vielen
Interpreten Eintracht: das Werk Thomas Bernhards scheint in stilistischer und thematischer
Hinsicht von großer Homogenität, und die Ambiguitäten, die sich bei der Interpretation be-
merkbar machen, sind bei allen Werken in gleicher Weise anzutreffen, gleichgültig ob in der
Erzählung oder im Drama« (*Schwierigkeit* 124f.).

Phänomene wahr, die sich ins Raster fügen, sogar dann, wenn solche Phänomene gar nicht existieren.[40] Es ist nicht zuletzt der Wirksamkeit solcher Selbstbestätigungs-mechanismen zuzuschreiben, daß sich das herrschende Urteil von der gattungsüber-greifenden Homogenität trotz deutlicher Akzentverlagerungen und konzeptioneller Umorientierungen des Autors halten konnte.

Die Kontinuität von Themen, Motiven und rhetorisch-stilistischen Merkmalen kann selbstverständlich nicht bestritten werden.[41] Doch es ist an der Zeit, die durch ständige Wiederholung nicht aufschlußreicher werdende Homogenitätsthese durch den Nachweis der zum Teil tiefgreifenden Veränderungen in Bernhards ästhetischer Zielsetzung zu relativieren und zu korrigieren. Im Gegensatz zur herrschenden Auf-fassung finden sich diese Veränderungen auch im Bereich von Motivik und Rhetorik, jenem Bereich also, auf den zur Stützung der Homogenitätsthese immer verwiesen wird. In dem folgenden Überblick skizziere ich zunächst die einschlägigen Argu-mente für die Annahme weitreichender Parallelen zwischen Bernhards Erzählprosa und Dramatik.

## Homogenität / Parallelen

Hartmut Reinhardt schätzt die Unterschiede zwischen Bernhards Erzählungen und Stücken als geringfügig ein und beruft sich dabei auf Strukturparallelen: »Die Über-gängigkeit der Gattungen verkürzt ihren spezifischen Unterschied auf ein Minimum: Bernhards Theaterstücke schränken die dramatisch-theatralischen Momente eigentüm-lich ein und lassen dafür jene rhetorischen Züge hervortreten, die auch seine Erzähl-

---

[40] Brettschneider begründet die gattungsüberschreitende Homogenität mit einem »Prinzip der Auflösung«, dem Bernhards Prosa wie Dramatik gleichermaßen folgten (*Zorn* 191). Als Bei-spiel nennt Brettschneider die Hypotaxe: »Zwar erscheinen Bernhards Sätze als durchweg hypotaktische Gebilde, doch wird die Hypotaxe so unmäßig ausgeweitet, daß Satzgebäude und Satzlabyrinthe entstehen [...].« Die Behauptung, Bernhards Sätze seien »durchweg« hypotak-tisch, ist schon für die Prosa falsch. In Bernhards Theaterstücken findet man aber fast gar keine Hypotaxen, erst recht keine labyrinthischen Schachtelsätze. – Ein ganz ähnliches Beispiel für solche Selbstbestätigungsmechanismen gibt Anne Betten in ihrer Untersuchung zum *Sprachrea-lismus im deutschen Drama der siebziger Jahre*: Betten referiert Forschungsergebnisse zur Sprache von Bernhards Erzählprosa. Die Frage, ob diese Ergebnisse auch für die Theaterstücke gelten, wird lapidar abgewürgt: »Die unterschiedlichen Interpretationen der gleichen Syntagmen [durch Wolfgang Maier (*Abstraktion*) und Christa Strebel-Zeller (*Verpflichtung*)] sind wegen der fehlenden Interpunktion möglich« (385). Maier und Strebel-Zeller sprechen aber gar nicht über die dramatische Sprache Bernhards, sondern über die Sprache seiner Erzählprosa. Damit ist aber Bettens Versuch, die divergierenden Positionen zu vermitteln, vollkommen sinnlos, denn in Bernhards Prosa fehlt die Interpunktion keineswegs. Außerdem scheint Betten gar nicht zu bemerken, daß ihre Beispiele aus Theatertexten Bernhards den von ihr zustimmend zitierten Untersuchungen Maiers und Strebel-Zellers widersprechen; vgl. Betten, *Sprachrealismus* 378, 381ff.

[41] Der Eindruck von Einförmigkeit, ja bisweilen von Monotonie ergibt sich aus der Unver-wechselbarkeit seines Personalstils. Claus Peymann hat, gegen die Homogenitätsthese argumen-tierend, in diesem Zusammenhang auf die Fugen Johann Sebastian Bachs und die Stücke Sha-kespeares verwiesen, die man ebenfalls sofort erkenne (193).

prosa kennzeichnen« (*Subjekt* 351). Die »monologische Reduktion« sei »das spezifische, die herkömmlichen Gattungsgrenzen übergreifende Strukturelement seiner Texte« (340f.).

Hierzu ist kritisch anzumerken, daß schon die »rhetorischen Züge« der Erzählprosa Bernhards keineswegs so homogen sind, wie Reinhardt glaubt. So weicht zum Beispiel die sinnlich ausdrucksstarke Bildlichkeit früher Erzählwerke wie *Frost* und *Amras* einer analytischeren Akzentuierung logischer, insbesondere antinomischer Bezüge in *Kalkwerk* und *Gehen*. Die hierin sich andeutende Entwicklung führt Bernhard mit seinen Theaterstücken fort.

Ferner läßt sich Reinhardts These von der »monologischen Reduktion« nur mit großen Vorbehalten auf die Stücke übertragen. Selbst die scheinbar monologischen Stücke Bernhards betten den Monolog in ein kommunikatives und interaktives Geschehen ein, das Reinhardt zum Verschwinden bringt. Erst recht kann bezüglich der Konversationsstücke bzw. der Szenen mit Konversationsstruktur kaum sinnvoll von monologischer Reduktion die Rede sein.

Reinhardt bemerkt zu Recht, daß in den Stücken die »parabolisch-allegorischen Formtendenzen« stärker in Erscheinung treten und daß die Aggression gegen die eigene künstlerische Illusionsbildung hinzukomme (352). Im Lichte seiner Interpretationsprämisse, daß alles nur an das Gerüst des Monologs angehängt sei (352), gelten Reinhardt diese wichtigen Neuerungen allerdings nur als Nebensache. Dabei überschreiten diese beiden Aspekte aber gerade den monologischen Bezugsrahmen, indem sie einen philosophischen Referenzrahmen für Reden und Kunstproduktion als Verhalten zum Existieren liefern.

Hartmut Reinhardt sprach von einer Einschränkung der »dramatisch-theatralischen Momente« in Bernhards Theaterstücken. Nun läßt sich dagegen einwenden, daß das rollenhafte Sprechen selbst schon dramatische Handlung ist[42], insbesondere dann, wenn es dialogisch strukturiert ist. In diesem Sinne entdecken andere Interpreten aus der entgegengesetzten Perspektive eine weitgehende Homogenität von Bernhards Erzählprosa und Dramatik: nicht die Einschränkung der dramatischen Momente der Stücke, sondern gerade die dramatischen Qualitäten der Rollenprosa sollen die gattungsübergreifende Homogenität verbürgen. Bernhard beschreibt in *Drei Tage* die dramatischen Qualitäten seiner Erzählprosa:

»Und wenn man meine Arbeiten aufmacht, ist es so: Man soll sich vorstellen, man ist *im Theater,* man macht mit der ersten Seite *einen Vorhang* auf, der Titel erscheint, totale Finsternis – langsam kommen aus dem Hintergrund, aus der Finsternis heraus, Wörter, die langsam zu *Vorgängen äußerer und innerer Natur,* gerade wegen ihrer Künstlichkeit besonders deutlich zu einer solchen werden.«                                                                     (*Drei Tage* 83)

Auch Uwe Schweikert verweist auf die Nähe von Bernhards Prosa zur dramatischen Rede: »Wo *alles, was gesagt wird, zitiert* ist, alles nur noch *als Sogenanntes bezeichnet* werden kann, ist der Schritt von der Rollenprosa zur Rolle, vom erzählerisch fingierten Monolog zum Bühnenmonolog nicht mehr weit« (*Im Grunde* 7). Schweikert

---

[42] Wolfgang G. Müller, *Ich.*

ist wohl der erste, der Bernhards erneute Hinwendung zum Theater nicht als bloßen Medienwechsel versteht. Hinter diesem »Schritt« vermutet er ein konzeptionelles Motiv zur Lösung ästhetischer Probleme und meint, dieser habe Bernhard aus einem ästhetischen Dilemma seiner Prosa herausführen sollen, dem problematischen Verhältnis von »Identifikation und Distanz in der Rollenprosa Thomas Bernhards« (ebd.). Es wäre jedoch verfehlt, wollte man dieses problematische Verhältnis als unbewältigtes Darstellungsproblem auffassen, denn das beständige Oszillieren des Erzählers zwischen Identifikation mit und Distanz zur Hauptfigur ist der irritierende Prozeß, der ästhetisch erfahrbar gemacht werden soll.

Hans Höller konstatiert Übereinstimmungen in einem noch weiter gefaßten Rahmen. Neben den Strukturparallelen verweist er wie Gamper auf eine auffällige thematisch-motivische »Rekurrenz«: »Überhaupt bestehen im Werk Thomas Bernhards weitgehende Strukturparallelen zwischen den Gattungen der Erzählung, des Romans und des Dramas. Sie sind bedingt durch den theatralischen Inszenierungscharakter seiner Prosa, das szenische Arrangement aller Schauplätze in den Romanen und Erzählungen und durch die Tendenz der Mittelpunktsfigur zum Monolog, was den Erzähler in die Rolle eines Zuhörers drängt und damit auch die Haltung des Lesers mitbestimmt. Dazu kommt noch, daß Theater und Schauspielkunst selbst wichtige thematische Bildkomplexe – als Modelle des Weltbezugs und der Wirklichkeitserfahrung – in der Prosa wie im Drama darstellen« (Höller, *Nichts Ganzes* 46).

Damit ist neben der dramatischen Valenz der Prosa, ihrem »Inszenierungscharakter«, der zweite wesentliche Ansatzpunkt der Homogenitätsthese benannt, nämlich die thematisch-motivischen Parallelen, insbesondere die Verwendung des Theatermotivs (der Theatermetapher bzw. der ausgearbeiteten Theaterallegorie): »Die Theatermetapher umfaßt alle Aspekte von Bernhards Dichtung. [...] Dadurch, daß er für das Theater schreibt, wird der imaginäre Bühnenraum gleichsam materialisiert, wird der Bühnenraum seines Kopfes veräußerlicht« (Gamper, *TB* 79). In diesem Sinne stellt auch Volker Finnern fest: »Die Theaterstücke entwickeln sich aus dem in der Prosa eingespielten Theaterbegriff [...]: Sie präsentieren die Existenz als Spielhandlung, ›Gegenszene‹ zur Realität des Todes« (*Mythos* 115).

Ein Beispiel gegen die These von der thematisch-motivischen Homogenität ist der Naturbegriff. Im Unterschied zur frühen Erzählprosa spielt ›Natur‹ in den Theaterstücken weder als Begriff noch als Erfahrungsraum eine Rolle. Einzige Ausnahme ist *Die Jagdgesellschaft*, wo zwar nicht die Natur, aber die Landschaftsform des Waldes als Projektionsfläche geschichtlicher Erfahrungen des Generals fungiert.


*Substanzverlust/Vergröberung*


Einigkeit herrscht darüber, daß die Stücke nur vor dem Hintergrund der Erzählprosa verständlich werden könnten.[43] Wo die Rezeption auf Besonderheiten der Theater-

---

[43] So meint Bernhard Sorg, Bernhards Theaterstücke »sind *als Ganzes* nur vor dem Hintergrund der Prosa verständlich und in ihrem Mechanismus verstehbar, als eine Art Capriccio,

stücke Thomas Bernhards aufmerksam macht, geschieht dies meist abwertend und mit einer gewissen Enttäuschung. Die Stücke erscheinen als Schwundstufe der rückwirkend zum verbindlichen Standard definierten Prosa. Das gilt sowohl für Interpreten, die wie Herbert Gamper auf die spezifische poetische Realisierungsleistung substantiell identischer Werke abzielen und eine »Vergröberung« feststellen (*TB* 79), als auch für diejenigen, die wie Erich Jooß einen »Authentizitätsverlust« (*Aspekte* 11) erkennen wollen.

Gamper meint, die Dramatisierung bewirke eine »Vergröberung«, eine »Verundeutlichung« der als identisch gesetzten poetischen Substanz. Die Vergröberung beruhe darauf, daß »die reale Theatermaschinerie ungleich schwerfälliger ist als diejenige des Kopfes.« Die visuelle Anschauung des Bühnengeschehens nivelliere die präzise, durch Begriffe vermittelte Anschauung. Die willkürliche sprachliche Verknappung und die objektiven Gattungseigenschaften bewirken eine Einbuße an »Beziehungsreichtum« sowie die Tendenz zu Groteske und Farce (*TB* 79f.).[44] Die Feststellung, daß Bernhards Stücke nicht den Beziehungsreichtum seiner frühen Prosa besitzen, ist völlig richtig. Doch die Bühne bietet dafür den Vorzug, wie das Grillparzer-Motto zu diesem Abschnitt betont, das gesprochene Wort deutlicher als Ausdruck und Vollzug einer lebendigen selbstreflexiven Handlung erscheinen zu lassen. Im übrigen erreicht auch Bernhards gesamte nach 1971 geschriebene Prosa nirgends die sprachliche Beziehungsdichte seiner frühen Erzählungen, ist dafür aber in der Darstellung psychischer Mechanismen um so präziser.

Verschiedentlich hält es Gamper für nötig, das kritisch-utopische Potential des Erzählers gegen den Dramatiker Bernhard zu retten. Bezüglich der Ideale Caribaldis spricht er von einem »an Effekte veräußerten utopischen Grund von Bernhards Werk« (*TB* 160) und hinsichtlich der Bedeutung des leeren Hundekorbs für die Präsidentin von einer Veräußerung »zentrale[r] Motive seines bisherigen Schaffens zu komischen Gags« (*TB* 173). Der unscharfe Ausdruck ›Veräußerung‹ läßt es offen, ob ein gedankliches Konzept hinter der Zunahme an Distanz zum Protagonisten steht,

---

Moment der Erholung, iocose Erleichterung vom Prosaschreiben« (*Leben* 149). Und Herbert Gamper erkennt in Bernhards dramatischer Sprache die »formelhaften, zitierenden Abbreviaturen der zuerst in der Prosa ausgebreiteten labyrinthischen Begriffswelt« (*Wissenschaft* 9).

[44] Bei Gamper heißt es vollständig: »Das bedeutet zwangsläufig sowohl eine Vergröberung, indem die reale Theatermaschinerie ungleich schwerfälliger ist als diejenige des Kopfes [...], reale Schauspieler ungleich weniger agil sind als die aus der Finsternis im imaginären Kopftheater aufscheinenden Figuren... als auch eine Verminderung der Deutlichkeit, indem das in der Helle der Bühne ständig vorhandene Bild die Anschauung, die im imaginären Bühnenraum aus der Finsternis jeweils hervortretende signifikante Erscheinungen erfaßt und, durch nichts sonst von ihnen abgelenkt, auf sie konzentriert ist, nivelliert, und indem die scharf umrissenen Konturen der Wörter und Sätze dadurch, daß es Wörter und Sätze eines Schauspielers ›aus Fleisch und Blut‹ sind, [...] verwischt oder im besten Fall entscheidend verschoben werden. Bernhards Theatertexte erreichen darum nicht den Beziehungsreichtum, die Dichte, seiner Prosa [...], und aufgrund der zwangsläufigen Verundeutlichung durch das Medium (durch Veräußerlichung) tendieren sie im Gegenzug zur Groteske, zur Farce, wofür insbesondere die letzten beiden Stücke Beispiele [*Die Macht der Gewohnheit, Der Präsident*] sind.« Vgl. auch Finnern, *Mythos* 115.

oder ob diese Distanzierung bloß vordergründig ist, ob das Veräußerte durch Veräußerung verschwindet oder bloß an Charisma verliert. Die Liste derartiger Vorbehalte ließe sich beliebig verlängern.[45]

Die Bernhard-Kritik hat offenkundig Schwierigkeiten mit dem Komischen. Aus diesen Rezeptionszeugnissen spricht in bedenklicher Weise das Vorurteil vom niederen Rang der Komödie, als würde Authentizität durch Leidensbereitschaft und unrelativierte Verzweiflung garantiert.[46] Dieser Vorbehalt spricht auch noch aus dem dialektischen Purzelbaum, den einige Kritiker schlagen, um dem Komischen bei Bernhard als einem potenzierten Grauen doch noch das Prädikat des Seriösen zu sichern: »So stellt sich der in der literarischen Öffentlichkeit als Verfasser dunkler, pessimistischer Texte bekannte Autor mit einer Komödie nicht etwa als ein neuer oder gewandelter Thomas Bernhard vor, sondern als ein seinen Themen und Leitmotiven aus Lebensnotwendigkeit treu bleibender Schreiber, der das Grauen vor der Existenz nur noch verstörender formuliert, wenn er durch die Maske der Komödie spricht« (Michaelis, *Kunstkrüppel* 32). Daß Bernhard in seinen Stücken derlei Erwartungen nach erbaulichem Tiefsinn gerade auch verlacht, provoziert und spielerisch überbietet, haben außer M. Esslin bislang nur wenige gesehen.[47]

Wenn Thomas Bernhard in seinen Stücken frühere Vorstellungen entmystifiziert, so basiert dies auf Erfahrungen, die nicht minder authentisch sind. Die Behauptung Bernhard Sorgs – »Aus dem Gestus des Abscheus, der den Romanen ihre Würde verlieh, ist eine Geste des Einverständnisses geworden: die der schulterklopfenden Misanthropie« (*KLG* 10f.) – kann aber immerhin als Warnung verstanden werden, als Hinweis auf eine Gefahr, der die Dramatik Bernhards ausgesetzt ist, sobald das humoristische Gleichgewicht von Komik und Pathos gestört wird.

---

[45] Jooß: »der planmäßige Verschleiß der einmal gefundenen Vorstellungsmuster« (*Aspekte* 11). Sorg: »Trivialisierung der ehemals großen Inhalte« (*TB* 9). »Immer stärker wird im Verlauf dieser Entwicklung die widerstandslose Suada, die austauschbare Monotonie einer selbstzufriedenen Kunstwelt« (*KLG* 10). Während Sorg in früheren Arbeiten noch ein Motiv der Trivialisierung konzediert, meint er in einem Aufsatz aus 1983, Bernhard betreibe die »immanente Travestie des eigenen Prosawerks« in seinen Stücken gerade »nicht als Selbstkritik« (*Leben* 149).

[46] Deshalb reagierte die neomarxistische Kritik, wie die sogenannte ›Kritikerkontroverse‹ in der Zeitschrift *konkret* 1971 zeigt, auch so irritiert, als Thomas Bernhard in seinem ersten Theaterstück *Ein Fest für Boris* (1970) ihr liebstes Kind, das beschädigte Subjekt, als Serienartikel in fünfzehnfacher Ausfertigung auf die Bühne brachte.

[47] »The West German theatre public, following the West German critics, tends to look for deep significance and profound philosophical and social meaning [...]. I should venture to suggest that as an Austrian [...] – Bernhard is tempted to make fun of this tendency of the German theatre-going public.« Bernhards Stücke seien »aggressions against the solemn, educated audience – the ›Bildungsbourgeoisie‹ – as it only exists in West Germany today« (Esslin, *Disease* 378f.).

Herbert Gampers Monographie: »Thomas Bernhard« (1977)

Herbert Gampers Monographie ist als eine der ersten Veröffentlichungen zum Thema immer noch die bei weitem umfassendste und kenntnisreichste Studie zu Thomas Bernhards Theaterstücken.[48] Die Stärke dieser Arbeit erweist sich vor allem im Detail, an der Fülle aufgedeckter Bezüge, Querverweise, Analogien, Zusammenhänge und kluger Deutungen. Entgegen einer verbreiteten Tendenz der Bernhard-Forschung, Anstößiges zu verharmlosen und Irritationen wegzuerklären, versucht Gamper, die erlittene Verstörung hinter der verstörten Rede glaubhaft zu machen.

Seiner Arbeit fehlt es jedoch an methodologischer Kontrolle. Gamper mangelt es an Distanz zur Figurenrede, er erliegt der suggestiven Kraft der Analogien und Allegorien. So verteidigt Gamper den kritischen Impuls oft auch dort noch auf Figurenniveau, wo der Autor sich über das Bewußtsein seines Protagonisten erhebt, um an diesem die Selbsttäuschungen eines unglücklichen Bewußtseins herauszustellen. Hartmut Reinhardt hat in einer Rezension das Fehlen einer klaren Zielsetzung bemängelt und dem Verfasser zu Recht »stilistische Mimikry« (*Review* 125) vorgeworfen. Methodologisch unabgesichert, fällt Gamper vielfach auf Deutungsangebote des Autors herein und damit hinter eigene Einsichten in die Unsicherheiten und Untiefen, die die bernhardsche Sprache kennzeichnen, zurück. Gampers Interpretationen leiden an seiner Tendenz zu identifizierender Vereindeutigung; er ist »von der Prämisse geleitet, ein immer gleiches und also auch gleich zu dechiffrierendes allegorisches System vor sich zu haben« (Reinhardt, *Review* 128). Abgesehen von der mangelhaften Präsentation der Ergebnisse, weist sich Herbert Gamper jedoch im Detail als intimster Kenner von Autor und Werk aus. Die Einwände gegen Gampers Interpretation lassen sich nur am Einzelfall belegen. Ich verweise hierzu auf die Anmerkungen, insbesondere aber auf die detaillierte Kritik im Rahmen meiner Interpretation von Bernhards Stück *Die Jagdgesellschaft* (im vierten Teil dieser Arbeit).

---

[48] Vgl. auch Gampers 1974 erschienenen Aufsatz *Wissenschaft*, sowie die Beiträge für die Zeitschrift *Theater heute*.

# Thomas Bernhards poetische Rezeption der Philosophie Pascals und Kierkegaards

> »Wir wissen es alle in einzelnen Augenblicken, wie die weitläufigsten Anstalten unseres Lebens nur gemacht werden, um vor unserer eigentlichen Aufgabe zu fliehen [...]: weil es uns nötiger scheint, nicht zur Besinnung zu kommen. Allgemein ist die Hast, weil jeder auf der Flucht vor sich selbst ist; allgemein auch das scheue Verbergen dieser Hast; [...] allgemein das Bedürfnis nach neuen klingenden Wort-Schellen, mit denen behängt das Leben etwas Lärmend-Festliches bekommen soll.«

> »Es geht geisterhaft um uns zu, jeder Augenblick des Lebens will uns etwas sagen, aber wir wollen diese Geisterstimme nicht hören. Wir fürchten uns, wenn wir allein und stille sind, daß uns etwas ins Ohr geraunt werde, und so hassen wir die Stille und betäuben uns mit Geselligkeit.«
>
> (Nietzsche, *Schopenhauer als Erzieher* 323f.)

## Einleitung

In einem Beitrag zum Band *Erste Lese-Erlebnisse* nennt Thomas Bernhard als die beiden für ihn fundamentalen Erkenntnisse die Einsicht in »die Unmöglichkeit, die Wahrheit zu sagen und (oder) die Unfähigkeit, die menschliche Existenz zu überwinden.«[1] Damit ist zweierlei vorausgesetzt: ein emphatischer Begriff von Wahrheit und eine Ontologie des falschen Zustands. Diese beiden Grundeinsichten hängen eng miteinander zusammen, was Thomas Bernhard durch Nachsetzen des »oder« in Klammern andeutet. Unter der Voraussetzung einer sich ständig der Formulierbarkeit entziehenden Wahrheit erscheint das Wirkliche und Sagbare als das Falsche. Diese Ontologie des falschen Zustands[2] ist das grundlegende Thema und Motiv im gesamten Werk Thomas Bernhards und als positive Wahrheit zugleich philosophische Prämisse seines Schreibens. Unter dem Oberbegriff der Ontologie des falschen Zustands können auch die meisten Anleihen Bernhards bei Philosophie- und Literaturgeschichte zusammengefaßt werden. In dem eingangs zitierten Text heißt es weiter:

*Die Welt als Wille und Vorstellung* des Schopenhauer aus Frankfurt und die Gedichte des Christian Wagner aus Maulbronn waren, geistesentscheidend, die ersten Bücher, die ich (heimlich und freiwillig im Arbeitszimmer meines Großvaters mütterlicherseits) gelesen *und* studiert habe. Alle Bücher, die ich von da an bis heute gelesen und studiert habe, sind, so oder so, *wie*

---

[1] »[In frühester und in rücksichtsloser Beobachtung...]«, zit. nach *WG* 170.
[2] Den Ausdruck ›Ontologie des falschen Zustands‹ entleihe ich bei Th. W. Adorno: »Angesichts der konkreten Möglichkeit von Utopie ist Dialektik die Ontologie des falschen Zustands« (*ND* 22).

*diese zwei Bücher:* die Unmöglichkeit, die Wahrheit zu sagen und (oder) die Unfähigkeit, die menschliche Existenz zu überwinden.«                              (*WG* 170)[3]

Das Mitteilungsproblem und die Überzeugung von der Unvermeidlichkeit des Leidens am Dasein ist der systematische Gesichtspunkt, von dem aus Bernhards Gewährsleute sämtlich miteinander vergleichbar sind, gleich, wie die übrigen metaphysischen und ethischen Akzente gesetzt sind: neben Pascal sind dies vor allem Schopenhauer[4], Montaigne[5], Kierkegaard, Wittgenstein[6] und Novalis[7]; ein Grenzfall ist Stifter[8]. Die von Bernhard am häufigsten zitierten Vordenker hat Dittberner zutreffend als Vertreter einer »Dialektik der Aufklärung« identifiziert.[9] Bernhards philosophische Gewährsleute teilen nicht nur die beiden Grundeinsichten, sondern weisen darüber hinaus eine ganze Reihe von Gemeinsamkeiten auf, darunter auch biographische, die sich in den Lebensgeschichten von Bernhards Protagonisten wiederfinden. Zu diesen Gemeinsamkeiten zählt auch ihr polemisches Verhältnis zur akademischen Philosophie. Sie stellen sich radikal gegen die künstlichen Begriffsungetüme der »Spekulanten«[10] und ihrer »Professoren-Philosophie«[11]. Die Evidenz ihrer Gedanken verdankt sich im Gegensatz zur attackierten Schulphilosophie dem »Ganzen der Erfahrung«.[12] Alle von Bernhard zustimmend zitierten Denker zählen zu den großen Einzelgängern und Außenseitern unter den Gestalten der Philosophiegeschichte. Wie die Privatwissenschaftler in Bernhards Werken leben sie von einer Erbschaft; sie

---

[3] Bernhards Formulierung enthält eine für seinen Stil charakteristische Unschärfe: behandeln diese beiden Bücher dieses Thema oder geben sie unfreiwillig Beispiel der genannten Unmöglichkeit, die Wahrheit zu sagen oder beides? Dadurch bleibt es unentschieden, ob es mehr an den Büchern oder am Leser gelegen hat. Diese Unentschiedenheit hinsichtlich der Ursprungsfrage wird sich als eine systematische Unschärfe der bernhardschen Sprache herausstellen.

[4] Zur Bedeutung Schopenhauers für das Schreiben Thomas Bernhards vgl. G. Jurdzinski, *Leiden* mwN.; H. Gamper, *TB;* sowie unten S. 57f.

[5] Vgl. W. J. Donahue, *Andeutungen* mwN.

[6] Vgl. jeweils mwN. A. Barthofer, *Wittgenstein;* G. B. Mauch, *Korrektur;* Strebel-Zeller, *Verpflichtung* 9; vgl. generell die Literatur zu jenen Werken, in denen Bernhard Elemente der Philosophie (*Gehen*) oder der Biographie Ludwig Wittgensteins verarbeitet hat (*Korrektur, Ritter Dene Voss*). Auf Parallelen zwischen Pascal und Wittgenstein hat Ingeborg Bachmann hingewiesen; vgl. Bachmann, *Wittgenstein* 21, sowie *Sagbares* 113-120.

[7] Vgl. jeweils mwN. H. Zelinsky, *Amras;* M. Jurgensen, *Sprachpartituren;* B. Fischer, *Gehen;* I. Petrasch, *Konstitution;* Steinert, *Schreiben* 107ff.; Graf, *Geschichten.*

[8] Vgl. K. Rossbacher, *Quänger* mwN.; A. Barthofer, *Sprache der Natur;* A. Doppler, *Lebensspannung;* H. Höller, *Radikalisierung.* Stifter ist insofern ein Grenzfall, als er nicht als literarischer Zeuge für die Ontologie des falschen Zustands in Anspruch genommen werden kann, aber in starkem Maße poetische Verfahren und Motive von Bernhards früher Prosa beeinflußt hat. Vgl. Bernhards harsche Polemik gegen Stifter in *Alte Meister.*

[9] H. Dittberner, *Apologie I* 26; ders., *Apologie II* 50.

[10] Kierkegaard mehrfach, meist in direktem Bezug auf Hegel.

[11] Stereotype Scheltvokabel Schopenhauers; vgl. stellvertretend *WWV I* 577-585, *WWV II* 86-95, *SW III* 675-679.

[12] »Das Ganze der Erfahrung gleicht einer Geheimschrift und die Philosophie der Entzifferung derselben, deren Richtigkeit sich durch den überall hervortretenden Zusammenhang bewährt. Wenn dies Ganze nur tief genug gefaßt und an die äußere die innere Erfahrung geknüpft wird [...]« (Schopenhauer, *WWV II* 236).

philosophieren nicht beruflich, sondern aus Berufung. Einzig Wittgenstein brachte es, wenn auch nur unter Schwierigkeiten und außerhalb seines Heimatlandes Österreich, zum Philosophieprofessor, doch hielt auch er sich zeit seines Lebens fernab des Betriebs akademischer Philosophie. Bei Schopenhauer war diese Distanz vom Philosophiebetrieb bekanntermaßen unfreiwillig, darum aber nicht weniger symptomatisch.[13] Wie Pascal sein Denken in Auseinandersetzung mit seinem Antipoden Descartes entwickelte, so überzogen Schopenhauer und Kierkegaard – der Kunst literarischer Polemik neue Horizonte eröffnend – die Systemphilosophie ihres Intimfeindes Hegel mit Spott und beißender Ironie.[14] Alle diese Vordenker sind nicht eigentlich Philosophen, sondern Philosophierende und folgen dem Diktum Pascals: »Sich mokieren über die Philosophie, das heißt wahrhaft philosophieren.«[15] Jeder Akt des Philosophierens folgt einem existentiellen Interesse, z.B. an der Flucht aus dem Dasein in die Abstraktion oder an der Entlastung von der Verantwortung für die eigene Existenz. In diesem Akt äußert sich das lebendige »metaphysische Bedürfnis«. Auf diesen nicht-philosophischen Anfang der Philosophie[16] heften die genannten Philosophen ihr Augenmerk. Damit rückt die ethische Forderung in den Vordergrund, Selbsterkenntnis zu erlangen und sich zur unüberwindlichen Paradoxie der Existenz bewußt zu verhalten. Dieser Imperativ hat eine starke kulturkritische Dimension; er fordert dazu auf, das zu überwinden, was existentielle Besinnung verhindert und Selbstverlust zementiert: Verfallenheit, »Weltlichkeit«[17], Zerstreuung, chimärische Identitäten, Ich-Schwäche. Die Namen von Philosophen, die Buchtitel und Begriffe, die Bernhards Texte durchziehen, stehen nicht für scheinbar interesselos-objektive Denksysteme; sie verraten kein bildungshuberisches *name dropping*, sondern sind Abbreviaturen komplexer Denkprozesse und existentieller Haltungen. Seine Figuren beschwören Autoritäten der Geistesgeschichte als Bürgen für die Authentizität ihrer Stimmungen, Befindlichkeiten und Erfahrungen.

Aufwachsen in Vereinsamung, Außenseitertum, Schwermut, körperliche Gebrechen, Neigung zu Askese und Selbstkasteiung sowie Schreiben als einzigartige Möglichkeit, die eigene Verzweiflung durch Reflexion zu überwinden: diese lebensgeschichtlichen Elemente haben Thomas Bernhards Gewährsleute in auffallendem Maße gemeinsam. Dieser Erfahrungsschatz dürfte sie für den nicht-philosophischen Anfang des Philosophierens besonders sensibilisiert haben.

Zu dieser Konzeption von Philosophie gehört, daß sie auch ihren eigenen Anfang immer wieder hinterfragen muß. Sie steht also nur als gebrochene zur Übernahme be-

---

[13] Kierkegaard rügt Schopenhauers vehementes vergebliches Bemühen um die Anerkennung seitens der akademischen Philosophie als Ausdruck mangelnden Pessimismus'. Er findet Schopenhauers Weltverachtung nicht radikal genug und führt sie auf enttäuschte Eitelkeit zurück; vgl. Eduard Geismar, *Sören Kierkegaard* 585.
[14] Auf die Analogie der Beziehungen zwischen Pascal und Descartes sowie zwischen Kierkegaard und Hegel haben Ewald Wasmuth und Max Bense hingewiesen; vgl. M. Bense, *Hegel* 26f., sowie W. Joest, *Bemerkungen* 85.
[15] Zit. nach W. Weischedel, *Hintertreppe* 131.
[16] Vgl. Ludwig Feuerbach, »Einige Bemerkungen über den ›Anfang der Philosophie‹ von Dr. J.F. Reiff«.
[17] Kierkegaard, *SS* 97f.

reit. Diese Brechung realisiert Bernhard, indem er die verschiedenen Varianten der Ontologie des falschen Zustands als motivisches und thematisches Material der Figurenrede einsetzt. Die dieser Ontologie entnommenen Topoi verwendet Bernhard nicht allein um ihrer Wahrheit willen, sondern als Ausdruck jener Weise, in der sich die Figur zu sich und ihrer Existenz verhält. Vom Wortlaut her ähnliche Philosopheme können dabei im praktischen Selbstbewußtsein einer Figur durchaus gegensätzliche Funktionen haben. Und oftmals erweisen sich in Bernhards Stücken gerade die kulturkritischen Grundthesen der Ontologie des falschen Zustands als solche »klingenden Wort-Schellen« (Nietzsche), mit denen sich das unglückliche Bewußtsein der bernhardschen Figuren von seinem Unglück ablenkt. Diese Ambivalenz kennzeichnet auch das Bild, das Thomas Bernhard von seinem ersten Lese-Erlebnis und vom Lesen überhaupt zeichnet. Zum einen stuft er die Bücher Schopenhauers und Wagners als für ihn »geistesentscheidend« (*WG* 170) ein. Zu dieser Hochschätzung paßt die Schilderung, daß er sie, als Elfjähriger, »heimlich und freiwillig« (ebd.) gelesen habe. Zuvor schildert er jedoch die entgegengesetzte Einstellung zum Lesen: »In frühester und rücksichtsloser Beobachtung derer, die, denkende Charaktere, Hunderten und Tausenden von Schriften und Büchern verfallen und am Ende von diesen Schriften und Büchern vernichtet waren, hatte ich Angst vor dem Lesestoff. Aufgefordert zu lesen, weigerte ich mich bis zum zwölften Jahr« (ebd.).

Die Einsicht in grundsätzliche Probleme der Mitteilung verlangt nach Konsequenzen für die Form des eigenen Philosophierens und Schreibens. So besteht eine weitere Übereinstimmung unter Bernhards philosophischen Gewährsleuten im Fragmentarischen und Aphoristischen in Denkgestus und Schreibweise. Hiervon ist nur Schopenhauer auszunehmen, für den das Mitteilungsproblem die geringste Rolle spielt.

Die inspirierende Kraft des Pascalschen Denkens geht für Bernhard von dessen phänomenologischem Charakter aus, von dem Facettenreichtum der Gleichnisse und exemplarischen Analysen jener alltäglichen Formen, in welchen die menschliche Existenz als paradox und zerrissen erscheint. Die *Pensées* sind ein reicher Fundus zum Teil recht drastischer Beispiele für die fundamentale Unruhe eines Daseins ohne Gott. An diesen Beispielen sowie an Pascals erkenntniskritischen Reflexionen über das Paradox als verwirklichten Widerspruch und über die Figürlichkeit von Sprache knüpft Bernhard an. Für die literarische Verwertung kommt der Philosophie Søren Kierkegaards eine besondere Bedeutung zu. Zentrale Positionen seiner Philosophie dienen nicht allein als Material der Figurenrede, sondern bestimmen auch den Sinn der poetischen Verfahrensweisen und der Handlungsstruktur von Bernhards Theaterstücken. Das stelle ich an drei Elementen der kierkegaardschen Philosophie dar: der Theorie des Selbst und des praktischen Selbstbewußtseins, der Theorie der ›indirekten Mitteilung‹ von Innerlichkeit und an Kierkegaards Auffassung des Humors als existentieller Haltung.

In dieser Arbeit interpretiere ich zentrale Verfahrensweisen und Stilistika Thomas Bernhards wie Musikalität, Widersprüchlichkeit und Andeutung nicht im Hinblick auf ihre Leistungen für die Erkenntnis von (äußerer) Wirklichkeit, sondern primär als ›indirekte Mitteilung‹ von Innerlichkeit und als wirkungsstrategische Verfahren, zu deren Begründung Kierkegaard entscheidende Überlegungen beigesteuert hat. Bestehende Forschungsprobleme können vor diesem Hintergrund aufgelöst werden.

# Thomas Bernhards poetische Rezeption der Philosophie Pascals

Der französische Philosoph, Mathematiker und Physiker Blaise Pascal (1623-1662) gehört zu jenen Denkern und Schriftstellern, die Thomas Bernhard am nachhaltigsten beeinflußt haben. Der Autor selbst betont diesen Einfluß nachdrücklich: seine Figuren beziehen sich ständig auf Pascal, und er stellt seinen Büchern Sentenzen Pascals als Motti[18] voran. Während andere Einflüsse erst nach und nach zur Geltung kommen, sind bereits die frühen Arbeiten Bernhards aus den fünfziger Jahren stark vom Denken Pascals inspiriert.[19] Die stärksten Einflüsse übt das Denken Pascals durch die in den *Pensées* enthaltene Phänomenologie paradoxen Daseins aus, und zwar auf Bernhards erzählerisches Werk wie auf seine Theaterstücke. Die in diese Phänomenologie eingebettete religiöse Konzeption spielt hingegen kaum eine Rolle. Das gilt auch für Bernhards Bezugnahmen auf Kierkegaard. Für seine Lyrik und für seine vor 1963 erschienene Prosa ist es noch umstritten, inwiefern die hierin zum Ausdruck kommende und mit dem Denken Pascals verbundene religiöse Problematik den jungen Thomas Bernhard tatsächlich bedrängt hat oder ob er das Motiv der entgötterten Welt aus anderen Gründen übernimmt.[20] Für das spätere Werk und insbesondere für die Theaterstücke ist eine spezifisch religiöse Motivierung mit Sicherheit auszuschließen.

Thomas Bernhard knüpft vor allem an eine Grundfigur des Philosophierens an, die allen Schriftstellern, die ihn beeinflussen, gemein ist. Sie entwickeln ihre metaphysi-

---

[18] Von Pascal stammen auch die meisten der Motti, die Bernhard seinen Werken vorangestellt hat (*V*, *Atem*, *AZ*, *Berg*, *Der Schweinehüter*). Zum Vergleich: von Novalis stammen vier Motti (*A*, *Bil*, *Kälte*, *IW*), ebenso von Voltaire (*Kind*, *H*, *Pr*, *Wv*), von Montaigne zwei (*Keller*, *Aus*), von Kierkegaard nur eines (*AM*).

[19] Zu Einflüssen Pascals auf das Frühwerk Bernhards vgl. Manfred Mixner, *Leben* 74, 78ff., Anm. 22, 23, 45; zu Einflüssen in Bernhards Geschichte *Der Schweinehüter* aus dem Jahre 1956 vgl. Bernd Seydel, *Vernunft* 27-32. – Insgesamt gibt es in der Forschungsliteratur nicht mehr als Hinweise auf das Verhältnis Bernhards zu Pascal. Nur Erich Jooß (*Aspekte*, zweites Kap.) behandelt ausführlicher die religiöse Komponente.

[20] Zu Beschaffenheit und Geschichte dieses Motivs vgl. Karl S. Guthke, *Die Mythologie der entgötterten Welt* mwN. Man kann die Geschichte des neuzeitlichen Motivs der entgötterten Welt bei Pascal einsetzen lassen, der, an der Schwelle von Rationalismus und Vernunftkritik sowie in dezidierter Opposition zu allen Gottesbeweisen, den Glauben als Inkommensurabilität vorführt. Für Lucien Goldmann ist Pascal darum »der erste Philosoph der Tragödie« (*Gott* 86). »Ein *innerweltliches* Bewußtsein, das einzig und allein von der Forderung nach Totalität bewegt wird und dabei einer fragmentarischen Welt gegenüber steht, die es notwendig ablehnt, einer Welt[,] zu der es gehört und über die es zugleich hinausgeht, eine *immanente Transzendenz* und eine *transzendente Immanenz*: das kennzeichnet die paradoxe und nur durch Paradoxe erklärbare Situation des tragischen Menschen« (Goldmann, *Gott* 87). »Auf unmittelbar innerweltlicher Ebene verbleibt lediglich die ungeheure Spannung zwischen einer radikal unzulänglichen Welt und einem Ich, das sich in eine absolute Authentizität hineinbegibt« (aaO. 91). – Kontroverse Positionen bezüglich der Frage, ob Bernhards frühe Pascal-Rezeption auch religiös motiviert gewesen sei, beziehen Mixner, *Leben* Anm. 45, und Seydel, *Vernunft* 27-32.

schen Fragestellungen aus alltäglichen Phänomenen menschlichen Daseins. Die Sinnwidersprüche des täglichen Lebens provozieren ein Erklärungsbedürfnis, das die wissenschaftliche Rationalität der Neuzeit nicht befriedigt. Einer der ersten Kritiker instrumenteller Vernunft ist Pascal. Als bedeutender Mathematiker, Naturwissenschaftler und Erfinder ist er weit entfernt von vordergründiger Zivilisationsskepsis und Technikfeindschaft, wenn er die Kälte und Leere registriert, welche die Ideologie totaler naturwissenschaftlicher Erklärbarkeit am entgötterten Himmel hinterlassen hat.[21] Die in den *Pensées* aufgedeckten Paradoxien des Daseins erzeugen, was Schopenhauer später »metaphysisches Bedürfnis«[22] nannte. Es äußert sich in metaphysischen Fragen, auf die Pascal mit seiner Anthropologie und Apologie des Christentums Antwort geben will. Hugo Friedrich paraphrasiert den pascalschen Ansatz: »Bricht die Ahnung der Transcendenz in uns ein, so bricht sie als Triumph der Widersprüche [einer selbstgewissen, aber unzureichenden Vernunft] in uns ein.«[23] Pascal durchsetzt die Denkbewegung seiner Phänomenologie stets mit Vernunftkritik[24] und insistiert in entschiedener Opposition gegenüber rationalistischen Gottesbeweisen auf der Inkommensurabilität von Glauben und instrumenteller Vernunft.[25]

## Pascals Phänomenologie paradoxen Daseins

Innerhalb des didaktischen Konzepts der *Pensées* haben Pascals Analysen paradoxen Daseins[26] einen eher propädeutischen Charakter. Im Zentrum dieses unvollendeten Buches sollten Anthropologie und Apologie des Christentums stehen. Die Fragmente der *Pensées* sind vorwiegend dialogisch gehalten. Insbesondere die apologetischen

---

[21] Vgl. Bernhards Rede *Mit der Kälte nimmt die Klarheit zu.*
[22] Vgl. Schopenhauer, *WWV I* 118-136 (§ 15), *WWV II* 206-243 (Kap. 17).
[23] Hugo Friedrich, *Pascals Paradox* 355.
[24] Pascals *Pensées* enthalten eine Kritik des *esprit de géométrie*, dem er die (komplexen) Vermögen des Herzens (*cœur*) entgegensetzt: »aber die Wissenschaft von den Sitten wird mich stets über die Unwissenheit in den äußeren Wissenschaften hinwegtrösten« (*R* 208, *B* 67). – »Ich habe lange Zeit mit dem Studium der abstrakten Wissenschaften verbracht; und die geringe [Möglichkeit; d. Hrsg.] der Mitteilung, die man darin haben kann, hat sie mir verleidet. Als ich mit dem Studium des Menschen begann, habe ich gesehen, daß diese abstrakten Wissenschaften dem Menschen nicht gemäß sind und daß ich mich durch mein Eindringen in sie über meinen Zustand mehr getäuscht habe als die andern, indem sie nichts davon wußten« (*R* 209, *B* 144). – *Zur Zitierweise*: Aus den *Pensées* Pascals wird nach der deutschen Ausgabe von Wolfgang Rüttenauer (Sigle *R* plus Nummer des Fragments) unter Beifügung der Fragmentzählung nach der französischen Ausgabe von Brunschvicg (1953, 20. Auflage, Sigle *B*) zitiert. Nur gelegentlich wird die abweichende Übersetzung durch Ewald Wasmuth (Sigle *W*) mit herangezogen.
[25] Nicht um den »Gott der Philosophen« geht es Pascal, sondern um den »Gott Abrahams, Isaaks und Jakobs«, wie er im *Mémorial* schreibt, und um die Mittlerschaft Jesu Christi, die keiner Beweise bedürfe; vgl. Guardini, *Bewußtsein* 49-59; Rehm, *Experimentum* 9.
[26] Zum folgenden vgl. besonders Hugo Friedrich, *Pascals Paradox*, sowie Irène Kummer, *Pascal*.

Aphorismen zeigen ein Wechselspiel von Argumenten für und wider den Glauben. Der didaktischen Anlage entsprechend dominieren krasse Formulierungen, drastisch zugespitzte Beispiele, mitunter auch groteske Überzeichnungen; zugleich argumentiert Pascal aber immer auf der Ebene des *honnête homme*, des ehrenwerten und gebildeten, aber glaubenslosen Bürgers. Der zum Glauben Gelangte führt gleichsam einen Dialog mit seinem früheren Selbst, indem er versucht, aus den vom *honnête homme* respektierten Standards (Rationalität und Erfahrungen) die unausweichliche Erklärungsbedürftigkeit des Daseins zu entwickeln.[27] In immer wieder neu ansetzenden, Exempel und Gleichnisse aneinander reihenden Fragmenten entfaltet Pascal aus der ›Natur des Menschen‹ und seiner ›Stellung im Weltall‹[28] Facetten des Daseinsparadox' um zu zeigen, daß es dem »natürlichen Menschen« nicht möglich sei – zumindest nicht ohne Selbstwiderspruch[29] –, sich die letzten Fragen nicht zu stellen. Seine Methode ist »die des psychologischen Analytikers«.[30] Der Maieutik Kierkegaards vergleichbar, treibt Pascal nun durch »pädagogische Mimesis« (Hugo Friedrich) den *honnête homme* in Paradoxien hinein, die dessen Alltagsverstand selbst produziert und die seine Selbstgenügsamkeit und Ruhe als Täuschung entlarven. Pascals paradoxe Grundfigur ist die folgende: Betrachtet man die Situation des Menschen von den extremen Daseinsformen her, so erscheint er aus der Perspektive des unendlich Kleinen als Koloß, als Alles, aus der Perspektive des unendlich Großen als Nichts. Der Mensch ist nicht *entweder-oder*, sondern *sowohl-als-auch* Nichts und Alles.[31] Es ist immer wieder diese paradoxe Sowohl-als-auch-Struktur, die Pascal nachzuweisen sucht. Für Pascal ist die Figur des Paradoxons nicht bloß rhetorischer Aufmerksamkeitserreger, sondern entspricht der Struktur des menschlichen Daseins, das bestimmt ist durch das gleichzeitige Vorliegen unvereinbarer Gegensätze. Das Paradox repräsentiert einen verwirklichten Gegensatz und nicht bloß einen, der an beliebige, wahl-

---

[27] Vgl. A. Béguin, *Pascal par lui-même*, Paris 1952, S. 37: »Zur Stunde, da Pascal die *Pensées* schreibt, ist er bereits über die Angst hinausgelangt, selbst wenn man annehmen will, daß er ihr früher ausgesetzt war, oder selbst wenn man bloß in der Phantasie neudurchlebt, um sie seinen Leser mitfühlen zu lassen« (zit. nach Steinmann, *Pascal* 399f.). – Nicht immer sind die einzelnen Fragmente zweifelsfrei entweder dem Bekehrten oder dem Atheisten zuzuordnen. Bei den Angstschreien und Bekenntnissen existentiellen Schauders wie dem berühmten Ausspruch, »Das ewige Schweigen dieser unendlichen Räume macht mich schaudern« (*W* 36, *B* 206), den Thomas Bernhard zum Motto von *Verstörung* wählte, handelt es sich aber eindeutig um einen Ausruf des fiktiven atheistischen Dialogpartners Pascals; vgl. Kummer, *Pascal* 36f.
[28] So lauten zwei Kapitel-Überschriften der Rüttenauer-Ausgabe der *Pensées*: »Die Natur des Menschen« und »Der Mensch im Weltall«.
[29] »Ich behaupte im Gegenteil, daß man grundsätzlich, als menschliches Anliegen und als Anliegen der Selbstliebe, dieses Gefühl haben muß« (*R* 1, *B* 194). – »Der Anreiz des Wissens ist also stets gegenwärtig, und wir erfüllen nur richtig, wenn wir ihm nachgeben und uns keine bequeme Indolenz angesichts der Erkenntnisgrenzen erlauben. Uns ist also auch der Ausweg des Nicht-Wissens verschlossen« (Friedrich, *Pascal* 341).
[30] Ernst Cassirer, *Pascal* 518. »Die Grundtatsachen, von denen auszugehen ist, gilt es in uns selbst zu entdecken und herauszuheben; die Fragen treten nicht von außen an uns heran, sondern sie sind uns durch die Widersprüche unseres eigenen Wesens zwingend aufgegeben« (ebd.).
[31] Vgl. L. Goldmann, *Gott* 80ff., 294ff.

weise vom Betrachter einzunehmende Perspektiven gebunden wäre. Die Natur des Menschen ist eine zusammengesetzte, eine *nature composé*.[32] Für Pascal, dem es die Zerrissenheit als Einheit zu denken gilt, besteht eine grundsätzliche Schwäche der Philosophie darin, dieses Sowohl-als-auch nicht denken zu können.[33]

>»Dieses Doppelwesen des Menschen ist so offensichtlich, daß es Leute gibt, die gemeint haben, wir hätten zwei Seelen. Ein einfaches Subjekt erschien ihnen unfähig eines derartigen und so plötzlichen Wechsels von einer maßlosen Überhebung zu einer furchtbaren Niedergeschlagenheit des Herzens.«
>                                                                          (R 132; B 417)

Aus der Gleichzeitigkeit der unversöhnlichen Gegensätze und aus der Unvermeidbarkeit des Erkenntnisantriebs entspringt die *Unruhe des Daseins*. Zwischen den Extremen, die die Natur des Menschen definieren, existiert keine positiv gegebene Mitte, kein vom Individuum besetzbarer Ort. Ein statisches Gleichgewicht zwischen den dynamischen Antithesen stellt sich höchstens scheinhaft her, als Netzhauttäuschung, wie Pascal gleichnishaft erläutert.[34] Die einander opponierenden Extreme beruhen aufeinander; der Mensch ist elend und groß, groß aber nur, indem er, ein »denkendes Schilfrohr«[35], sein Elend erkennt.[36] Wendet sich das Individuum in die Richtung des einen Extrems, des einen Unendlichen, so verstärkt sich dadurch die Anziehungskraft des opponierenden Unendlichen.[37] Es vollzieht sich der Umschlag ins andere Extrem.[38]

Doch nicht nur im Bereich anthropologischer Bestimmungen des Menschen bringt Pascal alle festen Maßstäbe ins Wanken, sondern auch im Bereich intuitiver und wis-

---

[32] Vgl. *R* 302, 316; *B* 125, 72; vgl. Kummer, *Pascal* 39.

[33] Vgl. Friedrich, *Pascal* 348.

[34] Pascal spielt auf die Möglichkeit einer optischen Täuschung an, wie sie vorliegt, wenn ein mit großer Geschwindigkeit bewegtes Licht den Eindruck einer ruhenden Linie hervorruft; *Pensées R* 745, *B* 353; vgl. Friedrich, *Pascal* 342f.

[35] *R* 127, 128; *B* 348, 347.

[36] »Die Größe des Menschen ist groß darin, daß er sein Elend erkennt. Ein Baum erkennt sein Elend nicht« (*R* 123; *B* 397; vgl. *R* 124, 126; *B* 416, 346). – »Durch die Ausdehnung umgreift mich das Weltall, und verschlingt mich wie einen Punkt; durch den Gedanken umgreife [und begreife (»*comprendre*«), vgl. Anm. d. Hrsg.] ich es« (*R* 127; *B* 348). – Natürlich ist auch das Denken nicht frei von paradoxen Bestimmungen; es ist nicht nur groß, sondern auch mit Mängeln behaftet, die es zur Lächerlichkeit werden lassen (vgl. *R* 131; *B* 365).

[37] Vgl. Goldmann, *Gott* 309; Dies ist ein äußerst wichtiger, für die Beurteilung vieler Beispiele Pascals entscheidender Gedanke, erstens da das Verfehlen der Mitte nicht allein individueller Maßlosigkeit zuzuschreiben ist, zweitens da das Einnehmen der Mitte, sofern überhaupt möglich, nicht die Spannung zwischen den Extremen reduziert; vgl. *Pensées R* 303-305; *B* 71, 96, 381. – In geradezu halsbrecherischer Dialektik dient diese Denkfigur Pascal dazu, menschliche Tugend nicht auf etwas seinerseits Positives, sondern auf das Gleichgewicht opponierender Laster zurückzuführen: »Wir behaupten uns nicht aus eigener Kraft in der Tugend, sondern durch das Gegengewicht zweier entgegengesetzter Laster, so wie wir uns zwischen zwei entgegengesetzten Winden aufrecht erhalten: Nehmt eines der beiden Laster weg, und wir fallen in das andere.«

[38] *R* 213, *B* 358, *W* 154: »Der Mensch ist weder Engel noch Tier, und das Unglück will es, daß wer einen Engel aus ihm machen will, ein Tier aus ihm macht.« Vgl. hierzu Kummer, *Pascal* 40.

senschaftlicher Selbstbestimmung. Auch auf dieser Ebene wiederholt sich die Grundfigur von Pascals Paradox: Der Mensch weiß zuwenig, um absolut zu wissen, aber zuviel, um absolut nichts zu wissen.[39] Ein steter Erkenntnisreiz verwehrt den Ausweg des Nicht-Wissens. Im Fragment *B* 72 zeigt Pascal, wie »die Unendlichkeits-Vorstellungen des natürlichen Menschen« in folgerichtiger Durchführung »ganz von selbst zur Zerknirschung des Menschen werden müssen«[40]: hinter dem scheinbar Kleinsten, so versichert Pascal, gibt es immer ein noch Kleineres, hinter dem scheinbar Größten ein noch Größeres.

»Diese ganze sichtbare Welt ist nur ein kaum wahrnehmbarer Strich im weiten Schoße der Natur. Keine Vorstellung kommt ihr nahe. Wir mögen unsere Fassungskraft noch so sehr über die Grenzen dieser vorstellbaren Räume hinaus aufblasen, wir werden nur Atome hervorbringen im Vergleich zur Wirklichkeit.«
»Wer sich so betrachtet, wird vor sich selbst erschrecken, und wenn er bedenkt, wie er in der Stoffmasse, welche die Natur ihm gegeben hat, zwischen diesen beiden Abgründen des Unendlichen und des Nichts existiert, wird er beim Anblick solcher Wunder erzittern.« (*R* 313; *B* 72)

Die Konsequenz ist, daß sich alle Orientierungen und Dimensionen auflösen und daß der Mensch sich selbst fremd und unbegreiflich wird. Unüberhörbar klingt in diesem wichtigen Fragment *B* 72 das Motiv des scheiternden *experimentum suae medietatis* an.[41] Der unvermeidliche Antrieb zur Erkenntnis führt den glaubenslosen Menschen immer wieder in Paradoxien und dadurch zur Einsicht in die Brüchigkeit der scheinbaren Fundamente[42] und in die Zufälligkeit seiner Existenz; der Antrieb zur Erkenntnis bringt die Grenze der Erkennbarkeit zu Bewußtsein, wo er nicht den Zusammenbruch bisheriger und für sicher gehaltener Erkenntnisse bewirkt.

Pascals Analysen des von Unruhe, Zerrissenheit und Vereinzelung bestimmten menschlichen Daseins werden freilich erst im Kontext des religiösen Fundaments seiner Anthropologie voll verständlich. Die fundamentale Unruhe des Daseins denkt Pascal als verursacht durch den Abfall von Gott, durch den Sündenfall. Das Dogma der Erbsünde attestiert dem Menschen eine ursprüngliche Vollkommenheit in Gott, von der ihm eine »leere Spur« geblieben ist.[43] Den Menschen sind »unaustilgbare

---

[39] *Pensées R* 315; *B* 72; vgl. Goldmann, *Gott* 310.
[40] Vgl. Friedrich, *Pascal* 340.
[41] Vgl. Rehm, *Experimentum*; Guthke, *Mythologie*.
[42] Jemand »wird vielleicht denken, er habe die äußerste Kleinheit der Natur erreicht. Ich will ihm darin einen neuen Abgrund zeigen. [...] Er soll darin eine Unendlichkeit von Welten sehen.« Der Mensch »ist ebenso unfähig, das Nichts zu sehen, aus dem er gezogen ist, wie die Unendlichkeit, von der er verschlungen ist« (*R* 313, *B* 72). – »Das ist der Zustand, der uns natürlich ist und trotzdem zu unseren Neigungen im größten Widerspruch steht; wir verbrennen vor Sehnsucht, einen festen Ort und ein endgültiges Fundament zu finden [...]; aber alle unsere Fundamente bersten und die Erde tut ihre Abgründe auf. – Suchen wir also weder Sicherheit noch Festigkeit: Unsere Vernunft wird von der Unbeständigkeit der Erscheinungen beständig betrogen« (*R* 315, *B* 72). – Auch hier ist wieder darauf hinzuweisen, daß »Vernunft« bei Pascal ungefähr dem Kantischen »Verstand« entspricht, während die Leistungen von Kants Vernunftbegriff bei Pascal am ehesten dem Bereich des Herzens (*cœur*) zugeordnet werden könnte.
[43] *R* 225; *B* 425. Das Elend des Menschen ist »das Elend eines entthronten Königs« (*R* 121; *B* 398).

Spuren der Vollkommenheit« (*R* 228; *B* 435) und »eine ohnmächtige Ahnung vom
Glück ihrer ersten Natur« (*R* 227; *B* 430) geblieben, die das tiefe Ungenügen mit der
zweiten, auf gesellschaftlichen Gewohnheiten beruhenden Natur verursachen. Dieses
Ungenügen ist für Pascal einzig und allein aus der Perspektive des Verlusts verstehbar.[44] Nach Pascal haben wir »eine Vorstellung vom Glück und können es nicht erreichen; wir fühlen ein Bild der Wahrheit und besitzen nur die Lüge, wir sind unfähig
des absoluten Nicht-Wissens und der sicheren Erkenntnis«[45]. Glück und Wahrheit
müssen wir außerhalb unserer selbst suchen, doch kommt diese Suche nach dem Abfall von Gott an kein Ende. Aufgrund seiner »transzendentalen Obdachlosigkeit«
(Lukàcs)[46] findet der Mensch an sich selbst und an seinen Mitmenschen nur schalen
Ersatz.[47] Der Mensch überhebt sich beim Versuch, die ursprüngliche Vollkommenheit
aus eigener Kraft zu erreichen (Kummer 137).

Die Doppelnatur des Menschen von Anreiz und Unvermögen, Größe und Elend,
hervorgerufen durch die »uranfängliche Entzweiung« des Sündenfalls (Cassirer 519),
verurteilt ihn zu einer unabschließbaren, paradoxen Dauerbewegung: der Mensch
strebt danach, jene ursprüngliche Ruhe wiederzuerlangen, die ihm sein Dasein in Gott
gewährte, doch er versucht gleichzeitig, vor der tatsächlich erreichbaren Ruhe zu fliehen. Mit dem Dogma der Erbsünde erklärt Pascal die Differenz zwischen Ursprung
und Surrogat, hier zwischen ursprünglicher Ruhe und jener faktisch erreichbaren
Ruhe, die als bloßes Fehlen von Ablenkungen stets wieder in Langeweile und Unruhe
umschlägt. Pascal hat entdeckt,

»daß das ganze Unglück der Menschen aus einer einzigen Ursache kommt: nicht ruhig in einem
Zimmer bleiben zu können.«                                                                           (*R* 178; *B* 139)

Vor solcher Ruhe, welche Gelegenheit zur Selbsterkenntnis und zur Ansicht des Todes, des eigenen Elends, der abgründigen Leere böte, flieht der Mensch in Zerstreuung (*divertissement*); er konstruiert sich ein eingebildetes Selbst bzw. Sein (*être imaginaire*)[48], sucht Ablenkung bei Spiel, Jagd, Theater und verfolgt allerlei vorgeschobene Scheinziele, bei denen es sich stets um eine (notwendige) »Verkehrung des ontologischen Zieles« (Kummer 137), nämlich der Wiedererlangung einer paradiesischen Einheit in Gott, handelt. Statt in ersehnte Ruhe führt die Verwirklichung der

---

[44] Das Ungenügen gilt Pascal damit als Beweis seiner »historischen Erklärung« durch das Dogma der Erbsünde (vgl. *R* 120, 122; *B* 409, 411). »Das ist der Zustand, in dem die Menschen heute sind. Es bleibt ihnen eine ohnmächtige Ahnung vom Glück ihrer ersten Natur, und sie sind untergetaucht in die Armseligkeit ihrer Verblendung und ihrer Begehrlichkeit, die ihre zweite Natur geworden ist. – Durch dieses Prinzip, das ich euch eröffne, könnt ihr die Ursache von so vielen Widersprüchen erkennen« (*R* 227; *B* 430).

[45] *R* 336, vgl. 340; *B* 434 vgl. 229.

[46] Lukàcs, *Theorie des Romans* 32.

[47] *R* 196; *B* 464; vgl. Kummer, *Pascal* 135, 143.

[48] Vgl. bes. Kummer, *Pascal* 152-163. In diesem Kontext gehört auch das Fragment *W* 89 (*R* 176; *B* 168), welches Thomas Bernhard seiner autobiographischen Erzählung *Der Atem* als Motto vorangestellt hat: »*Zerstreuung*. Da die Menschen unfähig waren, Tod, Elend, Unwissenheit zu überwinden, sind sie, um glücklich zu sein, übereingekommen, nicht daran zu denken.«

Ersatzziele regelmäßig in bohrende Langeweile (Friedrich 352). Aus den »entgegen-gesetzten Instinkten«, dem Streben nach Ruhe und Unrast, bildet sich »ein verworre-ner Trieb« (*R* 181; *B* 139):

>»der [verworrene Trieb] treibt sie dazu, durch die Unrast zur Ruhe zu streben, und sich stets einzubilden, daß die Befriedigung, die sie nicht haben, ihnen zuteil werden wird, wenn sie eini-ge Schwierigkeiten, die sie vor sich haben, überwinden und sie sich so das Tor zur Ruhe öffnen können.
>So verströmt das ganze Leben. Man sucht die Ruhe, indem man einige Hindernisse bekämpft; und wenn man sie überwunden hat, wird die Ruhe unerträglich durch die Langeweile, die sie erzeugt.«                                                      (*R* 181; *B* 139)

Da die erreichbare Ruhe immer nur ihren Surrogatcharakter bewußtmacht, sucht der Mensch in Wahrheit die Bewegung, nicht das Ziel; er sucht die Suche, nicht das Ge-suchte; den Kampf, nicht den Sieg.[49] Die Selbsttäuschung des Menschen über diesen Umstand ist jedoch notwendige Bedingung für das Funktionieren der Zerstreuung (*R* 181; *B* 139). Durch die Verschiebung der Zielrichtung und durch die Verblendung des Menschen, die ihn diese Verschiebung verkennen läßt, werden seine Handlungen zu den grotesken Szenen und gespenstischen Aktionen jener theatralischen Veranstal-tung, als die Pascal das Leben des Menschen ohne Gott analysiert.[50] In den zahlrei-chen Exempeln, die Pascal für die Überwältigung der Vernunft durch Einbildung und Begehrlichkeit gibt, erhält die paradoxe Anthropologie der *Pensées* eine zeit- und kulturkritische Dimension.

Durch Pascals ›historische Erklärung‹ (Friedrich 356) des Abfalls aus der ur-sprünglichen Vollkommenheit, durch den unhintergehbaren Akt der Spaltung von Gott wird die Denkfigur des Paradoxons universell gültig, d.h. der christliche Glaube und das Dogma der Erbsünde machen das Daseinsparadox zwar verständlich, vermö-gen es aber nicht zu überwinden; die paradoxe Zerrissenheit wiederholt sich im *Glau-bensparadox*, im Paradox von der Erkennbarkeit und Nicht-Erkennbarkeit Gottes, im Paradox seiner gleichzeitigen Offenbarung und Selbst-Verbergung.[51] Hugo Friedrich schematisiert den Gedankengang der *Pensées* Pascals folgendermaßen:

>»*Erster* Schritt des Denkens: ich stelle die menschlichen Widersprüche fest, aber nur als glau-bensloser Mensch; es ergibt sich: der Mensch ist groß *und* klein, – ein Satz, welcher schon die üblichen definitorischen Gleichungen übersteigen muß. *Zweiter* Schritt: ich frage nach der Er-klärung dieses Ergebnisses. Es bietet sich mir das unerklärliche Mysterium des Sündenfalls. Ich glaube daran. *Dritter* Schritt: ich setze, als Gläubiger, das Mysterium in die Rechnung ein, ge-lange zu einer historischen Erklärung, verlasse aber damit von neuem den Boden der Logik. Ich *erkläre* mit Hilfe des *Unerklärlichen; ich glaube*, um zu *wissen; ich übersteige* den Menschen, um den Menschen zu *erfassen*. Es bleibt mir also nichts übrig als der endgültige Verzicht auf die logische (cartesianische) Klarheit.«                           (H. Friedrich, *Pascal* 357)

---

[49] Vgl. *R* 181, 184; *B* 139, 135.
[50] Vgl. Kummer, *Pascal* 136ff., 157ff.
[51] Vgl. Friedrich, *Pascal* 349. Nur im Lichte des Glaubensparadoxons wird auch Pascals Theo-rie der Wette voll verständlich; vgl. Friedrich 360f.

## Übereinstimmungen und Differenzen

Die Übereinstimmungen zwischen den *Pensées* Pascals und den Werken Bernhards sind durchaus vielfältig. An stilistischen Parallelen wären folgende zu nennen: Gebrauch von Neologismen, kalkulierte Verstöße gegen bestimmte sprachliche Normen[52], Wiederholung als Methode[53]. Eine ganze Reihe von Merkmalen des Pascalschen Stils läßt sich unter die von Thomas Bernhard geprägte Formel der »Auflösung aller Begriffe« fassen: es handelt sich um mehrfache Wortwiederholung bei gleichzeitiger Sinnverschiebung, welche die engeren Begriffskonturen tendenziell auflöst[54]; die paradoxe Definition eines Begriffs durch seinen semantischen Opponenten, was zur überraschenden Umwertung beider Ausdrücke führt[55]; scheinbar sinnlose Tautologien[56], die zu einer nicht-banalen, eine Begriffsunterscheidung einführenden Lektüre auffordern. Häufig ist der Sinnwiderspruch, mit dem diese Stilistika die rhetorische Qualität steigern, begrifflich auflösbar; er beruht auf einem stillschweigenden äquivoken Wortgebrauch, der in einer bestimmten Konstellation widersprüchlich wird. Paradoxien dieser Art wären durch Begriffsdissoziation und Fallunterscheidung aufzulösen.[57] Für Bernhards Pascal-Rezeption und seine eigene Schreibweise ungleich wichtiger sind jedoch Paradoxa, die in Fällen gewohnheitsmäßigen Begriffsgebrauchs in überraschender Weise einem gewohnten Urteil[58] zuwiderlaufen, indem sie den Gegenbegriff ins Spiel bringen. Wenn Pascal und Bernhard beispielsweise Natur in Gewohnheit (Gesellschaft und Geschichte eingeschlossen) und Gewohnheit in Natur[59] auflösen, dann ersetzen sie – und dies ist das Entscheidende – nicht einen vorgeblichen Schein durch eine Eigentlichkeit, durch eine Hinterwelt, sondern verweisen auf die jeweils komplementäre, entgegengesetzte Wahrheit, die nur verdeckt geblieben war. Wie die Begriffe, welche Pascal im Rahmen seiner paradoxen Konzeption als nichtidentische denkt, so ist immer auch die Wahrheit, die in den transitorischen Momenten (vgl. vom Hofe / Pfaff 35) der Begriffsauflösungen und -umwertungen aufblitzt, in sich gespalten: Pascal insistiert auf der gleichzeitigen Geltung der *vérités opposées*. Diese Nichtidentität sorgt aber nicht nur für eine bloß begriffliche Irrita-

---

[52] Vgl. Kummer, *Pascal* 303ff.
[53] Kummer, *Pascal* 312ff., 334ff.
[54] Vgl. z.B. die Verwendung des Wortes »verrückt« (*R* 160; *B* 414; vgl. Kummer, *Pascal* 319).
[55] Vgl. z.B. Pascals Gedanken über den Zusammenhang von Torheit und Weisheit (*R* 605, 606; *B* 587, 588); vgl. Friedrich, *Pascal* 359f.; vgl. Kummer, *Pascal* 316. Friedrich spricht von einer Definition, »die verdunkelnd erhellt« (354). Vgl. *B* 392, 567; *R* 335, 332.
[56] »Die Natur des Menschen ist ganz Natur« (*R* 107; *B* 94).
[57] Zur »Dissoziation der Begriffe« als Verfahren zur Auflösung terminologischer Unvereinbarkeiten vgl. Ch. Perelman, *Rhetorik* 130ff.
[58] Henning Schröer übersetzt den griechischen Ursprungsbegriff mit »gegen das Vorverständnis« (*Denkform* 29).
[59] Erst durch den Verlust der wahren Natur des Menschen (*R* 109; *B* 426) werden Natur und Gewohnheit für Pascal analytisch ineinander auflösbar (*R* 110; *B* 93). Erst durch den Verlust ursprünglicher Vollkommenheit wird der Mensch in die, dialektisch gedachte, Naturgeschichte gestoßen. Entsprechende paradoxe Begriffsauflösungen begegnen bei Bernhard allenthalben: z.B. »Die Natur / ist die größte Künstlichkeit« (*IK* 83).

tion, sondern ist Reflex auf die Zerrissenheit der naturgeschichtlichen Existenz des Menschen selbst. Pascals Paradox »ist die Antwort der Klarheit auf das Vorhandensein der Unklarheit« (Friedrich 366). Das Prinzip des Widersprechens hat damit schon für sich genommen didaktischen Wert; Pascal widerspricht seinem fiktiven Gegenüber »immer, bis er begreift, daß er ein unbegreifliches Ungeheuer ist« (*R* 214; *B* 420).

Ohne diesen Aspekt vertiefen zu wollen, sei auf Ähnlichkeiten in der argumentativen Struktur hingewiesen. Bei Pascal wie bei Bernhard findet sich eine charakteristische Fragmentarik[60], die sich aus der Spannung von Analogie und Diskontinuität (vgl. Kummer 52-82) ergibt und ein ständiges Changieren zwischen Einzelfall und allgemeiner These sowie zwischen sachlich unabhängigen, aber analog strukturierten Wirklichkeitsbereichen erlaubt. Eine weitere Parallele besteht in der Spannung zwischen Thema und Gestus, also zwischen grellem Sinnwiderspruch und kühl analysierendem, auf Präzision und Distanz bedachtem Ton. Mit der Wahl des Präsens und der Ersten Person Plural betonen Pascal und Bernhard die Gleichnishaftigkeit ihrer Exempel.

Spezifischer als die stilistischen Ähnlichkeiten sind Bernhards Anlehnungen an zentrale Inhalte der *Pensées*. Bernhard knüpft sowohl hinsichtlich des thematischen Materials der dramatischen Rede als auch hinsichtlich der Motorik der Bühnenhandlung an phänomenale Befunde von Pascals Anthropologie an. Was Pascal als Ursache allen menschlichen Elends gilt, nämlich »nicht ruhig in einem Zimmer bleiben zu können« (*R* 178; *B* 139), entspricht der elementaren Versuchsanordnung der Theaterstücke Bernhards, so daß man sie in dieser Hinsicht als Dramatisierung von Gedanken Pascals über die Unruhe des Daseins bezeichnen kann. Die zyklischen Wechsel zwischen Ruhe und Unruhe, absoluter Evidenz und Verstörung, Zerstreuung und Schauder, Erleiden von tatsächlichen und Angst vor kommenden Schmerzen oszillieren Bernhards Figuren zwischen den extremen Polen des »verworrenen Triebs«: »das Abstoßende zieht uns an« (*Jg* 59), wie die Figur des Schriftstellers das paradoxe Handlungsschema in der unübertrefflichen Prägnanz der Katachrese zum Ausdruck bringt. Durch die Verworrenheit des Triebes werden alle Sinnsetzungen zum Ersatz und insofern zwiespältig;[61] das gilt sowohl für den mit nonverbalen Handlungen als auch für den mit Sprechakten gesetzten Sinn. Die Beispiele Pascals sind wie jene,

---

[60] Zum grundsätzlichen Unterschied zwischen der Fragmentarik Pascals und der der Romantik vgl. Romano Guardini, *Einführung* VIIIff., sowie ders., *Pascal* 15ff.

[61] Da Bernhard nicht Pascals historische Erklärung aus dem Dogma der Erbsünde übernimmt, läßt sich auch nicht sagen, wofür der Ersatzsinn in Handlungen und Sprechakten Ersatz ist. Es ließen sich hier Verbindungen zum poststrukturalistischen Theorem unendlicher Verschiebung und des »Simulacrums« knüpfen. – Nicht nur positiv besetzte Ziele, sondern auch Irritationen und Ängste besitzen Surrogatcharakter. In Bezug auf eine Episode in Bernhards Erzählung *Gehen*, nämlich den Vorfall im Rustenschacherschen Laden, weist Gamper (*TB* 26) zutreffend darauf hin, »daß jede Vorstellung stellvertretend gebraucht ist für eine Irritation, deren Ursache der aktuelle Anlaß nicht ist. Die je besondere Vorstellung ist Ersatzobsession, Ersatzirritation, und es kann darum irgend eine andere für sie einspringen.« Im Karussell der Ablenkungen stürzt sich Karrer auf jede neue Irritationsmöglichkeit, um von der momentanen loszukommen.

welche Bernhards Theaterfiguren geben, darauf angelegt, in intuitiv überzeugender Weise derlei Sinndurchkreuzungen als notwendige und nicht als kontingente auszuweisen. Gleich Pascal betonen auch Bernhards Figuren den exemplarischen Charakter der Sinnwidrigkeiten »durch die üblichen Pauschalierungen, Verallgemeinerungen, Übertreibungen« (B. von Wiese, *TB* 635) sowie durch äußerste Reduktion der Begleitumstände. In der Unruhe transzendental unbehauster Existenz bestätigen selbst die geringfügigsten und lächerlichsten Begebenheiten das immergleiche, allgemeine und ebenso komische wie tragische Existenzschauspiel. Jede intentionale Handlung verkehrt sich tendenziell gegen ihr Ziel, sei's durch ihre Folgen:

> WELTVERBESSERER
> Wir bezahlen alle diese Leute
> damit sie uns zersetzen und vernichten                    (*Wv* 80)
> Wir treiben den Aufwand
> der uns umbringt [...]
> Alles was wir unterschreiben ist immer wieder nur unser Todesurteil
> Das ganze Leben verstümmeln wir uns
> mit Unterschriften                                        (*Wv* 82)[62]

sei's dadurch, daß sich der Ablenkungscharakter der Handlung in Erinnerung bringt und auf diese Weise den Handlungserfolg vergiftet. Am Ziel angekommen, sieht man, daß es »nichts« ist; man wird des Erfolges überdrüssig:

> WELTVERBESSERER
> Zuerst betreiben wir
> alles auf ein Ziel hin
> dann verabscheuen wir das eingetretene Ereignis           (*Wv* 80)
> Wenn wir in der Berühmtheit aufwachen
> von der wir geträumt haben
> graust es uns                                             (*Wv* 96)
> VATER
> Wer am Ziel ist
> ist naturgemäß
> todunglücklich                                            (*IW* 81f.)
> MUTTER
> aber sind wir am Ziel
> ist alles das Verkehrte                            (*AZ* 76; vgl. *AZ* 117)

Gerade am Beispiel dieser thematischen Parallele, also der Einsicht in die Relativität des Erfolges, zeigt sich, daß die Gedanken, die Thomas Bernhard bei Pascal und anderen rezipiert und aufgreift, im positiven Sinne einfach, unmittelbar plausibel und bisweilen banal sind; aufgrund dieser Eigenschaft finden sich für die inhaltlichen Übereinstimmungen aber auch eine Fülle paralleler Nachweise bei den anderen, bereits genannten Gewährsleuten Thomas Bernhards. Die *Pensées* Pascals geben eine ganze Reihe jener zentralen Themen Bernhards vor, zu denen die anderen »großen

---

[62] Der Weltverbesserer hält zwei längere Monologe, in denen er Paradox an Paradox reiht (*Wv* 80ff., 95ff.). Sein Resümee: ebenso vergeblich wie alles Handeln (84, 98) sei die Orientierung an geistigen Vorbildern, an »philosophischen Mauerhaken« (99).

Lach-Philosophen«[63] die Variationen beigesteuert haben. So lassen sich beispielsweise für die Gedanken der Relativität des Erfolges[64] und der Zyklizität menschlicher Befindlichkeiten überhaupt[65] ebenso Nachweise bei Schopenhauer und Kierkegaard finden.

In unzähligen Variationen umspielen Bernhards Protagonisten den Pascalschen Gedanken von der Unmöglichkeit, zerrissen zwischen opponierenden Extremen Standpunkt und rechtes Maß zu finden.[66] Reißen sie die Fenster auf, glauben sie erfrieren zu müssen, schließen sie die Fenster wieder, befürchten sie zu ersticken. »Unser Geisteszustand ist unberechenbar. Wir sind alles und nichts. Genau in der Mitte gehen wir zweifellos früher oder später zugrunde« (*Keller* 159f.).

> WELTVERBESSERER
> entweder es [das Ei] ist zu weich
> oder es ist zu hart                                                  (*Wv* 30)
> Entweder wir krümmen uns vor Schmerzen
> oder wir sind aufgebracht                                     (*Wv* 98)
> Essen wir zuviel
> bekommen wir Magengeschwüre
> essen wir wenig
> verhungern wir                                                        (*Wv* 82)

Thomas Bernhard verfremdet, wie diese Beispiele zeigen, die Figur des symmetrischen Widerspruchs, indem er sie trivialisiert und auf Fälle anwendet, in denen sie nicht mehr das leisten kann, was sie bei Pascal leisten soll: nämlich zu belegen, daß Ruhe und maßvolle Mitte mit Notwendigkeit verfehlt werden. Zwar behaupten Bernhards Nörgler ebendieses, doch bleibt die paradoxe Denkfigur im Rahmen ihrer Lita-

---

[63] So Bernhard in einem Interview (*Monologe* 186) über Pascal, Kant und Schopenhauer.

[64] Auch Schopenhauer macht die Beobachtung, »daß nach dem Eintritt eines lang ersehnten Glückes wir uns im ganzen nicht merklich wohler und behaglicher fühlen als vorher. Bloß der Augenblick des Eintritts jener Veränderungen bewegt uns ungewöhnlich stark als tiefer Jammer oder lauter Jubel; aber beide verschwinden bald, weil sie auf Täuschung beruhten.« Sie entstehen »nur über die Eröffnung einer neuen Zukunft, die darin antizipiert wird. Nur dadurch, daß Schmerz oder Freude von der Zukunft borgten, konnten sie so abnorm erhöht werden« (*WWV I* 334). Die Zeitlichkeit der Existenz, die das Dasein zu einer Abfolge verschiedener Identitäten macht, ist auch für Beckett, wie er in seinem *Proust*-Essay schreibt, das entscheidende Argument bei der Relativierung des Erfolges. – Im Gegensatz zu der in den Äußerungen der Protagonisten Bernhards vorherrschenden Tendenz findet Minetti in *Minetti* positive Worte, die den anarchisch-individualistischen Akt der Zielverwirklichung beschwören: freilich als Anspielung auf die Identität von Ziel und Tod: »Wenn wir unser Ziel erreichen wollen / müssen wir immer in die entgegengesetzte Richtung [...]/ Haben wir unser Ziel erreicht / sind wir hinausgegangen / über unsere Idee hinausgegangen / aus der ganzen Menschengesellschaft hinausgegangen / aus der Natur hinausgegangen« (*Min* 27).

[65] Schopenhauer über die Wechselzustände im Leben des Menschen: »Sein Leben schwingt gleich einem Pendel hin und her zwischen dem Schmerz und der Langeweile« (*WWV I* 428; vgl. § 57, 426-437). Diese Zirkularität der Stimmungen ist bei Kierkegaard das Dilemma der ästhetischen Existenzweise, nicht aber von Existenz überhaupt.

[66] Zur »unhaltbaren Mitte« bei Pascal vgl. Cassirer, *Pascal* 518.

nei durchsichtig auf die dahinterliegende individuelle Maßlosigkeit und auf ein kontingentes Unvermögen, als deren pseudo-anthropologische Rationalisierung das Paradoxon nunmehr erscheint. Das Daseinsparadox wird im Hinblick auf seine individuelle Verwendung subjektiviert. In der Rede von Bernhards Misanthropen verselbständigt sich das Daseinsparadox zum mechanisch-bewußtlos angewendeten Passepartout, das mehr über die Interessen des Sprechenden verrrät als über die Existenz überhaupt. Das paradoxe Denken des Weltverbesserers folgt einer Tendenz zur »Zwangsvorstellung«, die auch für das Denken Pascals selbst bemerkt worden ist (Friedrich 345). Auch die *Pensées* enthalten Exempel, die in ganz ähnlicher Weise die Grenze zum Bizarren und Lächerlichen streifen, indem Gewohnheiten und Affekte den vernünftigen Diskurs verzerren. Dies ist etwa der Fall, wenn Pascal über den Einfluß eines zu geringen oder zu hohen Weinkonsums auf das Erkennen der Wahrheit oder über die Folgen zu schnellen oder zu langsamen Lesens spekuliert.[67] Doch Lucien Goldmann hat gezeigt, daß selbst diese Fragmente noch Sinn machen, wenn man bei der Interpretation den Gedanken durchhält, daß es sich bei den Extremen nicht um Abweichungen von einer optimalen Mitte handelt, sondern daß von beiden Extremen eine gleichstarke positive Anziehung ausgeht, welche die sogenannte goldene Mitte zur imaginären Größe, zum nicht-existenten Ort werden läßt (vgl. Goldmann 307ff.). Mag man Pascal und seinem Interpreten Goldmann noch zubilligen, daß sie die beiden extremen Möglichkeiten einer vollkommen nüchternen Lektüre einerseits sowie einer Lektüre im Stande der Volltrunkenheit andererseits als gleichermaßen verlockend erachten, so ist die Unterstellung einer ähnlichen Ambivalenz in Bezug auf vollkommen rohe sowie steinhart gekochte Eier (vgl. *Wv* 30) – vorsichtig formuliert – entschieden weniger triftig. Denn Pascals Dilemma ist wenigstens dem Anspruch nach objektiv: ganz gleich, welche von zwei alternativen Möglichkeiten man wählt, verstärkt sich die Anziehungskraft der anderen, nichtgewählten Möglichkeit. Das Dilemma des Weltverbesserers beruht hingegen auf praktischem Unvermögen, nämlich ein Ei wunschgerecht zu kochen.

Bernhard greift Pascals Schema intuitiv einleuchtender Gleichnisse auf, verfremdet aber Kontext und Anwendungsfall in subtiler Weise derart, daß das Anthropologem pascalscher Provenienz von wahnhaft verzerrter Wahrnehmung nicht mehr zu unterscheiden ist. In der Figur des Pascalschen Paradoxons wird der *double bind* zu einer habituellen Erwartung der Philosophie. Mit dieser Figur reproduziert der Redende blind, ohne Ansehen von Anlaß und Gegenstand, das Dilemma, an das er sich gewöhnt hat. Die Verfremdung besteht, anders formuliert, darin, dasjenige, was im Rahmen der Pascalschen Phänomenologie mit Notwendigkeit geschah, als kontingentes Produkt individuellen Unvermögens, angenehmer Selbsttäuschung oder mitmenschlicher Gehässigkeit erscheinen zu lassen. Bernhard läßt jene sichtlich vom Denken Pascals inspirierten Beispiele also nicht in ihr Gegenteil oder blanken Unsinn umschlagen, sondern stellt – ohne den Exempeln ihren exemplarischen Charakter zu nehmen – ein tragikomisches Gleichgewicht zwischen triftigem Theorem und Phantasiegebilde her. Bernhards literarische Pascal-Rezeption bleibt aber auch dort, wo sie

---

[67] *R* 303, 304, 346; *B* 71, 69, 70.

spürbar auf Distanz geht, der genuin Pascalschen Figur des Paradoxons verpflichtet.

Für Pascal hat das Paradoxon nicht nur einen negativen Wahrheitsbezug, und zwar in dem Sinne, daß es unzulängliche Vorstellungen durch Widerspruch an eine Grenze führt, die die Existenz einer Wahrheit höherer Ordnung verspricht; das Paradox steht auch in einem positiven, seinerseits paradox gedachten Verhältnis zur Wahrheit: als gleichzeitiges Haben und Nicht-Haben der Wahrheit. Wie Sprache überhaupt, die Pascal als prinzipiell gleichnishaft, als figürlich bestimmt, offenbart das Paradox die Wahrheit, während und indem es sie zugleich verdeckt. Weil Bernhard aber Pascals Bezug zur Glaubenswahrheit nicht übernimmt, fehlt dem Paradox in seiner Adaption diese positive Dimension. Bernhards Paradoxa lassen nur noch typische Muster alltäglicher Situationen und Handlungen wiedererkennen, deren Beispielhaftigkeit dem Rezipienten aufgrund persönlicher Erfahrungen evident wird. Die negative Komponente des Nicht-Habens der sich nunmehr verflüchtigenden Wahrheit bleibt aber auch in Bernhards Adaption erhalten, wenn auch in veränderter Form: die Gespaltenheit des Sinns betrifft anstelle der Objektadäquanz (Erkennbarkeit der Existenz Gottes und seiner Attribute) nunmehr den reflexiven Handlungsaspekt der Rede: den expliziten und vor allem impliziten Bezug des Redenden auf sich und seine Existenz, sowohl im Sinne der Expression als auch der Konstituierung des gewohnten Selbstkonzepts. Diese Dimension hat Pascal zwar in seiner Analyse der »trügerischen Mächte«[68] und Einbildungen berücksichtigt, jedoch nicht auf die eigene Analytik und Glaubensgewißheit bezogen. Pascal hat die Möglichkeit des Irrtums (was die Existenz Gottes anbelangt) zwar in der Theorie der Wette reflektiert, aber nicht die Möglichkeit, daß Analytik und Glaubensentscheidung von denselben Leidenschaften verdunkelt sein könnten, die auch die menschliche Selbsterkenntnis zur Selbsttäuschung machen (*R* 222; *B* 423). In diesem Sinne ist L. Goldmanns zutreffende Feststellung zu verstehen, daß Pascals paradoxes Denken den Übergang zum dialektischen zwar vorbereite, aber noch nicht vollziehe (vgl. *Gott* 95, 294).

## Ästhetische Distanzierung durch Existentialisierung

Thomas Bernhard distanziert sich von Pascals Phänomenologie paradoxen Daseins nicht, indem er die Triftigkeit ihrer Befunde bestritte, sondern indem er das Reden über existentielle Paradoxien existentialisiert und subjektiviert. Er zerstört die Illusion, es ließe sich über die Existenz von einem Punkt außerhalb derselben sprechen. Bernhard nimmt Pascals Analysen von Selbsttäuschung und Zerstreuung auf und wendet sie rekursiv gegen ihren Verfasser und gegen die Absichten der Protagonisten, denen er pascalsche Motive in den Mund legt. Auf diese Weise kann Pascals »katholisch-mysteriös-religiöse Art« (*Monologe* 186) natürlich nicht widerlegt werden; es ist ja gerade der Sinn von Pascals Auseinandersetzung mit den Skeptikern

---

[68] So lautet die Überschrift eines Kapitels der Rüttenauer-Ausgabe.

und Pyrrhonisten, daß er ihnen bezüglich ihrer Widerlegungsversuche Selbstwidersprüche und argumentative Unterreichweiten nachweist.[69] Thomas Bernhard versetzt
Pascalsche Theoreme und Sentenzen aber in Situationen, in welchen sie plötzlich
zweideutig werden. Diese Ambivalenz betrifft weniger ihre logische Struktur, als
vielmehr ihren Beziehungsaspekt und ihre Bedeutung für das aktuelle Selbstgefühl
des Redenden. Gerade durch die Abkoppelung der Pascalschen Gedanken von ihrem
systematischen Zusammenhang und jeglicher transzendenten Gewißheit, verfallen sie
wie die übrigen dekontextualisierten Zitationen auch jener fundamentalen Zweideutigkeit, der alles Gerede ausgeliefert ist, sobald man es als Weise praktischen Sich-
zu-sich-Verhaltens betrachtet.

In den wechselnden Kontexten der Theaterstücke Bernhards enthüllt sich das von
Pascal inspirierte *Reden über* als Ausdruck einer von Gewohnheiten und Leidenschaften geblendeten Vernunft, als Form von Ablenkung und Zerstreuung, als Selbstinszenierung, Beruhigung, Aufforderung, Beleidigung, als Gerede und als eine das Selbst
konstituierende *Handlung*:

> WELTVERBESSERER
> Ich schaue dir gern zu wenn du strickst
> Wie es mich beruhigt
> *plötzlich*
> Aber wir halten es naturgemäß
> in dieser Ruhe nicht lange aus
> plötzlich peinigt uns diese Ruhe
> Wir können sie nicht mehr aushalten
> *Die Frau steht auf und geht mit dem Strickzeug hinaus*
> WELTVERBESSERER *ruft ihr nach*
> Aber so war es doch nicht gemeint
> Nur eine Feststellung
> Die Erkenntnis daß wir Ruhe
> nicht lange aushalten [...]                                 (*Wv* 69f.)

Das Beobachten der strickenden Frau gibt dem Weltverbesserer das Stichwort zum
freien, aber keineswegs folgenlosen Extemporieren. Die philosophische Wahrheit
oder Unwahrheit dieser Sentenzen über die Dialektik der Ruhe ist dabei zweitrangig.
Die Anspielung bleibt dem Gedanken Pascals gegenüber äußerlich; es handelt sich
um eine willkürliche »Annexion [...], die fremde Gedankenpoesien der eigenen unter-
wirft«.[70] Mitunter sind die Grenzen zwischen Anspielung, kritischer Distanzierung
und »geistige[m] Lustmord«[71] fließend.[72] Man muß allerdings deutlich unterscheiden,

---

[69] *Pensées*, (*R*) S. 156-182.
[70] Die Ausführungen von Hansjörg Graf über Bernhards Anleihen bei Novalis (*Geschichten* 346) gelten allgemein für Bernhards literarische Rezeptionsweise.
[71] Graf, *Geschichten* 345. – Unter Bezug auf spielerische Zitat-Kompilationen in Bernhards
Stück *Immanuel Kant* meint B. Seydel sogar, »die Metaphysik wird auf ihren Spaßwert abgehorcht« (*Vernunft* 110). Hierzu vgl. unten S. 158ff. – Ohne Anspielungen im einzelnen
nachzuweisen, spricht Seel von einer Verballhornung von »philosophischen Traditionsgütern«
(*Beziehungen* 429).
[72] Murau, der Binnenerzähler in *Auslöschung*, meint, »alle diese Namen und ihre Werke sind
überhaupt nicht zu begreifen«. Um philosophisch voranzukommen, habe man »mit der größten

aus welchen Quellen die Anspielungen stammen. Während die Phänomenologie paradoxen Daseins auch durch Bernhards humoristische Relativierung hindurch Gegenstand der Mitteilung – nur eben im Sinne von Kierkegaards doppeltreflektierter Mitteilung – bleibt, zitiert Bernhard Versatzstücke des Hardenbergschen ›Magischen
Idealismus‹ tatsächlich, um damit Caribaldis trotzige Selbstbehauptung lächerlich zu
machen.[73] Die zitierten oder nicht-zitierten metaphysischen Bekenntnisse und erkenntnistheoretischen Exkurse seiner Protagonisten koppelt der Autor mit komischen
›Gegenkommunikationen‹ (Stierle, *Komik* 256). Bernhard wendet beispielsweise Beteuerungen allgemeiner Skepsis nach dem Vorbild klassischer Antinomien auf sich
selbst an. Das paradoxe Resultat steht in komischem Kontrast zur beanspruchten All-
gemeingültigkeit der Aussage:

»Es ist alles Lüge, was gesagt wird, das ist die Wahrheit, geehrter Herr, die Phrase ist unser le-
benslänglicher Kerker.« (*W* 23)

»Man muß wissen, sagt Oehler, alle Sätze, die gesprochen werden und die gedacht werden und
die es überhaupt gibt, sind gleichzeitig richtig und gleichzeitig falsch, handelt es sich um richti-
ge Sätze.« (*G* 16f.)

»Die Wahrheit ist immer ein Irrtum, obgleich sie hundertprozentig die Wahrheit ist [...].«
(*Kälte* 69)

Ebenso häufig läßt Bernhard die Versatzstücke einer Ontologie des falschen Zustands
in einem veränderten Kontext erklingen, wodurch sie eine ungewohnte Resonanz erhalten. Mit diesem Verfahren verfremdender Anspielung forscht Bernhard nach der
individuellen *vérité opposée* seiner Figur, mitunter auch nach der *vérité opposée* eines
zitierten Philosophen, pointiert gesagt, nach Pascals Geißlergürtel[74] hinter seiner pathetischen Zerknirschung und nach dem Schoßhund hinter Schopenhauers verbisse-
nem Ernst:

»Aber beim Schopenhauer kann ich auch lachen; je verbissener er ist, desto mehr ist er zum
Lachen [...], wie kann man jemanden ernst nehmen, der mit einem Pudel verheiratet ist? – den
kann man ja von vornherein nicht ernst nehmen, das ist ein Lach-Philosoph. Das sind die großen Spaßmacher in der Geschichte: Schopenhauer, Kant, also die allerernstesten im Grund; da
gehört der Pascal auch dazu auf seine katholisch-mysteriös-religiöse Art: das sind eigentlich die
großen Lach-Philosophen.« (*Monologe* 186)

Selbst diese Distanzierung folgt noch einem pascalschen Gedanken, nämlich daß in
dem, was die Größe des Menschen inmitten seines Elends ausmache, dem Denken,
immer auch die Spur des Lächerlichen zu finden sei.[75] Wirklich radikal – und in für
Bernhard vorbildlicher Weise – hat aber erst Kierkegaard die Subversion der Philoso-

---

Grobheit und Rohheit an diese philosophischen Schriften heranzugehen und an ihre Hervorbrin-
ger [...]« (*Aus* 154f.).
[73] Vgl. S. 126ff.
[74] Pascal trug zur Selbstkasteiung einen Gürtel mit spitzen, nach innen gerichteten Dornen;
vgl. Weischedel, *Hintertreppe* 126.
[75] *R* 131; *B* 365. – Dieses Motiv des Umschlags in die Lächerlichkeit ist selbstverständlich zu
populär und im Einzelfall zu evident, um zwingend auf Bernhards Pascal-Lektüre zurückgeführt
werden zu können.

phie durch das ihr vorgeordnete, nicht-philosophische Interesse vollzogen. Thomas
Bernhard läßt die Kurzfassung seiner philosophischen Bildungsgeschichte durch eine
seiner Figuren, den Weltverbesserer, verkünden, und zwar in einer Fassung, die
bemerkenswerterweise der Chronologie der Philosophiegeschichte folgt:

> WELTVERBESSERER
> Einmal habe ich Montaigne vertraut
> zuviel
> dann Pascal
> zuviel
> dann Voltaire
> dann Schopenhauer
> Wir hängen uns solange an diese philosophischen Mauerhaken
> bis sie locker sind
> und wenn wir lebenslänglich daran zerren
> reißen wir alles nieder                                    (*Wv* 99)

Die komplementäre Wahrheit hinter jedem der Philosophen, von dem sich Bernhard
nach und nach distanziert, besteht offenbar in deren individueller »Todeskrankheit«.
Diese philosophische Bildungsgeschichte gestaltet sich als Abfolge identifikatorischer
Lektüren, die stets mit Enttäuschung über den Lehrmeister enden müssen.[76] Der besondere Charakter dieser Todeskrankheit bleibt zwar unbestimmt, doch gibt es un-
trügliche Indizien für das Vorliegen einer solchen: Marotten, Denkzwänge, verräteri-
sche Fehlleistungen, kurz: den klassischen Katalog komischer Überwältigungen der
Vernunft durch einen verborgenen Mechanismus. Auch Akte eines scheinbar reinen,
von Affekten unbeeinflußten Erkennens oder einer apriorischen Begriffsbewegung
sind motiviert, aber nicht durch ihr Objekt, sondern durch einen Willen oder ein Interesse. Und genau auf diese Größe richtet Bernhard den Test der Lächerlichkeit: in
dekontextualisierenden Zitaten und verfremdenden Anspielungen prüft der Autor, ob
die Philosophien standhalten, wenn eines ihrer mutmaßlichen Motive oder existentiellen Anlässe dem Lachen preisgegeben wird. Wie Immanuel Kant in Bernhards
gleichnamigem Stück durch seine Marotten und wie Schopenhauer durch seinen Pudel, so wird auch der historische Verfasser der *Pensées* durch das Theatralische und
Mechanische seines monologischen Wahrheitsfanatismus' zu einer genuin bernhardschen Figur. Paul Valérys szenische Charakterisierung Pascals:

»Manche spielen Pascal. Für gewöhnlich wird er als eine Art französischer, jansenistischer
Hamlet dargestellt, der seinen eigenen Schädel, den Schädel des großen Mathematikers, be-
schaut; und der erschauert und träumt – auf einer Terrasse dem Weltall gegenüber. Er wird
vom scharfen Wind des Unendlichen erfaßt; er spricht mit sich am Rande des Nichts, wo er
ganz wie am Rande einer Bühne erscheint, und spricht vor der ganzen Welt mit seinem eigenen
Gespenst.«[77]

---

[76] Die Hauptfigur in Bernhards Stück *Einfach kompliziert* bezeichnet die vom Großvater er-
erbte Schopenhauer-Fixierung als »ein philosophisches Lebensmalheur«; andererseits sei es
»gleichgültig / wem wir folgen / gleichgültig« (*Ek* 24).
[77] Paul Valéry, »Variation sur une Pensée«, in: *Pascal*, hrsg. v. *Revue hebdomadaire* 1923, S.
36-37, zit. nach Steinmann, *Pascal* 394.

Der Test der Lächerlichkeit ist »nur zum kleineren Teil entlarvend und denunziatorisch« (Schings, *Methode* 434). Er zielt nicht darauf ab, die Spaßphilosophie[78] zu widerlegen, sondern betrachtet sie im Lichte eines und vielleicht sogar ihres tatsächlichen Interesses. Dennoch bleiben die »großen Spaßmacher in der Geschichte« für Bernhard die einzig lesenswerten Schriftsteller:

»Und die Schwächeren, die zweite Kategorie, die sind im Grunde fad, weil sie nur das wiederkäuen, was diese Spaßphilosophen vorgeschrieben haben, und die les' ich eh nicht, denn wenn ich welche les', les' ich nur die Großen. Nur hat's eine Zeit gebraucht, bis man langsam herausfindet, was ›groß‹ und ›weniger groß‹ ist.«                                      (*Monologe* 186)

## Resümee

Der vergleichende Exkurs über das Motiv paradoxen Daseins in den *Pensées* Blaise Pascals und bei Thomas Bernhard hat folgendes gezeigt: Beide denken die Wirklichkeit menschlicher Existenz als in sich selbst widersprüchliche. Auf Objekte des Begehrens bezogen, entspringt diese Widersprüchlichkeit dem »verworrenen Trieb« des Menschen, zugleich das eine und dessen Gegenteil zu wollen. Der Mensch steht im Spannungsfeld entgegengesetzter Kräfte, die ihn hinundherwerfen und für sein Unglück verantwortlich sind. Unter diesen Bedingungen gibt es auch für Bernhard keine einfachen Wahrheiten:

»Es stimmt ja immer zugleich alles und nichts, so wie ja auch jede Sache gleichzeitig schön und schiach ist, tot und lebendig, geschmackvoll und geschmacklos. Es kommt nur darauf an, wofür man gerade am empfänglichsten ist.«                         (A. Müller, *Interview*)

Pascal und Bernhard zeigen diesen verworrenen Trieb im Verhalten zu Objekten und Handlungszielen als Verhalten zur Aufgabe des Existierens überhaupt. Die grundlegende Widersprüchlichkeit besteht in folgendem: die menschliche Existenz ist auf die Dauer vergebliche, da in Langeweile mündende Ablenkung von der Existenz. Mit diesem Ansatz erweist sich Pascal als früher Vertreter einer modernen Philosophie der Existenz. Er hat gezeigt, daß sowohl dem Streben nach Wahrheit als auch dem Bedürfnis nach Selbsttäuschung und Ablenkung vitale Interessen zugrundeliegen. Mit diesem Grundmotiv und seinen zahlreichen Ableitungen ist Pascal zu einer der entscheidenden philosophischen Quellen für Thomas Bernhards Schreiben geworden. Die Auffassung, daß der Mensch notwendigerweise in unaufhebbarer Widersprüchlichkeit und Zweideutigkeit existiere, ist auch für Bernhard eine positive, intuitiv einleuchtende Wahrheit, und zwar obwohl er das von Pascal inspirierte Philosophieren

---

[78] Der Ausdruck »Spaßphilosoph« stammt von Schopenhauer selbst. Er verwendet ihn weitgehend synonym mit anderen Scheltvokabeln für die Katheder- und Universitätsphilosophen, vor allem für die »Unsinnsschmierer« Hegel, Fichte und Schelling; vgl. u.a. *SW III* 338 sowie *Über die Universitäts-Philosophie*, in: *SW IV*, 171-242: 193, 197, 224.

seiner Figuren existentialisierend auf die Probe stellt. Bernhard schließt nämlich die Position des paradoxen Denkers in den Zyklus von Ablenkung und Zerknirschung mit ein.[79] Die Versuchsanordnung der Theaterstücke Thomas Bernhards macht – mit einem Wort Kierkegaards – »aufmerksam auf die Dialektik der Mitteilung« (*UN I* 65). Jegliches Theoretisieren und Reflektieren über paradoxe Existenz erscheint in dieser Perspektive als praktisches Verhalten zum eigenen Existieren. Das gilt für die Religiosität Pascals ebenso wie für Schopenhauers atheistische Metaphysik, die Thomas Bernhard nicht weniger stark beeinflußt hat.

Das Paradoxon als rhetorische Figur und Aussageform ist poetischer Ausdruck für das Daseinsparadox Pascals, ein intuitiv mehr oder weniger einleuchtendes Bild existentieller Widersprüche. Allein die hohe Frequenz, mit der Bernhards Figuren paradoxe Formulierungen verwenden, nährt den Verdacht, daß die thematisierten existentiellen Widersprüche tatsächlich Rationalisierungen undurchschauter Interessenkonflikte sind. Die Paradoxa verlieren aber dadurch weder an Exemplarizität und empirischer Treffsicherheit, noch verringert sich der rezeptive Lustgewinn, wenn man die Entlastungsfunktion der paradoxen Rede durchschaut: der ästhetische Reiz verschiebt sich nur auf eine andere analytische Ebene. Wollte man kleinlich vorrechnen, daß diese oder jene Verallgemeinerung logisch unzulässig oder empirisch unzutreffend sei, wollte man einwenden, daß paradoxe Aussagen nur die Wahl inadäquater Kategorien anzeigten, würde man den Sinnhorizont der Sprache Bernhards und der hierin sedimentierten Erfahrungen verfehlen. Aufgrund der Widersprüchlichkeit und Diskontinuität der Wirklichkeit sind alle allgemeinen Aussagen nur relativ-allgemein: Bernhards Protagonisten sprechen in Allsätzen, also in der Form einer Aussage über alle Elemente einer Klasse, doch bleibt die Charakteristik dieser Klasse unbestimmt. Das einzige Kriterium für die Wahrheit der Allsätze ist die Intuition des Rezipienten, sein Gefühl der Triftigkeit und sein Wiedererkennen prägnanter Situationen. Das Wiedererkannte wird aber nicht in Auserklärtes und objektives Wissen verwandelt. Ingeborg Bachmann hat dies folgendermaßen formuliert: »In diesen [Bernhards] Büchern ist alles genau, von der schlimmsten Genauigkeit, wir kennen nur die Sache noch nicht, die hier so genau beschrieben wird, also uns selber nicht.«[80] Es geht, wie der Maler Strauch, nachdem er aus seinem Pascal vorgelesen hat, sagt, immer »um das ganze Unglück« (*F* 279). Thomas Bernhard verteilt in jedem seiner Werke die Indizien dafür, daß das jeweilige individuelle Unglück notwendig oder Projektion ist, zwar anders, doch läßt sich diesbezüglich in keinem Falle eine eindeutige Antwort geben, denn es handelt sich auch hierbei um »komplementäre Wahrheiten« im Sinne Pascals. Bernhards Konzeption komplementärer Wahrheiten beruht auf einer equilibristischen »Realopposition gleicher Gründe«[81], die sich auf allen Stufen seines

---

[79] »DOKTOR: hätten wir nicht die Fähigkeit uns abzulenken / geehrter Herr / müßten wir zugeben / daß wir überhaupt nicht mehr existieren / die Existenz ist wohlbemerkt immer / Ablenkung von der Existenz / dadurch existieren wir / daß wir uns von unserem Existieren ablenken« (*IW* 22f.).

[80] I. Bachmann, »[Thomas Bernhard:] Ein Versuch«, in: *WW IV* 361f.

[81] Schings, *Methode* 445, einen Ausdruck Kants aufgreifend.

Werks – wie Schings gezeigt hat – als ästhetisches Prinzip *und* ethische Maxime durchsetzt: »Bernhards Equilibrismus hat Methode: ästhetisch als Komödientragödie, logisch als Paradoxon, existenziell als neue Apatheia« (Schings 445). Bernhards humoristische Relativierung der Rolle des Redenden oder Schreibenden sprengt jedoch den Rahmen des pascalschen Denkens. Für Bernhards Selbstverständnis als humoristischer Autor und für die Ästhetik seiner Werke läßt sich der philosophische Einfluß Kierkegaards nachweisen, wie ich im folgenden Kapitel zeigen möchte. Zuvor möchte ich aber begründen, weshalb ich auf die Bedeutung Schopenhauers für Bernhards implizite Ästhetik nicht detailliert eingehe.

## Anmerkungen zur Bedeutung Schopenhauers für Thomas Bernhard

Die außerordentliche Affinität Thomas Bernhards zum Denken Schopenhauers ist bekannt. Der seinerseits von Bernhard wie Schopenhauer beeinflußte schweizer Schriftsteller Jürg Laederach meint zu Recht, in Bernhards Romanen lebe »das leidenschaftlichste Schopenhauerverständnis seit Schopenhauer.«[82] Unter den zeitgenössischen Porträtisten literarischer Innenwelten sei Bernhard der einzige, der seinen »Interieurs die Galle, die Skepsis, den Schopenhauer [nicht] ausgetrieben« habe (Laederach 52). Das bekannte Diktum Schopenhauers über die Zirkularität von Schmerz und Langeweile[83] fügt sich nahtlos in die von Bernhard poetisierte Ontologie des falschen Zustands ein und könnte durchaus als Motto den meisten seiner Werke voranstehen. Die vielfältigen Parallelen, über die Gerald Jurdzinski (*Leiden*) einen guten Überblick verschafft, betreffen neben den affektiven und rhetorischen Aspekten von Bernhards und Schopenhauers literarischen Scheltreden vor allem den Bereich von Motivik und Thematik wie es auch bezüglich Pascals der Fall ist. Obwohl Jurdzinski die poetische Funktion der im Text nachgewiesenen Anspielungen und Übereinstimmungen weitgehend vernachlässigt und von einer »Geistesverwandtschaft« spricht, erkennt auch er die entscheidende Differenz, die in der voluntativen Haltung zu der als paradox bestimmten Existenz besteht. Wie Jurdzinski zeigt, legt Bernhard den Schwerpunkt seiner Schopenhauer-Rezeption auf die Metaphysik, während er die Konsequenz der schopenhauerschen Ethik, die Willensverneinung, nicht zieht (vgl. Jurdzinski, *Leiden* 184f.). Thomas Bernhard demonstriert an den Willensverneinenden unter seinen Figuren, daß auch deren Haltung noch existentiellen Interessen, einem Willen folgt.[84]

---

[82] J. Laederach, *Der zweite Sinn* 239. – Bernhards Schopenhauer-Anlehnungen sind durchweg mehr als bloße Anleihen in »eklektischer Manier«, wie I. Petrasch (*Konstitution* 22) glaubt.

[83] »Sein [des Menschen] Leben schwingt also gleich einem Pendel hin und her zwischen dem Schmerz und der Langeweile« (*WWV I* 428).

[84] Vgl. Jurdzinski, *Leiden* 161f. Außerdem vollziehen Bernhards Zentralfiguren, wie Jurdzinski zeigt, trotz ihrer metaphysischen Erkenntnisse, die Schopenhauer lediglich dem Typus des Willensverneinenden zubillige, »willensbejahende Akte« (160). Bernhard bekenne sich durchaus

Durch die ästhetische Versuchsanordnung koppelt Thomas Bernhard gegen Schopenhauer die These von der Selbstentzweiung des Willens ab von der Verzweiflung daran. Bernhard bezieht damit zur Metaphysik Schopenhauers genausowenig eine explizite Position wie zu Pascals Daseinsparadox; er setzt aber – insbesondere durch die
rollenhafte Inszenierung der Rede – zwischen Erkennen und Verhalten einen zusätzli-
chen Reflexionsschritt, der die Wahlsituation jedes Verhaltens akzentuiert. Schopenhauers illusionäre Sehnsucht nach einem »Quietiv des Willens« ist für Bernhard nicht
verbindliche oder notwendige Konsequenz, sondern individuelle Entscheidung. Thomas Bernhard bezieht demgegenüber die Position des Humoristen, der die Selbstentzweiung des Willens nicht zu vermeiden, sondern bewußt auszuhalten versucht. Bernhard verhält sich positiv zum Philosophieren im Sinne eines lebendigen Reflektierens
über die konkreten Vollzüge der eigenen Existenz, im Sinne momenthaften Bewußt-
machens: »Ganz plötzlich eine Redewendung gnädige Frau / das ist philosophisch /
aber die ganze Philosophie ist ein Unsinn« (*Jg* 76). Dieses unakademische Philosophieren hat mit systematischer und lehrbarer Philosophie nur ihren »Beweggrund«
gemein (vgl. *Aus* 156).

»Die Illusionen meines Großvaters [des Schopenhauerianers] habe ich nicht gehabt [...]. Die
Welt ist nicht so wichtig, wie er geglaubt hat, und alles in ihr hat keinen solchen von ihm lebenslänglich befürchteten Wert, und die großen Worte und die großen Wörter habe ich immer
als das genommen, was sie sind: Unzuständigkeiten, auf die man nicht hören darf. [...] Die Platitüde und die Phrase von den Armen in den Reichen und umgekehrt habe ich für mich sehr
früh um eine neue Phrase erweitert, um die Dummheit des Intelligenzlers.«          (*Keller* 154f.)

---

zum Leben, seine »Synthese« bestehe in »Willensverachtung« (159, 184). Indem aber Jurdzinski nicht zwischen Material und poetischer Funktion der aufgezeigten Korrespondenzen zu
Schopenhauer unterscheidet, vermag er auch nicht zu erkennen, welche dieser Korrespondenzen
eine tatsächliche »Geistesverwandtschaft« anzeigen und welche lediglich zur Illustration einer
Figur und damit einer bestimmten Existenzmöglichkeit dienen. – Kierkegaard selber, der sich
erst relativ spät mit Schopenhauer auseinandergesetzt hat, bezeichnet in einigen Tagebuchein-
tragungen Schopenhauers Hoffnung, dem existentiellen Dilemma durch Willensverneinung entfliehen zu können, als Mangel an Pessimismus; vgl. S. Holm, *Schopenhauer und Kierkegaard*.

# Thomas Bernhard und die Philosophie Søren Kierkegaards

Es steckt ein Kierkegaard in Ihnen
und vielleicht wissen Sie das gar nicht
tatsächlich ein Kierkegaard

(Der Verleger zu Moritz Meister in *Über allen Gipfeln ist Ruh'*)

Bernhards Anspielungen auf die Philosophie Søren Kierkegaards sind meist nur indirekt aus Wortlaut und Gedankengang zu erschließen, etwa durch ungewöhnliche Wortzusammenstellungen, die auf ihre kierkegaardsche Herkunft verweisen.[85] Kierkegaards Name erreicht bei weitem nicht die Frequenz etwa der Namen Pascals, Schopenhauers oder Novalis'. Neben vereinzelten Erwähnungen[86] findet sich nur ein Motto.[87] Mitunter haben diese Erwähnungen sogar etwas Spöttisches, etwa wenn Herr von Wegener Kierkegaard, »den Liszt als Philosophen« (*ÜaG* 119), apostrophiert: »ein derartig im Norden Ringender« (ebd.).[88] Hieraus darf aber nicht geschlossen werden, daß Thomas Bernhard sich nur beiläufig mit Kierkegaard beschäftigt hätte. Dagegen sprechen schon Bernhards zahlreiche, aber unauffällige Anspielungen.

Vor allem aber knüpft Thomas Bernhard mit einem der wichtigsten Termini seiner Begriffswelt, der Chiffre »Todeskrankheit«, offenkundig an Kierkegaard an. Inhaltliche Korrespondenzen zu *Die Krankheit zum Tode*, einem der Hauptwerke des dänischen Philosophen, ergeben sich nicht nur durch den begrifflichen Anklang, sondern auch durch die systematische Bedeutung dieser Chiffre für die Figurenrede und Handlungsstruktur insbesondere der dramatischen Werke Thomas Bernhards (S. 62ff.). Die negative Anthropologie, wie sie Kierkegaard vor allem in *Die Krankheit zum Tode* und in *Der Begriff Angst* entwickelt, liegt, was ihren phänomenolo-

---

[85]  Neben den im folgenden Kapitel diskutierten Textstellen verweise ich auf folgende Beispiele: so verweist der Zusammenhang, den Franz-Josef Murau zwischen »Todeskrankheit«, »Interesse« und »Leidenschaft« herstellt (*Aus* 55), auf eine genuin kierkegaardsche Denkfigur. – In seiner Dankrede »Der Wahrheit und dem Tod auf der Spur« benutzt Bernhard die ungewöhnliche Wortverbindung »auf das Leben *aufmerksam* machen« (*Wahrheit* 347; Hervorhebung C.K.). Kierkegaard erklärt es stereotyp zu seinem Ziel, auf die Existenz »aufmerksam« zu machen.
[86]  Der neue Erzieher aus Bernhards Erzählung »Zwei Erzieher« blättert in schlaflosen Nächten unter anderem in Kierkegaards »*Furcht und Zittern* und in *Entweder Oder* und in den pascalschen Gedankenpartikelchen herum, als handelte es sich um populär-masochistische Arzneibücher für Fälle ganz untergeordneten Schwachsinns« (*P* 13).
[87]  Das Motto zu *Alte Meister* stammt von Kierkegaard.
[88]  Zum Beispiel in *Über allen Gipfeln ist Ruh'*; hier erwähnen Moritz Meister selbst sowie Herr von Wegener und der Verleger die Bedeutung Kierkegaards für Meisters Literatur und Lebensgeschichte; vgl. *ÜaG* 118f., 132 mit Anspielungen auf S. 59, 66. – Am Abend vor dem Begräbnis seiner Eltern überlegt Franz-Josef Murau, ob er Kierkegaards *Die Krankheit zum Tode* lesen solle, zur Ablenkung (*Aus* 586)! Es wird sich bei der Darstellung des Humors Bernhards und Kierkegaards zeigen, daß diese Form der Verspottung eine durchaus angemessene Rezeptionsweise ist und keine polemische Abgrenzung bedeutet.

gischen Teil anbelangt, auf einer Linie mit Pascals Phänomenologie paradoxen
Daseins. Kierkegaards Position ist allerdings elaborierter als Pascals bipolare Theorie
und erlaubt einen differenzierteren analytischen Zugriff auf typische Weisen,
Selbstdurchsichtigkeit graduell zu erlangen oder zu verfehlen. Kierkegaard reflektiert
nämlich systematisch aufs Philosophieren als einem praktischen Verhalten des
Subjekts zu sich selbst und seiner Existenz. Mit dieser Ausrichtung stehen Kierkegaards Existenzdialektik und seine Ethik des Selbstwerdens in einer außerordent-
lichen, generellen Nähe zu Bernhards Zentralthema, ein Selbst bzw. Ich zu werden. In
expliziter Form entwickelt Bernhard diese Thematik vor allem in seinen autobiographischen Erzählungen.[89] Erst nach seiner Hinwendung zum Autobiographischen
nehmen auch die Anspielungen auf Kierkegaards Dialektik des Selbstwerdens zu.
Wie Kierkegaard existentialisiert auch Bernhard das gesamte menschliche Handeln
einschließlich des Philosophierens. Viele der Theaterstücke Bernhards zeigen den
Ausbruch einer »Todeskrankheit« als ›Drama der Selbsterkenntnis‹. Die Handlung
der Stücke besteht hauptsächlich aus Versuchen der Figuren, die Geschichte dieser
Krankheit des Selbst zu rekonstruieren.[90] Mit seiner radikalen, aber gleichwohl anti-
dogmatischen und humoristischen Existentialisierung des Philosophierens markiert
das Denken Kierkegaards auch den spezifischen Unterschied gegenüber anderen
philosophischen Einflüssen wie zum Beispiel Pascals, Schopenhauers oder Novalis'.
Kierkegaard entkoppelt Metaphysik und Ethik, er trennt den Bereich objektiven
Wissens und metaphysischer Überzeugungen ab vom praktischen Verhalten (Einstellungen, Aneignung) hierzu.

Korrespondenzen zwischen dem Denken Kierkegaards und den Texten Bernhards bestehen nicht nur hinsichtlich Thematik und Motivik, sondern auch hinsichtlich poetischer Verfahrensweisen. Hierin besteht die im Vergleich zu den Einflüssen anderer
Gewährsleute singuläre Bedeutung Kierkegaards für Thomas Bernhards Schreiben.
Kierkegaards Theorie der *indirekten Mitteilung* ist im Kern eine Theorie ästhetischer
Kommunikation und Erfahrung. Sie bleibt zwar romantischen Positionen verpflichtet
– vor allem durch die Herkunft ihrer fundierenden Kategorien –, befreit sie aber von
metaphysisch-utopischem Ballast. Diese Theorie enthält Überlegungen, von denen
ausgehend sich der Sinnhorizont zentraler poetischer Verfahrensweisen in den Texten
Bernhards erst voll erschließt (S. 80ff.).
    Es erhebt sich die Frage, wie diese Korrespondenzen zu bewerten sind. Es gibt
keine Äußerungen Bernhards, die eine direkte Beeinflussung durch die Lektüre Kierkegaards explizit belegen. Während Thomas Bernhard wiederholt den Einfluß Pascals
und Schopenhauers auf sein Denken betont hat, fehlen entsprechende Äußerungen zu
Kierkegaard. Letzte Gewißheit könnten allenfalls Notizen aus dem noch gesperrten
Nachlaß des Autors geben. So bleiben im einzelnen drei Möglichkeiten, vorhandene

---

[89]  In Bernhards autobiographischem Erzählen kommt der Einfluß Montaignes hinzu. So sagte
Thomas Bernhard einmal über Montaigne: »Ganz meine Welt. Das könnte aus meinem Zustand
sein« (Eichholz, *Interview*).
[90]  Vgl. hierzu unten die Interpretation von Bernhards Theaterstück *Die Jagdgesellschaft*.

Übereinstimmungen zu bewerten: (1) Die Parallelen sind zufällig; (2) Bernhard spielt bewußt auf Begriffe und Denkfiguren Kierkegaards an, und zwar im Sinne einer produktiven Vereinnahmung in den eigenen, aber selbständig entwickelten poetischen Kosmos; es ist denkbar, daß Bernhard nachträglich in der Philosophie Kierkegaards die Theorie zur eigenen Praxis und ein Spiegelbild der eigenen Lebensgeschichte entdeckt hat; (3) als dritte Möglichkeit verbleibt eine tatsächliche Beeinflussung in dem Sinne, daß bestimmte Prozesse der Werkentwicklung durch eine Auseinandersetzung mit Kierkegaard initiiert wurden. Es läßt sich zur Zeit nicht mehr sagen, als daß bedeutende Übereinstimmungen bestehen, die Thomas Bernhard selbst gesehen und indirekt, d.h. durch mehr oder minder versteckte Anspielungen und durch Übernahme von Formulierungen bestätigt hat.

Ein weiterer Unsicherheitsfaktor ist die Nähe Kierkegaards zur Romantik. Mit der deutschen Romantik, die er sehr gut kannte, hat er die Subjektivitätsthematik und die zugrundegelegten Kategorien gemein. So gibt es teilweise erstaunliche wörtliche Übereinstimmungen der Formulierung zum Theoretischen Werk von Novalis, das Kierkegaard zum allergrößten Teil gar nicht kennen konnte, da zu seiner Zeit von jenen Fragmenten, in denen Novalis entsprechende Positionen entwickelt, erst der geringste Teil veröffentlicht worden war. Bernhard ist aber auch von Novalis' Theoretischem Werk, insbesondere vom *Allgemeinen Brouillon*, maßgeblich beeinflußt worden, so daß in einigen Fällen keine Entscheidung möglich ist. Die vielfältigen Übereinstimmungen zwischen Kierkegaard und Novalis können hier nicht dokumentiert und diskutiert werden, zumal Forschungsergebnisse (auch nicht in der Literatur zu Kierkegaards Romantikkritik), auf die ich mich hätte stützen können, nicht vorliegen. Ein solcher Vergleich wäre aber auch nicht Aufgabe der vorliegenden Untersuchung. Pointiert läßt sich sagen: Hinsichtlich seiner poetischen Verfahren, Motive und Topoi als solcher bleibt für Thomas Bernhard das theoretische Werk von Novalis der fruchtbarere Reflexionshorizont. Der entscheidende Unterschied betrifft die Sinndimension ihrer Verwendung: das Verhältnis von Ethik und Ästhetik. Indem Thomas Bernhard nämlich das Reden seiner Figuren als Verhalten zu sich und zum Existieren akzentuiert, knüpft er eindeutig an Kierkegaard an, mit dem er die Überzeugung einer fundamentalen Entzweiung teilt, hinter die keine poetischen Versöhnungsversprechen zurückführen können. Die philosophischen Interessen Kierkegaards und Novalis' stehen einander trotz augenfälliger Gemeinsamkeiten entgegen.

Die frühe Erzählprosa Bernhards ist eine durch die Distanz rollenhafter Figurenrede gemilderte Reflexionspoesie. Strauch und Saurau versuchen redend, eine innere Totalität als »eine Unendlichkeit des Zusammenhanges« (Benjamin, *Begriff* 22) herzustellen und, eigene Begrenzungen überwindend, die »Ich-freie Reflexion« aufs Absolute zu unternehmen (ebd. 35). Mit seinen Theaterstücken vollzieht Bernhard hingegen eine ausdrückliche Wendung zu einer Art Reduktionspoesie, die die Unendlichkeitspathetiker unter seinen Figuren in ihre Bühnenwirklichkeit zurückholt. Durch parodistische Zitation Hardenbergscher Gedanken in *Die Macht der Gewohnheit* und *Die Berühmten* unterstreicht der Autor diese Abkehr nachdrücklich. In der Preisgabe der reflexionspoetischen Konzeption, die keinen Verzicht auf romantische Darstellungsverfahren bedeutet, prägen sich Einflüsse der Philosophie Kierkegaards aus.

Im folgenden Abschnitt beschränke ich mich auf Aspekte des Kierkegaardschen Denkens, die zum Verständnis der Theaterstücke Thomas Bernhards als Versuchsanordnungen praktischen Sich-zu-sich-Verhaltens beitragen. Daneben gibt es eine Art grundsätzlicher Geistesverwandtschaft, die sich aus biographischen Parallelen herleiten ließe, auf die ich aber nicht weiter eingehe.[91]

## »Todeskrankheit« als Metapher

Alle literarischen Gestalten Thomas Bernhards – die Aufsteiger ebenso wie die Untergeher und Equilibristen – leiden an einer sogenannten »Todeskrankheit«. Bernhards Auffassung zufolge hat überhaupt jeder Mensch eine »Todeskrankheit«, d.h. seine spezifische Form von Verzweiflung, ob er es weiß oder nicht: »Ein Mensch / ist ein verzweifelter Mensch / alles andere ist die Lüge« (*Jg* 72). Diese Überzeugung umspielen Autor und Figuren in unzähligen Variationen, und zwar unrelativiert. Die humoristischen Überspitzungen und Witzeleien richten sich nur gegen einen falschen, sakralen Ernst und gegen den Irrglauben, mit Einsichten dieser Art etwas für die Bewältigung des eigenen Lebens gewonnen zu haben. »Das Leben an sich, die Existenz an sich, alles ist ein Gemeinplatz« (*Keller* 152). Der Doppelsinn des Wortes ›Gemeinplatz‹ bringt diesen Zusammenhang präzise zum Ausdruck.

»Todeskrankheit« bezeichnet bei Bernhard etwas, das eine ständige Unruhe ins Leben eines jeden Menschen hineinbringt und sich immer wieder unwillkürlich in Wiederholungszwängen, Marotten oder scheinbar unmotivierten Reaktionen kundtut. Der Terminus steht für einen »Pfahl im Fleisch«[92], für eine nicht-integrierte Erfahrung. »Todeskrankheit« ist eine Bestimmung des Geistes, d.h. sie läßt sich nicht einfach auf das Faktische und Ereignishafte am Erfahrenen oder Erlittenen zurückführen, sondern entspringt dem Verhältnis, das das Subjekt zum Faktischen einnimmt. Dasselbe gilt für die Bedeutung des Todes. »Das Ende ist kein Vorgang« (*Ko* 362). »Der Tod ist kein Ereignis des Lebens« (Wittgenstein, *Tractatus*, Satz 6.4311), aber das Verhalten zur eigenen Sterblichkeit ist es. Indem Thomas Bernhard seine Figuren vom Tod reden läßt, handeln seine Bücher vom Leben. Der Ausdruck »Todeskrankheit« steht für die Weigerung des Subjekts, sich selbst samt seiner Nicht-Identität in der betreffenden Erfahrung wiederzuerkennen und diese zu integrieren. Eine »Todeskrankheit« wird nicht passiv erworben oder erlitten, sondern besteht in fortge-

---

[91] Beispielsweise: Herkunft, frühe Isolation und Einsamkeit, schon als Kind Übermaß an hemmender Reflexion, Schwermut, körperliche Defekte, aber einen starken Willen, sich der eigenen und objektiv verursachten Verzweiflung zu entwinden, ohne den Willen zu Wahrheit und Selbstbewußtsein aufzugeben. Nachweise zu Kierkegaard: *SS* 75-80; vgl. auch Theunissen/Greve, *Einleitung* 19.
[92] Vgl. Kierkegaards erbauliche Rede »Der Pfahl im Fleisch«, in: *ER 43/44* 35-55. Einen »Pfahl im Fleisch« zu haben, bezeichnet Kierkegaard analog zum Leiden an der »Krankheit zum Tode« als Bestimmung des Geistes.

setzter, geistiger Tätigkeit in Form von Verdrängung oder bewußter Verzweiflung. Diesen aktiven Charakter der Todeskrankheit, den Kierkegaard immer wieder mit Nachdruck hervorhebt, akzentuiert Bernhard dadurch, daß er in seinen Stücken Figuren einander gegenüberstellt, die aus ähnlichen Erfahrungen gegensätzliche Konsequenzen ziehen und aus ähnlicher Herkunft stammend eine gegensätzliche Entwicklung nehmen. Man denke nur an den Schriftsteller und den General aus *Die Jagdgesellschaft*, die beide die Erfahrung zufälligen Überlebens gemacht haben, oder an die gegensätzlichen Lebenseinstellungen der Brüder Schuster in *Heldenplatz* – komplementäre Schicksale, die Wittgensteins Satz exemplifizieren, die Welt des Unglücklichen sei nicht die des Glücklichen.[93]

Bernhards Topos der Todeskrankheit knüpft offenkundig an Søren Kierkegaards *Die Krankheit zum Tode*[94] an. Die begriffliche Ähnlichkeit ist bereits ein deutlicher Hinweis. Bisweilen wird auch der kierkegaardsche Ausdruck direkt genannt (z.B. *IK* 124). Deutliche Hinweise im Sinne von Anspielungen auf bestimmte Vorstellungen und Philosophen finden sich jedoch überall in Bernhards Texten. Insofern wäre die bloße Verwendung des Begriffs noch nichts Ungewöhnliches. Auch könnte Bernhard die Anregung aus Goethes *Werther* erhalten haben. Wie später bei Kierkegaard und Bernhard steht die ›Krankheit zum Tode‹ bereits hier für Existenz in Verzweiflung und Finsternis und für die Unfähigkeit zur Verständigung (*Werther* 48-50).

Entscheidend ist jedoch, daß Bernhard über solche Parallelen hinaus mit dem Topos der Todeskrankheit an Kierkegaards Philosophie anknüpft: Erstens ist Kierkegaards »Krankheit zum Tode« durchgängig der systematische Hintergrund, auf den sich Bernhard bezieht, wenn seine Figuren mit dem Begriff ›Todeskrankheit‹ ihre Existenz interpretieren; zweitens realisieren Bernhards Figuren typische Formen von Verzweiflung, wie sie Kierkegaards Typologie enthält; eine dritte Anknüpfung betrifft den Handlungsverlauf der meisten Stücke Bernhards, also das Ausbrechen einer Todeskrankheit, und den Anteil, den die Schriftstellerfiguren – sofern vorhanden – an diesem Prozeß haben. Thomas Bernhard stützt sich also hinsichtlich Begrifflichkeit, Personal und Handlungsverlauf auf Kierkegaards Modell der ›Krankheit zum Tode‹. In der Bernhard-Forschung ist bislang lediglich auf die terminologische Anleihe hingewiesen worden, ohne die zugrundeliegende inhaltliche Anknüpfung aufzuschlüsseln.[95] Und Gerhard vom Hofe und Peter Pfaff analysieren Bernhards Prosa zwar mit kierkegaardschen Kategorien, erkennen aber weder die Breite der Übereinstimmungen

---

[93] Wittgenstein, *Tractatus*, Satz 6.43. Zum Thema der Eigenaktivität vgl. auch die Ausführungen des Ich-Erzählers in *Ja* über die Katastrophe der Kontaktlosigkeit (*Ja* 21-24).
[94] Im folgenden zitiert mit der Sigle *KzT*. Der Titel von Kierkegaards *Die Krankheit zum Tode* spielt auf das elfte Kapitel des Johannes-Evangeliums an (Auferweckung des Lazarus). »Diese Krankheit ist nicht zum Tode, sondern zur Verherrlichung Gottes, daß der Sohn Gottes dadurch verherrlicht werde« (Joh. 11, 4).
[95] Z.B. Fuhrimann, *Krankheit zum Tode*; Jurgensen, *Kegel* 33; Steinert, der etwas ausführlicher auf das Verhältnis Bernhards zu Kierkegaard eingeht (*Schreiben über den Tod* 59-62, 67, 98, 114), orientiert sich an Fragen einer Metaphysik des Todes, während er die Bedeutung der ›Krankheit zum Tode‹ als subjektphilosophische Kategorie nicht berücksichtigt. Außer einer Kopplung von »Verzweiflung und Bewußtseinssteigerung« erkennt Steinert deshalb keine Gemeinsamkeiten.

noch die Tatsache, daß Bernhard diese Nähe bewußt herstellt und mitreflektiert.[96]

Vor dem Hintergrund der negativen Anthropologie, die Kierkegaard in *Die Krankheit zum Tode* entwickelt, wird der umfassende Sinn der bernhardschen Motivik von ›Todeskrankheit‹ und ›Verzweiflung‹ dargestellt. Damit wird auch deutlich, inwieweit die subjektphilosophischen Interpretationen zu Bernhard die Selbstbewußtseinsproblematik kognitivistisch verkürzen.[97] Gleich Kierkegaard betrachtet Bernhard Verzweiflung als aktives Verhalten und löst sie damit aus dem quasi-naturwüchsigen Verhältnis zur Ontologie des falschen Zustands. Letztere rückt damit aus dem Problemhorizont der Metaphysik in den der Psychologie.

Der zweite und dritte Aspekt, d.h. die Bedeutung von Kierkegaards Modell der ›Krankheit zum Tode‹ für Figurentypologie und Handlungsverlauf, sind bislang unentdeckt geblieben.

Kierkegaard bestimmt den Menschen als stets mißlingende Synthese von idealem und faktischem (realem) Selbst. ›Verzweiflung‹ bezeichnet nun das Verhältnis des Selbst im eigentlichen Sinne bzw. des ›Geistes‹ zu der unaufhebbaren Spannung zwischen den existentialen Komponenten. ›Verzweiflung‹ bezeichnet eine grundlegende Weise, in der sich ein Selbst zu sich selbst verhalten kann, indem es sich zu seiner Existenz verhält. Die Verzweiflung als Bestimmung des Geistes folgt noch nicht aus dem bloßen Mißlingen der Synthese, sondern erst aus dem Verhältnis des Selbst zu seiner Abgründigkeit, die aus dem Mißlingen der Synthesis spricht. »Und das Verhältnis zu sich selbst kann ein Mensch nicht loswerden, sowenig wie sein eigenes Selbst« (*KzT* 17). Alle Versuche, das Selbst in seiner Gespaltenheit zu verleugnen, um auf diese Weise die Verzweiflung abzuschütteln, potenzieren die Verzweiflung sogar noch (*KzT* 18, 20). Wie der Doktor in *Der Ignorant und der Wahnsinnige* sagt, zeigt sich uns auf dem »Gipfel der Verzweiflung« jedes einzelnen die »allerhöchste[.] Instanz der Natur« (*IW* 25) als das Allgemeine, das in jeder individuellen Todeskrankheit zur Geltung kommt. Die spezifische Gestalt der einzelnen Todeskrankheit ist aber vom empirischen Subjekt nicht abzulösen, sie ist gewissermaßen die Grundstruktur seiner Welterfahrung und seines praktischen Selbstbewußtseins. Deshalb kann dem Verzweifelten seine Verzweiflung auch nicht genommen werden. Alkoholiker wie den Vater in *Der Ignorant und der Wahnsinnige* stecke man zwar in »eine sogenannte Entziehungskur«, wie der Doktor sagt, »aber dem Menschen kann / nichts entzogen werden / schon gar nicht eine ihn umbringende Veranlagung« (*IW* 25).

---

[96]   Gerhard vom Hofe und Peter Pfaff (*Provokation*) skizzieren Kierkegaards Theorie der Subjektivität und bestimmen die apokalyptischen Hauptfiguren von Bernhards früher Prosa, vor allem den Maler Strauch (*Frost*), als Entsprechung zu Kierkegaards Typus des Humoristen; vgl. unten Fn. 220, S. 105. – G. vom Hofe und P. Pfaff betonen jedoch zu sehr die metaphysische Dimension, während diese nur den theoretischen Hintergrund, sozusagen die Versuchsanordnung bereitstellt für das, um welches es Kierkegaard und Bernhard primär geht: um die ethische Dimension von Selbstreflexion als konkrete Handlung *existierender* Subjektivität.
[97] Vgl. hierzu den Forschungsüberblick oben S. 14ff.

# Kierkegaards negative Anthropologie in *Die Krankheit zum Tode*

Das Verfahren der kierkegaardschen Anthropologie ist wesentlich negativ. Vor allem in *Der Begriff Angst* und *Die Krankheit zum Tode* entwickelt Kierkegaard seine »Analyse der Existenz anhand von Negativphänomenen« wie Angst und Verzweiflung.[98] Gerade dieser Negativität verdankt Kierkegaard seine Modernität[99], seine Nachwirkung in Philosophie und Literatur. Anhand von Negativphänomenen versucht Kierkegaard, »die in der illusionären Form der Identität verborgene faktische Nichtidentität an den Tag zu bringen.«[100] Auf indirekte Weise will Kierkegaard nachweisen, daß sich das Bewußtsein des Abgrundes zwischen Idealität und Faktischem, zwischen ›Transzendenz‹ (›Unendlichem‹) und ›Endlichkeit‹ in bestimmten alltäglichen Situationen unweigerlich aufdrängt. Kierkegaard will aber mehr, als – im Gegenzug gegen naive Vorstellungen personaler Identität – das Bewußtsein von Nichtidentität lediglich in Form objektiven, abfragbaren Wissens zu verbreiten: er will jeden Einzelnen zu der Einsicht bringen, daß er ein ernsthaftes und dringliches Interesse daran hat, sich in ein bewußtes Verhältnis zu den konkreten Phänomenen von Nichtidentität zu setzen, d.h. sich bewußt zu der Tatsache zu verhalten, daß die eigene Identität geschichtlich erworben wurde und Brüche wie auch Beschädigungen umfaßt. Im Hinblick auf dieses Ziel ergänzen sich Kierkegaards Theorie des Selbst, die phänomenale Analyse von Existenz und die ethisch-maieutische Dimension seiner Schriftstellerei. In *Die Krankheit zum Tode* schickt Kierkegaards Pseudonym Anti-Climacus[101] zwar eine systematische Theorie des Selbst voraus, die das Schema für die in der Zeitlichkeit der Existenz sich vollziehende Subjektivität bereitstellt, doch ihre eigentliche Sinnfälligkeit erhält diese Theorie des Selbst erst durch diese anschließende Analyse von typischen Weisen, die ethisch geforderte ideale Synthesisleistung existierender Subjektivität zu verfehlen.[102]

Im Rahmen einer negativen Dialektik von Subjektivität, wie sie sowohl Søren Kierkegaards als auch Thomas Bernhards Phänomenologie des Scheiterns zugrunde liegt, erhalten Theorie und schriftstellerische Praxis des Komischen entscheidende Bedeutung: das Komische besetzt den vakant gewordenen Platz materialer Normen

---

[98]  Theunissen/Greve, *Einleitung* 46.

[99]  Theunissen/Greve, *Einleitung* 54. Wenn dieselben jedoch behaupten, Kierkegaard sei der erste gewesen, der die »Universalisierung der Anormalität« betrieben habe und »den Versuch unternahm, aus einer Analyse deformierten Menschseins Aufschlüsse über die Bestimmung des Menschen zu gewinnen« (aaO. 66), übersehen sie die Vorläuferrolle Blaise Pascals.

[100]  Rohrmoser, *Kierkegaard* 401. »Er entwickelt mit diesem Ansatz die Grundbewegung des existentiellen Denkens bis in unsere Zeit: in der Scheinidentität die wirkliche Nichtidentität aufzudecken«, d.h. den Nachweis einer »falschen Versöhnung« zu führen (ebd.).

[101]  Der Name Anti-Climacus bezeichnet den Gegensatz zwischen der späteren Phase negativer Anthropologie zur Stadienlehre der früheren Schriften, als deren Verfasser das Pseudonym Johannes Climacus ausgegeben wird.

[102]  Zum Zusammenhang von Strukturschema und Phänomenologie vgl. Theunissen/Greve, *Einleitung* 45. Kierkegaards Analysen zeigen »die vielfältigen Weisen des Scheiterns der Synthese von Endlichkeit und Unendlichkeit« (Figal, *Freiheitsbegriff* 122).

und ethischer Letztbegründungen. Anstelle einer positiv formulierten und deshalb
wirkungslosen Deduktion der Existenzaufgabe bedient sich Kierkegaard eines indirekten Nachweises anhand von Verfehlungen. Auf diese Weise zeigt er, daß das Verfehlen dieser Aufgabe zu Widersprüchen führt, deren Komik jedermann unmittelbar
einsichtig ist: zu Widersprüchen zwischen manifestem Verhalten und existentiellen
Interessen, über die der Handelnde ein nur unvollständiges Bewußtsein erlangt. Schon
die Stadienlehre der frühen pseudonymen Schriften entwickelt Kierkegaard am Leit-
faden des Komischen.[103] Kierkegaards »Phänomenologie des subjektiven Geistes«
(W. Janke) ist keine positive Lehre; sie will ins Bewußtsein heben und zum Gegenstand des Interesses machen, was jedermann, ohne es zu wissen, eigentlich doch
schon weiß und objektiv will. Das unmittelbar Komische an Selbsttäuschung und
widersprüchlichem Verhalten ist der Aufhänger für die Wiederentdekung des Interesses am Dasein. Bevor ich mich Kierkegaards Theorie des Selbst und seiner Typologie
der Verfehlungen zuwende, möchte ich betonen, daß es weder Kierkegaard noch
Bernhard um eine elaborierte metaphysische Bestimmung von Subjektivität geht. Die
Bestimmung existierender Subjektivität als unaufhebbarer Nichtidentität ist nur Voraussetzung und Hintergrund, vor dem die ethische Dimension Kontur gewinnt: das
bewußte Verhalten des empirischen Subjekts zu seiner individuellen, konkret-geworde-
nen Gestalt dieser Nichtidentität. Kierkegaards formaler Imperativ fordert Selbstdurchsichtigkeit und entschlossenes Selbstsein, eine Aufgabe, von der keine Lehrmei-
nung entlasten kann.

## Kierkegaards Theorie des Selbst

»Der Mensch ist eine Synthese von Unendlichkeit und Endlichkeit, von dem Zeitlichen und
dem Ewigen, von Freiheit und Notwendigkeit, kurz eine Synthesis. Eine Synthesis ist ein Verhältnis zwischen Zweien. Auf die Art betrachtet ist der Mensch noch kein Selbst.«          (*KzT* 8)

Die menschliche Existenz ist, wie Kierkegaard wiederholt und nicht eben präzise
schreibt, aus Gegensatzpaaren »zusammengesetzt«. Weitere Dualismen sind Realität
und Idealität sowie Wirklichkeit und Möglichkeit.[104] Diesen Gegensatzpaaren eignet,
wie Kierkegaards Terminologie überhaupt, etwas Grobschlächtiges, doch dies ist
durchaus kalkuliert. Kierkegaard interessiert sich nicht für die begrifflich-spekulative
Vermittelbarkeit dieser dialektischen Kategorien, sondern benutzt sie als griffiges
Werkzeug analytischer Reduktion. Auf spezifische Weise seinen Intimgegner Hegel
vom Kopf auf die Füße stellend, bezeichnet Kierkegaard mit diesen Gegensatzpaaren
analytisch unterschiedene Momente »im Zusammenhang existierenden Selbstseins.«[105]

---

[103] Vgl. *UN II* 229f.
[104] Die ursprüngliche Synthese, deren »Ausdruck« die Synthese von Zeitlichkeit und Ewigkeit
bloß ist, sei jedoch die von Leib und Seele (*BA* 90).
[105] Fahrenbach, *Existenzanalyse* 230. »Die Gegensatzmomente von Idealität und Realität (Unendlichkeit und Endlichkeit) werden also nicht nachträglich ›vom‹ oder ›im‹ Bewußtsein aufeinander bezogen, sondern sie sind überhaupt erst im Sich-bewußtsein eines Seienden in ihre

In diesem Sinne stellt M. Theunissen fest: »Kierkegaards originäre Leistung beruht nämlich auf der Existentialisierung der anthropologischen Kategorien, die die philosophische und theologische Tradition bereitgestellt hat.«[106] »Kierkegaards Kategorien sind keine Seinskategorien für das Denken, sondern Daseinskategorien.«[107] Kierkegaards anthropologisches Schema »darf folglich nicht als ein statisches Gefüge, sondern muß als Vollzugsschema eines Werdens, eben des Selbstwerdens gedacht werden.«[108] In diesem Sinne sind auch Bernhards poetische Chiffren Daseinskategorien; so stehen zum Beispiel auch die Begriffe ›Wald‹, ›Finsternis‹, ›Todeskrankheit‹ für bestimmte Befindlichkeiten und Vollzugsformen von Selbstbewußtsein. Dies gilt auch für deren topographische Fixierungen, in denen Thomas Bernhard zugleich autobiographische Erfahrungsräume und traditionelle Lichtmetaphorik poetisiert. So ist der Wald Ort der Daseinsverfinsterung, seine Lichtung (mit Referenz zu Heideggers ›Daseinslichtung‹) Stätte tödlicher Luzidität: Roithamer erhängt sich auf der Lichtung des Kobernaußerwaldes (*Korrektur*).[109]

Durch die Synthese allein existiert der Mensch aber noch nicht als ›Selbst‹ im engeren Sinne. Im Unterschied zu den stets zweigliedrigen Reflexions-Bestimmungen definiert Kierkegaard das Selbst als Kategorie des Bewußtseins dreigliedrig. Auf diese dreigliedrige Struktur spielt Fräulein Werdenfels in *Über allen Gipfeln ist Ruh'* an: »Die Ursache war doch sicher Ihr Verhältnis / zu den Unvereinbarkeiten wie Sie einmal sagen« (*ÜaG* 66). Erst wenn der einzelne sich bewußt zu dem Verhältnis dieser dualen Komponenten verhält, wird er das »positive Dritte«, also »Selbst« bzw. »Geist«:

»Der Mensch ist eine Synthesis des Seelischen und des Leiblichen. Aber eine Synthesis ist nicht denkbar, wenn die Zwei nicht in einem Dritten vereinigt werden. Dies Dritte ist der Geist.«         (*BA* 41)
»Der Mensch ist Geist. Was aber ist Geist? Geist ist das Selbst. Was aber ist das Selbst? Das Selbst ist ein Verhältnis, das sich zu sich selbst verhält, oder ist das an dem Verhältnisse, *daß* das Verhältnis sich zu sich selbst verhält.«       (*KzT* 8; Hervorhebung C.K.)

Das Selbst ist zunächst das *Daß* des Sich-zu-sich-Verhaltens. Hier liegt die allererste, jeder spezifischen Wahl vorausliegende Wahlentscheidung, nämlich ob sich das Subjekt überhaupt bewußt zu sich verhalten will oder nicht.[110] »Für Kierkegaard ist darum – in existenzdialektischer Entsprechung zu Fichte – Bewußt-sein wesentlich keine

---

Gegensatz-Beziehung gesetzt und Bewußt-sein heißt: das bezogene inter-esse (d.h. die Synthesis) von realer Daseinsbestimmtheit und idealer Sinnbestimmung zu sein« (aaO. 239, Anm. 12). Vor allem in den vor *Der Begriff Angst* und *Die Krankheit zum Tode* erschienenen Schriften karikieren Kierkegaards Pseudonyme systemphilosophische Begrifflichkeit. In diesem Sinne bezeichnet P. Ricœur Kierkegaards Geflecht von »nicht aufgelösten Gegensätzen« als »Hyper-Philosophie bis zur Karikatur und Verhöhnung« (Ricœur, *Philosophieren* 596).

[106] Theunissen, *Menschenbild* 496f.
[107] Diem, *Existenzdialektik* 34; vgl. ebd. 29.
[108] Fahrenbach, *Existenzanalyse* 224.
[109] Zum Wald als allegorischem Ort bei Thomas Bernhard vgl. unten S. 267ff.
[110] Schon in *Entweder/Oder* weist der Ethiker die Entscheidung zwischen Wählen und Nicht-Wählen als »die erste Wahl« aus; vgl. *E/O* 728.

Tat*sache*, sondern Tat*handlung*, d.h. Selbstbewußtsein durch Selbstvollzug.«[111] Das Selbstverhältnis ist jedoch nicht autonom; es gründet in einem Anderen. Das Selbst des Menschen ist ein »deriviertes Selbst«. Die Notwendigkeit der Fundierung des Verhältnisses in einer anderen Macht zeigt Kierkegaard ebenfalls an einem Negativ-phänomen, und zwar am Scheitern trotzigen Aufbegehrens (vgl. *KzT* 9). Das Schei-tern des Trotzes beweist, »daß jede Existenz der Verzweiflung anheimfällt, die aus eigener Kraft das Dasein zu meistern sucht.«[112] Das Ziel der Selbsterkenntnis kann deshalb nicht in unbeschränkter Souveränität bestehen, sondern nur darin, daß sich das Selbst in seinem Anderen »durchsichtig« wird:

> »Folgendes ist nämlich die Formel, welche den Zustand des Selbsts beschreibt, wenn die Ver-zweiflung ganz und gar ausgetilgt ist: indem es sich zu sich selbst verhält, und indem es es selbst sein will, gründet sich das Selbst durchsichtig in der Macht, welche es gesetzt hat.«
>
> (*KzT* 10)

Die Dialektik der Wahl besteht darin, daß sich das Selbst erkennend wie handelnd annimmt als eines, das es kraft einer anderen Macht schon ist.[113] Heidegger spricht deshalb auch vom »Nachholen einer Wahl« (*SuZ* 268). Die Verzweiflung läßt sich je-doch niemals, wie Anti-Climacus sagt, »ganz und gar austilgen«[114], denn die Span-nung zwischen den existenzdialektischen Komponenten bleibt in der Synthese, die das existierende Subjekt durch »Wahl«, Handlung und Entscheidung augenblickhaft setzt, erhält und verweist auf die stets aufs neue zu vollziehende Aufgabe.[115] Für den pseudonymen Verfasser Johannes Climacus ist das Identitätsprinzip als absolutes Telos »nur die Grenze, es ist wie die blauen Berge, wie die Linie[,] die der Zeichner

---

[111] Fahrenbach, *Existenzanalyse* 223; vgl. ders., *Ethik* 25; G. vom Hofe, *Romantikkritik* 46.

[112] Theunissen/Greve, *Einleitung* 47.

[113] Zur Dialektik von Wählen und Setzen im Akt der Selbstwahl vgl. *E/O* 773. Im Unterschied zur biederen Moralität des Ethikers in *Entweder/Oder* akzentuiert Anti-Climacus den Anteil der Gnade und göttlichen Schenkung beim Akt der Selbstwahl (vgl. Theunissen, *Menschenbild* 497).

[114] In dieser Frage ist die pseudonyme Verfasserschaft zu berücksichtigen. Anti-Climacus er-öffnet die Perspektive auf Erlösung von Verzweiflung nur dem existierenden Christen. Diesen Grad an Religiosität will Søren Kierkegaard aber nicht einmal für sich in Anspruch nehmen. Im Hinblick auf entgegenstehende Äußerungen in *Die Krankheit zum Tode* wie in anderen Werken Kierkegaards muß man bezweifeln, daß derlei Verheißungen einen anderen als appellativen Charakter haben. In keinem Falle jedoch kann die Erlösung von Verzweiflung dem Nicht-Chri-sten oder Nominal-Christen zuteil werden.

[115] »Die Aufgabe des Selbstseins kann nicht ein für allemal gelöst werden, denn die Synthesis bleibt als Gegensatz-Beziehung dialektisch und d.h. sie muß existierend immer neu entschieden werden (und zwar mit Bezug auf eine je konkret bestimmte Existenzsituation).« »Das aber be-deutet: Selbstsein in Existenz ist nie abgeschlossen, sondern ist im Prinzip und je konkret nur als Selbst*werden* existent« (Fahrenbach, *Existenzanalyse* 224). »[...] und der grundlegende Sinn des Ethischen als einer Existenzbestimmung ist es, die Wahl- und Entscheidungssituation des Existierens verbindlich zu machen« (aaO. 225). *Die eigentliche Wirklichkeit der Subjektivität* besteht im Vollzug ethisch bestimmten Existierens (ebd.): »Die wirkliche Subjektivität ist nicht die wissende, denn durch das Wissen ist der Mensch im Medium der Möglichkeit, sondern die ethisch existierende Subjektivität« (*UN II* 17).

den Hintergrund nennt, die Zeichnung ist die Hauptsache.«[116] Im Unterschied zum Skeptiker Climacus beharrt Kierkegaard aber an anderer Stelle darauf, daß das Gelingen der Synthese möglich sein müsse. Bestünde diese Möglichkeit nicht, wäre mit anderen Worten das Mißverhältnis naturbedingt, so gäbe es weder Verzweiflung noch ethische Aufgabe.[117]

Transzendenz und Transzendenzbewegung

Sofern die Auffassung von Existenz als Synthese von Endlichkeit und Unendlichkeit das halten soll, was sie verspricht, nämlich nicht bloße Spekulation, sondern sachhaltig zu sein; sofern sich die existenzdialektischen Kategorien von ›Transzendenz‹ und ›Immanenz‹ tatsächlich als »Daseinskategorien« erweisen sollen, muß Kierkegaard phänomenal ausweisen, daß sich niemand des bewußten Bezuges auf eine der existenzdialektischen Komponenten zu entziehen vermag, ohne sich in Widersprüche zu verstricken und auf diese Weise lächerlich zu werden. Diese Widersprüche machen sich in vorwiegend komischen Selbsttäuschungen bemerkbar, deren Komik sich in erster Linie dem Beobachter, seltener der Hauptfigur selbst erschließt. Damit Selbsttäuschungen überhaupt identifizierbar sein können, muß Selbstbewußtsein – wie E. Tugendhat in *Selbstbewußtsein und Selbstbestimmung* gezeigt hat – propositionalen Charakter haben, da andernfalls von richtig und falsch gar nicht die Rede sein kann. Kierkegaards Bedeutung für philosophische Theorien von Selbstbewußtsein besteht insbesondere darin, diese Auffassung von Selbstbewußtsein zumindest vorbereitet und damit Auswege aus den Aporien des Subjekt-Objekt-Modells gewiesen zu haben.

Insbesondere im Abschnitt C von *Die Krankheit zum Tode* führt Kierkegaard den Nachweis, daß man nur um den Preis von Selbstwidersprüchen im praktischen Sich-zu-sich-Verhalten glauben kann, auf die Transzendenzbewegung verzichten zu können. Zunächst expliziert er die »Gestalten dieser Krankheit (der Verzweiflung)« nach der Art und Weise, in der sie, und zwar unabhängig vom Bewußtsein des Verzweifelten, die geforderte Synthesis verfehlen. Auf einem Mangel an Transzendenzbezug beruhen die »Verzweiflung der Endlichkeit« und die »Verzweiflung der Notwendigkeit«. Ihre typischen Verkörperungen sind der Spießbürger sowie der Typus des Deterministen und Fatalisten; sie reflektieren nicht auf ihre Möglichkeit und dämmern als statistische Durchschnittsexistenzen im »Dunstkreis des Wahrscheinlichen« (*KzT* 38) und in Trivialität dahin (vgl. *KzT* 29-31, 37-39). Der Begriff der Transzendenz und weitgehend synonym gebrauchte Termini wie ›Unendlichkeit‹, ›Ewigkeit‹, ›Möglichkeit‹ bezeichnen bei Kierkegaard keine ontologisch separierte, der endlichen Existenz entgegengesetzte Sphäre, keinen Ideenhimmel, kein transzendentes Sein. Trotz

---

[116] *UN II* 128. Zum Verhältnis von absolutem und relativem Telos vgl. *UN II* 106f. Climacus bestimmt Identität als »eine niedere Anschauung als die Kontradiktion, die konkreter ist« (*UN II* 128).
[117] Vgl. *KzT* 11. Wie Blaise Pascal setzt auch Kierkegaard eine ursprüngliche Idealität voraus; vgl. zur systematischen Bedeutung des Sündenfalls bei Pascal oben S. 43f.

seiner romantisch inspirierten, verdinglichenden Terminologie meint Kierkegaard keine »subsistierenden Bestandteile«, sondern Ausrichtungen menschlicher Existenz.[118] Kierkegaards ›Existentialisierung‹ philosophischer Kategorien erweist sich gerade daran, daß der Transzendenz-Begriff nicht mit positiven, ontologischen Bestimmungen gefüllt wird; er steht für eine Vollzugsform existierender Subjektivität, für die Transzendenz*bewegung*, für die *Bewegung* der Unendlichkeit. ›Transzendenz‹ bezeichnet bei Kierkegaard »die Sinndimension des Sich-zu-Sich-Verhaltens, die im Überschreiten der endlichen, empirischen Daseinsgegebenheiten besteht.«[119] Wiewohl Kierkegaard auf der Inkommensurabilität von Transzendenz und Immanenz insistiert, denkt er die Transzendenzbewegung als eine Bewegung der endlichen Existenz[120], als ein Sich-Entwerfen auf Zukunft hin, eine Besinnung des empirischen Subjekts auf seine Möglichkeit und auf das, was ihm im Gegensatz zu Kontingenz und Faktischem wahrhaft gemäß wäre. Die Unvermeidlichkeit der Transzendenzbewegung beruht auf der Zeitlichkeit der als Möglichkeit und Entwurf verstandenen Existenz. Dieses wahrhaft Gemäße bezeichnet Kierkegaard auch als die »ewige« Bestimmung des Selbst. Doch dieses Ewige existiert nicht schon irgendwo fix und fertig, sondern es wird in der Zeit; es ist geschichtlich. »Die Transzendenz, die die logische Immanenz bricht, geschieht [...] durch den *Unterschied zwischen dem bloß Geschichtlichen und dem wahrhaft Geschichtlichen*, im ›Zwischen‹ dieser Differenz des Geschichtlichen.«[121] Diese qualitative Differenz entsteht durch das Interesse, welches das Subjekt an seinem Dasein hat. Von Transzendenz und ewiger Wahrheit erhält das existierende Subjekt aber nur als negativer Größen Kenntnis, und zwar aufgrund der ihm eigenen Negativität:

»Die Negativität, die im Dasein ist, oder richtiger: die Negativität des existierenden Subjekts [...] ist in der Synthese des Subjekts begründet, daß es ein existierender unendlicher Geist ist. Die Unendlichkeit und das Ewige sind das einzig Gewisse, aber indem es [das einzig Gewisse] im Subjekt ist, ist es im Dasein, und der erste Ausdruck dafür ist seine Trüglichkeit und dieser ungeheure Widerspruch, daß das Ewige wird, daß es entsteht.«        (*UN I* 74)

»Trüglichkeit« steht für den trügerischen Schein, das Subjekt könne der Wahrheit oder seiner Transzendenz als eines positiven Wissens habhaft werden.[122] Wahrheit gibt es demnach nur als »Negatives« zum Gewordenen, was aber nicht mit dessen

---

[118] Vgl. Tugendhat, *Selbstbewußtsein* 158ff.

[119] Fahrenbach, *Gegenw. Philosophie* 159. Der Mensch ist mit den endlichen Bestimmungen seines Daseins nicht einfach identisch, »sondern ideell [d.h. durch Reflexion und Phantasie] zugleich und wesenhaft über diese [endlichen Bestimmungen] hinaus« (Fahrenbach, *Existenzanalyse* 223).

[120] Vgl. Grøn, *Transzendenz* 136. Ich gehe hier nicht weiter auf die spezifisch religiösen Aspekte des Transzendenten bei Kierkegaard ein, auch nicht auf die Unterscheidung zwischen Religiosität A und Religiosität B, die Johannes Climacus im zweiten Band der *Unwissenschaftlichen Nachschrift* trifft. Der Religiöse A verhält sich in der Zeit zum Ewigen; der Religiöse B hingegen verhält sich in der Zeit zum Ewigen in der Zeit, er akzentuiert in stärkerem Maße die Inkommensurabilität des Ewigen (vgl. *UN II* 281ff.).

[121] Grøn, *Transzendenz* 137.

[122] Zur trügerischen Positivität, der Unwahrheit der Subjektivität, vgl. *UN I* 73.

bloßer Negation – einer »Kontra-Position« – zu verwechseln sei (vgl. *BA* 10). Auf dieser Verwechselung beruhe der grundsätzliche Irrtum der romantischen Ironie. Kierkegaard stellt Wahrheit und Transzendenz unter Konkretisationsverbot (vgl. *PB* 35, 42f.). Ihr Signum sind Paradox, Absurdität, Unverständlichkeit. Die subjektive, momenthaft im Augenblick der Leidenschaft erkannte Wahrheit ist für Kierkegaard notwendig paradox.[123] Das Paradoxe einschlägiger Formulierungen Kierkegaards verdankt sich einerseits den damit erzielbaren appellativen, das Unverständliche akzentuierenden Effekten, andererseits dem Umstand, daß Kierkegaard auf Phänomene zielt, die das romantische Kategoriengefüge sprengen. Indem allein die Subjektivität Kunde vom Ewigen erhält, ist sie ›die Wahrheit‹. Indem sich das Ewige aber nur durch sein zeitliches Werden erschließt und ihr deshalb als ein Positives erscheint, ist die Subjektivität immer auch ›die Unwahrheit‹. Kierkegaards Pseudonym Vigilius Haufniensis[124] zählt in *Der Begriff Angst* die folgenden »Mißverständnisse« des Ewigen auf (*BA* 157ff.): a) die Leugnung des Ewigen im Menschen; b) die abstrakte Fassung des Ewigen als bloßer Begriff ohne Bezug zur Innerlichkeit; c) »Man biegt für die Einbildungskraft das Ewige in die Zeit hinein«, wodurch die Inkommensurabilität von Unendlichkeit und Endlichkeit mißachtet würde; d) »Man faßt die Ewigkeit metaphysisch«, also nicht als Handlungsbezug des Subjekts, das sich zu seiner Existenz verhält. Diese Mißverständnisse konvergieren in der Leugnung oder Schwächung existentieller Möglichkeit; zu bedenken ist dabei allerdings, daß auch diese Leugnung der Möglichkeit einem existentiellen Interesse folgt. In einem ebensogroßen Maße wie bei dieser ›Verzweiflung der Endlichkeit‹ wird die zu leistende existentielle Synthesis verfehlt, wenn das Selbst aus der Unendlichkeitsbewegung nicht wieder in die Endlichkeit zurückkehrt (vgl. *KzT* 26-29, 32-34). Für diese Art von Selbstverlust, für die »Verzweiflung der Möglichkeit«, findet Kierkegaard das Gleichnis eines Spiegels, in dem sich das Subjekt in wechselnder Gestalt betrachtet, ohne sein Selbst als Identisches hinter den virtuellen Rollenbildern erblicken zu können; die Selbstbespiegelung stiftet keine Kontinuität (vgl. *KzT* 33f.).

Thomas Bernhard greift die Thematik von Selbstverlust und Selbsttäuschung in doppelter Weise auf: als Thema der Figurenrede und als dargestelltes Phänomen des Bühnengeschehens. Bernhards Figuren realisieren beide Varianten der Entlastung von dem Druck, ein verantwortliches Selbst sein zu müssen. Während der Selbstverlust in abstrakte Möglichkeit das Problem des Ethischen überhaupt nicht aufkommen läßt, delegieren Fatalist, deterministische Metaphysik und »Weltlichkeit« alle Verantwortung.

Erst durch die – von Kierkegaard ethisch geforderte – Rückkehr aus der Unendlichkeitsbewegung in die Endlichkeit wählt sich das Subjekt als das, welches es ist; nur so wird es »konkret«, erlangt es »Kontinuität« und »Notwendigkeit« als dialekti-

---

[123] Vgl. den Abschnitt über »Die subjektive Wahrheit« in der *Unwissenschaftlichen Nachschrift I*, in dem Kierkegaard Subjektivität und Innerlichkeit als Wahrheit bestimmt (*UN I* 179-244, bes. 187-200).
[124] Wie der Übersetzer E. Hirsch anmerkt, hat Kierkegaard das Pseudonym erst nachträglich ins Manuskript eingefügt. Deshalb dürfe »also jedes Wort im Begriff Angst als Ausdruck von Kierkegaards eigener Meinung gelesen werden« (Hirsch, »Einleitung«, in *BA* VIII).

sche Komplemente seiner Möglichkeit. Die Forderung nach Rückkehr in die Endlichkeit zielt auf ethisches Handeln – eine Perspektive, die Thomas Bernhard nicht nur allen seinen Figuren verwehrt, sondern auch durch die Form der Stücke karikierend dementiert. Bernhards Hauptfiguren entsprechen entweder Kierkegaards Unmittelbaren; sie realisieren die »Angst vor dem Guten« und fliehen das Bewußtsein ihres Selbstseins und ihrer Freiheit; oder sie sind - das gilt vor allem für die Schriftstellerfiguren - Humoristen, die ihr Leiden scherzhaft widerrufen, um das gewohnte Selbst nicht aufgeben oder riskieren zu müssen. Allesamt existieren sie in trotzig-dämonischer Auflehnung wider das Leben. Das gilt auch für Bernhards Unmittelbare, obwohl Kierkegaard Unmittelbarkeit und Trotz einander als minimales bzw. maximales Verzweiflungsbewußtsein entgegensetzt. Bernhards Pointe besteht ja darin, daß er die evasorische Reflexionsbewegung der Unmittelbaren stets wider deren Absicht an ihre endlichen Daseinsbegrenzungen stoßen läßt. Die Art und Weise, wie die Figuren das Bewußtsein ihrer unüberwindlichen Beschränkungen zu fliehen versuchen, muß als trotzig im Sinne Kierkegaards verstanden werden. Bernhards Figuren entsprechen aber in der Regel nicht bloß einem Typus von Verzweiflung; Kierkegaards Arten von Verzweiflung repräsentieren vielmehr charakteristische Handlungs- und Redemuster, deren sich, im Wechsel, auch einzelne Protagonisten bedienen. Im folgenden Abschnitt möchte ich skizzieren, welche Varianten von Selbstverlust Kierkegaard auszeichnet und wie diese Typologie für die Analyse des Personals von Bernhards Theaterstücken nutzbar zu machen ist.

## Typologie der »Verzweiflung, gesehen unter der Bestimmung Bewußtsein«

Existenz vollzieht sich nach Kierkegaard also in der Dialektik von Unendlichkeit und Endlichkeit, Möglichkeit und Notwendigkeit. Fehlt das Bewußtsein einer der beiden Komponenten, so fehlt auch das Bewußtsein ihrer Synthese, mithin das Selbst, das sich zu dieser Synthese verhält. Entschlossenes Selbstsein vollzieht sich in einer komplexen Reflexionsbewegung, die nach dem Transzendieren des Endlichen stets wieder handlungsbereit in die Endlichkeit und Notwendigkeit zurückführt. Selbstverlust ist demnach gleichbedeutend mit fehlender Rückkehr in die Endlichkeit: entweder hat das Subjekt von vornherein auf die Transzendenzbewegung verzichtet oder sich in dieser verloren. Anschließend an die Bestimmung der Verzweiflung nach der Art der Syntheseverfehlung expliziert Kierkegaard Befunde der Krankheit zum Tode nach dem Grad von Bewußtsein, welches der Kranke über sein Leiden erlangt. Kierkegaard unterscheidet zwei eigentliche Formen der Krankheit zum Tode, nämlich verzweifelt man selbst sein zu wollen, sowie, verzweifelt nicht man selbst sein zu wollen. Beide Erscheinungsformen haben denselben Ursprung und können analytisch ineinander aufgelöst werden: »Über sich verzweifeln, verzweifelt sich selber los sein wollen, ist die Formel für alle Verzweiflung« (*KzT* 16). Daneben erwähnt Kierkegaard als »uneigentliche Verzweiflung« das Fehlen des Bewußtseins, überhaupt ein Selbst zu haben (*KzT* 8). Gemeinsam ist allen Verzweifelten, daß sie sich in der Regel über Anlaß und Wesen der Krankheit zum Tode täuschen: »Indem er [der Verzweifelte] über *etwas* verzweifelte, verzweifelte er eigentlich über *sich selbst*, und will nun sich selber los sein« (*KzT* 15). Auf diese Unterscheidung zwischen dem, wor*an*, und dem, wor*über* jemand verzweifelt (vgl. *KzT* 60, Anm.), d.h. auf den Unterschied zwischen wesentlichem Grund und zufälligem Anlaß der Verzweiflung spielt Moritz Meister, der Großdichter in Bernhards Stück *Über allen Gipfeln ist Ruh'*, mit seiner Definition des negativen Helden an. Der negative Held ist »der gescheiterte Gescheiterte«: »Der an der Geschichte gescheiterte / *an sich* Gescheiterte in der Geschichte« (*ÜaG* 59).

Der *Unmittelbare* markiert die niedrigste Stufe an Selbstbewußtsein in Kierkegaards Typologie von Verzweifelten; ihm fehlt jegliche Reflexion. Er weiß nicht, daß er überhaupt ein Selbst hat. Die für den Unmittelbaren charakteristische Täuschung über das Wesen der Verzweiflung besteht darin, ein Äußerliches dafür verantwortlich zu machen, also zu glauben, daß das eine oder andere »Nicht-Vermögen˙ in einem hindernden Etwas begründet ist, das von außen kommt« (*UN II* 169). Deshalb erhofft sich der Unmittelbare auch Linderung seines Zustandes von äußerlicher Veränderung.[125] Wird ihm keine Hilfe im Äußerlichen zuteil, so wünscht sich der Verzweifelte in aller Regel, ein anderer zu sein (vgl. *KzT* 49ff.). Seine imaginären und abenteuerlichen Phantasie-Selbste erreichen nie die Wirklichkeit. Er wird typischerweise Kleiderwechsler: »Denn der Unmittelbare kennt sich selbst nicht, er kennt sich selbst ganz buchstäblich allein am Rock, er erkennt (und hier zeigt sich wiederum die unendliche Komik) den Besitz eines Selbsts nur an der Äußerlichkeit. Es gibt sicherlich nicht leicht eine Verwechselung, die lächerlicher wäre. Denn ein Selbst ist gerade unendlich verschieden von der Äußerlichkeit« (*KzT* 52).[126] In diesem Sinne setzen die Hauptfiguren von Bernhards Monologstücken, allen voran die Gute in *Ein Fest für Boris* und die Präsidentin in *Der Präsident*, das Problem der Identität als Kostümfrage in Szene.[127] Der Selbstbetrug der Unmittelbarkeit findet sich nicht nur bei bestimmten Typen bernhardscher Figuren; insofern, als Selbstbewußtsein immer mit einiger Verspätung auf die konstitutiven Akte des Selbst folgt (die Signifikanten liegen dem Subjekt voraus), erliegt jede Figur in gewissem Maße dieser Art von Selbsttäuschung. Im Unterschied zu Kierkegaard, der in seinen Ausführungen zur Verzweiflung der Unmittelbarkeit Selbst und Äußerlichkeit undialektisch auseinanderreißt[128], besteht Bernhards Pointe darin, diese Variante von Verzweiflung nicht erst an mangelnder Verwirklichung scheitern zu lassen, sondern schon immanent an dem, was diese evasorische Reflexionsform motiviert: Erstens sind auch Kleidungsstücke nicht

---

[125] Über diese Illusion mokieren sich alle Vordenker Bernhards gleichermaßen, Kierkegaard ebenso wie Pascal und Schopenhauer.
[126] Vgl. hierzu W. Janke, *Verzweiflung* 106.
[127] Vgl. H. Gamper, *TB* 172. Gamper schreibt über *Der Präsident*: »Identität ist eine Frage des Kostüms – das erste, was im Stück geschieht: es werden Kleider hereingetragen« (ebd.).
[128] Kierkegaard bezeichnet Selbst und Äußerlichkeit als »unendlich verschieden« (*KzT* 52). Gewiß sind beide Größen inkommensurabel; das Selbst geht nicht in äußerlichen Bestimmungen auf. Indessen gibt es aber erstens kein Selbst ohne Äußerlichkeit; zweitens ist Äußerlichkeit niemals semiotisch neutral, sondern hat immer schon Bedeutung für Identität und Selbst-Konstitution.

nur »äußerlich«, sondern signifikativ und geschichtlich; sie erinnern zum Beispiel an erlittene Niederlagen, Blamagen und Verletzungen[129]; zweitens heftet sich beispielsweise die Phantasie der Krüppel in Bernhards ersten Stücken immer wieder ausgerechnet an Gegenstände, mit denen sie wegen ihrer Verkrüppelung nichts anfangen können und die sie deshalb nur immer eindringlicher an die Unüberwindlichkeit ihrer endlichen Daseinsbegrenzungen erinnern: Fetische dieser Art sind zum Beispiel Offiziersstiefel, lange Unterhosen und Springseile, die der beinlose Boris zu seinem Geburtstag geschenkt bekommt (*FB* 91ff.); die ebenfalls beinlose Gute schickt Johanna um Strümpfe und läßt sich immer noch Schuhe anmessen (*FB* 31).

Der *Verschlossene* markiert die zweite Stufe auf der Stufenleiter des Selbstbewußtseins. Er hat eine erste Ahnung davon, daß das, wor*über* er verzweifelt, nicht das ist, wor*an* er verzweifelt. Der Verschlossene verspürt ein »Bedürfnis nach Einsamkeit«, was ein Anzeichen für Geist ist; er bedarf nicht des »einlullenden Geraunes des geselligen Lebens« (*KzT* 64).[130] Die wohl wichtigsten Erscheinungsformen der Krankheit zum Tode im Hinblick auf das Bernhardsche Personal sind *Trotz* und *Dämonisches*. Geht der Verzweifelte »dialektisch nur einen einzigen Schritt weiter [als der Verschlossene], gelangt der derart Verzweifelte zum Bewußtsein davon, weshalb er nicht er selbst sein will, dann schlägt es um, dann ist der Trotz da« (*KzT* 67). Trotz ist »der verzweifelte Mißbrauch des Ewigen.« »[...] hier ist die Verzweiflung ihrer sich bewußt als eines Tuns, sie kommt nicht von außen her als ein Leiden unter dem Druck der Äußerlichkeit, sie kommt unmittelbar aus dem Selbst« (*KzT* 67f.). Das Selbst will sich losreißen »von jeder Beziehung zu einer Macht, die es gesetzt hat«; es will »über sich selbst verfügen«; der Dämonische akzeptiert sein Selbst nicht als Gegebenes, sondern will »es selber konstruieren« (*KzT* 68). Der Trotzige steht unter dem Zwang, sein Scheitern als Beweis wider ein heimtückisches Dasein beständig wiederholen zu müssen. In letzter Potenz wird trotzige Selbstbehauptung »dämonisches Rasen« (*KzT* 72).

Diesem Typus von Verzweifeltem entsprechen die Apokalyptiker in Bernhards Werk, die Hauptfiguren seiner frühen Prosa (Strauch, Saurau, Konrad) und jene Dramenfiguren, die – in zunehmend komischer Brechung – wie Caribaldi ihr Scheitern zur Lebensform ritualisiert haben, um ihre Existenz in perpetuierter Auflehnung zu legitimieren. »O, dämonischer Wahnsinn, am allermeisten rast er bei dem Gedanken, daß es der Ewigkeit in den Sinn kommen möchte, sein Elend von ihm zu nehmen«

---

[129] Vgl. zum Beispiel den Disput zwischen Weltverbesserer und Frau über den Trierer Anzug (*Wv* 46).

[130] Kierkegaard spricht hier auch von der »Verzweiflung der Schwachheit«: Das Selbst will sich nicht annehmen, denn es haßt seine Schwachheit (*KzT* 62). Die Verzweiflung über die eigene Schwachheit ist »der erste Ausdruck für Trotz« (*KzT* 66).

[131] Nach Ronald D. Laing, der eine Reihe kierkegaardscher Gedanken psychoanalytisch reformuliert hat, ist die Verschlossenheit eine Abwehrstrategie des ›wahren unverkörperten Selbst‹ gegen alle Realität. Das Reale repräsentiert für den Verschlossenen generell das verkörperte und deshalb ›falsche Selbst-System‹. Das ›wahre Selbst‹ immunisiert sich latent psychotisch (vgl. *Das geteilte Selbst* 63) durch äußere Passivität gegen Realität schlechthin. »Aber das Individuum darf niemals sein, was von ihm gesagt wird. Es muß immer unfaßbar, undefinierbar, transzendent sein« (aaO. 86).

(*KzT* 73). Caribaldis fortgesetztes Scheitern ist ihm bequeme Möglichkeit, nicht sich selbst wählen zu müssen. Die Macht der Gewohnheit entlastet von dem Druck, ein Selbst zu sein, von dem Druck, das als das einzig wahre aufgefaßte ›unverkörperte Selbst‹ (Laing) realisieren zu müssen.[131]

Kierkegaard hat das Dämonische nicht nur im Hinblick auf Verzweiflung analysiert, sondern auch am Beispiel der Angst. In genuin kierkegaardscher Perspektive löst auch Bernhard in seinen Stücken die Beschäftigung mit dem Selbst durch Angst und Verzweiflung aus. Das Dämonische realisiert sich unter dem Aspekt der Angst als die ›Angst vor dem Guten‹, als das (mehr oder minder bewußte) Negieren der eigenen Freiheit und Möglichkeit (*BA* 127). »Das Dämonische ist die Unfreiheit, welche sich in sich verschließen möchte« (ebd.). Das Dämonische ist der Verschlossenheit also nicht entgegengesetzt, sondern deren Steigerung.[132] Vollständige Verschlossenheit ist indessen nicht möglich, weder in Richtung auf die eigene Freiheit noch in Richtung auf andere Menschen. Der Verschlossene behält stets ein Verhältnis zu seiner (negierten) Freiheit; eben dadurch entsteht die Angst »im Augenblick der Berührung« (*BA* 127).[133] Das Dämonische ist als das Verschlossene aber auch »das unfreiwillig Offenbare« (*BA* 127). Es will zwar keine Kommunikation, doch es kann nicht verhindern, »daß es wider Willen mit der Sprache ›herausgeht‹. In der Sprache liegt nämlich die Kommunikation« (*BA* 128). Um es noch einmal zu wiederholen: die Kommunikation *bedient* sich nicht der Sprache, sondern *liegt* in der Sprache. In der Sprache findet die Berührung mit der Freiheit statt: »Das Verschlossene ist eben das Stumme; die Sprache, das Wort ist eben das Befreiende, das von der leeren Abstraktion der Verschlossenheit Befreiende« (*BA* 128). Kierkegaard äußert hier einen sprachpsychologisch aktuellen Gedanken, nämlich daß – wie H. Lang in Anlehnung an Lacan ausgeführt hat[134] – das Unbewußte sprachlich strukturiert ist und sich deshalb in der Rede verraten muß. Der Gedanke einer unfreiwilligen Offenbarung der Verschlossenheit ist von großer Bedeutung für Thomas Bernhards Figurenkonzeption und Sprachstil. Die meisten der Figuren Bernhards sind im kierkegaardschen Sinne Verschlossene, d.h. sie versuchen ihre (intelligible[135]) Freiheit zu negieren. Diese Intention schlägt sich unter anderem in der Form ihrer Sprache nieder: notorisch reduzieren sie unter der Herrschaft der Allgemeinbegriffe Einzelnes und Individuelles aufs Gesetzmäßige. Nicht zuletzt am Willkürlichen dieser Absicht zeigt sich jedoch, daß Freiheit irreduzible Bedingung des Existierens ist. Dieser Widerspruch wird

---

[132] »Das Dämonische verschließt sich nicht in sich mit Etwas, sondern schließt sich selber ein, und darin liegt das Tiefsinnige am Dasein, daß die Unfreiheit eben sich selber zu einem Gefangenen macht« (*BA* 128).
[133] »Das Dämonische ist *das Verschlossene und das unfreiwillig Offenbare*. Diese beiden Bestimmungen bezeichnen, wie sie denn auch sollen, das Gleiche; denn das Verschlossene ist eben das Stumme, und wenn dies sich äußern soll, muß es wider Willen geschehen, indem die der Unfreiheit zugrunde liegende Freiheit außerhalb ihrer kommt, revoltiert, und nun ihre Unfreiheit verrät, derart, daß das Individuum es ist, welches sich selbst wider Willen verrät in der Angst« (*BA* 127).
[134] H. Lang, *Die Sprache und das Unbewußte*.
[135] Vgl. Schopenhauer, *SW III* 622 passim.

sprachlich offenbar und wird mitunter auch den Protagonisten selbst bewußt. Wo sie sprechend und unbeabsichtigt zum Bewußtsein ihrer Freiheit gelangen, brechen sie ihre Rede »im Augenblick der Berührung« (*BA* 127) aus Angst vor diesem Bewußtsein ab.[136]

Ausbruch einer Todeskrankheit

> »Die Todeskrankheiten führen ihre Träger dazu, sich ihnen auszuliefern. Ich habe das immer beobachtet«, sagte der Maler, »und die medizinisch-wissenschaftlichen Bücher beweisen das. Der Todeskranke, oder besser der Todkranke, geht in seine Todeskrankheit hinein, zuerst staunend, dann sich fügend. Die Todeskrankheit macht den von ihr Befallenen vor, sie seien eine Welt für sich. Dieser Täuschung verfallen die Todeskranken, die Todkranken, und sie leben von da an in dieser Täuschung, in ihrer Todeskrankheit, in der Scheinwelt ihrer Todeskrankheit, nicht mehr in der Welt der Wirklichkeit.« Die Scheinwelt der Todeskrankheit und die Welt der Wirklichkeit seien die entgegengesetztesten Begriffe. [...] Die Todeskrankheiten, »das sind rhythmisch religiöse Bequemlichkeiten.«
> *(Frost* 229)

Zu ihrem eigentlichen Ausbruch komme die Krankheit zum Tode erst, »wenn die Betörung der Sinnestäuschungen aufhört« (*KzT* 41; vgl. 22). Eine Möglichkeit, die Selbsttäuschungen zerbrechen zu lassen und ein Bewußtsein der eigenen Verzweiflung zu erlangen, biete der Schock, das Erleben von »Schrecknissen, welche die Papageienweisheit der Alltagserfahrung überschreiten« (*KzT* 38). Eine vorhandene Verzweiflung könne aber auch durch bestimmte Kommunikationsformen zum Ausbruch gebracht werden. Dem Verschlossenen gegenüber empfiehlt Kierkegaard das »Schweigen und des Auges Macht« (*BA* 129); durch Schweigen und ostentative Beobachtung werde der Verschlossene seinen inneren Monologen ausgeliefert. Eine ähnliche Wirkung habe es, wenn man sich als Redender einer bewußt unbestimmten Sprache bediene, wodurch die Reflexion »ihre Schlinge aus dem Nichts bildet« (vgl. *KzT* 22).[137] Das monologisierende Selbstgespräch, das die Sprachform der Verschlossenheit ist (vgl. *BA* 132), schlägt durch die Anwesenheit eines schweigenden oder geeignete Reizworte aussprechenden Beobachters um in komische »Bauchrednerei«, in welcher sich der Verschlossene unfreiwillig offenbart.[138] Hierin liegt eine der wichtigsten

---

[136] Vgl. unten die Textbeispiele S. 220ff.

[137] »[...] man macht der Unmittelbarkeit [die gerade nichts davon wissen will, als Geist bestimmt zu sein] durch die grausigste Beschreibung der entsetzlichen Wirklichkeit nicht so angst, als durch ein hinterlistig, beinahe achtlos, gleichwohl aber mit der berechnenden Zielsicherheit der Reflexion hingeworfenes halbes Wort über ein Unbestimmtes, ja man macht der Unmittelbarkeit am allermeisten angst, wenn man ihr listig unterschiebt, sie wisse schon recht gut, wovon man rede. Denn freilich weiß es die Unmittelbarkeit nicht; jedoch nie fängt die Reflexion so sicher ein, als wenn sie ihre Schlinge aus dem Nichts bildet; und nie ist die Reflexion so sehr sie selbst, als wenn sie – Nichts ist. Es gehört eine ungewöhnliche Reflexion, oder richtiger es gehört ein großer Glaube dazu, um die Reflexion des Nichts, d.h. die unendliche Reflexion aushalten zu können« (22).

[138] »Das geringste Anrühren, ein Blick im Vorübergehen usf. reichen dazu hin, daß jene entsetzliche, oder – im Verhältnis zum Inhalt der Verschlossenheit – jene komische Bauchrednerei ihren Anfang nimmt« (*BA* 133).

Funktionen der Dienerfiguren in Thomas Bernhards Monologstücken: sie verstärken die pragmatischen und ich-konstitutiven Momente an den Monologen der Hauptfiguren, sie repräsentieren den ›Großen Anderen‹ aller Rede auf der Bühne und treiben die Bauchrednerei des Protagonisten in dem von Kierkegaard beschriebenen Sinne voran. Schweigendes Beobachten und das Aussprechen von Reizworten sind auch die bevorzugten Verhaltensweisen von Bernhards Schriftstellerfiguren, wodurch sie ihrer Umgebung unheimlich und bedrohlich werden. Sowohl die Diener- als auch die Schriftstellerfiguren haben damit beim Ausbruch von Todeskrankheiten katalytische Funktion. Nach Kierkegaard hat es eine ähnliche Wirkung wie Beobachtung und unverständliche Rede, wenn man sich anmerken lasse, daß man selbst ein Selbst habe (vgl. *KzT* 29), wenn man also den Boden des unproblematisch Geltenden verläßt. Alle diese provokativen Verhaltensweisen stimmen darin überein, daß sie die Kommunikationsgemeinschaft mit dem Verzweifelten aufkündigen, zumindest aber zu etwas Nicht-Selbstverständlichem machen und diesen dadurch zwingen, (s)ein Selbst zu bekennen; man zwingt ihn unter die Bestimmung ›Geist‹. Die Aufkündigung der virtuellen Kommunikationsgemeinschaft macht bestimmte intersubjektiv eingespielte Rollenidentitäten wirkungslos und ist deshalb immer auch ein Angriff auf das Selbstverständnis des anderen. Thomas Bernhards entschieden unsachliche Polemiken und öffentliche Auftritte haben bewiesen, daß dies auch im öffentlichen Diskurs funktioniert: Seine Scheltreden haben immer wieder den österreichischen Zeitgeist zum Bauchreden gebracht.

In seinen Theaterstücken inszeniert Thomas Bernhard den Ausbruch von Todeskrankheiten in genuin kierkegaardschem Sinne. Dabei spielen zwei Ereignisse eine wichtige Rolle: erstens eine ursprüngliche Verletzung im weitesten Sinne, meistens eine Kindheitserfahrung, Verkrüppelung, zufälliges Überleben; zweitens das plötzliche Erinnern dieser Verletzung und das Realisieren ihrer Folgen: Der Protagonist ist – vermittelt durch ein Gegenüber, durch ein Erlebnis oder eine Chiffre – plötzlich gezwungen, sich bewußt zu seinem abgründigen Grund zu verhalten. Diese Selbstbegegnung, dieses Innewerden von Kontingenz und Heteronomie, markiert in Bernhards Stücken den Ausbruch der Todeskrankheit; »wenn das Dasein zu wanken beginnt, so zeigt sich alsogleich auch die Verzweiflung als das, was im Grunde gewohnt hat« (*KzT* 41). Von diesem Zeitpunkt an, den Bernhards Stücke meist als Vorgeschichte bruchstückhaft referieren, realisieren die Figuren ihre »Todeskrankheiten« als Varianten der kierkegaardschen »Krankheit zum Tode«. Der Ausbruch der Todeskrankheit leitet eine Krise ein, die die Chance kathartischer Heilung eröffnet. H. Gamper hat dies in einem Vergleich mit Artauds Begriff der ›Pest‹ erläutert.[139] Sowohl Artauds Pest als auch Bernhards Todeskrankheit führen entweder in Tod oder Läuterung. Während Artaud jedoch an die Möglichkeit der »Erneuerung des Lebens aus dem Unbewußten, der Kultur aus dem Mythos« glaubt, bleibt Bernhards Katharsis laut

---

[139] Gamper, *TB* 148-152. Als erste haben Elke Kummer und Ernst Wendt diesen Vergleich angestellt (118f.). – Thomas Bernhard dürfte mit Artauds Theorie der Pest vertraut sein. Er hat in seinem Lebenslauf angegeben – ob diese Angabe der Realität entspricht oder nicht, tut hierbei nichts zur Sache –, sein Studium mit einer vergleichenden Arbeit über Brecht und Artaud, die verlorengegangen sei, abgeschlossen zu haben.

Gamper negativ bestimmt: als Forderung nach Aufgabe. Diese Differenz ist keineswegs zufällig. Bernhard bestimmt Todeskrankheit geschichtlich als erworbene, brüchige Identität, die sich, vergleichbar einer irreversiblen Einschreibung, durch einen Artaudschen Ritus nicht ungeschehen machen läßt. Wie es Thomas Bernhard in seinem zuletzt erschienenen Roman *Auslöschung* darstellt, ist die »Auslöschung« der individuellen Geschichte prägender, gewaltsamer Einschreibungen gleichbedeutend mit der physischen Auslöschung des empirischen Subjekts.[140] Auch das Unbewußte, auf dessen heilende Wirkung Artaud vertraut, ist für Bernhard Resultat einer solchen Einschreibung. Das Unbewußte kann zwar Wahrheiten über die unwahre Identität aussprechen, die unter den Zwängen von Kultur und Lebensgeschichte erworben wurde; es kann aber nicht von dieser unwahren Zwangsidentität erlösen, da es selbst ebenso unwahr ist wie diese. Aus diesem Grunde ist Artauds Diktum, das Bernhard seinem Stück *Die Macht der Gewohnheit* als Motto voranstellt: »aber das Geschlecht der Propheten ist erloschen«, auch gegen den Propheten Artaud selbst zu wenden.


Vorgeschichte und subjektive Dynamik der Todeskrankheit in den Theaterstücken Thomas Bernhards

Dem Ausbruch der Todeskrankheit in Thomas Bernhards Stücken geht mit stereotyper Regelmäßigkeit eine ursprüngliche Verletzung im weitesten Sinne voraus. Diese Inkubation des Selbst erfolgt in den meisten Stücken Bernhards durch recht drastische Ereignisse.[141] Oftmals sind die Protagonisten dem Tod nur mit knapper Not entronnen. Die Gute ist seit dem Autounfall, bei dem sie ihren Mann verloren hat, an den Rollstuhl gefesselt (*FB*). Der General hat vor Stalingrad seinen Arm verloren, ein herabfallender Eiszapfen hat den Kopf des Schriftstellers um Haaresbreite verfehlt (*Jg*). Der Dompteur ist von einem seiner Tiere gebissen worden und lebt fortan in der Angst, wie sein Vorgänger, der von den Leoparden zerfleischt worden ist, zu enden (*MG*). Aufgrund einer zufälligen Bewegung des Präsidenten hat die Kugel des Attentäters ihr Ziel verfehlt und den nahebei stehenden Oberst getötet (*Pr*).

Durch diese Todeserfahrungen erlangt eine Gruppe von Protagonisten das Bewußtsein, nur zufällig überlebt zu haben; sie existieren fortan in Todesangst und Verzweiflung.[142] In Träumen und Phantasien wiederholen sie sich die Szene, die sie schicksalhaft gezeichnet hat; in verzerrten, an Halluzinationen grenzenden Wahrnehmungen sehen sie überall Chiffren, die sie an die ursprüngliche und gegenwärtige Bedrohung erinnern. Sowohl die eigenen Aktivitäten der bewußt Verzweifelten als

---

[140] Vgl. vom Verf., *Interaktion*.
[141] Die Handlung der meisten Erzählungen und Stücke Bernhards baut auf solchen verstörenden Ereignissen auf; vgl. H. Gamper, *TB* 7f.
[142] Auf die andere Gruppe von Protagonisten, zu der insbesondere die Schriftstellerfiguren zu zählen sind, will ich hier nicht weiter eingehen. Diese Figuren werden nach Erlebnissen zufälligen Überlebens zwar auch von Angstvisionen und Verzweiflungen heimgesucht, haben hierzu aber ein distanzierteres Verhältnis. In der Terminologie Heideggers läßt sich diese ursprüngliche Erfahrung als ›Vorlaufen zum Tode‹ klassifizieren; vgl. *SuZ*, 235-267, insbes. 260ff.

auch die Chiffren und Dingsymbole, die sie gleich negativ besetzten Fetischen immer wieder in ihre Verzweiflung hineinstoßen, malt Bernhard in besonders grellen Farben. So verletzt sich der einarmige General beim Sägen mit der Motorsäge, obwohl ein solches Werkzeug mit einem Arm nur schwer in Gang zu setzen ist (*Jg*; vgl. u. S. 275). Die grotesken Unwahrscheinlichkeiten sind Zeichen des enorm hohen Widerstandes, den der Verzweifelte zu überwinden bereit war, um sich seiner Todeskrankheit auszuliefern. Die Erhöhung des Widerstandes ist damit auch ein Zeichen für die unerhörte subjektive Dynamik, die den Ausbruch einer Todeskrankheit von dem normaler Körperkrankheiten unterscheidet. Wie Kierkegaard hervorhebt, kommt dem Verzweifelten seine Verzweiflung nicht als einmaliges Ereignis von außen zu, sondern er verzweifelt in jedem Augenblick aktiv und aufs neue.[143] Um diese subjektive Dynamik zu betonen, schildern Bernhards Theaterfiguren auch jene biographischen Details und Anekdoten, die nicht im Rahmen der Exposition berichtet, sondern nur beiläufig eingestreut werden, als extrem unwahrscheinliche Ereignisse. Die erwähnten Vorgänge stehen in grellem Kontrast zu Situation und Ort: der Autounfall des mit den Berühmten befreundeten Komponisten, eines notorischen »Unglücksraben«, ist auf Glatteis bei Barcelona zurückzuführen (*Ber* 18); die Familie des Faßbinders wurde unter einer Buche vom Blitz erschlagen: »Und da heißt es doch immer / Buchen sollst du suchen« (*Tm* 32).

Thomas Bernhard entfaltet das Thema Todeskrankheit als Beziehungsgeflecht von Wahrscheinlichem und Unwahrscheinlichem[144], Subjektivem und Objektivem, inneren Motiven und Dispositionen sowie äußeren Ereignissen. Die bizarren Details zerstören parodistisch oder durch ihre Unglaubwürdigkeit einerseits die Fiktion von Realität und Einheit der dramatischen Figur. Andererseits erzeugt der Autor aber – vor allem in *Der Ignorant und der Wahnsinnige* und *Die Jagdgesellschaft* – eine suggestive, mythische Ersatzstimmigkeit, indem er die Details durch parallele Montage allegorischer Nebengeschehen verdoppelt und somit in einen komplexen synästhetischen Gesamtprozeß integriert.[145] Auch in puncto Todeskrankheit erreichen die Erklärungsversuche nicht das, was als Wirklichkeit ausgegeben wird, d.h. die Vorstellung einer inneren Kausalität, sondern stellen nur Zeichenbeziehungen fest. Die Wirklichkeit erscheint als Text. Die Antwort auf die Frage nach der »eigentlichen« Ursache der Todeskrankheit wird zwischen Charakter und Umwelt, zwischen den unendlichen und

---

[143] Eine Körperkrankheit kann man sich zuziehen, zum Beispiel durch Ansteckung; danach ist alles »eine einfache Folge« der initialen Ansteckung. »Anders mit dem Verzweifeln; ein jeder wirkliche Augenblick der Verzweiflung ist zurückzuführen auf Möglichkeit, jeden Augenblick, den er verzweifelt ist, *zieht* er sich das Verzweifeltsein zu [...]. Das kommt daher, daß Verzweiflung eine Bestimmung des Geistes ist, sich zu dem Ewigen im Menschen verhält. Des Ewigen aber kann er nicht quitt werden« (*KzT* 12). – »Und des Verhältnisses zu sich selbst kann ein Mensch nicht quitt werden, so wenig wie seines Selbst, was übrigens eines und dasselbe ist, sintemal das Selbst das Verhältnis zu sich selber ist« (*KzT* 13).
[144] Bernhards Prosaband *Der Stimmenimitator*, der zunächst »Wahrscheinliches, Unwahrscheinliches« heißen sollte (vgl. *WG* 205), enthält in kondensierter, skizzenhafter Form eine Vielzahl solcher Schicksale, deren Unwahrscheinlichkeit auf eine verborgene Dynamik verweist.
[145] Im Gegensatz zum Detailrealismus in Bernhards Prosa und besonders in der Filmerzählung *Der Italiener* (vgl. Großklaus, *Mythen*) leisten die in den Stücken berichteten biographischen Details genau das Gegenteil: sie stören die Realitätsfiktion.

endlichen Komponenten des Selbst hin- und hergeschoben, bis die kausalanalytische Unterscheidung zwischen Subjekt und Geschichte sinnlos wird.

»Todeskrankheit« ist Metapher für die geistige Erkrankung des Subjekts an seinem ontologischen Mangel. Obwohl die »Krankheit zum Tode« den Tod nicht eigentlich verursacht, sondern nach Kierkegaard nur darin besteht, den Tod – ganz unchristlich – als das Letzte anzusehen (was die Verzweiflung verursache), läßt Bernhard besonders seine ersten Stücke mit dem Tod des Verzweifelten ausklingen. Doch der Tod wird nur gezeigt, soweit er auf Erschöpfung oder Herzversagen zurückzuführen ist (*FB*, *Minetti*, *VdR*). Während der Schluß von *Der Ignorant und der Wahnsinnige* diesbezüglich offen bleibt[146], verbannt Thomas Bernhard den Tod ansonsten ins Off. In *Der Präsident* und *Die Jagdgesellschaft* wird der Tod des Protagonisten nämlich durch eine zielgerichtete Handlung herbeigeführt: der Präsident wird doch noch Opfer eines Attentats, der General nimmt sich das Leben. Bernhards Dramaturgie bedarf zwar des Todes der Hauptfigur, doch eine individuelle Handlung von eigener sichtbarer Wirklichkeit würde nur vom Exemplarischen ablenken, von der Möglichkeit für den Zuschauer.

Kierkegaards Theorie des Selbst und des praktischen Selbstbewußtseins ist Reflexionshorizont bei der Analyse der Theaterstücke Thomas Bernhards, soweit Sprach- und Handlungsstruktur im Hinblick auf Ich-Konstitution und Verhalten zur eigenen Existenz untersucht werden. Sprachliche und nichtsprachliche Handlungen werden als Ausdruck typischer, jeweils defizitärer Verhaltensweisen zur eigenen Existenz betrachtet. Im folgenden Kapitel geht es demgegenüber um das Problem der Mitteilbarkeit zum Selbstsein entschlossener Innerlichkeit. Thomas Bernhard formuliert das Mitteilungsproblem sowie die Konsequenzen, die er hieraus zieht, in Anlehnung an Kierkegaards Theorie der ›Indirekten Mitteilung‹.

# Kierkegaards Theorie der »indirekten Mitteilung«

### Die Zielsetzung von Kierkegaards Schriftstellerei

Kierkegaard verfolgt mit seiner ›Schriftstellerei‹ das doppelte Ziel von ›Existenzerhellung‹ und ›Existenzmitteilung‹. In jenen Werken, die wie *Der Begriff Angst* und *Die Krankheit zum Tode* vorrangig der ›Existenzerhellung‹ dienen, analysiert Kierkegaard an ausgezeichneten Phänomenen wie Angst und Verzweiflung die Synthesisstruktur von Subjektivität und bestimmt das Sich-zu-sich-Verhalten als Verhalten zur eigenen Existenz. Die Darstellungsform der Existenzerhellungen ist vorwiegend direkt.

Im Unterschied zur Existenzerhellung geht es Kierkegaard bei der ›Existenzmitteilung‹ um die Mitteilung von Innerlichkeit und um die *Aneignung* mitgeteilter Wahr-

---

[146] Wegen der Verfinsterung der Schlußszene weiß man nicht, ob die Königin vor Erschöpfung am Tisch zusammenbricht oder nur die Gläser und Flaschen vom Tisch fegt (vgl. *IW* 99).

heiten seitens des Aufnehmenden.[147] Der Leser soll die Wahrheit nicht nur wissen, sondern in der Wahrheit sein. Die Existenzmitteilung soll den Leser dazu anregen und befähigen, Uneigentlichkeit und Verfallenheit[148] zu überwinden und ein Selbst zu werden.[149] Dieses Ziel ist mit dozierender Rede nicht zu erreichen. Im Gegenteil. Objektives Wissen und Auswendiggelerntes drohen sogar, von Existenzinnerlichkeit und von der Aufgabe eigenen Strebens nach Selbstbestimmung abzulenken.[150] »Die Wahrheit hat allezeit viele laute Verkünder gehabt, aber die Frage ist, ob ein Mensch in tiefstem Sinne die Wahrheit erkennen will, sein ganzes Wesen von ihr durchdringen lassen will« (*BA* 144). Die Existenzmitteilung zielt auf leidenschaftliche Aneignung der Wahrheit, denn Wahrheit ohne aneignende Subjektivität ist für Kierkegaard sinnlos (vgl. *UN I* 184ff.). Dieses Ziel läßt sich nur indirekt erreichen: indem jeder einzelne auf sich selbst und sein Interesse an der Wahrheit aufmerksam wird (vgl. Theunissen/Greve, *Einleitung* 39). Kierkegaard will durch seine Rhetorik der »indirekten Mitteilung« den Rezipienten zu Eigenleistungen provozieren, die für eine adäquate Aneignung existentieller Wahrheiten unerläßlich sind. Die Notwendigkeit zu indirekter Mitteilung ergibt sich dabei aus zwei zusammenhängenden Gründen, nämlich aus dem Charakter des Mitzuteilenden, der Innerlichkeit, sowie aus den Rezeptionsbedingungen. Diese beiden Begründungen möchte ich kurz skizzieren, bevor ich Kierkegaards Konsequenzen für sein Inventar an rhetorisch-poetischen Verfahrensweisen aufzeige. Ich stütze mich dabei nahezu ausschließlich auf theoretische, direkt mitgeteilte Äußerungen Kierkegaards, denn seine eigenen Umsetzungen bleiben hinter der Theorie der indirekten Mitteilung zurück. Sie haben in der Tat, wie kritisch eingewandt wurde, vorwiegend »die Bedeutung applizierenden Beiwerks«.[151] Thomas Bernhard hat in Anspielungen und Wortanleihen sowohl auf Kierkegaards Begründung des Mitteilungsproblems als auch auf seine rhetorisch-poetischen Konsequenzen Bezug genommen. Aber auch dort, wo eine Bezugnahme nicht nachweisbar ist, liefert Kierkegaards Theorie der indirekten Mitteilung als Theorie ästhetischer Wirkung einen Bezugsrahmen, mit dem sich der spezifische Sinn von Bernhards poetischen Verfahrensweisen präzise bestimmen läßt.

---

[147] Das Problem der Mitteilung ist das »hermeneutische Zentralproblem der Existenzdialektik und auch der existenzdialektischen Ethik« (Fahrenbach, *Existenzanalyse* 232). Bei der ethischen, indirekten Mitteilung geht es nicht um die Vermittlung objektiven Wissens, sondern »um die Mitteilung eines Können-Sollens« (ebd.).

[148] Mit dem Ausdruck ›Verfallenheit‹ greife ich wie auch in einigen anderen Fällen auf Termini Heideggers zurück, denn Heidegger gibt, wo er auf die gleichen Phänomene zielt, meist klarere Definitionen und treffendere Begriffe. Kierkegaard spricht in der Beilage »Der Einzelne« zu den *Schriften über sich selbst* von ›Zeitlichkeit‹: Die Zeit, die nur über die ›Forderungen der Zeit‹ nachdenke, ohne sich dabei an der ›Ewigkeit‹ zu orientieren, wird reine ›Zeitlichkeit‹ (*SS* 97). Zu Kierkegaards Kritik der Verfallenheit vgl. auch Rohrmoser, *Kierkegaard* 404.

[149] Diese Formulierung entspricht der laxen Redeweise Kierkegaards. Genaugenommen ist das Ziel nicht, ein Selbst zu werden, sondern, die Konstitution des Selbsts, das man immer schon ist, vom Man-Selbst im Sinne Heideggers so weit wie möglich in Richtung auf Selbstbestimmung zu verlagern.

[150] Das objektive Denken ist nur auf sich selbst und nicht auf den Empfänger bedacht (vgl. *UN I* 68).

[151] G. Schultzky, *Wahrnehmung* 44.

## Das Mitzuteilende: Innerlichkeit

Die Problematik der Mitteilung erwächst zunächst aus dem Charakter des Mitzuteilenden. Das Mitzuteilende ist Innerlichkeit, keine gedachte Wahrheit, sondern wahres Sein. Kierkegaard verwendet den Ausdruck ›Innerlichkeit‹ und dessen Synonyma[152] im Sinne von ›Entschlossenheit‹ und ›Eigentlichkeit‹. Kierkegaard geht es darum, Leidenschaft und unendliches Interesse für das Dasein zu wecken und »den Menschen so zu sich zu bringen, daß er das Ethische ›bei sich selbst versteht‹, denn nur so kann er es überhaupt verstehen, weil es ›... das Ursprünglichste in jedem Menschen ist‹.«[153] ›Das Ethische‹ bezeichnet bei Kierkegaard keine inhaltlich gefüllte Morallehre, sondern ist existentiell als entschlossenes Ringen um Selbsterkenntnis und Eigentlichkeit zu verstehen. Innerlichkeit des Auffassens ist erreicht, »wenn das Ausgesagte dem Empfänger ganz angehört, als wäre es sein eigen« (*UN I* 254). Die indirekte Mitteilung ist damit nicht Transfer neuer Informationen, sondern Erweckung von subjektiv Vorhandenem, Wiedererweckung einer kulturell verschütteten, ursprünglichen ethischen Idealität.[154] Diese Innerlichkeit läßt sich nicht als objektives Wissen vermitteln, weil sie auf diese Weise neutrale Information ohne affektive Besetzung des Rezipienten bleiben müßte. Innerlichkeit läßt sich nicht unmittelbar kommunizieren; es gibt für Kierkegaard »ethisch kein unmittelbares Verhältnis zwischen Subjekt und Subjekt« (*UN II* 22f.). Ethisch fragt man nach der *Wirklichkeit eines anderen* als nach einer *Möglichkeit für einen selbst:* 1. Ist es möglich? 2. Kann ich es tun? »Geistlos« und »töricht« sei es demgegenüber, nach der Wirklichkeit des anderen als einer Wirklichkeit für einen selbst zu fragen (»Hat er es wirklich getan?«) (*UN II* 24). »Wenn Wirklichkeit von einem Dritten verstanden werden soll, muß sie als Möglichkeit verstanden werden«; die Existenzmitteilung muß darum in der Form der Möglichkeit stattfinden (*UN II* 62).[155] Die Form indirekter Mitteilung ist Kierkegaards rhetorische Konsequenz daraus, daß sich die Wirklichkeit (einer fremden Innerlichkeit, einer anderen Existenz) nur als Möglichkeit für den Rezipienten kommunizieren läßt. Aus dieser Einsicht heraus entwickelt Kierkegaard Darstellungsverfahren, mit denen der trügerische Schein zerstört werden kann, beim Mitgeteilten handele es sich um das Wirkliche. Das Wesentliche einer um Selbsterkenntnis und Eigentlichkeit bemühten Existenz läßt sich nicht bzw. nicht allein durch Beschreibung äußerlicher

---

[152] Kierkegaard verwendet die Ausdrücke Innerlichkeit, Subjektivität, Wahrheit, Leidenschaft meistenteils synonym; vgl. *UN I* 194-254. Im dänischen Original steht unter anderem der Begriff ›Inderlighed‹, der ›Innigkeit‹ und ›Inbrunst‹ konnotiert und im Gegensatz zu Gleichgültigkeit und lauen Emotionen steht; vgl. Theunissen, *Ernst* 34. Mitunter identifiziert Kierkegaard Innerlichkeit auch mit ›Wirklichkeit‹, da diese nur als angeeignete Bedeutung erlange (vgl. ebd. 33f.).

[153] Fahrenbach, *Existenzanalyse* 233; Binnenzitat: *UN I* 133.

[154] Vgl. Fahrenbach, *Existenzanalyse* 236.

[155] Für das Beispiel positiver Vorbilder schreibt Kierkegaards Pseudonym Climacus: »Die Möglichkeit operiert mit dem idealen Menschen [...], der sich zu jedem Menschen als Forderung verhält« (63). »Ästhetisch und intellektuell nach Wirklichkeit zu fragen, ist ein Mißverständnis« (*UN II* 25).

Fakten vermitteln. Pathetische Innerlichkeit findet in konventioneller Sprache keinen unmittelbaren Ausdruck. Dieser Gedanke liegt auch den notorischen sprachskeptizistischen Äußerungen von Bernhards Protagonisten zugrunde. In *Die Kälte* heißt es:

»Die Sprache ist unbrauchbar, wenn es darum geht, die Wahrheit zu sagen, Mitteilung zu machen, sie läßt dem Schreibenden nur die Annäherung, immer nur die verzweifelte und dadurch auch nur zweifelhafte Annäherung an den Gegenstand, die Sprache gibt nur ein gefälschtes Authentisches wider, das erschreckend Verzerrte, sosehr sich der Schreibende auch bemüht, die Wörter drücken alles zu Boden und verrücken alles und machen die totale Wahrheit auf dem Papier zur Lüge.« (*Kälte* 89)

Dieser humoristische Gestus von Simplifikation und problemunangemessener Verdinglichung steht entsprechenden Formulierungen Kierkegaards überaus nahe. Wenn Bernhards Figuren versuchen, ihre Sprachskepsis erkenntnistheoretisch zu untermauern, maskieren und rationalisieren sie nur ihr Problem, Innerlichkeit mitzuteilen. Durch vergröbernde und grotesk zuspitzende Formulierungen gibt der Autor zu erkennen, daß auch er es für ein absurdes Mißverständnis hält, Sprachskepsis auf Schwierigkeiten der Gegenstandserkenntnis zurückzuführen. Tatsächlich geht es nicht um die Adäquanz von Wort und Ding, sondern um die authentische Kommunikation von Innerlichkeit.[156]

›Innerlichkeit‹ ist ein belasteter Begriff. Als »Trugbild eines inneren Königreichs, wo die Stillen im Lande sich schadlos halten für das, was ihnen gesellschaftlich versagt wird« (Adorno, *ÄT* 177), verströmt er den Mief biederer Gefühligkeit. Kierkegaards Anspruch an die Innerlichkeit als Wahrheit ist aber gerade keine Aufforderung zur Selbstabsolution, sondern zur Erkenntnis des eigenen Selbst in seiner Heteronomie. Der einzige Weg hierhin führt über Selbstbewußtsein und interessierte Innerlichkeit. »Geist [...] muß in sich gehen, um das In sich negieren zu können« (*ÄT* 177).

*Zeitkritik*

Ein zweiter Grund für die Indirektheit der Mitteilung erwächst aus den (historischen) Rezeptionsbedingungen. Kierkegaards Theorie der indirekten Mitteilung ist hier unmittelbar zeitkritisch. Bei seinen Zeitgenossen diagnostiziert Kierkegaard ein krasses Mißverhältnis zwischen dem Wissen der Wahrheit und der Haltung ihr gegenüber, zwischen Kognition und Ethischem: »jetzt kennen alle die Wahrheit, aber die Innerlichkeit steht im umgekehrten Verhältnis dazu« (*UN I* 193).[157] Existieren ist den meisten eine »Zeitvergeudung« geworden (*UN I* 249). Gegenüber einer Menschheit, die ihr »Menschsein abgeschafft« und »vergessen« hat[158], formuliert es Kierkegaard als Aufgabe, »die Urschrift der individuellen, humanen Existenzverhältnisse« noch ein-

---

[156] Vgl. dazu unten den zusammenfassenden Abschnitt zum Wahrheitsproblem als Mitteilungsproblem S. 89ff.
[157] Indirektheit ist vor allem dann notwendig, »wenn der objektive Inhalt bekannt und akzeptiert ist, aber Innerlichkeit fehlt« (Anderson, 444; vgl. *UN I* 234f.).
[158] *UN I* 113, 117; vgl. Theunissen, *Menschenbild* 496.

mal durchzulesen (*UN II* 343f.). Die Aneignung der Wahrheit erfolgt in diesem Sinne
als *Anamnesis*, als Wiedererinnerung. Die Wahrheit einer existenzialen Bestimmung
läßt sich nur aufgrund einer (erinnerten) Lebenserfahrung einsehen. In diesem Sinne
versteht Kierkegaard sein Aufmerksammachen auch weniger als Verbreiten neuer
Wahrheiten denn als Eindämmung kultureller Selbsttäuschungen (vgl. *SS* 119). An
anderer Stelle vergleicht Kierkegaard das Täuschen durch ästhetische Schriftstellerei
– das Hineintäuschen in das Wahre (vgl. *SS* 6) – mit dem ein »Ätzmittel brauchenden
Hervorrufen einer Schrift, die unter einer anderen Schrift sich versteckt« (*SS* 48), d.h.
mit dem Freilegen einer individuell-allgemeinen Urschrift unterm Palimpsest kultureller Überschreibungen.[159] Die maieutische Mitteilung muß jedoch, wenn sie erfolgreich sein will, bei diesen kulturellen Überschreibungen, d.h. beim gegenwärtigen
Standort des anvisierten Rezipienten, ansetzen.»Dies ist das Geheimnis in aller Hel-
fekunst« (*SS* 38): »Daß man, wenn es einem in Wahrheit gelingen soll, einen *Menschen* an einen bestimmten Ort zu *führen*, vor allen Dingen darauf achten muß, ihn
dort zu finden, wo er ist und all da zu beginnen hat« (*SS* 38).[160] Die Zeitgenossen
existieren für Kierkegaard im Sinnentrug. Aber: »ein Sinnentrug wird niemals
geradenwegs behoben« (*SS* 36).»Mit unmittelbarem Angriff bestärkt man einen Menschen im Sinnentrug, und zugleich erbittert man ihn« (*SS* 37). Statt dessen solle man
damit beginnen, »die Einbildung des andern für bare Münze zu nehmen« (*SS* 49) –
eine Entsprechung zu Pascals ›pädagogischer Mimesis‹. Kierkegaard spricht von der
Notwendigkeit einer ganz neuen rhetorischen »Waffenlehre« (*SS* 46f.). Mit diesen
neuen Waffen, die Kierkegaard ersinnt, soll der Rezipient durch Irritation alltäglicher
Orientierungen und Man-Regeln vereinzelt werden. Dies ist auch der Ansatz der
bernhardschen Irritationspoetik. Unter der Zielsetzung, den Einzelnen, der zugleich
Individuum und Jedermann[161] ist, zu Existenzinnerlichkeit anzuregen, entfaltet
Kierkegaard sein Philosophieren als »Kritik der existentiellen Möglichkeiten«[162].
Durch indirekte Mitteilung versucht Kierkegaard, bei seinem Leser das ›Drama der

---

[159] Kierkegaards Gleichnis trifft selbstverständlich nur bis zu einem gewissen Grade. Es suggeriert die naive Vorstellung, der Kierkegaard selbst nicht erlegen ist, es gäbe unter den kulturellen Überschreibungen tatsächlich eine eigentliche und unverfälschte »Urschrift«.
[160] Vgl. hierzu Greve, *Stadium* 180, 184. Die maieutische Rede deduziert nicht Maximen richtigen Handelns, sondern verwickelt die ästhetische Lebensweise in Selbstwidersprüche.
[161] In der Beilage *Der Einzelne* zu den *Schriften über sich selbst* entwickelt Kierkegaard seine
Kategorie des Einzelnen in Opposition zum Begriff der Menge und des Publikums. Der Begriff
›Menge‹, den Kierkegaard keineswegs nur abschätzig gebraucht (vgl. *SS* 100, Anm.), entspricht
dem präreflexiven ›Man‹ oder ›Mitsein‹ im Sinne Heideggers. Die Menge schwäche Verantwortung und Entschlußkraft des Einzelnen (*SS* 101). Der Einzelne komme in seinen Schriften
vor als das, »was jeder Mensch ist oder sein kann.« Die Kategorie des Einzelnen bedeutet
dialektisch zweierlei: »der Einzige von allen, und der ›Einzelne‹ kann bedeuten Jedermann.
Will man nun die Aufmerksamkeit dialektisch anreizen, so braucht man die Kategorie ›des Einzelnen‹ beständig im Zweiklang« (*SS* 109). Nur vom Einzelnen aus, läßt sich Systemdenken
kritisieren (113, Anm.), nur der Einzelne ist empfänglich für die ewige Wahrheit (*SS* 104).
»›Der Einzelne‹ ist die Kategorie des Geistes, der geistigen Erweckung – der Politik so entgegengesetzt wie nur möglich« (*SS* 115).
[162] P. Ricœur, *Philosophieren* 595.

Selbsterkenntnis‹[163] in Gang zu setzen. Der Rezipient soll erstens verstehen, daß er sich immer schon – d.h. auch im Stande von Verfallenheit und Uneigentlichkeit, im ›ästhetischen Stadium‹ – zu seinem Dasein verhält: zu seiner Sterblichkeit, Endlichkeit und Freiheit. Nicht intellektuell-begrifflich, sondern aus seiner Lebenserfahrung heraus soll er die Geltung existenzialer Analysen einsehen und sein Leben im Hinblick auf deren Wahrheit verstehen. Zweitens sollen der Entwurf-Charakter des Daseins und die Situation des In-Entscheidung-Seins verbindlich gemacht und Fluchtwege (zum Beispiel in Determinismus, Kontemplation oder bloßes, konsequenzloses Wissen) versperrt werden.[164]

Im folgenden werde ich weder die grundsätzlichen Probleme verfolgen, die mit Kierkegaards philosophischem Ansatz verbunden sind, noch werde ich Chancen und Grenzen der erstrebten Konversion zu Selbstbestimmung und wahrer Religiosität diskutieren. Kierkegaard hat die Chancen einer solchen Konversion nicht allzu hoch eingeschätzt. Wie Heidegger erblickt er die entscheidende Voraussetzung dafür in ausgezeichneten, unverfüglichen Erlebnissen.[165] Indirekte Mitteilung könne aber immerhin die Bereitschaft erhöhen, dem Offenbarungsgeschehen dieser Erlebnisse gegenüber offen zu sein. In krassem Gegensatz zu Heidegger steht aber der durchgängige Humor Kierkegaards. Humor und Spott gehören »zur Struktur des Kierkegaardschen Diskurses«, wie Paul Ricœur bemerkt (590). Kierkegaard gibt sich als »Narr« und philosophischer »Betrüger« (vgl. ebd.). Kein anderer unter den philosophischen Gewährsleuten Thomas Bernhards verhindert so konsequent wie Kierkegaard durch Selbstrelativierungen, Apodiktizität, Übertreibungen und ähnliche Mittel, daß die gewonnenen strukturellen Einsichten in Vollzugsformen existierender Subjektivität zum Dogma verfälscht werden. In geistesverwandter, hintergründig-humorvoller Weise versucht auch Thomas Bernhard, den Rezipienten in ein »selbstwirksames Verhältnis zum Buch« zu setzen[166] und zur Selbsterkenntnis zu provozieren, indem er den theoretischen Gehalt philosophischer Bekenntnisse trivialisiert, einschränkt, übertreibt, semantisch verundeutlicht oder als Fehlschluß kennzeichnet.[167]

## Verständigung im Medium der Möglichkeit – Ohne Reifikation und Resultat

Kierkegaards Theorie der indirekten Mitteilung fußt auf seiner Überzeugung, daß sich Innerlichkeit nicht als Wirklichkeit eines anderen, sondern nur als Möglichkeit für einen selbst kommunizieren lasse. Aus dieser Einsicht zieht Kierkegaard für seine Strategie der Existenzmitteilung die Konsequenz, Reifikation zu erschweren. »Ästhetisch und intellektuell nach Wirklichkeit zu fragen, ist ein Mißverständnis« (*UN II* 25), er-

---

[163] Vgl. Barbara Merker, *Selbsttäuschung.*
[164] Vgl. Fahrenbach, *Existenzanalyse* 234.
[165] Zu dieser Problematik bei Heidegger vgl. Merker, *Selbsttäuschung.*
[166] Kierkegaard, »Post-Scriptum zu Entweder/Oder« [unveröffentlicht], in: *Papirer IV* B 59, S. 217; zit. nach Greve, *Stadium* 181.
[167] Vgl. die Textanalysen in Teil IV.

klärt er kategorisch.[168] Die maieutische Rede hat ohne Resultate und objektives Wissen auszukommen.[169]

> »Wenn nämlich die Innerlichkeit die Wahrheit ist, so sind Resultate nur lärmender Plunder, womit man einander nicht plagen soll, und die Mitteilung von Resultaten ist ein unnatürlicher Verkehr zwischen Mensch und Mensch, insofern als jeder Mensch Geist ist und die Wahrheit gerade die Selbsttätigkeit der Aneignung ist.«          (*UN I* 234; vgl. 242)

Das objektive Denken neige zu Verdinglichung und Selbstverlust, indem es »alles aufs Resultat abstellt und der ganzen Menschheit zum Betrügen durch Abschreiben und Hersagen des Resultates und des Fazits verhilft« (*UN I* 65). Das subjektive Denken hingegen stelle alles »auf das Werden ab und läßt das Resultat aus« (ebd.). Der Existenzmitteilung geht es um den indirekten Ausdruck einer gelebten Reflexion, des Akthaften von Selbsterkenntnis und Selbstbestimmung[170]. Vor allem in der *Unwissenschaftlichen Nachschrift* läßt der Autor seinen pseudonymen Verfasser Johannes Climacus verschiedene Techniken diskutieren, mit denen sich das Moment des Subjektiven, Individuellen, Entscheidungsmäßigen und Diskontinuierlichen gegenüber dem Logischen, Rationalen und Äußerlichen betonen läßt. Kierkegaard nennt als Oberbegriffe für diese Techniken »Doppelreflexion« und »Zeichen des Widerspruchs«.

### *»Doppelreflexion«*

Die »doppeltreflektierte« Mitteilung ergänzt die allgemeine (vernünftige, objektive) Wahrheit durch indirekte Hervorhebung des subjektiven Existenzbezuges und Interesses an dieser Wahrheit: »Wenn der Gedanke seinen rechten Ausdruck im Wort gefunden hat, was durch die erste Reflexion erreicht wird, dann kommt die zweite Reflexion, die das eigene Verhältnis der Mitteilung zum Mitteilenden betrifft und das eigene Verhältnis des existierenden Mitteilenden zur Idee wiedergibt« (*UN I* 68f.). Die doppeltreflektierte Mitteilung lenkt die Aufmerksamkeit auf das subjektive Interesse hinter dem propositionalen Gehalt einer Äußerung. Für Kierkegaard gibt es kein interesseloses ›reines‹ Denken. Denken ist etwas, in dem man existiert (*UN I* 65 pas-

---

[168] Kierkegaards Pseudonyme verwenden häufig Verabsolutierungen und Übertreibungen. Einerseits werden dadurch Einsichten besonders pointiert zum Ausdruck gebracht, andererseits schafft die ostentative Maßlosigkeit der Urteile aber auch Distanz und zwingt den Leser dadurch zu eigener Entscheidung. Eine solche maßlose Übertreibung ist zum Beispiel Climacus' Behauptung, für das Verständnis eines Denkers sei seine Wirklichkeit »vollständig gleichgültig« (*UN II* 27).
[169] Greve, *Stadium* 213, Anm. 6.
[170] »[D]er subjektive Denker muß sofort darauf aufmerksam werden, daß die Form künstlerisch ebensoviel Reflexion enthalten muß, wie er selbst existierend in seinem Denken davon hat« (*UN I* 66). Der Stil des subjektiven Denkers »muß ebenso mannigfaltig sein, wie die Gegensätze, die er zusammenhält« (*UN II* 61). – Zum Selbstbewußtsein als Akt vgl. Tugendhat, *Selbstbewußtsein* 144 mwN.

sim).[171] Im Unterschied zur ›erbaulichen Rede‹ Kierkegaards, die in direkter Form auf das subjektive Interesse an der Wahrheit zielt[172], wirkt die doppeltreflektierte Mitteilung durch Gleichzeitigkeit und Verdichtung subjektiver und objektiver Aspekte indirekt. Der irreduzible Anteil wesentlich unbewußter Ich-Konstitution am Akt des Philosophierens begründet auch Bernhards und Kierkegaards Vorbehalt gegenüber aller Metaphysik. Dieser Vorbehalt richtet sich nicht gegen die objektive Wahrheit des propositionalen Gehalts einer Äußerung – dagegen kann mit dem Hinweis auf verborgene Interessen nicht argumentiert werden –, sondern auf die mit der Äußerung vollzogene Handlung. Mit einer inhaltlich wahren Aussage kann man beispielsweise Menschen beleidigen, mundtot machen, loben oder von anderem ablenken. So verlangt Kierkegaard vom ›subjektiv existierenden Denker‹, daß er jederzeit »aufmerksam auf die Dialektik der Mitteilung« (*UN I* 65) sei.

In diesem Sinne ist auch die Redeweise von Bernhards Figuren doppeltreflektiert. Eines der wichtigsten Mittel Bernhards, an einer Äußerung indirekt Interessen zu markieren, die im propositionalen Gehalt des Geäußerten nicht aufgehen, ist die Wiederholung. In den Textanalysen des vierten Teils dieser Arbeit werden weitere, subtilere Markierungen dargestellt. Wenn etwa der Doktor in *Der Ignorant und der Wahnsinnige* über den Erschließungscharakter der Angst philosophiert, werden die entscheidenden Informationen über die argumentativen Brüche der Rede vermittelt.


*›Zeichen des Widerspruchs‹ als Spiegel*


Einen Schritt weiter als die Doppelreflexion von subjektiven und objektiven Aspekten der Mitteilung geht die Reduktion ›objektiver‹ Informationen wie Tatsachen, »Resultaten«, rationalen Begründungen etc. zu *Andeutungen*. Ohne präskriptive »Vollmacht« zu beanspruchen, will Kierkegaard auf ausgezeichnete existentielle Situationen lediglich »aufmerksam machen« (vgl. *SS* 5, 10 passim), in denen jeder potentiell sein Interesse am Dasein erkennen kann. Das Gemeinsame von Verfahren wie Andeutung, semantischer Unschärfe, Widersprüchlichkeit etc. ist, daß sie den Rezipienten zur Eigentätigkeit verleiten und damit der Selbsterfahrung aussetzen. Sie stellen nicht nur die Wahrheit einer Äußerung durch Beleuchtung des zugrundeliegenden Interesses in Frage, sondern der propositionale Gehalt selber wird zweideutig:

»Kierkegaards Grundtechnik zum Erreichen von Indirektheit ist die Zweideutigkeit; dadurch muß der Empfänger, wenn er etwas lernen will, die Idee für sich selbst entdecken. Im Vergleich zu eindeutiger Rede dient diese Zweideutigkeit zu zwei Zwecken: (a) Sie erregt in hohem Maße Aufmerksamkeit, indem sie den Empfänger vor ein Rätsel stellt; (b) sie ruft im Innern der Persönlichkeit eine Reaktion hervor, indem sie Entscheidung fordert. Ziel der indirekten Mitteilung ist es demnach nicht, einen Gedanken zu erläutern, die Annahme eines Vor-

---

[171] Diese Existentialisierung des Denkens kommt bei Bernhard in den räumlichen Bildstrukturen zum Ausdruck, die er für den Bereich des Mentalen und Kognitiven verwendet.

[172] »Der erbauliche Redner kann Techniken der Indirektheit verwenden, aber die Form seiner Rede ist insofern direkt, als die Bedeutung des Gesagten nicht mehr zweideutig ist«; Anderson, *Kierkegaards Theorie der Mitteilung* 449.

schlags zu sichern oder ein Gefühl zu erwecken, sondern den Empfänger zu selbständiger Tätigkeit anzutreiben. – Ihre antreibende, stimulierende Kraft gewinnt die Indirektheit durch das ›Zeichen des Widerspruchs‹; mit diesem Begriff sind alle Formen von Mehrdeutigkeit gemeint, die in der Mitteilung verwendet werden« [vgl. *UN I* 234f., 258; *EC* 119ff.].        (Anderson, 446)

Allerdings sollte Widersprüchlichkeit nicht zum poetologischen Fetisch gemacht werden – ein Mißverständnis, das sowohl in der Forschungsliteratur zu Kierkegaard wie zu Bernhard immer wieder zu finden ist. Denn wie Kierkegaard besonders in *Einübung im Christentum* erläutert, ist ein »Zeichen des Widerspruchs« allein noch kein ausreichendes Stimulans für die erstrebte rezeptive Eigentätigkeit. Kierkegaard warnt: »Aber die Widersprüche dürfen einander nicht derart aufheben, daß es [das »Zeichen des Widerspruchs«] ganz zunichte wird« (*EC* 119). Um die beabsichtigte Wirkung zu erzielen, muß die Mitteilung zuerst die »Aufmerksamkeit« auf sich ziehen; erst im Anschluß daran entfaltet die Widersprüchlichkeit ihre Wirkung. Die geforderte Einheit des Widersprüchlichen in der Mitteilung darf dabei keine bloße »Narrheit« sein (119), sondern muß sich auf die Haltung zum Gegenstand des Interesses beziehen. Es kann beispielsweise offenbleiben, ob die affizierende Darstellung Ernst oder Scherz ist, Verteidigung oder Angriff (*EC* 119, 128). Pathos und Leidenschaft sind hierbei unverzichtbar: »die Leidenschaft ist gerade das Spannung-Setzende im Widerspruch; wenn sie fortgenommen wird, ist der Widerspruch eine Plaisanterie, ein Bonmot« (*UN II* 91). Der Widerspruch ist also nur die formale Gestaltung eines Themas, das ohnehin leidenschaftliches Interesse zu wecken vermag. Die redende Figur nimmt eine mehrdeutige Haltung ein und zwingt den Rezipienten auf diese Weise dazu, ein eigenes Urteil zu fällen (vgl. Anderson 446). Dadurch wird das Zeichen des Widerspruchs zu einem »Spiegel« für den Aufnehmenden:

»Da ist etwas, das macht, daß man es nicht lassen kann, hinzusehn – und sieh, indem man sieht, sieht man wie in einen Spiegel, man gelangt dazu, sich selber zu sehn [...]. Ein Widerspruch, einem Menschen unmittelbar gegenübergestellt – und wenn man ihn dazu kriegt, darauf hinzusehen: das ist ein Spiegel; indem der Sehende urteilt, muß es offenbar werden, was in ihm wohnt. Es ist ein Rätsel; aber indem er zu raten sucht, wird es offenbar, was in ihm wohnt, dadurch, worauf er rät. Der Widerspruch stellt ihn vor eine Wahl, und indem er wählt, und zugleich in dem, [w]as er wählt, wird er selber offenbar«.        (*EC* 121)

In diesem Sinne sagt Kierkegaard an anderer Stelle: die doppelt reflektierte Mitteilung »kann ja auch das gerade Gegenteil sein oder als solches verstanden werden. [...] alle doppelt reflektierte Mitteilung[173] macht einander entgegengesetzte Verständnisse gleich möglich, sodaß der Urteilende offenbar wird darin, wie er urteilt« (*SS* 15, Anm.). Die indirekte Mitteilung entzieht dem Leser das Gefühl, »Zeuge bei dem Eingeständnis zu sein, welches er nun in der Einsamkeit vor Gott sich selber macht« (*SS* 37). Die »ästhetische[.] Leistung [...] ist das Handgeld« (*SS* 37), mit dem die anfängliche Aufmerksamkeit erregt wird. Dem Postulat Kierkegaards entsprechend,

---

[173] Wie diese Textstelle zeigt, trennt Kierkegaard nicht immer scharf zwischen Doppelreflexion und Widersprüchlichkeit, sondern identifiziert letztere, den Sonderfall, mitunter auch mit der ersteren (dem Oberbegriff).

dient hierzu bei Bernhard das Verfahren von Andeutung und Anspielung: das Interesse an einem Thema wird geweckt, aber nicht durch harte Informationen oder eindeutige Haltungen befriedigt. Bernhards Verfahren der Andeutung beruht in dieser Hinsicht in der Tat auf einem »Nichtmehrsagenwollen«.[174]

Ein weiteres Merkmal indirekter Mitteilung ist der Entzug eines identischen Rede- oder Erzählsubjekts. Die geforderte Widersprüchlichkeit bzw. Mehrdeutigkeit der Sprecherrolle weist schon in diese Richtung. Daneben bedient sich Kierkegaard zu diesem Zweck zahlreicher Pseudonyme und der mehrstufigen Schachtelung fiktionaler Binnenerzähler. Äußerungen werden auf mehrfachen Umwegen zitiert, sie stehen im Widerspruch zu anderen, werden ohne Autorität, »ohne Vollmacht« vermittelt. Im Kaleidoskop exemplarischer ›Existenzmöglichkeiten‹ ist Kierkegaard selber »nach dem Maßstab seiner eigenen Kategorien unauffindbar« (Ricœur 582f.). Programmatisch erklärt Kierkegaard:»Ich muß herausgehalten werden: desto größer wird die Erweckung. Die unreflektiert unmittelbare Mitteilung lieben die Menschen, weil sie die Sache behaglich macht« und sie »der Anstrengung der Einsamkeit entwischen« läßt (*SS* 156f.). Kierkegaard will sich als empirisches Ich verbergen, um den Leser in dessen eigene Wahrheit hineinbetrügen zu können.

*Resümee: Das Wahrheitsproblem als Mitteilungsproblem*

Das Gemeinsame der von Kierkegaard angesprochenen Verfahren besteht darin, kommunikationskonstitutive Identitätserwartungen zu erschüttern. Es wird die Fiktion gestört, identische Subjekte kommunizierten miteinander unter intentionsgetreuer Verwendung eindeutiger Signifikanten. Durch Ungereimtheiten in Sprachgebrauch, geäußerter Meinung und Tatsachenhintergrund delegiert Kierkegaard die Entscheidung über den Inhalt seiner indirekten Mitteilungen an den Rezipienten. Die ›Zeichen des Widerspruchs‹ werden so zum ›Spiegel‹ für den Aufnehmenden. Die Begründung, die Kierkegaard für die Verwendung von Zeichen des Widerspruchs gibt, ist strategisch. Sie ergibt sich aus der Wirkungsabsicht und folgt keinen mimetischen Überlegungen. Dieser nicht-mimetische Sinn der Phänomene von Widersprüchlichkeit wird sich auch bei der Analyse der Theaterstücke Thomas Bernhards zeigen. Vorausblickend verweise ich nur auf zwei Konsequenzen: *Erstens* ist das Wahrheitsproblem bei Bernhard ein Problem der Mitteilung von Innerlichkeit, ein Problem wahrhaftiger Verständigung, das die Erfahrung umkreist:»Verständlichmachen ist unmöglich« (*DT* 80). Widersprüchlichkeit bedeutet bei Bernhard nicht, daß sich etwas nicht erkennen oder erklären ließe. Auch bei Bernhard stehen die Zeichen des Widerspruchs nicht, zumindest nicht primär, in erkenntnistheoretischen Zusammenhängen: Als Ausdruck einer Figurenexistenz markieren sie Akte von Ich-Konstitution, Selbstbewußtsein und Verständigung; als Akte im Kommunikationssystem Autor-Publikum provozieren sie zu rezeptiver Eigentätigkeit. Beide Funktionen beziehen sich auf praktisches Sich-zu-

---

[174] Jurgensen, *Kegel* 145. W.J. Donahue akzentuiert demgegenüber Andeutung als »Nichtanderssagenkönnen«; Donahue, *Ursache* 98.

sich-Verhalten, d.h. auf das Verhalten zu Eigenschaften und psychischen Zuständen, eventuell auch ihrer Deutung, nicht aber auf epistemisches Selbstbewußtsein.[175] Kierkegaard verweist auf die Notwendigkeit, bei der indirekten Mitteilung die – in Bezug auf die Innerlichkeit – verfälschende Abstraktheit und Unwirklichkeit der Worte zu negieren. Der Mitteilende soll den Schein direkter Mitteilbarkeit zerstören. Bis hierhin entspricht die indirekte Mitteilung Kierkegaards der romantischen Ironie als Darstellung des Undarstellbaren durch die Negation des Dargestellten. Der feine Unterschied, der auch Kierkegaards Ablehnung der romantischen Ironie überhaupt motiviert[176], besteht im Anspruch an den Rezipienten. Durch die Selbstwidersprüchlichkeit der indirekten Mitteilung gibt mir der Mitteilende die Möglichkeit, die »Negation der äußerlichen Unwirklichkeit als den Anspruch an meine eigene, innerliche Wirklichkeit zu verstehen.«[177] Durch die Wahl seiner Kategorien, durch Sprachgestus und das Pathos des Unendlichen bleibt Kierkegaard der deutschen Romantik verhaftet. Das darf aber nicht darüber hinwegtäuschen, daß seine entscheidende Pointe darin besteht, aus Unendlichkeitsbewegung und Phantasietätigkeit in die Endlichkeit zurückzukehren. Mit dem Anspruch, den er an den Rezipienten stellt, pocht Kierkegaard aufs Realitätsprinzip. ›Innerlichkeit‹ hat nichts mit Gefühligkeit oder der Apologie diffuser Sehnsüchte und Erlösungswünsche zu tun, sondern zielt auf unabschließbare Erkenntnis des heteronomen Selbsts, auf rückhaltlose Bereitschaft zur Selbstbeobachtung. In diesem Sinne dienen auch Thomas Bernhards Andeutungen und Rätselreden der indirekten Mitteilung von Innerlichkeit und stehen damit trotz vielfacher Anklänge nicht im Kontext romantischer Transzendentalpoesie.[178]

Der ideale Gegenentwurf zu den sprachskeptizistischen Äußerungen Bernhardscher Figuren ist nicht adäquate Gegenstanderkenntnis, sondern eine seltene, nur in besonderen Augenblicken gelingende und nicht vom Wortlaut allein abhängende Verständigung. Eine solche tiefe Verständigung gelingt bei Bernhard nur unbeabsichtigt, zum Beispiel im gemeinsamen Schweigen oder, wie in *Verstörung*, in einer Art Selbstgespräch, das der Landarzt mit der schlafenden Frau Ebenhöh führt und das sein Sohn, der Erzähler des Romans, mitanhört (vgl. *V* 38f.). Wo von »Wahrheit« die Rede ist, geht es nahezu ausschließlich um Innerlichkeit und deren Mitteilung. Die Erkenntnis von physikalischen Gegenständen oder historischen Ereignissen wird durch die radikale Subjektivierung selbstverständlich nicht verhindert, sie steht aber nicht im Mittelpunkt der Erwägungen über Wahrheit und Sprache, wie sie Bernhard und seine Figuren anstellen. Im Vordergrund steht die Aneignung: »Die Wahrheit kennt nur der Betroffene, will er sie mitteilen, wird er automatisch zum Lügner« (*Keller* 42).

Diese Feststellung wäre völlig sinnlos, wenn man Wahrheit nur auf die wahrheitsgetreue Schilderung von Vorgängen und Ereignissen beziehen wollte, auf die »genaue

---

[175] Zum Begriff des epistemischen Selbstbewußtseins vgl. Tugendhat, *Selbstbewußtsein*.
[176] Vgl. Gerhard vom Hofe, *Die Romantikkritik Sören Kierkegaards*.
[177] Theunissen, *Ernst* 80.
[178] Zur Abgrenzung der Poetik Bernhards von der romantischen Poetik vgl. unten S. 129ff., 199ff.. Vgl. ferner Petrasch, *Konstitution*.

Chronologie«, die dem Gedächtnis von Bernhards Protagonisten und Erzählerfiguren keine Schwierigkeiten bereitet. Die Wahrheit ist zwar von den äußeren Ereignissen nicht abzukoppeln und steht bei Bernhard nicht für eine – wie Adorno kritisch gegen Kierkegaard einwendet – »objektlose Innerlichkeit« (*Kierkegaard* 42ff.), aber sie ist eine Wahrheit, die in der hier relevanten Weise einzig dem Betroffenen angehört. Es ist seine Wahrheit, um deren Mitteilbarkeit es geht.

»Alles Mitgeteilte kann nur Fälschung und Verfälschung sein, also sind immer nur Fälschungen und *Ver*fälschungen mitgeteilt worden. [...] Das Gedächtnis hält sich genau an die Vorkommnisse und hält sich an die genaue Chronologie, aber was herauskommt, ist etwas ganz anderes, als es tatsächlich gewesen ist. Das Beschriebene macht etwas deutlich, das zwar dem *Wahrheitswillen* des Beschreibenden, aber nicht der Wahrheit entspricht, denn die Wahrheit ist überhaupt nicht mitteilbar.« (*Keller* 42f.)

Bei denjenigen Formulierungen des Wahrheitsproblems, die Bernhard mit verfremdeten Argumentationen der romantischen Ästhetik, der Sprachphilosophie oder Erkenntnistheorie (im Subjekt-Objekt-Modell) parodistisch spickt, handelt es sich durchweg um Rationalisierungen der Mitteilungsproblematik, die der Autor seinen Figuren als unbewußte Selbstmißverständnisse unterschiebt. Mitunter scheint der Autor sogar seinen autobiographischen Erzählern dieses objektivistische Mißverständnis in die Feder diktieren zu wollen: »Wir beschreiben einen *Gegenstand* [Hervorhebung C.K.] und glauben, wir haben ihn wahrheits*gemäß* und wahrheits*getreu* beschrieben, und müssen feststellen, es ist nicht die Wahrheit« (*Keller* 43). Doch im Fortgang der Reflexion wird trotz aller Bedeutungsverschiebungen, die die verwendeten Begriffe (»Gegenstand«, »Sachverhalt«, »Beschriebenes«, »Tatsache«) durchmachen, unmißverständlich deutlich, daß es nicht um einzelne Dinge (»Tatsachen«), sondern um die Existenz geht:

»Wir müßten die Existenz als den Sachverhalt, den wir beschreiben wollen, sehen, aber wir sehen, so sehr wir uns bemühen, durch das von uns Beschriebene niemals den Sachverhalt. [...] Wir haben in unserer ganzen Leseexistenz noch niemals eine Wahrheit gelesen, auch wenn wir immer wieder Tatsachen gelesen haben.« (*Keller* 44)

Den Mißverständnissen des Wahrheitsproblems hat Thomas Bernhard selber zugearbeitet, und zwar nicht nur durch verdinglichende Redeweise: Er würfelt verschiedene Wahrheitsbegriffe durcheinander, nicht zuletzt um Dilemmata und Paradoxa künstlich zu erzeugen oder zu verschärfen[179]; er bedient sich absichtlich einer begrifflich unbeholfenen, an Äquivokationen und Pauschalierungen reichen Sprache, die für eine philosophische Klärung völlig untauglich ist. Dieser Kontrast zwischen sprachlichem Mittel und Problemstellung sowie die Lust an paradoxer Zuspitzung schaffen humoristische Distanz zur manifesten Gestaltung. Wenn sich die Wahrheit als Innerlichkeit nicht mitteilen läßt, da sie in einem Streben besteht und nicht im propositionalen Ge-

---

[179] »Mein Großvater hatte immer die Wahrheit gesagt *und* total geirrt, wie ich, wie alle. Wir sind im Irrtum, wenn wir glauben, in der Wahrheit zu sein, und umgekehrt« (*Kälte* 70). Die Paradoxie verschwindet, wenn man das *Sagen* der Wahrheit und das *Sein* in der Wahrheit explizit trennt.

halt eines Satzes, dann »kommt es nur auf den Wahrheitsgehalt der [unvermeidlichen] Lüge an« (*Keller* 45), auf den Versuch, die Wahrheit mitzuteilen, und auf den »*Wahrheitswillen*« des Beschreibenden (ebd. 43). »Die Absurdität ist der einzig mögliche Weg« (*Kälte* 70), Innerlichkeit wahrhaftig mitzuteilen. Auf das anschließende Referat des Geschehenen haben diese Erwägungen über Wahrheit und Lüge jedoch keine Auswirkungen. Ohne daß sich Probleme mit der Objektadäquanz ergäben, fährt Thomas Bernhard in *Der Keller* mit einer eindringlichen Schilderung der Scherzhauserfeldsiedlung fort.

Seit N. Gessners Beckett-Dissertation ist das Märchen von der »Unzulänglichkeit der Sprache« – so der Titel seiner Arbeit – immer wieder und wohl über jeden Autor erzählt worden, der Positionen absurder Literatur und Dramatik im allerweitesten Sinne aufgenommen hat. Auch in der Bernhard-Forschung hat sich das Mißverstehen des Wahrheitsproblems als eines Problems adäquater Gegenstandserkenntnis lange gehalten.[180] Die obskuren Reflexionen der Protagonisten Bernhards über den Zusammenhang von Ding und Wort sind aber nur Zuspitzung und Parodie sprachphilosophischer Positionen, mit denen die Figuren ihre tatsächlichen Kommunikationsschwierigkeiten maskieren und überhöhen. Der Autor versucht auf diese Weise aber nicht, seine Poetik auf ein sprachwissenschaftliches Fundament zu stellen. Die Grenze des objektivistischen Mißverständnisses zeigt sich schon allein darin, daß aus der nicht-bijektiven Relation von Ding und Wort ein Leiden an der Unzulänglichkeit der Sprache überhaupt nicht abgeleitet werden kann. Die von Bernhards Figuren allenthalben beklagte Konventionalität der Sprache[181] ist nicht Verhinderung, sondern Bedingung der Möglichkeit für jede Form der Mitteilung, also auch für die Mitteilung von Innerlichkeit; sogar nicht-sprachliche Kommunikationen orientieren sich in einem Feld von Konventionen. Die in der Literatur des 20. Jahrhunderts und insbesondere in der modernen österreichischen Literatur so ausgiebig beschworene Sprachkrise ist, wie Eugène Ionesco unmißverständlich gegen unerwünschten Beifall eingewandt hat, nicht eine Krise *der* Sprache, sondern der Kommunikation und Sprach*verwendung*.[182] Die Sprachkrise ist gesellschaftlich produziert und besteht u.a. darin, in vermeidbarer Weise die Mitteilung von Innerlichkeit und die Stiftung von Gemeinsamkeit zu behindern. In der Sprachkrise verschränken sich historische Ursachen (totale Ideologi-

---

[180] Unter jüngeren Arbeiten vgl. u.a. König, *Totenmaskenball*: »Das Ungenügen bleibt ein Merkmal der Sprache selbst. Ist dies aber erkannt, dann wird die Sprache zum reinen Spielzeug, ihre Referenz- und Kommunikationsfunktion wird zugunsten der poetischen Funktion, des Spielbedürfnisses, zurückgestellt« (182). König kann nicht plausibel machen, was denn der intersubjektive Sinn und Zweck einer »poetischen Funktion« sein sollen, die bloßem »Spielbedürfnis« folgt. Gewiß hat Bernhard zu derlei sprachphilosophisch gewürzter Selbstinfantilisierung einige Stichworte geliefert, etwa in *Drei Tage*, wo er seine Produktionsweise mit dem Übereinandersetzen von Spielzeug und anschließendem Zusammenhauen vergleicht (*DT* 80), doch gibt dieser Vergleich wohl kaum eine erschöpfende Interpretation. M. Kohlenbach hat bisher als einzige in der Bernhard-Forschung vermerkt, daß »die Rede von der Nichtübereinstimmung von Beschriebenem und Tatsächlichem« und das Leiden »am sogenannten Ungenügen der Sprache« eine »unfruchtbare Problemstellung« repräsentieren (*Ende* 168, Anm. 138).
[181] »Die Wahrheit ist Tradition, nicht die Wahrheit [...]. Das Buchstäbliche hat immer alles vernichtet« (*V* 164f.).

sierung von sprachlichem Material und Sprecherrollen) mit individualpsychologischen Determinationen (Überempfindlichkeiten; narzißtisches Ringen um Einzigartigkeit des Ausdrucks). Insbesondere das Auseinanderfallen von unkommunizierbarer Innerlichkeit und konventioneller Sprache läßt sich auf Sozialisationsbedingungen zurückführen, die die Aneignung einer adäquaten Sprache für die eigenen Gefühle und Bedürfnisse konsequent verhindert haben. Peter Handke hat in seiner Erzählung *Wunschloses Unglück* solche Sozialisationsbedingungen und ihren Effekt, einen versperrten Zugang zum Selbst, ebenso eindringlich wie unschematisch geschildert.

Die Konsequenzen, die Thomas Bernhard für seine Haltung als Schriftsteller und als Existierender aus dem Wahrheitsproblem zieht, werde ich in Auseinandersetzung mit Kierkegaards Begriff des Humors bestimmen. Die *zweite* Konsequenz aus der nicht-mimetischen und strategischen Deutung der Phänomene von Widersprüchlichkeit lautet: der Wirksamkeit intendierter Zweideutigkeiten setzt notwendigerweise das vorausbezahlte ›ästhetische Handgeld‹ voraus, von dem Kierkegaard spricht: Damit die Verweigerungsästhetik, die Kierkegaard konzipiert und die Bernhard umsetzt, greifen kann, müssen bestimmte Worte, Sätze und Szenen die Aufmerksamkeit des Rezipienten bereits erregt haben, müssen exemplarische Situationen bereits als eigene wiedererkannt worden sein.

## Der ideale Rezipient: ›Der Einzelne‹

Damit das ›Drama der Selbsterkenntnis‹, sei's komischen, sei's tragischen Charakters, in Gang gesetzt werden kann, muß die Geltung bestimmter Imperative und Definitionen des ›Man‹, dem man ›zunächst und zumeist‹ verfallen ist, problematisiert werden.[183] Der Sphäre von »Menge« und »Publikum« attestiert Kierkegaard Verfallenheit, Orientierung an vordergründigen Ersatzzielen und ethische Bewußtlosigkeit. Kierkegaard bestimmt »die Menge«, weil sie Entschlußkraft und Verantwortung des einzelnen schwäche, als »die Unwahrheit« (*SS* 99).[184] Nur »der Einzelne« ist empfänglich für die Wahrheit (*SS* 104), und das heißt für seine Wahrheit.[185] Am deutlichsten zeigt das Stück *Der Ignorant und der Wahnsinnige*, daß auch Thomas Bernhard auf die Vereinzelung des Zuschauers abzielt. Der Nebentext verlangt am Ende des

---

[182] Vgl. Ionesco, *Argumente*; vgl. W. Dierlamm, *Ionesco*. Schon Kierkegaard hat sich strikt dagegen gewehrt, »eine Menge nichtssagender, aber sehr lärmender Prädikate zusammenzuscheuchen oder in linguistischer Geilheit die Impotenz der Sprache zu verraten« (*E/O* 104). Zur Frage von Sprachkrise oder Sprachverwendung bei Bernhard vgl. Leventhal, *Rhetoric* 26f.; sowie die Diskussion einer Stelle aus *Wittgensteins Neffe* bei A. Wellmer, *Moderne/Postmoderne* 90ff.

[183] Vgl. Heidegger, *SuZ* 129: »Zunächst ist das Dasein Man und zumeist bleibt es so.«

[184] Vgl. oben Fn. 161, S. 85.

[185] »Die Wahrheitsfrage kann ich nicht delegieren, ich kann ihr nur entweder ausweichen oder sie selbst stellen, und dasselbe gilt fürs Überlegen und fürs Wählen. Im Überlegen und Wählen ist jeder auf sich selbst zurückgeworfen, und das auch dann, wenn er mit anderen gemeinsam überlegt« (Tugendhat, *Selbstbewußtsein* 291).

Stücks die Totalverdunkelung des Zuschauerraums. Der Zuschauer wird insofern vereinzelt, als er visueller Ablenkungen beraubt wird; er wird dem Nachhall seiner eigenen Reaktionen auf das Gesehene ausgeliefert, was die Wirkung der ›indirekten Mitteilungen‹ verstärkt. H. Gamper zitiert Äußerungen Bernhards über seine dramatische Wirkungsabsicht: »Bernhard wünscht sich, daß die Leute nach der Vorstellung wie erschlagen, reglos [...] in ihren Sesseln hingen; das Theater müsse für das Publikum eine Qual sein [...], jeder müsse darin sich vorkommen ›wie ein Gekreuzigter‹ (gesprächsweise Mitteilung)« (*TB* 151). Wo die Selbsterfahrung des Publikums als quälende oder wie in Bernhards späteren Theaterstücken als vorwiegend komische intendiert wird, bleibt für eine stabile oder gar heroische Konversion zur Eigentlichkeit kein Raum. Die Stücke fordern zum Verstehen nach rückwärts auf, sie empfehlen die Kunst der Beobachtung und Selbstbeobachtung, propagieren aber keine Ziele für das Handeln nach vorwärts. Auf der Bühne findet keine Form entschlossenen Selbstseins statt. Die sichtbare Handlung besteht aus rückblickender Aufklärung des Vergangenen und ablenkendem Zeitvertreib wie Feiern und Schwatzen. Nur wenige Figuren besitzen Entschlossenheit in der Form, daß sie die aktive Teilnahme an gemeinschaftlicher Ablenkung verweigern und stattdessen beobachten. Möglichkeiten, entschlossene Handlungen darzustellen, vermeidet Bernhard konsequent: Die Figuren besprechen Heikles niemals offen mit anderen, sondern reden nur über andere und ihre Todeskrankheiten. Gewaltsam herbeigeführte Tode finden wie der Selbstmord des Generals (*Jg*) oder die Ermordung des Präsidenten (*Pr*) im Off statt oder unbemerkt wie im Falle Boris', der sich zu Tode paukt (*FB*). Nur in *Die Berühmten* kommt ein Versuch, sich der Macht von Vorbildern und Traditionen zu entledigen und dadurch sich selbst zu gewinnen, auf die Bühne. Doch dies geschieht nur, um die Lächerlichkeit und Vergeblichkeit einer solchen Rebellion zu demonstrieren. Die Berühmten ermorden gegen Ende des ersten Vorspiels (*Ber* 68-70) symbolisch ihre Vorbilder, indem sie die Puppen zerstören, die diese Vorbilder vertreten, und töten in ihrem anarchischen Aktivismus auch die Diener. Im nächsten Bild schauen die Vorbilder als Gemälde von den Wänden und die wieder auferstandenen Diener servieren weiter. Diese Karikaturen aktivistischer Selbstverwirklichungen machen klar: wenn es für Thomas Bernhard eine anzustrebende existentielle Einstellung gibt (die die überlegenen Figuren verkörpern und in die der Rezipient hineinbetrogen werden soll), dann besteht der Selbstgewinn nicht in dieser oder jener Aktion, sondern in der rückhaltlosen Aufklärung des Geschehenen, im Nachholen einer Wahl. Die Irritation und Vereinzelung des Zuschauers ist notwendig, damit er sich seiner selbst bewußt wird und das heißt bei Bernhard zu erkennen, daß er »ein auf sich selbst angewiesener Alptraum« (*Keller* 156) ist.

# Humor als existentielle Konsequenz und Schreibhaltung bei Søren Kierkegaard und Thomas Bernhard

Für Søren Kierkegaard und Thomas Bernhard ist der Humor die angemessene existentielle und schriftstellerische Haltung dazu, daß inhaltlich gefüllte, positive Richtlinien richtigen Lebens fehlen. Die Existenzdialektik gibt Paare gegensätzlicher Orientierungen und eine Aufstellung typischer Verfehlungen. Der Humor ist ein Verhalten zu den »Unvereinbarkeiten« (*ÜaG* 66). Die Überzeugung, daß sich Innerlichkeit nicht unmittelbar mitteilen lasse, Zweifel an allgemeiner Zuständigkeit sowie das notwendige Fehlen sicheren Wissens über eine prinzipiell unabgeschlossene Existenz führen beide Schriftsteller zu einer distanzierten Schreibhaltung, die sich selbst immer wieder humoristisch zurücknimmt und die eigenen Produkte einer beständigen Bedeutungsverschiebung unterzieht oder als nutzlos abwertet. Nach Kierkegaard ist der Humor – abgesehen von der wahren Religiosität, deren »Inkognito« er ist – die einzige Haltung, die bewußt Selbstdistanz und Innerlichkeit, Komik und Pathos zusammenzuhalten vermag. Für Bernhard und Kierkegaard ist der Humor Ausdruck der Ernsthaftigkeit, mit der sie existentiellen Problemen begegnen, und damit der banalen Auffassung des Humors als eines vordergründigen Unernst-Machens entgegengesetzt.[186] Sie begreifen Humor und Ironie als Existenzweisen und nicht als rhetorisch-darstellerische Mittel. Die ironische oder humoristische Existenz negiert Äußerlichkeiten und Kontingenzen, weil sie das Leben ernst nimmt, während sich die bloß rhetorische Ironie von allem einzig zum Zwecke narzißtischen Selbstgenusses distanziert. In jüngerer Zeit hat Martin Walser diese Entgegensetzung aufgegriffen und für die rhetorische Ironie Friedrich Schlegel und Thomas Mann als wichtigste Exponenten benannt. Dieser Form der Ironie als »verdinglichtes, genießbares Selbstbewußtsein« (*Ironie* 56ff.) stellt er die von Kierkegaard über Robert Walser und Kafka führende Linie echter Ironie entgegen, deren ironisch affirmativer Wesenszug darin bestehe, gelten zu lassen, was gelten solle, als ob es gelte (174 u.ö.).

Im folgenden möchte ich den Humor Bernhards als ausgezeichnete Haltung zu einem besonderen Kategorienpaar bestimmen, nämlich zum Komischen und Tragischen. Das Philosophieren in Bernhards Werken entzündet sich immer wieder an der Ununterscheidbarkeit von Komischem und Tragischem. Die Vertauschbarkeit der Begriffe von Komödie und Tragödie ist in der Forschungsliteratur oftmals bemerkt, aber nicht befriedigend erklärt worden.[187] In Auseinandersetzung mit Überlegungen Kier-

---

[186] Vgl. Kierkegaards Unterscheidung des verwerflichen und des wahren Komischen, das nur von einem höheren Existenzstadium aus möglich ist (*UN I* 83). Ein ähnlicher Gedankengang findet sich schon bei Jean Paul in der Kritik des »After-Humoristen«, der humoristische Performanz nur imitiert (*Vorschule* 134).

[187] Das scheint generell für die Tendenz zur Identifizierung des Komischen und Tragischen in der modernen Tragikomödie zu gelten. In programmatischen Stellungnahmen seitens der Autoren wie auch in der Forschungsliteratur wird die mit einigen Sinnwidrigkeiten behaftete Rede von der Identität des Komischen und Tragischen notorisch wiederholt, ohne daß ihr genauer Sinn expliziert würde. Zur Diskussion einzelner Forschungspositionen verweise ich auf die Anmerkungen des folgenden Abschnitts.

kegaards wird der Sinnzusammenhang präzisiert, in dem Bernhard die Begriffe des Komischen, des Tragischen und des Humors verwendet.

## Zum Verhältnis von Komischem und Tragischem

Die Frage »Ist es eine Komödie? Ist es eine Tragödie?«[188] stellen sich in irgendeiner Form alle Figuren Bernhards. Dahinter verbirgt sich zunächst kein gattungsästhetisches Problem. Bernhards Protagonisten fragen auf diese Weise vielmehr nach dem Sinn bestimmter existentieller Phänomene, insbesondere nach dem Sinn selbsterlebten oder an anderen beobachteten Scheiterns. Indem Bernhard und seine Figuren nicht adjektivisch fragen, ob ein Ereignis komisch oder tragisch sei, sondern Gattungsbegriffe verwenden, transponieren sie die existentielle Fragestellung nur in den Geltungsbereich der Theatermetaphorik, die die gesamte Textur aller Werke Thomas Bernhards durchdringt. Auf der Bühne ausgesprochen, strahlen die theatermetaphorischen Bewertungen der eigenen Existenz aber aus auf die Frage nach dem Sinnhorizont des jeweiligen Theaterstücks. Somit dienen die Interpretationen der eigenen (bühnenfiktionalen) Lebenswirklichkeit zugleich werkimmanenter, ästhetischer Reflexion.

Als Ganze sind Bernhards Stücke weder Komödien noch Tragödien im traditionellen Sinne. Der Autor selbst nennt sie »Komödientragödien« (vgl. u.a. *F* 189f.) und vermeidet mit dieser Wortschöpfung den relativ feststehenden, aber nur bedingt zutreffenden Ausdruck ›Tragikomödie‹.[189] Bernhards Stücke enthalten eine Fülle komischer und insbesondere typensatirischer Fakten: unbewußte Gegenkommunikationen gegen ambitionierte Selbstdarstellungen (Marotten, Denkzwänge, Automatismen, Aus-der-Rolle-Fallen), Tüke-des-Objekts-Effekte (sprachliche Widersprüche und Verstiegenheiten, praktisches Scheitern) sowie Kalauer, witzige Anspielungen und Parodien herrschender Diskursweisen. Diese im traditionellen Sinne komischen Fakten beziehen ihre Komik aus der Perspektive des überlegenen und distanzierten Zuschauers, der der komischen Figur seine Sicht der Dinge leiht (Jean Paul, *Vorschule* 144) und die angeschaute Fehlleistung für vermeidbar hält. Wo die Fehlleistungen tatsächlich episodisch-singulären Charakter haben, wo sie normalerweise zu vermeiden gewesen wären und kein großes Leid verursachen, hat ihre Komik kein Gegenge-

---

[188] So der Titel einer Erzählung Thomas Bernhards aus dem Band *Prosa*.

[189] Bernhards Stücke entsprechen dem nach K. S. Guthke ›synthetischen‹ Typus der Tragikomödie, und zwar dessen avanciertester Variante, die auf möglichst große Verdichtung tragischer und komischer Momente drängt; vgl. hierzu die folgenden Ausführungen. Buddecke und Fuhrmann bezeichnen Bernhards Stücke als ›Tragikomödien‹, meinen damit aber »Mischungen zwischen Tragödie und Komödie, die das Ambiguose und insbesondere das Groteske am dargebotenen Vorgang herauskehren« (*TB* 220), also eine Tragikomödie ›additiven‹ Typs (arg.: »Mischungen«). Trotz teilweise erheblicher Differenzen setzen die meisten Definitionen der Gattung Tragikomödie eine unproblematische Verwendbarkeit der Kategorien voraus (vgl. u.a. Wilpert, *Sachwörterbuch* 848 ff; Braak, *Poetik* 241), während Thomas Bernhard nicht nur die Konturen tragikomischer Ereignisse, sondern der Kategorien selbst aufzulösen trachtet.

wicht. Solcherlei komische Ereignisse erhalten auch dann keinen tragischen Neben-
sinn, wenn man sie mit Schopenhauer als Glieder einer Kette im Hinblick auf das
Ganze des Lebens betrachtet (vgl. *WWV I* 442). Die bloße Generalisierung komischer
Episoden zum Regelfall läßt sich mit gleichem Recht im gänzlich untragischen Sinne
einer *comédie humaine* verstehen. Die Norm, durch deren kontingente Verletzung bei
dieser Art komischer Ereignisse das Komische entsteht, ist die (in Grenzen realisierbare) Forderung nach hinreichendem Selbst- und Existenzbewußtsein. Die Normver-
letzung zeigt sich mithin im Widerspruch zwischen prätendierter Autonomie und tatsächlicher Fremdbestimmtheit. Mit dem Hinweis auf komische Fakten ist aber noch
nichts über die Gattungszugehörigkeit der ganzen Stücke entschieden. Neben traditionell komischen Fakten gibt es bei Thomas Bernhard auch solche, deren Charakter
durchaus fraglich ist (darauf komme ich später zurück). Das gilt für alle Stücke Bernhards. Die Gewichtung variiert zwar von Stück zu Stück, doch lassen sich die Stücke
als ganze nicht der einen oder anderen Kategorie zuordnen. Zweifellos haben aber die
Theaterstücke Thomas Bernhards mehr Gemeinsamkeiten mit der Form der Komödie,
die sie travestieren. Das typisierte Personal und die episodische Handlungsstruktur
sind jedenfalls das der traditionellen Komödie. Die entscheidende Modifikation besteht in der Umbesetzung des gattungskonstitutiven, funktionalen Werthorizonts. Die
traditionelle Komödie endet mit der Bestätigung einer (oft gemilderten) Norm und
der Vernichtung des Normwidrigen. Der Konflikt endet mit der Niederlage der
lächerlichen Figur. Bei diesem Kampf zwischen stets ungleichen Opponenten – die
Aussichtslosigkeit ist Kennzeichen der komischen Opposition – siegen immer die positiven, lebensbejahenden Werte (Lebensfreude, Weltoffenheit, Kommunikativität,
Toleranz) über Misanthropie, Hypochondrie, Engstirnigkeit, Dogmatik und Einbildungen; »das Komische treibt mit dem Kleinen des Unverstandes sein poetisches Spiel«
(Jean Paul, *Vorschule* 115). Der Katalog lächerlicher Figuren und Handlungen behält
zwar auch bei Bernhard seine Gültigkeit, doch mischt sich in das Lachen tendenziell
ein tragisches Moment, das es im folgenden zu analysisieren gilt. Vor allem aber mo-
difiziert Bernhard den Bereich der positiven Normen. Seine Stücke enden nicht mit
einer Befreiung zum Leben. Die Stücke enden einesteils damit, daß die lächerlichen
Figuren durch Selbstmord, Mord oder Herzattacken ums Leben kommen; diese Figuren sind am wenigsten lächerlich, denn ihre komischen Widersprüche haben aufgrund
ihrer politischen Macht zu weitreichende Wirkungen nach sich gezogen (General,
Präsident, Höller). Endet ein Stück hingegen nicht mit dem Tod einer Hauptfigur, so
stellen sich die erreichten Ziele und großen Ereignisse, auf die die Bühnenhandlung
hinsteuerte, meist als Farce heraus (*Immanuel Kant*, *Am Ziel*); zielgerichtetes Handeln
wird vom Resultat her relativiert. Die Sphäre lebensbejahender Normen wird vom
Lebensende her überschattet, die menschliche Existenz erscheint wesentlich als Ablenkung von der Existenz. Damit fallen aber jene Werte, die die traditionelle Komödie affirmiert, ihrerseits der bernhardschen Existenzkomödie zum Opfer. Nicht erst
kontingentes Verfehlen des Auswegs ist lächerlich, sondern bereits die Illusion, ein
Ausweg ließe sich durch äußerliche Veränderungen herbeiführen.

Interessanter als die rein komischen Fakten sind im gegebenen Zusammenhang
jene Ereignisse und Reden, die sowohl Komisches als auch Tragisches an sich haben.

Komische Momente schlagen bei Bernhard immer wieder in tragische um und umgekehrt. Diese perspektivischen Oszillationen könnten höchstens durch eine subjektive Entscheidung für den einen oder anderen Sinnhorizont stillgestellt werden. Bernhards ästhetisch-philosophische Grundfrage ist in dieser Hinsicht Beispiel für ein ›Zeichen des Widerspruchs‹ im Sinne Kierkegaards. So schreibt der Autor in seiner autobiographischen Erzählung *Der Keller*: »es ist nicht mehr erkennbar, ob es eine Tragödie oder eine Komödie ist. Das verunsichert die Zuschauer« (159). Den Aspekt subjektiver Entscheidung betont Bernhard dadurch, daß seine Figuren zunächst die Äquivalenz oder beliebige Vertauschbarkeit komplementärer Attribute behaupten, plötzlich aber für die apodiktische Geltung des einen oder anderen votieren.[190] Für den Terminus ›Tragödie‹ entscheiden sich dabei die vornehmlich komischen Figuren, für ›Komödie‹ die bizarren und pathetischen.[191] Während die universelle Komödie gerade den Apokalyptikern wie Strauch (*Frost*) und Konrad (*Das Kalkwerk*)[192] unmittelbare Gewißheit und Anlaß unermüdlichen Aufbegehrens ist, gilt den eher oberflächlichen Leichtgewichten unter Bernhards Figuren wie den Berühmten oder Moritz Meister (*Über allen Gipfeln ist Ruh'*) das Tragische als Universalkategorie. In offenkundiger Anspielung verkehrt die Großdichterkarikatur Moritz Meister eine bekannte These Friedrich Dürrenmatts[193] ins Gegenteil und behauptet: »Das Tragische habe ich so herausgearbeitet / daß es die Lust am Denken nicht verdirbt / Die Komödie entstehen lassen aus der Tragödie« (*ÜaG* 93). Bernhard liebt paradox anmutende Begriffsdefinitionen, die auf dem dialektischen Zusammenhang von Gegenbegriffen aufbauen[194] oder auf der Dissoziation von Begriffen.[195] So bestimmt er auch das Komische mit Kennzeichen, die gemeinhin eher dem Tragischen oder Entsetzlichen zugeordnet wür-

---

[190] Vgl. zum Beispiel die Meinungsverschiedenheiten zwischen Schriftsteller und General in *Die Jagdgesellschaft* darüber, ob es sich bei der Dramatisierung der Lebensumstände des Generals um eine Tragödie, eine Komödie oder um eine Operette handele. Vgl. auch den vom Fürsten Saurau referierten Disput, ob er sich mit dem Vater über das Schauspiel oder über das Hochwasser unterhalten habe (*V* 105-107).

[191] Dazu einige Beispiele: In dem düster allegorisierenden Stück *Die Jagdgesellschaft* dominieren die Begriffe ›Komödie‹ und ›Operette‹; auch der Mann in Frauenkleidern aus der Erzählung *Ist es eine Komödie? Ist es eine Tragödie?*, ein mutmaßlicher Gattenmörder, entscheidet sich für ›Komödie‹ (*P* 48). Der Weltverbesserer hingegen, eine Figur mit humoristischer Distanz zu alltäglichen Widrigkeiten, hält das Ganze für eine tatsächliche Tragödie (*Wv* 12).

[192] »Der Versuch der Jahrtausende, die Komödie zu einer Tragödie zu machen, hat naturgemäß scheitern müssen« (*Kw* 69f.).

[193] »Wir können das Tragische aus der Komödie heraus erzielen, hervorbringen als einen schrecklichen Moment, als einen sich öffnenden Abgrund« (Dürrenmatt, *Theaterprobleme* 63).

[194] Bereits H. Gamper zeigt, daß Komödie und Tragödie bei Bernhard »vertauschbare Begriffe« (*TB* 160) sind, und verweist auf eine in diesem Sinne dialektische Bemerkung des Fürsten aus *Verstörung*: »Das komische oder das lustige Element an den Menschen kommt in ihrer Qual am anschaulichsten zum Vorschein, wie das der Qual in ihren komischen, lustigen usf.« (*V* 169).

[195] Zum Beispiel: »›Das Lächerliche an den Menschen, lieber Doktor‹, sagte der Fürst, ›ist tatsächlich *ihre totale Unfähigkeit, lächerlich zu sein*. Ich habe noch nie einen lächerlichen Menschen gesehen, obwohl an den meisten Menschen, die ich sehe, alles lächerlich *ist*‹« (*V* 174). »Lächerlich ist ja auch, daß ich das Lächerliche konstatiere« (*V* 151).

den. Peter von Becker berichtet aus einem Gespräch mit dem Autor: »Bernhard sagte
auf einmal den schönen Satz: ›Komik ist immer ernst, bis sich der Komiker um-
bringt.‹«[196] Und der Theatermacher Bruscon sagt in Anbetracht seiner Vision einer
verpatzten pathetischen Szene: »Unweigerlich würden die Zuschauer / in Gelächter
ausbrechen / das aber wäre das Ende meiner Komödie« (*Tm* 25f.). Bernhard knüpft,
wenn er das lebensweltlich Komische, das »Scherzmaterial«, als Mangel und Gebrechen auffaßt, zunächst an konventionelle Begriffsbestimmungen an:

> »Das Scherzmaterial ist ja immer da, wo's nötig ist, wo ein Mangel ist, irgendeine geistige oder
> körperliche Verkrüppelung. Über einen Spaßmacher, der völlig normal ist, lacht ja kein
> Mensch, sondern der muß hinken oder einäugig sein [usw....]: darüber lachen die Leut' – im-
> mer über Mängel und fürchterliche Gebrechen.«                    (*Monologe* 184)

Geistige Mängel und körperliche Defekte können komisch wirken, weil sie zum Beispiel das gemeinhin verdrängte ›Mechanische‹[197] des Lebens erkennbar werden lassen. Bernhard übertreibt dabei aber so, daß der Geltungsbereich dieser Definitionen
überschritten wird: Er spricht nicht bloß von Gebrechen, sondern von »fürchter-
liche[n] Gebrechen« und »Verkrüppelung«. Als komisch gilt aber gemeinhin nur der
schmerzfreie Mangel.[198] Bernhard definiert das Komische also paradox anhand von
Phänomenen des Leidens.[199] Das Lächerliche entspringt dem Bewußtsein von unver-
meidlicher körperlicher Hinfälligkeit und Sterblichkeit: »es ist alles lächerlich, wenn
man an den Tod denkt« (*Rede* 7); »Die Menschen sind nichts anderes als eine in die
Milliarden gehende ungeheure auf die fünf Kontinente verteilte Sterbensgemeinschaft.
Komödie!« (*V* 136). Insbesondere in seinen frühen Texten läßt Bernhard stereotyp im
Angesicht des Todes lachen.[200] Das Lachen, das Bernhards Komik auslöst, ist kein
befreiendes, wie es konventionelle Definitionen des Lachens verstehen.[201]

Für Bernhard sind die Attribute des Komischen und Tragischen bzw. Ernsten vertauschbar.[202] Dieser »Etikettenschwindel«[203] ist keine inhaltlich beliebige Begriffs-
spielerei und auch nicht nur eine weitere unter den zahlreichen paradoxen Definitionen und Begriffsvertauschungen Bernhards. Der Umstand, daß ein Ereignis in bei-

---

[196] Vgl. Becker, *Bei Bernhard*. Bernhard spielt mit dieser Bemerkung auf die Geschichte
»Ernst« aus dem Band *Der Stimmenimitator* an.
[197] Vgl. Bergson, *Lachen* 28 passim; Plessner, *Lachen* 292.
[198] Vgl. Aristoteles, *Poetik*, Kap. 5; Kierkegaard, *UN II* 223f.
[199] Zum Beispiel: »Es sind Leute, die ihre Qual auf die Straße tragen und dadurch die Welt zu
einer Komödie machen, die natürlich zum Lachen ist. In dieser Komödie leiden alle an Ge-
schwüren, geistiger, körperlicher Natur, haben ein *Vergnügen* an ihrer Todeskrankheit [...]« (*V*
136).
[200] Vgl. beispielsweise den Schluß von *Ein Fest für Boris* sowie *Ungenach* 44; vgl. Barthofer,
*Vorliebe* 80.
[201] Z.B.: Vernichtung des Nichtigen und Normwidrigen, Bestätigung bzw. relativierende Bestätigung (J. Ritter, *Über das Lachen*) der Norm; befreiende Reaktion des Körpers angesichts eines für den Geist Inkommensurablen (Schopenhauer, *WWV I*, § 13; *WWV II*, Kapitel 8;
H. Plessner, *Lachen und Weinen*).
[202] Vgl. Gamper, *TB* 160; Barthofer, *Vorliebe* 86.
[203] P. von Becker, *Die Unvernünftigen* 7.

derlei Weise zugleich wirken kann, verweist auf eine phänomenale Affinität von Tragischem und Komischem, die Thomas Bernhard ausspielt und die es zu klären gilt. Daß es sich beim Tragischen und Komischen um »wertende Kategorien« handelt, ist kein Argument gegen deren Vertauschbarkeit, wie Klingmann glaubt.[204] Die Vertauschbarkeit beruht gerade darauf, daß es sich um Wertungen handelt, die ein und dasselbe Phänomen vor komplementäre und gleichermaßen plausible Sinnhorizonte stellen.[205]

Schopenhauer bietet eine Überlegung an, mit der sich das perspektivische Oszillieren tragischer und komischer Momente erklären ließe. Mit Schopenhauers Unterscheidung von Komik im einzelnen und Tragik im Ganzen des Lebens (vgl. *WWV I* 442) lassen sich eine Fülle bernhardscher Szenen des Scheiterns beschreiben: Das singuläre Faktum, das die Differenz zwischen der Absicht des Protagonisten, seinem Leiden am Dasein zu entfliehen, und dem Mißlingen dieses Unterfangens deutlich macht, ist komisch. Das komische Faktum wird nach Schopenhauers Auffassung jedoch zu einem tragischen, wenn man es als Exempel des ganzen, nur aus fortwährendem Scheitern bestehenden Lebens versteht. Dieser Ansatz trifft einen interessanten Aspekt, ist aber nicht zureichend, um die partielle Identität des Tragischen und Komischen bei Bernhard zu erklären.[206] Erstens ist für Bernhard bereits das singuläre Faktum sowohl tragisch als auch komisch, zweitens sieht Schopenhauer einen zwingenden Zusammenhang zwischen dem metaphysisch begründeten, aus der zwangsläufigen Selbstentzweiung des Willens abgeleiteten Scheitern und dem Leiden des Individuums unter diesem Scheitern – eine Auffassung, die weder Bernhard noch Kierkegaard teilen. Darüber, daß der Ausweg fehlt, sind Thomas Bernhard, Kierkegaard und

---

[204] »Komödie und Tragödie sind *jedoch* [?] wertende Kategorien, die von den Gestalten Bernhards *beschreibend* [?] auf die Welt angewandt werden« (Klingmann, *Begriff* 82). Klingmann behauptet eine deutliche »begriffliche Unterscheidung« zwischen Komödie und Tragödie bei Bernhard (82), ohne den begrifflichen Unterschied explizieren zu können (vgl. 81f.). – In der Theorie des Komischen gilt seit langem als ausgemacht, daß Komisches wie Tragisches im subjektiv wertenden Akt konstituiert werden.

[205] Das Tragische stellt sich bei Bernhard auch nicht, wie Klingmann meint, ein, wenn die Sinnlosigkeit der Existenzkomödie durchschaut wird: »Wo die Sinnlosigkeit der Komödie unserer Existenz erkannt wird und sich der Standpunkt des Betrachters demzufolge ändert, tritt im Zeichensystem Bernhards der Begriff Tragödie an die Stelle von Komödie« (*Begriff* 81). Demgegenüber bleibt festzuhalten, daß das Tragische nicht durch Sinnentleerung des Komischen entsteht. Im Gegenteil setzen sowohl Komisches wie Tragisches die Annahme bestimmter Sinnhorizonte notwendig voraus. Beide repräsentieren nur entgegengesetzte Perspektiven. Auch die »Sinnlosigkeit der Komödie unserer Existenz« kann sowohl komisch als auch tragisch bewertet, aber auch gleichgültig hingenommen werden.

[206] Ohne diesen Gedanken weiter zu verfolgen, bemerkt B. Sorg ganz richtig: »Freilich ist Bernhard radikaler, indem er die dort [bei Schopenhauer] noch mögliche Aufspaltung für absurd erklärt« (*TB* 111). – Noch Lindenmayr hält den Verweis auf Schopenhauers Diktum für eine ausreichende Erklärung für die Oszillationen von Komischem und Tragischem bei Bernhard (*Totalität* 108). – Jurdzinski verweist hingegen treffend auf eine Stelle aus *Der Weltverbesserer*, in der die Vertauschbarkeit des Komischen und Tragischen der Episode selbst, aus dem »Detail« erwächst: »In jedem Detail / ist Krankheit / überall / in allem / Eine Komödie / haben wir geglaubt / aber es ist doch eine Tragödie« (*Wv* 12); vgl. Jurdzinski, *Leiden* 75f.; vgl. unten Fn. 216, S. 104.

Schopenhauer einer Meinung. Die Metaphysik des selbstentzweiten Willens reicht aber nicht hin, die Verzweiflung über diese Selbstentzweiung zu begründen. Dies ist die entscheidende Pointe der dreigliedrigen Struktur des Selbst, wie sie Kierkegaard in *Die Krankheit zum Tode* entfaltet; Kierkegaard stellt den inkommensurablen existenzdialektischen Komponenten (Endlichkeit-Unendlichkeit, Möglichkeit-Notwendigkeit) das tentative Verhalten zu dieser Inkommensurabilität als Drittes gegenüber. Dies ist zugleich die entscheidende Pointe, wenn Bernhard seine Protagonisten ›schopenhauern‹ läßt: In der Verzweiflung, die vermeintlich zwangsläufig aus der Selbstentzweiung des Willens und aus der fortgesetzten Komödie unserer Existenz folgen soll, kommt in Wirklichkeit eine existierende Subjektivität zum Ausdruck, die an der Hervorbringung ihrer Verzweiflung aktiv beteiligt ist. Schopenhauers Auffassung einer fortgesetzten Komödie als Existenztragödie läßt sich überhaupt nur aus der Perspektive einer Subjektivität begründen, die sich einsam dem Dasein gegenüberstellt und ihr komisches Scheitern als narzißtische Blamage versteht, die dem Leben allen Sinn raube.[207] In stärkerem Maße als Schopenhauer entkoppelt Kierkegaard Faktum und Begegnungshorizont. Kierkegaard zufolge sind Komödie und Tragödie komplementäre Ansichten desselben Phänomens, nämlich eines Mißverhältnisses zwischen Endlichem und Unendlichem:

»Das dem Komischen und dem Pathetischen Zugrundeliegende ist das Mißverhältnis, der Widerspruch zwischen dem Unendlichen und dem Endlichen, dem Ewigen und dem Werdenden.«
*(UN I* 81f.)

Mit der Zurückführung des Komischen und Pathetischen, das hier mit dem Tragischen gleichzusetzen ist[208], auf einen Widerspruch ist auch Kierkegaards Auffassung durchaus traditionell. Allerdings setzt er den inhaltlichen Akzent auf den Widerspruch zwischen existenzdialektischen Kategorien wie Ewigem und Geschichtlichem[209], während zum Beispiel Schopenhauer eher erkenntnistheoretisch argumentiert, indem er den Konflikt zwischen Anschauung und Begriff hervorhebt. Das Besondere an Kierkegaards Ansatz ist aber die Radikalität, mit der er hinsichtlich der Unterscheidung von Komischem und Tragischem bzw. Pathos vom Inhalt des Widerspruchs abstra-

---

[207] Barthofer erklärt Bernhards »leitmotivische Aufhebung konventioneller gattungspoetischer Kategorien« aus einer Theatralisierung von »Geschichte und Tradition« zum »erstarrten Maskenwahnsinn« (*Vorliebe* 86). Diese Erklärung übernimmt jedoch unkritisch Figurenperspektive, was sich erstens an der Vermischung von Gattungsbegriffen mit alltagshermeneutischen Termini zeigt; zweitens ist die Übermacht von Geschichte und Tradition von sich aus weder komisch noch tragisch. Schließlich ist es ein schlichtes Faktum, daß wir (im Sinne des ›Man‹ und ›MitSeins‹ Heideggers) »zunächst und zumeist« das Bestehende unhinterfragt voraussetzen und voraussetzen müssen. Es muß hier eine wertende Subjektivität hinzugedacht werden, die, was keineswegs selbstverständlich ist, die Übermacht des Bestehenden als Verhinderung sinnvollen und authentischen Lebens begreift.
[208] Zur weitgehenden Bedeutungsgleichheit von Tragik und Pathos bei Kierkegaard vgl. Theunissen, *Ernst* 17f.
[209] Vor Kierkegaard ansatzweise schon bei Jean Paul, auf den sich Kierkegaard wiederholt bezieht; vgl. *Vorschule*, §§ 26ff., 102-134.

hiert.[209a] Kierkegaards Bestimmung des Verhältnisses von Tragischem und Komischem ist formal und kommt weitgehend »ohne inhaltliche Bestimmungen«[210] aus. Komisches und Tragisches versteht er als Perspektiven auf »dasselbe Mißverhältnis« (*UN I* 82), als komplementäre Haltungen. Der Unterschied ist keiner der Sache, sondern der Blickrichtung:

»Der Unterschied zwischen dem Tragischen und dem Komischen liegt im Verhältnis des Widerspruchs zur Idee.« Das Komische hat den Ausweg im Sinn. Die tragische Auffassung »verzweifelt über den Ausweg.« *(UN II* 225f.)
»Die Auffassung des Mißverhältnisses ist Pathos [=Tragik], wenn man es auf die Idee hin sieht, und die Auffassung ist Komik, wenn man es mit der Idee im Rücken sieht.« *(UN I* 82)[211]
»Das Tragische und das Komische sind dasselbe, insoweit beide den Widerspruch bezeichnen, aber *das Tragische ist der leidende Widerspruch, das Komische der schmerzlose Widerspruch.* Daß [das], was die komische Auffassung komisch sieht, der komischen Figur eingebildetes Leiden verursachen kann, tut nichts zur Sache.« *(UN II* 223f.)

Diese Begriffsbestimmung beruht zwar auf der traditionellen Unterscheidung von leidendem und schmerzlosem Widerspruch[212], betont dabei aber den Aspekt aktiven Sich-zu-sich-Verhaltens. Komisches und Tragisches sind vertauschbar, weil sie komplementäre Verhaltungen zu demselben Widerspruch darstellen; es gibt keine verbindlichen Gründe für die Bevorzugung der einen oder anderen Perspektive. Der Lachende arrangiert sich mit der verlachten Sinnwidrigkeit, indem er sie aus der Perspektive der Idee als bloß endliches Scheitern hinter sich läßt; der Tragiker betrachtet den Widerspruch und seine Folgen hingegen als Entwertung des Lebens. Beide Einstellungen können jederzeit ineinander umkippen, etwa durch Stimmungswechsel[213], aber auch durch Reflexion, zum Beispiel wenn das Lachen als zwanghafte Abwehrreaktion gedeutet oder dargestellt wird oder wenn die Verzweiflung des Tragikers als verdrehte, trotzige Form der Selbst-Konstitution erscheint. Komische und pathetische Einstellung sind unmittelbare Reaktionen, setzen jedoch mit dem Widerspruch zu ei-

---

[209a] Die Referenten der Arbeitsgruppe »Poetik und Hermeneutik VII« zum Thema des Komischen bemühen sich um eine vergleichbare Abstraktionsleistung, um das Komische als Weise einer Welt*begegnung* darstellen zu können; vgl. bes. die Beiträge von Karlheinz Stierle und Rainer Warning in *Das Komische.* Keiner der Beiträge enthält aber Hinweise auf den Ansatz Kierkegaards. Unter den jüngeren Arbeiten zum Thema scheint mir Peter Szondis »Versuch über das Tragische« die einzige zu sein, die die theoretischen Leistungen Kierkegaards wahrnimmt.
[210] P. Szondi, *Versuch* 185. Der konkrete Inhalt des einander Widersprechenden ist selbstverständlich nicht gleichgültig. Eingebildete oder folgenlose Widersprüche können niemals tragisch wirken, sondern nur lächerlich, da man sie nur von Seiten der Idee, d.h. mit dem beschrittenen Ausweg im Sinn betrachten kann.
[211] »Wenn der subjektiv existierende Denker das Gesicht der Idee zuwendet, ist die Auffassung des Mißverhältnisses pathetisch; wenn er der Idee den Rücken wendet und diese von hinten in dasselbe Mißverhältnis hineinleuchten läßt, faßt er es komisch auf« (*UN I* 82).
[212] Vgl. Aristoteles, *Poetik* Kap. 5: »Das Lächerliche ist nämlich ein mit Häßlichkeit verbundener Fehler, der indes keinen Schmerz und kein Verderben verursacht« (17).
[213] K.S. Guthke bezieht diese Möglichkeit des tragikomischen Umschlags, wie er etwa bei Schnitzler zur Geltung komme, auf das Menschenbild des Impressionismus zurück: »Das Menschenbild, das den Impressionisten die tragikomische Gestaltung nahelegte, wurde als der Verlust des Ichs umschrieben: der Mensch ist keine Person mit einem im wesentlichen unverän-

ner Idee, an dem sie sich entzünden, diese Idee immer schon voraus. Die implizite Sinndimension von Lachen oder Leiden, etwa die Annahme der Vermeidbarkeit oder Notwendigkeit des Ereignisses, kann durch Reflexion negiert werden, wodurch das Tragische komisch und das Komische tragisch erscheint. Indem Thomas Bernhard die partielle Identität des Tragischen und Komischen als Kipp-Phänomen im praktischen Sich-zu-sich-Verhalten aufspürt, gelangt er zu einer maximalen Verdichtung beider Einstellungen, wie sie die moderne, »synthetische« Tragikomödie überhaupt anstrebt.[214] Tendentiell lassen sich beide nicht mehr am Ereignis auseinanderdividieren (beispielsweise in komische Selbsttäuschung mit tragischen Folgen), sondern alles Komische hat selbst tragische Momente im Kontext des Verhaltens zum eigenen Existieren und umgekehrt. Diese an Kierkegaards Theorie und Bernhards Praxis entwikkelte Bestimmung des Verhältnisses von Tragischem und Komischem ist die einzig sinnvolle Interpretation der These ihrer Identität, die die Theoretiker und Praktiker der modernen Tragikomödie unermüdlich wiederholt haben. Versteht man die Identitätsthese buchstäblich, so ist sie sinnwidrig. Dies erkennt man schon daran, daß ihre Verfechter im unmittelbaren Kontext der Identitätsbeteuerungen die Differenz beider Phänomene implizit oder explizit voraussetzen.[215] Die Identitätsthese besagt mithin nichts weiter, als daß – je nach dem Grad an Gleichgültigkeit oder Nihilismus eines Autors oder Rezipienten – alles und jedes in sowohl komischer als auch tragischer Einstellung erfahren werden kann.

Auch in ihrer nunmehr modifizierten Form korrespondiert die traditionelle Unterscheidung zwischen leidendem und schmerzlosem Widerspruch mit dem Unterschied von Innen- und Außenperspektive. Allein der Handelnde kann sein Zurückbleiben hinter idealen Orientierungen pathetisch als tragisches Scheitern empfinden; nur die Innerlichkeit verspürt psychischen und physischen Schmerz. Aus Sicht der Idee – und das heißt: ohne Identifikation von außen betrachtet – wirkt das Scheitern hingegen

---

lichen Kern mehr, sondern ein Konglomerat von ständig wechselnden Sinneswahrnehmungen, Impressionen« (*Tragikomödie* 115). Diesem Menschenbild entspreche die Verschmelzung gegensätzlicher Gefühle in der modernen Tragikomödie. Eine Beeinflussung Bernhards durch Schnitzlers und auch Čechovs dramatische Gestaltung nicht-identischer, Stimmungen unterworfener Figuren ist wahrscheinlich; Reflexionen über die Auflösung eines konsistenten Ichs hat Bernhard jedoch schon bei Pascal, Montaigne und Kierkegaard gefunden.

[214] Im Unterschied zum »additiven« Typus der Tragikomödie, der komische und tragische Momente lediglich gemeinsam auftreten läßt, versucht die synthetische Variante eine Vereinigung beider Momente zwecks wechselseitiger Verstärkung. In der modernen Tragikomödie geht diese Tendenz bis hin zur Behauptung der Identität des Tragischen und Komischen; vgl. Guthke, *Tragikomödie* 31ff., 65f., 85ff. – Auch Friedrich Dürrenmatt bestimmt das Verhältnis von Komischem und Tragischem existenzdialektisch: Verzweiflung über das Absurde ist »nicht eine Folge dieser Welt, sondern eine Antwort, die man auf diese Welt gibt, und eine andere Antwort wäre das Nichtverzweifeln«; *Theaterprobleme* 63.

[215] Hierzu zwei prägnante Beispiele. Eine vielzitierte Äußerung Ionescos lautet: »Ich für meinen Teil habe nie den Unterschied zwischen Komik und Tragik begriffen« (*Argumente* 22). Unmittelbar anschließend an dieses Bekenntnis fährt Ionesco just mit der Erörterung ihrer Unterschiede fort: »Das Komische vermittelt eine Ahnung vom Absurden. Es scheint mir hoffnungsloser als das Tragische. Das Komische ist ausweglos« (ebd.). – Guthke beschreibt mit Lessing den idealtypischen Rezipienten des Tragikomischen so, daß dieser der Darbietung mit einem weinenden und einem lachenden Auge beiwohne (*Tragikomödie* 51). Niemand aber wird be-

komisch.[216] In diesem Sinne heißt es in *Der Ignorant und der Wahnsinnige*:

DOKTOR
    für die Außenwelt
    ist eine Komödie
    was in Wirklichkeit
    eine Tragödie ist
    geehrter Herr                                                          (*IW* 40)

Die entscheidende Frage wäre die, ob der gegebenenfalls empfundene Schmerz der betreffenden Figur »eingebildetes Leiden« (*UN II* 224) ist oder nicht. Die zitierte Formulierung des Doktors trifft den Gegensatz zwischen dem leidenden Selbstempfinden des Vaters und seiner vorwiegend grotesk-komischen Funktion im Stück. Mit dieser Entgegensetzung von Innen- und Außenwelt lassen es aber weder Bernhard noch Kierkegaard bewenden. Kierkegaard fordert vom ›subjektiv existierenden Denker‹, daß er »bifrontisch« (*UN I* 82) zu Komik und Pathos sich verhalte. Im Unterschied zu Schopenhauer, der als Konsequenz aus der (tragischen) Selbstentzweiung des Willens die Willensverneinung empfiehlt, trennt Kierkegaard, wie Peter Szondi treffend hervorhebt,

»das Erlösungsmoment vom Tragischen und bereitet damit dessen von aller metaphysischen Sinngebung befreite Analyse vor. Für ihn [Kierkegaard] selbst heißt dies, daß das Tragische nur ein Vorläufiges sein kann.«                                          (Szondi, *Versuch* 186)
»Für Kierkegaard [...] ist die Auswegslosigkeit des tragischen Widerspruchs nicht in der Realität, sondern bloß in der *Auffassung* des Menschen beheimatet, der so die Möglichkeit hat, wenn auch nicht den Ausweg zu erzwingen, so doch den Widerspruch in einer höheren Sicht aufzuheben, der es nicht um den Ausweg geht.«                                  (ebd.)

Diese höhere Sicht, der es nicht um den Ausweg geht, eröffnen das Komische, vor allem aber Ironie und Humor.[217] Der Humorist versöhnt sich mit dem Schmerz, »von dem die Verzweiflung abstrahieren will, obwohl sie keinen Ausweg weiß« (Szondi 187). Diese Möglichkeit der Aufhebung ist bereits angelegt in der Forderung, »bifrontisch« zu existieren, also genauso viel Pathos wie Komik zu haben. »Das Pathos, das nicht durch Komik gesichert ist, ist eine Illusion; die Komik, die nicht durch

---

haupten wollen, daß Weinen und Lachen identisch, d.h. dasselbe seien, ob sie nun gleichzeitig stattfinden oder nicht. Identisch kann nur das Objekt komischer oder tragischer Einstellung sein.

[216] Jurdzinskis Interpretation dieser im folgenden zitierten Stelle überzeugt nicht. Um die behauptete Schopenhauer-Parallele zu retten, identifiziert Jurdzinski ohne einsichtigen Grund »Innenwelt« mit Willensverneinung und der Erkenntnis der Allgemeinheit des Leidens; in der »Außenwelt« erkennt er »die große Masse derjenigen, die den Willen uneingeschränkt bejahen« (*Leiden* 76f.).

[217] Vgl. *UN II* 233 passim; vgl. Szondi, *Versuch* 209. Karlheinz Stierle hat zutreffend bemerkt, daß J. Ritters Definition des Komischen, die ein Modell »komischer Positivierung von Negativität« enthält (Warning in *Das Komische* 325), bereits das Komische in Richtung auf den Humor übersteige. Ritters Modell »insinuiert« eine Struktur, »die allererst im Medium des Humors zum Tragen kommt, als einer Einstellung zum Komischen, die dem Komischen sich nicht mehr einfach im Lachen hingibt, sondern ihm mit Bewußtsein als ›Antwort‹ begegnet« (*Das Komische* 374).

Pathos gesichert ist, ist Unreife.«[218] Diese von Kierkegaard geforderte humoristische Gleichzeitigkeit geht deutlich über Schopenhauers Auffassung hinaus. Diese Art doppeltreflektierten Humors meint auch Thomas Bernhard, wenn er von dem »höheren Witz« (*Keller* 156) spricht, der hinter dem für seine Texte charakteristischen Oszillieren komischer und tragischer Aspekte steht. Die Schriftstellerfiguren in Bernhards Theaterstücken haben ein solches doppeltreflektiertes Selbstbewußtsein, das den Unterschied zwischen Komischem und Tragischem tendenziell aufhebt:

> »Man kann in Verzweiflung, sage ich, gleich, wo man ist, gleich, wo man sich aufhalten muß in dieser Welt, von einem Augenblick auf den anderen aus der Tragödie (in der man ist) in das Lustspiel eintreten (in dem man ist), umgekehrt jederzeit aus dem Lustspiel (in dem man ist) in die Tragödie (in der man ist). [...] Eines Tages bin ich alles auf einmal, denke ich, und dadurch in einem Augenblick alles.« (*W* 87)

In den Theaterstücken Thomas Bernhards sind es Figuren wie der Doktor (*IW*) oder die Schriftsteller (*Jg, AZ*), denen es gelingt, bifrontisch in Bezug auf das Komische und das Tragische zu existieren. Sie – und nicht, wie G. vom Hofe und P. Pfaff meinen, Apokalyptiker wie Caribaldi[219] – sind Humoristen im Sinne Kierkegaards. Diese humoristische Doppelexistenz beansprucht auch Bernhard für sich selbst:

> »Ich darf nicht leugnen, daß ich auch immer zwei Existenzen geführt habe, eine, die der Wahrheit am nächsten kommt und die als Wirklichkeit zu bezeichnen ich tatsächlich ein Recht habe, und eine gespielte, beide zusammen haben mit der Zeit eine mich am Leben haltende Existenz ergeben, wechselweise ist einmal die eine, einmal die andere beherrschend, aber ich existiere wohlgemerkt beide immer. Bis heute.« (*Keller* 153f.)

Die Theatralisierung und Komisierung von Leidenserfahrung ist bei Bernhard wie bei Kierkegaard ein Mittel, sich dem Bannkreis eigener Verzweiflung zu entwinden, ohne die gemachten Erfahrungen darum zu verleugnen. Thomas Bernhard hat diese Distanzierung unter anderem in der kurzen autobiographischen Prosa »Unsterblichkeit ist unmöglich« beschrieben: »Das Wort ›Tragödie‹ ist eines Tages so hohl, daß ich plötzlich, sechsjährig, darüber lachen muß. ›Es tut weh, es tut *nicht* weh‹, in diesem Bankerottspiel erlerne ich das Seiltanzen auf der menschlichen Ebene.«[220] Im Hin-

---

[218] *UN I* 80. Menschsein bedeute, Empfänglichkeit für das Komische zu besitzen (*UN II* 4f.). »Das Komische ist immer ein Merkmal der Reife« (*UN I* 276). »Kraft im Komischen betrachte ich als eine unentbehrliche Legitimation für jeden, der in unserer Zeit in der Welt des Geistes für bevollmächtigt angesehen werden will« (ebd.).

[219] G. vom Hofe und P. Pfaff kennzeichnen den Maler Strauch (*Frost*), der als Prototyp der Apokalyptikergestalten in Bernhards Erzählprosa und Theaterstücken gelten kann, als Humoristen im Sinne Kierkegaards (*Provokation* 33). Strauch vollzieht aber die entscheidende Distanzierung vom eigenen Leiden, die nach Kierkegaard typisch für den Humoristen ist, nicht mit. Strauch lebt in einer Art »Schocktherapie« (*F* 298), seine existentielle Haltung nicht bewußt reflektierend. Er entspricht dem Typus des trotzig-dämonisch gegen sein Schicksal Aufbegehrenden (vgl. Kierkegaard, *KzT* 73 passim). Im Gegensatz zum trotzig Verschlossenen erfaßt der Humorist das Wesentliche des Leidens, bestreitet dann aber dessen Relevanz und flieht in den Scherz; vgl. *UN II* 155–160.

[220] *Unsterblichkeit* 96. Die Datierung des Reflexionsprozesses auf ein Alter von sechs Jahren ist eine humoristische Selbstinszenierung zum frühreifen Jung-Philosophen.

blick auf die Unterscheidung zwischen schmerzlosem und leidendem Widerspruch ist
diese Frage nach den eigenen Schmerzen gleichbedeutend mit der nach dem Komischen oder Tragischen. Die ironische und humoristische Perspektive auf das exemplarische Leiden seiner Figuren ist mehr als bloße »Dissimulation«[221], kein Verbergen
vorhandener Krankheitssymptome, sondern Entmystifikation vergangener Zustände
und narzißtisch verzweifelter Stimmungen, wie sie vor allem Bernhards frühe Lyrik
bestimmt haben. Das Ernstnehmen der eigenen Existenz, und nicht ein Bedürfnis
nach Selbstverbergung, stehen hinter der ironisch-humoristischen, Komik und Pathos
umfassenden Doppelexistenz. »Wie gut, daß wir immer eine ironische Betrachtungsweise gehabt haben, so ernst uns immer alles gewesen ist. Wir, das bin ich«
(*Keller* 158). Als Verhaltensweisen verbleiben Humor und Ironie aber dennoch innerhalb des existenzdialektischen Reflexionsrahmens, d.h. es besteht stets die Möglichkeit, daß sie nicht überlegene Positionen markieren, sondern lediglich vom Druck der
Verhältnisse aufgezwungene Selbstschutzmechanismen darstellen: »Das Ironische,
das die Unerträglichkeit abschwächt« (*V* 101).

## Humor als Existenzweise bei Kierkegaard und Bernhard

Die Haltung, die Komisches und Tragisches in existierender Einheit festzuhalten vermag, ist bei Thomas Bernhard wie bei Søren Kierkegaard die des Humoristen. Entscheidend an Bernhards und Kierkegaards Verständnis von Ironie und Humor ist, daß
sie sie als ernsthafte Weisen zu existieren begreifen und nicht als jedermann verfüg-
bare Mittel von Rhetorik und Darstellung.[222] So ist auch das »Gleichgewicht«, das
der Ironiker zwischen Verinnerlichung und Selbstdistanz herstellt, »Existenzkunst«.[223]

---

[221] Vgl. G. P. Knapp /F. Tasche, *Dissimulation.*

[222] Die wenigen Interpreten, die Bernhards Humor nicht nur konstatiert, sondern ausführlicher
untersucht haben, verkennen diese im folgenden erläuterte Bindung des Humors an den Ernst;
vgl. u.a. M. Jurgensen, *Kegel* 156 passim; J. König, *Totenmaskenball* 192ff. König bezeichnet
1983 Bernhards Humor zwar zu Recht als Desiderat der Forschung, vermag die Lücke selber
aber nicht zu füllen. Zum einen identifiziert er Humor weitgehend mit Lachen, Lächerlichkeit,
Komik und schwarzem Humor; zum anderen begreift er diese im weitesten Sinne komischen
Phänomene als Zurücknahme des Ernstes. Das hat jedoch die Konsequenz, daß damit der Ernst
seinerseits unplausibel wird, denn König begründet seine Interpretation mit einer Paraphrase
von Bernhards Diktum, »es ist alles lächerlich, wenn man an den *Tod* denkt.« Ob und wie diese
Begründung dem konstatierten Ernst Bernhards noch Raum zu lassen vermag, erläutert König
nicht; vgl. die Rezension von B. Hannemann in *MAL* 19 (1986) H.1, 126f. Gute Ansätze finden
sich hingegen bei Seel, *Beziehungen.* – Søren Kierkegaard stützt sich, teilweise mit wörtlichen
Anleihen, auf Jean Pauls Theorie des Humors. Zentrale Bestimmungen des Humors wie der
Zusammenhang mit der Idee der Freiheit und der Unendlichkeit als Komponente von Subjektivität sowie die Zurückweisung unberechtigter Komik und der »After-Humoristen« finden sich
auch in Jean Pauls *Vorschule der Ästhetik.* Erst Kierkegaard verleiht diesen Kategorien aber
präzise existenzdialektische Bestimmungen.

[223] Der Ironiker muß »existierender Ironiker« sein und kein Philister, der sich der Ironie als
bloßer Redeweise bedient. Nur in einer jeweils höheren Existenzsphäre fundierte Komik ist
»berechtigte Komik« wie die des Ironikers gegenüber der Unmittelbarkeit (vgl. *UN II* 230ff., *SS*
59-65).

Diese Haltung ist existenzdialektisch bestimmt als Verhalten zur Idee der eigenen Freiheit. Das Phänomen des Komischen setzt diese Idee implizit insofern voraus, als es an der Anschauung einer »Fremdbestimmtheit« (Stierle) entsteht. Kierkegaard bestimmt Komik und Scherz als »das einzig konsequente Verhalten [...] zu dem, was ›nicht die Freiheit ist‹.«[224] Dieses Andere zur Freiheit umfaßt die Determiniertheit des Wollens und das Verfehlen der eigenen Möglichkeit ebenso wie das ›endliche‹ Resultat des eigenen Handelns. Insbesondere durch Selbst-Komisierung vermag es der Humorist nach Kierkegaard, das eigene Pathos gegenüber der Gefahr, lächerlich zu werden, zu immunisieren. Das Ergebnis dieses Tests der Lächerlichkeit ist ein reflektiertes Pathos, das sich nicht mehr in unreflektierter Unmittelbarkeit an der Endlichkeit entzündet (aaO. 69f.). Das Komische, das der wahre Ernst selbst hervorbringt, dient in der Einheit des Komischen und Tragischen »als eine dem Außen zugewandte Maske, als ein ›Betrug‹, der die Seele ›pathetisch halten‹ und verhüten soll, daß sie dieses Pathos etwas Äußerem verdankt« (aaO. 70). Denn der Ernst, der sich einer Äußerlichkeit verdankt und das Endliche ernst nimmt, ist selber komisch.

Die humoristische Einheit des Komischen und Tragischen steht bei Kierkegaard, wie M. Theunissen gezeigt hat[225], im Dienste einer Haltung des ›wahren Ernstes‹. Das Pathos des wahren Ernstes entspringt religiöser Leidenschaft. Solch religiöse Leidenschaft ist in Bernhards Werk höchstens indirekt zu finden. Es gibt keine expliziten positiven Stellungnahmen zur Religion, aber die Fragen, die Bernhard und seine Figuren notorisch verhandeln, stammen aus dem klassischen Zuständigkeitsbereich der Religionen; es sind ›letzte Fragen‹. Das ist aber für die Erscheinungsweise des Humoristen im Sinne Kierkegaards von untergeordneter Bedeutung, denn der wahre, religiöse Ernst kann sich nur in Gestalt des Humoristen zum Ausdruck bringen und beiden geht es um die Verabschiedung von Unmittelbarkeit. Der wahre Ernst kann nicht unmittelbar in Erscheinung treten; er muß sich verbergen, damit der Zuhörer nicht »durch Nachäffung«, sondern »durch sich selbst« ernst werde.[226] Der wahre Ernst »ist *nur der dialektische Ernst*, der den Scherz in sich begreift« (Theunissen 84). Das Dialektische besteht darin, »daß sich der Mitteilende selbst entgegenarbeiten muß‹« (85). In Gestalt von Humor und Ironie[227] erscheint der wahre Ernst »als die Einheit von Scherz und einfachem Ernst oder von Komischem und Tragischem« (71); er liegt

---

[224] Theunissen, *Ernst* 59.
[225] Theunissen, *Ernst* bes. 52-92. Vgl. insbesondere Kierkegaard, *Begriff Angst* 152ff.
[226] Zit. nach Theunissen, *Ernst* 82. In *Der Begriff Angst* bestimmt Kierkegaard den Ernst als »die erworbene Ursprünglichkeit des Gemüts« und als »dessen bewahrte Ursprünglichkeit in der Verantwortlichkeit der Freiheit« (*BA* 154).
[227] In der Stadienlehre unterscheidet Kierkegaard zwischen Ironie und Humor. Ironie ist dasjenige Grenzgebiet zwischen Ästhetiker und Ethiker, Humor das zwischen Ethiker und Religiösem. Der Ethiker setzt »das Komische zwischen sich und die Welt, und sichert sich auf diese Weise davor, daß er selbst komisch wird durch ein naives Mißverständnis seiner ethischen Leidenschaft« (*UN I* 214). Der Ethiker tritt inkognito als Ironiker auf. Analog ist der Humor das Inkognito des Religiösen (*UN II* 213, 218). Die Unterscheidung zwischen Ironie und Humor wird im Hinblick auf den Ernst aber »unbedeutend«, wie Theunissen nicht nur systematisch, sondern auch anhand des gewandelten Verständnisses des Ironie-Begriffs bei Kierkegaard zeigt (Theunissen, *Ernst* 71).

selbst aber »bei dieser Mitteilung an einem anderen Ort« (79). Der Humor ist das ›Inkognito‹ des Religiösen (*UN II* 218). Der tatsächliche Humorist hingegen, der im Unterschied zum Religiösen den Sprung in den Glauben nicht vollzieht, vermag die Einheit des Komischen und Tragischen nur als »Gleichgewicht«[228] zu fassen, d.h. nur vom ironisch-humoristischen Standpunkt einer negativen Einheit des Nichts[229] aus. Der Unterschied zwischen dem Humoristen und dem Religiösen ist wesentlich einer der Innerlichkeit; beide gleichen sich jedoch in ihrem (literarischen) Auftreten.

Der Humor ist »das letzte Stadium in Existenzinnerlichkeit vor dem Glauben« (*UN I* 287). »Da ein existierender Humorist die am nächsten kommende Approximation an den Religiösen ist«, hat er von seinem Leiden »eine wesentliche Vorstellung«. »Der Humorist begreift das Tiefsinnige, aber in demselben Augenblick fällt ihm ein, daß es wohl nicht der Mühe wert ist, sich darauf einzulassen, es erklären zu wollen«; »aber an diesem Punkt macht dann der Humorist die betrügerische Wendung und widerruft das Leiden in der Form des Scherzes«. »Er rührt im Schmerz das Geheimnis der Existenz an, dann aber geht er wieder nach Hause« (*UN II* 156). Er begreife nur, daß das Leiden zum Existieren nicht zufällig, sondern notwendig hinzugehöre. Er tue nur scherzhaft so, als ließe sich das Leiden durch diese oder jene Maßnahme überwinden (156f.).

Humor als existentielle Einstellung erlangt zwar durch die Verbindung von Ernst und Selbstdistanz ein angemessenes Verständnis vergangener Geschehen: »Humor ist immer ein Zurücknehmen [...], ist die Perspektive nach rückwärts hin: das Christentum ist die Richtung nach vorn hin [...]« (*UN II* 316). Der Humorist bringt aber, da es ihm an religiöser Leidenschaft mangelt, nicht die nötigen Triebkräfte auf, um im positiven Sinne selbstbestimmt praktisch zu werden: »Der Humor nimmt vom Paradox nicht die leidende Seite mit, auch nicht die ethische Seite vom Glauben, sondern nur die ergötzliche« (*UN I* 287).

Der Humor in Kierkegaards und Bernhards doppeltreflektierter Schriftstellerei erwächst nicht allein aus dem existenzdialektischen Normkonflikt, sondern auch aus eingestandener Unwissenheit, aus Mangel an »Vollmacht« für die konkreten Lebensumstände anderer Menschen (*SS* 10 passim). Johannes Climacus, der pseudonyme Verfasser der *Unwissenschaftlichen Nachschrift*, bemerkt in diesem Sinne, er sei »nur ein humoristisch experimentierender Psycholog« (*UN II* 191). Er verallgemeinert nicht das in Selbstbeobachtung gewonnene existentielle Wissen, sondern versucht auf indirekte Weise, den anderen zu ähnlichen Erfahrungen anzuregen. In ebenso indirekter Weise zielt auch Thomas Bernhard auf eine tragikomische Katharsis, sowohl in seiner Erzählprosa als auch in seinen Stücken. Auch die Rolle, die Bernhard als Autor einnimmt, läßt sich treffend als die eines »humoristisch experimentierenden Psychologen« titulieren. In einer – ironischerweise »Verständigung mit dem Leser« genannten – Nachbemerkung (*UN II* 331-338) betont Climacus, weder Autorität noch

---

[228] Zit. nach Theunissen, *Ernst* 71.
[229] Zu dieser Argumentationsfigur, die Kierkegaard vor allem gegen die romantische Ironie wendet, vgl. vom Hofe, *Romantikkritik*; Theunissen, *Ernst*.

Meinung zu besitzen. Er selber sei ein »das Existieren Lernender«, der selber vergeblich nach einem Lehrmeister gesucht habe. Folglich könne er, »der wesentlich weder mehr noch weniger weiß, als was ungefähr jeder Mensch weiß« (337), niemanden belehren wollen. So ist es nur folgerichtig, wenn sich Kierkegaard und Bernhard ebenfalls humoristisch gegen jegliche Gefolgschaft verwahren. Climacus warnt davor, sich auf sein Buch zu berufen: »denn wer sich darauf beruft, hat es eo ipso mißverstanden. Autorität zu sein ist eine allzu beladene Existenz für einen Humoristen« (332). Der Himmel möge ihn bewahren »vor jeder anerkennenden Gewaltsamkeit, daß ein brüllender Parteigänger es [das Buch] anerkennend zitiert.« Keiner Partei könne mit einem »experimentierenden Humoristen, der keinerlei Meinung habe und äußere, gedient sein« (333). Wenn Kierkegaard und Bernhard bestreiten, eine Meinung geäußert zu haben, oder wenn sie auf den Rezipienten verweisen, der schließlich aus dem Text herauslese, was er herauslesen wolle, so steht dies freilich im Kontrast zur Zielgenauigkeit ihrer Scheltreden. Krasse Beispiele hierfür sind Thomas Bernhards Stellungnahmen in Sachen literarischer Ehrbeleidigung.[230] Wie diese Polemiken gehören auch die für Bernhards Stücke charakteristischen Ausfälle gegen Theater-, Kunst- und Kulturbetrieb in den Sinnzusammenhang der humoristischen Schreibhaltung, die dem Diktum Jean Pauls entspricht, der Humorist sei »sein eigener Hofnarr« (*Vorschule* 133).

In verwandter Weise dient auch in Thomas Bernhards Stücken der Humor der Gesamtkomposition dazu, auf Distanz zu Geschehen und Figuren zu gehen, philosophische und existentielle Bekenntnisse zu subjektivieren und in ihrer Bedeutung für die faktischen Lebensvollzüge zu relativieren.[231] Im Unterschied zu Schopenhauer ist für den Humoristen Thomas Bernhard auch das Leben als ganzes, wenn man es als fortgesetztes komisches Scheitern auffaßt, ebenso komisch wie tragisch.

Es gibt keinen Grund anzunehmen, daß Bernhard die metaphysischen Grundpositionen seiner philosophischen Gewährsleute für unzutreffend hielte. Er legt sie seinen Figuren jedoch als die immergleichen, einmal apodiktisch übertriebenen, ein ander-

---

[230] Im Rahmen der Beschlagnahme-Affäre um sein Buch *Holzfällen* zog sich Bernhard scheinheilig auf eine bequeme Variante von ›Rezeptionsästhetik‹ zurück und meinte: »Daß Herr Lampersberg Ähnlichkeiten mit sich in meinem Herrn Auersberger erblickt, ist möglich, aber jeder Leser erblickt Ähnlichkeiten mit sich selbst in dem von ihm Gelesenen. – In Zukunft können also alle, die irgendwelche Ähnlichkeiten mit sich in irgendwelchen Büchern finden, zu Gericht laufen« (»Bernhards Plädoyer«, in: *Frankfurter Allgemeine Zeitung* vom 15. November 1984). In diesem seltsamen »Plädoyer« voller lustvoll sinnwidriger Kritik an Staat und Justiz kommt Bernhard zu dem Schluß, daß Romanfigur und Kläger nichts miteinander zu tun hätten, um in demselben Atemzuge, in einem seiner infamen Relativsätze, zwei angebliche Merkmale Lampersbergs zu nennen, die jedoch in *Holzfällen* Merkmale des Auersberger sind: »Dieses Ehepaar Auersberger hat mit dem Kläger Lampersberg nichts zu tun. Herr Lampersberg, der früher Lampersberger geheißen hat und der in den letzten Jahrzehnten immer wieder, wie ich weiß, jedenfalls teilentmündigt gewesen ist, sieht in meinem Buch Ähnlichkeiten mit sich selbst. Das ist seine Sache« (ebd.).
[231] M. Seel sieht mit der Prosa Bernhards und Becketts »eine neue heroische Epoche dieser Schreibweise«, des literarischen Humors, anbrechen. Der spezifisch neue literarische Humor bestehe bei diesen beiden Autoren in der »Rollendistanz zur konstitutiven Rolle einer schreibend imaginierten Subjektivität« (Seel, *Beziehungen* 424).

mal trivialisierten Ladenhüter der Geistesgeschichte in den Mund, als das, was eigentlich jeder wissen muß und wissen kann, aus dem andererseits als bloß Gewußtem aber auch nichts folgt. Man kann nach Bernhards Credo weder die Existenz verändern noch die Welt verbessern. Aus diesem Grunde vertritt er auch die These von der Gleich-Wertigkeit aller Lebensentwürfe. In seinen Theaterstücken führt Thomas Bernhard Existenzmöglichkeiten vor, die zugleich spezifisch eigene wie allgemeine sind. Oft genug hat sich Bernhard in Interviews und autobiographischen Bemerkungen zu seiner multiplen, »synthetischen« (Novalis) Persönlichkeit bekannt: »Ich habe das Gefühl, daß ich und alle anderen mit allen verwandt sind. Daß auch ein Filbinger in mir ist wie in allen anderen. Daß auch der liebe Gott in einem ist und die Nachbarin und überhaupt alles, was lebt. Man könnte sich mit allen identifizieren. Das ist die Frage, wie weit unterdrückt man und beherrscht man alle diese Millionen oder Milliarden von Möglichkeiten von Menschen, die man in sich hat?« (*Spiegel-Interview* 178).[232]

## Humoristische Schreibhaltung und dramatische Tragikomik bei Thomas Bernhard

Humor ist im kierkegaardschen Sinne ein bestimmtes Verhalten zum Verhältnis von Freiheit als existentieller Möglichkeit einerseits und faktischer Realisierung andererseits. Der Humor begreift die Realisierung als notwendiges Scheitern, wodurch er die Idee gegenüber defizitärer Umsetzung immunisiert. In der Notwendigkeit des Scheiterns liegt der entscheidende Unterschied zur Satire, die als »ästhetisch sozialisierte Aggression«[233] praktische Verfehlungen anklagt und für die (adäquate) Umsetzung einer ethischen Norm wirbt. Die Perspektive des Humors ist demgegenüber universell, in Jean Pauls Worten: »Es gibt für ihn [den Humor] keine einzelne Torheit, keine Toren, sondern nur Torheit und eine tolle Welt«; das Innere des Humoristen bewegt »nicht die bürgerliche Torheit, sondern die menschliche, d.h. das Allgemeine« (*Vorschule* 125). Durch die Notwendigkeit des Scheiterns erscheint ideale Orientierung überhaupt tendenziell komisch. Einzelne humoristische Einstellungen variieren insbesondere im Grade dieser Rückwirkung auf die Besetzung von Idealen und Nor-

---

[232] Ähnlichlautende Äußerungen finden sich unter anderem in *Alte Meister* (100). In *Unsterblichkeit* schreibt Bernhard über die »Überraschung, daß ich soviele Charaktere bin, als sich denken lassen« (95). *In Interviews:* »Ich bin immer wieder selbst überrascht, wie viele Leben man als das eigene ansieht« (mit A. Müller); »Alle diese Menschen [»Bauern, Philosophen, Arbeiter, Schriftsteller, Genies und Schwachsinnige, mittelmäßige Kleinbürger und sogar Kriminelle«] existieren in mir und hören nicht auf, sich zu bekämpfen« (mit J.-L. de Rambures 106).
[233] Brummack, *Satire* 282. Zum Unterschied von Satire und Humor sowie zur historischen Ablösung der Satire durch den humoristischen Roman vgl. Hörhammer, *Formation des literarischen Humors.*

men. Thomas Bernhard, der seinen Humor nicht als religiöses Inkognito versteht, ist hier zweifellos radikaler als Kierkegaard. Er propagiert den Humor nicht als kognitiv oder ethisch überlegene Einstellung, wie es Kierkegaards Stadienschema nahelegt. An den Erzählfiguren seiner späten Prosa sowie an den Humoristen in seinen Theaterstücken demonstriert Thomas Bernhard, daß die psychische Dynamik des Humors einem narzißtischen Abwehrmechanismus entspricht, der eher vom Druck beschämender Verhältnisse aufgezwungen als in autonomer Entscheidung gewählt wird. Indem er sein notwendiges Scheitern zur Belanglosigkeit deklariert, triumphiert der Humorist narzißtisch über die widrige Realität: das Scheitern kann den hochgradig besetzten Idealen nichts anhaben, aus den »Traumen der Außenwelt« macht sich das humoristische Ich »Anlässe zu Lustgewinn«.[234] Bernhard relativiert die humoristische Attitüde seiner Figuren, indem er das Unfreiwillige, Illusionäre und äußerlich Wirkungslose daran pointiert: Von der für den Humor charakterischen Ambivalenz ist dieser selbst nicht ausgenommen.

Literarischer Humor im engen Sinne ist ein Phänomen der Erzählprosa. Für die den Konflikt zwischen Ideal und Realität vermittelnde erzählende Subjektivität gibt es in Bernhards Stücken kein Pendant. Aber auch seine Prosa kennt keinen überlegenen humoristischen Erzähler. Die Erzählfiguren von Bernhards früher Prosa arrangieren vorwiegend nur Szenen und Selbstaussagen der Hauptfiguren, die ähnlich Bühnenvorgängen für sich selbst sprechen und erst vom Rezipienten vertextet werden; in seiner späten Prosa findet sich zwar ein humoristischer Erzähler, doch macht sich dieser selbst zum Objekt, wodurch auch hier die Vermittlungsinstanz letztlich fehlt. Der Humor erscheint bei Thomas Bernhard folglich nicht als überlegene (Erzähl-)Haltung, sondern eher als Überlegenheit simulierende Abwehrstrategie in der reflektierenden Selbstverständigung des Erzählers. Bernhard delegiert dadurch den im humoristischen Vorgang ausgetragenen Sinnkonflikt an den Rezipienten, in seiner Erzählprosa und erst recht – unterstützt durch die gattungsspezifischen Bedingungen – in den Theaterstücken. Bernhards Arrangement komischer, tragischer und tragikomischer Momente in seinen Komödientragödien zielt auf den rezipierenden Nachvollzug der nur bruchstückhaft verbalisierten Reflexionsbewegung.

---

[234] S. Freud, *Der Humor* 278; vgl. ferner Hörhammer, *Formation*.

# Formen der Rede als Weisen des Sich-zu-sich-Verhaltens: Zur dramatischen Sprache Thomas Bernhards

In diesem Teil analysiere ich typische Formen der dramatischen Sprache Thomas Bernhards als Weisen des Verhaltens zur Existenz. Die meisten Texte Bernhards handeln von einem biographischen Ereignis[1], das für das weitere Leben eines Protagonisten entscheidend gewesen ist. Ein solches Ereignis setzen auch Bernhards Theaterstücke voraus. Dabei handelt es sich entweder um ein schockierendes Erlebnis, das eine ›Todeskrankheit‹ zum Ausbruch gebracht hat: etwa um einen Unfall, eine Verstümmelung, ein Vorzeichen des Todes; oder das Ereignis wird als Schlüsselerlebnis für ein erfolgreiches Leben gedeutet.

Thomas Bernhards Stücke sind Versuchsanordnungen, die ihre Probanden anregen, über ihr eigenes Leben oder das eines Mitspielers zu reflektieren. Den Anlaß hierzu bietet meistens ein Fest. Man feiert den Geburtstag eines Protagonisten (Boris, *FB*) oder eines Idols (Himmler, *VdR*), oder man begeht ein Jubiläum. Im Mittelpunkt jedes dieser Feste steht der Rückblick auf ein erfolgreiches oder gescheitertes Leben. In anderen Stücken Bernhards steht eine Figur bewußt vor dem Ende ihres Lebens; hier regen Angst (*Pr*) und Vorahnung des Todes (*Jg*) zur Rekapitulation einer Existenz an. Im Vordergrund stehen hierbei die Fragen nach dem Sinn des gelebten Lebens und nach der Zufälligkeit oder Zwangsläufigkeit, mit der es abgelaufen ist, nach seinem inneren Zusammenhalt.

Die Sprachanalyse in diesem Teil zeigt, wie sich Bernhards Figuren bereits unthematisch durch die Form ihrer Rede zum Existieren verhalten. Ein übereinstimmendes Merkmal ist die Tendenz, sich vom Druck zu entlasten, ein Selbst (im eigentlichen Sinne) zu sein. Die dramatische Sprache Bernhards ist im kierkegaardschen Sinne verzweifelt: »verzweifelt sich selber los sein wollen, ist die Formel für alle Verzweiflung« (*KzT* 16). Die Figuren sparen den expliziten Bezug aufs Selbst aus und delegieren diese Konstitutionsleistung an Sinnzusammenhänge, die hinter der dissoziierten Rede erkennbar werden: in rudimentären Argumentationen mit sich selbst oder im Bezug auf ein imaginäres Wörterbuch im Kopf des Redenden, zu dem auch die Zitate und Anspielungen auf geistige Autoritäten gehören: »[...] wie er mit seinem Pascal alles zu beweisen versucht und weiß, daß nichts zu beweisen ist« (*F* 270). Der Nachweis impliziter Sinnzusammenhänge relativiert auch die These von der Dissoziiertheit der bernhardschen Sprache. Darüber hinaus delegieren Bernhards Figuren die Selbst-Konstitution an Rollenmuster, Gewohnheiten oder an die rhetorische Fertigware des

---

[1] Vgl. H. Gamper, *TB* 7f.

alltäglichen Geredes. Sie versuchen, sich durch die vorlaufende Verständigkeit des Geredes zu beruhigen, doch diese Beruhigung gründet sich nicht auf echtes Verstehen und entwertet und entleert auf diese Weise das Dasein. Die folgende Analyse zur dramatischen Sprache Bernhards schließt Vergleiche mit der Sprache seiner Erzählprosa ein.

Bernhards Stücke sind keine philosophischen Programmstücke, die lediglich die Thesen ihres Verfassers didaktisch aufbereiteten. Thomas Bernhards Humor erweist sich nicht zuletzt darin, daß er auch jene Einsichten dem Test der Lächerlichkeit aussetzt, die die philosophischen Prämissen seines Schreibens bilden. Zu seiner Schreibmotivation gehört auch die heimliche Freude daran, mit Anspielungen, Witzen und versteckten Zitaten das »interpretierende[.] Volk«, welchem die Dichtung »unerreichbar« sei (*Ber* 128), hinters Licht zu führen. Neben der sprachlichen Analyse werden in diesem Teil der Arbeit auch eine Reihe solcher verborgenen Zitate und Anspielungen entschlüsselt.

# Die Herrschaft der Allgemeinbegriffe: Zum Nominalstil in Bernhards dramatischer Sprache

## Substantivierung, Vorgangs- und Prädikatsbegriffe

Jede Sprache enthält in Form des ihr zugrundeliegenden Systems der Wortarten eine ihr »eigentümliche Ontologie«.[2] Dies gilt auch für individuelle Besonderheiten ihres Gebrauchs. Dieser Zusammenhang ist zwar nicht immer zwangsläufig gegeben, aber es erhebt sich angesichts lexikalischer Besonderheiten individuellen Sprachgebrauchs zumindest der Verdacht auf ontologische Vorentscheidungen. Selbstverständlich definieren und beschränken lexikalische Besonderheiten die Menge des Sagbaren noch nicht zwangsläufig. Vor allem harte Informationen lassen sich in vielerlei Gestalt formulieren, wenn dazu mitunter auch stilistische Verrenkungen notwendig sein sollten. Die folgende Analyse der dramatischen Sprache Bernhards bestätigt jedoch den genannten Verdacht. Sprachliche Formen und die Bevorzugung bestimmter Wortarten sind vor allem gegenüber dem Beziehungsaspekt von Sprache, d.h. gegenüber dem Verhalten des Sprechenden zu sich und zum anderen keineswegs neutral. Die Weisen des Sich-zu-sich-Verhaltens werden im folgenden nicht aus den empirischen Befunden zur sprachlichen Form deduziert; diese Befunde haben also eher Beispiels- als Beweischarakter.

Bernhards Sprache ist eine Nominalsprache. Vor allem in den verstümmelten Sätzen und Einwortsätzen sind es die Substantive, die zum wesentlichen oder gar einzigen Bedeutungsträger werden. Doch es soll hier noch nicht um Verwendungsweisen gehen, sondern zunächst nur um einige Auffälligkeiten des sprachlichen Materials selbst.

Am deutlichsten zeigen sich Charakter und Funktion der Bernhardschen Nominalsprache an der Substantivierung, weil diese Form der Wortbildung den Blick auf eine nicht-substantivische »Nullstufe« erlaubt. Insbesondere durch die Substantivierung von Verben der Tätigkeit und der Veränderung »wird das Zuständliche herausgestellt, was der meist ausweglosen Situation der Hauptfiguren entspricht, sowie das Allgemeine, Endgültige der Aussage«.[3] Die Substantivierung von Verben[4] neigt im Unterschied zum Verbalstil dazu, Zeitstruktur und logisches Subjekt der Handlung zu tilgen. Statt auf die konkreten Bedingungen einer spezifischen Handlung (Zeit, Aktor, Objekt, Wirkung) bezieht sich der Vorgangsbegriff auf einen Typus oder abstrakten Begriff von Handlung. »Reine Vorgangsbegriffe nehmen das Geschehen für sich, los-

---

[2]  Mit den erforderlichen Einschränkungen bemerkt Franz von Kutschera unter Rekurs auf Wilhelm von Humboldt: »Jede Sprache enthält eine *Weltansicht*, eine ihr spezifische Vorstellung der Welt und ihrer Struktur, eine eigentümliche Ontologie« (*Sprachphilosophie* 290).
[3]  B. Henniger-Weidmann, *Worttransfusionen* 219f.
[4]  Hennig Brinkmann unterscheidet vier Typen der Substantivierung von Verben zu Vorgangsbegriffen (*Sprache* 29ff.). Bei Bernhard dominiert die Substantivierung des Infinitivs, Beispiel: /laufen/ zu /Laufen/ im Unterschied zu /Lauf/, /Gelaufe/ und /Lauferei/.

gelöst von seinen Bedingungen.«[5] Wie es diese Form nominaler Sprache suggeriert, aktualisiert der Handelnde nur ein präexistentes Muster von Handlung.[6] Es ist zwar möglich, trotz der Verwendung eines Verbalsubstantivs einen Vorgang in seinem zeitlichen Ablauf zu akzentuieren, indem man ein »Funktionsverb«[7] hinzufügt, doch fehlt dieses Ersatzverb in der dramatischen Sprache Bernhards meistens. In diesem Sachverhalt spiegelt sich wider, daß es den *dramatis personae* gar nicht um die Rekapitulation konkreter Handlungsverläufe geht, sondern um erinnernde Evokation oder um die Wesensbestimmung eines Handlungsmusters. Sofern überhaupt zeitliche Bestimmungen eine Rolle spielen, drücken sie in der Regel dennoch nicht die Handlung als kontinuierlichen Prozeß in der Zeit aus, sondern die sprunghafte Abfolge bestimmter zuständlicher Handlungstypen. Besonders häufig ist dementsprechend die Kombination des Vorgangsbegriffs mit einem Temporaladverb (»dann«):

> GENERALIN
>    Einmal sind Sie aufgeregt
>    dann beruhigen Sie sich wieder
>    über eine lange Periode aufgeregt
>    dann wieder beruhigt
> SCHRIFTSTELLER
>    Etwas Furchtbares ist es
>    aus der Sprache
>    aus dem Kopf
> GENERALIN
>    Dann sitzen Sie da
>    stumpf
>    stumm
>    mit herunterhängendem Kopf
>    Dann ist es das bis an die Grenze des Verrücktwerdens
>    gehende Schweigen [...]
>    Und dann kommen Sie auf die Idee
>    Siebzehnundvier zu spielen                                    (*Jg* 15f.)

Die Zeitvorstellung wird grammatisch reduziert auf die bloße Vor- oder Nachzeitigkeit zweier, meist zyklisch sich abwechselnder Zustände. Die Kopula »ist« kann mitunter auch fehlen, wodurch die Abstraktheit des sprachlichen Ausdrucks noch erhöht wird. Selbstverständlich läßt sich die zyklische Abfolge bestimmter Zustände auch

---

[5] Brinkmann (*Sprache* 31). Brinkmann spricht von einer »Vergegenständlichung« bei allen substantivischen Ableitungen von Verben (32). »Das Substantiv nennt eine Stelle im Raum, das Adjektiv einen Eindruck, der an dieser Stelle beobachtet wird; das Verbum sieht den Eindruck als eine Veränderung in der Zeit, als einen zeithaften Prozeß« (199). Hans Höller spricht unter Berufung auf Brinkmann von einer »Verräumlichung« der Bernhardschen Sprache; vgl. Höller, *Kritik* 65f. – Aktor und Objekt einer durch einen Vorgangsbegriff repräsentierten Handlung können zwar genannt werden, jedoch nur im logisch unspezifischen Kasus Genitiv.
[6] Brinkmann (*Sprache* 254): »Die wechselseitige Bestimmtheit zwischen finitem Verb und Substantiv [substantiviertem Verbum] entspricht dem Verhältnis von Potentialität und Aktualisierung.«
[7] Peter von Polenz (in: *Wirkendes Wort* 5. Beiheft 1963), zitiert nach Brinkmann (*Sprache* 253).

ohne Substantivierung zum Ausdruck bringen, wie der Kontext der zitierten Stelle zeigt. Ist das zeitliche Verhältnis zwischen verschiedenen Zuständen oder Handlungen hingegen durch Gleichzeitigkeit bestimmt, so stehen sie in der Regel in paradoxer Spannung zueinander. Wie das folgende Beispiel zeigt, beruht diese Spannung bisweilen auf geradezu artistischen Verrenkungen:

SCHRIFTSTELLER
während des Rasierens und Kämmens
diese Quälerei mit den Schuhriemen
Dann plötzlich [...] (*Jg* 14)

Stünden hier Verbalphrasen mit Angabe des Handlungssubjekts anstelle der Verbalabstrakta, würde vermutlich stärker auffallen, daß die existentiell empfundene paradoxe Spannung auf einer abstrusen Anordnung beruht. Die Erzählung des Schriftstellers vermittelt die reine Dynamik eines originär dramatischen Ereignisses, nämlich die dynamische Lösung einer Konfliktspannung durch plötzlichen Sprung, auf der Basis von propositionalem Nonsens: während des Rasierens und Kämmens hätte wohl jeder Mühe, seine Schuhe zu binden. Das (Miß-)Verhältnis zwischen faktischem Ereignis und Ausdruckseffekt fällt durch die Tilgung der Aktionslogik mittels Substantivierung jedoch nicht weiter auf.

Die Substantivierung von Verben verschleiert nicht nur die näheren Umstände der Handlung. Ein ebenso wichtiger Effekt ist deren entindividualisierende Ritualisierung und Typisierung. Mit dem Stilmittel der Substantivierung verdoppelt Thomas Bernhard damit zwei weitere zentrale Formmomente seiner Theaterstücke: den Wiederholungscharakter auf der Handlungsebene[8] sowie die Typisierung des Personals. Die Tilgung von Zeitstruktur und näheren Umständen läßt das Geschilderte als Vollzug eines Immergleichen erscheinen, als tagtägliche »Wiederholung von Wiederholungen« (*FB* 10).

Nirgends jedoch fallen die Substantivierungen in Bernhards Stücken so spektakulär aus wie in seiner Prosa. So findet man beispielsweise in Bernhards dramatischer Sprache wesentlich weniger substantivierte Bewegungsverben. In den Prosamonologen war es vor allem das Gehen, das zur Analogisierung und metaphorischen Transposition von Raumvorstellungen in den Bereich des Denkens diente. In seiner Prosa hat Bernhard durch die ebenso extensiv wie intensiv ausgeführte Raummetaphorik sozusagen die Innenseite mentaler Prozesse mimetisch nachzuzeichnen versucht, und zwar mit beträchtlichem identifikatorischem Potential: die Monologisierenden empfanden sich als zum ewigen Ausschreiten ihrer Denkgebäude Verurteilte. Dieser thematische Komplex und die ihm entsprechende Bildlichkeit finden sich in Bernhards Stücken kaum mehr. Generell ist die Bildlichkeit in Bernhards dramatischer Sprache im Vergleich zur Erzählprosa stark reduziert. Dies zeigt eine gewandelte Intention des Autors an: die Figurenrede der Stücke macht aufgrund ihrer strukturellen Eigen-

---

[8] Der Wiederholungscharakter wird auch in expliziten Äußerungen der Figuren zur Vorgeschichte, in Rollenreflexionen, durch den Handlungsverlauf sowie durch weitere sprachliche Merkmale (Temporaladverbien, Tempuswechsel etc.) zum Ausdruck gebracht.

schaften nicht mehr die Welt der Unglücklichen und Apokalyptiker gleichsam von innen heraus (metaphorisch, analogisch, durch faszinierende Bildlichkeit) verständlich,
sondern zeigt aus größerer Distanz in der logischen Form ihrer Rede die Mechanismen ihres mentalen Verhaltens.

In etwas anderer Weise als die Vorgangsbegriffe bewirken auch die *Prädikatsbegriffe*
eine Entindividualisierung und Typisierung. Die Substantivierung von Adjektiven und
Partizipien trennt von der konkreten Erscheinung; eine Eigenschaft wird als solche,
d.h. unabhängig von ihrem Träger vergegenständlicht. Die Verwendung dieser Eigen-
schaftsabstrakta kann zu einer eigentümlichen Entwirklichung beitragen. Der Träger
einer Eigenschaft erscheint als bloße Realisationsbedingung für existentielle Widrigkeiten von eigenständigem ontologischem Status:

> SCHRIFTSTELLER
> Das Verschweigen einer Todeskrankheit
> ist eine Ungeheuerlichkeit                                                    (*Jg* 20)

Der Handlungstypus »Verschweigen einer Todeskrankheit« und das Eigenschaftsab-
straktum werden zu präexistenten Größen, vor deren ontologischer Dignität das handelnde Subjekt verschwindet. Diese Form der Sprache subsumiert einzelnes Wirkliches unter klassifikatorische Begriffe. Im folgenden Parallelismus wird dies noch
deutlicher:

> SCHRIFTSTELLER
> Der graue Star müssen Sie wissen
> und der Borkenkäfer
> Das Furchtbare
> und das Ungeheuerliche                                                       (*Jg* 21)

Allein durch die Form der Sprache wird Wirkliches zum Schein einer eigentlicheren,
tieferen Wirklichkeit. Auch ohne daß die Figuren dies explizit behaupteten, erscheint
das »Furchtbare« als das Eigentliche »hinter« der Augenerkrankung. Eine Unzahl
impersonaler und deiktischer Wendungen hat teil an dieser grammatischen Suggestion
von Hinterwelt.[9] Sie wird auf die Spitze getrieben, wo der Träger einer Eigenschaft
zu deren Attribut degradiert wird:

> JONGLEUR [über Caribaldis Ferraracello]
> Eine instrumentale
> Kostbarkeit                                                                  (*MG* 11)
> BRUSCON
> Diese bauwerkliche Hilflosigkeit
> diese Wändescheußlichkeit
> diese Deckenfürchterlichkeit
> diese Türen- und Fensterwiderwärtigkeit
> diese absolute Geschmacklosigkeit                                            (*Tm* 44)

---

[9]  Zum Beispiel: »Etwas Furchtbares ist es / aus der Sprache / aus dem Kopf« (*Jg* 15). Oder:
»Es sind die Verrücktheiten / sonst nichts« (*FB* 34). Zur Funktion impersonaler und deiktischer
Formen im Drama der offenen Form vgl. Klotz, *Drama* 174ff.

Die Eigenschaft der scheußlichen Wand wird nicht nur zur Scheußlichkeit der Wand vergegenständlicht; darüber hinaus wird die von der konkreten Erscheinung unabhängige Existenz eines spezifischen Eigenschaftsabstraktums »Wändescheußlichkeit« suggeriert. Das krasse Mißverhältnis zwischen geringfügigem Anlaß einerseits und rhetorischem Aufwand sowie absoluter Evidenz andererseits wirken vor allem komisch und distanzieren von der redenden Figur.

In den angeführten Beispielen führt die Vergegenständlichung zu einer Ermächtigung der Eigenschaftsbegriffe. Diese repräsentieren dem Individuum unverfügbare, geradezu mythische Mächte, oder, wie in dem folgenden Zitat, ebenso unverfügbare Zustände, in die das Individuum meist in zyklischer Folge gerät:

DOKTOR
naturgemäß ist die Aufmerksamkeit immer die größte
die Aufmerksamkeit
wie die Entschiedenheit
wie die Rücksichtslosigkeit
diese drei fortwährend unerläßlich                                              (*IW* 11)

Am deutlichsten erweist sich die hyperbolische Form sprachlicher Abstraktion in *Die Macht der Gewohnheit* als Form entwirklichender, exemplarischer Wahrnehmung. Indem Caribaldi die anderen Figuren mittels substantivierter Adjektive benennt, typisiert er diese und reduziert sie zu allegorischen Rollenträgern:

CARIBALDI
[...] sehe ich meinen Neffen den Dompteur
denke ich
da geht die Brutalität mit der Dummheit
sehe ich den Spaßmacher
da geht der Schwachsinn spazieren
der Schwachsinn
verliert die Haube
sehe ich meine Enkelin
ist es die Niedertracht ihrer Mutter                                            (*MG* 36)
CARIBALDI
Daß wir nur mit dem Abstoßenden verwandt sind
verschwistert und verschwägert
mit dem Abstoßenden [...]
Die Unverschämtheit
sitzt am Klavier
Der Kunstzertrümmerer [...]
Der Niedrige am Klavier                                                          (*MG* 140f.)

Wie man an dieser Stelle leicht sieht, prägt sich die exemplarische Wahrnehmungsform Caribaldis auch in der Verwendung ursprünglich nominaler, d.h. nicht eigens substantivierter Abstrakta aus: »Schwachsinn«, »Niedertracht«. Ganz allgemein ist Typisierung ein zentrales Merkmal des Bernhardschen Personals und seiner Sprache. Auch in Äußerungen, in denen keine von sich aus besonders auffälligen lexikalischen Besonderheiten zu finden sind, drückt sich derselbe Hang zu Typisierung und Objektivierung aus. Das gilt auch für das Verhältnis der Figuren zu sich selbst:

PRÄSIDENTIN
>    Die Eltern machen einen Sohn
>    und ziehen ihn auf
>    und erkennen
>    sie haben ihren Mörder aufgezogen                        (*Pr* 160)

Das Selbstverhältnis der redenden Figur verdient nur in einem äußerst vordergründigen Sinne den Namen »Reflexion«. Mit dieser Form der Objektivierung transponiert die Präsidentin ihr Selbst nur ins abstrakte Rollenschema von Eltern und Sohn. Einen Zuwachs an Selbsterkenntnis bringt dies aber nicht. Der entscheidende Effekt dieser typisierenden Paraphrase liegt für die Präsidentin nicht im kognitiven Bereich, sondern darin, Distanz zu sich selbst zu gewinnen. Den existentiellen Widersinn, ihren eigenen Mörder großzuziehen, behauptet die Präsidentin nicht explizit; allein die rollenhafte Formalisierung bringt den Konflikt zwischen Ideal und Realität als Paradoxie prägnant, wenngleich indirekt hervor.

Die vergegenständlichende Substantivierung kann aber auch in entgegengesetzter Weise wirken: nicht als hyperbolische Überhöhung und Ermächtigung, sondern als Verdinglichung abstrakter Entitäten zu verfügbaren Objekten:

DOKTOR
>    Wenn wir den Schwachsinn
>    der in dieser Kunstgattung herrscht
>    geehrter Herr
>    mit der Gemeinheit
>    der Zuschauer verrechnen
>    kommen wir in den Wahnsinn                               (*IW* 97f.)

Die Rechnung, die der Doktor hier gleichsam als Buchhalter des Absurden aufmacht, parodiert Novalis' Vision einer musikalisch-mathematischen Poetik.[10] Die nominale Rhetorik der Protagonisten Bernhards ist die Sprachform einer melancholischen Wahrnehmung, der die Wirklichkeit durch die Herrschaft der Allgemeinbegriffe abhanden gekommen ist. Diese Form typisierender Entwirklichung ist selbstverständlich nicht allein an der nominalen Rhetorik festzumachen. Die abstrahierende, melancholische Wahrnehmung drückt sich ebenso in anderen Charakteristika der Figurenrede in Bernhards Theaterstücken aus, etwa in den Motti und Regelsätzen, die im Präsens einen bestimmten Vorgang als exemplarischen Ausdruck eines Seins- oder Naturgesetzes erscheinen lassen. In diesen pragmatischen Varianten wird der genannte Effekt auch dann erzeugt, wenn finite Verbformen vorliegen. Der Fürst in *Verstörung* hat diese nominalistische Entfremdung von der Wirklichkeit auf die Formel gebracht:

---

[10] Vergleichbare Stellen finden sich in Bernhards Prosa allenthalben, etwa in *Gehen*: »Wenn wir die Schönheit dieses Landes mit der Gemeinheit dieses Staates verrechnen, sagte Oehler, kommen wir auf den Selbstmord« (*G* 37). Ohne parodistische Absicht heißt es in *Unsterblichkeit*: »Ich sinniere in Überlieferung. Ich gehe umher und multipliziere und dividiere. Ich ziehe aus den ihrigen meine Schlüsse, ich errechne mir aus der ihrigen meine Potenz, Impotenz, Unzurechnungsfähigkeit.«

»Die Wirklichkeit stellt sich mir immer als grausige Darstellung aller Begriffe dar. Theatralische Effekte, denke ich immer« (*V* 167). Michael Rutschky erkennt in dieser Form der Wahrnehmung das »Lebensgefühl« der siebziger Jahre wieder: »Originalszenen erscheinen nur als Verkörperungen allgemeiner Begriffe [...]. Kein Lebendiges läßt [sich] durch einen individuellen Zugriff retten.« Die Paradoxie dieses Lebensgefühls, »die vollkommene Schematisierung ihres Lebens [zu antizipieren], um zugleich in diffuse Suchbewegungen nach diesem Leben auszubrechen«[11], entspricht der Dynamik, die auch das Denken der Bernhardschen Protagonisten kennzeichnet.

## Komposita

Eines der auffälligsten Charakteristika der Bernhardschen Nominalsprache ist der häufige Gebrauch verblüffender, neologistischer Komposita. Auf lexikalischer Ebene verkörpert dieses Stilmittel am radikalsten den apodiktischen Charakter von Bernhards dramatischer Sprache.[12] Die substantivischen Zusammensetzungen sind aber auch deshalb von besonderem Interesse, weil sich im Wandel sowohl ihrer Bildungsweise als auch ihres Kontextbezuges die Entwicklung von Bernhards ästhetischer Zielsetzung abzeichnet.

Komposita verdichten Bedeutungszusammenhänge; mit ihnen lassen sich Gedankengänge, Wortgruppen etc. in einem Ausdruck griffig zusammenfassen. Die komprimierten Bedeutungen werden auf diese Weise vergegenständlicht, d.h. als ›Gegenstand‹ dramatischer Rede verfügbar. Insofern verstärken sie jenen Effekt, der für die nominale Sprache im allgemeinen gezeigt wurde.[13] Darüber hinaus haben die substantivischen Komposita, wie sie Bernhard konstruiert, noch folgende hervorzuhebende Eigenschaften: ein abruptes Lautbild durch Konsonantenhäufung und kurze Vokale sowie eine kontrastive semantische Struktur, d.h. daß die Simplices entgegengesetzte

---

[11] Rutschky, *Erfahrungshunger* 80. Selbstverständlich ist dem von Rutschky als »Negativutopie der Allgemeinbegriffe« skizzierten Phänomen nicht nur in den siebziger Jahren zu begegnen.

[12] Die weiteren Merkmale des extremen Vokabulars, wie man es aus Bernhards früher Prosa kennt, zum Beispiel die notorische Verwendung von Elativen und Superlativen auch nicht-steigerbarer Adjektive, spielen in der Sprache der Stücke kaum eine Rolle. Der apodiktische Charakter der dramatischen Rede verdankt sich neben dem Gebrauch substantivischer Zusammensetzungen, absoluter Zeitadverbien sowie von Indefinitpronomen (vgl. unten S. 210) vor allem rhetorischen Figuren wie Wiederholung und Variation (vgl. unten S. 170ff.).

[13] Immer wieder dienen Komposita bei Bernhard auch zur Bezeichnung eines einzigartigen Gegenstandes oder Ereignisses und haben insofern noch einen weiteren, der Typisierung entgegengesetzten Effekt. Bruscon bezieht sich auf »meine Vorteilskappe« (*Tm* 23) und auf den »Lörracheffekt« (29); Karl spricht über »das Gefühlskind«, »die Toscanareise« (*Sch* 24) und den »Lyoneffekt« (*Sch* 41). Ein Gegenstand, ein Ereignis oder ein Gedanke wird in seiner Einzigartigkeit profiliert, meist als Privatsymbol – etwa für eine skandalöse oder beschämende Erinnerung, für eine Niederlage oder einen früheren Erfolg.

Werte repräsentieren (z.B. hochstehend vs. niedrig) oder Wortfeldern entstammen, die in alltäglichen Sprachspielen nicht ohne weiteres vereinbar sind (z.B. belebt vs. unbelebt). Der semantische Kontrast klingt infolge der Verdichtung in einem Wort besonders schrill. Ein Aspekt, den Bernhard zwar nur vereinzelt, aber überaus effektvoll ausnutzt, kommt noch hinzu: Die Zusammensetzung zweier oder mehrerer Simplices beruht auf Bedeutungsassoziationen, wobei, und das ist das Entscheidende, eine logisch-syntaktische Beziehung der Simplices zueinander nicht zum Ausdruck kommt.[14] Aus zwei Nomina gebildete Zusammensetzungen, sogenannte NN-Komposita, sind deshalb mehrdeutig, sofern sie nicht durch Kontext oder Konvention disambiguiert werden. Sie sind potentiell »schwarze Löcher mit unwiderstehlichem Deutungssog« (Heringer, *Wortbildung* 10). Allerdings darf Bernhards Kompositagebrauch nicht als modernistische Begriffshermetik mißverstanden werden. Die Mehrdeutigkeit der spontan gebildeten und kontextuell isolierten Zusammensetzungen gibt dem Rezipienten keine Bedeutungs-Rätsel auf, die es von ihm zu lösen gelte[15], sondern dient in Bernhards dramatischer Sprache als Kontrast zum terminologistischen Gestus der Figurenrede. Aufgrund seiner Mehrdeutigkeit kann das Kompositum verschiedene Aspekte zusammenfassen und durchaus paradoxe Deutungen verdichten. So schließen sich zum Beispiel die verschiedenen möglichen Syntaktisierungen des Ausdrucks »Kunstgeschöpf« (*IW* 21) nicht aus, sondern ergänzen und verstärken einander viel-

---

[14]  Das Bestimmungswort kann – um nur die wichtigsten Funktionen zu nennen – einem Genitivattribut, einem Präpositionalattribut (Bezug zu Objekt oder Umstandsangabe), einem Gleichsetzungsnominativ oder einer inhaltlichen Modifikation entsprechen (vgl. *Duden* §§ 1012-1024; Heringer, *Wortbildung* 2f.). »Wesentlich [an NN-Komposita] ist vor allem, daß in der Regel *an der Verbindungsstelle (›Fuge‹) die syntaktische Beziehung unkenntlich* geworden ist, die in der Wortgruppe gelten würde« (Brinkmann, *Zusammensetzung* 226). »*In einer echten, substantivischen Zusammensetzung sind die Glieder in einer Weise verbunden, die grammatische Erklärung ausschließt*« (ebd. 227). Noch pointierter formuliert Hans Jürgen Heringer (*Wortbildung* 3): »Die gängige Behandlung geht davon aus, [...] Bedeutungsanalyse der Komposita bestehe in der Ermittlung der jeweiligen Relation. Da ist aber nichts, kein Zeichen für diese Relation.« Fugenelemente können »nicht sinnvoll als semantische Relatoren ausgedeutet werden« (ebd., Anm. 3). Heringer hält NN-Komposita *nicht* für Wortbildungen, die auf syntaktischen Beziehungen aufbauen, welche sie nur nicht mehr repräsentierten. Er kehrt die genetische Folge vielmehr um und erklärt Komposita als vorsyntaktische, aufgrund rein bedeutungsmäßiger Assoziationen gebildete Zusammensetzungen: »Die Wortbildung ist ein Tollbeispiel sprachlicher Innovation« (11 mwN.). »Nicht die Komposita sind aus Sätzen kondensiert [...], eher sind sie produktive Frühformen für die Syntaktisierung semantischer Beziehungen«, »reine Juxtaposition, die wir ansehen können als die Ursuppe späterer Syntaktisierung« (11). – Neuere Literatur zur Wortbildung bestätigt die Position Heringers in dieser Hinsicht; vgl. den Sammelbericht von Hanspeter Ortner, *Wortbildung* (1984). Sogar Boase-Beier/ Toman (*Komposita*), die noch eine »grammatische Interpretation« nominaler Zusammensetzungen konzipieren, erachten die Strategie der Disambiguierung mehrdeutiger Komposita für »eindeutig außergrammatisch« (ebd. 71 mwN.). – Zu einer grundsätzlichen Kritik an der Überbewertung syntaktischer Strukturen, vor allem durch die analytische Linguistik, vgl. Nelson Goodman, *Sprachen der Kunst.*

[15]  Zum Problem von Begriffshermetik und intensionaler Mehrdeutigkeit der Komposita in Bernhards Prosa der achtziger Jahre – und nur für diesen Zeitraum treffen Bettens Analysen zu – vgl. Anne Betten, *Ad-hoc-Komposita.*

mehr: Die Sängerin, die mit diesem Ausdruck bezeichnet wird, ist gleichermaßen ein Geschöpf, das für die Kunst lebt, durch die Kunst so ist, wie es ist, durch die Kunstausübung selbst zu einem künstlichen wird und – die Fiktion reflektierend – Theaterfigur ist. Die Mehrdeutigkeit kann aber auch bewirken, daß dem von der redenden Figur Gemeinten zusätzlich nichtintendierte Nebenbedeutungen untergeschoben werden, die nur der Zuschauer oder Leser realisiert. So erscheint die Mühle, in der Künstler arbeiten, durch den Ausdruck »Kunstmühle« (*Ber* 20) zugleich als Ort, an welchem die Kunst malträtiert wird.[16]

Kühne und verstiegene Wortkombinationen gelten geradezu als Markenzeichen der poetischen Sprache Thomas Bernhards. Darin liegt zugleich die Gefährdung einer Schreibweise, die wie die Bernhards in starkem Maße von den Effekten ihrer Stilmittel lebt. Eine solche Schreibweise droht stets, sich in ermüdender Wiederholung stilistischer Stereotype zu erschöpfen. Fast zwangsläufig führt allzu große Routine dazu, den ästhetischen Reiz solcher Stilistika zu inflationieren, zumal die Aussagekraft der Zusammensetzungen in Bernhards letzten Stücken und Romanen immer geringer wird.[17] Die Komposita haben hier weder die starke Bildlichkeit noch die Emphase der »Zusammenballungswörter« (Maier, *Abstraktion* 20) in Bernhards früher Erzählprosa.[18] Es kann jeweils nur für den Einzelfall entschieden werden, ob diese Einbuße an Faszinationskraft manieristischen Leerlauf anzeigt oder in sinnvoller Weise von der monologisierenden Figur komisch distanziert. Den Unterschied zwischen Bernhards dramatischer Sprache und der Sprache seiner frühen Prosa möchte ich an einem Textbeispiel deutlich machen.

## Neologismen in Bernhards Prosa der sechziger Jahre

Die verblüffenden Neubildungen in Bernhards Prosawerken der sechziger Jahre, die »erstaunlichen, an den Tiefsinn grenzenden Wortkonstruktionen« (*F* 68), dienen der Mimesis psychischer Spannungszustände und mystischer Evidenzen des Protagonisten sowie, in den Scheltreden, dem Ausdruck seiner Aversionen. Der Maler Strauch spricht eine »Herzmuskelsprache [...], eine ›pulsgehirnwiderpochende‹« (*F* 137). Solche Begriffsfügungen teilen durch ihre Semantik sowie durch extreme Häufung die

---

[16]  Diese pejorative Variante des Ausdrucks realisiert übrigens der Erzähler in *Holzfällen*: »Dieses Wien ist ja im wahrsten Sinne des Wortes eine *Kunstmühle* [...]« (*H* 280).
[17]  In dem Stück *Der Theatermacher* (vgl. unten S. 131ff.) sowie in den Prosawerken *Der Untergeher* und *Holzfällen* (vgl. Betten, *Ad-hoc-Komposita*), allesamt Werke der Jahre 1983/84, bleiben die Komposita blaß; die semantische Kontrastierung durch die Auswahl der Simplices erweckt den Eindruck bemühter Effekthascherei.
[18]  Zur Kompositabildung in Bernhards Prosa der sechziger Jahre vgl. Knapp/Tasche, *Dissimulation*; Maier, *Abstraktion*; Strebel-Zeller, *Verpflichtung*; Henniger-Weidmann, *Worttransfusionen* und besonders Finnern, *Mythos*. Zu Zusammensetzungen im Roman *Korrektur* vgl. Rietra, *Poetik*, zu Zusammensetzungen in der jüngeren Prosa Bernhards vgl. Betten, *Ad-hoc-Komposita*. Zur Bildung und Verwendung von Komposita in den Theaterstücken Bernhards liegen bislang keine Ergebnisse vor.

Erregung und innere Verkrampfung des Protagonisten sinnlich mit. Unabhängig von ihrem Gehalt an ›harten‹ Informationen ist diese Sprache Mimesis an die Irritationen der Hauptfigur.[19] Komposita finden sich aber auch im Rahmen einer eher lyrischen Bildlichkeit, in welcher sie durch die Intransparenz und Dissonanz ihrer Struktur eine Art semantischen Flimmerns verstärken:

>»Wohin man schaut, ein integrales Gebilde aus Bergen und Strömen von theatralischen Oberflächenkontemplationen in Agonie. Eine Harmonie von zerbrochenen Dimensionen im Koma.«
>
> (*PM* 12)

Mit seinem Text *Politische Morgenandacht*, aus dem hier zitiert wird, antwortet Thomas Bernhard auf eine 1966 von der damals wichtigsten österreichischen Literaturzeitschrift, *Wort in der Zeit*, veranstaltete Umfrage über »das politische Element in unserer Kultur.«[20] Versucht man, die Komponenten des literarischen Bildes auf den thematischen Gegenstand zu übertragen und herauszufinden, was das Bild über die österreichische Kultur und Politik aussagt, so stößt man bald an die Grenzen der Verständlichkeit dieses für Bernhard charakteristischen Textes.

Das Bild gibt eine räumliche Struktur vor, eine Perspektive. Dem von höherer Warte aus blickenden Betrachter, seinem ästhetischen Urteil und interesselosen Wohlgefallen öffnet sich das Panorama einer Landschaft: der Kulturlandschaft Österreichs. Man schaut aus einer ästhetisch distanzierten Lebensferne; das agonale Geschehen bietet sich dem räumlich entfernt stehenden und nicht-involvierten Betrachter als »integrales Gebilde« und »Harmonie« dar. Der Todeskampf (der österreichischen Kultur?) erscheint als Naturschauspiel. Der Platzhalter des thematischen Gegenstandes, das Bild der »theatralischen Oberflächenkontemplationen«, hat keine entschlüsselbare Referenz. Aber auch die innere Struktur der Wortkonstruktion bleibt rätselhaft. Für das Verständnis der ›Kontemplationen‹, die offenbar eine zentrale österreichische Kulturleistung repräsentieren sollen, bieten sich unter anderem die folgenden Möglichkeiten: sie sind auf eine Oberfläche gerichtet (Objektbezug), sie gehen von einer Oberfläche aus oder bewegen sich auf dieser (Ort; Subjektbezug), oder sie bleiben oberflächlich (Eigenschaft; kognitiver Wert). Außerdem ist nicht zu entscheiden, ob die Kontemplationen sich untereinander in Agonie befinden oder ob das aus Kontemplationen bestehende »integrale Gebilde« sich zum letzten Mal gegen sein unabänderliches Ende aufbäumt. Das Adjektiv »theatralisch« verstärkt nicht nur redundant die

---

[19] Weitere Wortkonstruktionen Strauchs sind unter anderem: »*Wirklichkeitsverachtungsmagister*«, »*Gesetzesbrechermaschinist*«, »*Menschenwillenverschweiger*« (*F* 68). Eine jener extrem verdichtenden und Komposita enthaltenden Passagen in *Frost* lautet: »[...] ich möchte sagen: die Künstler, das sind die Söhne und Töchter der Widerwärtigkeit, der paradiesischen Schamlosigkeit, das sind die Erztöchter und Erzsöhne der Unzucht, die Künstler, die Maler, die Schriftsteller, die Musiker, das sind die Onanierpflichtigen auf dem Erdball, seine unappetitlichen Verkrampfungszentren, seine Geschwürperipherien, seine Eiterprozeßordnungen... Ich möchte sagen: die Künstler, das sind die großen, die allergrößten Erbrechenerreger unserer Zeit« usw. (*F* 132).

[20] Die vom Herausgeber beigefügten ›Leitfragen‹ supponieren sämtlich im pejorativen Sinne eine »Ver-Politisierung« unserer Kultur; vgl. *Wort in der Zeit*, 1966, Heft 1.

theatermäßige Zuschauerposition, sondern entlarvt auch die ›Kontemplationen‹ als rollenspielerisch uneigentliche Veranstaltungen.

Ist die Zuordnung des Bereichs von Politik und Kultur zu kontemplativen Leistungen schon unbestimmt, so steigert die Wortzusammensetzung noch die Unbestimmtheit des Gegenstandes, und zwar deshalb, weil die Zusammensetzung keine syntaktisch-logischen, sondern vor-syntaktische, semantische Assoziationen ausdrückt.[21] Die Wortkonstruktion verbindet einen indifferenten Platzhalter – ›Kontemplationen‹ verweist auf irgendetwas in Politik oder Kultur Österreichs – mit den beiden kaum minder unbestimmten Negativattributen ›theatralisch‹ und ›Oberfläche‹, die mangelnde Tiefe und Uneigentlichkeit konnotieren. Die Wortkonstruktion fungiert innerhalb des kulturdiagnostischen Landschaftspanoramas als *Zeiger mit unbestimmter Referenz*, aber starker räumlich-bildhafter Strukturierung und hoher affektiver Besetzung von Objekt und Perspektive – ästhetisch-poetische Grundfigur der Erzählkunst Thomas Bernhards.[22]

Neben einer bloß emphatischen, also rhetorisch vorwiegend verstärkenden Funktion haben die Komposita in Bernhards früher Erzählprosa auch eine mimetische bzw. bildliche, ihr Thema allererst aufschließende Dimension, die sich, begrifflich kaum übersetzbar, neben dem buchstäblichen Sinn der Rede etabliert und diesen oft sogar verdrängt. Für diese Dimension, die den Zusammensetzungen in seinen Stücken fehlt, hat Bernhard zu Recht Benns Terminus der ›absoluten Prosa‹[23] reklamiert (*DT* 87).

## Neologismen in Bernhards Theaterstücken

In den ersten drei Theaterstücken Thomas Bernhards fehlen neologistische Komposita so gut wie vollkommen. Und dort, wo sie vereinzelt zu finden sind, erlangen sie kaum eine eigene metaphorische Wertigkeit. Der Verzicht auf dieses Stilmittel ist wie die generelle Reduktion von Bildlichkeit in Bernhards dramatischer Sprache Ausdruck einer grundsätzlichen ästhetischen Neuorientierung des Autors gegen Ende der sechziger Jahre. In *Ein Fest für Boris* und *Die Jagdgesellschaft* sind die wenigen Komposita normalsprachlich; Extravaganzen wie dreigliedrige Komposita fehlen vollständig. Man wird vergeblich nach Passagen suchen, die etwa Äußerungen des Malers Strauch oder des Fürsten Saurau hinsichtlich eigenwillig-faszinierender Wortbildungen und kühner Metaphern ähnelten. In *Der Ignorant und der Wahnsinnige*, Bernhards zweitem Stück, werden zwar einige wenige neologistische Komposita mit bild-

---

[21] Vgl. oben Fn. 14, S. 122.

[22] Der Vollständigkeit halber sei auf die dissonante semantische Strukturierung des Zusammengefügten hingewiesen: Kontemplationen und Agonie, Agonie und Koma widersprechen einander hinsichtlich konnotierter Ruhe (Betrachtung, Bewußtlosigkeit) und Unruhe (Kampf). Demgegenüber herrscht konnotative Konsonanz zwischen syntaktisch-logisch Entferntem: Subjekt und Objekt des Bildes strahlen die gleiche Ruhe des weiten Blicks aus (»Wohin man schaut«; »-kontemplationen«).

[23] Vgl. »Doppelleben« und »Roman des Phänotyp« in G. Benn, *GW* 1324-1376, 1935-2038, bes: 1998ff.

licher Valenz verwendet, doch komprimieren sie meist einen bereits zuvor entwickelten Sachzusammenhang, wobei metonymischer Gebrauch dominiert. Die Bildlichkeit der Komposita stellt diesen Sachzusammenhang also nicht, wie in der Prosa, allererst her.[24] Sogar ein Ausdruck mit einer so starken bildlichen Kraft wie das dreigliedrige Kompositum »Wasserkopfspiegel« (*IW* 24) hat primär resümierende Funktion:

> DOKTOR
> Sie gehen
> einmal folgerichtig einmal nicht
> solange Sie gehen
> durch eine vollkommen kopflose Gesellschaft [...]
> und sehen vor lauter Köpfen keinen einzigen Kopf [...]
> wenn Sie sich alle übrigen Köpfe geehrter Herr
> als eine zähe stinkende
> oder völlig geruchlose Masse vorstellen
> sozusagen
> als Wasserkopfspiegel
> aus welchem ihr eigener Kopf herausragt
> und diesem Kopf ist die ganze Zeit zum Erbrechen [...]          (*IW* 24)

Der Ausdruck »Wasserkopfspiegel« verschränkt zwei normalsprachliche Komposita ineinander: ›Wasserspiegel‹ und ›Wasserkopf‹. ›Wasserspiegel‹ wäre Metapher für die »kopflose Gesellschaft«, für eine amorphe Masse ununterscheidbar durchschnittlicher Köpfe, die diese Bezeichnung lediglich in anatomischer Hinsicht verdienen. Die »vollkommen kopflose Gesellschaft« erscheint als eine Versammlung pathologischer Mißgestalten, als spiegelblanker See von Wasserköpfen, über dem der mit »Kopf« metonymisch bezeichnete, einzig wahrhaft Denkende einsam schwebt – ein mythisches, durch die überzogene Radikalität der Formulierung aber zugleich komisches Bild, in welchem sich das einsame Individuum, seine Isolation bespiegelnd, idealisiert. Perspektivisch der analysierten Stelle aus Bernhards *Politischer Morgenandacht* vergleichbar, ästhetisiert die hier zitierte Zusammensetzung ein soziales Bild. Sie ist Metapher einer absoluten Opposition von Ich und Masse. In Bezug auf den Kontext aber funktioniert die metaphorische Verdichtung »Wasserkopfspiegel« bloß »sozusagen«: als behelfsmäßige rhetorische Verstärkung ohne visuelle Autonomie.

## Zitierte Komposita in *Die Macht der Gewohnheit* (1974)

Erst in seinem vierten, 1974 uraufgeführten Stück, *Die Macht der Gewohnheit*, verwendet Bernhard wieder in größerem Umfang neologistische Komposita mit metaphorischem Sinn. Dies ist jedoch nur scheinbar eine lexikalische Rückbesinnung auf

---

[24] Die Tochter wird als »Stimme« (15), »künstlerisches Geschöpf« (17), »Kunstgeschöpf« (21), »Maschine« (28), »Mechanismus als Tochter« (53), »Koloraturmaschine« (80) bezeichnet, der Doktor enthüllt das Bühnengeschehen als »Unterhaltungsmechanismus« (23). – Weitere Beispiele resümierender Komposita: »Intelligenzlerstock« (*FB* 73), »Kunstpudelnummer« (*MG* 27, 31), »Alpenfindelkind« (*Pr* 147).

die Sprache seiner früheren Erzählprosa. Es handelt sich keineswegs um eine Wiederbelebung des poetologischen Konzepts der »Tropen- und Rätselsprache« (Novalis)[25], sondern ist als um so nachhaltigere Distanzierung von dessen transzendentalpoetisch-metaphysischen Prätentionen und Implikationen zu verstehen. Die unerhörten Begriffsbildungen schließen keine Welt in verblüffender Weise auf, sondern erscheinen als anmaßende Seinsermächtigung, als reine Willkürakte der redenden Figur, die damit charakterisiert und karikiert wird. Bernhard greift das Konzept der »Wunderwörter« (*F* 244) und rätselhaften Wortkonstruktionen nur in formaler Hinsicht wieder auf.[26] Das Willkürliche und Gewaltsame an der Rede Caribaldis entzieht sich seiner bewußten Kontrolle. Das Ad-hoc-Kompositum ist Mittel komischer Distanzierung, indem es die innere Verkrampfung des Redenden kennzeichnet und das Unbewußt-Willentliche seines Willküraktes bloßlegt. Es ist Merkmal einer sprachlichen Marotte, eines mechanischen und inadäquaten Denkens, das einem bedingten Reflex vergleichbar automatisch abläuft. Caribaldis Begriffsfügungen haben keinen erkennbaren diskursiven Sinn, zusammenhanglos schleudert er sie seinen Mitspielern entgegen. Diesen gegenüber – allesamt depersonalisierte Verkörperungen der Ignoranz und Antriebsschwäche – plustert er sich auf und hält großspurige, unverständliche Reden. Die deutlich erkennbare psychodynamische Funktion der Rätselwörter steigert ihre komische Wirkung. Die spontan gebildeten oder zitierten Komposita sind grelle Symptome jener »geistige[n] oder körperliche[n] Verkrüppelung«, die Bernhard als lebensweltliches »Scherzmaterial«[27] auffaßt. Es ist vor allem die Isolation verwendeter Begriffe, also deren kontextuelle Unterdeterminierung, durch welche die zusammengesetzten Tropen in Caribaldis Rede semantisch rätselhaft werden:

> CARIBALDI
> Die Weltkörper
> sind Versteinerungen (*MG* 86)

Die Zusammensetzung »Weltkörper« läßt sich weder lokal noch kontextuell disambiguieren; der Ausdruck ist unterbestimmt und mehrdeutig, man kann sowohl an ›Himmelskörper‹ denken als auch an Körper, die im Sinne aller räumlich ausgedehnten Objekte zur Welt der Erscheinungen gehören. Ebenso unbestimmt ist das Kompositum »Makroanthropos«[28]:

---

[25] Vgl. Petrasch, *Konstitution* 88-115.
[26] Vgl. bes. die Passage *MG* 44-51.
[27] *Monologe* 184. Wie Bernhard in diesem Interview ausführt, ist der Kompositagebrauch geradezu paradigmatisch für die Komik des Verkrüppelten: »Oder wenn irgendeine alte Großmutter auf der Bühne sich jeden dritten Satz wiederholt und alle Augenblicke sagt: «Mein Ein-Ei-Zwilling!» – da lachen die Leute. Aber über etwas völlig Normales, sogenanntes Normales, hat ja noch niemand auf der Welt gelacht« (ebd.).
[28] Es könnte sich bei diesem eigenwilligen Ausdruck, einem Novalis-Zitat (vgl.u.), um eine Anspielung auf einen Gedanken Schopenhauers handeln. Schopenhauer schlägt vor, in Umkehrung der Rede vom Menschen als eines Mikrokosmos die Welt als »Makranthropos« [sic], als vom Menschen vorgestellte Welt zu bezeichnen. »Offenbar aber ist es richtiger, die Welt aus dem Menschen verstehn zu lehren als den Menschen aus der Welt: denn aus dem unmittelbar Gegebenen, also dem Selbstbewußtsein hat man das mittelbar Gegebene, also das der äu-

> Die Welt ist
> der Makroanthropos    (*MG* 51)

Nur in Einzelfällen beruht die Rätselhaftigkeit des Sinns auf der Bildungsweise des Kompositums:

> Die Denkorgane
> sind die Weltzeugungs-
> und die Naturgeschlechtsteile    (*MG* 44)

Caribaldis Äußerung verweist hier vage auf konstruktivistische Vorstellungen: die »Denkorgane«, so könnte man paraphrasieren, erzeugen als Geschlechtsteile im metaphorischen Sinne die Welt. Der Sinn des dreigliedrigen Kompositums »Naturgeschlechtsteile« bleibt jedoch rätselhaft und damit der Sinn der gesamten Äußerung. Bis zu einem gewissen Grade scheinen mir folgende Interpretationen des Verhältnisses zwischen beiden Komposita sinnvoll zu sein: entweder als durch das Auslassungszeichen nahegelegte logische Parallele oder als Kausalverhältnis.

*Parallele.* Sowohl in Bezug auf »Weltzeugungs-« als auch in Bezug auf »Natur-« werden die Denkorgane als Geschlechtsteile bezeichnet. Dies legt eine analoge Deutung der *Art* der Bezugnahme nahe. Für die Parallelisierung spricht darüber hinaus ihre immanente Stimmigkeit – wie die Welt insgesamt, so würde auch die Natur als erscheinende und damit als Objekt der Vorstellung bestimmt – sowie die analytische Tendenz des Kontextes der Äußerung: »Alles Unwillkürliche / soll in ein Willkürliches / verwandelt werden« (*MG* 44). Caribaldis Äußerung ließe sich mithin folgendermaßen paraphrasieren: Die Welt und die Natur existieren für uns nur in unserer Vorstellung. Bei der Explikation dieser Deutung abstrahiert man aber bereits vom Wortlaut, denn so, wie die beiden Bestimmungsworte geäußert werden, besteht keine vollständige Analogie: zum Bestimmungswort »Natur-« müßte man »-zeugungs-« noch ergänzen. Diese Deutung ist also recht willkürlich, zumal sich die inhaltliche Parallele ohne Umstände präziser hätte ausdrücken lassen: ›Welt- und Naturzeugungsgeschlechtsteile‹.

*Kausalverhältnis.* Die Tatsache, daß Caribaldi »Natur-« und nicht »Naturzeugungs-« sagt, kann man auch so verstehen, daß damit eine unterschiedliche Art der Bezugnahme ausgedrückt wird. Dies vorausgesetzt, beruht die syntaktische Parallelisierung lediglich auf der verbalen Gleichheit des metaphorischen Determinandums und hat insofern die Struktur eines Zeugmas. Man kann es beim Nachweis dieser Unbestimmtheit belassen, man kann die Zusammenfügung aber auch als Modal- bzw. Kausalverhältnis bestimmen: Die Denkorgane erzeugen auf naturhafte Weise die Welt oder, als noch stärkere These formuliert: Durch die welt(er)zeugende Tätigkeit der Denkorgane des Menschen kommt die Natur zum Bewußtsein ihrer selbst. Diese Deutung würde gestützt durch die Wortwahl Caribaldis, durch die Betonung des Organischen der

---

ßern Anschauung zu erklären; nicht umgekehrt« (*WWV II* 824f.).

»Denkorgane« und Geschlechtsteile; sie wäre überdies immanent stimmig, weil sie der möglichen Fehldeutung vorbeugte, daß die Vorstellung in ihrem Vorstellen souverän sei.

Die beiden erläuterten Deutungsmöglichkeiten lassen sich bis zu einem gewissen Grade begründen; es bleiben aber Widersprüche, Unerklärtes und ein Moment interpretatorischer Willkür. Caribaldis Äußerung konnotiert zwar den Themenbereich Erkenntnistheorie und scheint auf einen bestimmten philosophischen Hintergrund anzuspielen, doch eine klare Einsicht vermittelt sie nicht. Die Funktion solcher Sentenzen besteht gerade darin, auf existierende Vorstellungen vage anzuspielen, über das Wortfeld eine Art metaphysischer Stimulation der redenden Figur anzuzeigen, dabei aber propositional vollkommen unklar zu bleiben, also bloßes »Rauschen« zu produzieren. Nicht die unklare Proposition und die fehlende Referenz sind die entscheidende ästhetische Information, sondern das Mißverhältnis dieser Dunkelheit zu den eher affektiven Signalen, die von Wortfeld (unspezifizierte metaphysische Dimension) und Redepragmatik (absolute Evidenz, Apodiktizität der Äußerung) ausgehen.

Doch bevor der pragmatische Aspekt weiterverfolgt wird, möchte ich auf eine Auflösung des Rätsels eingehen, die sich von ganz anderer Seite anzubieten scheint. Bei den Rätselworten, mit denen Caribaldi seine Mitspieler traktiert, handelt es sich um wörtliche Zitate aus Novalis' theoretischem Werk, insbesondere aus dem *Allgemeinen Brouillon*. Ich zitiere die Textstellen in tabellarischer Gegenüberstellung:[28a]

| *Die Macht der Gewohnheit* | *Novalis: Das philosophische Werk I & II* |
|---|---|
| »Alles Unwillkürliche<br>soll in ein Willkürliches<br>verwandelt werden | »Alles *Unwillkührliche* soll in ein *Willkührliches* verwandelt werden«<br>(*II*, VI, 273) |
| Die Denkorgane<br>sind die Weltzeugungs-<br>und die Naturgeschlechtsteile | »Die Denkorgane sind die Weltzeugungs – die Naturgeschlechtstheile«<br>(*III*, IX, 1144) |
| Partielle Harmonien<br>darauf beruht alles«　　　　(44) | »Alle Künste und Wissenschaften beruhen auf *partiellen Harmonien*«<br>(*II*, VI, 111) |
| »Jedes Wort<br>ist ein Wort der Beschwörung<br>*bedeutungsvoll*<br>Welcher Geist ruft<br>ein solcher erscheint«　　　(45) | »Jedes Wort ist ein Wort der Beschwörung. Welcher Geist ruft – ein solcher erscheint.«<br>(*II*, VI, 6) |
| »*Jongleur auf den Boden, das Kolophonium suchend*<br>Wie wir unser Denkorgan<br>in beliebige Bewegung setzen | »Auf dieselbe Art, wie wir unser Denkorgan in beliebige Bewegung setzen [...] – auf eben dieselbe Art müssen wir auch die innern Organe unsers Körpers bewegen, hemmen, vereinigen und vereinzeln, *lernen*. Unser ganzer Körper ist schlechterdings fähig vom Geist in beliebige Bewegung gesetzt zu werden.«<br>(*II*, VI, 247) |

---

[28a] Zitiert wird nach der Historisch-Kritischen Ausgabe der Werke Novalis'. Die erste römische Ziffer (kursiv) gibt den Band an, die zweite die Abteilung. Die folgende, arabische Zahl nennt in der Regel die Nummer des betreffenden Fragments, bei unnumerierten Notaten die Seitenzahl.

| | | |
|---|---|---|
| Magische Astronomie | | »Magische Astronomie, Grammatik, Philoso- |
| Grammatik | | phie, Religion, Chymie etc.« |
| Philosophie | | (*III*, IX, 137) |
| Religion | | |
| Chemie und so fort | | |
| Begriff von Ansteckung | | »Begr[iff] von Ansteckung«     (*III*, IX, 136) |
| Sympathie des Zeichens | | »*Sympathie* des *Zeichens* mit dem Bezeich- |
| mit dem Bezeichneten | | neten (Eine der Grundideen der Kabbalistik.)« |
| [...] | | (*III*, IX, 137) |
| Jedes Willkürliche | | »Jedes Willkührliche, Zufällige, Individuelle |
| Zufällige | | kann unser Weltorgan werden. Ein Gesicht, |
| Individuelle | | ein Stern, eine Gegend, ein alter Baum etc. |
| kann unser Weltorgan werden« | (46) | kann Epoke in unserm Innern machen. Dies |
| | | ist der große Realism des Fetischdienstes.« |
| | | (*III*, XII, 665) |
| »Gemeinschaftlicher Wahnsinn | | »Gemeinschaftlicher    Wahnsinn    hört    auf |
| Herr Caribaldi« | (47) | Wahnsinn zu seyn und wird Magie. Wahnsinn |
| | | nach Regeln und mit vollem Bewußtseyn.« |
| | | (*II*, VI, 111) |
| »Die Welt ist | | »Die Welt ist der *Macroandropos*.« |
| der Makroanthropos« | (51) | (*III*, IX, 407) |
| »Die Weltkörper | | »Sollten   die   Weltkörper   Versteinerungen |
| sind Versteinerungen« | (86) | seyn? Vielleicht von Engeln.« |
| | | (*III*, XII, 261) |
| Starr und flüssig | | »Starr   und   flüssig   sind   *polare Entgegen-* |
| polare Entgegensetzungen | | *setzungen*. Beydes ist vereinigt in dem Begriff |
| Vereinigt in dem Begriff von Feuer | | von *Feuer*.«     (*III*, VIII, S.85) |

Wer nun vermutet, daß die rätselhaften Äußerungen Caribaldis sich aus der Kenntnis des Novalisschen Originalkontextes aufklären ließen, sieht sich getäuscht. Die Originalstellen sind in der Regel genauso opak. In einigen Fällen liest sich der Kontext der zitierten Stelle zwar als witziger Kommentar zum Stück.[29] Vorwiegend zitiert Bernhard aus dem theoretischen Werk von Novalis jedoch Stellen, die dort ebenso zusammenhanglos stehen wie in *Die Macht der Gewohnheit*: Stichworte, kürzelhaft notierte Spontan-Reflexionen, dem Nicht-Eingeweihten schwer nachvollziehbare Anregungen für künftige Projekte. Bernhards besondere Pointe besteht aber darin, daß er bevorzugt Wortfetzen zitiert, die auch Novalis nur abgeschrieben hat: Es sind Zitate und Paraphrasen aus zeitgenössischen philosophiegeschichtlichen Darstellungen, in welchen sich Novalis über Alchemie und Magie informiert hat.[29a]

---

[29] Beispielsweise: »Sollten die Weltkörper Versteinerungen seyn? Vielleicht von Engeln« (*HKA III*, XII, 261).

[29a] Novalis' Notizen über die »Sympathie des Zeichens« sind zum Beispiel angeregt worden durch das vierbändige Werk von Kurt Sprengel, *Versuch einer pragmatischen Geschichte der Arzneikunde* (Halle 1792–99), vor allem durch das Kapitel über Magie. Hier informiert sich Novalis über die Emanationenlehre und über die Vorstellung »einer allgemeinen Harmonie aller Dinge und ihrer wechselseitigen Bezeichnung«; vgl. hierzu die editorischen Kommentare der Herausgeber der Kritisch-Historischen Ausgabe, sowie unten den Exkurs S. 199ff.; ähnliche Vorstellungen liegen auch den von Thomas Bernhard rezipierten Gedanken Hardenbergs über Musik und musikanaloges Dichten zugrunde.

Es ist schwer zu sagen, ob Thomas Bernhard diese Novalis-Stellen nur ausge-wählt hat, weil sie sich der Gestaltungsabsicht besonders gut einfügten, oder ob er mit den Anspielungen noch weitere Ziele verfolgt hat. Die Zitate sind offenbar nicht gerade leicht zu identifizieren gewesen. Im Unterschied zu Novalis' bekann-teren Thesen etwa über Krankheit als musikalisches Problem[30] oder seinen poeti-schen Reflexionen[31] sind Caribaldis Anleihen bislang unbemerkt geblieben. Im Un-terschied zu *Die Berühmten*, wo der Verleger ausgiebig Novalis-Zitate zum besten gibt, weist in *Die Macht der Gewohnheit* nichts auf die Herkunft der betreffenden Stellen hin. Ich vermute, daß Bernhard mit der Komisierung Caribaldis und dessen metaphysischer Selbst-Stimulation auch Aspekte des Hardenbergschen Denkens lä-cherlich macht, die ihn selber einmal fasziniert haben: vor allem den ausdrücklichen Transzendenzbezug von Novalis' Poetik und seines ›Magischen Idealismus‹. Das Lächerlichmachen transzendenter Prätentionen entspricht nicht nur einer generellen Tendenz der Theaterstücke Thomas Bernhards. Damit führt der Autor auch die Ablö-sung von einem jener Schriftsteller fort, die ihn entscheidend beeinflußt haben. Es sei denn, Bernhard wußte, daß auch Novalis' Notate nur Exzerpt und Paraphrase sind.

Für die Deutung rätselhafter Begriffe gibt der Rückgang auf den Originaltext kaum eine Hilfe. Die Verifikation von Zitaten vergrößert den Assoziationsspielraum eher noch. Das gilt nicht nur für *Die Macht der Gewohnheit*, sondern auch für die an-deren Stücke Bernhards, die versteckte oder offenkundige Zitate und Anspielungen enthalten. Caribaldi verwendet die rätselhaften Vokabeln gerade wegen ihrer Nicht-Nachvollziehbarkeit und Verstiegenheit. Sie gehören zur Herrschaftssprache des kau-zigen Zirkusdirektors: Er zupft auf dem Cello herum, traktiert mit seinem Gerede den Jongleur und hält diesen, indem er versteckt seine philosophisch-literarischen Haus-götter anruft, davon ab, verbesserte Arbeitsbedingungen zu fordern: ein treffendes Beispiel dafür, welchen durch und durch ›praktischen‹ Interessen der philosophische Diskurs in Thomas Bernhards Theaterstücken dient. Bernhard Minetti hat dies, als er den Caribaldi spielte, dadurch betont, daß er den Novaliszitaten, mit denen sich der Zirkusdirektor vor seinen Opfern aufplusterte, jeweils triumphierendes Auflachen fol-gen ließ.

## Resümierende Komposita in *Der Theatermacher* (1984)

Auch in dem relativ späten Stück *Der Theatermacher*, das wie *Die Macht der Ge-wohnheit* figurensatirische Momente in den Vordergrund stellt, finden sich gehäuft neologistische Komposita. Diese kommen vor allem in zwei Diskurstypen zur Gel-tung, nämlich in Scheltrede und biographischem Erzähleinschub. Gegenüber dem Wirt des »Schwarzen Hirschen« in Utzbach, der Aufführungsstätte seines Mensch-heitsdramas »Das Rad der Geschichte«, beschimpft der Theatermacher Bruscon seine Frau und damit mittelbar weibliche Darsteller im allgemeinen als »Theaterhemm-

---

[30]  Vgl. u.a. H. Zelinsky, *Amras*; E. Wendt, *Krankheit als musikalisches Problem*.
[31]  Vgl. I. Petrasch, *Konstitution*.

schuh« (36), seinen Sohn als »Handwerksidiot« (115) und als »Vorhangzieher / Drahtzieher der Dummheit« (116). Der Rechtssphäre entlehnte Metaphern stehen für existentielle, als Strafe aufgefaßte Befindlichkeiten: »der weibliche Offenbarungseid« (113) und »Theaterkerkerhaft« (138). Mit Metaphern aus der Sphäre des Pathologischen und Theatralischen wirft Bruscon seinen Mitspielern niederträchtiges Rollenspiel vor: »Krankheitsfetischismus« (122), »Asthmatheater« (93). Auch über Österreich läßt der Autor seinen Protagonisten, wenn auch wenig originell, schimpfen: es sei »Senkgrube« und »Eiterbeule Europas« (60). Bruscons Scheltreden sind sprachlich kraftlos, die Metaphorik ist blaß.[32] Die Beschimpfungen verfehlen ihr Ziel; sie sind bei weitem nicht so grob unsachlich oder verletzend, wie sie wohl sein sollen. Bemerkenswert sind Bruscons formelhafte Verknappungen biographischer Erzählmuster und Einschübe, mit denen er Momente der eigenen Lebensgeschichte kürzelhaft anreißt: »Wiedergeburtsgedanke / Geisteshomosexualität denke ich« (134); »Lebenslängliche Theaterkerkerhaft / ohne die geringste Begnadigungsmöglichkeit« (138); »Narreteibesessene« (149). Ebenso reduziert Bruscon auch die Erzählansätze des Wirtes auf verdinglichte Vorstellungen einer schematischen Lebensmechanik:

> WIRT
> In Gaspoltshofen habe ich
> keine Existenzmöglichkeit gehabt
> nach dem Tod meines Vaters
> BRUSCON
> Keine Existenzmöglichkeit
> Früher Vaterverlust                                (*Tm* 42)
> WIRT
> Wir hatten eine Jausenstation
> in Pacht
> BRUSCON *ruft aus*
> Ein Pächterschicksal                               (*Tm* 43)

In ähnlicher Weise wird die Lebensgeschichte von Bruscons Großvater unter »Auswandererschicksal« und »Schwellenarbeiterschicksal« subsumiert. Muster biographischen Erzählens und Begründens werden in diesem Grad von Reduktion zu beliebig verfügbaren epischen Klischees; die individuelle Lebensgeschichte des Wirtes erscheint als normale, gesetzmäßige, »naturgemäße« Biographie.

Der »Theatermacher« Bruscon hat in mancher Hinsicht Züge Caribaldis, jedoch in abgeschwächter Form; sein Despotismus und seine Pedanterie sind nicht ganz so verbohrt und humorlos wie beim Zirkusdirektor in *Die Macht der Gewohnheit*. Bruscons verminderter apokalyptischer Neigung entsprechend, fehlt seiner Sprache auch der (bei Caribaldi freilich scheiternde) transzendentale Duktus. So finden wir in der Sprache des Theatermachers eine noch exzessivere Neigung zu Nominalisierung und

---

[32] »Hemmschuh« in dem Kompositum »Theaterhemmschuh« ist zum Beispiel eine verblaßte Metapher, die auch durch Zusammensetzung oder Kontext nicht wieder belebt wird. Deshalb dominiert in der Scheltvokabel die sachliche (metonymische) Beziehung: die Frau wird als Hemmnis aller das Theater betreffenden Vorgänge bezeichnet. Die Scheltvokabel hat eine rein verstärkende Funktion ohne bildlichen Eigenwert.

Kompositabildung als bei Caribaldi, doch überwiegen dabei Typisierung und Schelt-vokabular, also die forcierte Verdichtung von sachlichen Zusammenhängen, die un-schwer paraphrasiert werden könnten. Es fehlt der analogisierende Bezug auf Hinterwelt wie überhaupt ein eigenständiger Bildwert. Der Hang zu lexikalischen Auffälligkeiten führt in *Der Theatermacher* deutlicher als in anderen Stücken Bernhards zu substanz- und resonanzlosen Ausdrüken von ermüdender Beliebigkeit, die auch auf dem Konto ›Pedantensatire‹ nicht mehr positiv verbucht werden können: »Niederträchtigkeitsfanati-ker« für Lungenkranke (54), »Schwerfälligkeitsmenschen« für Frauen (48).

Unter thematischem Gesichtspunkt betrachtet, verwendet Bernhard die meisten Kom-posita für die Sphäre von Kunst und Theater. Die zahlreichen Künstlerfiguren seiner Theaterstücke, die Schriftsteller, Opernsänger, Artisten, Schauspieler und Theaterma-cher bringen ihre Existenz und ihre Kunst auf den Begriff, sie schimpfen auf Kultur-betrieb und Publikum. *Die Berühmten* definieren Schriftsteller als »Übertreibungsspe-zialisten« (29) und »Schöpfungsspezialisten« (128), Künstler im allgemeinen als »Ge-sellschaftsopfer« (43). Minetti in *Minetti* nennt die Schauspielkunst seinen »Existenz-zweck« (27), für ihn ist der Schauspieler »Bühnensensibilist« und »Kunstgewalttäter« (29); wo alles um ihn herum bloß »Unterhaltungsmechanismus« ist, gehört alles in die »unglaublichste aller Kunstkatastrophen« (31), und das heißt in die dramatische Wortmühle Bernhards hineingestoßen.

Wenn die Komposita in Bernhards dramatischer Sprache auch kein bildliches oder sonstiges semantisches Eigengewicht erlangen, so sind sie doch nicht bedeutungsneu-tral. Als einander mitunter ergänzende, bedeutungsrelevante Funktionen stechen her-vor: zum einen die Typisierung, wobei der gebildete Typenbegriff oft im Kontrast zum Singulären, Atypischen des Gegenstandes steht; zum anderen die willkürliche Zusammensetzung einer Gegestandsbezeichnung mit einem pejorativen und irgend-wie herabwürdigenden Ausdruck zu einem Schimpfwort.

## Zusammenfassung und Vergleich mit Bernhards Erzählprosa der sechziger Jahre

Rhetorische Mittel können in Figurenrede grundsätzlich zwei Zwecken dienen: (1) zur Verstärkung der Figurenrede; die Aussageabsicht wird prägnanter, nachdrücklicher und wirkungsvoller umgesetzt; (2) zur Charakterisierung der Figur und ihrer Rede; das rhe-torische Mittel überschreitet oder unterläuft den Bewußtseinshorizont des Redenden und relativiert dessen Rede durch unkontrollierte Gegenkommunikationen, für die Komposi-ta als logisch unterdeterminierte Juxtapositionen (Heringer, *Wortbildung* 11) besonders geeignet sind.[33] Die formalen Eigenschaften, die neologistische substantivische Kompo-

---

[33] Den verschiedenen rhetorischen Funktionen entsprechen verschiedene literarische Kom-munikationen: die Verstärkung intentionaler Figurenrede entspricht einer Kommunikation zwi-

sita in der dramatischen Sprache Bernhards im einzelnen haben, können beide Funktionen besitzen, d.h. sowohl die Emphase steigern als auch Figur und Rede komisieren:

1.1   Bloße Zusammenziehung; ein Gedanke wird prägnant zusammengefaßt und dadurch begrifflich-gegenständlich verfügbar. Der ästhetische Reiz der *formelhaften Verkürzung* liegt in der *Vergegenständlichung*, also in der Verfügbarmachung als Redegegenstand, sowie in den *lautlichen* Möglichkeiten, die, vor allem in Scheltrede und Existenzdeutung, zusammen mit der Komprimation *dissonanter* Wortfelder Bernhards Rhetorik der »Rücksichtslosigkeit« ausmachen.

1.2   *Logische Mehrdeutigkeit*; im Unterschied zu Bernhards Prosa der achtziger Jahre[34] gibt es in der Sprache seiner Theaterstücke durchaus intentionale Ambiguität. Die Zusammenziehung erlaubt es in diesen Fällen, verschiedene logische Bezüge gleichzeitig zu evozieren: »Kunstmühle« (*Ber* 20); die »Schöpfungsspezialisten« (*Ber* 128) lassen sich als Spezialisten sowohl für Schöpfung von Kunstwerken als auch für die Schöpfung Mensch auffassen; in Kants Ausdruck »Umweltstrafe« (*IK* 127), der seine Befürchtung, verrückt zu sein, bezeichnet, kann »Umwelt« sowohl als Objekt als auch als Subjekt der Strafaktion verstanden werden.

1.3   *Sprachwitz*, Kalauer; Wortbildungen wie »Suppenfatalität« (*IK* 60) – Kant verträgt keinen Kümmel in der Kümmelsuppe (58ff.) – oder die Attribuierung von Heringen als »Existenzverkürzer« (*IK* 61) wirken durch das größen- und bedeutungsmäßige Mißverhältnis zwischen den Simplices bzw. zwischen Gegenstand und rhetorischem Einsatz komisch.

Alle diese Funktionen können der Figur zur souveränen Verfügung stehen; sie können aber auch als sprachliche oder pragmatische Fehlleistungen erscheinen und auf diese Weise von der Figur distanzieren.[35]

2.1   Die ›Rhetorik der Rücksichtslosigkeit‹ charakterisiert Figur, Haltung und affektive Spannung. Distanzierend wirkt diese Sprechhaltung, wenn sie in einem unkontrollierten Mißverhältnis zum Gegenstand steht (inadäquater Aufwand im Verhältnis zu Zweck oder Anlaß) oder wenn die sprachliche Realisierung die Ausdrucksabsicht nicht einlöst (Tücke des Objekts). Die deplacierte oder rational-logisch unverständliche Äußerung ist Ausdruck der Zwanghaftigkeit, mit welcher der Protagonist redet (beispielsweise Caribaldi).

2.2   Die Mehrdeutigkeit äußert sich als *sprachliche Verklumpung*. Die Äußerung ist Bedeutungsknoten, in dem mehr gesagt ist, als die Figur beabsichtigte. In der sprachlichen Deformation reproduziert sich mitunter ein Akt von Gewalt, der der Figur angetan wurde. Diese Art von Mehrdeutigkeit ist nicht als »intendierte

---

schen redender Figur und Adressat sowie Publikum, die Charakterisierung der Figur entspricht einer ans Publikum gerichteten Botschaft des Autors *über* die Figur. Auf dieser zweiten Kommunikationsebene sind Bernhards Figuren die »Marionetten«, als die er sie bezeichnet.

[34] Vgl. Betten, *Ad-hoc-Komposita*.

[35] Jede Abweichung von den Normen der Grammatik kann *virtus* oder *vitium* sein. Vgl. Lausberg, *Handbuch* 28f. (§ 8).

Ambiguität« im Sinne einer hermetischen Schreibweise mißzuverstehen.[36] Die unbeherrschten Signifikanten plaudern ein Unbewußtes aus.

2.3 *Sprachwitz* entsteht durch unfreiwillige Komik, als unbewußter Lapsus. Anders als bei Bernhards Komödien-Kant, der vorwiegend Sprechmaschine ist, muß dabei eine inhaltliche Verbindung der Fehlleistung zum Charakter der redenden Figur bestehen, damit der Witz sich gegen diese wenden kann.

Die lexikalischen Besonderheiten sind wie auch die im folgenden Kapitel analysierten syntaktischen Merkmale keineswegs nur mechanisch abgespulte Manierismen, die, wie oftmals in der Kritik behauptet, ein schreibender Monomane seinen Figuren unterschiedslos in den Mund legte, sondern vom Autor differenziert eingesetzte Mittel, eine Figur durch den Modus ihrer Rede zu zeichnen und eine Interaktionssituation bzw. Stimmung zu gestalten. Neologistische Komposita finden sich vor allem in jenen Theaterstücken Bernhards, in denen die farcenhaften und figurensatirischen Momente im Vordergrund stehen, während sie in anderen weitgehend fehlen. Die Verteilung der Komposita und ihrer Funktionen folgt variierenden Zielen: Steigerung von Ausdruck und Emphase; typensatirische Komik; relativ figurenunabhängiger Sprachwitz.

Chronologisch spiegelt die Reihenfolge dieser drei Strategien eine Entwicklung des Bernhardschen Schreibens. Im Vergleich zu Bernhards früher Erzählprosa sind die Wortzusammensetzungen in seinen Theaterstücken weniger skandalös[37]; es haben sich ihr formaler Charakter wie auch ihre Funktion gewandelt: Die Emphase ist weitaus geringer, die bildliche Dimension der Komposita ist stark reduziert. Statt auf ausufernden Tiraden liegt der Akzent auf der begrifflichen Transposition als solcher, auf der typisierenden und komprimierenden Vergegenständlichung durch Substantivierung und Zusammensetzung.[38] Im Unterschied zur Sprache seiner Prosa der sechziger

---

[36] Dies stimmt mit Anne Bettens an den Romanen *Der Untergeher* und *Holzfällen* gewonnenem Befund überein, daß »intentionale Ambiguität« (Boase-Beier, *Arbeitsbericht Nr. 41. DFG-Projekt »Nominalkomposita«. Endbericht*, Regensburg 1984, zit. nach Betten, *Ad-hoc-Komposita* 87) bei Bernhard keine Rolle spielt. Bernhards episches »Sprachspiel ist daher kein Spiel mit möglichen Bedeutungen, sondern eines der formalen Variations- und Kombinationsmöglichkeiten und semantischen Kontrast- und Verblüffungseffekte« (87).

[37] Laut V. Finnern haben die Wortkonstruktionen in Bernhards früher Prosa den Charakter »rhetorischer Skandale« (*Mythos* 94). Finnern bezieht sich hierbei auf Dubois et.al., *Rhetorik* 177).

[48] Wie in den Theaterstücken dominiert die komprimierende und zuspitzende Funktion der Zusammensetzungen auch in Bernhards Prosa der achtziger Jahre. Weder hinsichtlich ihrer Frequenz noch hinsichtlich ihrer textorganisierenden Funktion erhalten die Komposita in Bernhards Stücken eine seiner Prosa vergleichbare Bedeutung. In Bernhards später Prosa sind sie, wie Betten (*Ad-hoc-Komposita*) gezeigt hat, Motor und exponiertes Medium der gesamten Textentwicklung. Zusammensetzungen dienen als abschließende Formel, aber auch als Material zum Neuansatz der spiralförmigen, auf Wiederholungen, Variationen und Rückgriffen beruhenden Reflexionsprozesse des Erzählers. Das epische Kompositionsverfahren besteht in »anaphorischer Textverflechtung«, wobei die Komposita als eine Art aufrufbarer Namen komplexer Subtexte fungieren. »In dieser Reflexionsprosa [*Der Untergeher* und *Holzfällen*] scheinen es vielmehr gerade die Komposita zu sein, durch deren Wiederholungs- und Variationsspiel dieses Strukturmuster nicht nur gespiegelt, sondern eigentlich erst geschaffen wird« (ebd. 87). Von einer in diesem Sinne textorganisierenden Funktion der Komposita kann in Bernhards Theaterstücken nicht gesprochen werden; statt dessen stellen sie ein gezielt eingesetztes Mittel der

Jahre verzichtet Bernhard als Dramatiker auf jene »phantastischen Neubildungen«, als deren Wirkung Hans Höller die »Entmächtigung des verbalen Satzteiles« erkannt hat.[39] Die Entmächtigung von verbalem Satzteil und handelndem Subjekt ist, wie gezeigt wurde, bereits eine Folge der verdinglichenden Nominalsprache der Figuren Bernhards – einer Sprache, die auf die Eliminierung alles Einzelnen, Individuellen, Besonderen sowie konkreter logisch-zeitlicher Bezüge angelegt ist. Mit dem Verzicht auf diese faszinierend-phantastischen Neubildungen verzichtet Bernhard in seinen Theaterstücken zugleich darauf, die verdinglichende und verräumlichende Tendenz dieser Sprache durch eine tatsächlich Dinge und Räume evozierende Bildlichkeit zu verstärken. Den Tropen der dramatischen Sprache Bernhards fehlt eine eigenständige visuell-räumliche Dimension; unter oder über dem buchstäblichen Sinn bildlich verstärkter Rede stabilisieren sich keine selbständigen semantischen oder bildlichen Strukturen. In dieser Hinsicht ist Herbert Gamper zuzustimmen, der eine Vergröberung und einen verminderten Beziehungsreichtum in der Sprache der Theaterstücke festgestellt hat (*TB* 79f.). Emphase und relativ eigenwertige Bildlichkeit affirmieren in Bernhards Rollenprosa die sprachliche Form der Figurenrede. Trotz aller erzählformalen Distanz und Objektivität durch Mimesis an die Innerlichkeit der monologisierenden Hauptfigur laden sie zur Identifikation mit deren Befindlichkeiten ein.

Indem der Dramatiker Bernhard Emphase und Bildlichkeit einschränkt, vergrößert er im Vergleich zur Prosa die Distanz zur Form des Sprechens und Denkens seiner Figuren, objektiviert diese Form und macht sie zum Thema seiner Stücke. Die Entmächtigung des handelnden Subjekts wird in den Stücken nicht mehr so breit ausgemalt. Es fehlt die bildliche Suggestion eines für die Entmächtigung Verantwortlichen und die Insinuation eines Ersatzsubjekts (Gott, Natur, metaphysisches Prinzip, Hinterwelt etc.), wie sie in der Sprache der frühen Prosa Bernhards stattfindet. In den Theaterstücken wird aus der Form der Sprache erkennbar, daß die Subjekte ihre Entmächtigung aktiv, wenn auch weitgehend unbewußt selber betreiben oder zumindest perpetuieren. Diese Eigenaktivität der lamentierenden Hauptfigur bei der Hervorbringung ihrer Ohnmacht und Verzweiflung bringt Thomas Bernhard unter anderem durch größere Formelhaftigkeit zum Ausdruck. Das Verhalten der Protagonisten wird erkennbar als ›Trotz‹ im Sinne Kierkegaards oder als eitle Geschwätzigkeit. Die Strukturmomente jener Sprache, in der zum Beispiel Strauch und Saurau ihren metaphysischen Schauder zum Ausdruck bringen, sowie ihre formalen Stereotype und Marotten, sind zur Bastelanleitung für effektvolle Ausdrücke innerhalb geschwätziger Kon-

---

Figurenzeichnung dar. – Weder in den Stücken noch in der späten Prosa Bernhards leisten die Komposita eine im Gegensatz zu »traditionellen kausalen Beziehungen zwischen den narrativen Elementen« stehende Integration aufgrund »textueller Beziehungen«, wie sie Madeleine Rietra für *Korrektur* gezeigt hat (*Poetik* 121). Die anaphorische Funktion sowie die unspektakuläre Bildungsweise haben zur Folge, daß man die Zusammensetzungen in Bernhards späten Texten ohne weiteres paraphrasieren kann.

[39] Höller, *Kritik* 65. »Die breit anschwellenden Substantivkomposita, oft noch in gesperrtem Druck hervorgehoben, führen mit der Bedeutungsschwere ihrer phantastischen Neubildungen zur Entmächtigung des verbalen Satzteiles: [...] die Entfaltungsmöglichkeiten des Zeit- bzw. Tätigkeitswortes [... wird] auf bloß konstatierende Funktion eingeschränkt« (ebd.).

versation geworden. Am deutlichsten wird dies in *Die Berühmten* und in *Der Theatermacher*. Dementsprechend gibt es, *Die Macht der Gewohnheit* ausgenommen, in der Sprache der Stücke auch keine nennenswerte Anzahl jener neologistischen Zusammensetzungen, deren »viktimologischen« Charakter Volker Finnern für Bernhards frühe Erzählprosa präzise herausgearbeitet hat: zum Beispiel anomale Präfigierungen mit einem Reflexivum (»Selbstinfamie«; *Tm* 28) oder mit einem Richtungsadverb (in die Verrücktheit »hineintraktiert«; *MG* 65).[40] Finnern faßt die Wirkung solcher Wortbildungen in Bernhards früher Prosa so zusammen: »Generell bringen solche Zusammensetzungen komplexe Vorgänge auf ein anschauliches Energieschema, insinuieren sie eine traumatische Passivität [der Figur], werden sie so zu ›viktimologischen‹ Vokabeln. [...] Die genannten Zusammensetzungen gehen auf in einem Bild einer alptraumhaften Kinetik, die die Individuen auf die Eigenschaften mechanischer Körper zurückstuft.«[41] Die sprachliche Affirmation der Opferperspektive durch einen »Exzeß [...] der ekstatischen Sachlichkeit«[42] ersetzt Thomas Bernhard in seinen Theaterstücken durch den objektivierenden Blick auf die sprachlichen Mechanismen, mit denen die Protagonisten, zumindest die Apokalyptiker unter ihnen, ihren Opferstatus perpetuieren. Das lebenslängliche Verhängnis, in welchem Bernhards Figuren existieren, erscheint aus der Distanz der Theaterstücke als tendenziell selbstverursachtes. Die Maxime, die dieser Art ästhetischer Versuchsanordnung zugrundeliegt, formuliert Caribaldi, Novalis zitierend, selber:

> CARIBALDI
> Alles Unwillkürliche
> soll in ein Willkürliches
> verwandelt werden (*MG* 44)

Diesem Postulat folgend, zeigt Thomas Bernhard auch an Caribaldi die Eigenaktivität des Todeskranken bei der Hervorbringung seines Unglücks.

---

[40] Einige weitere Beispiele für anomale Präfigierung mit einem Richtungsadverb finden sich bezeichnenderweise wiederum in *Die Macht der Gewohnheit*: »sich mit dem Bogen / in den Tod / hineinstreichen« (*MG* 103); »Und die fortwährenden Versuche / die Mittelmäßigkeit der Verwandtschaft / in diese Hohe Kunst / oder besser in diese sogenannte Hohe Kunst / hinein / und hinunter zu stoßen« (*MG* 99). – Nur in wenigen Stücken Bernhards, etwa in *Minetti*, finden sich noch anomale Begriffsfügungen als »spezifische Aktualisierung räumlich-körperhafter Wortbedeutungen, die sonst nicht mehr anschaulich empfunden werden« (Höller, *Nichts Ganzes* 51).
[41] Finnern, *Mythos* 95. Weitere der bei Finnern genannten Neologismen fehlen in den Stücken Bernhards ebenfalls: neue Verben als Ableitungen von Fremdworten (94), analytische Rückbildungen normalsprachlicher Komposita durch »Akzentuierung der Präfixe« (96), Verbindungen von Substantiven mit Richtungsadverb oder reflexivem Präfix (98ff.).
[42] Gerhard P. Knapp und Frank Tasche verstehen die Komposita von Bernhards früher Prosa als »Bestandteil eines Distanzierungsprogramms, eines Dissimulationsprozesses« (*Dissimulation* 490). In Bernhards stilistischer Grundhaltung dürfte man »keineswegs die Neigung zu hypertrophem semantischem und klanglichem Spiel sehen«. »Im Gegenteil: was sich hier vollzieht, ist nichts anderes als das engagierte Bemühen eines Autors, vermittels polyvalenter Sprachkombinatorik der Polyvalenz der Erscheinungen gerecht zu werden. Ein sprachlicher Exzeß, sicherlich. Ein Exzeß aber der ekstatischen Sachlichkeit, von unterkühlter, dissimulatorischer Präzision« (ebd. 491). Eine Diagnose aus dem Jahre 1971, die in Relation zu Bernhards jüngster Produktion die Entwicklungsspanne seines vermeintlich so homogenen Gesamtwerks deutlich werden läßt.

# Ausgesparte oder unausdrückliche Selbstvermittlung: Zur syntaktischen Dissoziation in Bernhards dramatischer Sprache

Zu den auffälligsten Merkmalen der Sprache Thomas Bernhards gehören die Verstöße gegen schriftsprachliche Syntaxkonventionen. Hierzu zählen Verstöße gegen die Grammatik ebenso wie Unstimmigkeiten zwischen Semantik und Syntax. Schon Erich Jooß stellt für Bernhards *Verstörung* fest: Satzzerfall ist »ein zentrales Stilprinzip« (*Aspekte* 91). Syntaktische Regelverstöße verstärken die Tendenz zur Atomisierung sprachlicher Gehalte, die sich generell bei Bernhard, also auch in regelkonformer Sprache bemerken läßt. Schon durch parataktische und asyndetische Reihung sowie durch »bewußt unbestimmte syntaktische Zuordnung«[43] bilden einzelne Wörter und Wortgruppen ein syntaktisch ungeordnetes Feld semantischer Bezüge aus. Wo Bernhards Figuren überhaupt den Versuch unternehmen, ihre Äußerung logisch zu strukturieren, wird der Satz meist durch Hyperkomplexität undurchschaubar; wo Konjunktionen und Adverbien nicht fehlen, werden sie in einer nicht nachvollziehbaren oder sogar falschen Weise verwendet. Die dissoziierte Form der Sprache ist ein ›Abdruck des Geistes‹ der Figuren Bernhards.

Aus subjekttheoretischer Perspektive wurde die unzureichende sprachliche Organisation als Indiz fehlender Selbstvermittlung interpretiert.[44] Und in der Tat scheint eine Selbstvermittlung des Sprechenden nicht stattzufinden; zumindest hat sie in einer Rede, die derart in unvermittelte Bruchstüke zerfällt, keine Entsprechungen. Das Selbst manifestiert sich, wie H. Reinhardt ausführt, nicht in seinen Worten und Gedanken, sondern bleibt »in einem ungreifbaren Dahinter« (*Subjekt* 342). Dieser Phänomenbeschreibung ist zuzustimmen, doch sind Differenzierungen nötig. Reinhardt führt das Fehlen der Synthesis, die mangelnde Beziehung auf Identität, darauf zurück, daß Bernhards Figuren ihr Gedachtes »äußerlich« bleibe (ebd.). In dieser Perspektive erscheint der Mangel an Selbstvermittlung als kognitives Defizit, welches nur »›regellose Haufen‹ von Vorstellungen« (343) hinterlasse. Die sprunghafte Rede wird jedoch auch dadurch vorangetrieben, daß den Figuren ihr Gedachtes viel zu wenig äußerlich bleibt. Die sprunghafte Rede ist dann nicht Suche nach der einen wahren Identität dahinter, sondern Abwehr von bedrängenden Erfahrungen und Erinnerungen, mithin von lebensgeschichtlich akkumulierten Identitätsfacetten, die dem Wunsch-Selbst widersprechen.

Das Formphänomen der dissoziierten Sprache geht jedoch nicht in den genannten Bezügen von Suche und Abwehr auf. Zum einen entspricht Bernhards Figurenrede

---

[43] Gamper, *Wissenschaft* 12.
[44] Vgl. insbesondere H. Reinhardt, der unter Bezug auf Adornos »Versuch, das Endspiel zu verstehen«, meint: »Die Anhäufung von Phänomenen der Dissoziation suspendiert eine letzte logische Beziehung nicht, ja fordert sie geradezu herauf: die auf Identität« (*Subjekt* 342f.).

faktisch gesprochener Sprache; es läßt sich nur im Einzelfall entscheiden, ob mit der Aussparung eines expliziten Selbstbezuges tatsächlich Selbsttäuschung oder Selbstverlust einhergeht. Zum anderen haben Phänomene von Dissoziation bei Bernhard auch positive rhetorische Funktionen, indem sie der Sprache eigentümlich musikalische Ausdruckswerte verleihen: als nicht-urteilend verknüpfte, »begriffslose Synthesis« (Adorno), die durch »kunstvolle Störungen« den Prozeß der Vermittlung ins sprachliche Material verlegt.[45]

An die Stelle syntaktisch-logischer Strukturen, die in der dissoziierten Sprache fehlen, treten metaphorische und sinnbildliche Verklammerungen[46], semantische Beziehungen, Varianten des Wiederholungsprinzips sowie der zitierende Rekurs auf Sinnzusammenhänge und Autoritäten der Geistesgeschichte, an die Bernhards Figuren zugleich die ausgesparte Vermittlung ihres Selbst – vor allem ihres narzißtischen Größenselbst (im Sinne Heinz Kohuts) – delegieren. Ein weiteres, ebenfalls der Atomisierung in gewisser Weise entgegengesetztes Stilprinzip fehlt der dramatischen Sprache Bernhards jedoch; es ist der komplexe Schachtelsatz und die Überdehnung hypotaktischer Gefüge, wie sie aus Bernhards früher Prosa bekannt sind. Um die spezifische Intention, die Thomas Bernhard mit seinen Theaterstücken verfolgt, näher bestimmen zu können, möchte ich zunächst zeigen, auf welche Ausdrucks- und Darstellungsmöglichkeiten er damit verzichtet.

## Die Funktion der Hypotaxe in Bernhards Erzählprosa

Der Atomisierung einzelner Wörter und Wortgruppen stellt die Hypotaxe ein streng hierarchisierendes Prinzip gegenüber. Der Schachtelsatz stellt die Gehalte in logische Beziehungen zueinander, preßt sie in eine übergeordnete Struktur, in ein »Machtgefüge« (Maier 19) hinein. Das hypotaktische Geflecht logischer Beziehungen und mehrstufiger Hierarchisierungen von Nebensätzen tendiert als solches zur Verräumlichung. Charakter und Funktion der Hypotaxe sind für einzelne Prosawerke Bernhards recht gut analysiert worden. Was bislang fehlt, ist eine zusammenfassende Darstellung der im Detail durchaus abweichenden Forschungsergebnisse und vor allem der Vergleich mit der dramatischen Sprache Bernhards, die solche großräumigen Satzgebäude überhaupt nicht kennt. Die Unterschiede und Abweichungen zwischen den einzelnen Analysen zur Prosasprache sind weniger auf theoretisch-interpretatorische Differenzen zurückzuführen als vielmehr darauf, daß die Interpreten jeweils verschiedene Werke

---

[45] Th.W. Adorno, *Parataxis* 184ff. Adorno spielt hier – die Angemessenheit seiner Deutung von Hölderlins Dichtung steht hier nicht zur Rede – auf Phänomene an, die sich auch in Bernhards Figurenrede finden, und spricht von einer »konstitutiven Dissoziation« (185). Vgl. unten den Abschnitt über sprachliche Musikalität bei Thomas Bernhard, S. 187ff.
[46] Vgl. Reinhardt, *Subjekt* 342. Reinhardt meint hier insbesondere Bernhards Theatermetaphorik.

Bernhards zur Textgrundlage nehmen oder andere Phänomene in den Vordergrund stellen.[47] Die wichtigsten Ergebnisse seien kurz zusammengefaßt:

(1) *Inhaltliche Hyperkomplexität* verschleiert die syntaktische Konstruktion und damit auch die logische Ordnung der einzelnen Gehalte zueinander. Die einzelnen Syntagmen werden durch ein Übermaß an Informationen in Gestalt von Adjektivhäufungen, Partizipialkonstruktionen und redundanten Umformulierungen auf derselben syntaktischen Stufe so aufgebläht, so daß deren syntaktische Position aus dem Blick gerät.

(2) Die Satzstruktur kann auch durch *syntaktische Hyperkomplexität* verschleiert werden. Um so nachhaltiger ist dieser Effekt dann, wenn Einschübe – wie es bei Parenthese, elliptischem Einschub und Anakoluth der Fall ist – aus der Syntax des Obersatzes herausspringen. Diese syntaktische Struktur dient vor allem der Verschränkung mehrerer Perspektiven: personaler Art[48], zeitlicher Art[49] oder theoretischer Natur[50]. Mitunter werden zusammengehörige Satzglieder durch Einschübe voneinander getrennt; dadurch wird nicht nur die Syntax unkenntlich, sondern auch inhaltliche Widersprüche werden verschleiert: die Entfernung zwischen Prädikat und Objekt sowie zwischen parallel gefügten Adjektiven[51] wird einfach zu groß.

Wo die Aufnahmefähigkeit des Rezipienten derart überfordert wird, kann erst genaue Analyse zeigen, ob ein Satz grammatikalisch korrekt gebaut ist oder nicht und ob die Satzinhalte der syntaktischen Struktur auch tatsächlich entsprechen. »Das rational-logische Prinzip der syntaktischen Ordnung läßt sich inhaltlich schwerlich verifizieren«, wie Jens Tismar (*Idyllen* 114) zu Recht bemerkt. Die Prosatexte Bernhards realisieren dieses Mißverhältnis zwischen Syntax und Semantik in jeweils unterschiedlicher Weise. Für den Maler Strauch etwa erweist sich die logische Form der Sprache als ein viel zu enges Korsett für die »Armee von Zwischenrufen« (*F* 300), unter denen er leidet; die logische Struktur wird durch eine bloße Abfolge momentaner Evidenzen Strauchs unterlaufen.[52] Der Satz bricht auf in eine sprunghafte Abfolge »von diskre-

---

[47]  Zum Beispiel ist der Dissens, den Anne Betten (*Sprachrealismus* 385) zwischen Wolfgang Maier (*Abstraktion*) und Christa Strebel-Zeller (*Verpflichtung*) erkennen zu können glaubt, tatsächlich gar nicht vorhanden, da beide unterschiedliche Textphänomene behandeln.

[48]  Vgl. die Diskussion einer entsprechenden Stelle aus *Der Italiener* bei Bernhard Sorg (*TB* 48). Die verschachtelte Syntax dient hier dem Versuch, Wahrnehmungen des Sohnes mit Reflexionen des Erzählers zu verschränken und eine totale Gegenwärtigkeit der Perspektiven zu erzeugen.

[49]  In diesem Falle werden inhaltlich differierende Perspektiven verschränkt, die wie zum Beispiel Erinnerungen, gegenwärtige Wahrnehmungen und Reflexionen zeitlich verschiedenen Ursprungs sind.

[50]  Damit ist jede Form einer verschiedene Aspekte abwägenden Reflexion gemeint, wie sie in der adversative Verknüpfungen bevorzugenden Sprache in *Das Kalkwerk* zum Ausdruck kommt.

[51]  Vgl. hierzu die Diskussion von Textbeispielen aus *Amras* bei Jens Tismar (*Idyllen* 114f.).

[52]  In *Frost* dominiert eine eruptive, spontane Sprache, eine, wie Bernhard Sorg ausführt, »kreisförmige Denkbewegung Strauchs, die [...] nach einiger Zeit am selben Punkt wieder landet«. »Das Assoziationsgeflecht führt nie weiter, es dreht sich stets im Kreis von Erinnerung und Ekel. Die Sätze werden weniger durch kausale, temporale, finale Unterordnungen be-

ten Subjektivitätsereignissen« (Fischer, *Gehen* 111). Die Sprache von *Amras* versucht demgegenüber die Integration mannigfaltiger Aspekte in einer komplexen syntaktischen Struktur:

»Hinter unseren Eltern zurückgeblieben, von ihnen allein gelassen, *lagen* wir, Walter und ich, in den uns von allen Seiten nur in Bruchstücken schamvoll beschriebenen, dadurch so dunkel gebliebenen Tagen kurz auf die Selbstmordnacht, schon von den ersten Augenblicken im Turm an, die ganze Zeit auf den wohl für uns in aller Eile frisch überzogenen Strohsäcken auf dem mittleren Boden des Turms, zuerst besinnungslos, späterhin schweigend und horchend und danach, oft den Atem anhaltend, vom Ende der ersten Woche an, immer nur *auf und ab gehend*, mit nichts als mit unserer völlig verfinsterten, hintergangenen noch nicht zwanzigjährigen jungen Natur beschäftigt.« (*A* 8; Hervorhebung C.K.)

Vernachlässigt man die Einschübe, so lautet der Hauptsatz: »lagen wir auf Strohsäkken«, modal absurderweise durch die Partizipialkonstruktion (»auf und ab gehend«) bestimmt. Kaum bemerkbar für den Rezipienten, verknüpft Bernhard elementare Prädikationen in einem komplexen syntaktischen Gebilde zu einer abstrusen Gesamtaussage. Wenn in Interpretationen zur Prosasprache Bernhards immer wieder der rationale Charakter des Gefüges (im Gegensatz zur Irrationalität von Wortwahl und Gehalt) hervorgehoben wird[53], so darf das nicht so verstanden werden, als entspräche die Konstruktion tatsächlich immer einem explizierbaren Sinn. Vielmehr fungiert die verschachtelte Syntax für sich genommen als ein sinnliches Zeichen (Signal) für Rationalität, Überblick, Differenziertheit, auch ohne daß der inhaltliche Bezug der syntaktischen Konstruktion rational motiviert wäre. Wie die zitierte Textstelle aus *Amras* zeigt, ist es oft gerade die Syntax, die für sich genommen sinnvolle elementare Prädikationen in einen unsinnigen Zusammenhang stellt.[54] Der Eindruck formaler Strenge ergibt sich wohl eher aus dem retardierenden Rhythmus dieser immer wieder durch Einschübe gebrochenen, in ihrem Fluß gehemmten Sprache. Das retardierende, an die zäsurenreiche Sprache Kleists erinnernde Moment besteht darin, daß durch die »Akkumulation attributiver Bestimmungen« (Tismar, *Idyllen* 114) und syntaktischer

---

stimmt, [...] sondern beinahe ausschließlich durch Tautologien, Anakoluthe und asyndetische Reihungen« (Sorg, *TB* 70f.). Die Perioden bestehen im wesentlichen aus einer Abfolge von Satzfragmenten.
[53] Etwa Tismar: »Das rationale Element, formal durch die komplizierte Gliederung aufgerufen, wird von einer *lyrischen* Einheit, die den Satz zusammenhält, unterlaufen« (*Idyllen* 115). – Oder Sorg, ebenfalls zu *Amras*: »Nur auf den flüchtigsten Blick hin nämlich sind diese Sätze vage und zerfließend [...], es überwiegt jedoch die kunstvoll, um nicht zu sagen künstlich geformte und gegliederte hypotaktische Satzstruktur, also ein strenges System geschachtelter und logisch aufeinander bezogener syntaktischer Einheiten« (*TB* 78). Schlüsselt man die inhaltlichen Bezüge aber einmal auf, erscheint das syntaktische System längst nicht mehr so streng wie Sorg vermutet.
[54] Die sinnvolle elementare Prädikation im genannten Beispiel bestünde darin, das Aufundabgehen als einen der zyklisch wiederkehrenden Existenzzustände zu nennen; erst die syntaktische Beziehung, nämlich als modale Bestimmung zum Verb des Hauptsatzes (»lagen«), macht die Gesamtaussage unsinnig. Beispiele dieser Art ließen sich vermehren. – Z.B. hat Jens Tismar (*Idyllen* 114ff.) auf weitere, wenn auch nicht so starke Unstimmigkeiten hingewiesen, die durch syntaktische Komplexität verdeckt werden. Oftmals ist es also gerade die Syntax, die ein irrationales Moment enthält.

>Vorhalt<-Akkorde die Spannung auf ein lösendes Bezugswort (auf ein durch die Bestimmungen bestimmtes Nomen, auf das zu einem Prädikat gehörende Objekt) aufgebaut wird, das durch die Anhäufung zugleich zurückgehalten wird.

Im Roman *Das Kalkwerk* führt dieses Verfahren in radikalisierter Form zu einer weitergehenden, hypertrophen Aufhebung des syntaktischen Gebildes. Kaum mehr zitierbare Schachtelsätze von oftmals über einer Druckseite Länge lassen von ihrer Gesamtkonstruktion wenig mehr erkennen; es sind nur noch die elementaren Prädikationen wahrnehmbar, während das syntaktische Gerüst gänzlich unüberschaubar wird und zerfällt.[54a] Nur vereinzelt stehen solchen selbstzerstörerischen Satzgebilden grammatikalisch gelungene, auf einen witzigen Effekt hinkomponierte sprachspielerische Hypotaxen gegenüber:

»Diese jungen Menschen habe ich gelehrt, wie man eine Welt, die vernichtet gehört, vernichtet, aber sie haben nicht die Welt vernichtet, die vernichtet gehört, sondern haben mich, der ich sie gelehrt habe, wie man die Welt, die vernichtet gehört, vernichtet, vernichtet.«    (*W* 77)

Zusammenfassend läßt sich sagen, daß Bernhards Erzählprosa syntaktische Strukturgebäude entweder sprengt oder unüberschaubar macht. Die Vielfalt der dabei jeweils realisierten syntaktischen Muster entspricht den verschiedenen deiktischen Aufgaben, die der Syntax als relativ eigenständigem Gestaltungsmittel zukommen. In diesem Sinne hat Höller ganz zu Recht von einer ornamentalen und verräumlichenden Syntax gesprochen (Höller, *Kritik* 36f.). Die Verräumlichung ist ambivalent: einerseits verlangt die hypotaktische Struktur vom Sprechenden einen souveränen Überblick, der differenzierte sprachliche Erkenntnis erst ermöglicht, andererseits wächst mit zunehmender Komplexität des Gebildes für die zitierte oder erzählende Figur die Gefahr, sich in dem Strukturgebäude zu verlaufen und die Übersicht zu verlieren. Diese Ambivalenz von Klarheit und Irritation (bzw. Selbstverlust) bezeichnet jene Affektspannung, welche das hypotaktische Sprechen der Bernhardschen Prosafiguren auszeichnet. Auch die durch Fügungsbrüche und Hyperkomplexität gestörte Hypotaktik läuft auf diese Weise auf eine Atomisierung sprachlicher Gehalte hinaus[55]; logische Struk-

---

[54a] Vgl. etwa *Kw* 53f. und 153f. Zusammen mit exzessiver Wortwiederholung simulieren die inhaltlich kaum mehr nachvollziehbaren adversativen Konjunktionen hier eine differenzierte, aspektreiche Argumentation.

[55] Schon 1970 schreibt W. Maier: »Die Energie nun, die die Rede vorantreibt, entlädt sich nicht stoßweise in kurzen, vielleicht sogar elliptischen Sätzen, wie es der monomane Sprachzustand erwarten läßt« (18). – »Die Hochspannung bei Bernhard wird erzeugt durch generatorenhaft kreisende, großräumige Satzgebilde.« Sie erschienen jedoch nur auf den ersten Blick als »hypotaktisch zusammengeschlüsselt.« Das »Machtgefüge« der Hypotaxe gerate »in ein zerstörerisches Kreiseln« (19). »Wichtig ist: die grammatikalischen Bindungen des Satzgefüges – bei Bernhard überhaupt – lassen sich weniger unter die ordentlichen Begriffe wie temporal, kausal, final, modal etc. fassen; es setzen vielmehr gegenläufige Anstrengungen ein. Am auffälligsten sind modifizierte Wiederholungen, Neuansätze, die – wenn auch gesteigert – ins Gleiche hinauslaufen; Tautologien, Paradoxa, Anakoluthe, hektische Reihungen (asyndetisch), die häufig im Kürzel >usf.< enden etc. Es ist also eine Umfunktionierung der Hypotaxe festzustellen: weg von der trocken logischen Stringenz hin zur atemlosen Eruption, zum Emotionalen, Irrationalen« (19f.). Dem Stoff der Prosa Bernhards »liegt eine Struktur zugrunde, die sich in ihrer Selbstvernichtungstendenz in der gestörten Rede, im Zerfall der Hypotaxe wiederholt.

turzeichen wie Kommata und Konjunktionen wirken als affektive, rhythmische Signale, die Rationalität und Strukturierung konnotieren, nicht aber einlösen. Die syntaktische Auflösung begünstigt ein verwirrendes Spiel mit verdeckten Suppositionen und Implikationen, insbesondere dann, wenn die entscheidenden Informationen (Sachverhalte; Tatsachenbezüge) in abhängigen Sätzen, syntaktisch mithin an untergeordneter Position stehen. Diese Informationen teilen sich dem Rezipienten zwar mit, entziehen sich aber tendenziell wieder der Aufmerksamkeit und Überprüfbarkeit. So wird das Strittige vom Aussagesatz gerade nicht zur Disposition gestellt, sondern vorausgesetzt. Durch geschickt plazierte Widersprüche und Ungereimtheiten zwischen einzelnen Suppositionen treibt auch die Semantik den Satzzerfall voran, ohne daß der Zerfallsprozeß selbst ohne weiteres nachvollziehbar würde.[56] Mit der rationalen Strukturierung zerfällt auch die Kontrollierbarkeit von Inhalten, verstörenden Details und Paradoxien. Die strukturelle Negativität richtet sich meist nicht gegen die suggestiv vermittelte, affektive Anspannung.

Wenn auch Zerfall und Überdehnung hypotaktischer Satzgebäude zur Atomisierung der Gehalte führen, so ist dieses *Scheitern* syntaktischer Strukturierung doch etwas völlig anderes als der *Verzicht* darauf[57], wie er in der fragmentierten Sprache zur Geltung kommt, derer sich Bernhards Figuren ja auch bedienen. Der Unterschied zur bloßen Reihung besteht darin, daß die gestörte Hypotaxe die atomisierten Gehalte in einem Beziehungsraum aufspannt, statt sie in bloßem Nacheinander in die Evidenz zu heben. Dieser Beziehungsraum ist zwar kaum nachvollziehbar, dennoch aber sinnlich repräsentiert oder simuliert. Die gestörte Hypotaxe verkörpert den Verlust an erstrebter Orientierung und erhält dadurch deiktische Funktion (Lederer 59).

Man kann bei beiden und ineins genommen von einer Zusammenhangsneurose sprechen« (21). – Die Selbstvernichtung der Struktur läuft auf eine Atomisierung der Gehalte hinaus, der Satz erscheint »als eine *Summe von Gedankenpartikeln*« (Strebel-Zeller 102). – Ein Umkippen hypotaktischer Rede konstatiert auch Otto Lederer: Durch Totalisierung des Erkenntnisanspruches der redenden Figur oder des Erzählers münde die syntaktisch insinuierte Durchschaubarkeit »in den Verlust der Orientierung, sie ist zerstörerisch«. Die Syntax erhalte »aufgrund der verwirrenden Schachtelungen eine auf den Orientierungsverlust verweisende Funktion: Syntax als Deixis« (Lederer 59f.).

[56] Im Vergleich zu einem Text Franz Kafkas, in dem das »Verhältnis zwischen erwähntem Detail und aus ihm resultierendem Informationsinteresse ausgeglichen« ist, zeigt Hugo Dittberner die völlige Andersartigkeit der Bernhardschen Prosa: »Die exponierten Tatbestände [...] stehen in abhängigen Sätzen (Nebensätzen 1., 2., 3. Ordnung). Und gerade an diese in Nebensätzen (die überwiegend Relativsätze sind) mitgeteilten Details knüpft Bernhard in den folgenden Sätzen an. Das heißt: er enttäuscht die sich auf die grammatische Konvention stützende Erwartung, aufgrund der Kontinuität der übergeordneten Sätze sich in dem Informationsgefecht orientieren zu können. Die Details sind der Vermittlung durch die akzentuierende sprachliche Rationalität der Grammatik weitgehend entzogen« (*Apologie II* 49). – Dieses wenig beachtete Stilmerkmal Bernhards, (fiktionale) Bezugstatsachen syntaktisch zu verstecken, wirkt in seiner öffentlichen Polemik als erzählerische Selbstimmunisierung: während die wertende Ebene ins Spiel epischer Selbstrelativierung verstrickt und dadurch zurückgenommen wird, bleiben die denunziatorischen »Fakten« von dieser Relativierung unbeeinflußt. Besonders deutlich wird dies in Bernhards vorübergehend beschlagnahmtem Roman *Holzfällen*, den ein großer Teil der österreichischen Kritik als »Denunziationsprosa« (Löffler) aufgenommen hat.

[57] Die fragmentierte oder atomisierte hypotaktische Sprache ist der bloßen parataktischen Reihung von Gedankenpartikeln nicht äquivalent.

Diese deiktische Funktion scheint in Bernhards Stücken zu fehlen, denn es fehlt die entsprechende Syntax. Es liegt offenbar nicht in der Absicht des Dramatikers Bernhard, mit den Protagonisten auch den Zuschauer in eine der Prosa vergleichbare Orientierungslosigkeit »hinein«-geraten zu lassen. Mit der mehrstufig hierarchisierenden Hypotaktik fehlt Bernhards dramatischer Sprache auch die komplexe Verräumlichung von Bedeutungsbeziehungen.

## Zur Syntax der dramatischen Sprache Bernhards

Thomas Bernhards Theaterstücke sind Inszenierungen von Sprechsprache. Im Vergleich zu anderen zeitgenössischen deutschsprachigen Stücken kommen sie tatsächlich gesprochener Sprache am nächsten, wie Anne Betten in ihrer Untersuchung über *Sprachrealismus im deutschen Drama der siebziger Jahre* gezeigt hat. Dieser sprachrealistischen Orientierung verleiht der Autor durch die Form der graphischen Präsentation des gedruckten Dramentextes Nachdruck. Er segmentiert den Text zeilenweise, wobei diese Segmentierung nur selten der syntaktischen Struktur entspricht[58], und verzichtet auf jegliche Interpunktion. Während für die Bemessung der Satzgrenzen noch die Großschreibung am Beginn des folgenden Satzes ein gewisses, wenn auch nicht immer eindeutiges Hilfsmittel[59] bietet, fehlt ein solches für die Binnenstrukturierung. Bei Bernhards dramatischer Sprache handelt es sich in syntaktischer Hinsicht, wie W. Buddecke und H. Fuhrmann ausführen, um das »Formphänomen einer unregelmäßig segmentierten Prosa, die lediglich durch eine verfremdende Druckanordnung den Anschein genuiner Verssprache erweckt.[60] Somit macht »die Zuord-

---

[58]   Zu Recht wendet A. Betten kritisch gegen Höller ein: »Hans Höllers Bemerkung, durch die graphische Anordnung würden grammatische Strukturen hervorgehoben, läßt sich für viele, aber nicht für alle Fälle zur Erklärung heranziehen« (*Sprachrealismus* 381). Meist werden sinnhafte und rhythmisch zu exponierende Einheiten (zum Teil einzelne Wörter), die nicht mit syntaktischen Einheiten identisch sind, durch den Wechsel in eine neue Zeile gegenüber dem übrigen Text abgegrenzt und hervorgehoben.

[59]   Eindeutig ist eine Großschreibung als Index eines Satzanfangs nur bei einem Wort, das normalerweise klein geschrieben wird. Neben rein syntaktischen Zweifelsfällen bei Wörtern, die stets groß geschrieben werden, gibt es auch semantische: zum Beispiel beim Pronomen »Sie«, das sowohl als Anredeform (Großschreibung) als auch als Personalpronomen 3. Pers. Pl. verstanden werden kann.

[60]   Buddecke/Fuhrmann, *Drama* 221. »Diese Diagnose wird bestätigt durch die Tatsache, daß Bernhard lange Prosazitate, die er, vom versartigen Zeilenzuschnitt abgesehen, fast völlig unverändert läßt, nahtlos in seinen Text integriert (vgl. z.B. die Lermontow-Zitate in *Die Jagdgesellschaft*, 107, während die Zitate auf Seite 11 seltsamerweise Satzzeichen enthalten).« »Analog zur Gattungsambiguität der Stücke [diese stellen »antiklassische Zwitterformen« zwischen Tragödie und Komödie dar (220)] bewegt sich deren Sprache auf unentscheidbare, gleichsam opake Art zwischen Vers und Prosa« (ebd.). – Da innere Merkmale des Verses nicht festzustellen sind, empfiehlt es sich, von Zeilen zu sprechen. Die Festlegung der Zeilenlänge hat vor allem rhythmische Bedeutung. Dieser Zusammenhang ist aber keinesfalls so absolut gegeben wie M. Esslin meint: »His dramatic language [...] is strictly rhythmical. Each line of verse contains

nung der einzelnen Syntagmen zu einem ›Haupt-‹ oder ›Kernsatz‹ innerhalb einer Passage Schwierigkeiten«.[61] Es muß bezweifelt werden, ob die analytische Orientierung an der Einheit des Satzes noch sinnvoll ist, wenn sich eine Sprache als Abfolge unvollständiger Syntagmen entfaltet, wie es in der Rede der Theaterfiguren Bernhards zum großen Teil der Fall ist.[62] Der Bezug einzelner Worte und Wortgruppen fehlt vielfach innerhalb des Satzes, er ist unbestimmt bzw. mehrdeutig. Darin ist ein bewußter Verzicht des Autors auf bestimmte Standards sprachlicher Rationalität zu erkennen, zumal die syntaktische Un- und Unterbestimmtheit nicht allein auf fehlender Interpunktion beruht.[63] Der Verzicht auf logische Konnektoren verstärkt noch die Schwierigkeiten bei der syntaktischen Zuordnung einzelner Syntagmen. Statt expliziter logischer Hierarchisierung der Syntagmen wird so etwas wie eine implizite, morphologisch freilich nicht repräsentierte Relation wirksam, die ich als ›Doppelpunktsrelation‹ bezeichnen möchte. Die syntaktisch nicht identifizierten Einschübe stehen in einem unausgedrückten argumentativen Bezug zueinander. Sie geben meist eine nachträgliche Präzisierung oder rekurrieren auf einen Regelsatz. Sie springen zwischen verschiedenen Abstraktionsniveaus hin und her, ohne dies durch Konjunktion oder Adverb explizit zu kennzeichnen. Statt dessen sind die einzelnen gedanklichen Versatzstücke durch asyndetische Reihung in ein bloßes Nacheinander gesetzt:

Doktor

| | | | |
|---|---|---|---|
| (1) | Sie müssen zugeben | | [-] |
| (2) | eine ungeheuerliche Entwicklung | | [-Is][:] |
| (3) | eine ganz und gar erstaunliche Entwicklung | | |
| (4) | wenn man bedenkt daß die Stimme Ihrer Tochter | | [Ks][Is] |
| (5) | ursprünglich | | |
| (6) | nicht zu der geringsten Hoffnung berechtigt hat | | [/] |
| (7) | zweifellos ist die Stimme Ihrer Tochter | | |
| (8) | das Werk des außerordentlichen Herrn Keldorfer | | [:] |
| (9) | es kommt ja immer darauf an | | |
| (10) | daß ein Material zu dem richtigen Zeitpunkt | | [Is] |
| (11) | in die richtige Hand kommt | | [+Is] |
| (12) | daß es im richtigen Augenblick | | |
| (13) | mit der richtigen Methode | | [-][/] |
| (14) | nicht alle haben dieses unwahrscheinliche Glück | | [:] |
| (15) | alle diese herrlichen Stimmen | | |
| (16) | geehrter Herr | | [Rs] |
| (17) | die in die falschen Hände gekommen sind | | [:] |
| (18) | es ist Wahnsinn | | |
| (19) | wie Hunderte von raffinierten Gesangslehrern | | [Ms] |
| (20) | vornehmlich auf unseren Akademien geehrter Herr | | |

one rhythmical element; at the end of each line there must be a pause for breath« (Drama 374).
[61] Anne Betten zeigt dies an einem Beispiel aus *Der Weltverbesserer* (*Sprachrealismus* 382, 386). Teile einer Äußerung der Frau in diesem Stück können sowohl als absoluter Nominativ als auch als elliptischer Einschub verstanden werden.
[62] Vgl. hierzu die Diskussion der folgenden Beispiele.
[63] Zum Beispiel: »Millionärin: Aber Sonnenschein fehlt / Sonnenschein fehlt« (*IK* 100). Erst im Fortgang stellt sich heraus, daß die Millionärin nicht über das Wetter spricht, sondern über den Kunstsammler gleichen Namens.

| (21) | Tausende schöner Stimmen ruinieren | [:] |
| (22) | skrupellos nützen diese Leute die Stimmen aus | [+] |
| (23) | pressen aus Tausenden von Talenten auf das gemeinste | |
| (24) | ihren Lebensunterhalt bis zum letzten Groschen heraus | [:] |
| (25) | die Akademien sind von akademischen Ausnützern | |
| (26) | bevölkert | [+] |
| [...] | | (*IW* 12)[64] |

Abgesehen von einstufigen Unterordnungen[65] ist der syntaktische Bau unkompliziert, parataktisch[66]; Hauptsätze und gleichrangige Satzglieder erscheinen unverbunden.[67] Der unmittelbare Zusammenhang, in dem die einzelnen Syntagmen zueinander stehen, wird explizit nicht hergestellt. Die Textualität der Äußerung konstituiert sich implizit in einem »Dahinter« der Rede. Es hängt in entscheidendem Maße von der sprachlichen Realisierung bei der Aufführung ab, ob der Eindruck entsteht, daß ein solcher unausgesprochener Zusammenhang bestehe.

Diese Redeweise ist jedoch sprechsprachlich völlig normal und verursacht weder Verständnisprobleme, noch verweist der Mangel an ausdrücklicher argumentativer Verknüpfung auf Defizite an Selbstvermittlung. Bei einer solchen syntaktischen Struktur wird die Frage nach der Satzgrenze für die gedanklich-logische Struktur der dramatischen Rede geradezu irrelevant.[68] Wenn sich der Sinnzusammenhang einer Äußerung wesentlich implizit hinter den einzelnen nacheinander geäußerten Gedanken einstellt, ist es nahezu gleichgültig, ob diese Gedanken innerhalb eines langen Satzes (Periode) oder mehrerer kurzer Sätze geäußert werden. Großschreibung zu Beginn eines Satzes fungiert dann primär nicht als syntaktischer Index, sondern als eine Art Pausenzeichen. Großschreibung und Zeilenende erhalten den Charakter einer mu-

---

[64] Faßt man die Großschreibung von »Sie« (1) nicht als Satzanfang auf, ist die zitierte Äußerung des Doktors noch länger: sie beginnt dann auf Seite 11 und reicht bis Seite 13 oben. – Die verwendeten Symbole haben folgende Bedeutungen: [-] weist auf eine Ellipse hin; [/] markiert einen normalen Satzschluß, d.h. es könnte ein Punkt stehen; [:] markiert eine »Doppelpunktsrelation«, [+] zeigt die Anfügung eines gleichrangigen Satzgliedes an (normalerweise stünde ein Komma). [Ks], [Is], [Ms] und [Rs] vertreten Nebensatzanschlüsse und stehen für Konditional-, Inhalts-, Modal- und Relativsätze.

[65] Nur der Inhaltssatz in (4) bis (6) ist ein Nebensatz zweiter Ordnung; er ist eingebettet in den Konditionalsatz (4). Denkbar ist aber auch eine Zäsur zwischen (3) und (4). Der Satz (4-6) wäre dann als aposiopetisch abgebrochener Konditionalsatz oder als Ausruf aufzufassen. Zur Bezeichnungsweise vgl. die vorige Anmerkung.

[66] Faßt man [/] und [:] als Indikatoren von Satzschlüssen auf, so erhält man acht Hauptsätze. Fünf von diesen enthalten Nebensätze mit geringer Komplexität: vier Inhaltssätze sowie je ein Konditional-, Relativ- und Modalsatz.

[67] Es gibt immerhin acht Hauptsatzschlüsse, die sämtlich nicht durch logische Konnektoren sinnhaft verknüpft werden.

[68] A. Betten sieht »eine aufschlußreiche Parallele« der syntaktischen Normverstöße in Bernhards dramatischer Sprache »zu den syntaktischen Segmentierungs- und Klassifizierungsproblemen authentischer Texte [...], die besonders bei ihrer Transkription auftreten und in der jüngeren Dialogforschung zu dem Versuch geführt haben, vom ›Satz‹ als zugrundeliegender Einheit abzurücken und statt dessen ›gesprächsanalytische Kategorien‹ anzusetzen« (*Sprachrealismus* 385 mwN.). Satzzerfall und Fragmentierung brauchen nicht unbedingt zur Unverständlichkeit des Gesagten zu führen; syntaktische Analyse allein ist deshalb nur bedingt aussagekräftig.

sikalischen Vortragsbezeichnung. Dies gilt vor allem für impulsive Sprecher wie Caribaldi, während Großschreibung bei einer Figur wie dem Doktor (*IW*), dessen Rede
trotz inhaltlicher Sprünge einen kühleren, gleichmäßigeren Rhythmus hat, eher selten
ist. Besonders deutlich wird die Funktion der Großschreibung, wenn sie syntaktisch
trennt, was logisch-inhaltlich zusammengehört. Mitunter wird dabei sogar die Anschluß stiftende Funktion einer Konjunktion aufgehoben:

> Verstaubt
> alles verstaubt
> Weil wir auf einem solchen
> staubigen Platz spielen                                             (*MG* 10)

Es handelt sich hier um eine Rede im Fluß der Einfälle mit all ihren Stockungen und
Beschleunigungen; daher die Pausen zwischen Zusammengehörendem. In diesem
Textbeispiel wird zwar gegen schriftsprachliche syntaktische Normen verstoßen, doch
sind solche Verstöße gegenüber dem propositionalen Gehalt sinneutral und haben
deshalb auch nichts wahnhaft Verzerrtes an sich. Derlei Verzögerungen und Nachträ-
ge verleihen dem dramatischen Dialog das sprachrealistische Ambiente eines normalen, alltäglichen Gesprächs. Sinneutral ist auch die häufige Aussparung der Kopula
beim erweiterten Infinitiv:

> Das Cello
> auch nur ein paar Augenblicke offen
> stehen zu lassen
> *bläst Staub vom Cello ab*
> Eine Nachlässigkeit
> Herr Caribaldi                                                     (*MG* 11)

## Präreflexives Sprechen als Anprobe von Rollenidentitäten

Fügungsbrüche und der Verzicht auf explizite adverbiale oder konjunktionale An-
schlüsse führen in Thomas Bernhards dramatischer Sprache zur Verselbständigung
elementarer Prädikationen. Es mangelt der Rede an Textualität. Dieser Mangel verweist jedoch nicht zwangsläufig auf eine zugrundeliegende krankhafte Verfassung des
Sprechenden. Das Ungesagte ist nicht das Unsagbare.

Die dissoziierte Rede in Bernhards Stücken markiert aber häufig ein vorübergehend oder dauerhaft gemindertes Bewußtsein des eigenen Selbst. Das Sprechen ist
unmittelbar, präreflexiv. Die einzelnen Figurenäußerungen stehen jeweils in absolutem Gegenwartsbezug. Sie werden nicht von einem identisch sich durchhaltenden
Bewußtsein vermittelt. So werden zwischen den einzelnen Äußerungen oder Äuße-
rungsfragmenten auch keine logisch-syntaktischen Bezüge explizit hergestellt. Die
Redenden thematisieren somit auch nicht die Widersprüche oder Ungereimtheiten, die
zwischen den immer nur momentweise evidenten Vorstellungen bestehen. Sowohl in

Monologen als auch in Konversationen äußern Bernhards Figuren divergierende Aussagen mit der gleichen Gewißheit, ohne die Divergenz ausdrücklich anzusprechen:

> PRÄSIDENTIN
> Er hat sich den Anarchisten angeschlossen [...]
> Es gibt keinen Beweis
> daß er sich den Anarchisten angeschlossen hat                    (*Pr* 15)

Die Widersprüchlichkeit dieser beiden Äußerungen liegt nicht in den implizierten Tatsachenbehauptungen; die Gewißheit, daß sich der Sohn den Anarchisten angeschlossen habe, ließe sich durchaus mit dem Mangel an Beweisen in Einklang bringen. Somit handelt es sich im strengen Sinne gar nicht um einen Widerspruch, sondern um vereinbare Aussagen, die nur in ihrer argumentativen Funktion gegensätzlich sind. Die Präsidentin argumentiert mit der zweiten Bemerkung gegen ihre zuvor geäußerte Befürchtung; sie versucht, sich selbst zu beschwichtigen. Doch dieser argumentative Bezug zum Vorangegangenen bleibt unausdrücklich. Die Präsidentin folgt wechselnden psychischen Impulsen, ohne sich als identisches Selbst zu konstituieren, das sich bewußt und wohlüberlegt zu der befürchteten Möglichkeit verhielte. Die Präsidentin thematisiert weder die inhaltliche Antithese als solche noch den Handlungscharakter ihrer Rede. Die beiden Antithesen repräsentieren Erregungszustände, in die sie jederzeit wieder unverändert hineinfallen kann. Sie hält kein identisches Selbst gegenüber ihren Wünschen und Befürchtungen durch. Ihre Rede entwickelt sich dadurch nicht kontinuierlich, sondern springt diskontinuierlich von Gewißheit zu Gewißheit, zwischen Wunsch-Selbst und Angst-Selbst hin und her.[69] Nur in einem eingeschränkten Sinne läßt sich sagen, daß die Monologe der Figuren Bernhards dialogisch strukturierte Selbstgespräche[70] seien. Die Präsidentin versucht nicht vergeblich, sich im Zyklus wechselnder Vorstellungen ihres dahinter liegenden Selbsts zu verge-

---

[69]  Diese Sprunghaftigkeit entspricht Cesare Paveses Erfahrung, »daß das Innenleben (Erschaffung von Begriffen und Bildern) nicht vorschreitet durch Entwicklung von Gedanke zu Gedanke (von Individuum zu Individuum in der Biologie), sondern durch plötzlich auftretende Intuitionen (Verwandlungen, die *immer* von selbst keimen)« (*Handbuch des Lebens* 179). Thomas Bernhard berichtet in *Drei Tage*, daß sein Schreiben durch die in diesem Buch notierten Gedanken Paveses beeinflußt worden sei. – B. Fischer spricht im Hinblick auf ähnliche Textbeispiele von einer »gestörte[n] Dialektik«, die die einzelnen Äußerungen zu unvermittelten »Subjektivitätsereignissen« mache (*Gehen* 111). Gewiß ist die Dialektik gestört, und zwar in diesem Falle durch die Angst der Präsidentin. Dennoch aber findet eine implizite Vermittlung statt.

[70]  Wolfgang G. Müller (*Ich* 317) erblickt in einer solchen dialogisch strukturierten Monologik eine Tendenz moderner Dramatik. Wie Müller in seiner Untersuchung zur Struktur des dramatischen Monologs ausführt, »kann nur dann von einem in das Innere einer Person verlagerten Dialog, d.h. von einem inneren Dialog, die Rede sein, wenn das Selbstgespräch eine Struktur hat, die dem im Dialog stattfindenden Austausch von Repliken entspricht.« Von einem »Austausch von Repliken« läßt sich aber nur sprechen, wenn die einzelnen Äußerungen aufeinander Bezug nehmen; es muß sich ein Zusammenhang, ein Identisches nachweisen lassen. Die Frage nach dem Dialogischen im Monolog ist folglich ein Aspekt des Identitätsproblems. Von Bernhards Stücken zieht Müller ganz zu Recht lediglich *Minetti* heran, da es hier zu einer immerhin »rudimentären Verwendung dialogischer Elemente« im Monolog komme (aaO. 329).

wissern, sondern sie flieht vor dem Selbstsein in die Unmittelbarkeit. Sie dreht sich in einem Karussell jeweils unakzeptabler, aber momentweise rettender Vorstellungen. Das Selbst liegt nicht in einem ungreifbaren Dahinter, weil es im Hinblick auf eine irritierende Tatsache oder Möglichkeit noch gar nicht entwikelt wurde.

An solchen Situationen der Angst zeigt Thomas Bernhard mit besonderer Deutlichkeit, daß Identität eine unabschließbare Aufgabe ist. Der Mangel an Identitätsbewußtsein, der die Rede der Präsidentin in Gang hält, ist kein kognitives Problem, sondern ein affektives, bei dem Angst und Ich-Schwäche die Hauptrolle spielen. Die Präsidentin versucht durch Ablenkung und Abwehr, sich der Aufgabe zu entziehen, sich mit der Möglichkeit auseinanderzusetzen, daß sie oder ihr Mann von Terroristen umgebracht werden könnten. Die Tatsache, daß explizite Selbstvermittlung ausbleibt, muß im Hinblick auf diese konkrete Situation der Angst verstanden werden.

Die Dissoziation der Rede in einzelne Äußerungsfragmente repräsentiert ein Sprechen *vor* allen Syntaxkonventionen, *vor* der rationalen Bearbeitung des Auszudrükkenden. Dieses präreflexive Sprechen vermittelt als nur unvollkommen kontrolliertes einen um so authentischeren, daseinsunmittelbaren Eindruck. Dies gilt auch dann, wenn die Dissoziation der Rede nur entfernt mit der Selbstbewußtseins- und Identitätsproblematik zusammenhängt. Ohne daß Verständnisprobleme entstünden, paraphrasiert Caribaldi in dem folgenden Textbeispiel einen zunächst korrekten Satz auf schriftsprachlich inkorrekte Weise:

Caribaldi
(1)     Ich kann mir vorstellen
(2)     daß eine Haube aus Leinen
(3)     aus gestärktem Leinen
(4)     auf dem Kopf bleibt
        *greift dem Spaßmacher auf den Kopf*
(5)     Auf diesem Kopf bleibt
(6)     auf dem Kopf
(7)     die Haube
(8)     da auf dem Kopf
(9)     aus gestärktem Leinen                                          (*MG* 117)

Caribaldi schüttelt die elementaren Prädikationen so durcheinander, daß, faßte man die zweite Paraphrase [(5) bis (9)] als kohärenten Satz auf, Unsinn herauskäme: als wäre von einem ›Kopf aus gestärktem Leinen‹ die Rede. Die Emanzipation der Aussage /aus gestärktem Leinen/ vom syntaktischen Gerüst – zuerst als Parenthese (3), dann als verselbständigtes Anhängsel (9) – ist Signal für die Faszination, die für Caribaldi von der Vorstellung ausgeht, in Zukunft das Herunterrutschen der Haube durch die Wahl eines anderen Materials vermeiden zu können. Im Wechsel von korrekter und unkorrekter Paraphrase unterlegt der Autor Caribaldis Äußerung eine komische Gegenkommunikation.

Das Nacheinander von einwandfreier Formulierung und syntaktischer Fehlkonstruktion relativiert die interpretatorische Engführung von Satz- und Wirklichkeitszerfall[71], sofern man nicht annehmen will, daß dem Sprechenden seine Wirklichkeit aus-

---

[71]  So versteht z.B. Jooß den Satzzerfall als formale Demonstration der »Zerrüttung der Bernhardschen Personen, die ihrerseits ein zerrüttetes Weltganzes [...] voraussetzen« (*Aspekte* 91).

gerechnet zwischen zwei Äußerungen zerfallen sei. Ohne die Frage zu berühren, wie es um die Erkennbarkeit der Welt bestellt sein mag – eine Frage, über die sich ebenso gut in wohlgeformten Sätzen streiten ließe –, signalisieren Fragmentierung und Satzzerfall zu allererst ein bestimmtes Erregungspotential und eine bestimmte Kommunikationssituation. Ein besonders hohes Maß an Erregung drückt sich in Einwortsätzen, Evokationen und syntaktisch unvollständigen Formen wie Ellipsen und aposiopetischen Satzabbrüchen aus.

Thomas Bernhard läßt seine Figuren sprechen, bevor ihre Rede jene »Werkstätte der Vernunft« betritt, von der Kleist gesprochen hat.[72] Während Kleist sich rhetorischer »Kunstgriffe« bedient, um bei der Entwicklung einer zunächst »verworrene[n] Vorstellung zur völligen Deutlichkeit« »die gehörige Zeit zu gewinnen« (Kleist 320), tritt das verbale Probehandeln der Protagonisten Bernhards aber nur auf der Stelle. Letztere wenden eine Vorstellung immer nur wieder um. Sich selbst rätselhaft, probieren sie redend Rollenidentitäten an wie Kleidungsstücke. Anders als es Kleist beschreibt, wird dabei jedoch kein Thema »zur völligen Deutlichkeit entfaltet.« In Bernhards dramatischer Rede fehlt dieser konstruktive Sinn. Nach Kleists Vorstellung sollten, nachdem die Vernunft ihre Arbeit getan habe, gelungene Periode und Erkenntnis einander entsprechen. Das automatische, präreflexive und vorsyntaktische Sprechen[73] der Figuren Bernhards speist sich hingegen aus einem unkontrollierten Springen und Stolpern verdinglichter Vorstellungen, Erinnerungen und momentaner Gewißheiten. Dieses ruckartige Voranschreiten hat mit dem konstruktiven Prozeß des Erkennens, den Kleist beschreibt, nichts gemein; die Vorstellungen sind auf dieser Stufe niederen, unmittelbaren Selbstbewußtseins entweder da oder nicht. Kleist beschreibt in dem zitierten Text aber noch einen anderen, gestischen Artikulationsmodus, der der dissoziierten Rede der Figuren Bernhards besser entspricht: »plötzlich mit einer zukenden Bewegung, aufflammen, die Sprache an sich reißen und etwas Unverständliches zur Welt bringen. Ja, sie scheinen, wenn sie nun die Aufmerksam-

---

Vgl. auch Betten, *Sprachrealismus* 385.
[72]  Heinrich von Kleist, *Über die allmählige Verfertigung der Gedanken beim Reden* 320. Anne Betten hat auf die Nähe der »von Bernhard raffiniert durchgestalteten Formulierungsprozesse« zu Kleists Überlegungen hingewiesen (*Sprachrealismus* 386). Diese Formulierungsprozesse müssen aber schon als eine recht weitgehende Anpassung an Bedingungen und Erfordernisse gelingender Kommunikation angesehen werden, die, wenn überhaupt, eher in Bernhards Prosa zu finden ist. Bernhards dramatische Sprache hingegen, vor allem das elliptische Sprechen, hat mit der von Kleist beschriebenen »Fabrikation der Idee auf der Werkstätte der Vernunft« wenig gemein. Die redende Figur fabriziert, wenn sie halboffiziell vor sich hinspricht, keine Idee; vielmehr drängt sich die Idee dem Sprecher über Assoziationsketten auf und wird ohne vernünftige Bearbeitung ausgesprochen. Mit dem konstruktiven Sinn, auf den Kleist abzielt, fehlt Bernhards Figuren auch die strategische Ausrichtung darauf, »Zeit zu gewinnen«.
[73]  Mit dem Ausdruck »vor-syntaktisch« ist nicht gemeint, daß die einzelnen Redefragmente keinerlei syntaktische Strukturierung aufwiesen und lediglich einen Strom jeweils einzelner Worte darstellten. Die Fragmente haben sehr wohl eine wenn auch rudimentäre syntaktische Struktur. Es gilt, was Madeleine Rietra bereits zur Syntax in Bernhards Roman *Korrektur* festgestellt hat: »Im Gegensatz zu vielen modernen literarischen Texten kommt es aber in *Korrektur* nicht zu einer planmäßigen Durchbrechung des sprachlichen Kodes selber. Die Basiskonventionen sprachlicher Kommunikation bleiben trotz der erwähnten Annullierung sprachlicher Konventionen gewahrt« (*Poetik* 112).

keit aller auf sich gezogen haben, durch ein verlegnes Gebärdenspiel anzudeuten, daß sie selbst nicht mehr recht wissen, was sie haben sagen wollen« (Kleist 323).

Die Frage, ob sich ein Integrationspunkt »hinter« der dissoziierten Rede angeben läßt, der einen Zusammenhang zwischen den Äußerungsbruchstücken herstellt, und welche Sprechhandlungen mit der dissoziierten Rede vollzogen werden, läßt sich nicht generell, sondern nur im Hinblick auf einzelne Theaterstücke und Textstellen beantworten. Während Asyndese und Sprunghaftigkeit im Falle der Präsidentin durchaus auf neurotische Zwänge hindeuten, ist dies bei einer formal ganz ähnlichen Passage aus Bernhards *Der Weltverbesserer* anders. Hier bringt die asyndetische Sprache den folgenden psychischen Prozeß zum Ausdruck: sie erleichtert eine Perspektivenübernahme, ohne daß diese als solche kenntlich würde. Der Weltverbesserer befreit sich von einer Obsession, die sich an seinen sogenannten Trierer Anzug knüpft. Er baut seine Widerstände gegen das symbolisch besetzte Kleidungsstück ab. Er kommt zu derselben Auffassung wie die Frau, aber scheinbar selbständig, so daß er subjektiv nicht an Autonomie ihr gegenüber einbüßt.[74] In dem nicht explizit vermittelten Springen von Äußerung zu Äußerung probiert der Weltverbesserer aus, ob diese oder jene Vorstellung paßt oder nicht; er paraphrasiert sie mehrfach und wendet sie variierend hin und her. In dieser Anprobe ist der Bezug aufs Selbst zwar ausgespart; dennoch aber ist ein Selbst durchaus hinter der Rede erkennbar. Die Abfolge der einzelnen Äußerungen des Weltverbesserers lassen sich in einen Text mit expliziter Selbstvermittlung umformulieren, wobei im Unterschied zur Präsidentin eine anpassende Veränderung des Selbsts an die Bedingungen stattfindet.

## Positive rhetorische Leistungen der fragmentierten Sprache

Insbesondere in Bernhards nicht-monologischen Stücken oder Sprechsituationen zeigt die fragmentierte Sprache, konversationspragmatisch betrachtet, noch ganz andere, positive Eigenschaften. Die dissoziierte Sprache ist zum Beispiel dann keine ästhetisierte Abweichung von einem Ideal von Diskursivität, wenn das Ausgesparte in einer bestimmten Konversationssituation nicht mehr expliziert werden braucht, weil es den Gesprächsteilnehmern ohnehin bekannt ist. Dies ist beispielsweise in *Die Jagdgesellschaft* der Fall, wenn Schriftsteller und Generalin die Vorgeschichte präsentieren, die vor allem die Krankengeschichte des Generals ist. Beide wissen um die entscheidenden Sachverhalte, sie teilen einander keine neuen Informationen mit, sondern stimmen sich nur aufeinander ein, indem sie Bekanntes stichwortartig anreißen. Das ellip-

---

[74]  Erst nach einigen abweichenden Äußerungen über Trier, den Berufsstand der Schneider und die Gegenwart im allgemeinen, welche für den Weltverbesserer sowohl Abreaktion (Trier-Schelte) als auch rudimentäre Rationalisierung (Anzugpreise) bedeuten, kann er seine Widerstände gegen das symbolisch besetzte Kleidungsstück aufgeben, der Frau zustimmen und den Anzug anprobieren (*Wv* 46-51); vgl. zu dieser Passage auch die abweichende Interpretation bei Betten, *Sprachrealismus* 382f.

tische Sprechen ist hier konversationspragmatisch motiviert. Die Redenden tauschen weniger Informationen über äußere Sachverhalte aus, sondern teilen ihre Stimmungen und Einstellungen zu solchen Sachverhalten mit. In diesem Stück verbreitet die nachlässige Syntax sogar eine für Bernhards Dramatik bemerkenswert ungezwungene Atmosphäre im Gespräch zwischen Schriftsteller und Generalin. In *Die Berühmten* fehlt die Mitteilungsfunktion aus einem anderen Grund, der ebenfalls elliptische Rede motiviert: die Figuren überbieten sich gegenseitig bei ihrer Suche nach einer immer noch kühneren Metapher und reihen asyntaktisch Formulierung an Formulierung. Auch in *Am Ziel* hat die Fragmentierung der Sprache eine mitunter ganz positive rhetorische Funktion. Durch die Verselbständigung einzelner Äußerungselemente gegenüber syntaktischer Konstruktion erhält die Erzählung der Mutter über ihren Mann besondere szenische Gegenwärtigkeit und Eindrücklichkeit (vgl. *AZ* 113).

Diese Hinweise mögen genügen, um zu zeigen, daß sich das Stilmerkmal dissoziierter Sprache nicht auf den pathologischen Befund »eingeschlossenen Denkens« oder auf ein »zerrüttetes Weltganzes«[75] reduzieren läßt. Besonders in den Konversationsszenen ist die Fragmentierung der Rede sprachrealistisch begründet und – zumindest in syntaktischer Hinsicht – pragmatisch »normaler« als das gängige Klischee behauptet. Die Sprache der Theaterstücke Bernhards, das Sprechen in aneinandergereihten Lexembrocken erscheint vielfach nur deshalb als »gestörte Rede«, weil schriftsprachliche Normen verabsolutiert und zum Bewertungsmaßstab inszenierter Sprechsprache gemacht werden. Gesprochene Sprache überhaupt ist reich an syntaktischen Anomalien und Irregularitäten. Oftmals sind die Verstöße gegen Normen der Schriftsprache ganz einfach in rhetorischer Ökonomie begründet, zum Beispiel dann, wenn Selbstverständliches ausgelassen oder Korrekturen und Ergänzungen eingeschoben bzw. nachgereicht werden.[76] Mitunter nimmt ein Sprecher erst nach der unvermittelten Aussprache eines neuen Gedankens durch eine nachgereichte Präzisierung oder Erläuterung Rücksicht auf mutmaßliche Einstellungen seines Zuhörers oder auf Verständlichkeit:

BRUSCON
    Vor die Säue
    Auf dem Land
    ist jedes Geistesprodukt
    vor die Säue geworfen                                           (*Tm* 109)

Oder eine nachgereichte Präzisierung wird erforderlich, um mögliche Verwechselungen auszuschließen. In dem folgenden Textbeispiel ist das Demonstrativum zweideutig; »diesen Menschen« kann sich auf den Spaßmacher und auf den Neffen beziehen:

---

[75]    Jooß, *Aspekte* 91. Bei Benno von Wiese (*TB* 634) heißt es analog: »Im Zerfall der Rede spiegelt sich der Zerfall der Welt.«
[76]    Betten (*EAP* 207): »Einer der wichtigsten Unterschiede zwischen gesprochener und geschriebener Sprache ist die Art der syntaktischen Fügungen.« Der Unterschied gehe soweit, daß zu fragen sei, »ob die gesprochene Sprache überhaupt mit den im wesentlichen anhand der geschriebenen Sprache entwickelten grammatischen (bzw. speziell syntaktischen) Kategorien zu beschreiben ist« (ebd.). Zu den möglichen Motiven elliptischen, anakoluthischen und parenthetischen Sprechens vgl. aaO., 215f.

CARIBALDI [schimpft auf den Spaßmacher; schaut auf die Uhr]
    Eines Tages
    bringe ich diesen Menschen
    um
    Diesen Neffen                                                      (*MG* 114)

Das nachträgliche Präzisieren zeigt hier den Wechsel zwischen jenen beiden Sprech-
haltungen an, die zu koordinieren den meisten der Figuren Bernhards schwerfällt: das
Umschalten zwischen Objektbezug (Tatsachen, Einstellungen) und Kommunikations-
bezug (Verständlichkeit, Sinneffekte). Auf emphatische präreflexive und dadurch miß-
verständliche Rede folgt präzisierende Nachbehandlung in reflexiver Einstellung: Nachdem der Sprecher objektive, aber nicht-intendierte Sinnimplikate seiner Rede vernommen hat, korrigiert und ergänzt er seine Äußerung, um Mißverständnisse zu vermeiden.
    Syntaktische Muster dienen mitunter als leitmotivisches Charakteristikum von Fi-
gur und Stimmung. In *Die Macht der Gewohnheit* spricht der Jongleur vorwiegend in
den »kürzesten Sätzen«. Caribaldi wirft ihm ebendieses vor; es sei die Folge mangelhafter Atemtechnik. Nach einem Exkurs über Atmung und Kunstbeherrschung, in
dem er selbst sich relativ komplexer Satzmuster bedient, wendet sich Caribaldi direkt
an seinen Kontrahenten:

CARIBALDI
    Ihre Sprache ist ja auch
    nur aus den kürzesten Sätzen zusammengesetzt
    nur aus den kürzesten Sätzen
    besteht Ihre Sprache [...]                                        (*MG* 106)

Wenn es neben grammatikalischen Regelverstößen immer auch regelkonforme Rede
gibt, so bleiben komplexere hypotaktische Satzgebilde doch die Ausnahme. Nur ein
abgeklärter, illusionsloser Relativist und souveräner Stilist wie der Schriftsteller in
*Die Jagdgesellschaft* spricht vereinzelt in grammatikalisch korrekten Schachtelsätzen:

SCHRIFTSTELLER
    (1)   Dann aufeinmal während ich auf die Post ging        [Hs][Ts]
    (2)   plötzlich
    (3)   während ich an etwas ganz anderes gedacht habe       [Ts][+Präp]
    (4)   so auf die Post gehend                               [+Part]
    (5)   und so mitten unter allen Leuten auf dem Dorfplatz   [+Part][+Präp]
    (6)   mit den Gedanken Unzucht treibend                    [+Präp]
    (7)   Unzucht                                              [Parenthese]
    (8)   in dieser kalten Luft                                [+Präp]
    (9)   zu dem Bürgermeister der etwas gesagt hatte          [+Part][2.Rs]
    (10)  etwas sagend
    (11)  fiel mir der Aphorismus ein                          [Hs] (*Jg* 14f.)

Die wesentliche Funktion dieses verschachtelten Satzes liegt nicht in logisch-syntakti-
scher Strukturierung als solcher, und schon gar nicht in einem Bezug auf Erkenntnis,
sondern in dem eigenständigen Ausdruckswert des Satzbaus: seinem retardierenden
Moment im musikalischen Sinne. Durch das Einfügen mehrerer Partizipialkonstruktionen und Temporalsätze wird die Hauptsatzklammer (»Dann auf einmal
[...] fiel mir der Aphorismus ein«) bis zum Zerreißen gedehnt; die entscheidende In-

formation, auf die durch »aufeinmal« und »plötzlich« doch alles gespannt ist, wird zurückgehalten. Weit davon entfernt, inhaltlich verwirrend oder labyrinthisch zu wirken, gewinnen die inhaltsarmen [»etwas« in (3), (9) und (10)], aber sinnlich ausdrucksstarken Einschübe [Adversation in (3), »Unzucht« (6), Kälte (8)] gegenüber der syntaktischen Konstruktion ein relativ starkes Eigengewicht und steigern auf diese Weise die Spannung auf die zurückgehaltene Information.

Betrachtet man die dargestellten Varianten dissoziierter und fragmentierter Sprache auf das Kommunikationssystem Autor-Publikum, so zeigt sich eine Übereinstimmung, und zwar unabhängig davon, ob das sich in ihnen artikulierende Selbstbewußtsein der redenden Figur defizitär ist oder nicht. Sowohl das monologisch-präreflexive Sprechen als auch die Aussparung des Bekannten in der Konversation sowie die unterkühlte, beherrschte Emotionalität gelungener Satzkonstruktionen halten Informationen zurück, mit denen sich die Vorgänge auf der Bühne näher erklären ließen. Im Verhältnis zur manifesten Rede wird das Ungesagte also in jedem Falle für den Zuschauer mit Bedeutsamkeit aufgeladen.

# Isolierte Begriffe als Splitter verborgener Zusammenhänge

Der Erzähler des Romans *Frost* fragt sich in Anbetracht der Sprache Strauchs: »Was fange ich mit seinen Gedankenfetzen an? Was mir zuerst zerrissen, zusammenhanglos schien, hat seine ›wirklich ungeheuren Zusammenhänge‹« (*F* 137). Vor dieser Frage steht auch der Zuschauer der Theaterstücke Thomas Bernhards. Die syntaktische Dissoziation bewirkt, daß sich einzelne Begriffe und elementare Prädikationen verselbständigen. Wenn die Figurenrede trotz ihrer offenkundigen Inkohärenz nicht in beliebigem Wortrauschen verdämmert, so müssen die ausgesparten sprachlichen Funktionen in irgendeiner Weise vom begrifflichen Material selbst übernommen oder ersetzt werden. Einer der Kunstgriffe Bernhards besteht darin, einen unter der oberflächlichen Disparatheit und Sprunghaftigkeit verborgenen Beziehungssinn anzudeuten: Die Zerfallsprodukte der Rede erscheinen als Splitter eines Zusammenhangs, der sich allenfalls erahnen läßt. Hieran wird eine Spannung deutlich, die die Schreibweise Thomas Bernhards generell bestimmt: eine Spannung zwischen Analogie und Diskontinuität, »Zusammenhangsneurose« (Maier 21) und Autodestruktivität, sprachmagischer Beschwörungsformel und Begriffszersetzung.

Bernhards Sprache verleiht den isolierten Begriffen einen Schein von Sinnfülle. Dies beruht zum Teil auf Eigenschaften des sprachlichen Materials (Chiffre, Anspielung), zum Teil auf der Rhetorik von Wiederholung und Wortspiel (vgl. das folgende Kapitel, S. 170ff.). Wortmaterial und Rhetorik geben das »ästhetische Handgeld« (Kierkegaard) aus, das Widersprüchlichkeit und Sinnverweigerung wieder einziehen.

## Die Arbeitsmethode der Isolation

Thomas Bernhards exponiert einzelne Begriffe unter anderem dadurch, daß er sie kontextuell unterbestimmt. Diese Form der Inkohärenz wird durch syntaktische Dissoziation verstärkt, ist aber nicht allein hierauf zurückzuführen. Sie ist vor allem ein Effekt der semantischen Struktur der Rede und findet sich dementsprechend auch in nicht-komplexen und grammatikalisch korrekten Sätzen. Sie äußert sich im Mangel an semantischer Anschließung oder in der Unklarheit der Handlungsbedeutung des jeweiligen Sprechakts; sie wird verstärkt durch die »Entmächtigung des verbalen Satzteiles«[77] sowie durch die generelle Inhaltsarmut des nicht-begrifflichen Teils der Satzaussagen. In seinem monologischen Selbstporträt *Drei Tage* erläutert Thomas Bernhard, welche Absichten er mit der Isolation der Begriffe verfolgt:

»Auftretende Figuren auf einem *Bühnen*raum, in einem *Bühnen*viereck, sind durch ihre Konturen deutlicher zu erkennen, als wenn sie *in der natürlichen* Beleuchtung erscheinen wie in der

---

77  Höller, *Kritik* 65; vgl. oben S. 135ff.

üblichen uns bekannten Prosa. In der Finsternis wird alles deutlich. Und so ist es nicht nur mit den Erscheinungen, mit dem Bildhaften – es ist auch mit der Sprache *so*. Man muß sich die Seiten in den Büchern *vollkommen finster* vorstellen: das Wort leuchtet auf, dadurch bekommt es seine *Deutlichkeit* oder *Überdeutlichkeit*. Es ist ein *Kunstmittel* [...] – langsam kommen aus dem Hintergrund, aus der Finsternis heraus, Wörter, die langsam zu *Vorgängen äußerer und innerer Natur*, gerade wegen ihrer Künstlichkeit besonders zu einer solchen werden.« (*DT* 83)

Sprache dient Thomas Bernhard primär nicht zum Transport einer bestimmten Botschaft. Es geht ihm vielmehr um das Wort als Reiz, als zumeist überdeterminierter Bedeutungsträger, der Assoziationen und Erinnerungen mobilisiert. Wenn Wörter zu »Vorgängen« werden sollen, so akzentuiert Bernhard damit das Bedeuten als Geschehen, als zeitlichen Prozeß. Am Anfang steht das einzelne Wort wie auf einer Bühne, wo es gerade aufgrund seiner Isoliertheit »Überdeutlichkeit« erlangt; erst durch ihren Auftritt werden die Wörter »langsam zu *Vorgängen äußerer und innerer Natur*«. Novalis vergleicht die Isolation wie die Kälte mit einem Bilderrahmen. Und die auf den ersten Blick beliebig anmutende Assoziation von ›Kälte‹ und ›Isolation‹ im Chiffrensystem Bernhards geht auf dieses Notat Hardenbergs zurück.[78] Strauch spricht von der »Begriffevergrößerungsmöglichkeit« des Frosts (*F* 301). Bernhard verwendet Einzelwörter als Chiffren von ganz eigener Objektivität: sie sind nicht Mittel intentional eindeutigen Informationstransfers, es ist mithin nicht klar, wofür sie stehen, wofür sie Chiffre sind; sie stehen nicht um ihrer Bezeichnungsfunktion willen, sondern als »Bedeutungsknoten« (Lacan).[79]

Ende der fünfziger Jahre entwickelt Bernhard in kurzen Prosastücken und Schauspielen, die den Charakter materialkundlicher Studien und Fingerübungen haben, sein Verfahren der Isolation der Begriffe.[80] Während die *Ereignisse* ein Experimentieren mit chiffrierten Situationen darstellen, die urplötzlich hinter einer Fassade aus Normalität und Alltäglichkeit tiefe Abgründe aufreißen[81], sucht Bernhard in seinen unveröffentlichten Kurzschauspielen[82] nach Begriffen, mit denen sich eine ähnliche Wirkung erzielen läßt. Begriffe und Szenen sollen von sich aus unmittelbar treffen, irritieren, Erklärungsbedarf wecken.

Die entscheidende Frage für Bernhards dramatische Rhetorik ist die, ob und inwiefern die begrifflichen Chiffren diese Wirkung erzielen, nicht aber, ob sie für den Zuschauer in diskursive Sprache aufzulösen sind. Ende der fünfziger Jahre zielt Thomas Bernhard mit der »›Arbeitsweise‹ der ›Isolation‹« auf »die äußerste Konzentra-

---

[78]    »Die Kälte ist wohl eine Isolation – was ein Rahmen in der Bildenden Kunst ist« (*HKA III*, XII, 602). Mit Sicherheit spielt Bernhard mit dem Titel seines Buches *Die Kälte. Eine Isolation* auf diese Novalis-Stelle an, denn das unmittelbar vorausstehende Notat, »Jede Krankheit kann man Seelenkrankheit nennen«, hat Bernhard zum Motto seiner autobiographischen Erzählung gewählt.

[79]    Vgl. Hermann Lang, *Sprache* 68. – Vgl. ferner Eugenio Coseriu: »Die Sprache ist aber kein Bezeichnungssystem, sondern ein Bedeutungsytem« (*Das Phänomen* 154).

[80]    Vgl. hierzu die Darstellung bei H. Gamper, *TB* 81-85.

[81]    Vgl. Mixner (*Leben*), der von chiffrierten Situationen spricht.

[82]    Herbert Gamper hat mir die Manuskripte zur Verfügung gestellt, wofür ich ihm herzlich danke.

tion von Gedankengängen und Situationen‹«.[83] Die Konzentration von Situationen ist Bernhard zweifellos, wie die aufs Exemplarische reduzierten Peripetien der *Ereignisse* und die Handlungsmuster der Kurzschauspiele zeigen, gelungen. Im Gegensatz hierzu bleiben die Begriffe, die Bernhard seinen Protagonisten dieser Zeit in den Mund legt, trotz oder wegen ihrer Überspanntheit kraftlos. Das Bedeutungssystem ist noch nicht objektiviert, die Begrifflichkeit kaum zu dechiffrieren. Wenn Herbert Gamper ausführt, daß Bernhard das isolierte, aus einem [wenn es ihn denn gibt] ursprünglichen Kontext herausgelöste Sprachmaterial »in ein von seinem Ausdruckswillen diktiertes System von Bedeutungen« konzentriere (*TB* 84), so entspricht dies mit Sicherheit der Absicht des Autors zu jener Zeit. Bernhard hat aber wohl selbst festgestellt, daß es ihm nicht gelungen ist, diese Bedeutungen einschließlich ihres systematischen Zusammenhangs zu transportieren, denn beim Erstabdruck zweier Szenen seines Librettos *die rosen der einöde* 1958 setzt er erläuternd hinzu, der weißgekleidet vor grauschwarzer Kulisse auftretende Kartenspieler sei »in Wahrheit der Tod« (*Kartenspieler* 314). Für die Buchausgabe des folgenden Jahres, 1959, hat Bernhard diesen Zusatz gestrichen. Bereits hier, so muß man dies wohl verstehen, distanziert sich der Autor von einer 1:1-Dechiffrierbarkeit der Begriffe und allegorischen Figuren, die bezüglich seiner nach 1970 veröffentlichten Theaterstücke ohnehin nicht mehr möglich ist. Zwischen der privaten Semantik der dramatischen Versuche Bernhards und der rezipierbaren Bedeutung klafft eine unüberbrückbare Lücke. Das Libretto, das wie die frühen Kurzschauspiele einer modernistischen Masche nachgestrickt ist, wurde als »hintergründelnde[r] Mumpitz«[84] aufgenommen. Doch Bernhard verwandelt die vormalige Schwäche in eine Stärke: Aus dem zunächst unfreiwilligen, krassen Mißverhältnis zwischen Ambition und Realisierung entwickelt er in der Folgezeit einen zentralen ästhetischen Reiz der Figurenrede. Im Roman *Frost* sagt der Erzähler über die Sprache Strauchs, noch deutlich affirmativ gegenüber dem Schein eines Unaussprechlichen:

> »›Ich arbeite mit meinen Begriffen, die ich dem Chaotischen abgehandelt habe, ganz aus mir‹. Man muß wissen, was bei ihm ›Verbitterung‹ heißt, was ›grundsätzlich‹ und was ›Licht‹ und ›Schatten‹ und ›Armut überhaupt‹. Man weiß es nicht. Trotzdem spürt man, was das ist, worin er sich bewegt. Worunter er leidet.« (*F* 79)

Einzelne Begriffe stechen besonders hervor, weil sie in komprimierter Form eine ganze Weltsicht zu artikulieren scheinen. Satzaussage und Sinn eines Äußerungsaktes hängen damit nahezu ausschließlich von der Bedeutung einzelner Begriffe ab und von den semantischen Beziehungen, die sich zwischen ihnen knüpfen lassen. Die Begriffsbedeutungen bleiben jedoch dunkel, weil die Begriffe wie Zitate wirken, die aus einem unbekannten Zusammenhang gerissen wurden. Sie suggerieren die Existenz einer aufgestauten, inkommunikablen Sinnfülle oder Befindlichkeit. »Jedes Wort / ist ein Wort der Beschwörung« (*MG* 45). Als solches vermag es vielleicht einen Sinn in rituellen Handlungen erhalten, zur Kommunikation mit jemandem, der nicht dersel-

---

83  Thomas Bernhard in einem unveröffentlichten Kommentar; zit. nach Gamper, *TB* 84.
84  Peter Rühmkorf, *Marotten*; auszugsweise in *WG* 35.

ben Kultgemeinde angehört, taugt es nicht. Magische Idealisten wie Caribaldi, der Komödien-Kant und in gewisser Weise auch der Weltverbesserer machen sich unweigerlich lächerlich:

> WELTVERBESSERER
> Montaigne habe ich gesagt
> aber sie hatten nicht verstanden
> was ich meinte
> Voltaire habe ich gesagt
> Schleiermacher
> Einer hat gelacht
> ein zweiter hat gelacht
> dann lachten alle
> der ganze Saal hat gelacht                                   (*Wv* 62)

Die sympathetische Vorstellung einer unmittelbaren Chiffren-Sprache, die von Caribaldi beschworene »Sympathie des Zeichens / mit dem Bezeichneten« (*MG* 46), steht einem sprachskeptizistischen Denken gegenüber, das Bernhard in seiner Büchner-Preis-Rede 1970 als »die konsequente Auflösung aller Begriffe« bezeichnet hat. Beide Sprachauffassungen beeinflussen abwechselnd das Redegeschehen, strukturell und auch thematisch; beide entsprechen vorübergehenden Befindlichkeiten: die Chiffren-Sprache bezeichnet ein, wie es in Hofmannsthals Lord-Chandos-*Brief* heißt, »ahnungsvolles Verhältnis zum ganzen Dasein«, »eine sonderbare Bezauberung« (*Ein Brief* 469), die plötzlicher Sprachskepsis weicht: »Was wir veröffentlichen, ist nicht identisch mit dem, was ist, die Erschütterung ist eine andere, die Existenz ist eine andere [...], es ist nicht Krankheit, es ist nicht der Tod [...]« (*Nie*). Im folgenden möchte ich an Textbeispielen aus Bernhards Komödie *Immanuel Kant* zeigen, wie sich die Exponierung und Isolation einzelner Begriffe auf die Verstehbarkeit der Gesamttextur auswirkt.

## Begriffsisolation und Anspielung in *Immanuel Kant*

Das vom Autor selbst als ›Komödie‹ untertitelte Stück zeigt Immanuel Kant an Deck eines Ozeandampfers auf dem Weg nach Amerika. Kant will sich in Amerika einer Operation unterziehen, die ihm sein Augenlicht retten soll, und als Gegenleistung das Licht der Vernunft in die Neue Welt bringen.[85]

---

[85]    In einem Interview mit dem *Spiegel* führt Bernhard diesen Einfall auf eine eigene Starerkrankung zurück (178). Wahrscheinlicher ist eine andere Quelle: Schopenhauer vergleicht an einer Stelle die Wirkung der Philosophie Kants mit einer »Staroperation am Blinden« (*WWV I* 10). So besehen hat die Schiffsreise das Ziel, Kants Philosophie auf ihren Schöpfer anzuwenden, den Aufklärer selbst aufzuklären.

Nietzsches Diktum, »Ein verheirateter Philosoph gehört in die Komödie«[86], befol-
gend, sieht man den Komödien-Kant in Gesellschaft seiner Ehefrau, seines Papageis
Friedrich, der alle Vorlesungen des Philosophen im Kopf hat, seines Dieners, sowie
von Schiffspersonal und weiteren Touristen. Neben einer Reihe drastischer die Histo-
rie kurzschließender Erfindungen – Kant reist auf einem Ozeandampfer, ist mit Leibniz persönlich bekannt, und spricht über Joseph Conrad etc. – erlaubt sich Bernhard
auch einige biographische Freiheiten mit dem Philosophen, dessen Bindung an Kö-
nigsberg sprichwörtlich ist. Doch diese kontrafaktischen Willkürlichkeiten sind nicht
völlig frei erfunden, sondern stellen überraschende Bezüge zu Biographie und Frühschriften her. Auf diese Bezüge haben bereits Hans-Jürgen Schings und Bernd Seydel
aufmerksam gemacht.[87]
  Ungleich stärker als bei den Novalis-Zitaten in *Die Macht der Gewohnheit* stiftet
der Rückgang auf den Kantschen Originaltext eine Wechselrede, die im Zusammenhang des Komödientextes zusätzliche Assoziationen und Sprachwitze erzeugt und
die Frühschriften des historischen Kant humoristisch kommentiert. Diese zwei Aspekte sind noch nicht hinreichend deutlich geworden. Das »desperate Potential«, das
Hans-Jürgen Schings in *Immanuel Kant* erkennt, entsteht nicht allein durch Bernhards
Verfahren verfremdender Anspielung, sondern läßt sich schon in den Originaltexten
als das »Andere der [kantischen] Vernunft« (G. und H. Böhme) nachweisen. Seydel
schießt jedoch übers Ziel hinaus, wenn er meint, Bernhards intertextuelle Bezugnahme impliziere eine generelle Metaphysik-Kritik. Eine solche Beweislast vermögen die
Anspielungen nicht zu tragen.
  Die isolierten, insbesondere extensional vagen Begriffe von Kants Reden sind vorwiegend nominale Ausdrücke. Soweit es sich um Komposita handelt, werden diese
nicht deshalb mehrdeutig, weil die ›lokale Interpretation‹[88] Schwierigkeiten bereitete,
sondern weil bereits die Simplices unzureichend spezifizierbar sind und weil die prä-
dikative (syntaktische) Struktur der Gesamtäußerung im Dunkeln bleibt:

KANT
(1)     Die Wahrheit ist im Equilibrismus                        (*IK* 122)
(2)     Mich hat zeitlebens
(3)     die Methode des Equilibrismus interessiert
(4)     Zeitlebens leide ich
(5)     unter Equilibrismusschwäche wissen Sie

---

[86]  Nietzsche, »Zur Genealogie der Moral«, in: *WW II* 849.
[87]  Schings nennt u.a. die geistige Verwirrung des alten Kant, die pedantische Ordnung seines
gesamten Lebensvollzuges, das Interesse für die Beobachtung des Wetters (*Methode* 436-439).
Weischedel hält ihn für den Prototyp eines pedantischen Professors (*Hintertreppe* 177). Auch
das Motiv der Seereise hat einen Hintergrund: Kant vergleicht die metaphysischen Versuche
des Menschen mit der Fahrt über einen finsteren Ozean; vgl. Seydel, *Vernunft* 112; Weischedel,
*Hintertreppe* 184. Seydel vermutet berechtigterweise, daß auch Thomas Bernhard durch die
Lektüre von Weischedels überaus populärem Buch auf Ideen zu philosophisch-witzigen Anspielungen nicht nur für diese Komödie gekommen sein könnte (Seydel 142, Anm. 108).
[88]  Die ›lokale Interpretation‹ eines Kompositums ist die logische Interpretation seines prädika-
tiven Zusammenhalts, d.h. seiner determinans-determinandum-Struktur, im Gegensatz zur kon-
textbezogenen Interpretation; vgl. Boase-Beier/Toman, *Komposita*.

(6)   Untergangsmenschen
(7)   Equilibristen
(8)   Komödienschreiber
(9)   Bevor die Verfinsterung vollkommen eintritt
(10)  zur Strafe ein paar Aufhellungen für die Leute
(11)  Verhexungen
(12)  Geistesvollstreckungen
(13)  Meine Methode ist die totale Methode wissen Sie
(14)  Die Angst das Augenlicht zu verlieren
(15)  hat mir die Augen geöffnet                                        (*IK* 123)

Der zentrale, in verschiedenen Ableitungen wiederholte und kontextuell unterdeterminierte Terminus dieser Passage ist »Equilibrismus«. Eine Erläuterung des Begriffs durch seine Herkunft aus dem Lateinischen hilft wenig weiter; die Übersetzung als ›Gleichgewicht‹ oder ›Gleichgewichtskunst‹ ist nicht minder unbestimmt. Statt den Begriff zu definieren, spannt Bernhard ihn ein in ein Netz von Verweisungen: man erfährt nicht, was er bedeutet, sondern nur, in welchen Zusammenhängen ihn der Komödien-Kant verwendet. Das heißt aber nicht, daß die Bedeutung des Begriffs in den verschiedenen Zusammenhängen auch die jeweils gleiche wäre. »Equilibrismus« hat, wie es heißt, etwas mit *der* Wahrheit zu tun (1).[89] Man erfährt allerdings nicht, mit welcher Art von Wahrheit. Zu denken wäre sowohl an wahre Erkenntnis als auch an wahre oder wahrhaftige Existenz. Sodann bezeichnet der Ausdruck eine Tätigkeit, denn Kant spricht von einer »Methode des Equilibrismus« (3). Sämtliche Formulierungen werten den Begriff »Equilibrismus« inhaltsfrei auf: Wahrheit ist positiv besetzt (1); Kant interessiert sich zeitlebens für die Methode des Equilibrismus (2-3); der Mangel an Gleichgewicht – man wird das Kompositum »Equilibrismusschwäche« auch ohne Möglichkeit zur kontextuellen Disambiguierung so verstehen dürfen, daß es das Unvermögen bezeichnet, ein wie immer geartetes Gleichgewicht herzustellen – ist offenbar ein Anlaß zu lebenslangem Leiden (4-5). In diesem Falle erhält der fragliche Begriff allerdings durch Hintergrundwissen Kontur, zum Beispiel durch die biographische Information, daß der historische Kant immer nach existentiellem Equilibrium gestrebt hat; Hans-Jürgen Schings zitiert in diesem Zusammenhang aus Wasianskis Biographie, der zufolge Kant selbst es immer als Kunststück bezeichnet habe, »bei so vielen Gefahren, denen das Leben ausgesetzt ist, sich noch bei allem Schwanken im Gleichgewicht zu erhalten. Er tat sich viel zu gut, wie der gymnastische Künstler, der lange auf einem schlaffen Seile äquilibriert, ohne von demselben nur einmal hinabzugleiten.«[90] Die große positive Bedeutung, die der Komödien-Kant dem Equilibrismus beimißt, ist demnach verbürgt, wenn der historische Kant auch offenbar etwas glücklicher in der Realisierung desselben war. In dem Philosophen, vor allem in der Art und Weise, wie ihn seine Biographen schildern, hat Bernhard eine Figur gefunden, die sich außerordentlich gut in sein poetisches System einfügt. Die zitierte Stelle aus Wasianskis Kant-Biographie liefert nur ein neues, allerdings beson-

---

[89] Stellenangaben ohne Sigle verweisen auf die entsprechende Zeile des jeweils letzten, numerierten Zitats.
[90] E.A.C. Wasianski, *Kant* 230; zit. nach Schings, *Methode* 444.

ders prägnantes und unabgenutztes Stichwort für den bekannten, durch Pascal inspirierten Gedanken der unhaltbaren Mitte, mit dem der zweite Referenzrahmen des Equilibrismus-Begriffs benannt wäre. Die Vagheit des isolierten Terminus' läßt sich in diesem Falle durch Hintergrundwissen vermindern: das Kompositum ›Equilibrismusschwäche‹ ist ein Superzeichen für sämtliche Formen gestörten Gleichgewichts.

Anders verhält es sich mit der anschließenden Begriffskette (6-8). Deren Verwendungssinn läßt sich auch dadurch nicht aufklären, daß man den impliziten terminologischen Rahmen rekonstruiert, der zu den zusammenhanglos ausgesprochenen Begriffen gehört. Es ist nicht zu erkennen, ob die Begriffskette definitorisch-identifizierend geäußert wird, ob es sich um eine bloße Aufzählung oder um eine triadische Typologie von Tragiker, Gleichgewichtskünstler und Komödienschreiber handelt. Die subtile Pointe dieser Typologie bestünde darin, den Gegenpart zum »Untergangsmenschen« nicht vom Leiden an der Existenzkomödie freizusprechen, sondern nur als Aufschreiben dieses Leidens zu definieren. Die Vorstellung vom Schreiben als einer privilegierten Möglichkeit, die Existenz auszuhalten, ist einer der rekurrenten Topoi in Bernhards Werk.[91] Die Mutmaßungen über den systematischen Zusammenhang der verwendeten Begriffe (typologische Differenzierung vs. partielle Identifikation) klären aber nicht über die Handlungsbedeutung des Sprechaktes auf. Zudem bleibt unklar, wie sich Kant selber im Rahmen seiner Begrifflichkeit versteht, ob seine »totale Methode« (13) mit der »Methode des Equilibrismus« (3) identisch ist [arg.: Kants Interesse (3)] oder deren Komplementärbegriff [arg.: »Equilibrismusschwäche« (5)]. Ist das angekündigte Changieren zwischen Verfinsterung und Aufhellung (9-10) Einlösung des equilibristischen Programms oder gerade das Verfehlen des Gleichgewichts?

Der Gestus der Rede Kants erweckt den Eindruck, daß die von ihm verwendeten Begriffe für ihn eine präzise Bedeutung haben. Sie scheinen auf einen terminologischen Rahmen zu verweisen, der aus der aktuellen Äußerung nicht zu erschließen ist. Das dadurch verursachte Mißverhältnis zwischen Gestus und Eloquenz erzeugt trotz seiner Komik Interpretationsbedarf. Auf diese Weise provoziert der Autor dazu, Hintergrundannahmen an den Text heranzutragen und die fraglichen Begriffe mit Sinn zu füllen. Der Text bietet dazu eine ganze Reihe von Anknüpfungspunkten an: Parallelstellen sowie Anspielungen auf philosophische bzw. terminologische sowie biographische Kontexte. Doch genau damit lockt Thomas Bernhard sein Publikum in die Falle. Anders als beim Ausdruck »Equilibrismus« handelt es sich meist um falsche Fährten. Die Begriffe stehen in einem Netz bedingt kompatibler, teilweise widersprüchlicher Verweisungszusammenhänge. An den Knotenpunkten des Gewebes lösen sich vorübergehende Evidenzen, mit denen man dem einen oder anderen Fingerzeig des Autors gefolgt ist, wieder auf.

Der Ausdruck »Verhexungen« (11) läßt an den bekannten Paragraphen 109 aus Wittgensteins *Philosophischen Untersuchungen*[92] denken, die Rede von »Verfinste-

---

[91]  Vgl.: »Wie zum Beispiel Aufschreiben von höchstem Unglück höchstes Glück sein kann« (*Ko* 245).

[92]  Dort heißt es: »Die Philosophie ist ein Kampf gegen die Verhexung unseres Verstandes mit den Mitteln unserer Sprache«. Thomas Bernhard hat sich eingehend mit Wittgenstein beschäftigt und spielt sicherlich bewußt auf diesen Paragraphen an. Das heißt natürlich nicht, daß der

rung« und »Strafe« (9, 10) verweist auf den skandalträchtigen Schluß von Bernhards Stück *Der Ignorant und der Wahnsinnige*[93], an seine Umwertungen des Terminus ›Finsternis‹ in *Drei Tage*[94] sowie an die drohende Erblindung Kants, die ihm erst die Augen geöffnet habe (15).[95] Um mehr als Anspielungen handelt es sich dabei allerdings nicht. Die Begriffe stehen in semantischen Oppositionsbeziehungen (Untergang und Komödie; Verfinsterung und Aufhellung; die Aufhellung, die der Verfinsterung vorausgeht, ist eine Strafe, eine Vollstreckung von Geist), sie spannen Werthorizonte auf und verschränken kontrastierende Wortfelder ineinander. Die formalen Beziehungen, in denen die Begriffe stehen, helfen aber nicht, eine mehr oder minder geheime Botschaft der Rede zu entschlüsseln; die Rede »hat« gar keine Botschaft. Doch auch ohne eine solche inszeniert sich der Komödien-Kant als rücksichtsloser Aussprecher unbequemer und verblüffender Wahrheiten. Der Ausdruck »Verhexungen« liegt, was den Handlungsbezug zu einem menschlichen Objekt anbelangt, auf einer Linie mit »Strafe« und »-vollstreckungen«: die Termini bezeichnen Handlungen, die an einem menschlichen Objekt als ohnmächtigem Opfer begangen werden. Realisiert man aber außerdem den Kontext des Paragraphen Wittgensteins, so stellt sich eine semantische Opposition zum Simplex »Geistes-« und zu »Aufhellungen« ein: Geistesvollstreckung und Aufhellung wären, als »Verhexung unseres Verstandes durch die Mittel unserer Sprache« (*PU* § 109), auf Trug beruhende magische Praktik. Wenig später erhält der Begriff der »Geistesvollstrekung« im Stück selbst eine umwertende Konkretisation:

> KANT
> Meine Frau
> ist das Opfer dieser tödlichen Wissenschaft
> und Friedrich [...]
> der Vollstrecker                                                                      (*IK* 127)

Was zunächst Metapher zu sein schien für eine kompromißlose, unbestechliche und präzisc Aufklärungsarbeit, rückt unversehens in die Nähe privat motivierter Strafaktion und papageienhaften Nachgeplappers.

Geht man den Bezügen unklarer Begriffe zu korrespondierenden Textstellen nach, stößt man auf immer neue Facetten, Bedeutungsaspekte und Umwertungen. Das Spiel der Assoziationen wird dadurch nicht beschränkt, sondern im Gegenteil vorangetrieben.

---

Ausdruck »Verhexungen« hier in Wittgensteins Sinn verwendet würde.
[93]    Der Schluß dieses Stücks sieht eine Totalverdunkelung des Bühnen- und Zuschauerraums vor. Als Thomas Bernhard und Regisseur Claus Peymann bei der Uraufführung bei den Salzburger Festspielen 1972 darauf bestanden, entgegen den feuerpolizeilichen Vorschriften auch die Notbeleuchtung zu löschen, kam es zum Eklat. Das Stück wurde abgesetzt.
[94]    Bernhards Vorstellung einer zweiten Finsternis hat positive Konnotationen in Bezug auf Wahrheit; vgl. unten S. 241ff.
[95]    »KANT: Wissen Sie ich habe den grünen Star / ich sehe nichts / beinahe nichts mehr / ein paar grundlegende Sätze vielleicht / dann herrscht Finsternis« (*IK* 84).

Witzige und kalauernde Anspielungen

Hans-Jürgen Schings hat als erster darauf hingewiesen, daß Bernhard in seinem Stück *Immanuel Kant* teils parodierend, teils zitierend Bezug nimmt auf vorkritische Schriften Kants, auf die *Gedanken von der wahren Schätzung der lebendigen Kräfte*, die *Allgemeine Naturgeschichte und Theorie des Himmels*, *Neue Erhellung der ersten Grundsätze metaphysischer Erkenntnis*, sowie auf zeitgenössische Biographien. An einer Stelle verrät die Ehefrau des Philosophen sogar die Textvorlage: »Übrigens hat der Kapitän / deine Exzentrizität der Planetenkreise gelesen« (*IK* 23).[96]

»Unter Verzicht auf musivische Feinarbeit begnügt sich die Komödie [*Immanuel Kant*] damit, kontextlos Bruchstücke der Kantischen Texte hinzuwerfen. [...] Inmitten der Lächerlichkeit aber bildet sich ein desperates Potential aus, werden die Begriffe ›Exzentrizität‹, ›Urstoff‹, ›Ekliptik‹, ›Zentralkraft‹ zu opaken Stichworten für die schwarze Naturphilosophie, wie man sie seit *Frost*, *Amras* und *Verstörung* kennt.«           (Schings, *Methode* 442)

Durch mangelnde Kohärenz werden die Begriffe zu Chiffren von ungewisser, für die redende Figur aber offenbar universeller Aussagekraft. Auch den Begriff »Exzentrizität« hat der Komödien-Kant aus der *Allgemeinen Naturgeschichte* seines historischen Vorbildes entliehen; auch dieser Begriff der »Exzentrizität« ist opakes Stichwort, aber nicht nur für die von Schings erwähnte schwarze Naturphilosophie. In wechselnden Kontexten werden verschiedene Konnotationen des Begriffs durchgespielt:

> KANT
> Auch auf Hoher See[97]
> herrscht der Dünkel
> Die Gemütslage verändert sich
> Die Exzentrizität
> Die Natur
> ist die größte Künstlichkeit                (*IK* 83)

Unausdrücklich rückt der kosmologische Terminus »Exzentrizität« in Beziehung zu »Gemütslage« und »Natur«. Die Äquivokation von kosmologischen, psychologischen (Gemütslage, Exzentrik) und anthropologischen Bedeutungen (Pascals Denkfigur der verlorenen Mitte) macht auch diesen Ausdruck zum Superzeichen struktureller Analogien verschiedener Wirklichkeitsbereiche. Es sei angemerkt, daß die kontextuellen Bezugsgrößen ihrerseits tendenziell aufgelöst werden: Das Psychische (»Gemütslage«) wird kausal aufs Topographische (Hochsee)[98] und damit Naturhafte zurückgeführt, die Natur wird ihrerseits als »Künstlichkeit« enthüllt. Immer wieder entzieht der Autor fixen Bedeutungszusammenhängen den Boden, nicht zuletzt durch Kalauer.

---

[96] So lautet der Titel des dritten Hauptstücks aus dem Zweiten Teil der *Allgemeinen Naturgeschichte*, *WW* I 292-299.
[97] »Auf Hoher See / was für ein tödlicher Begriff meine Herren« (*IK* 124).
[98] Vgl. auch die folgenden Stellen: »Auf hoher See / ganz andere Gedanken / als auf dem Festland« (*IK* 54). – Kant, beim Versuch einer spontan arrangierten Vorlesung: »Unmöglich von Vernunft zu sprechen / auf Hoher See« (*IK* 99).

In Beziehung auf seine eigene Person und auf den Luxus von Vorlesestunden auf Hoher See ruft der Komödien-Kant aus:

> KANT
>    Exzentriker
>    Luxusfanatiker
>    *plötzlich*
>    Es ist zu tief
>    viel zu tief
>    *Stewart und Frau Kant richten Kants Klappstuhl*
>    Die Exzentrizität
>    ist das vornehmste Unterscheidungszeichen
>    der Kometen                                                  (*IK* 17)

Bernhard zitiert hier wörtlich.[99] Die kalauernde etymologische Anspielung (»Exzentriker«, »Exzentrizität«) ist Teil einer komplexen Analogie: »vornehmste« korrespondiert mit »Luxus-«, »Exzentrizität« mit der ungünstigen Lage des Denkenden im Klappstuhl. Konsequent zuendegedacht, impliziert die Analogie eine Selbstbezeichnung Kants als eines »Kometen«. Für denjenigen, der den Originaltext kennt, verbirgt sich hinter dem reinen Wortwitz eine durch Wortassoziationen entstellende Lektüre als hintergründige Komik zweiter Stufe.

## Die ›andere‹ Klassiker-Rezeption in *Immanuel Kant*

>    Die deutsche Philosophie
>    ist eine unendliche Fundgrube für einen denkenden Menschen
>    (Der Bassist in *Die Berühmten* 101)

Mitunter lohnt es sich, versteckten Hinweisen und Anspielungen nachzugehen. Bernhards Texte rücken dadurch in oftmals überraschende Zusammenhänge, die dem Verständnis neue Dimensionen eröffnen. Die Zitate aus Kants naturwissenschaftlichen und naturphilosophischen Frühschriften bilden im Kontext der Bernhardschen Stücke nicht nur ein »desperates Potential« aus, wie Schings zeigt. Darüber hinaus lassen sich bestimmte Verweisungszusammenhänge und Wortwitze des Stückes überhaupt erst erkennen, wenn man die betreffenden Originalstellen hinzuzieht.

In *Immanuel Kant* zitiert Bernhard gerade nicht aus einem der kanonischen, ›Kritischen Werke‹, sondern, wie im folgenden Textbeispiel, eine zentrale Schwachstelle von Kants apokryphem Erstlingswerk.

> KANT
>    Ich danke Ihnen für Ihre Aufmerksamkeit
>    Wenn die Intension
>    wie die Linie ist
>    so ist die Kraft
>    wie das Quadrat [...]

---

99   Vgl. *Allgemeine Naturgeschichte* 295.

Das Integral ist die Hölle
in welcher wir alle umkommen verstehen Sie                    (*IK* 126; vgl. 124)

Auch bei dieser wörtlichen Übernahme aus Kants *Gedanken von der wahren Schätzung der lebendigen Kräfte*[100] ist ohne entsprechende mathematisch-physikalische
Kenntnisse und ohne Vergleich mit dem Originaltext nicht zu entscheiden, ob es sich
um ein Zitat handelt oder nicht, um eine – eventuell nur in obsoleter Terminologie
formulierte – naturwissenschaftliche Trivialität oder um höheren Nonsens. Sinn und
Unsinn liegen hier wiederum dicht beieinander. Die »verschleierte Authentizität«
(Schmidt-Dengler) von Zitaten und Sachverhalten ist eine Falle, die der Autor gerade
in vermeintlich abstrusen Passagen seinen Rezipienten stellt. Der vordergründig gröbs-
te Unfug ist oft nichts als die Wahrheit. Was der Komödien-Kant über den Begriff
›Intension‹ bemerkt, ist zwar physikalisch falsch, steht aber tatsächlich so in Kants
*Gedanken*.

Zunächst einige Informationen zu dieser Frühschrift und zur Biographie Immanuel
Kants.[101] Kant verläßt 1746 dreiundzwanzigjährig – vermutlich ohne ordentliches Ex-
amen – die Universität, um sich als Hauslehrer zu verdingen. In seinen *Gedanken*, die
1747 gewissermaßen als Ersatz für eine ordnungsgemäße Abschlußarbeit erscheinen,
versucht Kant, in der Kontroverse zwischen Cartesianern und Leibnizianern um die
Bestimmung des Begriffes der ›Kraft‹ zu vermitteln und eine eigene »Neue Schätzung der lebendigen Kräfte« zu entwickeln. Anders als die *Allgemeine Naturgeschichte* konnte diese Schrift wissenschaftlichen Ansprüchen nicht gerecht werden. In
ihr kommt aber schon ein unbedingter Wahrheitswille zum Ausdruck, der nur Ver-
nunftargumente akzeptiert; Kants Verhältnis zu den philosophischen Autoritäten der
Zeit ist distanziert und mitunter von unreifer Polemik.

In den *Gedanken* bezeichnet Kant mit dem Begriff der »Intension« die »lebendige
Kraft« eines Körpers, d.h. sein Bestreben, eine durch äußere Krafteinwirkung – die
»tote« Kraft – erhaltene Bewegung in Richtung und Geschwindigkeit beizubehalten,
vorausgesetzt, daß diese Bewegung in einem idealen (leeren) Raum stattfindet und
durch keine weiteren äußeren Kräfte (Reibung, Anziehung) beeinflußt wird. Intension
steht also für eine Eigenschaft von Körpern, welche in der Physik als ›Trägheit‹ bezeichnet wird. Kant bestimmt die Intension als proportional zur Geschwindigkeit, so
daß die Kraft als Produkt von Geschwindigkeit und Intension gleich dem Quadrat der
Geschwindigkeit sei.[102] Die Unstimmigkeiten in Kants mathematischer Formalisierung der Intension sowie das Mißverhältnis zwischen argumentativem Aufwand und
erzielter Klarheit brauchen im gegebenen Zusammenhang nicht weiter zu inter-

---

[100] Die Marginalie zu § 119 lautet vollständig: »Wenn die Intension endlich, d. i. wie eine Linie ist, so ist die Kraft wie das Quadrat« (*WW I* 173).
[101] Vgl. zum folgenden Schultz, *Kant* 12f.
[102] Kant, *WW I* 171-173. Kant schlägt hiermit eine seltsame Vermittlung zwischen den kontro-
versen Auffassungen Descartes' und Leibniz' vor: die tote Kraft solle sich entsprechend der
Leibnizschen Theorie nach dem Quadrat der Geschwindigkeit bemessen, die lebendige Kraft
(die Trägheit) hingegen gemäß der Cartesischen Theorie nach der einfachen Geschwindigkeit;
vgl. auch U. Schultz, *Kant* 70f.

essieren. Aufschlußreich ist aber Kants Sprachgebrauch, wenn er beschreibt, wie sich die Intension bemerkbar mache: »Hieraus ist klar: daß ein Körper auf diese Weise, wenn er seine ihm eingedrückte Geschwindigkeit von selber frei fortsetzt, diejenige Kraft, die er von der äußerlichen mechanischen Ursache empfangen hat, von selber in sich unendlich vergrößere, und zu einem ganz anderen Geschlechte erhebe, daß folglich [...] die lebendigen Kräfte gänzlich aus der Gerichtsbarkeit der Mathematik ausgeschlossen werden.« Die lebendige Kraft »muß aus der inneren Quelle der Naturkraft des Körpers die zum Quadratmaße gehörige Bestimmungen überkommen.«[103] Zumindest aus heutiger Sicht lesen sich Kants Formulierungen des Trägheitsprinzips wie eine Subjektivierung einmal beschleunigter Körper: Sie setzten ihre Bewegung »von selber« und »frei«, »aus einer inneren Quelle« fort. Kant spricht von einer »Lebendigwerdung« oder »Vivifikation« der Kraft (*WW I* 177).

Der Text, aus dem Thomas Bernhard in *Immanuel Kant* zitiert, legt also von sich aus jene Analogisierung von Kosmologie und Anthropologie nahe, die auch Bernhards Anspielungen und Wortwitze lancieren. Die Kant-Anspielung liegt damit genau auf der Linie seiner sonstigen Klassiker-Rezeption: Bernhard zitiert Entlegenes und kolportiert Anekdoten, die, auf der Grenzlinie des Wahrscheinlichen und Unwahrscheinlichen, die approbierten Hausgötter der Geistesgeschichte von unbekannter und unvermuteter Seite zeigen: mit ihren jugendlichen Selbstüberhebungen, mit ihren Altersmarotten oder Privatmythen. Diese ›andere‹ Klassiker-Rezeption blamiert aber weniger die Rezipierten als vielmehr jene, die in harmonisierender Genie-Verehrung nur sich selbst feiern: die sich mit einem auf ein bestimmtes Modell von Aufklärung zurechtgestutzten Kant ihre eigene selbstzufriedene Vernünftigkeit attestieren oder, ein anderes Beispiel, in der Bewunderung der Universalität Goethes ihrer eigenen abgestandenen Reife und Bildung applaudieren.[104] In verfremdeter Gestalt spielt Bernhard mit dem Tratsch der »Philosophischen Hintertreppe«. Die einschlägigen Biographien aus Kants Todesjahr sind zwar, wie Schings berichtet, »auf den Ton unbedingter Pietät gestimmt, und doch entsteht für die letzten Jahre Kants eine beklemmende Verfallsgeschichte, in der sich die grotesken Züge häufen. Bernhard braucht nur ›rücksichtslos‹ zuzugreifen« (*Methode* 436). Das Authentische an den Anspielungen hat Bernhard derart verschleiert, daß es nur der Informierte erkennt. Im Vordergrund steht der Kontrast zu gängigen Rezeptions-Klischees, die scheinbare Willkür und Bodenlosigkeit der Denkmalsschändung, während die verfremdenden Anspielungen einen erheblichen und überraschenden Rückhalt im Faktischen besitzen. Vordergründig ist das Theaterstück *Immanuel Kant* antiintellektualistische Klamotte. Erst bei genauerem Hinsehen offenbart sich sein subtiler Humor.

Etwas anders wirken die Zitatfetzen aus Kants Schrift *Neue Erhellung der ersten Grundsätze metaphysischer Erkenntnis*. Diese »ersten Grundsätze« bestätigen, ihres systematischen Zusammenhangs beraubt, im Kontext der Komödie das antiin-

---

[103] Kant, *WW I* 175; vgl. aaO. 205.
[104] Zu Bernhards ›anderer‹, nämlich schimpfender und scheltender Goethe-, Heidegger- und Stifter-Rezeption vgl. stellvertretend die entsprechenden Passagen aus der Prosakomödie *Alte Meister* und aus *Goethe schtirbt*.

tellektualistische Klischee vom zerstreuten Professor, der seine Zeit mit müßigem Brüten über Trivialitäten oder Irrelevantem vergeude:

> Einen Einzigen unbedingt ersten
> allgemeinen Grundsatz für alle Wahrheiten
> gibt es nicht                                                      (*IK* 28)[105]

> Wenn das Gegenteil von etwas
> bejaht wird
> wird es selbst verneint
> Wenn das Gegenteil von etwas
> wahr ist
> ist dieses selbst falsch                                           (*IK* 37)[106]

> Alles was nicht ist
> ist nicht
> alles was ist
> ist
> Der Satz der Identität
> müssen Sie wissen                                                  (*IK* 42)[107]

Anschließend travestiert der Komödien-Kant jedoch die axiomatische Sprache, in der der Philosoph den Satz vom Widerspruch und den Satz der Identität erläutert, und fügt sein eigenes Axiom, gewissermaßen einen Satz der Nicht-Identität, hinzu:

> Alles was ist
> ist
> alles was nicht ist ist nicht
> Die Welt ist die Kehrseite
> der Welt
> Die Wahrheit ist die Kehrseite
> der Wahrheit .                                                     (*IK* 46)

> Wer sagt
> daß nicht da
> wo gesagt wird
> kein Eisberg
> ein Eisberg ist
> Denken Sie nur an die Titanic                                      (*IK* 51)

Auch die folgende Textstelle enthält ein wörtliches Zitat; die Pointe besteht darin, dem Personalpronomen (»er«) kontextuell einen anderen Bezug zuzuweisen: es bezieht sich nicht auf den ersten und einzigen Grundsatz für alle Wahrheiten, von dem der Philosoph Kant zuvor gesprochen hat, sondern auf den Papagei Friedrich:

---

[105]  Vgl. Erster Satz, *WW I* 409.
[106]  Vgl. *WW I* 411; vgl. *IK* 51 – *WW I* 411, 419.
[107]  »Es gibt zwei unbedingt erste Grundsätze für alle Wahrheiten, den einen für die bejahenden Wahrheiten, nämlich den Satz: *alles, was ist, ist*, den anderen für die verneinenden Wahrheiten, nämlich den Satz: *alles, was nicht ist, ist nicht*. Beide zusammen werden allgemein der Satz der Identität genannt« (*WW I* 413).

KANT [nachdem von Friedrich die Rede gewesen ist]
wenn er mehrere Sätze
unausgesprochen
unausgesprochen wohlbemerkt zusammenfaßte
täuschte er den Schein
eines einfachen Grundsatzes
nur vor                                                                              (*IK* 30)

»Ein erster und wahrhaft einziger Grundsatz muß ein einfacher Satz sein; wenn er mehrere andere Sätze unausgesprochen zusammenfaßte, täuschte er den Schein eines einzigen Grundsatzes
nur vor.«                                                                            (*WW I* 409)

Die Parenthese (»unausgesprochen wohlbemerkt«) beweist, daß Bernhard bei der
Auswahl seiner Anspielungen ganz bewußt auf sprachliche Fußangeln geachtet hat, in
denen der Schreiber sich zu verfangen droht. Wie kann man etwas unausgesprochen
zusammenfassen? Und was passiert eigentlich, wenn man einen Schein bloß vor-
täuscht? Wenn Bernhards Zitierweise eine kritische Stellungnahme repräsentiert, dann
besteht sie in Ironie und indirekter humoristischer Relativierung. Seydels Hypothese,
»Die Vordergründigkeit einer turbulenten Komödie verwandelte sich zu einer durchaus kritisch zu lesenden Reaktion auf die traditionelle Metaphysik«, geht sicherlich
zu weit. Die von Thomas Bernhard zu Anspielungszweken ausgewählten Texte Kants
repräsentieren gewiß nicht »die traditionelle Metaphysik«.[108]

Zu einem gewissen Teil sind die Anspielungen Kalauer, deren Lacheffekt auf Ver-
fremdung beruht: Am Aufklärer wird im Rahmen des Lächerlichen ein Hang zum
Mystischen ruchbar. Zu einem gewissen Teil ist dieser Zug aber tatsächlich in den
Vorlagen vorzufinden, und zwar nicht nur in den *Gedanken*, sondern auch in der *All-
gemeinen Naturgeschichte*, deren kosmologische und astronomische Teile lange Zeit
Geltung besaßen. Auch in diesem Werk überbietet Kant den naturwissenschaftlichen
Teil durch einen metaphysischen: durch einen Gottesbeweis – wenn auch in
Schwundform[109] – sowie durch andere, auf Analogieschlüssen beruhende Spekulatio-
nen.[110] In dieser Schrift schließt Kant aus der unbedingten Gesetzlichkeit und Ord-

---

[108] Vgl. Seydel, *Vernunft* 113. Zu weit geht auch Seydels Interpretation des Mangels an
Textkohärenz: »Der nichtvorhandene Zusammenhang verweist auf eine Ver-Drehung: aus der
Metaphysik des Seins wird eine gänzlich unvergleichbare, unableitbare ›Metaphysik‹ des
Nichts« (aaO. 111).

[109] Kant widerspricht theologischen Vorstellungen, nach denen Sonnensystem und Universum
unmittelbarer Ausdruck der Gestaltungskraft eines Gottes sein sollen, indem er sämtliche
Erscheinungen der Planetenbahn wie Ekliptik und Exzentrizität auf einfache mechanische
Grundsätze zurückführt, die aufgrund ihrer Gesetzmäßigkeit und ausnahmslosen Geltung keinen
Platz für einen jedesmal willkürlich entscheidenden Schöpfer lassen. Kant gelingt dies auch für
Phänomene, die bislang als Gegenbeispiele einer lückenlos mechanischen Theorie des Univer-
sums galten; parodiert in Bernhards Komödie durch die Äußerung: »Die Ekliptik beweist / wi-
der die Vernunft / alle Gesetze« (*IK* 107). – Kants Überzeugung von der Einfachheit und
Gesetzmäßigkeit der Planetenbewegung gipfelt in dem Satz: »Gebt mir nur Materie, ich will
euch eine Welt daraus bauen« (*WW I* 236f.).

[110] Zum Beispiel der Vergleich »zwischen den Einwohnern verschiedener Planeten« im Dritten
Teil der *Allgemeinen Naturgeschichte* 377-394.

nung der Natur auf die Existenz Gottes.[111] Die naturwissenschaftliche Darstellung ist in dieser Schrift nicht nur mit philosophischen Reflexionen durchsetzt, sondern auch von einem ›poetischen Enthusiasmus‹ geprägt, dessen Phantasien die gesetzgebende Vernunft über eine bedrohliche, chaotische Natur triumphieren lassen.[112]

---

[111] So heißt es in der Vorrede: »Die Materie, die der Urstoff aller Dinge ist, ist also an gewisse Gesetze gebunden, welchen sie frei überlassen notwendig schöne Verbindungen hervorbringen muß. Sie hat keine Freiheit, von diesem Plane der Vollkommenheit abzuweichen. Da sie also sich einer höchst weisen Absicht unterworfen befindet, so muß sie notwendig in solche übereinstimmende Verhältnisse durch eine über sie herrschende erste Ursache versetzt worden sein, und *es ist ein Gott eben deswegen, weil die Natur auch selbst im Chaos nicht anders als regelmäßig und ordentlich verfahren kann*« (WW I 234f.).
[112] Vgl. Böhme/Böhme 101, 109, 173ff., 195-210.

# Die implizite Frage nach dem Subjekt der Rede in Thomas Bernhards Rhetorik

> »Es ist eigentlich um das Sprechen und Schreiben eine närrische Sache; das rechte Gespräch ist ein bloßes Wortspiel. Der lächerliche Irrthum ist nur zu bewundern, daß die Leute meinen – sie sprächen um der Dinge willen. Gerade das Eigenthümliche der Sprache, daß sie sich blos um sich selbst bekümmert, weiß keiner.«
> (Novalis, *Monolog*)

Wenn Thomas Bernhards Figuren über Sprache reflektieren, bewegen sie sich zwischen zwei Extrempositionen, zwischen Wortmagie und Sprachskepsis. Onomatopoetischen Beschwörungsformeln steht ein universeller, Theoreme der Sprachphilosophie parodierender Agnostizismus gegenüber, der mit dem Hinweis auf die bloße Konventionalität der Sprache jede transzendente Rede unter Sinnlosigkeitsverdacht stellt. Auch die Grundfiguren von Bernhards mechanischer Rhetorik sind von diesem Zwiespalt zwischen Wortmagie und Agnostizismus bestimmt. Diese Rhetorik überbrückt figurativ die Sinnlücken, welche Sprunghaftigkeit und Isolation hinterlassen, und erweckt den Eindruck, daß sich ›hinter‹ oder ›in‹ der Rede etwas zeige, das sich nicht direkt aussprechen lasse. Doch die Akzentuierung der rhetorischen Mittel affirmiert nicht einfach das Unausgesprochene, das »Dahinter« der Rede, sondern nährt zugleich den Verdacht, daß es sich dabei um faulen Zauber, um eine weitere »Verhexung unsres Verstandes durch die Mittel unserer Sprache« (*PU* § 109) handeln könnte. Während die Wiederholungsfiguren noch psychische Latenzen zum Ausdruck bringen, tendieren die Wortspiele zu subjektlosem Sprechen nicht »um der Dinge willen« (Novalis).

## Wiederholung

Phänomene von Wiederholung finden sich in Bernhards Theaterstücken in vielfacher Hinsicht:[113] als rhetorische Figuren; als »sprachrealistische« Gestaltung alltagssprachlicher Formulierungsprozesse[114]; als Leitmotiv; als sprachlicher Reflex auf die stupiden Rituale, die das Leben der Protagonisten bestimmen[115]. Ferner fungieren Techni-

---

[113] Einen Überblick über einige Varianten des Wiederholungsprinzips bei Bernhard und über diesbezügliche Rezeptionsäußerungen gibt Betten, *Sprachrealismus* 377-387.

[114] A. Betten, *Sprachrealismus* 383-386. Wie Betten an Passagen aus *Der Weltverbesserer* zeigt, entsprechen die »von Bernhard raffiniert durchgestalteten Formulierungsprozesse« (386) in ihren Wiederholungen, Wiederaufnahmen, variierenden Umformulierungen etc. einem »typischen [alltäglichen] Kommunikationsablauf« (383) und stellen das sukzessive Finden, Entwickeln und Herauspräparieren bzw. Fallenlassen von Haupt- und Nebenthemen dar.

[115] Die Wiederholungsphänomene sind bei Bernhard von keinem positiven Sinn erfüllt; als stumpfsinnige Zwangshandlungen stehen sie im Gegensatz zum Wiederholungsbegriff Kierkegaards: »Gewohnheit entsteht, sobald das Ewige aus der Wiederholung schwindet« (*BA* 154).

ken der Wiederholung auch als gestalterisches Mittel musikalischer Strukturierung, indem die lockere Motivrekurrenz mittleren und größeren tektonischen Einheiten Kontinuität und Geschlossenheit verleiht (vgl. das folgende Kapitel S. 187ff.). Wenn der Zuschauer schon nicht genau weiß, worüber geredet wird, so gewinnt er wenigstens den Eindruck, daß dieses oder jenes Thema eine Zeitlang das gleiche bleibe oder neuerlich aufgegriffen werde. Verstehen wird durch Wiedererkennen simuliert oder ersetzt.

Im Verhalten der Bernhardschen Figuren gibt es stets wiederkehrende Muster, leitmotivisch wiederholte Äußerungen und Marotten. Dabei handelt es sich um gewohnheitsmäßig befolgte Rituale, die keine andere Funktion haben, als die Zeit zu vertreiben und vorübergehend zu zerstreuen. Einige Figuren spielen diese tagtäglich wiederholten Spiele zwar nicht freiwillig, aber mit einer gewissen Bewußtheit und humoristischen Distanz. Dies gilt zum Beispiel für das Kartenspiel von Schriftsteller und Generalin in *Die Jagdgesellschaft*. Fehlt diese Rollendistanz jedoch, so wirken die rekurrenten Verhaltensmuster als Symptome von Wiederholungszwang: der zwangsneurotische Jongleur in *Die Macht der Gewohnheit* kann den Anblick schief hängender Bilder nicht ertragen, weshalb er andauernd an ihnen herumrückt und sie ins Gleichgewicht bringt; der Dompteur ist leitmotivisch durch unablässiges Biertrinken und lautstarken Verzehr von Rettich gekennzeichnet. Eine in dieser Weise typisierende Funktion hat die Wiederholung auch in Binnenerzählungen, etwa wenn die Mutter (*Am Ziel*) schildert, wie ihr Mann alle Augenblicke »Ende gut alles gut« (z.B. *AZ* 26ff., 32ff.) gesagt habe oder wie sie ihn mit bestimmten Reizworten, mit den sogenannten »Empfindlichkeitswörtern« (vgl. *V* 85f.) habe quälen können (*AZ* 27). Mit oder ohne Rollendistanz haben die rekurrenten Verhaltensmuster und Interaktionsrituale leitmotivisch-charakterisierende Funktion; jeder trägt so etwas wie seine Lebensformel mit sich herum. Die Präsidentin sieht überall Bestätigungen ihrer Einsicht »Ehrgeiz / Haß / sonst nichts«[116], der Präsident und Caribaldi beschwören allenthalben mit den Namen ihrer Vorbilder Casals und Metternich die absoluten Maßstäbe ihres Handelns.[117] Der Verleger (*Die Berühmten*) geriert sich durch die Art und Weise, in der er stereotyp Novalis-Zitate in die Konversation einstreut und Werke seiner Hausautoren als deren jeweiliges »opus magnum« anpreist, als prätentiöser Schwätzer.[118] Jedesmal, wenn der Schiffssteward auftritt (*Immanuel Kant*), meldet er Windrichtung (»West Nordwest«) und Maschinenleistung (»Volle Kraft voraus«).[119]

---

[116] Zum Beispiel an folgenden Stellen in *Der Präsident*: 9, 36, 47, 52, 52, 56, 58, 62, 90, 100; aus dem Munde des Präsidenten ist nicht klar, ob er seine Frau zitiert oder ob diese Formel seine eigene Weltauffassung darstellt: 130.

[117] Zum Beispiel »Casals« in *Die Macht der Gewohnheit*: 15, 24, 35, 36, 37, 39, 43, 45, 51, 81, 82, 84, 101, 114, 133, 136.

[118] Novalis-Zitate, teilweise verfremdet oder fingiert (*Ber* 117 passim). ‹ »Opus magnum« (*Ber* 36, 54, 67, 102, 103).

[119] Mehr oder minder vollständig wiederholt in *Immanuel Kant*: 9, 9, 15, 18, 20, 26, 27, 35, 38, 44, 49, 63, 82, 130. Ähnlich Kants stereotyper Erzähleinschub, den fiktiven Besuch Leibniz' betreffend: »Mein Name ist Leibniz / sagte Leibniz« (*IK* 16, 21, 37, 57, 92).

Schon der klassischen Rhetorik gilt die Wiederholung als Grundfigur emphatischer Rede.[120] In der zeitgenössischen Literatur ist Thomas Bernhard der erste, der die stilistischen und kompositionellen Möglichkeiten der Wiederholung neuentdeckt und derart intensiv wie extensiv nutzt.[121] Neben der Entdeckung der ländlich-provinziellen Anti-Idylle für die moderne deutschsprachige Literatur ist es seine Technik monologisch-emphatischer Rede, die Bernhards literarische Nachwirkung begründet hat.[122] Ich nenne stellvertretend nur Jürg Laederach.[123] Laederach beschreibt die Wirkung von Bernhards Wiederholungsfiguren sehr genau: »Emphase bedeutet, daß beim Erzählvorgang ein gewisser Pleonasmus stattfindet. [...] Also es geschieht eine Übermittlung, es ist eine Überofferte an den Leser. Der Gegensatz dazu ist natürlich das lakonische Pathos, das Pathos des Auslassens« (aaO. 29). Die Zweitsetzung eines Ausdrucks ist semantisch also nicht neutral.[124] Während diese Art von Emphase Jürg Laederach allerdings »als eine Möglichkeit, tiefenpsychologische Dispositionen nach oben zu schwemmen«, interessiert (*Anschreiben* 28), bleiben diese Dispositionen bei

---

[120] Vgl. Lausberg, *Handbuch*, 310-336 (§§ 607-664). Die Wiederholung ist eine klassische »Pathosformel« (§ 612).

[121] Alois Eder stellt in seinem Aufsatz zur »Perseveration als Stilmittel moderner Prosa« das (erzählerische) Werk Thomas Bernhards als eines dar, »in dem unser Merkmal [die Perseveration] zum erstenmal konsequent angewendet und in dessen Gefolge es auch von anderen Autoren übernommen worden sein dürfte« (*Perseveration* 66). – Auch Peter Handkes Besprechung von Bernhards Roman *Verstörung* hebt die Wiederholung, vor allem die Wiederholung der »Verzweiflungsnamen« und »Qualwörter« (*Verstörung* 101), als besonderes Kennzeichen der Bernhardschen Prosamonologe hervor.

[122] Vgl. Eder, *Perseveration* 92-100.

[123] Vgl. besonders Laederach, *Anschreiben*. Jürg Laederach beruft sich auf Thomas Bernhard, wenn er über seine eigene Arbeit sagt: »Ich habe versucht, Sprachartistik zum Aufbau von Latenzen zu benutzen. Ich arbeite z.B. sehr stark mit Wiederholungen, mit Emphase, erzeugt durch Wiederholung, durch dieses Wiederkäuen nicht ganz desselben, mit leichten Variationen. Da ist Thomas Bernhard ganz eindeutig vorausgegangen« (aaO. 28). Zu Laederachs Ausführungen über den Zusammenhang von Emphase und Wiederholung in Bernhards Schreibweise vgl. auch Betten, *Sprachrealismus* 377f. – Nachwirkungen, die über den Literaturbetrieb im engeren Sinne hinausgehen, sehe ich bei Kabarettisten wie Hans Dieter Hüsch und Elke Heidenreich, die sich bewußt an den von Bernhards Sprachgestaltung eröffneten Möglichkeiten orientieren, vermutlich auch bei Herbert Reinecker, dem Autor der Fernsehserie *Der Kommissar*: in jeder Folge traten Figuren vom Typus des verdächtigen Unschuldigen auf, die sich gerade durch ihre Sprache voller bernhardscher Wiederholungen und Reizwortreaktionen verdächtig machten.

[124] »Semantisch unterscheidet sich also die Zweitsetzung des Wortes von der Erstsetzung durch die vorwiegend affektische Funktion« (Lausberg § 613). Diese Bedeutungsverschiebung verkennt zum Beispiel B. Seydel. Seydel meint, daß das Wiederholte bei Bernhard in der Regel »recht unbedeutend« und die Wiederholung ein bloßer »Theatergag« (*Vernunft* 106) seien. Die ohnehin »schon geringe (banale) Bedeutung der Aussage« werde »nochmals vermindert bis hin zur reinen Tonfallfolge« (106). Seydel verkennt die komplementäre Wirkung der Wiederholung. Die zweifellos unklare Referenz erlaubt noch nicht den Schluß, die Rede sei völlig bedeutungslos. Seydels Auffassung trifft aber als kritischer Einwand auf Bernhards Prosa der achtziger Jahre zu. Hier schwindet nämlich die Spannung zwischen manifester Rede und Hintergrundsinn, was zu funktionslos-ermüdender Monotonie führt; man denke etwa an die notorische, angestrengt humoristische Bezeichnung einer Figur als »Weinflaschenstöpselfabrikant« in *Auslöschung*.

Bernhard unbestimmt. Es läßt sich lediglich erahnen, daß eine solche Disposition vorhanden ist, nicht aber ihre konkreten Merkmale. In zwei Richtungen wirkt Wiederholung in Bernhards Sprache als Bedeutungsverschiebung: entweder verschiebt sich die Bedeutung des wiederholten Ausdrucks in eine symbolische Dimension[125], die sich bei Bernhard nicht immer nachvollziehen läßt; oder die mit ihm vollzogene Handlung wie Unterstellung, Beleidigung oder Befehl wird zum Symptom eines psychischen Mechanismus.[126] Der Effekt der Wiederholung beruht auf einem Signifikat-Signifikanten-Tausch.

Wiederholungen kommen in Bernhards dramatischer Rede entweder als einfache Wortwiederholungen vor oder als Variationen der pragmatischen Gestalt, die den propositionalen Gehalt relativ unverändert lassen: die Variation wechselt beispielsweise zwischen Nominal- und Verbalstil,[127] zwischen den Aktionsarten (aktiv-passiv),[128] zwischen Formulierungen mit oder ohne Modalverb;[129] ferner variieren Tempus,[130] Kasus,[131] Wortreihenfolge (Epanodos bzw. Chiasmus),[132] Allgemeinheitsgrad (Existenz- und Allsatz)[133] sowie der Adressat der Rede (Gegenüber, Schicksal, Selbstgespräch):

---

[125] Wiederholung und Antithese sind nach Gerhard Kurz »zwei wichtige Techniken, mit denen traditionell symbolische Deutungen provoziert werden« (*MAS* 74). Wie Betten u.a. an Dialogen in Dramen Sperrs zeigt, kann ein banaler Satz durch Wiederholung »zum Symbol für das unausgesprochene Gemeinte auf der zweiten Kommunikationsebene Autor-Publikum« werden; *Sprachrealismus* 297. Dies gilt auch für die Wiederholungen in Bernhards Theaterstücken.

[126] »Wo eine Wiederholung stattfindet, wo es vollständige Gleichheit gibt, da vermuten wir immer einen hinter dem Lebendigen tätigen Mechanismus«, worin nach Bergson zugleich das komische Moment jeder Wiederholung liegt; Bergson, *Lachen* 30.

[127] Beispiel: »Das ist die Strafe habe ich gedacht / jetzt bist du bestraft« (*AZ* 17).

[128] Beispiel: »wir haben die Vorlesung abbrechen müssen / abbrechen / Wir haben die Vorlesung abgebrochen« (*FB* 20).

[129] Vgl. das Beispiel in der vorigen Anmerkung.

[130] Beispiel: »Alle haben gestohlen / Alle stehlen« (*FB* 61).

[131] Vgl. im folgenden Textbeispiel ›der‹, ›den‹ und ›dem‹ Hundekorb.

[132] Diese beiden Figuren müssen sorgfältig unterschieden werden. Dies ist in der Bernhard-Forschung bisher nicht geschehen, was zu Fehlinterpretationen geführt hat. Der *Epanodos* ist eine Wiederholungsfigur, der *Chiasmus* hingegen eine Gedankenfigur. Bernhard verwendet nahezu ausschließlich den Epanodos. Diese Figur strukturiert eine Kommunikation, indem sie zum Beispiel jemanden antreibt, einer Aufforderung nachzukommen; der Epanodos gibt aber keinem Gedanken seine spezifische Form. Das gängige Interpretationsklischee von dem in der Wiederholung sich zeigenden eingeschlossenen Denken trifft in den meisten Fällen nicht den Sachverhalt, weil mit der Figur des Epanodos gar nicht gedacht, sondern unter psychischem Druck und in widerspenstiger Umgebung gehandelt wird. Bernhard verwendet den Epanodos insbesondere in nachdrücklichen Aufforderungen: »KANT: So nicht / nicht so / Zaghaft / nach und nach / FRIEDRICH: Nach und nach / zaghaft« (*IK* 12). – »PRÄSIDENTIN: da auf den Sessel / auf den Sessel da« (*Pr* 18). – »JONGLEUR: Weggehen / nicht stehenbleiben / nicht stehenbleiben / weggehen« (*MG* 28). – »CARIBALDI: Hören Sie / ganz anders / ganz anders / hören Sie« (*MG* 38).

[133] Beispiel: »Kein Mensch versteht / sie verstehen nicht [...] / Diese Menschen / verstehen nichts / als die Niedertracht« (*Pr* 36).

PRÄSIDENTIN
[...]
*plötzlich ins Bad hinein schreiend*
Der Korb muß weg
*schaut in den leeren Hundekorb*
Der Hundekorb muß weg
Ich will den Hundekorb nicht mehr sehen
hinaus mit dem Hundekorb
*Frau Frölich in einem roten Kleid herein*
*Präsidentin zu ihr*
Der Korb muß weg
weg der Hundekorb
den Hundekorb weg
bringen Sie ihn weg
hinaus
weg
weg
*Frau Frölich will den Hundekorb wegnehmen*
Nein nicht
nicht
nicht weg                                                              (*Pr* 33)

Die exzessive Wiederholung zeigt an, wie stark der Hundekorb symbolisch besetzt ist; der plötzliche Meinungsumschwung der Präsidentin verweist auf die paradoxe Struktur dieser Besetzung. Bei einem versuchten Attentat auf ihren Mann, den Präsidenten, hat der Schuß zufällig sein Ziel verfehlt und den Vertrauten des Präsidenten, den Oberst, tödlich getroffen; dabei ist der Schoßhund der Präsidentin vor Schreck einem Herzschlag erlegen (*Pr* 54). Einerseits erinnert der Hundekorb die Präsidentin also an die Bedrohung ihres eigenen Lebens, der sie täglich ausgesetzt ist. Andererseits erinnert sie der Korb an ihren mit pervertierter Liebe bedachten Hund, der ihr fehlenden menschlichen Kontakt und verständnisvolle Kommunikation ersetzen mußte; der Hund sei ihre »allerhöchste Instanz« gewesen, mit der sie »alles zusammen besprochen« habe (*Pr* 53). Insofern hatte der Hund für die Präsidentin eine analoge Funktion wie der Oberst für den Präsidenten (*Pr* 54). Die Präsidentin benutzt den Korb, um die imaginäre Zwiesprache mit dem Hund fortzuführen und sein Andenken mit neurotischem Kult zu pflegen.[134] In den anschließenden und noch umfangreicheren Wiederholungen unterweist die Präsidentin Frau Frölich darin, wie der nunmehr leere Hundekorb täglich frisch aufzubetten sei (*Pr* 34-36). Der Hundekorb ist also widersprüchliche Chiffre für den verlorenen größten Rückhalt ihrer Existenz und zugleich für ihre fortwährende Angst vor Attentätern, für ihre pervertierte Liebe und für ihre Todesangst. Wiederholung und Sprunghaftigkeit gehören zusammen; sie zeigen die paradoxe Besetzung desselben Gegenstandes an. Die Präsidentin vermag es nicht, Distanz zu den beiden widersprüchlichen Besetzungen zu halten. Sie verhält sich nicht als stabiles Selbst bewußt zu verschiedenen Möglichkeiten, sondern verliert sich abwechselnd einmal in die eine, einmal in die andere und gleichermaßen zwiespältige Möglichkeit.

---

[134] Vgl. zum Beispiel *Pr* 22f., 36f., 53.

Wiederholungen haben wie die »Vermeidung textueller Integration durch pronominale Verkettung [...] einen isolierenden Charakter«: Das ständig wiederholte, eine Erregung anzeigende Wort überlagert die redundanten, manchmal auch widersprüchlichen Variationen.[135] Alois Eder beschreibt den entsprechenden Rezeptionsvorgang so: das wiederholte Wort bleibt »gegenüber dem Normalzustand um Sekunden zu lange im Bewußtsein [...]. Es ist, als funktionierte jene wohltätige Dämpfung des Kurzzeitgedächtnisses nicht mehr«.[136] Die sproßartige Verzweigung des perseverierenden Irritationsmusters, die Eder als Schreibstrategie der Prosa Bernhards herausstellt, findet sich – gleich den anderen raumgreifenden Arten von Wiederholungstechniken wie Akkumulation, Amplifikation und Häufung katachretischer Pleonasmen – hingegen nicht in Bernhards Theaterstücken.

Bernhards Stücke balancieren zwischen Psychologie und stilisierter Künstlichkeit. Die Wortwiederholung ist Symptom einer Erregung, deren innere Motivation meist unbekannt bleibt. Ob der Zuschauer die Erregung nachvollziehen kann oder nicht, in jedem Falle wird der Eindruck erweckt, die mit dem wiederholten Wort verknüpfte Bedeutsamkeit dränge sich der redenden Figur unausweichlich auf. In der Festszene von *Ein Fest für Boris* erzählt der älteste der zu Boris' Geburtstag eingeladenen Krüppel, ihm habe geträumt, er habe lauter »Köpfe« in der »Finsternis« gesehen (*FB* 64ff.) und einen Schriftsteller erschlagen, der ihn überreden wollte, etwas von ihm zu lesen (*FB* 71f.). Die Traummotivik von isoliertem Kopf und bedrohlichem Schriftsteller hat offenbar Gleichnischarakter. Die Chiffren »Finsternis«, »Düsternis« und »Köpfe« werden nicht entschlüsselt, sondern lediglich reproduziert in fortwährenden Wiederholungen und Nachfragen der anderen Krüppel, wo der Träumer die Köpfe gesehen habe:

> DER ÄLTESTE KRÜPPEL *erzählend*
> Jetzt kommt die Düsternis
> *fast singend*
> Jetzt kommt die Finsternis
> die Finsternis
> DREI KRÜPPEL
> Die Düsternis
> Die Finsternis [...]
> ALTER KRÜPPEL
> Die Finsternis
> VIER KRÜPPEL
> Die Finsternis
> [...]                            (*FB* 64f.)
> DER JÜNGSTE KRÜPPEL
> Wo war es
> DER ÄLTESTE KRÜPPEL
> In der Düsternis
> In der Finsternis                      (*FB* 67)

---

[135] Eder, *Perseveration* 77; vgl. aaO. 77, 84.
[136] Eder, *Perseveration* 77. Eder weist außerdem auf die »Erscheinungsformen von Perseveration in der klinischen Praxis, etwa bei Aphatikern« hin.

Die fragenden Krüppel akzeptieren das bloße Zuraunen dieser Begriffe als Antwort. Dies erweckt den Eindruck, als hätten die Vokabeln für alle Anwesenden eine ungeheuerliche, im Kommunikationssystem der Figuren feststehende Bedeutung. Durch Wiederholung erhält das Wort ›Finsternis‹ eine Relevanz, die über seinen denotativen Gehalt hinausgeht. Es ist Chiffre, deren Bedeutung nicht nur bildlich oder übertragen ist, sondern einen erfahrbaren Zustand direkt bezeichnet. Hierin ähnelt der Ausdruck jenen »Empfindlichkeitswörtern«, mit denen der Fürst Saurau in *Verstörung* seine Besucher traktiert: Wörter, an die die Menschen »bereitwillig [...] sofort eine unglückliche Geschichte hängen, die sie einmal erlebt haben und die sie einmal zutiefst beeindruckt hat« (*V* 85). Auch wenn die Referenz des wiederholten Ausdrucks für den Zuschauer leer bleibt, fungiert er als Name einer Befindlichkeit. Diese Bedeutungsverschiebung durch Wiederholung fällt insbesondere bei solchen Ausdrücken auf, die wie »weiß« im folgenden Beispiel zunächst als wertneutrale Beschreibungsbegriffe erscheinen:

> KÖNIGIN
> *zur Vargo*
> mehr Rot auf die Wangen mehr Rot
> andererseits
> nein
> machen Sie die Wangen weiß
> ganz weiß
> machen Sie sie weiß weiß
> FRAU VARGO
> Weiß paßt immer
> DOKTOR
> Natürlich
> KÖNIGIN
> natürlich Weiß
> Weiß natürlich
> Zur Königin der Nacht
> paßt Weiß
> dickes Weiß
> *zur Vargo*
> da haben Sie ganz recht
> ganz dickes Weiß                                             (*IW* 45f.)

Durch die mehrfache Wiederholung wird die Frage der Schminke zur alles entscheidenden. Die Entscheidung, sich im Gegensatz zum ursprünglichen Vorhaben nicht rot, sondern weiß zu schminken, erscheint als ein ebenso radikaler wie plötzlicher, geradezu revolutionärer Entschluß. Die weiße Schminke muß eine besondere Botschaft enthalten, aber welche? Weder für sich genommen noch im Hinblick auf die Inszenierung der *Zauberflöte* läßt sich die Bedeutung der Farbe Weiß erschließen.[137]

---

[137] Selbstverständlich ist Weiß als Farbsymbol nicht neutral. Weiß hat eine Fülle verschiedener, kulturgeschichtlich variierender Konnotationen (Opfertier, Unschuld, Tod etc.). Es läßt sich jedoch weder im Hinblick auf die Rolle der Königin noch durch Figurenäußerungen eine bestimmte Bedeutung profilieren.

Man erfährt nicht einmal, ob die Königin die weiße Schminke für besonders adäquat oder für besonders deplaciert für ihre Rolle hält. Die Ungeheuerlichkeit der Entscheidung, sich weiß zu schminken, wird rein rede-pragmatisch und unabhängig von jeder farbsymbolischen Deutung durch den Kontrast zur zuerst gewählten roten Schminke hervorgehoben. Herbert Gamper schlägt vor, die Obsession der Königin durch die Farbe als zwiespältige Todesfixierung zu interpretieren.[138] Für die Angstlust der Königin gibt das Stück in der Tat viele Beispiele, doch eine Konkretisation auf das Verhältnis zum Tod ist durch den Text an dieser Stelle nicht gedeckt. Die Assoziation oder Konnotation »Tod« läßt sich nicht zum definitiven Inhalt einer Botschaft vereindeutigen, auch wenn sie gleich einem Oberton mitschwingen mag. Eine weitere Interpretationsmöglichkeit wird im Stück selbst gegeben: Das Gesicht der Königin muß, wie sie selbst sagt, »ein vollkommen künstliches Gesicht sein«, und der Doktor erläutert, es handele sich um ein »Puppentheater«, dessen »natürliche Künstlichkeit« durch eine weiße Schminke unterstrichen werde (*IW* 55).

Die emphatische Wiederholung macht den Begriff zum Symbol einer zwiespältigen, von Wunsch und Angst gleichermaßen geprägten Besetzung. Diese Angstlust zeigt sich an allen in die Zukunft gerichteten Äußerungen der Königin. So auch bei der siebzehnmaligen Verwendung von Formen von »reißen« als Königin, Doktor und Vater auf Frau Vargo einreden, den Ärmel besonders fest anzunähen (*IW* 56ff.). Die Vorstellung, daß das Kleid der Königin wie bei der Anprobe auch während der Aufführung reißen könnte, ist angstbesetzt, und die Kürze der verbleibenden Zeit bis zum Auftritt bewirkt einen psychischen Druck, der sich in der hektischen Reihung der Wiederholungen widerspiegelt. Die Angst der Königin ist genauso stark wie ihre Versuchung, einen Theaterskandal herbeizuführen. Diese Vision malt sie sich nach der Vorstellung gemeinsam mit ihrem Vater und dem Doktor aus (*IW* 78-80): »davon träume ich / das sehe ich immer / mitten auf dem Höhepunkt / einen Skandal entfesseln« und zum Beispiel »[d]em Publikum / ins Gesicht spucken« (*IW* 80).[139] In der durch Wiederholung vergrößerten Angst vor einer möglichen Katastrophe deutet sich eine geheime Sehnsucht nach ihrem Eintreten an.

Die Textbeispiele haben deutlich gezeigt, daß die poetische Information durch Wiederholungsfiguren weitgehend autonom, d.h. unabhängig von harten Informationen und nachvollziehbaren Meinungsäußerungen erzeugt wird: auch ohne eine bestimmte Deutung des Farbsymbols vermittelt sich die Hektik und Insistenz, mit der die Königin Frau Vargo beim Schminken antreibt.

Eine besonders eindringliche Wirkung haben Wiederholungen in Interaktionen zwischen Herrschaft und Dienerfigur, wie sie sich in Bernhards monologischen Stük-

---

[138] H. Gamper interpretiert Weiß im Rahmen des Bernhardschen Chiffresystems als Farbe des Todes, denn der im Vorabdruck zweier Szenen aus Bernhards Libretto *die rosen der einöde* ausdrücklich als Tod bezeichnete Kartenspieler sollte, wie es eine Regieanweisung verlangt, weißgekleidet auftreten (vgl. *Kartenspieler* 314); Gamper meint, daß »Todeswunsch und Todesangst sich im Vorgang des Schminkens« durchdringen (*TB* 112f.).

[139] Außerdem kann man annehmen, daß es bis zur 222. Aufführung der »Zauberflöte« möglich ist, das Kostüm in eine reißfeste Verfassung zu versetzen. Die Hektik und Anspannung ließe sich mithin ohne weiteres vermeiden, falls die Königin ein wirkliches Interesse daran hätte.

ken finden. Hier werden die Wiederholungen von Unterstellungen, Anschuldigungen und Befehlen dadurch zum Ausdruck einer besonderen Insistenz, daß die Adressaten der Rede den Sermon ihrer Herrschaft reglos über sich ergehen lassen. Wenn sie überhaupt reagieren, so geschieht dies nur mit starker Verzögerung. Selten nur werden die Diener wie Johanna in *Ein Fest für Boris* mit Gewalt zum Schweigen gebracht (vgl. *FB* 25f.), wobei jedoch offen bleibt, ob Johanna überhaupt habe protestieren wollen. Vor allem in denjenigen Spielszenen, in welchen die Dienerfiguren einen unsinnigen oder pedantisch überzogenen Befehl erhalten – z.B. immerfort Gegenstände, die die Herrschaft absichtlich auf den Boden wirft, aufzuheben; oder Gegenstände an einen bestimmten, mit deiktischen Ausdrücken aber nur unpräzise bezeichneten Ort zu postieren –, motiviert die zögerliche oder unbefriedigende Ausführung ein mehrfaches Wiederholen oder Variieren der Anweisung:[140]

> PRÄSIDENTIN
> Bringen Sie das [Kleid] mit den vier Knöpfen
> *Frau Frölich zögert*
> Gehen Sie
> Auf was warten Sie
> Gehen Sie                                                          (*Pr* 12)

Zeilenschreibweise und Großschreibung fordern kurze Sprechpausen, als müsse Frau Frölich einen Moment überlegen, ob sie der Anweisung folgen wolle oder nicht. Die kurzen Augenblicke des Zögerns steigern die Spannung und zeigen eine Art Machtkampf an, bei dem die befehlende Figur ihre Rollenidentität stabilisiert, indem sie sich ihrer Verfügungsgewalt vergewissert. Kleidungsstücke symbolisieren Rollenidentitäten und sind deshalb in Bernhards frühen Stücken wie *Ein Fest für Boris* und *Der Präsident* das bevorzugte Material dieser Wegwerf-und-Aufheb-Spiele. Selbst banalste Vorgänge werden durch den Kontrast zwischen Insistenz und Zögern zu genuin dramatischen Konflikten, wenn auch für einen nur begrenzten Handlungsbogen. Vor der versammelten Mannschaft seines Kleinzirkus' examiniert Direktor Caribaldi den Jongleur, ob dieser auch Taschentuch und Putzlappen in der jeweils richtigen Hosentasche habe:

> CARIBALDI
> Sie haben
> wie ich weiß
> immer ein Schuhfetzchen
> in Ihrem Hosensack
> im Hosensack rechts
> rechts ein Schuhfetzchen
> links ein Taschentuch
> Schuhfetzchen
> Taschentuch
> Schuhfetzchen
> Taschentuch
> *zum Jongleur befehlend*

---

[140] Beispiel: »PRÄSIDENTIN: da auf den Sessel / auf den Sessel da« (*Pr* 18); vgl. auch die Szene in *Minetti*, in der der Lohndiener Minettis Koffer an den richtigen Platz zu stellen hat (*Min* 25f.).

Ja zeigen Sie
zeigen Sie
*fordert den Jongleur mit Bewegungen des Cellobogens dazu auf, seine Hosensäcke um-*
*zudrehen*
Drehen Sie
Ihre Hosensäcke um
Drehen Sie sie um
*Jongleur dreht seine Hosensäcke um, aber es kommt links das Schuhfetzchen und*
*rechts das Taschentuch zum Vorschein, nicht umgekehrt*
[...]                                                                        (*MG* 93f.)

Die Tatsache, daß Taschentuch und Schuhfetzchen genau entgegen der Vermutung Caribaldis zum Vorschein kommen, wird mit weiteren Wortwiederholungen und Motivverzweigungen kommentiert (»Taschenspielerei«; vgl. *MG* 94-96).

## Wortspiel

Wiederholungen von Worten und Satzstrukturen (Anapher, Parallelismus) ersetzen mangelnde inhaltliche Kohärenz; sie überbrücken Sinnlücken der manifesten Rede, indem sie das Vorhandensein verborgener Zusammenhänge andeuten. Wortspiele gehen darüber hinaus: sie stiften Sinnzusammenhänge. Die Wortspiele und Wortwitze spielen mit der Vorstellung, daß klangliche und orthographische Ähnlichkeiten des sprachlichen Materials Bedeutungsbeziehungen implizierten.

Der formal einfachste Fall ist die stillschweigende Verwendung äquivoker Begriffe. Die Wiederholung eines Ausdrucks bei Nicht-Gleichheit der Bedeutung suggeriert Analogie:

STEWARD
   Alles in Ordnung
   auf hoher See
KANT *setzt sich wieder, nachdem sein Klappstuhl gerichtet worden ist, dann*
   Ich muß
   die Ideallinie haben
   *befeuchtet seinen rechten Zeigefinger und hält ihn hoch in die Luft*
   West Nordwest
   Ideallinie
STEWARD *Haltung annehmend*
   West Nordwest
   Ideallinie
FRIEDRICH
   Ideallinie Ideallinie
FRAU KANT *zu Ernst Ludwig*
   Rücken Sie Friedrich
   ganz nahe an meinen Mann heran [...]
   Erst wenn Friedrich
   ganz nahe an ihn herangerückt ist
   findet mein Mann die Ideallinie

> KANT *als ob er die Ideallinie suchte, mit ausgestreckten Armen*
>   Die Ideallinie
>   jetzt habe ich die Ideallinie                                    (*IK* 15f.)

Der Ausdruck »Ideallinie«, den man zunächst für einen weiteren Terminus aus Kants naturphilosophischen Schriften[141] halten muß, hat offenbar etwas mit der »Ordnung auf hoher See« zu tun, mit der Windrichtung, mit der Ausrichtung von Kants Klappstuhl; die Ideallinie scheint aber nicht allein eine bestimmte Stellung im Raum zu bezeichnen, sondern auch eine psychisch-intellektuelle Ausrichtung, die Kant nur in ausreichender Nähe seines Papageis zu erlangen vermag. Der mehrfach verwendete, im Unterschied zur bloßen Wortwiederholung aber in verschiedenen Bedeutungen auftretende Begriff wird zum Superzeichen, zu einem übergeordneten Begriff, dem über die Grenzen verschiedener Wirklichkeitsbereiche hinweg analoge Bedeutungen unterstellt werden.

In ähnlicher Weise wird ein inhaltlicher Zusammenhang suggeriert, wenn zwei verschiedene Wörter gleiche Morpheme enthalten oder Ableitungen desselben Wortstammes sind (Annominatio bzw. Paronomasie). Das Sinngeschehen ist ein vorwiegend innersprachliches, also kein Transport unausgesprochener Intentionen. Im folgenden Beispiel macht die Paronomasie die Doppeldeutigkeit eines zuvor verwendeten Begriffs nachträglich bewußt:

> DIE GUTE
>   Sie wissen natürlich
>   was ich be*sitz*e
>   Sie kennen meinen Be*sitz*
>   wie ich hier *sitz*e
>   in meinem *Sessel*                                    (*FB* 17f.; Hervorhebung C.K.)

Neben der normalsprachlichen Bedeutung des Ausdrucks »Besitz« (im Sinne von Eigentum) wird etymologisch die Komponente des Sitzens realisiert und mit »Sessel« assoziiert. Die rhetorische Figur der Annominatio ist ein »intellektueller Aufmerksamkeitserreger«,[142] sie verweist auf einen »semantischen Hintergrund.«[143] »Der Leser/Hörer wird also nicht zur Hinnahme [einer Botschaft] veranlaßt, sondern in eine Bewegung gebracht, die von der Sprache ausgeht.«[144] Zum Teil geben die Wortspiele den Mechanismus wieder, der der Assoziation der redenden Figur zugrundegelegen hat: Von einer Äußerung über die *Kleider* seiner verstorbenen Lebensgefährtin motiviert, kommt Karl auf seine eigenen »widerwärtigen An*kleide*prozeduren« (*Sch* 13; Hervorhebung C.K.) zu sprechen; die Millionärin kommt von Kants Geistesgröße auf dessen Schuhgröße (*IK* 80f.); wenn die Gute anschließend an eine Erinnerung an das

---

[141] Vgl. oben Seite 158ff.
[142] Lausberg, *Handbuch* 323, Anm. 1.
[143] Brinkmann, *Wiederholung* 83. „Die ›annominatio‹ gibt nicht eine identische Wiederholung des im Wort gefaßten Inhalt, sondern sucht einen semantischen Hintergrund auf, der hinter diesem oder ähnlichen Worten liegt." Sie „sucht einen neuen ›Sinnwert‹, eine neue semantische Dimension. Sie gehört damit sicher zur Zeichenart des Symbols" (ebd.).
[144] Brinkmann, *Wiederholung* 83.

Ab*brechen* einer Vorlesung Johanna vorwirft, »Sie brechen mir ja die Finger« (*FB* 20), motiviert der Assoziationsmechanismus zumindest die Wortwahl, wenn nicht die Redehandlung ›Vorwurf‹ überhaupt. Vom mystischen Geraune bis hin zu Kalauer und lächerlich-eitlem Geschwätz ist die Figurenrede der Theaterstücke Thomas Bernhards von Wortspielen durchzogen – seien diese nun von der Figur beabsichtigt oder nicht:

MILLIONÄRIN
    Ich möchte doch nicht mit *Kant* be*kannt* sein
    und nichts von *Kant* *kennen*          (*IK* 71; Hervorhebung C.K.)
BASSIST
    Hier wird Champagner getrunken
    kein *Sekt*
    Champagner
    Champagner
    Ich bin kein *Sekt*ierer
    *schaut um sich, niemand lacht*          (*Ber* 123; Hervorhebung C.K.)

In einigen Fällen motiviert ein mißverstandenes Morphem falschen Wortgebrauch; so meint der Theatermacher Bruscon die scheußliche Gegend von Utzbach zu treffen, wenn er unterstellt: »Die Kinder haben alle rachitische Stimmen« (*Tm* 42). Die Kombination der Worte ›rachitisch‹ und ›Stimmen‹ zu einem pseudo-klassifikatorischen Terminus beruht auf der falschen etymologischen Rückführung des Adjektivs auf ›Rachen‹. Es handelt sich hier um »ein (pseudo-)etymologisches Spiel mit der Geringfügigkeit der lautlichen Änderung einerseits und der interessanten Bedeutungsspanne, die durch die lautliche Änderung hergestellt wird, andererseits.«[145] Im folgenden Textbeispiel bewirkt die latente Identifikation der Satzsubjekte (»ich«, »es«) zusammen mit dem Polyptoton (»trat«, »eingetreten«) ihren unfreiwillig sprachwitzigen Effekt gewissermaßen nebenbei, d.h. ohne die Hauptaussage zu unterlaufen:

BASSIST
    Da trat ich ein
    und es war etwas Merkwürdiges eingetreten          (*Ber* 23)

In diesem Falle versteht man auch über den unfreiwilligen Wortwitz hinweg, was gemeint ist. Im folgenden Beispiel kleidet das Wortspiel die verwegene Behauptung des Jongleurs nicht nur ein, sondern produziert die absurde Kausalität überhaupt erst:

JONGLEUR
    Aber natürlich leiden Sie auch
    und zwar in dieser Ihnen eigenen
    größenwahnsinnigen Vorgangsweise
    an ihrer eigenen *Rück*sichtslosigkeit
    Herr Caribaldi
    Und die Ursachen
    sind Ihre *Rück*enschmerzen          (*MG* 33; Hervorhebung C.K.)

---

[145] Vgl. Lausberg, *Handbuch* 322 (§ 637).

Concetti

Die Monologe oder Konversationen der Theaterstücke Thomas Bernhards bestehen über weite Strecken aus der Aneinanderreihung witziger oder verblüffender Einfälle. Das einzelne Concetto erlangt ein so großes Gewicht innerhalb der Gesamtkomposition, daß diese bisweilen als bloß äußerliche, revueartige Verklammerung ablaufender Gags erscheint. Diese bewußt oder unbewußt geäußerten Einfälle wirken durch semantische Kontraste zwischen verwendeten Wörtern, durch Widersprüche zwischen unmittelbar aufeinander folgenden Aussagen oder durch Kontraste von Äußerungen gegenüber dem Handlungskontext. Witzige Einfälle bestimmen aber nicht nur die Figurenrede, sondern auch den fiktionalen Rahmen eines Stückes wie *Immanuel Kant*.

Viele Wortwitze Bernhards beruhen darauf, daß einem Sprechakt, dessen Handlungssinn klar ist, durch wortwörtliche Auslegung ein immanenter Widerspruch untergeschoben werden kann:

> CARIBALDI
> halte dich an die *Regel*
> [...]
> Es ist *immer das gleiche*
> man muß hinter euch her sein                    (*MG* 72; Hervorhebung C.K.)

Wenn es stimmt, daß Caribaldi »immer« hinter seinen Mitmusikern her sein muß, so befolgen sie doch eine Regel. Als grelle Effekte oder leicht zu übersehende Doppelbödigkeit durchziehen semantische Korrespondenzen dieser Art die Figurenrede. Ähnlich ist das folgende Textbeispiel aus *Der Ignorant und der Wahnsinnige*. Der Doktor kritisiert die verallgemeinernde Perzeptionsweise des Vaters:

> DOKTOR
> Ihr Fehler ist
> daß Sie was Sie betrachten
> immer als das gleiche anschauen
> das ist zweifellos der elementarste Irrtum          (*IW* 37f.)

Kurz darauf spricht der Doktor jedoch selbst mit der gleichen Indifferenz:

> Zwischen Ihnen geehrter Herr
> und Ihrer Tochter
> ist nichts als das Mißtrauen
> [...]
> Die Struktur der Wege ist die gleiche              (*IW* 38)

Weitere Beispiele für concettistische Einfälle sind die Zusammenstellung von Unvereinbarem (Logik vs. empirische Erkenntnis):

> KANT
> Die Logik lehrt
> daß nichts leichter zu verdauen ist
> als ein Mus
> oder Kuttelflecke                            (*IK* 62)

und der Vergleich des (zumindest auf die gegebene Art und Weise) Unvergleich-
baren:

> BRUSCON
> Die hohe Kunst
> oder der Alkoholismus
> ich habe mich für die hohe Kunst entschieden                     (*Tm* 104)
> VATER
> der Inhalt der Flasche
> ist mir gleichgültig
> DOKTOR
> andererseits ist die Trunksucht
> ein Kunstmittel                                                   (*IW* 41)

Der Witz dieser Einfälle beruht auf unerwarteten Verstößen gegen semantische Ständeklauseln. Es wird das verknüpft, was semantisch oder vom repräsentierten Wert her
(Kunst vs. Alkoholismus) gemeinhin für unvereinbar oder unvergleichbar gilt. So ver-
stößt Bruscon gegen seine zunächst gewählte, ein Klischee apologetischer Rede ver-
wendende Formulierung, indem er eine krasse Abwertung (»Antitalent«) anfügt:

> BRUSCON
> Diese Rollen habe ich meinem Sohn
> auf den Leib geschrieben
> diesem Antitalent [...]                                           (*Tm* 63f.)

Als besonderen Scherz hat Bernhard in *Immanuel Kant* die lautere Wahrheit gegen
das Erwartbare verstoßen lassen:

> KANT
> Jetzt habe ich die ideale Linie
> *zur Millionärin*
> Kennen Sie Joseph Conrad
> MILLIONÄRIN
> Wer ist das
> KANT
> Einer unserer größten Schriftsteller
> Pole                                                             (*IK* 82f.)

Kant assoziiert zu seiner Äußerung über die »ideale Linie« den Namen des als Verfasser englischsprachiger Abenteuerromane bekannten Schriftstellers Joseph Conrad.[146] Die wenigsten Zuschauer werden wissen, daß Joseph Conrad tatsächlich Pole
war und eigentlich Teodor Józef Konrad Korzeniowski hieß.

---

[146] Schings vermutet in dem Ausdruck »Ideallinie« eine Assoziation zu einem von Joseph
Conrads berühmtesten Büchern, »The Shadow Line« (*Methode* 437). Joseph Conrad paßt aber
auch noch in anderer Hinsicht in den Kontext des Stückes *Immanuel Kant*. Conrad war Seeoffi-
zier, als er zu schreiben begann, und ließ mehrere seiner Abenteuerromane auf See spielen.

Nuancierung

Alle Arten von Wortspielen spielen mit einem Partizipationsmodell der Bedeutung, mit dem Glauben an eine »Sympathie des Zeichens / mit dem Bezeichneten« (*MG* 46). Hierauf beruht die spezifische Aufwandsersparnis durch Wortwitze, die Freud zufolge deren Lustgewinn verursacht.[147] Thomas Bernhard lanciert durch Wortspiele Sinnzusammenhänge, und zwar nicht nur im positiven Sinne von Ähnlichkeit oder Analogie, sondern auch im negativen als Herausarbeiten feinster Bedeutungsunterschiede. Die Nuancierung legt den Akzent also nicht auf die Lautähnlichkeit, sondern gerade auf einen minimalen Unterschied in Lautgestalt oder grammatischem Geschlecht. Diese Art künstlicher, weil rein sprachspielerischer Nuancierung simuliert differenziertes Denken, indem sie aus einem kaum wahrnehmbaren Bedeutungsunterschied den ums Ganze macht. Die Bedeutungsnuance beruht etwa wie im folgenden Beispiel auf unterschiedlichem Numerus:[148]

> CARIBALDI
> Mein Neffe
> Meine Enkelin
> was für Menschen
> Und Pablo Casals
> was für ein Mensch
> *ruft aus*
> Was für Menschen [...]                              (*MG* 35)

oder auf der Zugehörigkeit zu unterschiedlichen Wortarten (Substantiv vs. Adjektiv bzw. Verb): »Enttäuschung« vs. ›enttäuschen‹,[149] »Theaterkopf« vs. »theatralischer Kopf«.[150] Auch zwischen alltagssprachlich nahezu synonym gebrauchten unterschiedlichen Prä- und Suffigierungen[151] werden angeblich relevante Bedeutungsunterschiede hervorgetrieben:

> DIE GUTE
> Sie sind ja nicht bös*willig*
> Sie sind bös*artig*
> nicht bös*willig*                              (*FB* 14; Hervorhebung C.K.)

---

[147] S. Freud, *Der Witz*. Vgl. insbesondere den Begriff der »Unifizierung« (aaO. 54 passim).

[148] Vgl. auch die Bedeutungsdifferenz zwischen »Kopf« und »Köpfen« (*IW* 24).

[149] »BRUSCON: Du bist meine größte *Enttäuschung* / das weißt du / aber du hast mich nie *enttäuscht* / Du bist mein Nützlichster« (*Tm* 74; Hervorhebung C.K.). – Vgl. auch die Nuancierung zwischen »Tragödie« und »tragisch« (*F* 258).

[150] »GENERAL: mit einem Theaterkopf / nicht mit einem theatralischen Kopf / muß der Schauspieler auf die Welt kommen« (*Jg* 51). – Es wäre vergebliche Mühe, wollte man diese formalen Nuancierungen interpretierend rechtfertigen, denn sie werden nur für den Moment erzeugt und entsprechen keinen allgemeinen Überzeugungen des Autors. So wird das Adjektiv »theatralisch« an anderer Stelle als positiv besetzter Begriff verwendet: »Ein gewisses theatralisches Talent / schon als Kind« (*Tm* 109).

[151] Zu »analytischen ›Rückbildungen‹« von Zusammensetzungen auf die Bedeutungseinheiten ihrer Simplices in Bernhards Prosa vgl. Finnern, *Mythos* 96, sowie Betten, *Ad-hoc-Komposita* 79ff.

SCHRIFTSTELLER
  Wir müssen nicht teilnehmen
  teil*haben* ja
  aber nicht teil*nehmen*                                           (*Jg* 56)

Wortspielerisch kehrt Bernhard insbesondere Bedeutungsnuancen zwischen Wörtern
hervor, die zumindest über einen größeren Bereich ihrer semantischen Komponenten
hinweg alltagssprachlich synonym gebraucht werden:

HERR MEISTER
  [...] Mendelssohn
  ein absolut Zweitrangiger wenn auch Erstklassiger               (*ÜaG* 36)

Im alltagssprachlichen Gebrauch realisiert man die Unterschiede zwischen ›Rang‹
und ›Klasse‹ nicht, die mit der Entgegensetzung von ›Zweitrangigkeit‹ und ›Erstklas-
sigkeit‹ behauptet wird, sofern sie sinnvoll sein soll. Herr Meister verwendet die beiden Prädikate wie wohldefinierte Termini. Die herausgestellten semantischen Unterschiede besitzen im Kontext keinerlei Relevanz, sie ziehen keine Folgen nach sich
und erklären nichts, sie entsprechen keinen allgemeinen Auffassungen des Autors.
Die Nuancierungen sind spontane Geschraubtheiten, die ein differenziertes und reflektiertes Denken lediglich nachahmen. Selbst dann, wenn die Wendung gegen die
(partielle) alltagssprachliche Synonymie mehrerer Ausdrücke sinnvoll erscheint, dient
sie dennoch weniger der Sache als der Selbstinszenierung. Durch feinste Bedeutungs-
differenzierungen triumphieren die Figuren über die Begriffelosigkeit ihrer Umgebung. So auch in *Die Berühmten*:

KAPELLMEISTER
  Patzak hatte die außerordentlichste Stimme
  die ich jemals gehört habe
  aber nicht die schönste
  nicht die schönste
TENOR
  Die exakteste
  Bassist
  Die exakteste
  Kapellmeister
  Patzak war der exakteste Sänger überhaupt
  [...]                                                            (*Ber* 31)

Bernhards Wortspiele verstoßen gegen alltägliche Redegewohnheiten; Wortwiederholungen und Wortspiele suggerieren sachliche Zusammenhänge und unvermutete Analogien; in umgekehrter Richtung, nämlich differenzierend, wirkt der formalseman-
tische Verblüffungseffekt bei der nuancierenden Umwandlung alltagssprachlicher
Synonyme in privat- oder fachterminologische Antonyme.
  Alle Formen dieser Rhetorik, die ihre Pointen aus Eigenschaften des sprachlichen
Materials entwickelt, zeigen eine figurative, vom redenden Subjekt tendenziell unabhängige Sinnproduktion. Dennoch geht die Rede nicht restlos in Kalauer und bloßen
Klingklang über. Von dem Bezug zu bedeutungsvoller Tiefe, den die Figuren präten-

dieren, bleibt stets etwas gegenwärtig. Das markiert den entscheidenden Unterschied zur absurden Konversation in den Farcen Ionescos, die derjenigen der Stücke Bernhards formal-rhetorisch in vielfacher Hinsicht gleichen.[152] Zusammen mit weiteren Verfahren, Nonsens zu produzieren und Sinn zu verweigern, dienen Wortspiele beispielsweise in Ionescos *Die kahle Sängerin* dazu, herrschende Gesprächskonventionen im Leerlauf kritisch und um so drastischer herausstellen zu können. Die aufgrund ihrer Klangeigenschaften assoziierten Wörter bleiben semantisch disparat, um Konversationsrituale als solche zeigen zu können. Das sinnlose Geschwätz steht im grotesken Kontrast zum ungehemmten Fortgang der Konversation. Eine derart grobe Trennung zwischen Sinn und Konvention gibt es in Bernhards Stücken nicht, auch nicht in den farcenhaften und konversationssatirischen wie *Immanuel Kant, Über allen Gipfeln ist Ruh'* und *Die Berühmten*. Im Gegensatz zur »semantische[n] Neutralisierung« in Ionescos Anti-Stücken (Bessen, *Ionesco* 81) betreibt Thomas Bernhard mit formal ähnlichen Wortspielen eher eine semantische (Re-)Aktivierung sekundärer Wortbedeutungen. Die Dominanz des Formalen, Rhetorischen und Figurativen stellt bei Bernhard unausdrücklich die Frage nach dem Subjekt der Rede: Wer spricht?

---

[152] Die Übereinstimmungen zwischen der dramatischen Sprache Ionescos und Bernhards reichen weiter als die zwischen derjenigen Bernhards und Becketts. Zur Technik der Wortspiele, Wiederholungen, Kalauer und farcenhaften Komik Ionescos vgl. Bessen, *Ionesco* 66-90. »»pour prérarer des crêpes de chine‹ braucht man, wie die Alte [in *Die Stühle*] weiß, ›un œuf de bœuf, une heure de beurre, du sucre gastrique‹« (aaO. 82). Insbesondere in der letzten Szene von Ionescos *La Cantatrice chauve* degeneriere »sinnbezogene Kommunikation vollends zu rhythmischen kakophonischen Klangreihungen« (Bessen 83).

# Musikalität als Stilprinzip, Motiv und Metapher immanenter Reflexion

Die Musik hat im Leben Thomas Bernhards immer eine herausragende Bedeutung gehabt. Schon als Kind hat er sich intensiv mit Musik beschäftigt. In Interviews und autobiographischer Prosa hat Bernhard wiederholt berichtet, daß er Unterricht in Gesang, Geigenspiel und Musikästhetik erhalten habe. Das tägliche Geigenspiel im Refugium der Schuhkammer des Salzburger Schulhauses »war ihm *die einzige Fluchtmöglichkeit*« (*Urs* 13) vor dem Internatsbetrieb. Das sinnliche Erleben, mit der eigenen Stimme singend einen Kirchenraum auszufüllen, dürfte einer der nachhaltigsten unter Bernhards musikalischen Erfahrungen gewesen sein.[153]

Musikalische Themen nehmen in Bernhards gesamtem literarischen Schaffen eine exponierte Stellung ein: seine Figuren schreiben und reden über Musik, über Musiker und Komponisten[154] oder musizieren selbst.[155] Vor allem aber fungiert ›Musik‹ als zentraler poetologischer und metaphysischer Vorstellungskomplex, sowohl im Denken seiner Figuren als auch in Äußerungen des Autors über seine Arbeitsweise. Immer wieder hat Bernhard betont, daß er seine literarischen Werke nach musikalischen Kriterien komponiere. So stellt er seinem zweiten Theaterstück, *Der Ignorant und der Wahnsinnige*, Novalis' Notat, »Das Märchen ist ganz musikalisch«, als Motto[156] voran. Und in einer Notiz zu *Die Jagdgesellschaft* bemerkt der Autor: »Das Stück ist in drei Sätzen geschrieben, der letzte Satz ist der ›langsame Satz‹.«

Inzwischen gehört der Hinweis auf die Musikalität seiner Sprache zu den Gemeinplätzen der Bernhard-Rezeption. Ein Vergleich mit musikalischen Strukturmustern fehlt, wie A. Betten richtig feststellt (*Sprachrealismus* 379), bei keinem der Interpreten Bernhards. Vor allem in Interviews jüngeren Datums klingt es jedoch wie eine Parodie dieses Deutungsklischees, wenn Thomas Bernhard über den musikalischen Charakter seiner Sprache spricht:

»Ich schlag' ja immer, wenn ich oben spreche, unten mit der Fußspitze den Takt. [...] Das ist eine Kontrapunktik, muß ja sein, ich bin ja ein musikalischer Mensch. [...] Aber Sie sehen nicht, was der Fuß dazu macht, der halt' das Ganze zusammen; dadurch ist, was ich sag' – irgendwie hat's was Symphonisches an sich, immer, finden Sie nicht?«          (*Monologe* 197f.)

---

[153] Vgl. *Die Kälte* 144ff. und das *Interview* mit Krista Fleischmann 1986: »Und der Höhepunkt für mich war das Ave Maria von Bruckner in der Kirche in St. Veit im Pongau. Also so was Schönes [...] hab ich wirklich in mei Leben nie gehört. Und daraus kommt vielleicht a gewisse Selbstsucht bei mir [...]. Ich würde so sagen, daß das doch der Keim des Verderbens irgendwie schon war. Gewisser Hochmut, nicht. Daß man das ansingt gegen Christus und Herrgott.« Der Philosoph in *Der Berg*: »Die Lust zu singen / und die Lust zu sterben / sind ein und dieselbe Lust« (333).

[154] Ich verweise nur auf *Korrektur, Beton, Der Untergeher, Der Ignorant und der Wahnsinnige* sowie *Die Macht der Gewohnheit*.

[155] Der junge Krainer in *Verstörung*, Caribaldi in *Die Macht der Gewohnheit*, die Königin in *Der Ignorant und der Wahnsinnige*.

[156] »Das Motto ist das *musicalische Thema*« (Novalis, *HKA III*, IX, 550).

Als wollte er seine Interviewerin absichtlich zum besten halten, banalisiert Bernhard hier musikalische Begriffe in einem schwer zu überbietenden Maße. So offensichtlich die Musikalität in Bernhards dramatischer und erzählerischer Sprache auch ist, haben die Hinweise auf dieses Stilphänomen seitens des Autors und seiner Interpreten jedoch kaum analytisch-deskriptive Aufschlüsse erbracht.[157] Der hohen Frequenz des Vergleichs mit musikalischen Strukturen und Formen entspricht dabei eine metaphorische und meist unscharfe Begriffsverwendung. Der Autor selbst nimmt es mit der Terminologie nicht so genau. So läßt das oben zitierte Beispiel des Taktierens mit dem Fuß einen äußerst reduzierten Begriff von Kontrapunktik erkennen.[158] Unbekümmert um grundsätzliche Probleme literarischer Musikanalogie[158a] fassen Autor und Kritiker unter dem Titel ›Musikalität‹ in verunklärender Weise disparate Textphänomene zusammen. Durch diesen Mangel begünstigt tendieren Vergleiche der Sprache Bernhards mit musikalischen Strukturmustern zur Apologie: gleich Ausdrücken wie ›Spiel‹ oder ›Künstlichkeit‹ dient auch der Hinweis auf die Musikalität der bernhardschen Sprache zu einer Art Generalpardon für allerlei Beliebigkeiten und stilistische Leerläufe des Autors. ›Musikalität‹ ist zum Losungswort einer Rezeptionshaltung geworden, die ihren Gegenstand allein deshalb für große Literatur erklärt, weil sie die handwerklichen Schliche des Autors zu durchschauen glaubt. Manieriertes Wortgeklingel, das in Bernhards Texten nicht selten zu finden ist, wird dadurch gegenüber Kritik immunisiert. Insofern verwundert es nicht, daß der Beifall seitens der Kritik um so größer wird, je deutlicher der Autor seine poetischen Verfahren in den Vordergrund drängt und zu Tricks veräußert.[159]

Im folgenden grenze ich die verschiedenen Bezüge des Vergleichs literarischer Stilmittel mit musikalischen Formen und Strukturen voneinander ab und prüfe jeweils, was durch diesen Vergleich für die Textinterpretation gewonnen wird. Dabei kritisiere ich das herrschende Mißverständnis, das musikalische Moment in Bernhards Sprache sei gegen die Semantik auszuspielen.

---

[157]  Ich verweise nur auf den bislang umfangreichsten Aufsatz zur Musikalität Bernhards, »Die Sprachpartituren des Thomas Bernhard« von Manfred Jurgensen. Jurgensen ordnet bestimmte Textphänomene musikalischen Begriffen zu, ohne die analytischen und deskriptiven Leistungen dieser lediglich metaphorischen Etikettierungen zu erläutern. Insbesondere bleibt das Verhältnis unbestimmt, in dem die (semantischen?) »Bezugsverhältnisse« zu ihrer »sprachformale[n]« Ästhetisierung (101) stehen sollen, d.h. in welchem Zusammenhang Kompositionstechnik und Bedeutungsmaterial stehen. Ein großer Teil der Ausführungen Jurgensens zur Musikalität bei Bernhard ist widersprüchlich und teilweise sprachlich unverständlich; vgl. bes. *Sprachpartituren* 103-107.

[158]  Entsprechende Verwässerungen des Begriffs ›Kontrapunkt‹ sind in Vergleichen literarischer Phänomene mit musikalischen üblich und kaum zu vermeiden; vgl. die kritischen Ausführungen bei C. S. Brown, *Grundlagen* 32f.

[158a]  Die grundsätzlichen Probleme dieses »komparatistischen Grenzgebietes« (Scher) sind erst in letzter Zeit eindringlicher untersucht worden; vgl. den von St. P. Scher herausgegebenen Sammelband und die fortlaufende Bibliographie im *Yearbook of Comparative and General Literature*.

[159]  Man denke an »das Begeisterungsrührstück als Betroffenheitsoperette« (Falcke), das die Literaturkritik anläßlich des Erscheinens von Bernhards Roman *Auslöschung* nahezu unisono vorgesungen hat; vgl. hierzu die kritische Glosse von E. Falcke (*Abschreiben*).

# Musikalität als Stilprinzip

## Musikalische Stilmittel bei Thomas Bernhard

Mit dem Terminus ›Musikalität‹ bezeichnen Autor und Kritiker eine ganze Reihe verschiedener Stilistika. Der Begriff umfaßt im *mikrostrukturellen Bereich* die im vorangegangenen Kapitel dargestellten rhetorischen Figuren von Wortspiel und Wiederholung, denen als musikalische Termini Variation, Inversion (Krebs) sowie Modulation zugeordnet werden,[160] »dissonante« semantische Beziehungen wie schiefe Pleonasmen und Paradoxa,[161] generell die Betonung des Kombinativen, Relationalen sowie die Verselbständigung formaler Beziehungsmuster.

Seltener als diese horizontalen Gestaltungsprinzipien werden Begriffe erwähnt, die wie Kontrapunktik, »Symphonisches«[162] oder Fuge vertikale Beziehungen umfassen.[163] Das liegt daran, daß es in Bernhards Stücken wie generell in der Literatur keine Parallelführung verschiedener Stimmen gibt, schon gar keine, die so exakt ›durchkomponiert‹ wäre, daß sich der Vergleich mit musikalischer Mehrstimmigkeit aufdrängte. Die einzigen in diesem Sinne musikalischen und zugleich ästhetisch respektablen Stücke sind die Jean Tardieus.[164] Etwas der musikalischen Mehrstimmigkeit entfernt Vergleichbares findet man in Bernhards Konversationsstücken nur im Nacheinander dialogischer Gestaltung, insbesondere in *Die Berühmten*: die Teilnehmer reden aneinander vorbei, bleiben aber eine gewisse Zeit ihrem Thema treu, so daß der Eindruck entsteht, es würden voneinander unabhängige, aber gleichwohl einander reflektierende Stimmen artikuliert. Das mag man »musikalisch« nennen, nur ist derart dialogische Musik selbst Mimesis an etwas Außer-Musikalisches wie Interaktionsformen. Ähnliches gilt für die Techniken von Wiederholung und Variation, die Thomas Bernhard auch zur Komposition ganzer Szenen und Stücke verwendet.[165]

Im *makrostrukturellen Bereich*[166] wandelt sich die Funktion dieser Stilmittel folgendermaßen: sie stiften nicht nur den Zusammenhalt größerer Einheiten durch formale Rekurrenz, sondern bilden auch einen bedeutenden Anteil der eigentlich dramatischen Ereignisse der Stücke wie Intensitätswechsel, Beschleunigungen, Ver-

---

[160] Vgl. u.a. Rossbacher, *Kalkwerk* 382; Jurgensen, *Sprachpartituren* 108, 113.

[161] Rossbacher spricht z.B. vom »Abbruch [einer Textsequenz] im schrillen Akkord« (*Kalkwerk* 382) und Gotthard Böhm meint: »Die Dynamik wird häufig aufgefangen – vergleichbar der Auflösung polyphoner Stimmführung in akkordische Ballungen« (*TB* 450).

[162] *Monologe* 197f. Tschapke spricht von einer »grossen Sprachsinfonie« (*Hölle* 141).

[163] Vgl. Jurgensen, *Sprachpartituren* 108; Rossbacher, *Kalkwerk* 382; Esslin, *Disease* 376.

[164] Vgl. M. Schwarz, *Musikanalogie*.

[165] Mitunter kann der Prozeß des Auffindens, Entfaltens und Wiederaufgreifens von Themen im Zuge der Konversation mit dem Sonatensatzschema von Exposition, Durchführung und Reprise analogisiert werden. Am deutlichsten ist dies der Fall in den beiden Vorspielen zu *Die Berühmten*. Ich verzichte hier darauf, dies im einzelnen zu demonstrieren, denn im Verhältnis zum Interpretationseffekt wäre der explikatorische Aufwand zu groß.

[166] Rolf Michaelis will z.B. Ähnlichkeiten im Aufbau des Stücks *Die Macht der Gewohnheit* mit Schuberts sogenanntem »Forellenquintett« bemerkt haben (*Kunstkrüppel* 33).

langsamungen oder Stimmungsumschwünge. Durch Wiederholungen kehrt eine Konversation nach thematischen Verzweigungen an ihr Ausgangsmotiv zurück; in Bernhards monologischen Stücken stehen Wiederholungen ›leitmotivisch‹ für die typische Gestimmtheit der Hauptfigur.[167] Damit handelt es sich bei den makrostrukturellen Gestaltungsmitteln um mehr oder minder konventionelle Techniken zum Arrangement von Sinneinheiten, d.h. zur rhythmischen Distribution von Spannungswerten, Höhepunkten und Ruhephasen, Überraschungen und Redundanzen nach übergeordneten Gesichtspunkten ästhetischer Ökonomie. Man muß sich fragen, was der Vergleich mit musikalischen Termini analytisch überhaupt einzubringen vermag, wenn damit keine spezifisch musikalischen, sondern umfassendere ästhetische Strukturierungsmodelle bezeichnet werden. Solche finden sich sowohl in der Literatur als auch in der Musik, weil beides »auditorische, dynamische und temporale Künste sind«[168], mit einem Wort »Zeitkunst«. Die Verwendung musikalischer Begriffe ist nur dann nicht trivial, wenn mit ihnen Formen und Strukturen beschrieben werden, die über das Maß des Musik und Literatur ohnehin Gemeinsamen hinausgehen.

Der Vergleich literarischer Phänomene mit musikalischen Strukturen und Formen ist stets metaphorisch. Die bemühten Vergleichsbegriffe verlieren dabei immer an Präzision, wobei mitunter die Grenze zur Sinnlosigkeit überschritten wird.[169] In jedem Falle entstehen dort Verständnisprobleme, wo der musikalische Terminus die fehlende detaillierte Erläuterung am Textbeispiel ersetzen soll. Statt den Text analytisch aufzuschließen, werden nur »private Assoziationen«[170] des Interpreten angezeigt. Die Folge sind Ungenauigkeiten und Mißverständnisse. Dies zeigt sich oftmals darin, daß gleich zwei musikalische Vergleichsbegriffe aufgeboten werden, deren metaphorische Leistungen einander jedoch aufheben.[171] Solche privaten Assoziationen und Ungenauigkeiten bestimmen auch die entsprechenden Interpretationsversuche zur Sprache Bernhards. Von künftigen Vergleichen mit musikalischen Formen und Strukturen ist mithin erstens zu fordern, daß die musikalischen Termini in möglichst

---

[167] Ausgerechnet das Leitmotiv – die Lieblingsvokabel musikanaloger Interpretationen – ist ein Beispiel für die Aufnahme eines literarischen Prinzips in die Kompositionslehre; vgl. H. Petri, *Musikalische Form* 81-83; C.S. Brown, *Grundlagen* 32; H.R. Vaget, *Mann und Wagner* 328ff. In unverkürzter Bedeutung ist das Leitmotiv ein hochkomplexes Mittel zur Verdichtung von Sinnzusammenhängen. Das Leitmotiv begleitet nicht nur das Auftreten einer Figur (diese charakterisierend), sondern verschränkt zudem als zweite Kommunikation über das Figurenbewußtsein hinweg Erinnerung und Ahnung des Zukünftigen; vgl. Vaget aaO. mwN. In diesem komplexen Sinne gibt es bei Bernhard keine Leitmotivik. In einem eingeschränkteren Verständnis von Leitmotivik hat diese nichts spezifisch Musikalisches. Vgl. S. 170ff.
[168] C.S. Brown, *Grundlagen* 30.
[169] Die Autoren, die die grundsätzlichen Probleme literarisch-musikalischer Struktur- und Formparallelen untersucht haben, ziehen diese Grenze aber jeweils unterschiedlich; ich verweise nur auf die Arbeiten von D. Müller-Henning, *Vom Musikalischen* 312f.), und von C.S. Brown, der Entsprechendes für Kontrapunktik zeigt (*Grundlagen* 32f.).
[170] C.S. Brown, *Grundlagen* 31.
[171] So schreibt G. Böhm, die Monologe in *Der Präsident* seien, »durch musikalische Formprinzipien gestaltet, gegeneinander komponierte große Wortarien und Fugen« (*TB* 454).

aussagekräftiger, nicht-trivialisierter Bedeutung verwendet werden, und zweitens, daß das, was die Termini bezeichnen sollen, am Text expliziert wird.

Ich habe nicht die Absicht, den Vergleich zwischen der Sprache Thomas Bernhards und musikalischen Formparallelen weiterzuführen. Statt dessen gehe ich weiter zu der grundsätzlichen Frage, wie sich jene poetischen Verfahren Bernhards, die wie Rhythmisierung, Wiederholung und Variation gemeinhin als musikalische verstanden werden, auf das Verständnis seiner Texte auswirken.

Herrschende Mißverständnisse über Funktion und Wirkung der musikalischen Stilmittel bei Thomas Bernhard

Die bisher erörterten musikalischen Stilmittel Thomas Bernhards sind für sich genommen recht konventionell. Bemerkenswert ist an ihnen nur die relative Autonomie, mit der sie die diskursiv-begriffliche Rede nach nicht-begrifflichen Kriterien organisieren und die eingeschränkte Kohärenz tendenziell ersetzen. Wenn Bernhard wiederholt die Musikalität seiner Sprache hervorhebt, so beansprucht er damit nicht, mit literarischen Mitteln genuin Musikalisches zu komponieren, sondern meint offenbar etwas anderes, das es noch zu bestimmen gilt. Tschapke mißversteht Bernhards Musikalitätsprätention, wenn er das konstruktive Moment mit einer Interpretationsvorschrift (»dürfen«, »muss«) verwechselt, musikalische Form und Semantik auseinanderreißt und erstere gegen letztere ausspielt:

> »Das mitgeteilte Einzelne wird als Monade oft der Lautgestalt nach gesetzt, angeordnet in einer grossen Sprachsinfonie, die ihre Bezugspunkte nur aus sich heraus gelten lassen will. Demgemäss *dürfen* an diese lexikalischen und syntaktischen Monotonien, an die monomanisch eingegrenzt wirkenden Themenfelder weniger logisch-dechiffrierbare Stilanalysen [sic!] angesetzt werden. *Statt dessen muss* ein musikalisch-rhythmischer Gesamtklang Beachtung finden.«
> (Tschapke, *Hölle* 141; Hervorhebung C.K.)

Diese Stelle enthält die virulenten Mißverständnisse von sprachlicher Musikalität bei Bernhard: eine unausgewiesene, metaphorische Assoziation »Sprachsinfonie«; eine latente Reduktion des Musikalischen auf seinen Zeitaspekt, das rhythmische Moment; und die Neigung, den programmatischen und durchaus zu Recht bemerkten Entzug von Referenz mit Bedeutungsverlust zu identifizieren. Tschapkes Konsequenz ist die nebulose Forderung, daß der »Gesamtklang Beachtung finden« müsse. Tschapkes Argument (Klang vs. Diskursivität) folgt einer generellen Tendenz in der Bernhard-Rezeption, die bemüht ist, »das Anstößige beiseitezuräumen« und wegzuerklären (Sorg, *TB* 7).

Demgegenüber ist mit Gamper darauf zu insistieren, daß Bernhards Musikalität »nicht im Sinn von Klangzauber, sondern als Konstruktionsprinzip« zu verstehen ist (*TB* 84), d.h. als ein Prinzip, Beziehungen zwischen Bedeutungsträgern zu knüpfen. Bernhards Musikalität bedroht nicht die »Signifikanz« oder »Bedeutung« des sprachlichen Materials, wie etwa auch B. Fischer meint[172], sondern schafft eine alternative Musi-

---

[172] Noch überzogener als Tschapke argumentiert beispielsweise B. Fischer in Bezug auf Musi-

Stimmigkeit zur diskursiven Kohärenz, die aus ganz anderen Gründen beschränkt ist. Die Referenz des sprachlichen Materials wird bereits durch den Wortgebrauch verundeutlicht, bevor musikalische Strukturierungsverfahren zur Wirkung gelangen. Die Bedeutungspalette einzelner Begriffe wird durch das Zusammenwirken von unbestimmter Referenz und musikalischer Verknüpfung nicht ausgelöscht, sondern freigesetzt. Musikalität und sprachliche Bedeutung schließen einander also nicht aus. Das Material dieser Konstruktionsprinzipien, die als musikalische verstanden werden, sind Wortbedeutungen, aber nicht asemantischer Klingklang. »Pseudomorphose« (Adorno, *Relationen* 629), die in Anlehnung an andere Kunstgattungen die spezifischen Eigenschaften ihres Materials mißachtet, tendiert zum Kunstgewerbe.

Als Konstruktionsprinzip kommt Musikalität bereits im Libretto *die rosen der einöde*, in *Der Berg* sowie einigen seiner frühen Kurzschauspiele zur Geltung.[173] Obwohl es Bernhard auch hier nicht um Klingklangpoesie, sondern um kontextuelle Reduktion bestimmter Bedeutungsträger geht, um ein Sichbewegen »in den Abgründen der Sprache« (*Berg* 333), zeigen diese frühen dramatischen Versuche im Vergleich zu seinen späteren Stücken deutlich, wie schal eine rein formalistische Anwendung musikalischer Konstruktionsprinzipien ohne Resonanzen auf mimetischer und semantischer Ebene wirkt.[174] Die Möglichkeit zu indirekten, assoziativen Verweisungen, die Bernhard durch Reduktion und Isolation schafft, bleiben in seinen frühen Stücken weitgehend ungenutzt. Bernhards poetische Konstruktionsprinzipien sind nicht für sich allein genommen bedeutsam, sondern erst im Zusammenhang mit einem thematischen Material, in und mit welchem sie Bedeutungsbeziehungen stiften und aufspüren. Claus Peymann hat während der Arbeit an Inszenierungen Bernhardscher Stücke immer wieder beobachtet, daß eine ungleichgewichtige Dominanz des Musikalisch-Technischen über Intuition und Figurenbewußtsein den Geist der Stücke zerstört (*TB* 190f.). In einem Interview hat der Autor selbst – wenn auch in humoristischer Simplifikation – auf den gedanklichen Mehrwert seiner Literatur gegenüber der Musik hingewiesen:

»Um darauf zurückzukommen, wie ich meine Bücher schreibe: ich würde sagen, es ist eine Frage des Rhythmus und hat viel mit Musik zu tun. Ja, was ich schreibe, kann man nur verste-

---

kalität in Bernhards Erzählung *Gehen*: »So tritt dann wirklich an die Stelle der diskursiven Dimension mit ihrer Gebundenheit an Bestimmtheit und Signifikanz die gestische, die in der Sprache nur noch einen musikalischen Ton hat« (Fischer, *Gehen* 109). Über »die musikalische Dimension der Rede« heißt es weiter, daß sie »zunächst nur die Bedrohung der Bedeutung ist, da sie die Signifikanz der Sprache im bloßen Laut, im Geräusch auszulöschen sucht« (140); »in der bloßen Sprachmusik hat jegliche Codierung des Materiellen der Sprache mit Bedeutung aufgehört« (141). Die Sprache ist jedoch ein Bedeutungssystem, das solcher Kodierung gar nicht bedarf.

[173] Gamper, *TB* 84. In diesem Sinne äußert sich auch Rossbacher: »Der Rolle des Musikalischen wird man nicht gerecht, wenn man es von einem ›eigentlichen‹ Inhalt abgelöst betrachtet« (*Kalkwerk* 382).

[174] Dies zeigen zum Beispiel auch die minimalistischen Stücke Jürg Laederachs (*Fahles Ende kleiner Begierden*), der sich poetologisch auf Thomas Bernhard bezieht. Die »Inhalte« mögen zwar, wie Hans Höller (*Kritik* 39) meint, »austauschbar« sein, »gleichgültig« sind sie gewiß nicht.

hen, wenn man sich klarmacht, daß zuallererst die musikalische Komponente zählt und erst an zweiter Stelle das kommt, was ich erzähle. Wenn das erste einmal da ist, kann ich anfangen, Dinge und Ereignisse zu beschreiben. Das Problem liegt im *Wie*. Leider haben die Kritiker in Deutschland kein Ohr für die Musik, die für den Schriftsteller so wesentlich ist. Mir verschafft das musikalische Element eine ebenso große Befriedigung, wie wenn ich Cello spiele, ja eine noch größere, da zum Vergnügen an der Musik noch das an dem Gedanken hinzukommt, den man ausdrücken will.«          (*Interview mit de Rambures 1983* 106f.)

Thomas Bernhard argumentiert hier mit einer inadäquaten Entgegensetzung von Form und Inhalt, wie sie auch in betreffenden Interpretationen zu finden ist, doch formuliert er den Gegensatz weniger schroff. Musikalität und Rhythmus geben dieser Interview-Äußerung zufolge dem auszudrückenden Gedanken erst die Form, auf die es literarisch ankommt. Wenn für Bernhard »zuallererst die musikalische Komponente zählt«, so deshalb, weil sprachlicher Rhythmus und Bedeutungsbeziehungen das »innere Schauspiel« (*V* 170) der redenden Figur nachzeichnen, in welchem die jeweilige Äußerung erst ihre Kontur als Äußerungsakt erhält.

Die bisher erörterten unter den sogenannten musikalischen Stilmitteln Thomas Bernhards haben, zusammengefaßt, folgende Funktion und Wirkung: Erstens stärken sie das mimetische Moment des Redeaktes gegenüber dem propositionalen Gehalt; mimetisch ist Musikalität als »genetische Nachahmung« (Novalis)[175] von psychischen Prozessen und Denkvorgängen. Bernhards Musikalität steht folglich in einem besonderen Verhältnis zur Innerlichkeit, das im folgenden Abschnitt über Musikalität als Metapher ausführlich erläutert wird. Zweitens betonen Bernhards musikalische Verfahren die Dominanz der Sprache als System von Bedeutungen und Regeln über die individuelle Rede; bezogen auf den Verlauf alltäglicher Konversationen heben sie durch sekundäre Kohärenz die nur »hypothetische Verbundenheit« der Gesprächsteilnehmer hervor.[176]

Wenn die bisher erörterten Stilmittel ein musikalisches Moment besitzen, so liegt dies in ihrem Zeitaspekt.[177] Es sind Verfahren, die ein gegebenes begriffliches Material aufgreifen und mehr oder minder stark modifizieren. Doch zu den ›musikalischen‹ Formen in der Sprache Thomas Bernhards müssen auch jene gerechnet werden, die den Bedeutungsaspekt betreffen. Damit sind vor allem Formen unbestimmt andeutender Rede gemeint. Die weiträumigen Wiederholungen und Variationen, die

---

[175] Novalis bestimmt die »genetische Nachahmung« als »allein lebendige« im Gegensatz zur bloß »symptomatische[n]« (*HKA II*, VI, 41). Die anti-mimetischen Proklamationen Hardenbergs und Bernhards richten sich nur gegen die Nachahmung von Symptomen, nicht aber gegen Mimesis im Sinne einer genetischen Nachahmung geistiger Prozesse.

[176] Vgl. G. Bauer, *Dialog* 18ff., 53ff., 74. Faktische Konversationen setzen eine »hypothetische Verbundenheit« der Teilnehmer ungeprüft voraus, die sich nicht nach Kohärenzkriterien im engen Sinne argumentativer Rede bemißt, sondern Assoziationen, Abschweifungen und ähnlichem folgt.

[177] R. Peacock unterscheidet bei musikalischer Sprache Bedeutungs- und Zeitaspekte. Bedeutungsaspekte betreffen die Formen Andeutung, Unbestimmtheit, Geheimnis, Formelhaftigkeit; Zeitaspekte machen sich in Variation, Wiederholung, Verwehen und Rhythmus bemerkbar (*Probleme* 157-161, 167). Diese analytische Unterscheidung ist selbstverständlich nicht so zu verstehen, als wären Zeitaspekte bedeutungsneutral.

Bernhards Erzählprosa auszeichnen, würden jedoch die Möglichkeiten des Theaters sprengen. Schon aus diesem Grunde dominieren in seinen Theaterstücken jene Verfahren, die dem zweiten Typus zuzurechnen sind. In welchem Sinne Unbestimmtheit und Andeutung sinnvoll als musikalische Verfahren zu bezeichnen sind, wird im vollen Umfang erst bei der Darstellung von ›Musikalität‹ als Motiv und als Metapher immanenter Reflexion deutlich.

## Musikalität als Motiv und als Metapher immanenter Reflexion

Musikalität findet sich in Thomas Bernhards Sprache nicht nur als Gestaltungsmittel. Die Figurenrede enthält eine Fülle von Zitaten und Anspielungen auf metaphysische Bestimmungen von Musik und Gehörsinn, wie sie im romantischen Denken populär waren. Insbesondere das Theoretische Werk von Novalis ist für Thomas Bernhard Fundgrube und Reflexionshorizont seiner Anspielungen auf die Idee, daß die Musik das ›harmonikale‹ Wesen der Welt akustisch offenbare (a). Im Anschluß an eine Skizze von Bernhards Bezugnahme auf das Theoretische Werk von Novalis (b) stelle ich weitere Facetten der Musikalität als Metapher immanenter Reflexion dar: als Anspruch auf literarische Autonomie (c); als poetologisches Konzept einer ›unbestimmten Bedeutsamkeit‹ (d); Musikalität im Sinne eines wesentlichen, kausale Zusammenhänge ignorierenden Ausdrucks (e).

Thomas Bernhard spielt auf die metaphysischen Bestimmungen von Musik und musikanaloger Sprachgestaltung aber nur an. Es sind in den Text eingestreute »Ideenassociationen« (Novalis, *III*, IX, 953) ohne Gewähr: indirekte und unbestimmte Deutungsangebote, die von sich aus nicht erkennen lassen, ob sie auf Abwege führen, geistesgeschichtliche Zusammenhänge lediglich zitieren oder tatsächlich Schlüssel zum Verständnis der Texte bereitstellen. Während sich zeigen läßt, daß die im engeren Sinne poetologischen Bedeutungsfacetten des Musik-Topos’ tatsächlich Verfahrensweisen Bernhards näher bestimmen, gilt dies für die quasi-religiöse Vorstellung einer ›Weltharmonie‹ nicht oder nicht mehr. Novalis’ Vision, daß musik- und mathematikanaloges Sprechen im Medium der Poesie absolute Erkenntnis ermögliche, steht im Zusammenhang eines universalwissenschaftlich-enzyklopädischen Projekts, an dessen Reflexionen und Bildervorrat Thomas Bernhards frühe Prosa mit den ungeheuren Studien seiner Privatwissenschaftler anknüpft. In Bernhards Theaterstücken indizieren die Anspielungen auf dieses Projekt hingegen, parodistisch vergröbernd, den größenwahnsinnigen Mystizismus Caribaldis oder die bildungsprotzigen Ambitionen einer Figur wie dem Verleger in *Die Berühmten*.

Die Idee der Musik als hörbar gemachter Mathematik

Mit Anspielungen auf physikalistische Auffassungen von Musik reklamieren Bernhards Figuren indirekt das Mathematisch-Exakte[178] und Rational-Konstruktive der Musik für musikanaloge Sprachgestaltung. Damit wird nicht allein ein Höchstmaß an Präzision um ihrer selbst willen als Ideal der eigenen Kunstausübung beschworen[179]; diese Präzision steht vielmehr im Dienste einer absoluten, nicht-begrifflichen Erkenntnis. Philosophischer Hintergrund ist der Topos von der Musik als hörbar gemachter Mathematik.[180] Gemäß dieser auf dem pythagoreischen Zahlbegriff beruhenden Vorstellung wird in der Musik die innere Harmonie der Welt erfahren. Es ist zu vermuten, daß Thomas Bernhard diesen Topos über Schopenhauer, vor allem aber über Novalis aufgenommen hat,[181] denn seine Bezugnahmen stehen unverkennbar im Problemzusammenhang der frühromantischen Ästhetik. Nach Schopenhauer gibt die Musik »eine zweite Wirklichkeit, welche der ersten völlig parallel geht« (*SW IV* 53). Novalis formuliert diesen Gedanken mit unverhohlen mystischer Tendenz: »Die *musicalischen Verhältnisse* scheinen mir recht eigentlich die Grundverh[ältnisse] der Natur zu seyn. Krystallisationen: acustische Figuren *chemischer Schwingungen*« (*III*, XII, 65). Das harmonikale Denken behauptet durchgängige Analogien zwischen *musica mundana*, *musica humana* und *musica instrumentalis*, die in letzterer erklingen.

---

[178] Zur Mathematik-Metapher bei Thomas Bernhard gibt es allgemeine Hinweise bei Höller, *Kritik* 107; Dorowin, *Lösung* 171ff.

[179] Auf Parallelen in der Darstellung musikalischer Kunstausübung bei Thomas Bernhard und Adalbert Stifter hat Karlheinz Rossbacher hingewiesen. Bei beiden Autoren stechen mathematische Präzision und unbedingte Disziplin bei gleichzeitiger Tendenz zur Pedanterie als Merkmale bei der Schilderung musikalischer Übungen hervor (Rossbacher, *Quänger* 72). Diese Übereinstimmungen betreffen die Musikausübung, nicht die Philosophie der Musik. Hierfür ist die Poetik des Novalis Thomas Bernhards originäre Quelle.

[180] »[...] denn die Musik, so sagte er [Roithamer] immer wieder, sei die der Naturwissenschaft und dem menschlichen Wesen nächste Kunst, die Musik sei im Grunde hörbar gemachte Mathematik und schon aus dieser Tatsache heraus dem Naturwissenschaftler unentbehrliches Instrument insgesamt für seine Zwecke und Erkenntnisse« (*Ko* 60); vgl. weitere Analogien zwischen Musik und Naturwissenschaft sowie Mathematik (*Ko* 60-65, *Keller* 137, *Ja* 13f.). »Die bei Bernhard am häufigsten beschworene Leit-Wissenschaft für Präzision ist [...] die Mathematik« (Rossbacher, *Quänger* 78f.).

[181] Schopenhauer zitiert Leibniz' Diktum, Musik sei »eine unbewußte Übung in der Arithmetik, bei der der Geist nicht weiß, daß er zählt« (*WWV I* 357). Auf die Relevanz des Unbewußten, das Leibniz hervorhebt, brauchen wir nicht einzugehen. Schopenhauer jedenfalls überträgt diesen Gedanken in den Bereich der Metaphysik: er bestimmt die Musik als »Zahlenphilosophie«, als eine »unbewußte Übung in der Metaphysik, bei der der Geist nicht weiß, daß er philosophiert« (*WWV I* 369). – Zur Novalisschen Fassung des Zusammenhangs von Mathematik und Musik vgl. insbesondere dessen Fragment Nr. 1126 aus dem *Allgemeinen Brouillon*. Wie der Herausgeber H.J. Mähl zur IX. Abteilung der Historisch-Kritischen Ausgabe, zum »Allgemeinen Brouillon« anmerkt, gehen Novalis' Notate über kombinatorische Analysis nicht auf eigenständige Überlegungen zurück, sondern beruhen genauso auf Exzerpten und gefundenen Literaturzitaten wie die Bemerkungen, die Caribaldi (*MG*) zitiert; vgl. oben S. 129f. Novalis ist zu seinen Notizen über kombinatorische Analysis durch ein Leibniz-Motto in einer Schrift C.F. Hindenburgs über Kombinationslehre angeregt worden; vgl. Mähl, *Einleitung IX* 232.

Der Gedanke, daß die abstrakten Verhältnisse, mit denen sich die Mathematik befasse und welche die Musik hörbar mache, »Weltverhältnisse« seien und die »Sympathie des Weltalls« widerspiegelten[182], findet sich bei Bernhard bereits sehr früh. So sagt die Tänzerin in dem 1957 geschriebenen Stück *Der Berg*: »meine unbeschreibliche Lust / erfaßt die Geometrie / und die Sternenkunde / die Harmonie des Alls« (*Berg* 332). Und in einer von Bernhards ersten Erzählungen, in *Der Kulterer*,[183] heißt es: »Und er entdeckte auf den Stützpfeilern der Mathematik die Poesie, die Musik, die alles zusammenhält« (101). Diese Dreiheit von Musik, Mathematik und Sprache bzw. Poesie findet sich auch durchgehend in den poetologischen Reflexionen von Novalis. In den Kontext harmonikaler Vorstellungen gehört auch der Topos von der Krankheit als einem musikalischen Problem.[184] Diesem Topos entsprechend, ist Krankheit eine Störung der idealen, harmonischen Wechselverhältnisse körperlicher wie geistiger Prozesse. So hat der schwerkranke junge Krainer in *Verstörung* mit seiner Gesundheit zugleich seine innere Harmonie verloren, dadurch aber auch seine Fähigkeit zu musizieren.[185] Die quasi-religiöse Vorstellung einer in der Musik erklingenden *harmonice mundi*[186] stützt sich auf die Tatsache, daß die mathematisch einfachsten Frequenzverhältnisse jenen Tonintervallen entsprechen, die die größte Konsonanz aufweisen[187] und in zahlreichen Naturerscheinungen Parallelen finden.[188]

---

[182]  *HKA III*, IX, 1126; vgl. *III*, XII, 241.

[183]  Zuerst als »Der Briefträger« 1963 veröffentlicht; 1969 leicht überarbeitet unter dem endgültigen Titel »Der Kulterer« in *An der Baumgrenze* (*AdB* 7-40). Hier wird als Entstehungsjahr 1962 genannt. Auch das Motto zu diesem Prosaband ist ein musikalisches: »Das Land war wie versunken in ein tiefes, musikalisches Denken« (Robert Walser).

[184]  Vgl. *HKA III*, IX, 386. Zu Parallelen des Krankheitsmotivs bei Novalis und Bernhard vgl. H. Zelinsky, *Amras*.

[185]  »Jetzt sei es ihm nicht mehr möglich, gleich welche Musikstücke in seinem Kopf zu harmonisieren. Seine Musik sei *entsetzlich*« (*V* 74).

[186]  Das 1619 erschienene philosophische Hauptwerk Johannes Keplers trägt den Titel *Harmonices mundi*. Kepler sieht seine pythagoreischen Zahlenspekulationen unter anderem durch die von ihm entdeckten astronomischen Gesetzmäßigkeiten bestätigt.

[187]  Die Oktave entspricht dem Verhältnis 1:2, die Quinte dem Verhältnis 2:3. Das Konsonanzempfinden, vor allem aber die ästhetische Bedeutung von Konsonanzen im musikalischen Kontext variiert beträchtlich, und zwar nicht nur historisch; sie ist im musikalischen Text auch hermeneutisch vieldeutig; vgl. Jörg Zimmermann, *Wandlungen* bes. 127ff. – Schon die musikalische Praxis widerspricht der Übertragbarkeit harmonikaler Zahlenspekulation auf reale Musik. Jede Temperierung muß Kompromisse schließen. Gemessen an idealen akustischen Proportionen, enthält jede Stimmung von Instrumenten unvermeidlicherweise unsaubere Intervalle. Aufgrund dieser Tatsache kann das harmonikale Wesen der Welt ohnehin nicht in tatsächlich aufgeführter, sondern nur in einer idealen unhörbaren, nur aus reinen Intervallen bestehenden Musik ›erhört‹ werden.

[188]  Bedeutende Naturwissenschaftler wie Kepler und Heisenberg haben die Bedeutung hervorgehoben, die das Wissen um diese Parallelen für ihr Weltbild und für das Finden von Naturgesetzen gehabt haben. Johannes Kepler ist zum Beispiel durch Studien am Monochord zur Entdeckung astronomischer Gesetze angeregt worden (Zweites und Drittes Keplersches Gesetz). Einen ähnlichen Zusammenhang evoziert Bernhard, wenn er schildert, welche Bedeutung Musik und musikwissenschaftliche Studien für Roithamers Erfolge in der Naturwissenschaft gehabt haben; vgl. *Ko* 60–63. – Die Relevanz akustischer und sinnesphysiologischer Gesetzmäßigkeiten für Musiktheorie und Musikästhetik wird jedoch häufig überschätzt. Eine konzise Kri-

Deshalb soll die Musik fähig sein, ›Willen‹ (Schopenhauer) und ›Weltseele‹ (Pythagoras, Novalis) unmittelbar, d.h. ohne Umweg über die Erscheinung auszudrüken.[189] Diese metaphysische Sonderstellung der Musik läßt sich, wie auch Schopenhauer und Nietzsche einbekannt haben, nicht beweisen, sondern nur glauben.

Wie Novalis nimmt auch Thomas Bernhard die harmonikale Vorstellung universaler Strukturähnlichkeiten zum überaus produktiven Anknüpfungspunkt für eine unabsehbare Fülle ›romantisierender‹ Analogien. Der philosophische Hintergrund, die pythagoreische Ontologie, die den quantitativen Zahlenverhältnissen den Charakter normativ verstandener Qualitäten verleiht[190], wird nicht geglaubt oder als positive Wahrheit übernommen. Diese Ontologie und die »*Wechselrepraesentations*lehre *des Universums*« (*III*, IX, 137) sind bloßes Inzitament einer Poesie, deren analogisierende Verfahren autonom geworden sind.

»Die einzige positiv ausweisbare Funktion des harmonikalen Denkens innerhalb der romantischen Weltdeutung aber bleibt die ästhetisch-sentimentalische: das *Gefühl einer unendlichen Harmonie*. [...] Der ästhetisch verstandene Pythagoreismus wird auf diese Weise in ein Denken eingebettet, das die Dinge im Gegensatz zur prosaischen naturwissenschaftlichen Weltansicht *immerfort deutet und eine figürliche Unerschöpflichkeit in ihnen sieht*. Dieses In-Beziehung-Setzen aller Dinge im Rahmen einer ›progressiven Universalpoesie‹ kann nicht im mathematischen, sondern nur im semantischen Sinne – als freies Spiel einer immer neue ›Bedeutungen‹ erzeugenden Phantasie – verstanden werden, auch wenn Novalis in solchem Zusammenhang die Möglichkeit einer *schönen, mystischen* und *musikalischen Mathematik* beschwört.«
(Zimmermann, *Wandlungen* 126f.)

Ohne fundierende Ontologie fehlt aber auch die eindeutige Relation zwischen akustischer Quantität und metaphysisch-ästhetischer Qualität. Der transzendente Bezugspunkt verflüchtigt sich ins Ungewisse; übrig bleibt das unbestimmt affizierte Subjekt. Es läßt sich nicht näher bestimmen, was im Sinne der frühromantischen Musikmetaphysik hörend erkannt oder besser: erhört wird. Es wird lediglich suggeriert, daß da etwas sei. Musikalische Vieldeutigkeit wird zum Zeichen eines der Sprache Transzendenten, von Transzendenz überhaupt, zum Mittel der Darstellung des Undarstellbaren

---

tik an harmonikalen und physikalistischen Versuchen, Kompositionslehre und musikalische Hermeneutik auf das Fundament akustischer Gesetzmäßigkeiten zu gründen, üben Jörg Zimmermann, *Wandlungen*, und Carl Dahlhaus, *Musiktheorie* 102–108. – In der Gegenwart versucht insbesondere Hans Kayser eine (esoterische) Fortsetzung harmonikalen Denkens; vgl. Kayser, *Akróasis* mwN.; sowie den einführenden Aufsatz von Rudolf Haase (*Herkunft*), der weitgehend auf die in diesem Forschungsgebiet üblichen Mystizismen und kulturkonservativen Aspirationen verzichtet. H. Kayser propagiert »Akróasis«, die »Weltanhörung«, als gleichberechtigtes Erkenntnisprinzip neben der Aisthesis, der »Weltanschauung« (*Akróasis* 37).

[189] Vgl. Schopenhauer, *WWV I* § 52; *WWV II* Kapitel 39. Für Schopenhauer stellt die Musik durch ihre vom einzelnen Ton abstrahierenden zahlenmäßigen Verhältnisse, z.B. durch die Schwingungskoeffizienten, den Willen selbst unmittelbar dar. Ihre harmonische Struktur bezeichnet die Stufenleiter der Objektivationen des Willens in der übrigen (d.h. nicht-menschlichen) Natur (vgl. *WWV I* 356-371; *WWV II* 574). Ersetzt man Schopenhauers Terminus ›Willen‹ durch den pythagoreischen der ›Weltseele‹, zeigt sich die Übereinstimmung der Schopenhauerschen mit der frühromantischen Musikphilosophie.

[190] Zur Geschichte des philosophischen und harmonikalen Musikbegriffs bis zur Romantik vgl. Jörg Zimmermann, *Wandlungen*.

(*III*, XII, 671). Was Carl Dahlhaus für die romantische Musikphilosophie insgesamt feststellt, gilt auch für die Motivik von Musik und Musikalität bei Thomas Bernhard: sie ist eine Variante des Unsagbarkeits-Topos (*Idee* 66).

Der paradigmatischen Rolle der Musik in produktionsästhetischen Überlegungen und literarischer Motivik entspricht auf der Seite der Rezeption das Hören als ausgezeichnete Weise des In-der-Welt-Seins. Der Maler Strauch entwickelt die Vorstellung seiner absoluten »Poesie des Nachmittags«, die Sprache und Musik vereine, im Zusammenhang mit seiner Vision eines Naturtheaters sprechender Bäume, Gestirne und Bäche: »Hören Sie [...], die Musik ist die einzige Beherrscherin des *doppelten Todesbodens*« (*F* 189). Diese Vision steht in offenkundiger Nähe zu Novalis' Bemerkung, daß nicht nur der Mensch, sondern das ganze Universum spreche.[191] Im Hören der Welt hört man Andeutungen »eines Universums, das in uns unerkannt ist« (*F* 248). Diese Vorstellung kann sich darauf stützen, daß das Gehör nicht nur ein Fernsinn ist, mit dem entfernte Objekte und äußere Geräusche gehört werden, sondern auch ein innerer Sinn.[192] Der hörende Zugang zum eigenen Selbst und zur Welt sind infolgedessen einander ähnlich, wenn nicht dasselbe. Das Hören ist ganzheitlicher als das perspektivische Sehen; der Hörende verspürt eine eindringlichere psycho-physische Resonanz auf das Gehörte, als es die Distanz des Betrachtenden zu einem visuellen Objekt gewährt.[193] Man kann die Welt in sich selbst hören, aber nicht sehen. Pointiert gesagt, entspricht dem Hören eine Ontologie von Teil (Mensch) und Ganzem (Welt), während das sehende Subjekt dem von ihm betrachteten Objekt gegenübersteht. Diese Auszeichnung des Hörens ist auch der philosophische Hintergrund für die notorischen Invektiven bernhardscher Figuren gegen alle, die nicht hellhörig sind.[194] Die Besonderheit des Hörens zeigt sich nicht zuletzt im üblichen Metapherngebrauch: Prozesse des Erkennens werden in aller Regel mit Metaphern des Visuellen beschrieben und theoretisch reflektiert, während die Theoretiker des Willens ihre Metaphern vornehmlich aus der Sphäre des Hörens entleihen (vgl. H. Arendt, *Denken* 115 mwN.).

So weit zur Motivik von Weltharmonik und Gehör in Bernhards früher, von Novalis' Theoretischem Werk inspirierter Prosa. Diese Motivik ist Ausdruck bestimmter Prätentionen auf Welthaltigkeit und Daseinserfülltheit, die Bernhards einsame Protagonisten im Rahmen einer modifizierten Innerlichkeits-Ästhetik erheben. In den Theaterstücken sind Funktion und Wirkung dieses Motivs hingegen verwandelt. Das zeigt sich schon quantitativ: Bernhard zitiert es in den Stücken stark verkürzt und vergröbert. Bedeutender ist aber die Perspektivenverschiebung, die Bernhards Dramatik grundsätzlich von seiner frühen Erzählprosa unterscheidet. Durch die stärkere exi-

---

[191] »Gram[matik]. Der Mensch spricht nicht allein – auch das Universum *spricht* – alles spricht – unendliche Sprachen./ Lehre von den Signaturen« (*III*, IX, 143).

[192] Auf diese Spezifik des Hörsinns stützt sich auch eine psychologische Resonanztheorie, die in der zweiten Hälfte des achtzehnten Jahrhunderts verbreitet war und das Hören als innere, seelische Bewegung auffaßt, als sympathetische Wahrnehmung; vgl. Kutschera, *Ästhetik* 521.

[193] Hinweise und Anspielungen auf eine besondere Bedeutung von Klang und Gehörsinn fehlen in kaum einem Werk Thomas Bernhards. Ich verweise nur auf Konrads Studie über das Gehör (*Kw*) und auf das rekurrente Motiv vom hellhörenden Blinden; vgl. unten S. 241ff.

[194] So heißt es etwa in *Der Theatermacher*: »Die Kritiker haben sich / auf das stumpfsinnige Schauen verlegt / sie hören nichts mehr« (*Tm* 137).

stenzdialektische Akzentuierung von Außenperspektive und sprachlichen Mitteln gegenüber der erregten Innerlichkeit seiner (romantischen) Pathetiker des Unendlichen
hebt Thomas Bernhard deren komische Seiten hervor, ohne sie aber als ganze der
Lächerlichkeit preiszugeben.

Die Motivik und Metaphorik des Musikalischen hat bei Thomas Bernhard jedoch
noch weitere Facetten, die sich ebenfalls als Anspielungen auf das Theoretische Werk
von Novalis, insbesondere auf Gedanken aus dem *Allgemeinen Brouillon* entschlüsseln lassen. Diese Bezugnahmen und Zitationen haben auch in Bernhards Theaterstücken positive, d.h. nicht-parodistische Funktionen. Der Autor bezieht sich mit diesen Anspielungen auf einen literaturgeschichtlich hochbedeutsamen Reflexionshorizont musikanaloger Sprachgestaltung. Die Romantiker entwickeln ihr transzendental-
poetisches Programm, ihre Vorstellungen von der Autonomie der Literatur und von
entsprechenden poetischen Verfahren in Reflexionen über Instrumentalmusik. An der
Wende zum neunzehnten Jahrhundert ist die Instrumentalmusik im Hinblick auf ästhetische Autonomie die historisch avancierteste Kunstgattung und gilt der romantischen Poetik insofern als vorbildlich. Die Art und Weise, wie Thomas Bernhard auf
das Theoretische Werk von Novalis Bezug nimmt, möchte ich kurz charakterisieren.

## Bernhards Anspielungen auf das *Allgemeine Brouillon* von Novalis

Wenn Thomas Bernhard auf Gedanken Novalis' anspielt, bezieht er sich überwiegend
auf dessen *Allgemeines Brouillon*. Dieses Brouillon enthält nicht allein eigenständige
Theoriefragmente, sondern vor allem Exzerpte einer umfangreichen Lektüre, die Novalis als Material für ein künftiges Buch angefertigt hat.[195] Novalis plant eine enzy-
klopädische Wissenschaftslehre, ein universelles System des wissenschaftlichen Geistes, das das Gemeinsame und Verbindende von Wissenschaften und Künsten herausstellen soll. Die seines Erachtens zufällige historische Ausdifferenzierung in Einzel-
disziplinen versucht er rückgängig zu machen und in Richtung auf eine »Combinati-
onslehre« oder »Compositionslehre« oder »Constructionslehre des schaffenden Geistes« zu überwinden. Die Zielrichtung dieses Projekts drückt sich in Fragment-Über-
schriften aus, die wie »Poët[ische] Physiol[ogie]«, »Phil[osophische] Phys[ik]« und
eben »Mus[ikalische] Mathem[atik]« die Wiedervereinigung der verschiedenen Disziplinen qua Analogie propagieren. Nur selten ist der genaue Sinn dieser beiläufigen
und stichwortartigen Notate ohne Hinzuziehung der von Novalis exzerpierten Originalstellen zu erschließen, denn die sprachliche Kürze und Ungenauigkeit steht in einem eigentümlichen Kontrast zu dem kühnen universalwissenschaftlichen Projekt.
Der Sprachduktus will sagen, daß nur zur Erinnerung stichwortartig festgehalten werde, was in den exzerpierten naturkundlichen und philosophiegeschichtlichen Darstellungen geklärt sei oder was sich bei Bedarf ohne Probleme klären ließe; der Duktus
suggeriert, alles sei nur eine Frage der Darstellung, die Niederschrift sei jederzeit

---

[195] Vgl. zum folgenden den Kommentar von H.-J. Mähl (*Einleitung IX*). Auch Novalis' Notate
über Musik und musikanaloges Sprechen sind Exzerpte und Phantasien über Lektüreeindrücke.

möglich. Der Einfluß auf die frühe Prosa Thomas Bernhards ist offenkundig:[196] dieser ästhetische Kontrast zwischen Duktus und Verständlichkeit im theoretischen Werk Hardenbergs kehrt wieder in Bernhards Darstellung der Studienproblematik, an der sich die Lebensprobleme der Privatwissenschaftler kristallisieren. Bernhard verschärft den Kontrast sogar noch: seine Figuren versuchen tatsächlich die Niederschrift ihrer universalwissenschaftlichen Projekte, wobei sie ›naturgemäß‹ scheitern.[197] Die Schwierigkeiten beim Niederschreiben der Studien und die ständige, aber vergliche Erwartung des geeigneten Augenblicks spielt in Bernhards Theaterstücken hingegen keine Rolle. Wenn Caribaldi und seine Truppe Schuberts ›Forellenquintett‹ üben (*MG*), wird deutlich, daß sie das blinde Ritual suchen und nicht das gelungene Produkt: am Ende des Stücks erklingt das ›Forellenquintett‹ aus dem Radio. Die kakophonische Instrumentenbehandlung auf der Bühne parodiert und dementiert Caribaldis pythagoreischen Fundamentalsatz »Alles ist Musik / alles« (*MG* 51). Und wenn der Verleger in *Die Berühmten* Novalis' Reflexionen über »kombinatorische Analysis« zitiert, erscheint dies als Karikatur eitlen Prunkens mit Bildungsgütern, die aufgrund ihrer Verstiegenheiten besonders effektvoll zu sein versprechen. Denn verstiegen sind viele der zitierten Notizen Hardenbergs. Wie H.-J. Mähl anmerkt, hat sich Novalis durch seine Lektüre »zu immer neuen Analogien und Schlußfolgerungen hinreiß[en]« lassen.[198] Hans Blumenberg spricht hinsichtlich dieser Skizzen zum Enzyklopädie-Projekt von »an die Grenze des Beziehungswahns treibenden Notizen« (*Lesbarkeit* 234).

Am ausgiebigsten zitiert der Verleger in *Die Berühmten* Novalis' Überlegungen zum Thema, daß der Dichter wie der »Tonkünstler« (*III*, XII, 685) arbeiten solle:

> VERLEGER *zitierend*
> Der Ernst muß heiter
> der Schmerz [sic[199]] ernsthaft schimmern wissen Sie
> Hat die Musik nicht etwas
> von der kombinatorischen Analysis
> und umgekehrt
> Zahlenharmonien
> Zahlenakustik
> gehört zur kombinatorischen Analysis                                    (*Ber* 45)
> Die Zähler
> sind die mathematischen Vokale
> die Zahlen

---

[196] I. Petrasch hat Bernhards Erzählweise in *Amras* und *Ungenach* mit dem fragmentarischen, analogisierenden und sprunghaften Stil in Novalis' Theoretischem Werk verglichen und festgestellt, »der einzige Unterschied besteht im Verzicht auf eine Numerierung« in Bernhards Texten (*Konstitution* 89). Dieser Befund läßt sich auf die Passagen dissoziierter Rede in Bernhards Stücken übertragen.

[197] Sie versuchen »das totale Geistesprodukt«, eine »alle Augenblicke vollkommen zerbrechliche medizinisch-musikalisch-philosophisch-mathematische Arbeit!« (*Kw* 62).

[198] H.-J. Mähl, *Einleitung IX* 232.

[199] Statt »Schmerz« heißt es bei Novalis »Scherz« (*III*, IX, 556). Diese Begriffsvertauschung ist kein bloßer Kalauer, sondern gehört systematisch in den Kontext der begriffsdialektischen Manipulationen, die Bernhard an der Theorie des Komischen und Tragischen vornimmt; vgl. oben S. 95ff.

sind Zähler
*an alle*
Novalis
Die kombinatorische Analysis
führt auf das Zahlenphantasieren
und lehrt die Zahlenkompositionskunst
den mathematischen Generalbaß
Pythagoras
Leibniz
Die Sprache ist ein mathematisches [sic[200]] Ideeninstrument
Der Dichter
Rhetor und Philosoph
spielen und komponieren grammatisch                                      (*Ber* 47f.)

Der Verleger zitiert hier nahezu wörtlich aus dem »Allgemeinen Brouillon«, und zwar überwiegend aus einer Notiz über »Mus[ikalische] Mathem[atik]« (*III*, IX, 547). Vom originalen Wortlaut weicht Bernhard neben geringfügigen Umstellungen durch einige unscheinbare Begriffsvertauschungen ab. Diese erscheinen zwar auf den ersten Blick wie oberflächliche Kalauer, drücken jedoch die humoristische Distanz des Autors zur Position Hardenbergs aus. Statt »Schmerz« heißt es bei Novalis »Scherz«.[201] Bernhards Wendung von der Reflexions- zur keineswegs unreflektierten Reduktionspoetik spricht er in der folgenden Manipulation am originalen Wortlaut aus:

| Verleger *mit erhobenem* | *Novalis* |
|---|---|
| *Zeigefinger zitierend* | |
| Bestandteile eines Mär- | Best[and]Th[eile] der Märchen |
| chens | (*III*, IX, 986) |
| Abstraktion schwächt | Abstraction schwächt – |
| *Reduktion* stärkt | *Reflexion* stärkt |
| (*Ber* 122; Hervorhebung C.K.) | (*II*, VI, 143; Hervorhebung C.K.) |

Thomas Bernhard ersetzt »Reflexion« durch »Reduktion«. Einer gängigen, von Kierkegaard prototypisch am Begriff der romantischen Ironie entwickelten Figur der Romantikkritik[202] folgend, assoziiert er ›Reflexion‹ mit der Gefahr des Wirklichkeits- und Selbstverlusts. Diese Assoziation bleibt zwar unausdrücklich, doch die Erwähnung des Märchens im Kontext deutet diesen Zusammenhang an. Im Gegensatz zu Novalis hält Bernhard nicht nur Abstraktion, sondern auch ein Übermaß an Reflexion für schwächend. Den einzigen Ausweg aus dem intellektuellen Spiegelkabinett zurück in die Wirklichkeit weist die ›Reduktion‹. So drückt die zunächst unscheinbare Veränderung des Wortlauts Bernhards Distanz zum Reflexionsbegriff der Romantik aus.

---

[200] Statt »mathematisches« steht bei Novalis »musicalisches Ideen Instrument« (*III*, IX, 547).
[201] Hier die weiteren Novalis-Stellen unter Angabe der entsprechenden Fundorte, die der Verleger teilweise »mit geschlossenen Augen« (*Ber* 76) oder »erhobenem Zeigefinger« (122) zitiert: »Körper Seele Geist / sind die Elemente der Welt / wie Epos Lyra und Drama die des Gedichts / [...] Das sagt Novalis« (76; vgl. *II*, VI, 294). – »Nur ein Künstler kann / den Sinn des Lebens erraten« (84; vgl. *II*, VI, 177) – »Trieb und Raum / haben viel Ähnlichkeit / sagt Novalis« (104; vgl. *III*, IX, 766). – »Die Arzneikunst sagt Novalis / ist allerdings die Kunst / zu töten« (117; vgl. *III*, IX, 143).
[202] Vgl. S. Kierkegaard, *BI*; vgl. hierzu G. vom Hofe, *Romantikkritik*.

Die Differenzen Bernhards zu Novalis werden hier nicht weiter verfolgt. Um ein vollständiges Bild von Bernhards Verhältnis zur romantischen Poetik zu gewinnen, wären jene Originalzusammenhänge aufzuarbeiten, die seine Zitate und Anspielungen oftmals krass entstellen. Ein weiteres Problem besteht darin, daß auch die Novalis-Philologie das Verhältnis der avancierten Dichtungstheorie zur vergleichsweise konservativen dichterischen Praxis noch nicht befriedigend geklärt hat. Gerade die philosophischen Grundüberlegungen Hardenbergs sind bei weitem nicht so harmonistisch wie ein immer noch verbreitetes Vorurteil behauptet.[203] Die Versuche von Ingrid Petrasch (*Konstitution*) und Bernhard Fischer (*Gehen*), Bernhards Einstellung zur Poetik Hardenbergs zu bestimmen, reflektieren diese Schwierigkeiten nicht und bedürfen daher dringend der Ergänzung und Korrektur.

## Musikanalogie und Autonomiepostulat

Thomas Bernhard setzt mit den Hinweisen auf die Musikalität seiner Sprachgestaltung anti-mimetische Signale. Er betont mit der Musikalitätsmetapher im durchaus Novalisschen Sinne, daß er Begriffe nach Kriterien anordne, die einer vorgeblich autonomen, wenngleich opaken Mathematik und Grammatik der Ideen abgewonnen seien; der Kulterer zum Beispiel erlernt im Gefängnis »das Rechnen mit Gedanken«. Er kommt auf »das zerlegbare, unendlich dem Geist und dem Gefühl und der reinen Vernunft entziehbare Spiel mit ganz klar bezeichneten ›Unbekannten‹« (*Kul* 100).

   Die Exaktheit, mit der sich die Ideen auf dem Instrument der Sprache angeblich grammatisch spielen lassen[204], bleibt allerdings theoretische Anmaßung. Schon die Vorstellung, der musikalische Kompositionsprozeß folge mathematisch-exakten Kriterien, ist falsch.[205] Es läßt sich zwar sinnvoll behaupten, daß eine ästhetische Information nicht in dieser oder jener Figurenäußerung, sondern im Verhältnis mehrerer Äußerungen oder Ideen zueinander bestehe. Dieses Verhältnis ist aber nur im entferntesten Sinne musikanalog, denn die abstrakten Zahlenverhältnisse, die es der Musik ermöglichen sollen, das »Wesentliche« ohne den Weg über die Erscheinung mitzuteilen, haben in der Sprache keine Entsprechung. Novalis geht mit seinen Analogien zwischen Mathematik, Musik und Dichtung sicher über das hinaus, was sich sinnvoll behaupten läßt. Diese Übertreibungen, versuchsweise formulierten Analogien und Phantasien basieren aber auf einem durchaus sinnvollen und literaturgeschichtlich überaus folgenreichen Ansatz: dem Programm einer Dichtung, die sich primär an Be-

---

[203] Vgl. hierzu die Arbeiten von Manfred Frank, *Magischer Idealismus*; ders., *Intellektuale Anschauung*; zur »vulgären Wirkungsgeschichte« der Romantik vgl. ders., *Einführung* 297.

[204] Vgl. etwa die Notate 648 und 858 aus dem »Allgemeinen Brouillon«. Hier stellt Novalis dieser Exaktheitsvorstellung entsprechend die kombinatorische Analysis als »eigentlich transcendente Geometrie und Mechanik«, als »tabellarische Projektionen der Ideen« dar.

[205] Es handelt sich dabei um die unhaltbare Vorstellung, die mathematische Einfachheit bestimmter akustischer Phänomene ließe sich auf ästhetisch-hermeneutische Bereiche der Musik wie die Kompositionslehre übertragen; vgl. hierzu Dahlhaus, *Musiktheorie*; Zimmermann, *Wandlungen*.

ziehungen im sprachlichen Material orientiert. An dieser Grundüberlegung knüpft Thomas Bernhard an wie vor ihm schon die gesamte Novalis-Rezeption der literarischen Moderne.[206] Bernhard bezieht sich positiv auf Reflexionen über einzelne poetische Verfahren, die Novalis' Imperativ (»Man muß schriftstellen, wie Componiren«; *III*, XII, 55) näher bestimmen. Die transzendentalpoetische Gesamtkonzeption, das messianische und utopische Moment der frühromantischen Poetik spielt demgegenüber eine nur untergeordnete, im Laufe der Zeit noch an Bedeutung verlierende Rolle für Thomas Bernhard. Ich sehe keine Anhaltspunkte dafür, daß sich Thomas Bernhard durch Anspielungen auf Novalis' Reflexionen über musikanaloges Sprechen auch mit dessen utopisch-eschatologischen Phantasien identifizierte,[207] obwohl diese Phantasien und die »ästhetische Provokation des Eschaton« (vom Hofe / Pfaff) durchgehend die Reflexionen der Figuren in Bernhards früher Prosa metaphorisch und systematisch verklammern.

Die Musik bedarf aber weder der physikalistischen noch der quasi-religiösen Befrachtungen, um als Orientierungs-Maßstab für literarische Autonomie-Bestrebungen dienen zu können. Die Literatur der Moderne hat immer wieder (Instrumental-)Musik und Mathematik wegen der Abstraktheit ihres Materials (Zahlen, Töne) und der Eigengesetzlichkeit ihrer Verfahren als Paradigmen gewählt, wenn es um die Begründung ihrer Autonomie ging.[208] Die Orientierung an der Musik stellt insbesondere die Rezeption (Anregung zu philosophischem Phantasieren durch unbestimmte Bedeutsamkeit) und die Autonomie der Literatur (Materialbegriff) in den Vordergrund. Auf diese beiden Aspekte zielt auch Thomas Bernhard, wenn er die Musikalität seiner Schreibweise betont. In diesem Sinne handelt es sich um immanente Reflexion, wenn Bernhard den Verleger in *Die Berühmten* Novalis zitieren läßt, zumal in diesem

---

[206] Umstritten ist in der Forschung allerdings, ob und in welchem Maße diese Anknüpfung auf einem (produktiven) Mißverständnis frühromantischer Positionen beruht. Die poetologisch-philosophischen Überlegungen von Novalis verlieren viel von ihrer eigentümlichen Modernität, wenn man sie im Hinblick auf die Realisierung in seinen eigenen poetischen Texten liest. In diesem Sinne warnt Wolfgang Preisendanz davor, »Thesen von Friedrich Schlegel und Novalis einerseits, von Valéry oder Benn andererseits kommensurabel zu machen, auch wenn einzelne Formulierungen, dem Buchstaben nach, oft erstaunlich übereinstimmen« (Preisendanz, *Abkehr* 55); in diesem Sinne auch Christoph Hering, *Hermeneutik* 53-55.

[207] Diesen Eindruck erweckt insbesondere M. Jurgensen, *Kegel* 142, sowie *Sprachpartituren* 106; zustimmend: R. Tschapke, *Hölle* 141. Jurgensen reklamiert unter Rekurs auf eine Bemerkung Adornos über Musik als nicht-meinende Sprache (»Über einige Relationen zwischen Musik und Malerei«) auch für die Musikalität der Sprache Bernhards einen »theologische[n] Aspekt« (*Sprachpartituren* 106). »Was sie [die Musik] sagt, ist als Erscheinendes bestimmt zugleich und verborgen. Ihre Idee ist die Gestalt des göttlichen Namens. Sie ist entmythologisiertes Gebet [...]; der wie immer auch vergebliche menschliche Versuch, den Namen selber zu nennen, nicht Bedeutungen mitzuteilen« (Adorno, aaO.). »Bernhards Prosawerke besitzen solche musikalische Transzendenz« (Jurgensen, *Sprachpartituren* 107). Einen solchen Transzendenzbezug im Sinne Adornos und Novalis' haben Bernhards Werke – auch seine frühe Erzählprosa – nur auf der Ebene des (Ideen-)Materials, nicht aber als Ziel und Sinn ihrer ästhetischen Versuchsanordnung.

[208] Vgl. M. Schwarz, *Musikanalogie*; H. Blumenberg, *Sprachsituation* 151. Novalis gilt einzig die Instrumentalmusik (»Sonaten – Symphonieen – Fugen – Variationen«) als »eigentliche Musik« (*HKA III*, XII, 669).

Stück ›musikalische‹ Verfahrensweisen wohl am deutlichsten zur Geltung kommen. Bernhard gestaltet durchaus Zustände unbestimmter Evidenz, wie sie Novalis zu seinen analogisierenden Phantasien motiviert haben mögen, beläßt ihnen aber den Charakter der Unbestimmtheit. Novalis hat selber in seinem Text *Monolog* (*HKA II*, 672f.) auf die grundlegende Zweideutigkeit seiner Prätention auf absolute Erkenntnis durch musikanaloge Rede hingewiesen. Dieser Aspekt wurde in Vergleichen von Bernhards und Novalis' Sprachkonzeption bisher übersehen, obwohl ihn Novalis in jenem Text andeutet, der in solchen Vergleichen stets zitiert wird, dem Text *Monolog*. Novalis entwirft hier die Vision eines aleatorischen Sprechens, das fern aller expressiven oder kommunikativen Absichten »gerade die herrlichsten, originellsten Wahrheiten ausspricht.« Wortspiel und aleatorisches Assoziieren ließen sich ganz auf die Sprache als einer »Welt für sich« ein und spiegelten darum in ihren Verhältnissen ein Allgemeines, »Natur« oder »Weltseele« genannt: »das seltsame Verhältnißspiel der Dinge«. Dieser hochfliegende Traum von absoluter dichterischer Erkenntnis durch absichtliche »Zufallproduktion« (IX, 953) wird jedoch auch bei Novalis durch Reflexion auf den zweideutigen Status dessen, der mit Mitteln der Sprache absichtsvoll und ganz und gar nicht zufällig über diese spekuliert, ironisch gebrochen. Die Spekulation beruht auf einem kalkulierten performativen Widerspruch; der »Monolog« ist damit ein Musterbeispiel romantischer Ironie.[209] Damit ist aber auch für Novalis der Wahrheitsgehalt jener zufällig oder musikalisch gefundenen Wortkombinationen, die den Charakter der Tiefe haben, grundsätzlich zweifelhaft. Das bedeutet, daß das Ganze des Hardenbergschen Denkens einschließlich seiner ernstzunehmenden philosophischen Ansätze nicht auf jene in seinem theoretischen Werk so dominanten harmonistischen und transzendenzgierigen Phantastereien reduziert werden darf. Hierzu neigen Petrasch (*Konstitution* 107-115) und Fischer (*Gehen* 30ff.) in ihren Vergleichen.

Mit der Sprache sei es – so heißt es im *Monolog* weiter – »wie mit den mathematischen Formeln [...] – Sie machen eine Welt für sich aus – Sie spielen nur mit sich selbst, drücken nichts als ihre wunderbare Natur aus, und eben darum sind sie so ausdrucksvoll.« Wir haben keine Kriterien außer einem unbestimmten Gefühl, um zu beurteilen, ob die sprachlichen Bezugsverhältnisse tatsächlich zum »Verhältnißspiel der Dinge« isomorph sind, denn es ist gerade das »Eigenthümliche der Sprache, daß sie sich blos um sich selbst bekümmert.« Novalis erwähnt im *Monolog* jedoch zwei empirische Befunde, die das Reden als unwillkürliches Wahrheitsgeschehen zeigen. Erstens nennt er die Verzerrung der Rede durch den Ausdruckswillen: »Will er aber von etwas Bestimmten sprechen, so läßt ihn die launige Sprache das lächerlichste und

---

[209] Vgl. B. Strohschneider-Kohrs, *Ironie* 249-273; M. Frank, *Einführung* 350-359. An einer Stelle dieses *Monologs* spricht Novalis die grundlegende Aporie dieses Konzepts planvoll intentionslosen Sprechens an: »Wenn ich damit das Wesen und das Amt der Poesie auf das deutlichste angegeben zu haben glaube, so weiß ich doch, daß es kein Mensch verstehn kann, und ich ganz etwas albernes gesagt habe, weil ich es habe sagen wollen, und so keine Poesie zu Stande kommt.« Anschließend heißt es: »Wie, wenn ich aber reden müßte?«, womit nach dem tatsächlichen Subjekt der Rede (Sprecher oder Sprache) gefragt wird. Diese ironische Wendung macht die konstitutive Paradoxie dieser sprachtheoretischen Spekulation deutlich.

verkehrteste Zeug sagen.«[210] Zweitens erwähnt Novalis die Erfahrung, daß man origi-
nelle Wahrheiten oftmals zufällig findet, wenn man nur ohne »Muthwillen« seinem
»Sprachtrieb« folge: durch »Eingebung der Sprache«. Der Sinn dieser poetisch-musi-
kalischen Zufallsfunde kann nur ein allegorischer sein: »Höchstens kann wahre Poesie einen *allegorischen* Sinn im großen haben und eine indirekte Wirkung wie Musik
etc. tun« (*III*, XII, 113). Thomas Bernhard mokiert sich in Anspielungen auf Novalis'
Poetik nur über die Prätentionen auf absolute Erkenntnis der Weltseele. Das hindert
ihn aber nicht, an jene von Novalis als autonome poetische Verfahren begründete
Stilmittel wie Analogie, rätselhafte Metapher und Allegorie anzuknüpfen.

## Sprachliche Musikalität als »unbestimmte Bedeutsamkeit«

Das musikalische Moment poetischer Sprache beruht auf der »unbestimmten Bedeutsamkeit« (*III*, IX, 413) assoziativen und formelhaften Sprechens – ein Moment, das
auch den Notaten Hardenbergs selbst eignet:

> »Jeder allg[emeine] unbest[immte] *Satz* hat etwas musicalisches. Er erregt phil[osophische]
> *Fantasien* – ohne irgend einen best[immten] phil[osophischen] Gedankengang, irgend eine indi-
> viduelle phil[osophische] Idee auszudrücken.«                        (*HKA III*, IX, 413)

In einer Vielzahl poetologischer Fragmente entwirft Novalis das Programm einer an-
deutenden, nicht-behauptenden Rede, die nicht bestimmte Meinungen vertritt, sondern auf den Ideen, Worten und poetischen Requisiten spielt wie auf den Tasten eines
Musikinstruments: »Der Poët braucht die Dinge und Worte, wie *Tasten* und die ganze
Poësie beruht auf thätiger Ideenassociation – auf selbstthätiger, absichtlicher, ideali-
scher *Zufallproduktion*.«[211] Die geheimnisvollen Botschaften arrangieren in nicht-be-
hauptender Weise ihr Bedeutungsmaterial nach semantischen Verwandtschafts- und
Gegensatzbeziehungen.[212] Religion, Magie und mathematisch-harmonikale Univer-
salwissenschaft gelten dieser Poetik als Allegorien von Innerlichkeit.

    Bis hierhin reichen die Gemeinsamkeiten Bernhards und Hardenbergs. Die Diffe-
renzen liegen in Zielsetzung und Anwendung. Während Novalis poetische Verheißungen absoluter Identität projektiert, eröffnet Bernhards Konzept der Todeskrankheit ein
Panorama universeller Nicht-Identität: »Das Mystische in uns führt direkt in die Allegorien des Verstandes: wir sind verzweifelt« (*V* 170). »Die Allegorien sind tödliche«
(*V* 103). Selbstverständlich kann das Verhältnis beider Autoren zueinander nicht,

---

[210] »Daraus entsteht auch der Haß, den so manche ernsthafte Leute gegen die Sprache haben.
Sie merken ihren Muthwillen, merken aber nicht, daß das verächtliche Schwatzen gerade die
unendlich ernsthafte Seite der Sprache ist« (Novalis, *HKA II* 672).
[211] *HKA III*, IX, 953. Der Herausgeber weist darauf hin, daß dieses Fragment Nr. 953 in den
Kontext von Hardenbergs Plotin-Studien gehöre. Vor diesem Hintergrund erhalte es eine
»metaphysische Verbindlichkeit [...], die von der radikalen ›Artistik‹, die man bestimmten Äußerungen von ihm heute gern unterstellt, weit entfernt ist« (Mähl, *Einleitung IX* 235f.).
[212] Darauf zielt Jurgensen, wenn er die Musikalität der Sprache Bernhards an der »Tautologie
der Gedankensprache« festmacht (*Sprachpartituren* 100).

noch dazu unter Absehung von der historischen Distanz, auf diesen einfachen Gegensatz von Identitätsversprechen und Todeskrankheit reduziert werden. Ihre philosophischen Prämissen gehen nicht in dieser Alternative auf, aber ihre poetische Zielsetzung. Für Novalis stellt der Dichter »im eigentlichsten Sinn *Subj[ect] Obj[ect]* vor – *Gemüth und Welt*« (*III*, XII, 671). Demgegenüber zeigt Bernhard, was diese Versöhnung notwendig verhindert und ihre Verheißung zur trügerischen Erwartung macht. Hans Blumenberg nennt die hochfahrenden Ambitionen Hardenbergs wahnhafte Transzendenzen, Triumphgesten einer Theorie, die zu rein literarischer Realisierung bestimmt ist (*Lesbarkeit* 241f.). Als solche Triumphgesten zitiert Bernhard Novalissche Gedanken.

Novalis bestimmt das Verfahren des Romantisierens als »eine qualit[ative] Potenzirung«: »Das niedre Selbst wird mit einem bessern Selbst in dieser Operation identificirt« (*II*, VI, 105). Identifikation meint hier gerade nicht den bewußten Bezug des faktischen Selbsts auf seine ›Ewigkeit‹, sondern Einziehung jener Differenz, die ein bewußter Bezug voraussetzt. Derlei Identifikationen zeigt Bernhard als bloße Phantastereien, Wunschdenken und Seinsermächtigung. Beim Vergleich einzelner poetischer Strategien ist also stets zu bedenken, daß sie trotz formaler Ähnlichkeit bei Bernhard und Novalis unterschiedlichen Intentionen folgen.

In einer Szene des Stücks *Die Macht der Gewohnheit* hat Thomas Bernhard ein unerhört subtiles, poetisches Bild für sein Verhältnis zum Denken Novalis' gefunden. Anschließend an seine Zitate des ›Magischen Idealismus‹[213] merkt Caribaldi ergänzend an: »es handelt sich hier nicht / um Theosophie« (*MG* 44). Theosophie ist bei Novalis Chiffre für seine Vorstellung einer göttlichen, allgegenwärtigen Liebe; »*Liebe* ist der Grund der Möglichkeit der Magie«, die Caribaldi beschwört; die Theorie der Liebe gilt Novalis zugleich als »die *höchste* W[issenschaft]«.[214] Caribaldi fährt mit einer versteckten Novalis-Distanzierung fort: »Krankheitsvorliebe / Überwindung des Lebens / Todesangst / verstehen Sie / *das Ohr an den Cellokasten*« (*MG* 45). Diese Szene zeigt, mit welch subtilen intertextuellen Verweisungen Thomas Bernhard seine Texte durchsetzt. Wenn Caribaldi am Cellokasten hört, so scheint dies eine bedeutungsmäßig unscheinbare Geste aus der komödiantischen Klamottenkiste zu sein. Doch getreu der romantisch-harmonikalen Musikphilosophie hat Caribaldi, wenn er am Cellokasten lauscht, das Ohr am Puls der Welt. Aber der verkrüppelte Musikdilettant vernimmt nicht die Verheißungen von Weltharmonie und All-Liebe, sondern die immergleiche Botschaft universaler Todeskrankheit.


»Das Wesentliche ohne die Motive«

Nach übereinstimmender Auffassung der philosophisch-literarischen Gewährsleute Thomas Bernhards kann eine spezifisch musikalische Erkenntnis, wenn es sie gibt,

---

[213]  Vgl. hierzu oben S. 129ff.
[214]  *HKA III*, IX, 79. Theosophie steht bei Novalis in komplexen Zusammenhängen mit den Begriffen Liebe, Magie, Moral, Harmonie etc., vgl. u.a. die Fragmente 61, 79 aaO.

keine begriffliche sein. Schopenhauer bemerkt, daß die Musik keine Vorstellungen zu ihrem Objekte habe, sondern – gleich geometrischen Figuren – anschaulich und a priori zugleich sei (*WWV I* 368f.), weshalb ihre Allgemeinheit keine begriffliche sein könne.[215] Literatur kommt zwar nicht umhin, Vorstellungen zu ihrem Objekt zu machen, doch kann ihre ästhetische Synthesis so gestaltet sein, daß sie begrifflich nicht zu erschöpfen ist.[216] Die Musik verwirklicht damit nur in besonders reiner Form jene Bestimmungen, die Kant der »ästhetischen Idee« generell gegeben hat: »unter einer ästhetischen Idee aber verstehe ich diejenige Vorstellung der Einbildungskraft, die viel zu denken veranlaßt, ohne daß ihr doch irgend ein bestimmter Gedanke, d.i. *Begriff* adäquat sein kann, die folglich keine Sprache völlig erreicht und verständlich machen kann« (*KdU* 413f.).

Die durch die »Eingebung der Sprache« wie zufällig gefundene, ohne Wahrheitsanspruch auftretende Wahrheit verweist auf jemanden, dem dieser Fund überhaupt als Wahrheit erscheint. Die »unbestimmte Bedeutsamkeit«, von der Novalis spricht, wirkt wie Kierkegaards indirekte Mitteilung: wenn der Rezipient die Wahrheit einer Äußerung erkennt, so erkennt er sie als *seine* Wahrheit. Für Thomas Bernhard wie für die Poetik der Romantik einschließlich Schopenhauers und Kierkegaards gilt, daß die Innerlichkeitsästhetik konstitutives Moment dichtungspraktischer wie poetologischer Analogien zur Musik ist.[217] So stehen auch bei Thomas Bernhard Musik und Musikalität stets in unmittelbarem Bezug zur Innerlichkeit:

»Wir konnten die Quellen für unsere Musik nur in uns selbst finden.«                    (*Amras* 38)
»In der Musik hören wir, was wir fühlen.«                                                           (*V* 164)

---

[215] Schopenhauer bestimmt die Musik als »eine im höchsten Grad allgemeine Sprache, die sich zur Allgemeinheit der Begriffe ungefähr verhält wie diese zu den einzelnen Dingen. Ihre Allgemeinheit ist aber keineswegs jene leere Allgemeinheit der Abstraktion, sondern ganz anderer Art und ist verbunden mit durchgängiger, deutlicher Bestimmtheit« (*WWV I* 365); vgl. hierzu Nietzsche, *Geburt* 88ff. Der Gegensatz, den Schopenhauer zwischen der Allgemeinheit des Begriffs und derjenigen der Musik feststellt, beruht auf seinem (obsoleten) Verständnis der Begriffe als Abstraktionen von Anschauungen. – Läßt man diese Vorstellung fallen, verschwindet auch der Widerspruch zwischen den von Bernhards Figuren erhobenen, scheinbar konkurrierenden Ansprüchen auf Musikalität und auf begriffliche Exaktheit. Bernhards »Begriffe« sind nicht konventionalisierte Abstraktionen von Anschauungen im Sinne Schopenhauers, sondern Privatsymbole, Chiffren für psychische Zustände, aber auch autonomes Wortmaterial. Wenn Thomas Bernhard sagt, »Ich schreib' immer nur Begriffe« (*Monologe* 187), so meint er damit Aprioris eigener Erfahrungen, Chiffren für »innere Landschaften« (*Monologe* 186) im dezidierten Gegensatz zu repräsentierenden Vorgangs-, Natur- und Landschaftsschilderungen. Thomas Bernhard nimmt in dieser programmatischen Äußerung auf ein weiteres Fragment Hardenbergs Bezug: »Der Dichter hat blos mit *Begriffen* zu thun. Schilderungen etc. borgt er nur als BegriffsZeichen« (*III, XII*, 654).

[216] Adorno bestimmt große Musik als »begriffslose Synthesis«, was der Literatur nur durch »konstitutive Dissoziation« gelingen könne (*Parataxis* 184f.).

[217] Kierkegaard bestimmt das Spezifische der Musik ganz im Geiste romantischer Ästhetik: »Die Musik drückt nämlich das Unmittelbare in seiner Unmittelbarkeit aus [...]. In der Sprache liegt die Reflexion, und darum kann die Sprache das Unmittelbare nicht aussagen. Die Reflexion tötet das Unmittelbare« (*E/O* 85). Entsprechend ist für Kierkegaard auch das Ohr »der am meisten geistig bestimmte Sinn« (*E/O* 82); über das Ohr wird die dem Äußeren inkommensurable Innerlichkeit erfaßt, die Stimme und Musik offenbaren (vgl. *E/O* 11).

Obwohl Thomas Bernhard den Bezug zu Musikphilosophie und Innerlichkeitsästhetik nicht ausdrücklich herstellt, sondern nur Versatzstücke zitiert, fordert er mit Hinweisen auf die Musikalität seines Schreibens zu einer allegorischen Rezeption auf: das auf der Bühne erscheinende Einzelne bzw. Individuelle soll nur mittelbar zur Kenntnis genommen werden, um darin gleichnishaft das Musikalisch-Allgemeine, d.h. mit Schopenhauer die *universalia ante rem* zu erfassen (*WWV I* 369). Das Musikalisch-Allgemeine besteht nicht darin, »diese oder jene einzelne und bestimmte« Befindlichkeit auszudrüken,

»sondern *die* Freude, *die* Betrübnis, *den* Schmerz, *das* Entsetzen, *den* Jubel, *die* Lustigkeit, *die* Gemütsruhe *selbst*, gewissermaßen in abstracto, das Wesentliche derselben ohne alles Beiwerk, also auch ohne die Motive dazu. Dennoch verstehn wir sie in dieser abgezogenen Quintessenz vollkommen.«                                                               (*WWV I* 364f.)

Das »Wesentliche [...] ohne die Motive«: diese Formel Schopenhauers trifft exakt die Funktion, die die Musikalität als Stilmittel und Topos immanenter Reflexion in der Dramatik und Erzählprosa Thomas Bernhards haben soll, nämlich universelle Befindlichkeiten und ungegenständliche Empfindungen auszudrücken. Um dieses Ziel zu erreichen, um von dem in der nicht-musikalischen Kunst unvermeidlichen Umweg über die Erscheinung zu distanzieren, muß nicht nur alles das vermieden werden, was wie Motive, Geschichten, Erklärungen nur störendes »Beiwerk« und »lärmender Plunder« (Kierkegaard) ist, sondern es muß auch das bloß Individuelle an der Befindlichkeit transzendiert werden. Damit wird die Innerlichkeit, um deren indirekte Mitteilung es in Bernhards Stücken geht, näher bestimmt: sie ist nicht die Innerlichkeit eines einzelnen Individuums, sondern nicht-begrifflicher Ausdruck einer Befindlichkeit »in abstracto« (Schopenhauer).

Als rezeptionslenkende Metapher immanenter Reflexion wirkt die Chiffre ›Musik‹ sogar dann, wenn der betreffenden Passage sämtliche Merkmale musikanaloger Stilistik fehlen wie in dem folgenden Textbeispiel aus Bernhards Monolog *Drei Tage*:

»Die Kindheit, das sind immer wieder Musikstücke, allerdings keine klassischen. Zum Beispiel: 1944 in Traunstein hab ich einen längeren Schulweg gehabt. Die Großeltern haben außerhalb der Stadt gewohnt, so vier Kilometer weg. Und in der Mitte ein Gebüsch, ich weiß nicht mehr was. Und jedesmal, wenn ich vorbeigehe, springt eine Frau heraus und schreit: ›Deinen Großvater bring ich schon noch nach Dachau.‹

1945 eine andere Geschichte, ein anderes Musikstück, Zwölftonmusik vielleicht. Der Freund meines Bruders, der war damals sieben Jahre, ich war vierzehn, greift in eine Panzerfaust, und er wird vollkommen zerrissen [...].«                                     (*DT* 78)

Diese konzisen, »merkwürdige[n]« Geschichten, von denen Bernhard »eine ganze Reihe« erlebt hat (*DT* 79), sind in keiner Weise sinnverweigernd erzählt, musikanalog konstruiert oder in sonst einer Weise formal auffällig. Musikalisch ist an ihnen allein der Subjektbezug, der über das Singuläre des Ereignisses hinausweist. Die skizzierten Szenen wiedervergegenwärtigen nicht Hardenbergs »indische Heymath« (*III*, IX, 245), sondern beschreiben Urerlebnisse einer Bedrohung, die wie ein ursprünglicher Klang erinnert wird und als deren echogleicher Widerhall spätere Erfahrungen erscheinen: »Zwölftonmusik vielleicht«.

# Das Gerede

Der Sprachrealismus der dramatischen Sprache Thomas Bernhards zeigt sich nicht allein an lexikalischen Besonderheiten und in Verstößen gegen Normen der Schriftsprache, sondern auch in der Inszenierung bestimmter Redeweisen als eines durchschnittlichen, alltäglichen Verstehens. Damit akzentuiert Thomas Bernhard, was Rede als praktisches Verhalten eines Subjekts zu sich und seiner Welt fundiert.

In Bernhards dramatischer Sprache findet sich eine Vielzahl syntaktischer und argumentativer Stereotype, Sentenzen und Binsenwahrheiten. Sie entsprechen Grundfiguren topischer Argumentation, die man im Alltag andauernd verwendet, ohne sich deren spezifischen Sinn stets zu vergegenwärtigen.[218] Bernhard geht es dabei nicht um ein möglichst vollständiges Bild alltäglicher Rede überhaupt.[219] Er beschränkt sich vielmehr auf einige wenige Schemata und integriert sie in mehr oder minder stilisierter Form in die Rede und Konversationspragmatik seiner Stücke.[220] Eine Hauptfunktion dieser von Bernhards Rednerfiguren gewohnheitsmäßig verwendeten Grundmuster topischen Argumentierens besteht in der Reduktion von Fremdheit, Komplexität, Andersartigkeit. Bernhards Figuren reduzieren mittels argumentativer Stereotype überkomplexe, überraschende und sinnwidrige Phänomene »naturgemäß« auf Bekanntes oder Verborgenes (S. 210ff.), oder sie entschärfen den Skandal, den Sinnwidersprüche für die Vernunft bedeuten, indem sie sie als verwirklichte Paradoxien ausgeben, mit denen man sich abzufinden habe (S. 215ff.). Diese Schemata durchziehen in der Sprache der Stücke sowohl die Ebene intentionaler, weitgehend wohlgeformter Figurenrede als auch die Ebene vorsyntaktischen, unkontrollierten Sprechens. In Anbetracht der in Bernhards Stücken notorisch verbreiteten skandalösen und katastrophischen Bekennt-

---

[218] Karlheinz Rossbacher hat bezüglich des Romans *Das Kalkwerk* aufmerksam gemacht auf »[a]lltägliche Redeformen, die in der Verkünstlichung [durch Bernhard] zu Stilistika werden.« »Das Räsonnieren in Übertreibungen und Superlativen; das Zetern, Wettern und Sich-in-etwas-Hineinreden; der Schimpfmonolog, in dem sich Sprache ohne dialogisches Gegenüber im Kopf bewegt; die topische Argumentation [...]; der All-Satz und die Ausschließlichkeitsaussage, die der alltäglichen Urteilsbildung zugrundeliegen; vor allem die Wiederholung [...]« (*Kalkwerk* 378; vgl. 378ff.).
[219] Wendelin Schmidt-Dengler meint in Bezug auf die Prosa, Thomas Bernhard »spricht eine Sprache, die allen Regeln der Stilfibeln spottet und die auch nicht am Idealbild einer perfekten Mimesis der Umgangssprache gemessen werden darf« (*TB* 73). Das versucht aber auch niemand; die These vom »Sprachrealismus« behauptet schließlich keine ›perfekte Mimesis‹, sondern besagt, daß Bernhard alltagssprachliche Muster übertreibend pointiert. Diese Muster entsprechen Weisen des Verhaltens zum Existieren.
[220] Zur Frage der Realitätsnähe vs. Künstlichkeit vgl. Betten, *Sprachrealismus* 394ff. Sprachrealismus und Stilisierung schließen einander schon insofern nicht aus, als bei Bernhard wie in den Stücken von Franz Xaver Kroetz »die Ausschließlichkeit ihrer Selektionsprinzipien [...] einen wesentlichen Aspekt bei der Stilisierung darstellt« (aaO. 395). Vergleichbare Stilisierungen betreffen auch Konversationsrituale wie zum Beispiel den Herr-Diener-Dialog, wobei nicht zu entscheiden ist, ob Thomas Bernhard »reale« oder literaturgeschichtlich präformierte Dialogtypen oder Konversationsweisen stilisiert.

nisse ist es überraschend, in welchem Maße sich die Protagonisten durch die argumentative Struktur ihrer Sentenzen zum Anwalt von Alltäglichkeit und Normalität machen. Die Kehrseite des Geredes, das allem den Stempel der Alltäglichkeit aufdrückt und dadurch zumindest vorübergehend »Beruhigung in das Dasein« bringt (Heidegger, *SuZ* 177), indem es alles Lebendige erstickt, ist der Überdruß an einer sich in Ritual, Wiederholung und Ausrechenbarkeit erschöpfenden Existenz. Der jähe Abbruch des Geredes in Gestalt fragmentarischer Varianten dieser Satzmuster (S. 220ff.) verweist auf ein Fehlschlagen des Versuchs, mittels argumentativer Schemata alltäglichen Durchschnittsverstehens das Unvorhergesehene als das Erwartbare zu behaupten und auf diese Weise metaphysische Behaustheit herzustellen.


## »Die Natur der Sache«


Bernhards Protagonisten begegnen ihrer Umgebung, Menschen, Ereignissen, Erinnertem und Erzähltem vorwiegend in der Haltung von absoluter Evidenz. Alles Einzelne und Zufällige identifizieren sie automatisch als Exempel fundamentaler Gesetzmäßigkeiten. Nichts kann sie wirklich überraschen, alles entspricht der »Natur der Sache«. Die absolute Evidenz, mit der Bernhards Figuren solche Komplexität reduzierenden Topoi alltagssprachlicher Argumentation in mehr oder minder starker Übertreibung verwenden, drückt sich in den ausschließlichen Formulierungen aus, die weder Zweifel noch Einschränkung dulden: absolute Zeitadverbien (immer, nie, niemals) und Indefinitpronomen, die dem Allquantor entsprechen (alle, alles, jeder, niemand etc.): »In jedem Detail / ist Krankheit / überall / in allem« (*Wv* 12). Die gleiche Funktion wie die Indefinitpronomen haben subjektseitig das impersonale »man«[221], die Erste Person Plural sowie Klassenbegriffe, die für eine Gesamtheit von Elementen stehen. Singuläre Handlungen werden in dieser Perspektive zum Exemplar homologer Verhaltungen, im folgenden Textbeispiel formal charakterisiert durch die Wahl der Ersten Person Plural und des Präsens:

> MUTTER
> Wir fliehen in ein abgelegenes Haus
> und hören uns eine abgeschmackte Musik an
> gewiß es ist Mozart aber abgeschmackt
> wir kaufen ein altes Klavier auf dem Flohmarkt
> und lassen es aufpolieren                                                (*AZ* 136)

Verstärkt durch die mehrfache Verwendung des unbestimmten Artikels erscheinen die erzählten Details als auswechselbare Manifestationen und akzidentelle Bestimmungen eines hinter der Bühne des Lebens wirkenden Mechanismus'. Die entindividualisie-

---

[221] Zum Beispiel der Weltverbesserer, eine singuläre Erfahrung zum Regelfall erhebend: »Man geht nicht ungestraft nach Trier / man geht nach Trier und macht sich lächerlich« (*Wv* 48).

rende Art und Weise, in der die Mutter in *Am Ziel* spricht, ist dabei ganz plausibel: erst in der Erinnerung zeigt sich die tatsächliche psychische Ökonomie, die frühere Handlungen hervorgebracht hat. Erst wenn die Blendung durch das Scheinziel aufgehört hat, kann der wirkliche Antrieb des eigenen Handelns erkannt werden. Meistens stehen solcher schlichten Plausibilität in Bernhards Sprache jedoch Übertreibung und Maßlosigkeit der Formulierung entgegen.[222] Bereits durch geringfügige Verschiebung der Gewichte treten Bildkontraste in den Vordergrund, die den eigentümlichen ästhetischen Reiz dieser Verallgemeinerungen und Verabsolutierungen ausmachen. Der gefaßt klingende, diagnostizierende, pseudo-wissenschaftliche, oftmals beruhigende Ton steht dann im Mißverhältnis zu dem verallgemeinerten Sinnwiderspruch:

> Essen wir viel
> bekommen wir Magengeschwüre
> essen wir wenig
> verhungern wir                                                          (*Wv* 82)

Der Sinnwiderspruch besteht nicht für den Intellekt, sondern für die Alltagsvernunft, die nicht zu Unrecht glaubt, solche Verhängnisse durch zweckrationales Handeln abwenden zu können. Demgegenüber behauptet der Weltverbesserer die Universalität des *double bind*: was immer man tut, man beschleunigt nur das Eintreten von Krankheit und Tod. Der Effekt allen intentionalen Handelns steht im Gegensatz zum gesteckten Ziel.

Ein weiterer Kontrast besteht zwischen Form und Inhalt des Regelsatzes. So widerspricht zum Beispiel die gesetzhafte Formulierung der extensionalen Vagheit der Attribute[223] oder es divergieren objektiv vollzogene Handlung und pragmatische Einkleidung des Sprechaktes. Letzteres ist im Gespräch des Theatermachers Bruscon mit dem Wirt der Fall. Nachdem Bruscon auf Kierkegaard zu sprechen gekommen ist, mutmaßt er, daß dieser Name dem Wirt wohl kein Begriff sei:

> Bruscon
>     naturgemäß kein Begriff für Sie
>     *setzt sich erschöpft*
>     Kommen wir in einen Ort
>     ist es ein stumpfsinniger Ort
>     treffen wir einen Menschen
>     ist es ein stumpfsinniger Mensch
>     *zum Wirt direkt, flüsternd*
>     Ein durch und durch stumpfsinniger Staat
>     von durch und durch stumpfsinnigen Menschen
>     bevölkert
>     Gleich mit wem wir reden
>     es stellt sich heraus
>     es ist ein Dummkopf                                                 (*Tm* 59f.)

---

[222] Zur Travestie kausaler biographischer Erklärungsmodelle in Bernhards Stücken vgl. unten den Abschnitt »Biographismus«.

[223] Zum Beispiel: »Alle Wege führen unweigerlich / in die Perversität / und in die Absurdität« (*Wv* 98). Die Bodenlosigkeit von Äußerungen dieser Art bemißt sich weniger an der Abwegigkeit der Verallgemeinerung als vielmehr daran, daß Sinn und Anwendbarkeit der Begriffe unklar bleiben.

Bruscon macht den Wirt zugleich zum Angeredeten *und* zum Objekt seiner Rede. Der Wirt muß sich sowohl als jemanden identifizieren, der sich selbst unweigerlich als »Dummkopf« herausstelle, als auch als jemand, der wie Bruscon die bestürzende Erfahrung zu machen gefaßt sein müsse, immer nur mit Dummköpfen zu sprechen. Diese anomale Form pragmatischer Doppelcodierung findet man in Bernhards Stücken immer wieder, vor allem in den Gesprächen mit Dienstboten. Sie macht den Sprechakt zu einer abgründig paradoxen Botschaft. Die begriffliche Vagheit dieser hysterischen Herrschaftssprache erschwert es für den Angeredeten zusätzlich, angemessen auf die in der vertraulichen Mitteilung versteckte Beleidigung zu reagieren. Die Scheinobjektivität kaschiert den Handlungsaspekt. Die Herrschaften unter Bernhards Figuren formulieren auf diese indirekte Weise Forderungen und Ausreden[224], erteilen Befehle, Zurechtweisungen und praktische Anleitungen.[225] Bernhards Figuren argumentieren ebenso implizit aber auch mit sich selbst, wenn sie auf Quasi-Gesetze rekurrieren, die versteckte Imperative darstellen.[226] Doch es soll im folgenden um die Regelsätze als solche gehen, und nicht um die Verschränkungen paradoxer Handlungsaspekte in der *double-bind*-Kommunikation.

Die Kritik hat das für Bernhards poetische Sprache so typische Argumentationsmuster des Regelsatzes immer wieder mit dem Begriff »Verallgemeinerung« bezeichnet. Dieser Begriff ist jedoch irreführend. Er betont nämlich zu sehr den induktiven, generierenden Aspekt der Hypothesenfindung.[227] Der Ausdruck »Verallgemeinerung« erweckt den Anschein, Bernhards Rednerfiguren schlössen, womöglich zum Zwecke des Erkenntnisgewinns, vom Einzelfall aufs Allgemeine. Doch genau das Gegenteil ist der Fall, das Einzelne wird als Exemplar eines Typus ausgegeben. Wenn die Präsidentin über das Verhalten von Frau Frölich lamentiert, geht sie schon von einem Klassenbegriff von »Diese Menschen« aus:

> PRÄSIDENTIN [während der Abwesenheit von Frau Frölich]
>     Kein Mensch versteht

---

[224] »Der Kranke ist überfordert« (*Wv* 48); »Der Leidende ist nicht zur absoluten Korrektheit verpflichtet« (*Wv* 55). Mit »Der Kranke« und »Der Leidende« meint der Weltverbesserer natürlich sich selbst.

[225] Was praktische Anweisungen anbelangt, stilisieren Bernhards Figuren Alltagswissen zur »Wissenschaft« oder »Kunst«, deren Regelsätze sie ihren Mitspielern und Untergebenen belehrend mitteilen. Stets weisen der theoretische und praktische Aufwand sowie die zwanghafte Disziplin technischen Verhaltens über den geringfügigen Anlaß hinaus. So belehrt zum Beispiel die Präsidentin Frau Frölich über Kleiderpflege: »*zieht am Saum* / Man muß ziehen am Saum / am Saum ziehen Frau Frölich / ziehen / ganz sanft ziehen / ziehen / ziehen« (*Pr* 18). Vgl. den entsprechenden Vortrag der Präsidentin über Notwendigkeit und Technik, den leeren Hundekorb aufzubetten (*Pr* 34f.).

[226] »Eine Fürchterlichkeit müssen wir in Kauf nehmen / wenn wir einen Partner haben« (*Sch* 17); oder, etwas direkter: »Wir dürfen alles / nur nicht die Kontrolle / über uns verlieren / Unsere Vorbilder nicht außeracht [sic!] lassen / Das Philosophische in uns / nicht ersticken / vorausgesetzt / ein solches Philosophisches / war überhaupt in uns versteckt« (*Wv* 19).

[227] Claudio Magris erklärt diesen Vorgang ausdrücklich für »induktiv« und erkennt – zumindest in den Verallgemeinerungen – in Bernhards Erzählprosa einen Übergang »vom unmittelbaren Detail zur anthropologischen Morphologie« (*Geometrie* 296).

sie verstehen nicht
*über die Frölich*
Diese Menschen
verstehen nichts
als die Niedertracht                                                          (*Pr* 36)

Für Bruscon und Ferruccio ist die Frage, ob eines der an der Wand der Utzbacher
Gaststube hängenden Bilder Hitler darstelle oder nicht, offenbar nicht durch bloßen
Augenschein entscheidbar. Bruscon, der das Porträt als »Demonstrationsobjekt« hängen lassen möchte, entscheidet die Frage nach der Identität des Porträtierten grotes-
kerweise durch Rekurs auf Regelwissen:

Es stellt Hitler dar
Hier stellen alle Männerporträts
Hitler dar
Hier sind alle Männer Hitler                                                 (*Tm* 110)

Auch diese recht eigenwillige Schlußfolgerung des Theatermachers ist gewiß keine
induktive. Ebensowenig aber repräsentieren diese Formen absolut evidenter, exemplarischer Wahrnehmung deduktive Schlüsse[228], denn ein von den einzelnen Anlässen
unabhängig gegebenes System allgemeiner Sätze, von dem aus strittige Einzelfälle
entschieden und beurteilt werden könnten, besitzen weder Autor noch Figuren. Der
Schein-Deduktivismus ist vielmehr bloßes Ornament *ad hoc* gebildeter Gewißheiten,
denen gegenüber sich das Exempel unweigerlich verspätet. Heidegger weist in diesem
Sinne darauf hin, daß das Gerede »schneller lebt« als das Beredete.[229] Zwischen Anlaß und Räsonnement, zwischen Exempel einerseits und den zu Regelsätzen verdich-
teten Erfahrungen, Spruchweisheiten sowie den pseudo-wissenschaftlichen Sätzen einer obskuren Anthropologie und Soziologie andererseits existieren keinerlei Ablei-
tungsverhältnisse. Der Automatismus, mit dem die Figuren das Skandalöse, Sinnwidrige oder Überraschende auf das Erwartbare und Naturgemäße reduzieren, zeigt, daß
es ihnen gar nicht um Erkenntnis geht. Dieser Typus von Sprechhandlung mag zwar
im Einzelfall auf Verallgemeinerung beruhen, verwendet wird er jedoch aufgrund seiner psychischen Dynamik: er dient der Selbstberuhigung durch Auflösung einer Sinnwidrigkeit[230] in entropische Normalität, eben auf die »Natur der Sache«:

[228] Es sei denn in einem absurden Sinne, als Konsequenz von Bernhards Bekenntnis, in jedem
stecke ein Nationalsozialist: »Daß auch ein Filbinger in mir ist wie in allen anderen. Daß auch
der liebe Gott in einem ist und die Nachbarin« (*Spiegel-Interview* 178).
[229] Vgl. *SuZ* 166-180. »Sofern nun aber die Zeit des sich einsetzenden Daseins in der
Verschwiegenheit der Durchführung und des echten Scheiterns eine andere ist, öffentlich gesehen eine wesentlich langsamere, als die des Geredes, das ›schneller lebt‹, ist dies Gerede längst
bei einem anderen, dem jeweilig Neuesten angekommen [...]. Gerede und Neugier sorgen in ihrer Zweideutigkeit dafür, daß das echt und neu Geschaffene bei seinem Hervortreten für die Öffentlichkeit veraltet ist. [...] Die Zweideutigkeit der öffentlichen Ausgelegtheit [...] stempelt
Durchführen und Handeln zu einem Nachträglichen und Belanglosen« (*SuZ* 174).
[230] ›Sinnwidrigkeit‹ ist auch hier wieder nicht im kognitiven Sinne zu verstehen, sondern als
verwirklichter Widerspruch gegen Glücks- und Identitätserwartungen. Eine solche Sinnwidrigkeit repräsentieren in den diskutierten Textbeispielen das Kommunikationsproblem zwischen

DOKTOR
    Es liegt in der Natur der Sache
KÖNIGIN
    Sie haben recht Doktor
    es liegt alles immer
    in der Natur der Sache                                                    (*IW* 44)

Aufgrund ihres tautologischen Charakters sind die Tiefblicke und Allgemeinheiten nicht mehr als inhaltsleere Bekenntnisse zum Satz vom Grunde: wo alles in der Natur der Sache liegt, hat alles auch eine Ursache. Bernhard hebt den tautologischen Charakter dieser Argumentationen besonders hervor. Dadurch macht er deutlich, daß es nicht um den kognitiven Aspekt der Regelsätze geht, sondern um die Abwehr von Irritationen durch die Herrschaft der Allgemeinbegriffe, durch das Gerede, das jeglicher Handlung immer schon voraus ist und jene unübersehbare Menge von »›Charakterologien‹ und ›Typologien‹« produziert, von denen Heidegger spricht (*SuZ* 177). Das Gerede »bildet eine indifferente Verständlichkeit aus, der nichts mehr verschlossen ist« (169). Das Räsonnement in Bernhards Stücken wird von beiden Tendenzen des Geredes bestimmt, die Heidegger »Zweideutigkeit« und »Verfallenheit« nennt.[231] Schon Kierkegaard kennzeichnet Determinismus und Fatalismus als Selbstverlust, als Abwehr der eigenen Möglichkeit. Die »Beruhigung« indessen, die

---

der Präsidentin und Frau Frölich (die Präsidentin fühlt sich unverstanden) und das Hitlerbild in einem österreichischen Gegenwartsgasthof. – Inhaltlich lassen sich bei den Bezugnahmen auf Regelsätze zwei enthüllende Operationen unterscheiden: entweder wird eine existentielle Paradoxie als Normalfall ausgegeben oder eine individuelle Handlung wird in ein allgemeines, meist vulgärpsychologisches Schema gepreßt.

[231] Aufschlußreich ist, wie Heidegger die Weise bestimmt, in der das Gerede durch »Zweideutigkeit« und »Verfallenheit« den Weltbezug des Redenden formt. Heideggers Interpretation des Geredes geschieht in ontologischer Absicht und ist »von einer moralisierenden Kritik des alltäglichen Daseins und von ›kulturphilosophischen‹ Aspirationen weit entfernt« (*SuZ* 167). Der Begriff wird »nicht in einer herabziehenden Bedeutung« gebraucht; er bezeichnet »ein positives Phänomen, das die Seinsart des Verstehens und Auslegens des alltäglichen Daseins konstituiert« (167). Im Gerede des Man, des unbestimmten Anderen (vgl. *SuZ* 126), ist die Welt sprachlich erschlossen; es fundiert das alltägliche und durchschnittliche Verstehen und Auslegen. Das Gerede hat »den primären Seinsbezug zum beredeten Seienden verloren bzw. nie gefunden« (168): es ist *bodenlos*. Diese Bodenlosigkeit begünstigt nun gerade den Eingang des Geredes in die Öffentlichkeit. »Das Gerede ist die Möglichkeit, alles zu verstehen ohne vorgängige Zueignung der Sache« (169). Das Gerede täuscht sich notwendigerweise über seinen Charakter: die »Unheimlichkeit der Schwebe«, in der es sich hält, bleibt ihm verborgen (170). Zur »Neugier, der nichts verschlossen«, und zum »Gerede, dem nichts unverstanden bleibt«, tritt als drittes Phänomen der Erschlossenheit die *Zweideutigkeit*: Es ist unentscheidbar, »was in echtem Verständnis erschlossen ist und was nicht« (173). Zu dieser Zweideutigkeit gehört bei Heidegger, was sich auch in der Rede von Bernhards Figuren zeigen ließ: Die Dominanz des Geredes über das Beredete. »Möglichkeiten des Daseins« werden in ihrer Kraft erstickt, das Interesse an der Realisierung einer Sache stirbt ab. Gerede und Neugier halten einen Betrieb in Gang, »wo alltäglich alles und im Grunde nichts geschieht« (174). Es enthüllt sich daran »die spezifische Seinsart des Verfallens«, wie sie unter anderem durch Entfremdung und Beruhigung charakterisiert ist (175, 178). Das *Verfallen* markiert einen Abfall des Daseins von sich selbst, von »eigentlichem Selbstseinkönnen« (175), zu dem eine Eigentlichkeit als Gegenbegriff positiv allerdings nicht zu haben ist (176).

die »Selbstverständlichkeit und Selbstsicherheit der durchschnittlichen Ausgelegtheit« (170) sowie die »Vermeintlichkeit des Man« ins Dasein bringen (177), ist in Bernhards Stücken äußerst instabil. Die Leere und Erschöpfung, welche Bernhard auf die hemmungslose Betriebsamkeit[232] seiner Figuren folgen läßt, die irritierenden Chiffren einer Todeskrankheit sowie die komische Mechanik subreptiver Argumentation durchbrechen stets wieder die rhetorische Vergewisserung der Protagonisten, daß kein Anderes außer dem Alltäglichen, Normalen und Erwartbaren sei – wenn auch nur für einen Moment. Thomas Bernhard kehrt am Gerede seiner Figuren die Uneigentlichkeit hervor, die sie redend doch immer wieder selbst produzieren. In der Form ihrer Sprache kommt das Dilemma der Figuren zum Ausdruck, das eigene Unglück zwar stets selbst zu verursachen, aber keine andere Wahl zu haben.

## »einerseits« – »andererseits«: Adversation und Paradox

Das Gegenstück zu den tautologischen Regelsätzen in Bernhards Sprache sind adversative Stereotype, die nicht minder automatisiert verwendet werden. Unter diesen Stereotypen, deren Funktion es ist, Gegensätze, Einschränkungen oder Widersprüche auszudrücken, ist die »einerseits«-»andererseits«-Fügung wohl die auffälligste und am häufigsten verwendete Satzklammer.[233] Wird sie in einem adversativen Sinne verwendet, so stabilisiert sie den Gegensatz statt ihn diskursiv zu entwickeln und auszutragen. Das gilt sowohl für die Verwendung in wohlkonstruierter, intentionaler Rede als auch für das vorsyntaktische Sprechen, bei dem die Klammer-Ausdrücke erst nachträglich, zum Teil auch unvollständig, in eine bereits begonnene Äußerung eingefügt werden:

> VERA
> Eine hörende und eine redende [Dienerin]
> wäre natürlich besser einerseits
> aber andererseits ist es gut
> daß sie nicht hören
> und nicht reden kann
> darauf beruht ja alles
> daß sie nicht hört
> und nicht redet
> stell dir vor sie redete
> und sie hörte                                             (VdR 9)

---

[232] Vgl. *SuZ* 177: »Diese Beruhigung im uneigentlichen Sein verführt jedoch nicht zu Stillstand und Tatenlosigkeit, sondern treibt in die Hemmungslosigkeit des ›Betriebs‹.«
[233] Daneben verwendet Bernhard Entgegensetzungen mit »während« (vor allem bei zeitlich aufeinander folgenden, inhaltlich opponierenden Zuständen, Einstellungen etc.), aber auch floskelhafte Abkürzungen durch das Anhängsel »und umgekehrt«.

Vera wählt die »einerseits«-»andererseits«-Konstruktion erst nachträglich, wie die syntaktisch verspätete Anfügung von »einerseits« anzeigt, nämlich nachdem sie die Sinnimplikationen ihrer begonnenen Rede vernommen hat. Sei es, daß sie vor sich selbst, sei es, daß sie vor ihrer Schwester Clara gegen die Vorstellung eines Besseren argumentiert – in ihrer Rede, die eine Zwitterform zwischen Selbstgespräch und dialogischer Äußerung darstellt, verdrängt die zweite Wertung die erste. Die paradoxe Spannung zwischen beiden Wertungen kommt nicht zum Austrag, sie verfliegt gewissermaßen im Fluß der Rede. Am Ende steht die selbstberuhigende Affirmation des Faktischen (»darauf beruht ja alles«), verstärkt durch die an Clara gerichtete rhetorische Aufforderung, sich die unerhört skandalöse Andersartigkeit des Anderen vorzustellen. Der evaluative Widerspruch zwischen der Vision eines Besseren und der Affirmation des Bestehenden wird nicht als solcher entfaltet, sondern schlicht übergangen, so daß Implikate der Rede, die möglicherweise auf eine Alternative zum Bestehenden verwiesen, keine Resonanz erlangen können. Der unausgesprochene Imperativ, dem Veras Reflexion folgt, verlangt, daß alles so bleibe, wie es ist: »darauf beruht ja alles«. Auf dieser sprachlichen Ebene bleiben die syntaktischen Operatoren »einerseits« und »andererseits« der inhaltlichen Logik äußerlich.[234] Nicht um objektive, erkennende Annäherung an den Gegenstand geht es; die Reflexion folgt den mitunter faulen Gesetzen psychischer Ökonomie.

Etwas anders verhält es sich auf der Ebene intentionaler Rede. Hier begegnen die alternativen Ansichten nicht in der vagen Verbindung eines bloßen Nacheinanders, sondern der Widerspruch wird als solcher bewußt herausgestellt. Doch auch hier sind weder Objekterkenntnis noch praktische Konsequenzen das Ziel der Reflexion. Weder werden die entgegengesetzten Ansichten gegeneinander abgewogen, noch gilt es, eine Entscheidung zu treffen. Vielmehr wird der Gegensatz für sich genommen ontologisiert; das widersprüchliche Phänomen wird verdichtet zum Symbol einer fundamentalen Einheit des Widersprüchlichen oder einer Harmonie von Wechselwirkungen.

> DOMPTEUR
> Die Tiere gehorchen mir
> umgekehrt
> gehorche ich den Tieren                                    (*MG* 60)
> eine Verschwörung *mit* den Tieren einerseits
> *gegen* die Tiere
> andererseits                                               (*MG* 61)

»Einerseits / andererseits« äfft der Spaßmacher den Dompteur nach (*MG* 61). Die Art und Weise, in der Bernhard seine Figuren »einerseits«-»andererseits«-Sätze mechanisch reproduzieren läßt, tendiert dazu, den Widerspruch nicht als perspektivisch gebundenen, sondern als objektiv existierenden vorzustellen. Überaus suggestiv unterlegt Bernhard diese Tendenz den »einerseits«-»andererseits«-Konstruktionen in

---

[234] Oftmals steht nur »andererseits« als Konnektor, wobei der adversative Charakter häufig sogar fehlt. In diesen Fällen wird eher parallelisiert als entgegengesetzt: »daß der Einfluß Ihrer Tochter auf Sie / gleich Null ist / andererseits haben Sie auf Ihre Tochter / nicht den geringsten Einfluß« (*IW* 11).

*Der Ignorant und der Wahnsinnige*. Am Anfang des Stückes und kurz vor Beginn der Aufführung der *Zauberflöte* befindet sich der Doktor gemeinsam mit dem Vater der »Königin« in deren Garderobe. Der Doktor zitiert einander ergänzende oder widersprechende Kritiken. Dadurch ist die »einerseits«-»andererseits«-Konstruktion zunächst unmittelbar motiviert:

> DOKTOR
> Die Stimme Ihrer Tochter
> die perfekteste einerseits
> makellos andererseits                                                     (*IW* 7)
>
> einerseits hören Sie Ermüdungserscheinungen in der Rachearie
> keinerlei Ermüdungserscheinungen in der Rachearie
> andererseits [...]
> einerseits orkanartig
> der Applaus
> anerkennend andererseits                                                  (*IW* 8)

Anschließend verselbständigt sich die Formel jedoch in steter Wiederholung. Unterdessen verschiebt sich die Thematik: die Widersprüchlichkeit, die nun nicht mehr an der Vielfalt zitierter Kritiker-Stimmen hängt, wird ins Objekt selbst verlegt:

> DOKTOR
> einerseits ist die medizinische Wissenschaft
> fortgeschritten
> andererseits ist sie seit fünfhundert Jahren
> stehengeblieben                                                          (*IW* 8)
>
> einerseits in den Anstalten wohlgemerkt
> außerordentliche Erfolge
> völlige Erfolglosigkeit
> andererseits                                                             (*IW* 10)

Diese paradoxen Entgegensetzungen von Erfolg und gleichzeitiger Erfolglosigkeit, Fortschritt und gleichzeitigem Stillstand verfliegen weder im Fluß der Rede, noch werden sie inhaltlich vermittelt; sie werden vielmehr so behandelt als wäre das, was sich doch gegenseitig ausschließt, unmittelbare Eigenschaft des Redegegenstandes. Bernhards paradox-adversative Konstruktionen sind immer wieder in die Nähe von Vorgängen einer – wenn auch scheiternden – Gegenstandserkenntnis gerückt worden: Sorg erkennt darin »eine (gewollte) Scheindialektik«[235] , Gamper spricht von ausweglosen erkenntnismäßigen »Aporien«[236]. Nirgends jedoch versuchen Bernhards Figu-

---

[235] B. Sorg (*TB* 150) interpretiert entsprechende Textstellen des Romans *Das Kalkwerk* daraufhin, daß die »einerseits«-»andererseits«-Sätze »sowohl ein nüchternes Abwägen wie eine gegensätzliche Denk- und Sachstruktur suggerieren. Davon kann freilich nur selten die Rede sein […], mehr als eine (gewollte) Scheindialektik ergibt sich nicht.«
[236] H. Gamper schreibt: »›Alle Auswege sind verbaut[‹], heißt es, es gibt keine Alternativen. Das ist der Sinn (Unsinn) der zahllosen, fast schon mechanisch verwendeten Satzkonstruktionen mit ›einerseits-andererseits‹ (womit nie Alternativen, immer Aporien bezeichnet sind bzw. die Unmöglichkeit, einem Gegenstand sich anzunähern), der sich widersprechenden Aussagen, sich zuwiderlaufenden Aktionen [...]« (*TB* 73).

ren, zu einer Gegenstandsbestimmung jenseits der paradoxen Prädikation zu gelangen, weshalb diese auch keine Aporie repräsentiert. Die Frage, die sich gemäß des präzisen Sinns von »Aporie« nicht beantworten ließe, wird gar nicht erst gestellt. Die paradoxe Prädikation exemplifiziert bloß die fundamentale Paradoxie der Existenz im pascalschen Sinne. Die Widersprüchlichkeit, in der ein Gegenstand gegeben ist, repräsentiert die existentielle Spannung zwischen den Extremen, zwischen denen der Mensch, hinundhergerissen, vergeblich um seine Mitte ringt. Die Themen, die jeweils paradox bestimmt werden, sind nur das mehr oder minder zufällige symbolische Material, in dem die existentielle Spannung (zum Paradox verdichtet) beispielhaft gegeben ist. Die Adversationen und Paradoxa haben den gleichen exemplarischen Charakter, der auch für die im Regelsatz tautologisch verallgemeinerten Einzelfälle gezeigt wurde. Die Bedeutung der Adversation als einer logischen Entgegensetzung rückt in den Hintergrund zugunsten einer räumlichen Vorstellung[237], nach der von allen Seiten am Menschen gezerrt und gerissen werde. Paradoxien sind für die Aufgeklärten unter Bernhards Figuren keine Skandale für die Vernunft, sondern positives Wissen und Analogien des Seins. In einer Travestie des formalen Stereotyps beschwört der Präsident mittels der »einerseits«-»andererseits«-Formel die Allseitigkeit biographischer Widrigkeiten:

> stumpfsinnige niederträchtige Eltern einerseits
> eine stumpfsinnige und niederträchtige Umwelt andererseits          (*Pr* 139)

Ähnlich Minetti:

> Der Schauspieler
> ist das Opfer seiner fixen Idee einerseits
> andererseits vollkommenes Opfer des Publikums
> er zieht das Publikum an
> und stößt es ab
> [...]                                                                (*Min* 46)

Von Scheindialektik oder Aporie keine Spur. Der adversative Sinn der »einerseits«-»andererseits«-Konstruktion und der Verben (anziehen vs. abstoßen) denotiert bloße Spannung und Zerrissenheit, die Gleichzeitigkeit des Gegensätzlichen, das jeweils allein nicht zu haben ist. Im Verhältnis zwischen Schauspieler und Publikum sind Anziehung und Abstoßung zugleich oder gar nicht. Der adversative Sinn der Komponenten berührt das Resultat freilich nicht: der Präsident ist als Kind in jedem Falle nur von Stumpfsinn und Niedertracht umgeben gewesen, der Schauspieler ist in jedem Falle ein Opfer. Im Hinblick auf das Resultat ist der Sinn der »einerseits«-»andererseits«-Konstruktionen weniger adversativ als vielmehr distributiv; das Verhängnis wird gleichmäßig verteilt, aber zu vermeiden ist es anscheinend nicht.

Wie bei der »einerseits«-»andererseits«-Konstruktion so geht es auch beim ebenso stereotyp verwendeten *Chiasmus*[238] nicht um Logik, sondern um Ausdruck, nicht um

---

[237] Auch bei Pascal hat das Paradox häufig räumliche oder geometrische Valenz; vgl. Friedrich, *Pascal* 329.
[238] Zur Abgrenzung der Gedankenfigur des Chiasmus vom Epanodos, einer Wiederholungsfigur im Kontext emphatischer Rede, vgl. oben Fn. 132, S. 173.

gedankliche Entwicklung, sondern um die ästhetische Gestaltung einer gedanklichen Spannung in der Statik des rhetorischen Antimetabolismus.[239] So wird etwa die Idee der Wechselwirkung nicht im Sinne eines intellektuellen Zugewinns entwickelt, sondern in der chiastischen Figur mimetisch verdoppelt:

Wechselwirkung
Artistik
Kunst
Kunst
Artistik                                                                          (*MG* 19)

Der Chiasmus faßt eine inhaltliche Antithese oder einen gegenläufigen Prozeß pointiert als Ordnungsgefüge:

Frau Kant
   Du bringst Amerika die Vernunft
   Amerika gibt dir das Augenlicht                                 (*IK* 48, 125f.)
Kant
   Columbus hat Amerika entdeckt
   Amerika hat Kant entdeckt                                       (*IK* 49, 126)

Wie sein Gegenstück, der eine Isomorphie ausdrückende Parallelismus, reduziert auch der Chiasmus Komplexität durch die Wiederholung bzw. Umkehrung einer gedanklichen Struktur. Die syntaktische Spiegelung, auf der der Chiasmus beruht, wiederholt eine inhaltliche Gegenläufigkeit, einen adversativen oder paradoxen Gedanken. Darüber hinaus suggeriert die spiegelsymmetrische Statik des Chiasmus einen harmonischen Gleichgewichtszustand, worin der ausgesprochen beruhigende Charakter dieser Figur bei Bernhard besteht. Die Gleichgewichtszustände haben ihren transzendenten Bezugspunkt nur nicht mehr, wie noch in Bernhards Texten der frühen fünfziger Jahre, in der planvollen Harmonie der Schöpfungsordnung, sondern in der Gewöhnung an die Ausweglosigkeit.

---

[239] Die Auffassung, daß der Chiasmus eine gedankliche Entwicklung zum Ausdruck bringe, hat in der Kritik dazu geführt, die Bedeutung der Figur bei Bernhard in gewisser Hinsicht interpretatorisch zu überfordern. In prekäre Nähe zu unkontrolliertem Assoziieren gerät Alfred Barthofers Versuch (*Cello* 304), die Figur mit Sinn aufzuladen: Der kontinuierliche Einsatz des Chiasmus' veranschauliche »die geistige Stagnation und Inflexibilität menschlicher Erfahrungs- und Bewußtseinskraft«; durch den Chiasmus werde »die geistige Erfahrungswelt der Charaktere weder erweitert noch vertieft« (ebd.). Mißverständlich sind die Ausführungen von Rolf Michaelis (*Kunstkrüppel* 34): Es handele sich beim Chiasmus um eine »Sprachfigur, die über Kreuz stets an den Anfang des Satzes zurückkehrt, jede gedankliche Entwicklung auf sich selbst zurückführt.« »Sinnbild der statischen Struktur von Bernhards Werk und Weltsicht« (ebd.) ist diese Figur nicht aufgrund ihres angeblich tautologischen Charakters, sondern deshalb, weil sie eine komplexe Dialektik statisch überformt.

## Fragmentarische Sätze

Die Allgegenwart und Macht des Geredes werden von zwei Seiten begrenzt: erstens auf der Ebene vorsyntaktischen Sprechens durch syntaktisch unvollständige, Entscheidendes verschweigende Ausrufe; zweitens innerhalb des Geredes selbst, wenn nämlich der Gebrauch automatisierter Formeln den Redner unbeabsichtigt vor Sinnimplikationen führt, welche die Selbstsicherheit seiner Rede unvermutet unterlaufen und dadurch zum Verstummen nötigen.

In der Form *transzendierender Evokationen*[240] evozieren Bernhards Figuren das noch unnennbare Wie unerhörter Vorstellungen, Ereignisse, wiedervergegenwärtigter Erinnerungen oder das Daß skandalöser Tatsachen. Gebannt von der Unmittelbarkeit des Eindrucks, fehlen dem Gerede die Begriffe, die es ihm ermöglichten, das Unerhörte zu bereden und dadurch zu harmonisieren.

> CARIBALDI
> Aber dieser Mensch
> mit seinen immer neuen Verletzungen
> und der Jongleur
> mit seiner Perversität
> der entsetzliche Charakter
> des Spaßmachers
> Diese fürchterlichen Menschen
> *In Betrachtung des Cellos*
> Eine Kostbarkeit                                     (MG 81)

Irgendeine zentrale, aber weder explizierte noch rationalisierte Sinnerwartung des musikalisch dilettierenden Zirkusdirektors wird im Anblick seiner Leidensgefährten parabelhaft dementiert. Das, was an der zwanghaft sich wiederholenden Szene für Caribaldi die skandalöse Sinnwidrigkeit ausmacht, dessen konkrete Modalität und Faszination, entzieht sich der Nennbarkeit.

> DIE GUTE
> Ihre Intelligenz einen langen geistreichen Satz
> völlig fehlerfrei auszusprechen [...]                (FB 18)
> Ihre Stimme
> Ihr Sinn für Kleinigkeiten                           (FB 22)
> Wie die Leute essen                                  (FB 40)
> Wie Sie ihn getragen haben
> ihn eingewickelt haben in Tücher                     (FB 50)

Die Wirkung, die die transzendierende Evokation in Bernhards Stücken vor allem durch ihren ständigen Gebrauch entfaltet, besteht in der Insinuation eines Extrasprachlichen. Fortwährend beziehen sich die redenden Figuren evokativ auf etwas (das »Wie« einer Vorstellung), das nicht einmal implizit charakterisiert wird.

---

[240] Zur transzendierenden Evokation und ihrer Funktion im Drama der »offenen Form« vgl. Klotz, *Drama* 172ff. passim.

Nicht nur im Vorfeld der Formulierbarkeit, sondern auch im Fluß sentenzhafter Rede selbst, und zwar im Moment ihres Stockens und Abbrechens, stößt das Gerede an eine Grenze. Dies sei an den in Bernhards dramatischer Sprache auffällig zahlreichen *abgebrochenen Konditionalsätzen* erläutert, zunächst an Varianten mit iterativer Färbung. Diese iterative, eine Art Regelsatz (»immer wenn«) anzeigende Färbung[241] kommt vor allem durch die impersonale Ausdrucksweise[242] und die Wahl des Präsens als Tempus zustande:

> Wenn sich zwei Menschen zur gegenseitigen Gewohnheit machen
> und
> obwohl sie verzweifeln
> diese Gewohnheit zu ihrer Kunst machen
> *(FB 27f.)*
>
> Wenn man wie Sie
> zu einem so ungeheuren Vermögen gekommen ist
> und sich dann
> beispielsweise in dem eigenen ungeheuren Wald
> verstecken muß
> *(Jg 38f.)*

Inhaltlich beziehen sich diese beiden unvollständigen Konditionalsätze auf erzählte biographische Tatsachen. Sie beschwören ungenannte, dem Faktischen zugesprochene Sinngehalte. Darüber, wie diese Ausrufe fortgeführt werden könnten, ließe sich allenfalls spekulieren.[243] Solche Spekulation ist aber nicht sinnvoll, denn evokatorischer Gestus und syntaktische Unvollständigkeit sind als Signal zu akzeptieren, daß sich das Ereignis einer wohlgeformten Beredung entzieht, während der Redner wie unter Bann steht. Ungeachtet seiner möglichen Vervollständigung bringt schon der bloße Einsatz mit einem konditionalen Gefüge eine bestimmte, nicht unbedingt bewußte oder beabsichtigte Haltung zum Ausdruck, nämlich die Intention, ein individuelles biographisches Faktum zu verallgemeinern, d.h. in einen Zusammenhang von Bedingung und Folge zu stellen, der die Singularität des Faktums übersteigt. Singulär, zumindest nicht-alltäglich, sind die Fakten, die die Konditionalsätze der zitierten Stelle

---

[241] Es herrscht in der Linguistik kein Einvernehmen bezüglich der Frage, ob das iterative »wenn« als »›rein-temporal‹, ›doch noch konditional‹ oder möglicherweise ›überwiegend konditional‹« zu interpretieren sei; vgl. Settekorn, *Konditionalsätze* 70ff. mwN. Settekorn hält Kriterien des Satzinhalts für entscheidend bei der Klassifikation (vgl. aaO. 73). – Abweichend von W. Seibicke, der Wenn-Sätze, die im Sinne von »immer wenn« stehen, zu den wenigen rechnet, die sich »mit einiger Sicherheit« den Temporalsätzen zuordnen ließen, während die Unterscheidung von Temporal- und Konditionalsätzen sonst »eine sehr heikle Aufgabe« (*Wenn-Sätze* 264) darstelle, können die iterativen Varianten von Wenn-Sätzen, wie sie Bernhard verwendet, als Konditionalsätze firmieren, da in der »immer wenn«-Form ein bedingender Zusammenhang niemals verlorengeht, so schwach er im Einzelfall auch ausgeprägt sein mag.
[242] Impersonal ist nicht nur das »man« gebraucht. Auch die Ausdrücke »zwei Menschen« und »wir« abstrahieren von konkreten Menschen und fungieren wie Variable, die an Stelle beliebiger Menschen bzw. des Gesamtsubjekts Mensch stehen.
[243] Der Einsatz mit einem konditionalen Nebensatz läßt eine kausale oder wertende Fortführung plausibel erscheinen, etwa, daß die Lebensgeschichte sich im Rückblick als notwendige Folge des konditionalen Ereignisses erweise (kausal), oder, daß es sich bei dem genannten Ereignis um eine Sinnwidrigkeit, Groteske etc. handele (wertend).

bezeichnen, allemal. In ihnen scheint sich eine Sinnwidrigkeit auszudrücken. So steht zum Beispiel das Vermögen, das General und Generalin erworben haben, als Zeichen materieller Sicherheit im Kontrast zu der Bedrohung, die es notwendig macht, sich im Wald zu verstecken. Das Erklärungsbedürftige wird in den Konditionalsatz gelegt und dadurch unausdrücklich als das Faktische sanktioniert. Doch im Satzabbruch scheitert der Versuch des Geredes, alles zu verstehen und jegliches Schicksal als Regelfall auszuweisen, auf halbem Wege.

Mit schwindender Nähe der konditionalen Prämisse zum Faktischen tritt auch der bloß evokatorische Charakter des unvollständigen Konditionalsatzes zurück. Das Schweigen, an das der Satzabbruch rührt, wird zu einem aposiopetischen.[244]

> Wenn wir die Zustände
> und Umstände
> die längste Zeit empfinden
> und plötzlich tot umfallen                                                      (*IW* 85)

Die Syntax, die dem Sachverhalt hier übergestülpt wird, führt den Sprecher an einen Punkt, der ihn den Satz abbrechen und für einen Moment innehalten läßt: sei's daß er lediglich die Inadäquanz des begonnenen Satzbaus gewahrte (eine den Syntaxkonventionen genügende Fortführung erschiene dann als sinnlos), sei's daß er eines existentiellen Abgrundes ansichtig würde, sei's daß er reflexiv sich seiner verallgemeinernden Sprecherrolle, seines Geredes, bewußt würde. Das aposiopetisch Ausgesparte läßt sich nicht wie bei der Ellipse ergänzen, sondern enthält gegenüber dem Ausgesprochenen etwas Neues. Dem Redenden verschlägt es die Sprache.

Im Gegensatz zu dem eher tautologischen, blind verallgemeinernden Typus des iterativen Konditionalsatzes steht der Konditionalsatz potentialer oder irrealer Prägung. In diesem wird nicht eine singuläre, wenn auch unausgeführte Folgebeziehung in einen Allsatz transformiert, sondern eine vom Faktischen abweichende Möglichkeit

---

[244] In der Bernhard-Forschung haben schon 1970 Knapp/Tasche (*Dissimulation* 491) auf die Bedeutung der Aposiopesen und ihren Unterschied zur Ellipse hingewiesen. – Zu den theoretischen Problemen, die sich bei Definition und Abgrenzung der Begriffe »Ellipse«, »Aposiopese«, »Anakoluth« sowie »Parenthese« ergeben, vgl. Anne Betten, *EAP* 215f. Gero von Wilpert hat in neueren Auflagen Bettens Korrekturen aufgenommen; vgl. *Sachwörterbuch* 209 (Ellipse). Auf eine terminologische Klärung kann hier verzichtet werden. Alle Autoren stimmen darin überein, daß die Aposiopese in jedem Falle eine im Vergleich zur Ellipse stärkere Verkürzung bedeutet. Differenzen bestehen hinsichtlich der Frage, ob das in der Aposiopese Verschwiegene oder Ausgelassene für den Rezipienten aus dem Zusammenhang ergänzbar sein soll (Wilpert 39) oder nicht. Ich gebrauche den Ausdruck in dem Sinne, daß dem Hörer oder Leser eine Ergänzung des ausgesparten Wichtigen aus dem Kontext *nicht* oder nur sehr vage möglich ist. Die Aposiopese wird hier als Form verstanden, in welcher der Sprecher diesem Wichtigen, vor dem sein Ausdrucksvermögen oder -willen versagt, überhaupt erst begegnet. In diesem Sinne erzeugt das Verstummen, wie Knapp/Tasche zu Bernhards *Ungenach* bemerkten, keine Hermetik, sondern ist Bestandteil der »Affektsprache«. Es ist zwar der Auffassung der Autoren zuzustimmen, daß »eben dieses Verstummen die Sinneinheit des Gesagten [...] durch eine Reihe zusätzlicher emotionaler und rationaler Informationswerte« (491) anreichere, doch hat die Aposiopese bereits in dieser Erzählung Bernhards, erst recht aber in den Stücken eine subversive Wirkung gegenüber der Figurenrede.

erwogen. Der Konditionalsatz spielt mit der Vision eines anderen Zustands, in seiner irrealen Variante zum Beispiel mit der Möglichkeit eines anderen Verhaltens in der Vergangenheit:

> Aber wenn ich in dem Zustand plötzlicher Rücksichtslosigkeit
> mich selber gespielt hätte [...]
> wie ich mich zuhause tagtäglich spiele
> und Sie hätten mitspielen müssen
> ich hätte Sie gezwungen mitzuspielen
> Wenn wir beide unsere Glieder
> mit der ganzen Niederträchtigkeit unserer Köpfe
> und unserer Körper
> den Mut gehabt hätten mich zu spielen
> und ich Sie gezwungen hätte mitzuspielen                      (*FB* 46)

Und, übrigens nachdem Johanna auf die Frage nach der Uhrzeit gar nicht geantwortet hat:

> Wenn Sie mir nur einmal nicht geantwortet hätten
> wenn Sie mir nur ein einzigesmal nicht geantwortet hätten     (*FB* 33)

Die Möglichkeit, die die Gute hier beschwört, wird vom Spielkontext sowohl hinsichtlich ihrer Prämissen als auch hinsichtlich ihrer Implikationen tendenziell negiert: Johanna sagt weder kurz vorher noch kurz darauf (36), wie spät es ist. Das Bühnengeschehen dementiert sowohl die implizite Voraussetzung, daß Johanna stets auf die Frage nach der Uhrzeit geantwortet hätte, als auch die evokatorische Emphase, mit welcher die Gute die unerhörten, alle Gewohnheiten sprengenden Folgen einer ausgebliebenen Antwort beschwört: Das Skandalöse des ausrufend beschworenen Ereignisses besteht nicht, die Äußerung ist folgenlos; als Johanna tatsächlich, wenn auch aufgrund eines Verbots der Guten, nicht auf die Frage nach der Uhrzeit antwortet, geschieht nichts. Alles ist, wie die Gute selbst sagt, »ein Spiel« (33), aber eines, dessen Verlauf sich auch durch den Verstoß gegen seine Regeln nicht ändert.

Selbst wenn man gelten läßt, daß einige der irrealen Konditionalsätze die pragmatisch selbständige, also gar nicht auf Fortführung angelegte Form der transzendierenden Evokation realisieren, läuft der Satzabbruch in Bernhards Stücken stets auf eine Affirmation des gegebenen Zustands heraus. Die Figuren verstummen vor der Frage, was dann anders wäre, wenn die irreale Prämisse tatsächlich verwirklicht worden wäre. Das gleiche gilt für konditional in die Zukunft gerichtete Visionen utopischer Erlösung oder Erfüllung:

> Wenn es nur einmal
> nur ein einziges Mal gelänge
> das Forellenquintett
> zu Ende zu bringen
> ein einziges Mal eine perfekte Musik                          (*MG* 21)

Über den Kopf des Redenden hinweg stehen auch die Abbrüche jener Sätze, die eine mögliche, aber unsinnige Bedingung stellen, in einem affirmativen Verhältnis zum

Faktischen: So etwa die Empfehlung der Guten, Unterhaltungskünstler fürs Krüppel-asyl zu engagieren;[245] oder der Vorschlag des Doktors, der nahezu vollkommen erblindete Vater der Sängerin möge sich beim Beerenpflücken und Holzhacken im Gebirge erholen.[246] Was immer als Vision eines ganz Anderen, einer Katastrophe, einer Utopie, eines Skandals oder was auch immer erscheint – alle diese Visionen werden als nicht realisierbare vorgestellt bzw. als solche, deren Realisierung angstbesetzt, sinnlos oder widersinnig ist. Nichts Wesentliches wäre gewonnen, wenn es Caribaldi, der nicht einen einzigen Ton sauber auf seinem Cello zu spielen vermag, in einem einzigartigen Augenblick gelänge, das Forellenquintett tatsächlich zu spielen.

Mit dem Stilmittel des abgebrochenen Konditionalsatzes verleiht Thomas Bernhard seinem Diktum, daß sich die Welt nicht verändern lasse, syntaktisch Gestalt. Noch in einer zweiten Hinsicht negiert der abgebrochene Konditionalsatz den Möglichkeitssinn: Caribaldi wäre gar nicht Caribaldi, wenn sein Streben nach utopischer Realisierung von dem geringsten Hoffnungsschimmer beschienen würde. »Das Selbst, das er verzweifelt sein will, ist ein Selbst, das er nicht ist« (Kierkegaard, *KzT* 16). Der Möglichkeitssinn wird im Satzabbruch negiert, weil er die Rollenidentität der lamentierenden Figur bedroht: zum einen als Beseitigung jener Bedingungen, unter denen das lamentierende Subjekt sein psychisches Gleichgewicht erworben hat, so labil dies auch immer sein mag; zum anderen erwiese sich das identitätsstiftende Lamentieren, sofern es in einer verbesserten Welt fortdauerte, als objektiv gegenstandslos, als rein subjektiv bedingt. Bestenfalls wäre durch die Realisierung des Möglichen also nichts gewonnen. Der Konditionalsatz wird abgebrochen, weil die redende Figur alles so lassen möchte wie es ist. Die Rede stockt, sobald sich die Perspektive auf verändernde Praxis eröffnet:

> Doktor
>
> wenn zwei gänzlich verschiedene Charaktere
> noch dazu wenn es sich um Vater und Tochter handelt
> ununterbrochen zusammen sind
> während jeder von beiden gänzlich für sich allein
> existieren müßte                                                    (*IW* 14)

Der Satz bricht ab, nachdem adversativ der Widerspruch zwischen einer Verhaltens-regel und einem aktuellen Verhalten konstatiert und damit die Vorstellung eines anderen, vielleicht angemesseneren Verhaltens provoziert wurde. (Es bleibt natürlich vollkommen offen, ob dieses andere Leben auch tatsächlich das bessere wäre.) Der utopische Überschuß, der sich unabhängig von der Beantwortung dieser Frage durch das Fehlen des Folgesatzes wenigstens virtuell ankündigt, ist ein für die labile Identität der redenden Figur unerwünschter, ja bedrohlicher Nebeneffekt. Im syntaktischen

---

[245] Die Gute: »ich kann mir vorstellen wenn ab und zu / wenn ab und zu ein lustiger Mensch / [...] ein besonders lustiger oder besonders gescheiter Mensch / in das Asyl käme« (*FB* 101). Der Vorschlag wird von den Krüppeln zurückgewiesen.
[246] Doktor: »Wenn Ihr Herr Vater / wenigstens auf mehrere Wochen / ins Gebirge ginge [...] / Wenn sich Ihr Herr Vater dort / mit einfacher Arbeit / Beschäftigungen beispielsweise / wie Holzhaken / oder Beerenpflücken / die Zeit vertriebe [...]« (*IW* 50).

Typus des abgebrochenen Konditionalsatzes zeigt Thomas Bernhard, daß die Verschlossenheit im Sinne Kierkegaards zugleich »das unfreiwillig Offenbare« ist (*BA* 127). Der Verschlossene behält trotz allen Geredes, das die Freiheit negiert, ein Verhältnis zu dieser Freiheit. Dieses negierte Verhältnis spricht sich unvorhersehbar und unwillkürlich in bestimmten Momenten als zufällige Wahrheit aus. Die Grenzen der Sprache sind immer noch weit genug, um über die engen Grenzen jener Welt hinauszuweisen, in der sich Bernhards Theaterfiguren mit ihrem Gerede schaurig-gemütlich eingerichtet haben.

# Textinterpretationen

## Strategien der Sinnverweigerung als Verfahren ›indirekter Mitteilung‹ – dargestellt an *Der Ignorant und der Wahnsinnige*

DOKTOR
>    der Mensch interessiert die Medizin überhaupt nicht
>    es handelt sich um eine Wissenschaft
>    von den Organen
>    nicht um eine solche
>    von den Menschen
>    das Gewebe ist das Interessante geehrter Herr
>    nicht das darunter
>    oder dahinter
>    oder wie immer
>    die Werkzeuge sind durchaus keine philosophischen          (*IW* 37)

Mit dieser Behauptung des Doktors, daß der Mensch die Medizin überhaupt nicht interessiere, lenkt der Autor Thomas Bernhard die Aufmerksamkeit des Rezipienten auf den Text als Gewebe von Bedeutungsbeziehungen. Und wie die Medizin, so will er auch sein Schreiben als »Wissenschaft von den Organen« verstanden wissen, von den Denkorganen nämlich und ihrer Funktionsweise. Weder das Abbildliche noch einzelne Thesen von Autor und Figuren determinieren für sich allein die Sinndimension von Bernhards Stücken in erschöpfender Weise, sondern nur die komplexen Zusammenhänge und poetischen Verfahren. Zu Bernhards poetischen Verfahren gehören Strategien der Sinnverweigerung, die nicht nur negativ konstituierten Sinn rückwirkend unterlaufen oder auflösen, sondern konstruktive Ausdrucksmittel darstellen. Durch solche Verfahren werden objektive Dilemmata gestaltet, Existenzmodelle in ihren Bewegungsgesetzen veranschaulicht und Irritationen mitgeteilt, die sonst, als Gegenstand bloßen Wissens, banal und ohne Resonanz blieben. Mit der Einsicht in diese Verfahren indirekter Mitteilung eröffnet sich ein neuer Zugang zum Werk Thomas Bernhards jenseits der schlechten Alternative von strukturalistischer Verharmlosung und erbaulicher Weltanschauungsdramatik.[1]

Zugleich ist die zitierte Passage Allegorie einer nicht-egologischen Auffassung des Selbst. Hartmut Reinhardt meint zu dieser Textstelle: »In dieser Perspektive wird die Frage nach dem Selbst nicht nur nicht beantwortet, sondern nicht einmal zugelassen«

---

[1]  Zu diesen beiden Tendenzen der Bernhard-Forschung vgl. B. Sorg, *TB* 7.

(*Subjekt* 354). Das ist nicht ganz richtig. Der Doktor weist nur eine bestimmte Auffassung vom Selbst zurück, nämlich die, die das Selbst mit einem transzendentalen Ego hinter seinen Vorstellungen und Handlungen identifiziert. Im Gegensatz zum Ignoranten, dem Vater, identifiziert er das Selbst mit der Gesamtheit der Beziehungen, in denen es steht, aber nicht als etwas »darunter / oder dahinter.« Er versteht das Selbst als eine Art »Gitter-Ich« (Benn 1076). Der Doktor bezieht eine Position extremer Immanenz, die, wie es scheint, von den »außerfleischlichen Tatsachen«, für die sich der Famulant in *Frost* interessiert (*F* 7), nichts wissen will.

Der Ignorant hingegen verkörpert das Elend egologischer Theorien. Er verlegt sein Selbst in ein unzugängliches transzendentes Dahinter und kann sich mit keiner Verkörperung identifizieren.

Durch seine ästhetische Gestalt ist das Stück jedoch über die Begrenzungen dieser beiden Positionen hinaus. In detaillierter Textinterpretation möchte ich zeigen, daß die ästhetische Botschaft in der Komplementarität beider Existenzmodelle liegt und nicht den einen oder anderen Typus als überlegenen oder philosophisch richtigen vorzieht. Beide Haltungen werden im Stück nicht nur durch den Kontrast zueinander relativiert, sondern auch in sich selbst gebrochen, wodurch die dramatische Verhandlung einer Todeskrankheit ihre komischen und farcenhaften Züge erhält.

## Figurencharakterisierung durch argumentative Selbstwidersprüche und windschiefe Repliken

Die Hauptfiguren des Stücks *Der Ignorant und der Wahnsinnige* sind der Doktor, der Vater sowie dessen Tochter, genannt die ›Königin‹. Sie singt die Partie der ›Königin der Nacht‹ in Mozarts *Zauberflöte*. Alle drei Figuren sind Todeskranke, doch haben sie ein jeweils unterschiedliches Verhältnis zu ihrem Leiden an der Existenz. Während das Verzweiflungsschema der beiden Männer im Verlauf des Stücks dasselbe bleibt, entwickelt sich das der Königin; am Ende des Stücks ereignet sich offenbar der Ausbruch ihrer Todeskrankheit. Diese Entwicklung hat sich bereits vorher angekündigt, doch nur in schwer zu deutenden Symptomen:

> DOKTOR
> Ihre Tochter ist die labilste
> zweifellos auch subtilste
> in ihrer Entwicklung
> für ihre Umgebung beängstigend
> alles an ihr ist jetzt anders　　　　　　　　　　　　　　　　　　(*IW* 25)

Diese Entwicklung, die zum Ausbruch der Todeskrankheit führt, ist irreversibel. Auch für den alkoholabhängigen Vater gibt es keine Möglichkeit der Heilung mehr; mit seiner Trunksucht ist er bereits in ein fortgeschrittenes Stadium dieser Krankheit eingetreten, die eine Krankheit des Selbst ist:

DOKTOR
Wenn das so leicht wäre
eine Anstalt zu empfehlen
aber es gibt keine Anstalt
die empfehlenswert ist
man steckt die Leute in eine Kur hinein
zur Entziehung einer Übelkeit
sie machen eine sogenannte Entziehungskur
aber dem Menschen kann
nichts entzogen werden
schon gar nicht eine ihn umbringende Veranlagung          (*IW* 25)

Man muß »zuschauen wie er trinkt«. Wiederholt artikulieren Vater, Doktor und Königin die Unmöglichkeit, einander willentlich in bestimmter Weise zu beeinflussen. Zusammen bilden sie ein System komplementärer Rollen. Der Doktor fährt fort, durch
die Absonderung der Trinker und Wahnsinnigen in Anstalten versuche man nur, sich
ihres Anblicks zu entledigen, denn:

DOKTOR
tatsächlich schämen wir uns
vor der allerhöchsten Instanz der Natur
die sich uns auf dem Gipfel der Verzweiflung zeigt          (*IW* 25)

Der Beginn des Stücks zeigt Vater und Doktor in der Garderobe der Königin. Der
Doktor referiert Zeitungskritiken, anschließend hält er einen Vortrag über die Sektion
einer Leiche. Motiviert durch das Trinken des blinden Vaters aus der Schnapsflasche,
kommt er auch auf dessen Alkoholismus zu sprechen und entwickelt – so zwischen
medizinischem Vortrag und Exposition springend – in immer weiteren thematischen
Kreisen die Vorgeschichte: die Motive der Trunksucht des Vaters, dessen Verhältnis
zu seiner Tochter, ihre Karriere und Kunstausübung; dadurch inspiriert, kommt er auf
den Kunstbetrieb im allgemeinen zu sprechen und entwickelt Grundthesen seiner Ontologie des falschen Zustands.
    Der Doktor ist Interpret seiner Mitspieler. Nach und nach beginnt der Vater, nicht
nur einzelne Stichworte des Doktors zu wiederholen, sondern einfach dazwischenzu-
reden und sein Leid zu klagen. Hierbei entwickelt sich ein aufschlußreicher wind-
schiefer Dialog. Beide Figuren reden nämlich nicht bloß aneinander vorbei; ihre
Kommunikation ist vielmehr systematisch verzerrt: die Repliken verfehlen ihren Bezugspunkt immer haarscharf auf eine bestimmte, für beide jeweils charakteristische
Weise. Obwohl der Vater im Gegensatz zum Doktor kaum redet, darf die Bedeutung
seiner Rolle nicht unterschätzt werden.[2] Auch sein Schweigen kommentiert noch die
Reden des Doktors. Der Vater ist Stichwortgeber; wenn er beispielsweise am Lautsprecher dreht, kommt der Doktor auf die immer knapper werdende Zeit bis zum
Auftritt der Tocher zu sprechen (*IW* 100, 101, 106).

---

[2] Das tut etwa Alfred Barthofer: Alles, was der Vater »actually does is to interrupt the
Doktor's never ending flow of words and to repeat mechanically fragment of it« (*Plays* 31).
Auch wenn er nicht spricht, ist es erst der Vater, der den Doktor durch sein Verhalten moti-
viert, bestimmte Themen in den Redeschwall einzubeziehen.

Thomas Bernhard führt in *Der Ignorant und der Wahnsinnige* mit diesen beiden Figuren zwei komplementäre Existenzmodelle als gleichrangige oder gleichwertige vor.
Es gehört dabei zur Pointe des Stückes, daß die Attribute der Ignoranz und des
Wahnsinns latent ineinander umschlagen: das ignorante Selbstmitleid, mit dem der
Vater nur sein eigenes Unglück anstarrt, erweist sich als ein methodisch ebenso konsequentes, wahnhaft verselbständigtes Verhalten wie die Verallgemeinerungsautoma-
tismen des Doktors, die, ihrerseits ignorant, alles auf dasselbe reduzieren.

Schon bei ihrem ersten Dialog reden Vater und Doktor aneinander vorbei. Sie haben zwar ein gemeinsames Thema, doch eine Verständigung findet nicht statt. Beide
reden auf unterschiedlichen Abstraktionsniveaus:

> VATER
> ein rücksichtsloses Kind
> Haben Sie denn keinerlei Einfluß
> auf meine Tochter
> in dieser Weise
> daß Sie
> DOKTOR
> damit muß man sich abfinden
> daß ein künstlerisches Geschöpf
> sich vollkommen selbständig macht                              (*IW* 16f.)

Der Doktor weist das zaghafte Aufbegehren des Vaters zurück, indem er die angebliche Rücksichtslosigkeit der Tochter, unter der der Vater leidet, als gesetzmäßige und
unveränderliche ausgibt. Auch der Vater neigt dazu, das Bestehende als das Notwendige zu affirmieren, aber von einer ganz anderen Warte als der Doktor. Die beiden
Existenzmodelle des Ignoranten und des Wahnsinnigen gestaltet Bernhard unter anderem als Sprachmodelle. Während der Doktor ad hoc zu allem und jedem naturge-
setzhafte Verallgemeinerungen formuliert, erblickt der Vater in allem seine mit innerer Notwendigkeit erfolgende gerechte Strafe; auch der Vater bildet regelhafte Sätze,
indem er nicht ›ich‹ sagt, sondern die Kausalität seines Leidens durch die Wahl der
Dritten Person Singular und des (iterativen) Präsens objektiviert:[3]

> VATER
> dem Vater geschieht recht
> der was er sich verdient hat
> nicht
> zu Gesicht bekommt                                            (*IW* 18)

Im Gegensatz der beiden Figuren zueinander wirkt nicht, wie Hartmut Reinhardt
meint, »der Gegensatz zwischen dem ›normalen‹, d.h. auf Ignoration eingespielten
und dem ›verrückten‹ Bewußtsein« (*Subjekt* 354), sondern beide sind Typisierungen
komplementärer, aber gleichermaßen ›normaler‹ Argumentationsmuster, die Verhaltungen zur eigenen Existenz darstellen. Der Vater argumentiert als Mystiker und

---

[3]   Vgl. hierzu auch die folgenden Stellen: »VATER: aber der Vater verdient / eine rücksichtslose Tochter« (*IW* 33); »VATER: Der Vater büßt / für die Unsinnigkeiten / Unwahrheiten /
Ungeheuerlichkeiten / ihrer Mutter« (*IW* 39).

Apokalyptiker, der Doktor als Empiriker und Determinist. Der Vater argumentiert insofern als Mystiker, als er zwischen Ereignissen eine innere anthropomorphe Logik unterstellt und sein Leiden als Buße auffaßt, als von einem hinterweltlichen Gericht verhängte Strafe. Die Argumentationen des Doktors richten sich demgegenüber auf die Außenseite der Empirie. Er kümmert sich nicht um innere Zusammenhänge, sondern behauptet nur Erwartbarkeiten von Ereignisfolgen. Diese Behauptungen sind aber selbstverständlich nicht empirisch abgesichert, sondern jeweils nur ad hoc erfunden. So ungeheuerlich die Details in den Monologen und Scheltreden des Doktors auch sein mögen, die quasi-naturgesetzliche Haltung strebt vor allem nach Selbstberuhigung, indem sie sich immerfort zu beweisen bemüht, daß alles der Natur der Sache entspreche (vgl. S. 210ff.). Die beiden komplementären Haltungen sind letztlich nicht weiter begründbar; jedes Argument, das Vater und Doktor vorbringen, setzt immer schon die eine oder andere Haltung voraus und beschreibt insofern einen Zirkelschluß. Um die Typik der beiden Existenzmodelle herauszustellen, gleichzeitig aber ihre Unbegründbarkeit und damit Gleichwertigkeit zu zeigen, hat Thomas Bernhard windschiefe Repliken und argumentative Widersprüche in den Dialog zwischen Vater und Doktor eingebaut.

> Doktor
>     es ist eine völlig überflüssige Angst
>     Sie werden sehen gerade zu dem richtigen Zeitpunkt
>     kommt sie herein
>     und sie tritt genau zu dem richtigen Zeitpunkt auf
>     genau dann
>     wenn Sie es nicht mehr aushalten                                    (*IW* 17)

Ausgerechnet mit einer Äußerung, die eine nicht mehr auszuhaltende Angst des Vaters supponiert und zur Voraussetzung des Erscheinens der Königin macht, versucht der Doktor, dem Vater seine Angst zu nehmen, seine Tochter könne sich verspäten. Gelänge es dem Doktor, den Vater zu beruhigen, so hätte dies nach der Logik seiner Äußerung die Konsequenz, daß die Tochter überhaupt nicht käme: der Zustand »wenn Sie es nicht mehr aushalten« träte nicht mehr ein. Dieser argumentative Widerspruch, der sich wiederholt in der Rede des Doktors findet (vgl. *IW* 27), zeigt an, daß zwischen dem pseudo-wissenschaftlichen Diskurs und dem Ausdruck des Leidens ein qualitativer Sprung liegt, der keine Vermittlung beider Haltungen mehr erlaubt. Die Versuche des Doktors, den Vater durch Verallgemeinerung über den Horizont seines Selbstmitleids und seines »eingeschlossenen Denkens« (Gamper, *TB* 14) zu erheben, geraten ihm ungewollt zu dessen Bestätigung:

> Vater
>     das eigene Kind
>     ist immer das rücksichtsloseste
> Doktor
>     Das ganze Leben
>     ist das rücksichtsloseste                                          (*IW* 26)

Wo der Doktor die Perzeptionsweise des Vaters kritisiert:

DOKTOR
  Ihr Fehler ist
  daß Sie was Sie betrachten
  immer als das gleiche anschauen
  das ist zweifellos der elementarste Irrtum                    (*IW* 37f.)

meint er doch nur die mangelnde Distanz zum eigenen Unglück. Er befleißigt sich
kurz darauf jedoch der gleichen Indifferenz, die er dem Vater vorhält:

DOKTOR
  (   Die Struktur der Wege ist die gleiche   )
VATER
  (   ja
      die Struktur ist die gleiche            )              (*IW* 38)

Am deutlichsten wird der Zwang des Doktors, Regelsätze zu bilden, wenn die Prämissen, die er verallgemeinert, absurd sind. Zur Generalisierung ist ihm jedes Material recht: So greift der Doktor die Vermutung der Königin auf, daß der Vater »die
Ausdünstung der Opernbesucher« hasse, und versucht, den Ekel des Vaters vor allzu
großer menschlicher Nähe zu begründen. Der Vater beansprucht nämlich, wenn er einer Aufführung im Zuschauerraum beiwohnt, je einen freien Platz links und rechts
neben sich.[4] Sein Interpret setzt dabei die widersinnige Prämisse voraus, daß ein Alkoholiker »naturgemäß« empfindlicher auf Ausdünstungen reagiere und einen sensib-
leren Geruchssinn habe als andere Menschen:

DOKTOR
  naturgemäß
  empfindet ein Alkoholiker
  die Ausdünstung seiner Mitmenschen
  vor allem im Theater
  oder in der Oper
  als etwas Entsetzliches                                      (*IW* 77)

Es dürften wohl eher seine eigenen Ausdünstungen sein, die den Vater motivieren,
Distanz zu halten: (um nicht gerochen zu werden.)
  Kurz bevor Königin und Frau Vargo[5] eintreten, führt der Dialog die kontrapunk-
tisch geführten Stimmen zusammen. Er schließt mit einer wechselseitigen Überbie-
tung ihrer jeweiligen Variante von Gleichgültigkeit. Der Doktor thematisiert das Ab-
lenkungstheorem und meint, sein Leben lang flüchte man von der einen unsinnigen
Tätigkeit in die andere. Sämtliche Tricks, durch den Tag zu kommen, könnten das

---

[4]  Für die Funktion und Konzeption von ›Vorgeschichte‹ in diesem Stück ist es bezeichnend,
daß es im zweiten Teil heißt, der Vater sitze immer im Parkett, zwölfte Reihe (*IW* 72), während
er den gesamten ersten Teil mit dem Doktor in der Garderobe seiner Tochter verbracht hat.
[5]  Frau Vargo ist die Ankleidehilfe der Königin. Die Namensgebung ist eine Anspielung auf
Gustav Vargo, Professor am Schauspielseminar des Mozarteums, der in den fünfziger Jahren
auch Ausstattungschef der Salzburger Festspiele war. – Der vom Doktor erwähnte Gesangsleh-
rer Keldorfer (*IW* 12) trägt den Namen von Bernhards Gesangslehrerin Maria Keldorfer (*Keller*
135).

fundamentale Unbehagen am Leben nicht grundsätzlich beseitigen, worin Alkoholismus, Philosophie und Kunst konvergieren. Diese Ablenkungen, auch die Musik, vermögen an dem, was das metaphysische Bedürfnis auslöst, nichts zu ändern. Der Doktor resümiert:

> DOKTOR
>> aber es gibt kein Mittel
>
> VATER
>> da das bedeutungslos ist
>> trinke ich jetzt schon die längste Zeit
>> nur noch den billigsten Schnaps
>> der Inhalt der Flasche
>> ist mir gleichgültig
>
> DOKTOR
>> andererseits ist die Trunksucht
>> ein Kunstmittel                                    (*IW* 41)

Bernhard ironisiert die Philosophie der Ablenkung durch Hyperbolik ihrer Konsequenz; die Bezeichnung der Trunksucht als Kunstmittel setzt die These universaler Gleichwertigkeit einem harten Test aus. Darüber hinaus ist die These, Trunksucht und Kunstausübung seien gleichwertige Mittel der Ablenkung, provokativ auf den Salzburger Festspielbetrieb zugeschnitten.[6]

Das Dilemma der Philosophie, an ontologisch gedachter Negativität nichts ändern zu können, kommt auch in der folgenden Passage zum Ausdruck: aber implizit in den argumentativen Widersprüchen, die sie enthält, nicht in ihrem propositionalen Gehalt.

## Philosophieren über die Zweideutigkeit der Angst – eine ›indirekte Mitteilung‹

> DOKTOR
>> (1)    das Leben oder die Existenz
>> (2)    sind keine Existenzfrage
>> (3)    geehrter Herr
>> (4)    aber mit der Gutmütigkeit allein
>> (5)    ist auch nichts auszurichten
>> (6)    das Leben ist eine Tortur
>> (7)    wer das nicht begreift
>> (8)    und die Platitüde
>> (9)    nicht wieder gut
>> (10)   und zur Tatsache die schmerzt macht
>> (11)   hat nichts begriffen
>> (12)   andererseits kommen wir

---

6    Walter Weiss nennt *Der Ignorant und der Wahnsinnige* zu Recht ein »Anti-Festspielstück, als Auflösung des Salzburger Mythos von der großen Integration durch Kunst« (*Salzburger Mythos* 14).

(13)    gerade in den Angstzuständen
(14)    zu uns selbst                                                              (*IW* 18)

Oberflächlich betrachtet, handelt es sich bei dieser Äußerung des Doktors um ein
metaphysisch-philosophisches Bekenntnis; und als solches wurde sie auch interpretiert
(z.B. Barthofer, *Plays*). Genauer besehen, erweist sie sich jedoch als überaus verwei-
sungsreich und widersprüchlich. Ihre Voraussetzungen und Konsequenzen widerstreiten
einander, so daß die Gesamtäußerung keinen eindeutigen, diskursiven Sinn hinter den
Bedeutungsbeziehungen erkennen läßt, sondern ein unauflösbare Dilemma gestaltet.

Der Doktor beginnt mit einer verblüffenden impliziten Differenzierung des Begriffs »Existenz« (1-2).[7] Hinweise darauf, wie diese eigenwillige Unterscheidung zu
verstehen sei, enthält der Kontext nicht. Um zu ermitteln, was der Doktor ausdrückt,
zeichne ich im folgenden die verschiedenen Sinnbeziehungen, Implikationen und
Präsuppositionen nach.

Der Begriff der Existenz meint vermutlich so etwas wie transhistorische Grundbedingungen menschlichen Existierens, die der Existenz*frage* unverfüglich vorgeordnet
sind. »Existenzfrage« dürfte für etwas stehen, das individueller Handlung oder Entscheidung obliegt. Die fragliche Äußerung ließe sich folgendermaßen paraphrasieren:
Durch die Wahl der einen oder anderen Art des Existierens kann »das Leben oder die
Existenz« in seinen Grundstrukturen nicht beeinflußt werden. Der Doktor bezieht sich
also auf ein zunächst unbestimmtes Apriori, nach dem die Existenz eben sei, was sie
ist. Genau diesen apriorischen Status relativiert aber die folgende, adversativ anschließende Äußerung implizit (4): Die Einsicht in das Verhältnis von Existenzapriori
und Existenzfrage qualifiziert der Doktor unvermittelt als »Gutmütigkeit«, mithin als
tentatives Verhalten. Damit unterlegt der Doktor rekursiv der Insistenz auf der Unbe-
einflußbarkeit des Existenzaprioris eine psychologische Dimension, im folgenden sogar explizit eine strategische: »mit der Gutmütigkeit allein / ist auch nichts auszurichten« (4-5). Soll die adversative Wendung, unterstützt durch das parallelisierende
»auch« (5), einen Sinn haben, so muß bereits der erste Äußerungsakt eine strategische Bedeutung gehabt haben (arg.: »auszurichten«), und zwar im Bereich der »Existenz«. Rückwirkend ist darin, in (5), also impliziert, daß der Doktor bereits mit dem
Akt der Erkenntnis (1-2) etwas habe ausrichten wollen; diese Implikation widerspricht aber dem Inhalt der Erkenntnis, wonach sich die Existenz überhaupt nicht beeinflussen lasse. Denkt man die Interpretationen der beiden Sätze zusammen, so wird
der zunächst nicht erkennbare Selbstwiderspruch des Doktors offenbar: Die Erkenntnis, daß sich die Existenz durch keinen individuellen Akt beeinflussen lasse, vermöge
es »allein« (4) nicht, die Existenz zu beeinflussen.

In formaler Hinsicht schließt die zweite, scheinbar kritisch distanzierende und ein-
schränkende Äußerung adversativ an, inhaltlich ist sie jedoch Unterfall der ersten.
Nur die Implikation, daß es außer der Gutmütigkeit eventuell noch andere Mittel gebe
[arg.: nicht allein (4-5)], ist eine neue Information, die aber ebenfalls der ursprünglichen Einsicht (1-2) widerspricht.

---

[7]    Zitatnachweise ohne Sigle beziehen sich auf die numerierten Zeilen des jeweils letzten Zitats.

Die nächste Äußerung (6-11) schließt parataktisch an; es ist nicht zu entscheiden, in welchem Verhältnis sie zum vorigen Satz steht. Der Doktor bezeichnet die Einsicht, daß das Leben eine Tortur sei, als »Platitüde«.[8] Diese Einsicht ist vermutlich identisch mit dem Apriori, das jeglicher Existenzfrage vorausliegen soll. Die platte kognitive Leistung, d.h. die Erkenntnis des Aprioris, bedürfe der Korrektur durch ein bestimmtes Verhalten: die Platitüde müsse »wieder gut / und zur Tatsache die schmerzt« gemacht werden (9-10). Wer das nicht tue, habe »nichts begriffen« (11). Die Attribute ›gut‹ und ›schmerzend‹ bezeichnen offenbar Aspekte derselben Sache. Die Bemerkung impliziert, es ließen sich kognitive Platitüden durch Hinzufügen von Leidensbereitschaft im Niveau heben. Gemeinhin würde man das Bereiten von Schmerzen nicht unbedingt mit dem Wiedergutmachen von Platitüden identifizieren. Diese Identifikation kann jedoch durch bestimmte Hintergrundannahmen gerechtfertigt werden. Ich komme darauf zurück. Die postulierte Wiedergutmachung der Platitüde enthält noch eine weitere Schwierigkeit. Dieses Postulat besagt indirekt, daß es angesichts der Tortur, die das Leben notwendigerweise sei, auch andere Möglichkeiten gebe, als Schmerzen zu empfinden, so, als könne man zwischen einer neutralen oder gar zustimmenden Einstellung zur Universalität der Tortur wählen. Nun gehört es aber zu den semantischen Markierungen von ›Tortur‹, in irgendeiner Weise Schmerzen zu bereiten. Das, was zur Platitüde verhaltensmäßig hinzukommen soll, gehört bereits zu ihrem Bedeutungsumfang. Anders formuliert: Eine Tortur, die keine Tatsache, die schmerzt, repräsentiert, ist gar keine Tortur.

Die folgende Äußerung (12-14) betrachtet Angstzustände unter einem offenbar positiven Aspekt: in ihnen kommen wir »zu uns selbst« (14). Diese Äußerung schließt wiederum adversativ an (»andererseits«), doch die mit diesem Anschluß behauptete Entgegensetzung oder Einschränkung ist inhaltlich nicht direkt zu verifizieren. Die Adversation kann sich entweder auf die Wertung beziehen (als ginge es im Vorangegangenen auch um Angstzustände, die dort jedoch negativ bewertet würden) oder auf das Eintreten von Angstzustände überhaupt (als ginge es im zuvor Gesagten um die Beseitigung von Angstzuständen).

Die analysierte Passage ist, formal betrachtet, eine Montage aus mehr oder minder banalen Philosophemen, deren Zusammenhang jedoch in Frage steht. Einerseits bemerken wir einen Mangel an Kohärenz, an Textualität, andererseits ist die syntaktische Struktur keineswegs bloß »Behälter« (B. Fischer) elementarer Propositionen; es gibt, wie diese Stelle aus *Der Ignorant und der Wahnsinnige* gezeigt hat, in mehrfacher Hinsicht Bezüge zwischen den Bausteinen des Textes, die nicht auf bloßer Zufallproduktion beruhen und deren Funktion ich im folgenden unter generellen Gesichtspunkten beschreiben möchte.

Textuelle Bezüge bestehen zunächst in einer *positiven* Hinsicht. Die Textsequenz enthält deiktische Ausdrücke, die inhaltlich-argumentative Zusammenhänge anzeigen oder zumindest suggerieren: Konjunktionen, Demonstrativa, bestimmte Artikel.[9] Auch

---

[8]   Ich paraphrasiere hier, indem ich einige der vagen Deiktika Bernhards vereindeutige. »Platitüde« könnte sich möglicherweise auch auf (1-2) beziehen.
[9]   Der bestimmte Artikel verweist, wo er zusammen mit uneingeführten Begriffen (»mit *der*

die für Bernhards Sprache so charakteristische Technik der Begriffssubstitution erweckt den Eindruck, daß implizite Zusammenhänge vorhanden seien. Gerade weil die Substitution von Begriffen, Prädikationen und Satzteilen durch andere Begriffe unausdrücklich und syntaktisch vage geschieht und überdies alltagssprachlichen Gewohnheiten widerspricht, verweist dieses Verfahren auf ein imaginäres Wörterbuch im Kopf des Redners, das im gegebenen Beispiel die Verwendung von »Gutmütigkeit« und »Platitüde« zu regeln scheint.

Hier kommt die Bezugnahme in *negativer* Hinsicht zur Geltung. Die Textkonsistenz wird nicht nur durch Leerstellen, d.h. durch Stellen mangelhafter Anschließung unterlaufen, sondern auch durch widersprüchliche Überdeterminationen. Neben der Horizontalen sprachlicher Sukzession schleppt Bernhards Figurenrede in der Vertikalen ein schwerdurchdringliches Gestrüpp an Verweisen, Voraussetzungen, Folgerungen und Hintergrundannahmen mit sich, welche den horizontalen Sinn gerade nicht stützend oder neutral begleiten, sondern unterlaufen.

Statt durch diskursive Konsistenz erzeugt Bernhard Stimmigkeit durch einen weiteren Typus *positiver* Bezugnahme: Durch eine von sprachlicher Rationalität unabhängige Homogenität des Wortfeldes, die durch Übereinstimmungen zwischen sekundären Bedeutungskomponenten zustande kommt. Das Vokabular der zitierten Textpassage konnotiert zunächst den Diskurstyp ›metaphysische Argumentation‹ (Leben, Existenz) mit der thematischen Spezifikation ›Ontologie des falschen Zustands‹ (Tortur, Schmerz, Angst) und der Niveauoption ›Differenziertheit des Denkens‹ (konzessiv bzw. adversativ verknüpftes Abwägen, Begreifen sowie ›Platitüde‹ und ›Gutmütigkeit‹ als Negativbegriffe).

Alles Theoriehafte und Akademische hat der Autor in der Äußerung seines Protagonisten durch widersprüchliche oder dissoziative Redeweise vermieden. Nicht um propositionale Stimmigkeit und theoretische Plausibilität metaphysischer Rede – um Philosophie – geht es, sondern um den authentischen Ausdruck der Situation und Gestimmtheit einer Figur mit »metaphysischem Bedürfnis« – ums Philosophieren.[10] Die Befindlichkeit wird präsyntaktisch und daseinsunmittelbar artikuliert. Philosophisches fungiert als Zeichen einer Gestimmtheit, die keiner Rechtfertigung bedarf noch fähig ist: nicht nur die Fabel, auch das metaphysische Vokabular ist »Notbehelf«.[11] Wie es Kierkegaard für die Form der indirekten Mitteilung postuliert, streichen die Widersprüche und Leerstellen vom Ausdruck dasjenige ab, was vom Subjektbezug auf »Resultate« und »objektives Wissen« ablenken könnte. Indem die Äußerung des Doktors, gemessen an Normen schriftsprachlicher Rationalität, mißlingt, gestaltet Thomas Bernhard die »Existenznot« seiner Figur als »Sprachnot« (Blöcker, *Rede* 80).

---

Gutmütigkeit«) verwendet wird, auf einen vorausliegenden Bezugspunkt der Rede. Einen Anspruch auf inhaltliche Anschließung erhebt diese Redeweise in noch stärkerem Maße als der Gebrauch von Konjunktionen, die als Versatzstücke des ›Geredes‹ mitunter rein ornamental oder mechanisch verwendet werden.

[10] Vgl. zu dieser Differenzierung u.a. eine Stelle aus Bernhards Erzählung *Ja*: »Ich hatte die sogenannten philosophierenden Menschen immer geliebt, nicht die eigentlichen Philosophen, die mir in meinem Leben begegneten« (95).

[11] Brigitte Henniger-Weidmann, *Worttransfusionen* 218.

Das Philosophieren des Doktors muß als zeitlicher Prozeß verstanden werden. Mit jedem Äußerungssegment nimmt der Doktor aufs zuvor Gesagte, dessen vollständige Bedeutung und relative Gültigkeit er erst im Nachhinein vernimmt, Bezug.

Die doppeltreflektierte Mitteilung ist ein überaus präziser Ausdruck des Zwiespalts, in dem sich der Doktor gegenüber der Angst befindet. Gemeint ist das Münchhausenproblem der Philosophie, daß sie sich nicht am metaphysischen Zopf aus dem Sumpf ihrer Geschichtlichkeit herausspekulieren kann. Die Reflexion auf den Erschließungscharakter der Angst kann von einer real empfundenen Angst nicht befreien. Umgekehrt ist das dialektisch Positive der Angst als ausgezeichnetem Zugang zum Selbst unverfüglich. Die Erschließung ist ohne real empfundene Angst nicht zu haben. Der Doktor befindet sich in einem Dilemma: Einerseits versucht er, Angst und Leiden durch Anstrengungen des Bewußtseins beherrschen zu lernen, andererseits will er auf das Erschließungserlebnis durch die Angst nicht verzichten: »Die Angst ist die Möglichkeit der Freiheit« (Kierkegaard, *BA* 161); »andererseits kommen wir / gerade in den Angstzuständen / zu uns selbst« (*IW* 18).

Weil das Interesse der Philosophie in »Nicht-Philosophie« gründet, weil das metaphysische Bedürfnis dem nicht-philosophischen Verlangen folgt, sich den Verstrickungen in Angst und Leiden zu entwinden und zur Beruhigung und Ernüchterung beizutragen, tendiert die Reflexion aufs Dasein zugleich zur ›Verfallenheit‹. Die Gelassenheit, die durch Kontemplation und Philosophieren erlangt werden kann, droht in die Indolenz des ›such is life‹ umzuschlagen, in Erfahrungsverlust infolge automatisierter Subsumtion jeglichen Einzelfalls unters ontologische Gesetz. Gegenüber dieser Form der Selbstberuhigung beharrt der Doktor auf dem Wahrheitsmoment des Angsterlebnisses. Wie es Kierkegaard vom »subjektiv existierenden Denker« fordert, ermahnt der Doktor auf seine Weise dazu, »beständig diese Wunde der Negativität offen« zu halten (*UN I* 77). In Anbetracht der fundamentalen Zweideutigkeit der Angst gibt es keine eindimensionalen Antworten. Dies bringen die impliziten Gegenbewegungen in der Äußerung des Doktors zum Ausdruck. Das heißt selbstverständlich nicht, daß sich das Dilemma nicht begrifflich klar formulieren ließe, doch sprachliche Bewältigung schmückt sich zu leicht mit dem falschen Schein einer auch existentiellen. Die Form der »doppelt reflektierten Mitteilung«, das bei vordergründiger Betrachtung obskure und irrationale Geraune des Doktors, ist in Wirklichkeit ein präziserer und deutlicherer Ausdruck dessen, worum es geht, als alle Merksätze. Wie es Kierkegaard vom ›Zeichen des Widerspruchs‹ fordert, damit es zu einem ›Spiegel‹ für den Rezipienten werde, deutet der Doktor die beiden komplementären, einander relativierenden Einstellungen zur Angst nur an, ohne die Illusion einer generellen und unzweideutigen Entscheidung zu nähren. Das reflektierende Hin und Her, in dem sich das Nachdenken über die Angst vollzieht, steht im aufschlußreichen Kontrast zur klaren, linearen Sprache des medizinischen Vortrags. In Medizin und Wissenschaft findet der Doktor Ruhe vor existentiellen Irritationen und alltäglichen Widrigkeiten wie dem »Empfindungsreichtum / des Feuilletonismus«, vor dem ihm ekelt (*IW* 9). »Die Wissenschaft / ist / ist sie einem bewußt / beruhigend / die Medizin / kennt den Angstbegriff / überhaupt nicht« (*IW* 74).

## Unauflösbare Widersprüche als Indikator eines Interesses

Die Rede des Doktors enthält auch Ungereimtheiten, die durch Interpretation zwar nicht aufgelöst werden können, aber dennoch eine positive Darstellungsfunktion besitzen. Seine im folgenden zitierten Bemerkungen sind in Anbetracht der nahezu vollständigen Blindheit des Vaters widersinnig. So fordert ihn der Doktor auf, die Schönheit seiner Tochter zu beachten; »Sehen Sie« ist hier nicht nur als rhetorische Floskel des Hinweisens überhaupt[12] zu verstehen, sondern tatsächlich als Aufforderung gemeint (arg.: »doch«):

> DOKTOR
>   Sehen Sie doch
>   die Schönheit Ihrer Tochter
>   wie keine zweite                                             (*IW* 54)

Ebenso widersinnig ist der Vorschlag, der Blinde möge sich beim Holzhacken und Beerenpflücken in den Bergen erholen:

> DOKTOR
>   Wenn sich Ihr Herr Vater dort
>   mit einfacher Arbeit
>   Beschäftigungen beispielsweise
>   wie Holzhacken
>   oder Beerenpflücken
>   die Zeit vertriebe
>   nichts Intellektuelles
>   auf keinen Fall
>   dürfte er sich mit Büchern
>   oder gar mit Philosophie beschäftigen
>   denn daran verschlimmerte sich zweifellos
>   sein Zustand                                                 (*IW* 50f.)

Diese abstrusen Vorschläge zum Zeitvertreib und die Warnung vor Büchern sind Parodie gutgemeinter Ratschläge und lassen sich als Verfremdung der dramatischen Fiktion verstehen. Vordergründig sind es antinaturalistische Unsinnseffekte, die ästhetische Distanz erzeugen.[13]

Der Widersinn ist aber auch innerhalb der Fiktion durchaus sinnvoll, denn in ihm kommt auf ebenso unfreiwillige wie hilflose Weise eine psychische Latenz zum Ausdruck: Der Doktor will mit der Königin verreisen, und zwar ohne ihren Vater. Er bemüht sich deshalb, dem Vater einen Urlaub auch ohne seine Tochter als reizvoll aus-

---

12   So zum Beispiel an den folgenden Stellen: *IW* 22, 34.
13   Wie die Vorgeschichte so bleiben auch die Zukunftspläne ungewiß. So kündigt die Königin im zweiten Teil einmal an, sie wolle die Tournee allein machen, dann wieder, daß sie sie absagen werde; einmal teilt sie dem Vater mit, für eine Reise ins Gebirge, die er allein machen solle, sei alles vorbereitet; dann wieder will sie mit ihm gemeinsam verreisen (*IW* 75-77). Eine konsistente Realgeschichte ›hinter‹ dem Bühnengeschehen läßt sich nicht konstruieren.

zumalen. Doch seine Anstrengungen sind vergeblich; Vater und Tochter wollen sich nicht voneinander trennen. Vielleicht deutet die Unsinnigkeit seiner Vorschläge darauf hin, daß der Doktor die Aussichtslosigkeit seiner Bestrebungen ahnt.

Die Interessen des Doktors sind für die Bewertung der gesamten Sinnkonstruktion des Stücks von Bedeutung, denn dadurch wird alles, was er sagt, einschließlich Vorgeschichte und Kommentar subjektiviert und relativiert. So sind zum Beispiel seine Interpretationen des »jahrzehntelangen / unnatürlichen Verhältnisses / zwischen Ihnen und Ihrer Tochter« (*IW* 14) systematisch verzerrt. Sie sind Element eines mehr oder minder bewußten strategischen Handelns, dessen Ziel darin besteht, in die Beziehung zwischen Vater und Tochter einzubrechen.[14]

Mehrfach werden psychische Motive für den Redezwang des Doktors angedeutet. Er wirbt mit seinem pseudo-objektiven *Gerede über* indirekt um Anerkennung; es ist Ersatz für ein *Sprechen mit* Menschen. Sowohl der medizinische Vortrag als auch sein gesamtes Philosophieren erscheint als Ablenkung und Verschiebung seines Mitteilungsbedürfnisses; darauf verweisen die Widersprüche seiner Rede, aber auch Äußerungen der Königin, die sich im Unterschied zum Doktor direkt zu artikulieren weiß. Dieser bringt sein Interesse an ihr nur sehr unbestimmt und zurückhaltend zum Ausdruck;[15] er versucht paradoxerweise, dieses Interesse in der Interaktion zu bekunden und zugleich scheu zu verbergen. Die Königin kann, da sie den Doktor zu durchschauen scheint, mit ihm spielen. Nachdem er infolge der Zurückweisung seiner Einladung verstummt ist, spielt die Königin auf sein ungewöhnliches Schweigen an:

KÖNIGIN
    Sie sind ja so schweigsam Doktor
DOKTOR
    Ich wiederholte die Leichenöffnung
KÖNIGIN
    Setzen Sie sich doch
DOKTOR
    ich wollte gerade
    Sigauds Unterscheidungen wissen Sie [...]                          (*IW* 46)

Im folgenden setzt der Doktor seinen Vortrag fort. Die Königin unterbricht ihn dabei nicht nur, indem sie Koloraturen markiert, sondern fällt ihm auch mehrfach ins Wort und vervollständigt seine Rede, die sie genauso wie der Doktor auswendig zu kennen scheint:

DOKTOR
    [...] Fettansatz etcetera
    *Königin markiert eine Koloratur*
    eine extreme Form des leptosomen Typus ist
KÖNIGIN *gleichzeitig*
    der Typus asthenikus

---

[14]  Zur stereotypen Interaktionssituation des Dreiecksverhältnisses in Bernhards Stücken vgl. unten S. 279ff.

[15]  »Eine Reise nach Paris / ohne die geringste Verpflichtung / stellen Sie sich vor / auf einer solchen Reise / regenerieren Sie sich vollkommen« (*IW* 45).

KÖNIGIN *allein*
    auch als Habitus phthisius bezeichnet
DOKTOR
    richtig
    das subcutane Fettpolster [...]                          (*IW* 48; vgl. 49f.)

Der Doktor ist nicht, wie es scheinen könnte, der überlegene und verläßliche Kommentator seiner Mitspieler, sondern gleichrangige Figur neben dem dumpfen Ignoranten und seiner Tochter, der »Koloraturmaschine«, nur eine Position innerhalb des Interaktionssystems, das sie gemeinsam darstellen.


## Zum Beispiel »Finsternis«


DOKTOR
  (8)    und zur Ignoration
  (9)    geehrter Herr
(10)    sind wir zu intelligent
(11)    *langsam verfinstert sich die Szene*
(12)    *wendet sich dem Vater zu*
(13)    aber Sie
(14)    geehrter Herr
(15)    bemerken das nicht
(16)    weil Sie unaufhörlich
(17)    und schon so lange Zeit
(18)    wie ich glaube
(19)    ein ganzes Jahrzehnt
(20)    oder noch länger
(21)    ständig
(22)    in solcher Finsternis
(23)    wie sie jetzt eintritt
(24)    leben
(25)    eine solche Existenz
(26)    ist zweifellos
(27)    eine kompetente
(28)    In solcher Intensität
(29)    existieren nicht viele
(30)    Das Licht
(31)    ist ein Unglück
(32)    *die Bühne ist vollkommen finster*
(33)    Wie auf offener Bühne
(34)    geehrter Herr
(35)    wodurch alles die größte
(36)    Unsicherheit ist                            (*IW* 98)

In dieser Passage werden unter dem Begriff »Finsternis« zwei verschiedene Bezüge zum Bühnengeschehen ineinander verschränkt: erstens kommentiert der Doktor einen Vorgang, der für den Zuschauer direkt erfahrbar ist, nämlich die Verdunkelung des Theaterraumes (11, 32); zweitens interpretiert er damit zugleich die Existenzweise des Vaters. Beide Bezüge werden nicht nur analogisiert, sondern sogar miteinander identifiziert: »in *solcher* Finsternis / wie sie jetzt eintritt« (22-23; Hervorhebung C.K.). Während »Finsternis« bezüglich des ersten Kontextes buchstäblich, d.h. im Sinne von Dunkelheit verstanden werden kann, erzwingt der zweite Kontext aufgrund der semantisch anomalen Zusammenstellung von »Finsternis« mit »kompetente« eine metaphorische Deutung – ein Anlaß, einen kurzen Überblick darüber zu geben, in welchen Sinnzusammenhängen Thomas Bernhard diese, für sein gesamtes Werk so zentrale Chiffre verwendet.

## Drei Verwendungen der »Finsternis«-Metapher

»Finsternis« steht bei Thomas Bernhard als Chiffre und Metapher »in vielfachen Bedeutungszusammenhängen« (Mixner, *Leben* 84). Seinem autobiographischen und programmatischen Monolog *Drei Tage* lassen sich drei grundlegende Verwendungsweisen entnehmen.[16] »Finsternis« fungiert zunächst als *produktionsästhetischer* Terminus für die Arbeitsweise der Isolation der Begriffe sowie für den »theatralischen Inszenierungscharakter«[17] seiner poetischen Sprache: Durch Abschattung (›Verfinsterung‹) des Kontextes wird das Wortmaterial isoliert und dadurch in der gewünschten Weise verfügbar gemacht. »Finsternis« bezeichnet sodann zwei Arten von *existentieller Befindlichkeit*. Die ›erste Finsternis‹ steht für die Erfahrung des Absurden,[18] des Alleinseins, für das vergeblich ersehnte Gespräch mit Mutter und Bruder:

»Es ist immer das Gespräch mit meinem Bruder, das es nicht gibt, das Gespräch mit meiner Mutter das es nicht gibt. Es ist das Gespräch mit dem Vater, das es auch nicht gibt. [...] Es ist der Umgang mit einem Material, das ununterbrochen unvollständig ist. Das Gespräch mit einer Materie, die nicht antwortet. Es ist die *absolute* Lautlosigkeit, die alles ruiniert, die *absolute* Verzweiflung, aus der man nicht herauskann.« *(DT 89)*

Sie steht für die Erfahrung absoluter Negativität, also des Mangels an einem positiven Absoluten (Gott, Erkenntnis, Ich-Identität). Die ›erste Finsternis‹ ist Verzweiflung, die ohne Möglichkeit zu distanzierender Bewußtheit erlebt wird. Die »zweite Finsternis« steht demgegenüber für eine bewußte und reflektierte Einstellung zur ersten Finsternis; sie gewinnt den notwendigen »Abstand« gegenüber dem »Tagtägliche[n]«,[19] und zwar endgültig:

---

[16]  Zu dieser Systematik vgl. schon B. Sorg, *TB* 32. Zur Kritik an Sorgs Bestimmung dieser drei Grundbedeutungen vgl. die folgenden Ausführungen.

[17]  Vgl. Höller, *Kritik* 69; *Nichts Ganzes* 46.

[18]  Die gedankliche Nähe zu Camus' Bestimmung des Absurden ist offenkundig. Bernhards »Materie, die nicht antwortet« läßt an Camus' berühmte Formel von der »Welt, die vernunftwidrig schweigt« *(Mythos* 29) denken; vgl. schon Rossbacher, *Kalkwerk* 377.

[19]  »Es ist der Versuch, anzutippen an Gegenstände, die sich auflösen in dem Moment, wo man glaubt, daß man sie berührt. Es ist der Umgang mit Tatsachen, die sich als Irrtümer herausstellen. [...] Das ist ja *das Tagtägliche, von dem man* Abstand nehmen muß« *(DT 89).*

»Man müßte *herausgehen aus allem*, die Tür hinter sich nicht zu*machen*, sondern zu*werfen* und *weggehen* [...]. Man müßte aus der *einen* Finsternis, die zu beherrschen einem zeitlebens unmöglich ist, hineingehen in die *andere, in die zweite, in die endgültige* Finsternis vor einem und sie möglichst rasch und ohne Umschweife, ohne philosophische Spitzfindigkeiten erreichen können, einfach hineingehen... und möglicherweise die Finsternis durch das Schließen der Augen *verfrühen* und erst dann die Augen wieder aufmachen, wenn man die Gewißheit hat, absolut in der Finsternis, in der endgültigen, zu sein.« (*DT* 89f.)

Thomas Bernhard spricht diesen Text ohne vorbereitetes Manuskript direkt in die Kamera. Wie er in einer nachgereichten »Notiz« zum Monolog *Drei Tage* anmerkt, sind ihm seine Aussagen, »im Zustand äußerster Irritation« gemacht, »mehr oder weniger zufällig und zusammenhanglos erschienen«.[20] Dennoch aber wird der Unterschied zwischen erster und zweiter Finsternis erkennbar. Er besteht im Grade an Bewußtsein, das der notwendig Verzweifelte von sich und seiner Verzweiflung hat. Das Hineingehen in die zweite Finsternis hat die Qualität des Sprungs; es geschieht abrupt (»möglichst rasch und ohne Umschweife«); es beruht nicht auf metaphysischer Spekulation, sondern auf existentieller Entscheidung in positiver Einfalt (»ohne philosophische Spitzfindigkeiten [...] einfach hineingehen«). Der Sprung in die zweite, endgültige Finsternis zielt darauf ab, »den letzten Fußhalt der Immanenz, die Ewigkeit dahinten, zu verlieren und, angebracht im Äußersten der Existenz, kraft des Absurden zu existieren« (Kierkegaard, *UN II* 281). Die erste Finsternis wird nicht mehr als individuelles Leid oder gar als narzißtische Blamage, sondern als notwendig erkannt; sie bleibt eine, »die zu beherrschen einem zeitlebens unmöglich ist.« Doch die ›zweite Finsternis‹ bezieht demgegenüber die Position aufgeklärter Illusionslosigkeit: »Bis die Finsternis ihnen die Aussichtslosigkeit klarmacht« (*F* 43). Im Übergang wird die Illusion verabschiedet, der Anlaß des Leidens am Dasein sei äußerlich und zufällig.[21] Wenn Thomas Bernhard in seinen Theaterstücken existentielle Negativität banalisiert, so hebt er damit nicht die Negativität als solche auf, er läßt aber das im Leiden unvermeidlich angezündete Licht der Erlösung als Irrlicht erscheinen. Zugleich setzt er dadurch Pathos und Komik in ein über sich selbst aufgeklärtes humoristisches Gleichgewicht. Mit dieser Position hat sich Bernhard weit von der Mystik hochgeistiger Willensverneinung entfernt, die den Topos ›Finsternis‹ noch in der frühen Erzählung *Der Kulterer* prägte. Sein im Gefängnis zwangsweise ›niedergehaltenes Menschentum‹ erlebt der Kulterer als Sieg über die Verzweiflung (*Kul* 103-105).

---

[20] Vgl. »Notiz« (*It* 91f.). In dieser Notiz zu dem Monolog *Drei Tage* distanziert sich Thomas Bernhard vom »wie«, »warum« und Zusammenhang seiner Äußerungen, indem er deren zufälligen und spontanen Charakter hervorhebt, nicht aber vom Inhalt der Ausführungen. Bernhard war auch nicht ganz so unvorbereitet, wie er glauben machen will; zur Entstehung des Filmporträts *Drei Tage* vgl. den Beitrag des Regisseurs Ferry Radax beim *Literarischen Kolloquium Linz 1984*.
[21] Strauch, der sich zeit seines Lebens bemüht hat, sich aus der Finsternis hinauszubegeben und bei sich ebenso Anzeichen von »Stumpfsinn« wie »Härtegrade des Wahnsinns« bemerkt hat, empfiehlt einen derartigen Übergang durch Selbstanwendung der Finsternis: »Es genügt unter Umständen, die Finsternis im eigenen Kopf – denn nur im eigenen Kopf ist die Finsternis – mit der Finsternis im eigenen Kopf abzutöten. Merken Sie: die Finsternis ist immer Sache des eigenen abgeschlossenen, abgehauenen Kopfes« (*F* 73).

Die Forschung hat die ›zweite Finsternis‹ als Chiffre für Suizid und Tod überhaupt verstanden. So spricht zum Beispiel B. Sorg vom »Ende der Existenz« (*TB* 32) und H. Höller meint, Bernhard bezeichne mit dem Begriff den »Tod als konsequentes Zuendegehen des Wegs in Alleinsein und Abgetrenntsein«.[22] Diese Auslegung widerspricht sowohl Selbstaussagen des Autors als auch der Handlungsstruktur seiner Werke. So spricht Thomas Bernhard in *Drei Tage* davon, nach dem absichtlich verfrühten Eintritt in die endgültige Finsternis die Augen wieder aufzumachen (*DT* 90). Bei der Wahl dieses Bildes hat er mit Sicherheit nicht an einen Zeitpunkt nach dem Tode gedacht, sondern an einen grundsätzlich verwandelten Blick auf die Welt. Entsprechend meint der Schriftsteller in *Am Ziel*, der keineswegs zu den Apokalyptikern, sondern zu den Desillusionierten und Postkonventionellen unter Bernhards Theaterfiguren gehört, rückblickend: »Ich richtete mich in der Finsternis ein« (*AZ* 100). Das Motiv der zweiten Finsternis ist nicht Chiffre für Tod oder Selbstmord,[23] sondern für eine Befindlichkeit, eine Existenzweise und Bewußtseinshaltung; es steht für den Blick *sub specie finis*, für ein entschlossenes ›Vorlaufen zum Tod‹ (Heidegger), nicht aber für den Tod des Blickenden.

> REGISSEUR mit *geschlossenen Augen*
> Das Schließen der Augen
> bewirkt oft
> eine vollkommene Durchdringung der Welt
> der ganzen Materie
> VERLEGER mit *geschlossenen Augen*
> Den Mut haben
> alles zu durchdringen
> das ganze Schauspiel                                    (*Ber* 85)

Dies sind die drei Grundbedeutungen von »Finsternis«, denen sich sämtliche Verwendungen der Chiffre bei Bernhard zuordnen lassen: der Ausdruck steht erstens für das poetische Verfahren der Begriffsisolation, zweitens für die ›erste Finsternis‹ als naive Verzweiflung über äußere Lebensumstände (auf der Stufe der ästhetischen Existenz im Sinne Kierkegaards), drittens für die ›zweite Finsternis‹ als reflektierter illusionsloser Verzweiflung. Widersprüche in der Verwendung und affektiven Besetzung der Chiffre entstehen durch äquivoken Gebrauch. So wird »Finsternis« einmal mit absolutem Nicht-erkennen-Können assoziiert, ein andermal mit absolutem, wenn auch negativem Wissen,[24] einmal mit den emotionalen Motiven von Bedrohung und Schauder, ein andermal mit einer modifizierten Vorstellung von Erlösung, nämlich im Sin-

---

[22]   Höller, *Minetti* 173; vgl. *Kritik* 69.
[23]   Nur über den Maler Strauch heißt es an einer Stelle, er halte seine Augen oft als Vorbereitung auf den Tod geschlossen (*F* 82).
[24]   Ich greife wahllos heraus: »HERR MEISTER: Wir studieren das Leben / und dringen immer tiefer ein / und die Finsternis wird immer größer« (*ÜaG* 33). Finsternis und Eindringen in die Geheimnisse des Lebens verhalten sich dieser Stelle zufolge proportional. Dem Fürsten Saurau gilt Finsternis als »*Wissenschaft*«, seinem Sohn als »*politische Wissenschaft*« (*V* 163). – In der Erzählung *Attaché an der französischen Botschaft* fungiert Finsternis hingegen als Erkenntnisverhinderung, die jedoch durch Wissen (»Ich aber weiß [...]«) überboten werden kann (*P* 67).

ne des Unabhängigwerdens von unbegründeten Hoffnungen.[25] Schließlich lieben Bernhards Figuren diesen Zustand: Wenn das Leben nur noch »reine, klarste, dunkelste, kristallinische Hoffnungslosigkeit« (*F* 295) ist, wird die Finsternis, in der sie »alles viel deutlicher als jemals« sehen (*V* 31), zu einer »Wissenschaft« vom Leben (vgl. *V* 163):

> GENERALIN
> Am liebsten
> allein in der Finsternis
> zuerst muß man sich dazu zwingen
> dann liebt man diesen Zustand                    (*Jg* 40)

Auch in *Der Ignorant und der Wahnsinnige* hat das Motiv der bewußt verfrühten endgültigen Finsternis keine letale Konsequenz,[26] wenn es auch eine bedrohliche Veränderung der Königin anzeigt: Der Doktor bemerkt, daß sich die Königin »auf das beängstigendste verändert« habe; neuerdings sperre sie sich bei zugezogenen Vorhängen in ihrem Zimmer ein oder sitze mit geschlossenen Augen am Fenster, wahrscheinlich um den Eintritt der zweiten Finsternis »durch das Schließen der Augen [zu] verfrühen« (*DT* 90). Der Doktor ist dadurch beunruhigt: »meine Beobachtungen / geehrter Herr / führen naturgemäß zu Befürchtungen« (*IW* 21).


Kompetente Blindheit


Zurück zu der zitierten Passage, die das Stück *Der Ignorant und der Wahnsinnige* beschließt und eine Art Schlüsselstelle oder Integrationspunkt darstellt. Interpretationsbedürftig ist vor allem die Attribuierung der Blindheit als »kompetente«. Die Rede von der Kompetenz des Blinden gehört zu jenen abstrakten, auf den ersten Blick grundlosen Wertungen, die zwar textuelle Beziehungen stiften, dabei aber weder Anlaß noch Hinsicht der Wertung verraten. Wofür der Vater kompetent sein soll, sagt der Doktor zumindest an dieser Stelle nicht. Das semantisch anomale Syntagma fordert dazu auf, nach Begriffsdefinitionen bzw. Theorien zu suchen, die geeignet sind,

---

[25] Vgl. *FB* 10; vgl. *Jg* 40f. – Dieser Übergang in die zweite Finsternis ist eine Grundfigur existenzialistischen Denkens. Einen ganz ähnlichen Vorgang schildert beispielsweise auch Albert Camus: Wenn der Mensch »einer Nacht begegnen muß, dann möge es lieber die Nacht der Verzweiflung sein, die hell bleibt, Polarnacht, Nachtwache des Geistes, aus der sich vielleicht die helle und unberührte Klarheit erhebt, in der sich jeder Gegenstand im Lichte der Vernunft abzeichnet. Auf dieser Stufe begegnet die Gleichwertigkeit dem leidenschaftlichen Begriffevermögen« (*Mythos* 57f.). Die Akzentuierung der Vernunft ist zwar eine andere als bei Bernhard und Kierkegaard, aber das Akthafte des Übergangs als Wahlentscheidung, in Leidenschaft und mit dem Ergebnis, die Überzeugung der Gleichwertigkeit zu erlangen, stellt eine bemerkenswerte Entsprechung dar.

[26] Zumindest ist eine solche Konsequenz nicht erkennbar. Die Königin scheint zwar am Ende des Stückes vor Erschöpfung zusammenzubrechen – man sieht nichts, man hört nur umfallende Gläser (*IW* 99) –, doch bleibt offen, ob die Königin stirbt und ob ihre Erschöpfung mit der Finsternis überhaupt kausal zusammenhängt.

die Prädikation zu stützen. Soviel ist jedoch gewiß: wenn die Prädikation immanent sinnvoll sein soll, so muß die »Finsternis«, in welcher der Vater existiert, im Sinne der ›zweiten Finsternis‹ aufgefaßt werden. Der Autor hat den semantischen Kontrast nicht nur beiläufig, um des bloßen Kontrasts willen gesetzt; dies kann man daran erkennen, daß von Kompetenz auch noch an anderer Stelle die Rede ist: der Doktor betont eigens – und zwar ohne eine aus dem Kontext ersichtliche Hinsichtnahme oder erkennbaren Grund –, daß die Königin nicht kompetent sei (*IW* 26). Im folgenden werde ich die komplexen Bezüge deutlich machen, in denen die fragliche Kompetenz des Vaters in Text und Bühnengeschehen steht. Der Doktor interpretiert die Existenzweise seines Mitspielers aus der Perspekive jener soeben skizzierten Konzeption der zweiten Finsternis. Die Rede von der Kompetenz des Blinden macht innerhalb dieser Konzeption zwar Sinn, doch bleibt der Kontrast zwischen Begriff und Szene bestehen.

Wie der Doktor mehrfach hervorhebt, hat der Vater offenbar das für Blinde sprichwörtliche ausgezeichnete Gehör (vgl. *IW* 64, 72, 82). Aber auch unabhängig von Äußerungen des Doktors weist das Stück auf die folgenden besonderen Fähigkeiten des Vaters neben dessen überaus sensiblem Gehör hin: Orientierungssinn, intensives Zeiterleben und Erinnerungsvermögen.[27] Bevor etwas von Frau Vargo zu hören ist, muß sie der Vater gehört haben, denn unmittelbar vor dem Eintritt der Vargo in die Garderobe der Königin zieht er sich »*blitzartig die Binden auf die Arme*« (*IW* 22, ähnlich *IW* 33). Auch in musikalischer Hinsicht hat er ein »ungemein ausgebildetes Gehör«:

DOKTOR
    Und er hört
    mit einer unglaublichen Sicherheit
    alles
    das Unbedeutendste                                                   (*IW* 64)
KÖNIGIN
    Er hört alles [...]
    eine nicht exakte Koloratur
    schmerzt ihn tagelang                                                (*IW* 72)

Er hört – anscheinend allein aufgrund innerer Zeitwahrnehmung –, ob eine Vorstellung ein paar Minuten kürzer oder länger gewesen ist (*IW* 64). Seiner Fähigkeit, »das Unbedeutendste« zu hören, steht seine Taubheit in Dingen gegenüber, die für andere wichtig sein mögen, von denen er aber nichts wissen will.[28] Seine Wahrnehmung scheint auf infantil-trotzige Weise selektiv zu sein. Ferner ist sein Orientierungsvermögen zu bemerken. Der Vater erzählt, er sei drei Stunden allein ohne Stock und

---

[27] Sein gutes Gedächtnis bewährt sich an einem allerdings unwesentlichen Detail, das er in die Konversation einstreut: er erinnert daran, daß bei einer zwölf Jahre zurückliegenden Aufführung, über die die Königin und der Doktor sprechen, Fritz Busch als Dirigent für Bruno Walter eingesprungen sei (*IW* 67).
[28] KÖNIGIN: »*zum Doktor* Ist es etwas Wichtiges / hört er nicht / plötzlich verliert er auch / das Gehör« (*IW* 75).

Blindenbinden durch die Stadt gegangen: »allerdings kenne ich diese Wege / als Kind bin ich alle diese Wege gegangen« (*IW* 38). Die Glaubwürdigkeit dieser Geschichte wird aber durch die Zweifel seiner Tochter vermindert: »Glauben Sie ihm kein Wort / alles Lüge was er sagt« (*IW* 44).

Auch seine Kompetenzen als Zuhörer des Doktors sind zweifelhaft. Das szenische Geschehen ist eine krasse Widerlegung der Beteuerungen des Doktors, der Vater sei »der aufmerksamste Zuhörer / der sich denken läßt« (*IW* 46), »ein durch und durch medizinischer Kopf« (*IW* 91):

> DOKTOR
>     obwohl er doch alles weiß
>     leistet er sich immer wieder
>     eine Wiederholung
>     der Wiederholung
>     spezieller Vorgänge
>     auf dem Gebiete der Medizin                                                    (*IW* 91f.)

Doch der Vater hat weder ein »ununterbrochenes Interesse« (*IW* 92) an der Medizin noch weiß er »alles«: so spricht er zum Beispiel einen Fachbegriff falsch aus und sagt »Typus digesorius« statt »Typus digestorius« (*IW* 46). Während des Vortrags des Doktors ist der Vater stets mit seinen Gedanken ganz woanders. Thomas Bernhard kontrapunktiert die Figurenrede durch die Bühnenhandlung, welche das Desinteresse des Vaters zur Schau stellt: Nachdem der Doktor den Vater gegenüber der Königin als aufmerksamsten Zuhörer gepriesen hat, folgt unmittelbar, wie zur Widerlegung des Gesagten, ein weiterer Schluck aus der Schnapsflasche (*IW* 47). Statt aufmerksam zuzuhören dreht der Vater am Lautsprecher, um sich über den Stand der Vorbereitungen zur Aufführung zu informieren; wie geistesabwesend wiederholt er Wortfetzen aus dem Monolog des Doktors, vor allem solche mit grotesker Bildkraft,[29] folglich rezipiert er den Fachvortrag ganz unmedizinisch, metaphorisch; wenn der Vater überhaupt selbständig redet, spricht er nur über sein eigenes Unglück, d.h. über das Verhältnis zu seiner Tochter. Die Kontrapunktik von Satz und szenischem Gegensatz ist in *Der Ignorant und der Wahnsinnige* interaktives Grundmodell. Wenn die vorgebliche Kompetenz des blinden Vaters überhaupt in etwas begründet ist, dann nicht in etwas Performativem wie erwiesenem Wissen oder operationalen Fähigkeiten. An einer Stelle spricht der Doktor dem Vater auch jene Intelligenz rundheraus ab, die ihn selber in die Nähe des Wahnsinns treibt (6); für ihn schließen Ignoration und Intelligenz einander offenbar aus (8-10):

> DOKTOR
> (1)    Wenn wir den Schwachsinn
> (2)    der in dieser Kunstgattung herrscht
> (3)    geehrter Herr
> (4)    mit der Gemeinheit
> (5)    der Zuschauer verrechnen

---

[29]  Zum Beispiel »wie ein klaffendes Loch« (*IW* 13), »fiedelbogenartig« (13), »feine grießartige Knötchen« (15), »Verkäste Gummen / Postpaketform« (93).

(6)    kommen wir in den Wahnsinn
(7)    *Königin hustet*
(8)    und zur Ignoration
(9)    geehrter Herr
(10)  sind wir zu intelligent
(11)  *langsam verfinstert sich die Szene*
(12)  *wendet sich dem Vater zu*
(13)  aber Sie
(14)  geehrter Herr
(15)  bemerken das nicht
(16)  weil sie unaufhörlich [...]                             (*IW* 97f.)

Bei der letzten Bemerkung des Doktors (13-16) scheint Thomas Bernhard ein aufschlußreiches Versehen unterlaufen zu sein. Fraglich ist zunächst der Bezug des Demonstrativums (»das«; 15). Folgt man allein dem Redetext, so muß man die adversative Konjunktion (»aber«; 13) und das Demonstrativum auf die vorangegangene Aussage (8-10) beziehen. Der Bezug wäre die Aussage: /Zur Ignoration sind wir zu intelligent/, wobei das Pronomen »wir« (10) den Vater einschließen würde. Die Paraphrase lautete dann: /Sie bemerken nicht, daß auch Sie zur Ignoration zu intelligent sind/. Ich halte diese Paraphrase aber nicht für angemessen, weil sie nicht mit dem anschließenden Kausalsatz zusammenpaßt. Außerdem würde sie die Opposition von Doktor und Vater sowie ihrer Prädikate Ignoranz und Wahnsinn aufheben, die nicht nur durch den Titel vorgegeben wird, sondern auch die Interaktion des gesamten Stücks organisiert. Aus diesem Grunde muß die Äußerung des Doktors einen anderen Bezug haben, und zwar den Nebentext (11-12): Der Vater bemerkt nämlich infolge seiner Blindheit nicht die Verfinsterung des Bühnenraumes. Der Anschluß überspringt damit schlichtweg die Differenz von Haupt- und Nebentext – ein Indiz für die partielle Identifikation des Autors mit der Figur des Doktors, der hier als Kommentator auftritt?

### Zur Intensität des Hörens

Als weiteres Merkmal der kompetenten Finsternis nennt der Doktor eine besondere »Intensität«, in der »nicht viele« existieren (29). Der Doktor zielt damit offenbar auf eine metaphysische Dimension der Blindheit. Sie bildet den Hintergrund für die Begriffssubstitutionen[30] und für die übergreifende Analogie zwischen faktischer Verdunkelung und Existenzmetapher. Der Blinde ist blind für alles Scheinhafte. Er vermag den Schein (selbst eine Lichtmetapher!) nicht wahrzunehmen und unterliegt deshalb weder dessen Täuschungen, noch kann er schockhaft das Zerbrechen dieser Täuschungen erleben. Um zu scheinen, bedürfen die Dinge des fremden Lichts, und dieses »ist ein Unglück« (30-31), dem allein der Blinde entkommt; die Dinge, die er hört, klingen aber von sich aus, was unter anderem die eigentümliche »Intensität« au-

---

[30]  Eine implizite Substitution der Begriffe stellt die Folge »in solcher Finsternis« (22), »eine solche Existenz« (25) und »In solcher Intensität« (28) dar.

ditiver Wahrnehmungen bewirkt. Der Doktor betont, daß sich der Vater »unaufhörlich« (16) und »ständig« (21) in seiner Finsternis befinde; diese Bemerkung wäre
überflüssig, wenn sie sich nur auf das Faktum des Nicht-sehen-Könnens bezöge. Der
Hinweis auf die zeitliche Kontinuität der Blindheit des Vaters hebt die metaphysische
Dimension noch einmal hervor: Die beiden Temporaladverbien korrespondieren erstens mit der Endgültigkeit der ›zweiten Finsternis‹, von der Thomas Bernhard in
*Drei Tage* spricht; sie sind zweitens weitere Indizien dafür, daß der Doktor die metaphysische Dimension der Blindheit tatsächlich in der partiellen Emanzipation von der
Welt der Erscheinungen erblickt.[31] Auch an anderen Stellen bringt der Doktor Blind-
heit und Zeitlichkeit in Zusammenhang. »Wer die Zeit so stark empfindet / wie Sie
geehrter Herr / und alles so ernst nimmt / leidet natürlich / unter jedem Atemzug«
(*IW* 39). Der Vater muß über einen exakten inneren Maßstab für das Verstreichen der
Zeit verfügen, denn angeblich registriert er intuitiv Schwankungen in der Länge der
Aufführung auf das genaueste.

Die Intensität des Hörerlebens konkretisiert sich im musikalischen Urteilsvermö-
gen des Vaters. Neben der Zeitwahrnehmung sind die Fähigkeiten des Vaters als musikalischer Zuhörer seiner Tochter überhaupt seine einzigen Kompetenzen, die innerhalb der Stückfiktion unrelativiert verbürgt werden. Der parabolische Zusammenhang,
der zwischen Blindheit und musikalischer Kompetenz assoziiert wird, verweist auf
die Vorstellung einer Akróasis, einer Metaphysik des Gehörsinns. Anspielungen auf
die besondere metaphysische Dimension von Musik und Klängen gehören zu den rekurrenten Topoi Bernhards.[32] Das Gehör ist für Konrad »das philosophischste aller
Sinnesorgane« (*Kw* 66); es ist »der am meisten geistig bestimmte Sinn« (*E/O* 72), der
einzige Sinn, mit dem »Innerlichkeit«[33] und »Weltseele« (Novalis) angeeignet werden
können. Die Hellhörigkeit des blinden Vaters ist auch von entscheidender Bedeutung
für das Verhältnis zu seiner Tochter, deren Auftreten er nur hörend verfolgen kann.

---

[31]  Die Deutung der Blindheit als gleichnishafte Emanzipation von der Welt der Erscheinung
trägt natürlich nur bis zu einem gewissen Grade, nämlich für den Bereich visueller Wahrnehmung. Selbstverständlich entkommt der Blinde nicht der Welt der Erscheinungen, weder existenziell noch perzeptiv.

[32]  Ich verweise nur auf entsprechende Stellen in *Das Kalkwerk*. In diesem Roman deutet Thomas Bernhard die mystischen Aspekte des Gehörtopos' am breitesten an. Die Hauptfigur Konrad arbeitet an einer Studie über das Gehör und äußert sich über seine außergewöhnliche
»Hellhörigkeit« (*Kw* 64) in Analogie zum Hellsehen; er hört sogar bei Windstille die Äste der
Bäume, obwohl das Auge keine Bewegung zu erkennen vermag; er hört Menschen am gegen-
überliegenden Ufer des Sees sprechen und geheimnisvolle Geräusche aus der Wassertiefe (*Kw*
70f.); vgl. oben über Musikalität als Metapher S. 194ff.; vgl. H. Gamper, *TB* 109f.

[33]  Sie schreibt zum Beispiel Kierkegaard: »denn gleich wie die Stimme die Offenbarung der
dem Äußeren unangemessenen Innerlichkeit ist, ebenso ist das Ohr das Werkzeug, mit welchem
diese Innerlichkeit erfaßt wird, das Gehör der Sinn, durch den sie angeeignet wird« (*E/O* 3).

Biographie. Das Verhältnis des Vaters zur Tochter

Der Doktor führt die Trunksucht des Vaters auf die Karriere seiner Tochter zurück. Dieser trinke seit dem Augenblick, in welchem die Tochter »zum erstenmal / öffentlich aufgetreten ist« (*IW* 12), beziehungsweise, nach Auskunft der Königin, seit sie ihn nach Skandinavien mitgenommen habe. Die Schlaflosigkeit des Vaters sei wie sein gesamter Geisteszustand »die Folge des jahrzehntelangen / unnatürlichen Verhältnisses / zwischen Ihnen und Ihrer Tochter« (*IW* 14). Zwischen beiden herrsche »nichts als das Mißtrauen / Ursache aller möglichen Krankheiten« (*IW* 38). Der Doktor expliziert seine Heuristik der Krankengeschichte zwar nicht im Detail, doch muß man den Zusammenhang, den er knüpfen möchte, in folgendem vermuten: Der Vater erkennt schmerzlich, daß sich seine Tochter im Zuge künstlerischer Vervollkommnung immer mehr zur »Koloraturmaschine« (*IW* 7), zu einem »Mechanismus als Tochter« (*IW* 53) entwickelt hat. Es handele sich, so der Doktor, um eine der schönsten und berühmtesten Stimmen, »nicht aber um einen Menschen«; »das zu begreifen ist einem Vater natürlich unmöglich« (*IW* 22). Die Kunst, vor allem in der größten Perfektion ihrer Ausübung durch die eigene Tochter, ist das Medium, durch welches der Vater das Mechanische des Lebens erkennen muß. Ihr erster öffentlicher Auftritt ist das Schlüsselerlebnis für den Vater, das ihn zum Alkoholiker macht und dessen Wirkungen sich in der Folgezeit durch zunehmende künstlerische Perfektion und durch die Rücksichtslosigkeit der Tochter noch verstärken. Als Blindem fehlt dem Vater die wohltuende Blendung durch den schönen Schein der Inszenierung. Der Glanz des Theater- und Opernbetriebs bietet dem Vater keine möglichen Ablenkungen: »VATER: dem Vater geschieht recht / der was er sich verdient hat / nicht / zu Gesicht bekommt« (*IW* 18).

So, wie sie der Vater verkörpert, ist die kompetente Finsternis-Existenz gerade keine, wie Herbert Gamper meint, »auf die wesentlichen Zusammenhänge gerichtete (intellektuelle) ›Anschauung‹« (*TB* 110), sondern deren autistisches Komplement. Der Vater ist für alles urteilsmäßig zuständig, weil er alles in das unveränderliche Schema seines individuellen Unglücks projiziert. Auf diese Weise gelangt er gar nicht zur intellektuellen Anschauung von etwas, sondern verbleibt im Bannkreis seiner verzweifelten, tendenziell objektlosen Innerlichkeit. Er wiederholt immer wieder zwanghaft die Urerlebnisse seines Leidens; er geht lebenslänglich die Wege der Kindheit, deren Struktur stets die gleiche ist (vgl. *IW* 38). Im metaphorischen Modell von Strafe und Buße glaubt er, das Gesetz seines Scheiterns wie das Gesetz des Existierens überhaupt zu erfassen. In dieser selbstbezogenen Variante ist die Ignoranz des Vaters keine gelehrte, wenn auch die Deutungen des Doktors intentional mit der Vorstellung der *docta ignorantia* korrespondieren mögen.[34] Die Indolenz des Vaters deutet der Doktor als begründeten Verzicht auf Selbstbeherrschung,[35] als ein Sich-gehen-Lassen, von dem »eine unglaubliche Faszination« ausgehe (*IW* 14). Doch selbst dieser

---

[34] Vgl. Gamper, *TB* 144. In einer Anmerkung verweist Gamper selber auf die Inkonsistenzen seiner auf die »Tradition mystischer Schau« rekurrierenden Deutung; vgl. *TB* 229, Anm. 14).
[35] »Schließlich muß man / die Beherrschung verlieren« (*IW* 40).

Schwundform von Kompetenz im Sinne entschiedener Gleichgültigkeit entzieht die Szene noch die höheren philosophischen Weihen: durch die Abhängigkeit des Vaters von der Flasche; durch die ängstliche Betriebsamkeit, mit der er die Blindenbinden aufsteckt, sobald er nahende Schritte hört; generell durch die emotionale Abhängigkeit von seiner Tochter, unter deren Verhalten er leidet: alle diese Symptome infantiler Angst und Abhängigkeit zeigen, daß des Vaters Gleichgültigkeit auf Regression beruht und sich deshalb nicht durchhalten läßt.

Wenn die Kompetenz des Vaters überhaupt einen Erkenntnis- und Wahrheitsaspekt hat, dann einen nur auf ihn selbst bezogenen: Aufgrund seiner Existenz in der Finsternis, ist er kompetent einzig für seine eigene Wahrheit, der er schutz- und ablenkungslos ausgeliefert ist. Während der Doktor das Prinzip der Veräußerlichung vertritt, Sinn und Subjekt als Gesamtheit von Beziehungen versteht (vgl. *IW* 37), steht der Vater für das Prinzip pathetischer Innerlichkeit. Die Inkommensurabilität beider Komponenten wird vom Doktor explizit behauptet:

> DOKTOR
>     für die Außenwelt
>     ist eine Komödie
>     was in Wirklichkeit
>     eine Tragödie ist                                          (*IW* 40)

Durch gleichgültigen Verzicht auf jede Form der Performanz versucht der Vater sein ›unverkörpertes Selbst‹ (Laing) gegenüber Scheitern und Lächerlichkeit zu immunisieren. Hierin besteht eine weitere Konvergenz der beiden Komplementärgestalten. Auch der Doktor verzichtet auf authentische Realisierung, aber durch totale Preisgabe an pausenlose Performanz; für den Relativisten scheint die Reflexion auf so etwas wie das Selbst oder das Ich die Beschäftigung mit einer Fiktion zu sein, die er grundsätzlich vermeidet. Als Mediziner interessiert ihn erklärtermaßen nur das »Gewebe«, »nicht das darunter / oder dahinter« (*IW* 37). Während der Doktor das unverkörperte Selbst zu einem Nichts macht, indem er das Selbst mit der Summe seiner Verkörperungen identifiziert, affirmiert es der Vater im begriffslosen Leiden.[36]

## Zur Deutung des Schlusses

Durch die Explikation ihrer metaphysischen Prämissen wird die Passage zu einem in sich stimmigen Modell für das Motiv des hellsichtigen oder hellhörenden Blinden – allein, es steht im krassen Widerspruch zum Erscheinungsbild der Figur des Vaters, dessen Existenz der Doktor interpretiert. Der abgestumpfte, unablässig vor sich hin trinkende Vater, der abwechselnd in vollständige Ignoranz und Selbstbemitleidung

---

[36] Die Tatsache, daß über die Innerlichkeit eines Menschen von außen nichts zu entscheiden ist, gilt Kierkegaard als Ansatzpunkt wahrer Komik: »Das wahre Komische besteht darin, daß das Unendliche in einem Menschen vorgehen und es niemand, niemand an ihm entdeken kann« (*UN I* 83).

verfällt, ist »groteskparodistisch[e]« Verkörperung[37] der Einlassungen des Doktors. Die angebliche Kompetenz des Blinden ist unbegründete und geradezu zynische Projektion eines Sehenden. Die Szene negiert alle verbalen Konkretisierungen von Kompetenz mit Ausnahme der Intensität auditiven Erlebens. Wie ist nun diese finale Konstellation zu verstehen? Ich möchte den Schluß des Stückes in drei Schritten interpretieren: (1) »Finsternis« ist assoziatives Superzeichen; (2) der Kontrast zur Szene entlarvt das Superzeichen als Produkt einer abwegigen Mystifikation; (3) der Schluß lenkt dadurch von seiner Wirklichkeit ab auf die Möglichkeit für den Rezipienten.

### *»Finsternis« als musikalisches Superzeichen*

Der Doktor schlüpft am Ende des Stücks *Der Ignorant und der Wahnsinnige* in die Rolle des Kommentators. Er kommentiert nicht nur – als Mitspieler – das Bühnengeschehen und die Figur des Vaters, sondern gibt zugleich eine Ausdeutung des Bühnengeschehens als eines solchen, d.h. er thematisiert gleichnishaft Fiktionalität und Sinndimension desjenigen Stücks, in dem er auftritt. Der Doktor bestimmt das Bühnengeschehen als »die größte Unsicherheit« (35-36). Der Zusammenhang der dramatischen Rede mit den theatralischen Ereignissen und deren Vorgeschichte verflüchtigt sich ins Assoziative und Unbestimmte. Es gibt keine ›reale‹ Vorgeschichte, an die sich der Zuschauer halten könnte, sondern nur deren holzschnittartige Andeutung. Die Aufmerksamkeit des Zuschauers oder Lesers wird dadurch weg vom Kausalen und Begrifflichen hin auf die Finsternis als Zuständlichkeit gelenkt. Eine Anspielung auf den Theatertopos (33-36) unterstützt diese Distanzierung vom Bühnengeschehen noch. Schon an anderer Stelle wurde dieser Zusammenhang hergestellt. Im Séparée

---

[37]  Bernhard Sorg erinnert die finale Verfinsterung des Bühnenraums »an die geistige Verfinsterung der Protagonisten, die die Überhelle ihres Gehirns, die qualvoll gesteigerte Erkenntnis- und Leidensfähigkeit, an irgendeinem Punkt nicht mehr ertragen und ›in die zweite, in die endgültige Finsternis vor einem‹ (*Drei Tage*) hineingehen. Diese Finsternis, im Stück groteskparodistisch verkörpert durch den stets betrunkenen Vater, wird vom Arzt als Ziel dargestellt; ständig in solcher Finsternis zu leben, erscheint der sich selbst überschlagenden Aufklärung als einziger und erstrebenswerter Ausweg« (*TB* 195). B. Sorg erkennt zwar richtig den Kontrast zwischen dem Erscheinungsbild des Vaters und der Existenzauslegung durch den Doktor, doch ist seine Interpretation des Schlusses von *Der Ignorant und der Wahnsinnige* ansonsten ungenau: (1) Die ›erste Finsternis‹ ist nicht mit Erkenntnisfähigkeit zu identifizieren; die ›zweite Finsternis‹ ist nicht Flucht vor qualvollen Erkenntnissen, sondern Selbstaufklärung über die Natur des Leidens an der Existenz (vgl. oben Seite 242f.). (2) Die ›zweite Finsternis‹ kann zwar im Sinne von Bernhards Monolog *Drei Tage* als »Ziel«, und zwar als Ziel von Selbstreflexion, verstanden werden, nicht aber als »Ausweg«; es gibt keinen Ausweg, denn die ›erste Finsternis‹ »zu beherrschen [ist] einem zeitlebens unmöglich« (*DT* 89). (3) In Anbetracht des dumpfen, begriffslosen Leidens des Vaters erscheint es zweifelhaft, ob er überhaupt in der ›zweiten Finsternis‹ ist. (4) Der Doktor gibt überhaupt keine Empfehlungen, sondern stellt die dargestellten Existenzmodelle als gleichwertige vor; Sorgs Rede von der »sich selbst überschlagenden Aufklärung« ist höchstens insofern zu rechtfertigen, als die relativistische These von der Gleichwertigkeit aller Existenzweisen historisch als Resultat einer aufklärerischen Destruktion von Letztbegründungen aufgefaßt werden kann.

bei den ›Drei Husaren‹ macht der Doktor eine Bemerkung, die nur als zugleich meta-
fiktionale Reflexion zu verstehen ist: »aber wir werden immer angestarrt geehrter
Herr / Sie selbst bemerken diesen fürchterlichsten aller Zustände / möglicherweise
nicht mit einer solchen Deutlichkeit / wir erfinden / Schliche / aber das Publikum holt
uns immer wieder ein« (*IW* 82f.).

Doch mehr als eine vage Andeutung ist der theatermetaphorische Vergleich für
die eigene Bühnenexistenz am Schluß des Stücks nicht: es bleibt unklar, worauf sich
der modale Anschluß (»Wie auf offener Bühne«) beziehen soll, ob auf das zuvor besprochene, verhängnisvolle Licht (30-31), auf die faktische Vollverfinsterung der
Bühne (32) oder auf die Bühnenexistenz im allgemeinen. Die indirekte, metaphorische Fiktionsironie entfaltet hier nicht weiter die mit dem Topos vom sehenden bzw.
hellhörenden Blinden angerissene metaphysische Thematik, sondern gibt nur ein zu-
sätzliches Stimmungszeichen für die ontologische »Unsicherheit« (36) der Bühnenfi-
guren.

Die Verfinsterung im Finale des Stücks soll keine Botschaft vermitteln, sondern
eine Erfahrung. Der Zuschauer ist infolge der Verdunkelung des gesamten Theaterraumes nicht durch visuelle Eindrücke abgelenkt; es ist ein der Stille nach dem letzten Ton einer musikalischen Darbietung vergleichbarer Moment. Die Finsternis vereinzelt den Zuschauer; er ist ohne Ablenkungen durch äußere Wahrnehmungen der
Nachwirkung des Stücks ausgesetzt. In gewissem Sinne wird auch der Zuschauer
›kompetent‹, nämlich für seine subjektive Resonanz. Als sich Thomas Bernhard und
der Regisseur Claus Peymann anläßlich der Uraufführung bei den Salzburger Festspielen 1972 weigerten, das Stück entgegen der Vorschrift des Nebentextes bei einge-
schalteter Notbeleuchtung zu spielen, hatten sie dafür folglich (zumindest auch) genuin künstlerische Gründe.

Bernhard hat dem Stück ein Novalis-Zitat als Motto vorangestellt: »Das Märchen
ist ganz musikalisch«.[38] Und als musikalische Abstraktion von den einzelnen Refe-
renzen zum Bühnengeschehen muß das Superzeichen »Finsternis« verstanden werden. Es verdichtet die drei Einzelbedeutungen: die faktische Verdunkelung von Bühne und Zuschauerraum, die Blindheit des Vaters sowie den Topos vom hellhörenden
Blinden. »Finsternis« wird zur mythischen Zuständlichkeit, zum poetisch-musikali-
schen Bild von eigenständiger Intensität. Die Identität der Chiffre ›Finsternis‹ liegt,
nach einer Bemerkung Adornos über ›musikalische‹ Begriffe, in ihrer eigenen Beschaffenheit, nicht in einem von ihr Bezeichneten.[39]

*Mythenkritik*

Die Diskrepanz zwischen Szene und Text kann aber auch als Unterlaufen des mythischen Bildes durch Zurschaustellung seiner Gemachtheit verstanden werden. Von sei-

---

[38]  Novalis, *HKA III*, IX, 1011. Novalis setzt den Begriff des Märchens gegen die Welt von
Geschichte und Kausalität; vgl. aaO. Nr. 234, 986.
[39] Vgl. Th. W. Adorno, *Fragment 252*.

nem Erlebnis der Verdunkelung ausgehend, schließt der Doktor auf die Analogie aller Finsternisse. So verselbständigt er das Prädikat gegenüber dem Prädizierten; dadurch werden Bühnengeschehen und die Existenz des Vaters analogisierbar und sogar identifizierbar. Im Akt einer Selbstverklärung der eigenen Evidenzen wird das Bezeichnete – das Nicht-sehen-Können, die Verdunkelung – zum Bezeichnenden im Rahmen des metaphorisch-metaphysischen Gedankens von der Kompetenz der Ignoranz. Die betonte Unangemessenheit dieses Bezuges lenkt die Aufmerksamkeit auf den semiotischen Aspekt der Figurenrede, hier: auf Bedeutungsverschiebung und Signifikat-Signifikanten-Tausch, wodurch der künstliche Spuk[40] semiotisch entzaubert wird. Die zitierte Stelle ist eine Fallstudie für die Suggestivität, mit der die »Verhexung unsres Verstandes durch die Mittel unserer Sprache« (Wittgenstein, *PU* § 109) vonstatten geht.

*Schluß*

Eine Antwort, die mehr als »Leerstellenfüllung« sein will, kann nicht in einer Entscheidung für die eine der beiden alternativen Deutungen bestehen. Sowohl die Mythisierung als auch die Selbstentzauberung – die Gegenbewegung gegen selbstgesetzte ästhetische Codes –, sind konstitutive Merkmale des Schlusses wie des gesamten Stücks. Das Ende in Finsternis hat untrennbar Momente von Ernst und Scherz. Die indirekte Mitteilung, die der Schluß darstellt, kann mit Kierkegaards Worten »auch das gerade Gegenteil sein oder als solches verstanden werden [...]; alle doppelt reflektierte Mitteilung macht einander entgegengesetzte Verständnisse gleich möglich, sodaß der Urteilende offenbar wird darin, wie er urteilt« (*SS* 15, Anm.). Jeglicher interpretatorischen Identifikation mit der Rede des Doktors oder der Existenz des Vaters ist von Seiten des Autors die Lizenz entzogen; so wird das ›Zeichen des Widerspruchs‹ zum Spiegel für den Rezipienten, oder besser, in Anbetracht der Totalverfinsterung des Theaterraums: zu dessen Echo. Der Zuschauer vernimmt keine Botschaft, er lauscht keinem Eingeständnis, sondern sich selbst.

---

[40] »In meinen Büchern ist alles *künstlich*«, leitet Thomas Bernhard in *Drei Tage* seine Antwort auf die selbstgestellte Frage ein: »Warum Finsternis?« (*DT* 82).

# Biographismus: Die Suche nach dem Ursprung von Erfolg und Scheitern

Im Mittelpunkt der meisten Stücke Bernhards steht der Versuch, durch Interpretation und Erinnerung Kontinuität in die Lebensgeschichte eines der Protagonisten zu bringen. Es wird nach den Ursachen von Erfolg und Scheitern geforscht, eine Todeskrankheit auf ursprüngliche lebensgeschichtliche Ereignisse zurückgeführt. Stets stoßen diese Versuche aber an die Grenzen der Erklärbarkeit. Die dramatische Darstellung der jeweils unzureichenden oder abwegigen Erklärungsversuche umkreist die Frage nach dem Wirkungszusammenhang von Subjekt und Geschichte, die Frage, wie man wurde, was man ist. Einmal determinieren die verschiedenen Erklärungsansätze das empirische Subjekt aus lebensgeschichtlichen Ereignissen, ein andermal erscheint die Lebensgeschichte als Ausdruck einer bereits festgelegten Subjektivität. Seinem von der Kritik als »Filbinger-Stück« aufgenommenem Stück *Vor dem Ruhestand* hat Bernhard einen Satz von Henry James vorangestellt: »Was ist Charakter anderes als die Determinierung des Ereignisses, der Handlung?« Im Kontrast zu der hierin behaupteten Prävalenz des Subjekts steht die Überzeugung Rudolf Höllers, einer der drei Hauptfiguren dieses Stücks, daß der Mensch sein Leben nicht willkürlich zu beeinflussen vermöge: »Kein Mensch kann den Verlauf seines Lebens bestimmen / Er kommt auf die Welt und stirbt / was dazwischen ist / darauf hat er keinen Einfluß« (*VdR* 96).[41] Thomas Bernhard hat diese Überzeugung selber wiederholt vertreten. Sie erhält aus dem Munde des Gerichtspräsidenten und ehemaligen SS-Offiziers Höller eine besondere Handlungsbedeutung: dieser will sich damit von aller Verantwortung für die von ihm während des Nationalsozialismus' begangenen Verbrechen lossprechen.

Die Versuche biographischer Erklärung sind in der Regel verfremdet oder immanent widersprüchlich, sie rekurrieren auf empirisch unvereinbare Daten oder parodieren psychologistische Deutungsklischees. Durch die Relativierungen und Verfremdungen wird aber nicht der Satz vom Grunde preisgegeben. Der Anspruch auf Erklärung bleibt bestehen, wenn er auch in Bernhards Stücken nirgends befriedigt wird. Diese Diskrepanz zwischen Erkenntnisreiz und Erklärbarkeit liegt der Wahl des Titels seiner ersten autobiographischen Erzählung zugrunde: *Die Ursache* heißt im Untertitel »Eine Andeutung«.

Die impliziten Widersprüche und Einschränkungen biographistischer, nach rückwärts verstehender Rede haben latent den Effekt, das Subjekt mit seiner Geschichte zu identifizieren. Die biographischen Fakten erscheinen in dieser Perspektive nicht als Ursachen im mechanistischen Sinne, sondern als ›Szenen‹, ›Chiffren‹, als Zeichen in einem lebensgeschichtlichen Text mit unabschließbarer Bedeutungsfülle. Die Biographie wird in Bruchstücke, in singuläre und mitunter widersprüchliche Ereignisse zerlegt, die immer wieder neu interpretiert und arrangiert werden können. Die ganze

---

[41] Vgl. L. Pikulik, *Eichmann* 176.

lebensgeschichtliche Wahrheit läßt sich, wenn überhaupt, nur im Springen von Satz zu Gegensatz, in der teils widersprüchlichen Vielfalt des Erinnerten realisieren. Bernhards Strategie der »Geschichtenzerstörung« vermeidet narrative Folgerichtigkeit – in kierkegaardschem Sinne »objektives Wissen« und »Resultate« –, um die biographischen Bruchstücke konstellativ anzuordnen. Aus Verachtung für »alles Ausgesprochene, Zuendegeredete«,[42] wie es in *Amras* heißt, deutet Bernhard Zusammenhänge zwischen individuellen Eigenschaften und lebensgeschichtlichen Entwicklungslinien, zwischen Herkunft und Erfahrungen nur an.

In seinen Theaterstücken gilt Bernhards ästhetisches Interesse dem Reflexionsprozeß selbst. Nicht diese oder jene Ereignisse, sondern der Modus ihrer Erinnerung und Ausdeutung ist dramatisches Ereignis. Deshalb setzt Bernhard in seinen nicht-monologischen Stücken komplementäre Figuren gegeneinander, die ähnliche Ereignisse ganz unterschiedlich verarbeiten. Die verschiedenen Versionen lassen die einzelnen biographischen Fakten als immer schon gedeutete erscheinen, weniger als Ursache denn als Ausdruck einer Individualität. Vergangenheit ragt nur in Form von Chiffren, die erinnerte Szenen wie musikalische Formeln bezeichnen, in die Gegenwart selbstreflexiver Akte hinein. Bernhards Figuren umspielen die Ursprungsfrage in Formulierungen, die der Frage nach der Henne und dem Ei gleichen. Die heuristischen Probleme, an denen Bernhards Biographismen sich unausdrücklich abarbeiten, könnten systemtheoretisch beseitigt werden. Beschriebe man die lebensgeschichtlichen Ereignisse nämlich als Interaktionen verschiedener Systeme, so wäre nichts Erstaunliches mehr daran, daß der Interaktionseffekt, die Individuation, Charakteristika aller beteiligten Systeme aufweist. Auf dieser Grundlage verschwände das lästige Ursprungsproblem. In Bernhards Biographismen wird der Boden der Subjekt-Objekt-Ontologie und des obsoleten Kausalitätsbegriffs zwar nicht verlassen, aber parodierend in seiner Beschränktheit und Unangemessenheit entlarvt.

Thomas Bernhards Figuren psychologisieren gewissermaßen ohne Psychologie. Psychologisch sind Bernhards Stücke nicht im Sinne dramatisierter Krankengeschichten; der genetische Zusammenhang zwischen Vergangenem und Gegenwärtigem wird eher verfremdet und verrätselt als enthüllt. Psychologisch reflektiert ist aber die Durchsetzung der Figurenrede mit signifikanten Spuren psychischer Zwänge und traumatischer Ereignisse. Solche Spuren sind etwa Privatsymbole, Rollenzwänge und bevorzugte rhetorische Posen. Thomas Bernhard verwendet psychologische Erklärungen und biographische Erzähleinschübe wie überhaupt alle narrativen und argumentativen Muster nur, indem er sich gleichzeitig von deren Realitätsgehalt und

---

[42] »Wir beherrschten beide die Kunst der Andeutung wie keine andere... wir haßten, verachteten alles Ausgesprochene, Zuendegeredete... Wir waren ja, wie Sie wissen, *Feinde der Prosa*, uns ekelte vor der geschwätzigen Literatur, vor dem dummen Erzählerischen« (A 63). Bereits Jens Tismar stellt fest: Gegen eine herkömmliche Form epischer Entwicklung »setzt Thomas Bernhard sein Konzept der Reduktion und Andeutung, er verweigert damit dem Leser die Möglichkeit, sich in einem auserzählten Handlungssystem beruhigt einzunisten.« – »Statt eines kohärenten und motivierten Handlungszusammenhangs bietet Bernhards Erzählung [*Ungenach*] ein Beziehungskaleidoskop verschiedener Beobachtungen und Meinungen an« (Tismar, *Idyllen* 122f.).

Erklärungswert distanziert. Christa Strebel-Zeller stellte schon für die Prosa Bernhards fest: »Mit den Mitteln der psychologischen Personendarstellung [...] deckt Thomas Bernhard die Grenzen derselben auf« (*Verpflichtung* 36). Vor allem durch Verfremdung und extreme Stilisierung zum mythischen Klischeeschicksal macht Bernhard deutlich, daß biographische Erklärungen kommunikative Rollenspiele sind, die
die beanspruchte Erklärung nicht erbringen. So heißt es über die Mutter des Prinzen
in *Die Jagdgesellschaft*:[43]

> GENERAL
>     Seine Mutter existierte davon
>     daß sie bei den verschiedensten Jagdgesellschaften
>     oder Hochzeitsgesellschaften
>     oder bei den verschiedensten Begräbnissen aufkochte
>     Und sie besserte die Wäsche aus in den Gutshöfen
>     und auf den Schlössern
>     *zum Prinzen*
>     Ein ungeheures Vermögen
>     das Ihre Vorfahren in Böhmen verloren haben [...]                    (*Jg* 91)

Derlei rührselige Komprimationen von Elendsgeschichten und »Märchen«[44] über soziale Abstiege machen die Dynamik ›großer‹ Schicksale als triviale und obsolete epische Klischees lächerlich. Das geschieht besonders dann, wenn sie, wie in diesem
Beispiel, das Geschehen nicht beeinflussen und bloße epische Verzweigung oder or-
namentierender Einschub sind. Eine ähnlich große soziale Spanne umfaßt der in entgegengesetzter Richtung verlaufene Werdegang des Präsidenten. Er kommt »von
ganz unten / herauf«, er und seine Frau »wissen / was Armut ist« (*Pr* 39f.):

> PRÄSIDENT
>     absolute Lieblosigkeit mein Kind
>     Nur ein einziges Paar Strümpfe in zwei Jahren
>     und jahrelang nicht das Geld
>     um dem Christkind schreiben zu können [...]
>     an den Festtagen [...]
>     den Bratengeruch der Wohlhabenden
>     nur aus den Fenstern                                               (*Pr* 139)

Wie zum Beispiel der Bassist (*Ber*) und Moritz Meister (*ÜaG*) gehört auch der Präsident zu denjenigen Protagonisten Bernhards, die sich ihr Leben gegen alle Widerstände »selbst gemacht haben« (*Pr* 139). Aus Armut und Lieblosigkeit hat er sich empor-
gearbeitet zum großen Präsidenten eines allerdings viel zu kleinen Landes (*Pr* 123f.)
– bitterböse Karikatur einer als heroische Selbstbehauptung mißverstandenen Dialektik des Selbstwerdens. An anderen Stellen ist es eine seelische oder körperliche Ver-

---

[43]   Die verfremdende Klischeehaftigkeit dieser Passage hat noch eine weitere Funktion. Die
Rührseligkeit dieses Elendsmärchens fungiert als Indikator dafür, wie obsolet das Denken des
Generals und das dramatische Muster des allegorischen Weihnachtsspiels sind.
[44]   Soziologische Theorien und Kategorien gelten Thomas Bernhard sämtlich als »Märchen«
(vgl. *PM* 12).

krüppelung, die zum Herrschen (*Jg* 58f.; *MG* 34) oder zur Künstlerschaft (*Ber* 31ff., 61ff.) befähigt. Einmal ist es »naturgemäß« die Abstammung aus einer Bierbrauerfamilie, ein andermal die Herkunft aus einer Arzt- oder Fleischhauerfamilie, welche eine musikalische Karriere ermöglicht (*IW* 32; *Ber* 52f.). In noch stärkerem Maße als durch Stilisierung und Verfremdung werden die Erklärungsmodelle der Lächerlichkeit preisgegeben, wenn die zugrundegelegten Tatsachen innerhalb der Stückfiktion zweifelhaft werden. »Die Herkunft ist das Entscheidende« (*ÜaG* 116); doch die Informationen hierüber divergieren beträchtlich. So sagt Moritz Meister, der Großdichter in *Über allen Gipfeln ist Ruh'*, der sich gleich dem Präsidenten von unten heraufgearbeitet hat, an einer Stelle – übrigens in charakteristisch stilisierendem Kontrast der Größenangaben – über seinen Vater, er sei »ein ganz *kleiner* Angestellter in einer *Groß*ziegelei« gewesen (*ÜaG* 42; Hervorhebung C.K.), während dieser an anderer Stelle als »gelernter Tischlermeister« (116) bezeichnet wird. Diese Angaben schließen einander zwar nicht aus, doch erscheint es als äußerst unwahrscheinlich, daß beide zutreffen.

Der nach Erklärung suchende »Weg von der Folge auf den Grund« ist nach Schopenhauer »stets unsicher« und »die Quelle alles Irrtums« (*WWV II* 120). Wir haben, wie der Doktor in diesem Sinne ausführt, »nur immer Wirkungen vor uns / die Ursachen sehen wir nicht / vor lauter Wirkungen / sehen wir keine Ursachen« (*IW* 28f.). Ebenso übertrieben, wie Bernhards Figuren ihrem Erklärungswahn freien Lauf lassen, dementieren sie an anderen Stellen apodiktisch die Möglichkeit von Erklärung überhaupt:

DOKTOR
Aber was erklären
wenn doch überhaupt nichts
erklärt werden kann (*IW* 74)

Die Konsequenz lautet: »man muß einfach alles / als Ursache in Betracht ziehen / alles kann Ursache sein« (*IW* 28). In *Die Berühmten* steht neben anderen Musikerbiographien die Karriere des gastgebenden Bassisten zur hermeneutischen Durchleuchtung an. Die einzelnen im Rahmen des Party-Geschwätzes geäußerten Vermutungen über die Ursachen seines Erfolges divergieren so stark, daß das Reden über Lebensgeschichten zum Thema des Stückes wird, hinter dem die Biographie des Bassisten als bloßer Materialfundus verschwindet. Aus der Rückschau ist unentscheidbar, ob der junge Sänger sein Talent *trotz* des beschämenden Mißerfolgs – Krips habe ihm geraten, »Fleischhauer« zu werden (*Ber* 57) – entwickelt habe (Selbstbehauptung), oder gerade *wegen* dieser Beschämung (Kompensation oder Rache). Die beiden divergierenden Deutungen werden nicht nur mit illustrierendem Faktenmaterial, sondern auch durch entsprechende, ebenfalls komplementäre Theoreme untermauert. Die Widersprüchlichkeit der Theoreme wird in der scheinbar zwanglosen, aber streng musikalisch komponierten Konversation[45] kommentarlos übergangen:

---

[45] Der musikalische Verlauf der Konversation zeigt sich – besonders in den beiden Vorspielen in *Die Berühmten* im Arrangement der Themen, dem Anklingen und Ausführen bzw. Fallen-

VERLEGER
  Im Gegenteil muß zuerst
  das Talent vernichtet werden
  damit der Künstler entstehen kann
  Die Vernichtung des Talents im Künstler
  ist seine Voraussetzung                                       (*Ber* 55)
KAPELLMEISTER
  Aber Ihr Talent konnte Krips nicht vernichten
  das Ihre nicht Herr Baron
  Bassist
  Niedergeschlagen war ich
  vernichtet                                                 (*Ber* 57)

Die behaupteten Kausalzusammenhänge relativieren sich gegenseitig. Der Ursprung des Erfolges ist wie der einer Todeskrankheit nicht auszumachen. Wenn eine Entscheidung zwischen »trotz« und »wegen« nicht möglich ist, treten Ursachen und Wirkungen in ein rein temporales Verhältnis zueinander.

Auch die wahren Gründe des eigenen Verhaltens bleiben verdeckt. Auf die Frage, warum er sofort eingewilligt habe, mit nach Katwijk zu kommen, antwortet der Schriftsteller in *Am Ziel*:

SCHRIFTSTELLER
  ich weiß es nicht
MUTTER
  Sagen Sie es nicht
  es sind zuviele Möglichkeiten
  derentwillen Sie eingewilligt haben
  Wenn Sie nachdenken müssen
  es ist nichts grundlos getan                                 (*AZ* 127)

Stilisierung und überzeichnende Verfremdung lassen biographisches Erklären als Sprachspiel erscheinen, das nicht bis zu den wirklichen Ursachen vordringe, sondern nur oberflächliche Ähnlichkeiten bzw. Gegensätze wahrnehme, d.h. »Ersatzursachen« (*Kw* 136) konstruiere. Diesen Vorbehalt bringen parodistische Fehlbildungen wie die folgende besonders deutlich zum Ausdruck:

CARIBALDI
  In Wahrheit hätte mein Neffe
  werden sollen
  was er ist                                                   (*MG* 40)

Man wird, was man ist. Die Ursache ist man selbst.[46] Dementsprechend vermag Thomas Bernhard in seinem Leben auch keine Kontinuität zu entdecken, die man als »Weg« bezeichnen könnte:

---

lassen bestimmter Motive. Es würde aber zu weit führen, die Konversation hier detailliert darzustellen.
[46] Der Titel eines 1986 von Krista Fleischmann in Madrid mit Thomas Bernhard produzierten Interviews lautet »Die Ursache bin ich selbst«.

»[...] aber ich war niemals ein Mensch für einen Weg. Ich bin keinen Weg gegangen im Grunde, wahrscheinlich, weil ich immer Angst gehabt habe davor, einen dieser endlosen und dadurch sinnlosen Wege zu gehen. [...] Aber ich bin nicht gegangen. Bis heute nicht. Es ist etwas geschehen, ich bin älter geworden, ich bin nicht stehengeblieben, aber ich bin auch nicht einen Weg gegangen.« (*Keller* 156)

# *Die Jagdgesellschaft* als Allegorie eines Identitätszerfalls

In seinem dritten Theaterstück, *Die Jagdgesellschaft* (1974), entfaltet Thomas Bernhard das Motiv der »Todeskrankheit« als Allegorie eines Identitätszerfalls. In der Rolle, die der Autor der Literatur und der Figur des Schriftstellers – des beobachtenden Angstmachers – in diesem Zerfallsprozeß zuweist, reflektiert er zugleich seine eigene Ästhetik.

In diesem Stück, das Thomas Bernhard selbst für sein bestes hält[47], gruppiert er zwei komplementäre Männerfiguren um eine weibliche Mittlergestalt. Der Schriftsteller, eine Art philosophierender Hausfreund und Damenunterhalter, gehört zu den Gleichgültigen und Relativisten, während der General den Typus des bernhardschen Apokalyptikers verkörpert. Während der Vater in *Der Ignorant und der Wahnsinnige* hauptsächlich groteske Verkörperung und Anschauungsobjekt der Reden des Doktors ist, revanchiert sich der General seinerseits mit direkten Interpretationen seines Gegenspielers. Beide Figuren repräsentieren komplementäre Existenzmodelle, die in wechselseitigen Charakterisierungen Kontur gewinnen. Dennoch herrscht zwischen ihnen kein vollkommenes Gleichgewicht; den thematischen Schwerpunkt bildet die »Todeskrankheit« des Generals, der Schriftsteller ist die überlegene Figur in diesem Stück.[48]

Wie in jedem Jahr hat der General zur Jagd geladen. Dieses Mal ist die Situation jedoch eine besondere. Die Spielzeit umfaßt die letzten eineinhalb Tage des Generals bis zu seinem Selbstmord, vom Abend der Ankunft bis zur Morgendämmerung des übernächsten Tages. Das Stück ist in drei Szenen oder »Sätzen«, wie der Autor anmerkt, komponiert, die vor, während und nach der Jagd spielen. Schriftsteller und Generalin, die beide nicht an der Jagd teilnehmen, sind als erste im Jagdhaus angekommen, das auch Ort des gesamten Geschehens ist. Die Bühnenhandlung besteht hauptsächlich aus der Konversation von Schriftsteller und Generalin, insbesondere aus ihren Versuchen, die Todeskrankheit des Generals zu bestimmen und zu rekonstruieren. Die berichtete Vorgeschichte, die aktuelle Bühnenhandlung und das im Off stattfindende Geschehen stehen in einem komplexen sinnbildlichen Verweisungszusammenhang. Der allegorische Charakter des Stücks ist so offensichtlich, daß er in allen Kritiken und Interpretationen hervorgehoben wurde.[49] B. Sorg kritisiert, »die sinnbildliche Funktion der Baumkrankheit erscheint mit fast schon penetranter Überdeutlichkeit« (*TB* 196). B. Henrichs erkennt darin ein »quasi-religiöses Weltverständnis« (*Todes Leid*). Thomas Bernhard hat das allegorische Moment so stark stili-

---

[47]  Vgl. Becker, *Bei Bernhard* 83.

[48]  Der Schriftsteller ist im Personenverzeichnis gegenüber den anderen abgesetzt; vgl. schon den Hinweis bei H. Gamper, *TB* 140.

[49]  Für H. Gamper sind die Vorgänge des Stücks »direkt und ausschließlich als allegorische zu verstehen« (*TB* 126). H. Reinhardt bemerkt allgemein eine Verstärkung parabolisch-allegorischer Formtendenzen in den Theaterstücken Thomas Bernhards im Vergleich zu seiner Prosa (*Subjekt* 352).

siert und vergröbert, daß *Die Jagdgesellschaft* teilweise zu einer Art subjektphilosophischer Klamotte wird.[50] Die Rezeption hat auf die allegorischen Momente mit inadäquat vereindeutigenden Bedeutungszuweisungen geantwortet. So hat etwa F.N. Mennemeier (*Nachhall*) aufgrund der Anspielung auf Čechovs *Der Kirschgarten* am Ende der *Jagdgesellschaft* die parallel montierten Verfallsprozesse als Allegorie auf den Untergang einer halbfeudalen Klasse verstanden. Diese Interpretation ist in Grenzen plausibel, bedürfte aber der Ergänzung im Problemhorizont des ›habsburgischen Mythos‹, an dessen »Liquidation«[51] das Schreiben Thomas Bernhards teilhat. Mit diesem Ansatz läßt sich indessen die Beziehungsfülle der allegorischen Verfallsprozesse nicht ausschöpfen. Ferner dürfte es schwerfallen, die existentielle Problematik des Stücks aus dem Klassenstatus seiner Figuren ausreichend zu motivieren.

Die bislang umfassendste und subtilste Interpretation hat Herbert Gamper vorgelegt.[52] Aber auch Gamper neigt zur Vereindeutigung intendierter Ambivalenzen und Dunkelheiten. Dies zeigt sich unter anderem in Gampers Deutung des Waldes, dem er fixe, einander widersprechende Bedeutungen zuordnet.[53] Ich schlage demgegenüber eine Interpretation vor, die den allegorischen Wald Bernhards nur als Stätte versteht, in dem bestimmte Akte der Selbstreflexion stattfinden. Diese Interpretation ist formaler und vermeidet bzw. erklärt die Widersprüche zwischen einzelnen Besetzungen und symbolischen Bedeutungen. Auf einem gravierenden Mißverständnis beruht auch das simplifizierende Handlungsschema, das Gamper der Interaktion zwischen Schriftsteller und General unterlegt. Diesem Schema zufolge hat der Schriftsteller den General zielstrebig und bewußt in den Selbstmord gedrängt.[54] Gerade an dieser Deutung zeigt sich, daß die intendierten Ambivalenzen und Dunkelheiten des Textes, die Gamper nivelliert, keine Spezialprobleme von minderer Relevanz darstellen, sondern die Interpretation des gesamten Stücks in ganz entscheidendem Maße bestimmen. Ich werde demgegenüber zeigen, daß, wenn der General seine Entscheidung zum Selbstmord überhaupt unter dem Einfluß von Person und Handeln des Schriftstellers trifft, dieser Einfluß gerade im Widerspruch zur Philosophie seines Wi-

---

[50] Hilde Spiel nannte *Die Jagdgesellschaft* in ihrer Besprechung eine »eschatologische Operette«. Das eschatologische Moment dieses Stücks vermag ich allerdings nicht zu erkennen. Die Tendenz zur Klamotte konstatiert auch Hellmuth Karasek: »Eine Allegorie, fast zu durchsichtig, um wahr zu sein, denn das grenzenlose Leid geht ebenso glatt auf wie die grenzenlose Liebe im Heimatfilm.«

[51] Vgl. J. Donnenberg, *Österreich* 245.

[52] Vgl. H. Gamper, *TB* 126-152. Zur Kritik an Gampers Interpretation von *Die Jagdgesellschaft* vgl. unten S. 271ff.

[53] Zu sehr auf die Inhalte einzelner Besetzungen achtend, meint Herbert Gamper, der Wald »macht in seiner ganzen Komplexität den ›Inhalt‹ des Stückes aus« (*TB* 126).

[54] Der Schriftsteller »benutzt sein Wissen über den General [und dessen Todeskrankheit] dazu, ihn zu vernichten« (*TB* 129). F.N. Mennemeier spricht sogar von einem »wirklichen«, rhetorisch ausgetragenen Streit« (*Nachhall* 316); hiervon findet sich jedoch in *Die Jagdgesellschaft*, welches Mennemeier selbst zu einem »absolut handlungsleeren Stück« (317) erklärt, keine Spur. Er deutet das Bühnengeschehen nach dem traditionellen dramaturgischen Modell einer Konfrontation zweier Gegenspieler und kreidet dem Autor, von dieser Voraussetzung ausgehend, »Konstruktionsfehler« (316) an.

dersachers steht. Im übrigen drängt der Autor als selbsternannter »Geschichtenzerstö-
rer« (*DT* 83) solche kausalen Zusammenhänge generell in den Hintergrund, um zu
zeigen, daß seine Figuren wesentlich unbeeinflußbare Typen von Todeskranken sind,
die sich ihrer Todeskrankheit teilweise unbewußt, in jedem Falle aber eigendyna-
misch ausliefern.[55] Dieser Figurentypologie entsprechend, sind die inhaltlichen
Aspekte der Waldallegorie, soweit solche überhaupt aus dem Stück ersichtlich werden, nur dem Waldgänger, dem General, zuzuordnen. Sie gehören also nicht zur intendierten Aussage des Stücks, sondern sind dessen Material. Die Todeskrankheit des
Generals ist in Gestalt der verschiedenen Verfallsprozesse, in denen sie sich realisiert, auf eine Weise überdeterminiert, daß die Kausalzusammenhänge in den Hintergrund gedrängt oder aufgelöst werden und als sinnbildliche Konkretisationen des allegorischen Modells zerfallender Identität erscheinen.[56]

## Zur Situation

Das Theaterstück *Die Jagdgesellschaft* beginnt mit der Wiedervergegenwärtigung einer Irritation des Schriftstellers. Von einem Aphorismus über die Ruhe ist ihm nur
der erste Teil eingefallen, nicht aber dessen Fortsetzung. Er schildert der Generalin,
welche innere Unruhe und paradoxe Motorik dieser Umstand verursacht habe: abwechselnd habe er die Fenster geöffnet und wieder verschlossen, dann wieder die
verabscheuten Spielkarten gemischt (12f.). Generell vermittelt der erste ›Satz‹ des
Stücks eine ambivalente Stimmung: sie ist bestimmt vom Wechsel zwischen Ablenkung und Evidenz, zwischen unwillkürlichen Erinnerungen und Versuchen, sich dieser zu entledigen. Zu einem bedeutenden, aber nicht genau bestimmbaren Anteil wiederholt die aktuelle Bühnenhandlung frühere Begegnungen im Jagdhaus. In mehrfacher Hinsicht gleicht das gegenwärtige Geschehen dem, was Schriftsteller und Generalin über vergangene Treffen berichten; das Erzähltempus springt aus dem Präteri-
tum ins iterative Präsens und wieder zurück.[57] Das Konversationsspiel von Frage und
Antwort ist häufig nur äußerliches Arrangement, denn der Fragende weiß die Antwort
selber. Die gemeinsam verbrachten Tage während der Jagden vergangener Jahre müssen sich ganz ähnlich abgespielt haben. Die Einladung des Schriftstellers und die um-
ständlichen Vorbereitungen auf seinen Besuch sind zur Zeremonie geworden. Vieles

---

[55]   Vgl. hierzu die Abschnitte über »Todeskrankheit als Metapher« S. 62ff.
[56]   Obwohl sich H. Gamper über das Verhältnis zwischen Mythos und kausaler Darstellung bei
       Thomas Bernhard durchaus im klaren ist, wie an anderen Stellen erkennbar wird, setzt sich in
       seiner Textinterpretation dennoch die Tendenz zur Vereindeutigung durch. Bezeichnenderweise
       spricht Gamper bezüglich einer Stelle aus *Die Jagdgesellschaft* explizit von »entbehrliche[r]
       Überdetermination« (131); vgl. hierzu vom Verf., *Simultane Widersprüche*.
[57]   Vgl. bes. *Jg* 15-20. Zum Beispiel: »SCHRIFTSTELLER: Dann habe ich / immer die gleichen
       Kopfschmerzen [...] / GENERALIN: Sie lenken auf Ihre Kopfschmerzen ab / Sie redeten plötzlich /
       wehrten ab / spielen wir sagte ich [...usw.]« (19).

von dem, was zur Vorgeschichte berichtet wird, ist schon unzählige Male beredet worden.

SCHRIFTSTELLER
*Dabei hatten Sie schon*
bevor die Ärzte darauf gekommen sind
den Verdacht
Ihr Mann leidet
an einer Todeskrankheit
Er sei anders
sagten Sie
*schon vor langer Zeit*
[...]
*Ich erinnere mich* [...]                                    (*Jg* 45f.; Hervorhebung C.K.)
GENERALIN
Es ist sein Wunsch
daß er in dieser Uniform
begraben wird
SCHRIFTSTELLER
Und in einem ungehobelten Weichholzsarg
GENERALIN
Und in einem ungehobelten Weichholzsarg                     (*Jg* 61)

Die Konversation ist im wesentlichen als kooperatives Ergänzen bekannter Details gestaltet. Trotz der offenkundigen Ritualisiertheit der Bühnenhandlung ist der Ton in der ersten Szene der *Jagdgesellschaft* unerhört zart und behutsam. Der Schriftsteller widersteht der Versuchung, sich durch Kartenspiel abzulenken, und die Sprache beider Figuren drückt ihre Bereitschaft aus, den Resonanzen von Worten und Erinnerungen nachzuhorchen. Die Konversation zwischen Schriftsteller und Generalin dient also weniger der Mitteilung von Neuigkeiten als der Einstimmung aufeinander, indem man auf Bekanntes und gemeinsame Erinnerungen nur kürzelhaft verweist. In dieser Stimmung wird die Vorgeschichte des Stücks bruchstückartig rekapituliert. Die Vorgeschichte umfaßt auch eine Charakterisierung des Schriftstellers sowie die Rekonstruktion der Todeskrankheit, an der der General leidet. Diese Form der Exposition ist dramaturgisch äußerst ökonomisch, da die Figuren mit Andeutungen und Hinweisen auf gemeinsames Wissen auskommen. Mitunter wird nur auf den symbolischen, bestimmte Erinnerungen repräsentierenden Wert von Gegenständen verwiesen, ohne daß das Erinnerte selbst näherer Erläuterung bedürfte: »meine polnische Weste / Der sofortige Gedanke an Polen natürlich« (9); »Fortwährend habe ich gedacht / ich habe ja meine polnische Weste an« (11). Die Exposition setzt vor allem Stimmungszeichen, d.h. es geht um ›musikalische‹ Stimmigkeit der Ausdrucksmittel. Daß es normalerweise nicht »klar« (11) ist, wenn es »ununterbrochen schneit« (10), spielt keine Rolle für das musikalische Zusammenwirken dieser als Stimmungszeichen verwendeten Angaben zum Wetter. ›Klarheit‹ und ›Kälte‹ sind in Bernhards Zeichensystem stereotyp assoziierte Befindlichkeiten,[58] die keiner metereologischen Beglaubigung bedürfen.

---

[58]   Vgl. Thomas Bernhard, *Klarheit*, sowie H. Gamper, *TB* 146f.

Überall finden sich Zeichen von Tod und Verfall. Der General leidet an einer töd-
lichen Krankheit, einer Erkrankung der Nieren, und am Grauen Star. Die Minister be-
treiben den Sturz des Generals, der ein offenbar bedeutendes politisches Amt innehat.
Der Wald, der ihm in mehrfacher Hinsicht Vergegenständlichung seiner Lebensge-
schichte ist, ist vom Borkenkäfer befallen und muß gefällt werden. Dem körperlichen
Verfall und der Bedrohung seiner gesellschaftlichen Stellung korrespondiert seine
»Todeskrankheit«, eine Erkrankung des Geistes, des Gemüts. Seit der Schlacht bei
Stalingrad, wo er seinen linken Arm verloren hat, verfolgen ihn Bilder unzählbaren
Todes. Die Gespräche von Schriftsteller und Generalin sowie die Äußerungen des
Generals über sich selbst deuten bruchstückhaft den Konflikt an, der sich in der ambi-
valenten Figur des Generals zuträgt: Die immer unausweichlicher ihn bedrängenden
Erinnerungen und Erfahrungen des Todes bedrohen seine zwanghaft verteidigte Rol-
lenidentität, die er weder preisgeben kann noch will.

## Identitätsprinzip und Rollenzwang

Auch in *Die Jagdgesellschaft* entwirft Thomas Bernhard die Spielsituation mit Angaben, die nicht reifizierbar sind. Die über den Text verstreuten, punktuellen Hinweise,
die den psychischen Typus und die soziale Stellung des Generals umreißen, konstituieren keine konsistente Fiktion einer ›realen‹ Geschichte vor oder hinter dem Bühnengeschehen. Die Angaben zur Vorgeschichte sind vielmehr symbolische Markierungen
jener psychischen Dynamik, die in Bernhards Stücken mehr besprochen als tatsächlich vorgeführt wird: des Ausbruchs einer Todeskrankheit. Der General wird als Inha-
ber eines offenbar höheren, aber nicht näher bezeichneten politischen Amtes einge-
führt. Die Art dieses Amtes und die Identität des Staates bleiben unbestimmt, da es
auf sie nicht ankommt. Wie auch in *Der Präsident* geht es nicht um ein »Psychogramm der Mächtigen« (Hannemann). Die Grundidee zu *Die Jagdgesellschaft* dürfte
durch einen Gedanken Pascals inspiriert worden sein. Pascal konstruiert das Beispiel
eines bedeutenden Mannes des politischen Lebens, der den ganzen Tag durch seine
Geschäfte und durch Menschen abgelenkt ist und der plötzlich in die Situation versetzt wird, an sich selbst denken zu müssen: »Wenn sie [Männer des politischen Le-
bens] in Ungnade sind, und man schickt sie in ihre Landhäuser zurück [...], so sind
sie unfehlbar elend und verlassen, weil niemand sie daran hindert, an sich zu denken«.[59] Bernhards General und Präsident haben politische Macht nur im Dienste poetischer Deutlichkeit: Ihre Fallhöhe motiviert erst das Gefühl, um eine errungene Position fürchten zu müssen. Einerseits erfordern politisches Amt und militärischer Rang
in besonderem Maße Disziplin und Unterordnung unter Rollenzwänge:

---

[59]  *R* 181 (S. 81) / *B* 139. Was Pascal am Exempel des Superintendenten, Kanzlers oder Präsidenten schildert, soll allgemein gelten: »Man braucht nicht alle Betätigungen im einzelnen zu
untersuchen: es genügt, sie unter die Zerstreuung zusammenzufassen« (*R* 182 / *B* 137).

GENERAL
    das Leben in der Generaluniform
    ist zu allen Zeiten
    keine Sache für einen sensiblen Menschen
    oder gar für einen außerordentlich empfindlichen Charakter                    (*Jg* 77)

andererseits verschafft dem Bedrohten seine Machtposition aber auch einzigartige Möglichkeiten, innere wie äußere Irritationen mit der größten »Rücksichtslosigkeit« gewaltsam zu beseitigen. Anders als bei kleinen Despoten wie dem Zirkusdirektor Caribaldi oder dem Theatermacher Bruscon erhalten die Visionen einer ebenso technizistischen wie lustvollen Abtötung des Anderen durch die politische Macht von General und Präsident ein ›realistisches‹ Unterfutter. Der General existiert in radikaler Abschirmung von der Außenwelt. Wie die meisten bernhardschen Figuren mit Ausnahme der Intellektuellen wie dem Schriftsteller hat der General die für autoritäre Charaktere typische, äußerst geringe ›Ambiguitätstoleranz‹ (Krappmann 320). Er duldet nicht die geringste Irritation:

GENERALIN
    er schließt sich vollkommen ab
    er läßt niemanden an sich herankommen
    Und einer der Sätze meines Mannes ist ja auch
    Diese fortwährenden Störungen von außen
    müssen ein Ende haben
GENERAL
    Der Prinz schirmt mich ab
    der hält mir das Lästige vom Leib
    und was noch viel wichtiger ist
    vom Kopf
    [...]
    Die Zeit ist gekommen
    in welcher alles verschärft werden muß
    eine Strafverschärfung muß eintreten
    es handelt sich wie wir sehen
    um eine vollkommen verschlampte Gesellschaft
    um eine durch und durch vernachlässigte Welt                                  (*Jg* 83)

Der Schriftsteller und das Theater stellen für den General besonders aufreizende Irritationen dar, weil sie seine Vision einer reibungslos funktionierenden Gesellschaft von »brauchbaren« Menschen unterlaufen:

GENERAL *zum Schriftsteller*
    Mit solchen Ideen
    wie Sie sie haben
    verderben Sie die unschuldigen Köpfe
    damit machen Sie die durchaus brauchbaren
    zu vollkommen unbrauchbaren
    Eine verrückte Gesellschaft
    die so etwas duldet
    *lacht, zu den Ministern dann*
    Die Komplikationen gehörten abgeschafft meine Herren
    abgeschafft                                                                   (*Jg* 80f.)

Im Gegensatz zum Schriftsteller und zu Bernhards Strategie der ›Auflösung der Begriffe‹ beharrt der General auf der Geltung unverrückbarer Termini; strittig ist besonders der Begriff der ›Komödie‹:

> GENERAL
> ich selbst empfinde nicht als Komödie
> was Sie als Komödie bezeichnen
> Eine Komödie ist ja doch ein ganz und gar feststehender Begriff [...]
> *zu den Ministern*
> Aber über Begriffe darf man sich nicht
> mit dem Schriftsteller unterhalten                          (*Jg* 93)

Nur vordergründig geht es bei der Meinungsverschiedenheit um die Reinheit von Gattungsbegriffen. Was den General am Schriftsteller und am »Theater / als hohe[r] Kunst« (94) irritiert, ist die ihm durch bloße Verdoppelung auf der Bühne aufgezwungene Reflexion seiner Existenz. Der Schriftsteller ist ein »Kommentator« aus »einer anderen Welt« (79), der das, was er beobachtet, auf die Bühne bringt. Er hat bereits die letzte Begegnung mit dem General dramatisiert und aufgeführt. Der General muß den Anblick des Spiegels fliehen, den ihm die bloße Anwesenheit des Schriftstellers und erst recht die Dramatisierung seiner Existenz vorhalten. Die Bedrohung durch bloße Widerspiegelung wird dadurch noch potenziert, daß sein gelebtes Leben in der Optik des Schriftstellers als Komödie erscheint. Der General weigert sich strikt, seine Existenz qua Reflexion wie von außen zu sehen. Das Komische ist aber in Bernhards Gattungstheorie gerade die Außenperspektive aufs Tragische. Der General unterliegt ohnehin schon Irritationen, die aus ihm selbst kommen. Seine chimärische Selbstgewißheit droht bereits an inneren Widersprüchen zu zerbrechen. Die Kriegserlebnisse holen ihn in Träumen, Halluzinationen und paradoxen Zwangshandlungen immer wieder ein. Bei jeder Gelegenheit erzählt er die Geschichte, wie ihm der Arm abgerissen wurde – »[s]eine beste Geschichte«, wie der Schriftsteller meint (57; 78f.). Wie eine Reliquie bewahrt er auf dem Dachboden den Soldatenmantel und die Uniform auf, die er damals in Stalingrad getragen hat (61).[60]

Der große, nun vom Borkenkäfer befallene *Wald* steht in einer besonderen Beziehung zur Lebensgeschichte des Generals. Nach dem Kriege haben sich der General und seine Frau im Wald versteckt. Wären sie im Jagdhaus geblieben, hätte man sie gefunden und umgebracht (38f.). Der Wald erinnert ihn sowohl an den Schutz, den er einst spendete, als auch an die in ihm durchlittene Todesangst. Für den General ist der Wald gleichsam die Materialisation seiner Lebensgeschichte. Er ist nicht nur Stätte wichtiger Erfahrungen, sondern personifiziert zur prägenden, das weitere Leben determinierenden Instanz – neben der Mutter des Generals (59) und seiner Kriegsverletzung (58): »Wenn wir diesen Wald nicht hätten / mein Mann wäre nicht / was er

---

[60]  In sämtlichen Werken Thomas Bernhards haben Kleidungsstücke wie hier die Funktion, Erinnerungen zu konservieren und auszulösen. Meist reden die Figuren über solche Kleidungsstücke unter Verwendung individualisierender, topographisch fixierender Beiwörter, zum Beispiel die »polnische Weste« des Schriftstellers (*Jg* 9).

ist«.[61] Wenn der General nicht an seiner Schrift arbeitet, denkt er nur an den Wald: »es geht ihm nichts über den Wald / wissen Sie / Es hat sich immer alles in ihm / auf den Wald konzentriert« (36). Seine besten Gedanken und Anregungen kamen ihm im Wald. Alles das, »was diesen Staat verändert hat / gefestigt hat / wie er immer sagt« (37), geht auf seine Spaziergänge im Wald zurück, in dem er sich oft tagelang allein aufgehalten habe.

## Der Wald als allegorischer Ort

Wann immer bei Bernhard vom Wald die Rede ist, fungiert dieser als allegorischer Ort.[62] Vor allem nachts, in der Finsternis, ist der Wald Stätte von Selbsterfahrung, unwillkürlicher Erinnerung und Wesensschau, aber auch von Orientierungsverlust und existentieller Bedrohung. Eine heillose und oft tödliche Verwirrung ist die Folge, mitunter aber auch Selbstevidenz und mystische Klarheit. Nicht immer arbeitet Thomas Bernhard diesen Ort zur komplexen Allegorie aus; oft handelt es sich nur um episodische Zitate wie zum Beispiel in der Geschichte, die der Vater des Erzählers in *Verstörung* über den Lehrer in Salla erzählt: als Kind habe sich der Lehrer zusammen mit seiner Großmutter beim Beerenpflücken im Wald verirrt und erst nach zweieinhalb Tagen wieder aus dem Wald herausgefunden. »Von diesem Erlebnis an, das zum schnellen Tod der Großmutter geführt hat, sei ihr noch nicht sechsjähriger Enkel in alle Zukunft verdorben gewesen« (*V* 53). Aber auch die episodischen und teilweise selbstparodistischen Zitate nehmen stets auf die allegorische Bedeutung des Waldes als eines Ortes der Transzendenzerfahrung Bezug. Aus der Funktion des Waldes als Erfahrungs- und Erkenntnisbezirk erklären sich auch seine allegorischen und kausalen Korrespondenzen zur ›Finsternis‹-Metapher. Im Wald ist die Abenddämmerung nämlich kürzer, die Finsternis tritt »plötzlich« ein, wie in *Die Jagdgesellschaft* immer wieder hervorgehoben wird:[63]

> SCHRIFTSTELLER
> Wenn der Wald abgeholzt ist
> ist es nicht mehr dieses schmerzhafte abrupte
> Eintreten der Finsternis
> wie wenn das Tageslicht
> ganz plötzlich ausgelöscht wird                              (*Jg* 31)

Mit der abrupten Finsternis lenkt sich der Tod »in das Leben herein« (*F* 15). Nach der Schilderung, die der Maler Strauch von der überfallartigen Dämmerung in Weng

---

[61]  *Jg* 84. Diese Äußerung der Generalin gehört sicherlich noch nicht zu den strategischen Lügen, mit denen sie vermeidet, ihrem Mann Aufschlüsse über seinen wahren Gesundheitszustand zu geben.
[62]  Dies gilt vor allem für die bis 1975 erschienenen Werke, also einschließlich des Romans *Korrektur*. Danach nimmt die geradezu magische Bedeutung solcher allegorischen Orte für Bernhards Schreiben deutlich ab.
[63]  Vgl. entsprechende Äußerungen *Jg* 20f., 30f., 39ff.

gibt, drängen die allabendlichen Blackouts die Provinzbevölkerung in dramatische
Schwächezustände und Gewalttaten hinein.[64] In der Erzählung *Die Mütze* wird die
Finsternis des Waldes zur geradezu fühlbaren Substanz: »Bei offenen Jalousien und
Fenstern kam vom Hochwald eine noch viel größere Finsternis in das Haus als bei
geschlossenen« (*P* 18). Wie in der Finsternis so ist auch im Wald das Ohr das ent-
scheidende Sinnesorgan:

> SCHRIFTSTELLER *den General zitierend*
>     Ein solcher Wald
>     in welchem alles nur keine Ruhe ist
>     ist alles für meinen Kopf                                 (*Jg* 38; vgl. 39)
> GENERALIN
>     Wenn man nurmehr noch Schritte hört
>     aber nichts sieht
>     nur noch hört
>     nichts sieht                                                      (*Jg* 39)

Das Motiv der Finsternis ist bei Bernhard immer an topographische Gegebenheiten
gebunden.[65] In *Verstörung* heißt es etwa über die spezifische Finsternis in der Bun-
dau: »eine Finsternis, die so groß ist, daß sie Selbstmorde schon wieder ausschließt«
(*V* 93). Der Wald, und insbesondere der finstere Wald, fungiert, wie Otto Lederer für
die Prosa Thomas Bernhards festgestellt hat, als »Zeichen für die innere Verwirrung,
den Verlust der Orientierung mit der Konsequenz des Selbstmords für den Betroffenen.«[66] Der Wald ist indessen mehr als nur ein Zeichen, als ein erzählerisch-
atmosphärischer Rahmen für einen mentalen Vorgang, der auch ohne diese Kulisse
stattfinden könnte. Der Ort kandidiert durchaus als eine Art Ursache für den Verlust
von mentaler wie geographischer Orientierung. Von der spezifischen Finsternis des
Waldes geht beispielsweise auf den Erzähler in *Die Mütze* ein geheimnisvoller Sog
aus, der ihn zwingt, das Haus zu verlassen (*P* 19f.). Sämtliche Figuren Bernhards
werden im Wald von irgendeiner Form des Orientierungsverlusts befallen, während
die Konsequenzen individuell verschieden sind. Für gesellschaftlich Erfolgreiche wie
den jungen Attaché an der französischen Botschaft aus der gleichnamigen Erzählung
und den Papierfabrikanten Siller in *Watten* ist der Orientierungsverlust tödlich; den
Fabrikanten findet man erhängt (*W* 38), den Attaché mit durchschossenem Kopf (*P*
71). Gefährdete Naturen wie der Lehrer oder der Erzähler überleben die Irritation hingegen:[67]

»Die Natur aber ist, geehrter Herr, das wird immer wieder vergessen, eine durch und durch philosophische, und die gefährdetsten Charaktere, von welchen wir immer annehmen, es seien die

---

[64]   »Der Abend kommt hier ganz plötzlich« (*F* 14). »Der Tod lenkt sich geschickt in das Leben herein. Unvermittelt fallen auch Kinder in Schwächezustände. Schreien nicht, aber laufen
in einen Personenzug [...]; das Du wird bis zur Tötungsabsicht hinauf gefoltert und dann rasch
erstickt in einer kleinen Gemeinheit« (*F* 15).
[65]   Vgl. Lederer, *Landschaftszeichen* 58ff.
[66]   Lederer, *Landschaftszeichen* 60, Anm. 34; mwN.
[67]   Nur der Fuhrunternehmer, von berufs wegen ortskundig, trägt aus dem vorübergegangenen
Orientierungsverlust keine bleibende Verstörung davon; vgl. *W* 38.

unglücklichen Menschen, gingen aus den großen und größten Schwierigkeiten immer wieder hervor, wenn auch als *die gefährdeten Charaktere*.« *(W 38)*

Seltener haben die im Wald in Gang gesetzten Reflexionsvorgänge positive Konnotationen. In einem der ersten Prosaversuche Thomas Bernhards, in seiner 1952 erschienenen allegorischen Weihnachtsgeschichte *Von sieben Tannen und vom Schnee*,[68] ist der Wald Stätte einer glückhaften, visionären Selbstfindung. Auch Roithamers Selbstmord ist kein spontaner Akt der Irritation, sondern – wie Bernhard durch Anspielung auf Heideggers Terminus ›Seinslichtung‹ andeutet – Ausdruck besonderer Klarheit: Roithamer erhängt sich auf einer Lichtung des Kobernaußerwaldes.[69] In dem Stück *Die Berühmten*, wie *Korrektur* im Jahre 1975 erschienen, ist ebenfalls von »Lichtung« die Rede. Die Figur des Schauspielers überträgt die Struktur des Waldgangs auf die Lektüre poetischer Texte:

Schauspieler
Ganz ohne Vorurteil hinein in einen poetischen Text
wie in einen unbekannten Wald hinein
in eine solche geheimnisvolle Natur hinein
auf der Suche nach der Lichtung                               *(Ber 95f.)*

Der Wald ist bei Bernhard in aller Regel nicht Metapher, wie häufig in der Forschungsliteratur behauptet,[70] er ist nicht »Inbegriff« bestimmter Inhalte,[71] sondern funktionaler Raum im Hinblick auf die in ihm sich ereignenden Prozesse der Selbstbegegnung. Der Wald repräsentiert keine abstrakte, ungeschichtliche Natur; im Gegenteil, er ist allegorischer Ort im Sinne Benjamins.[72] Den Waldgänger durch Alleinsein und Finsternis stimulierend, ist der Wald Ort der Erinnerung und als solcher der rückblickenden Erfahrung von Geschichtlichkeit. Der Tod, dessen Chiffren der General überall im Wald sieht, ist ein im doppelten Sinne geschichtlicher Tod: erstens in seinem Erscheinungsbild, denn seine konkrete Gestalt ist durch den Krieg gesellschaftlich produziert; zweitens in seiner determinierenden Wirkung für die Lebensgeschichte des Generals. Darüber hinaus ist der Wald in *Die Jagdgesellschaft* Projektionsrahmen und Aktionsraum paradoxer Verrichtungen, die Pascals ›verworrenem Trieb‹ entsprechen. Darum läßt sich auch nicht *die* Bedeutung des Waldes bestim-

---

[68]  »*Von sieben Tannen und vom Schnee...*«. Eine märchenhafte Weihnachtsgeschichte von Thomas Bernhard, in: *Salzburger Demokratisches Volksblatt* v. 24. Dezember 1952; vgl. v. Verf., *Arbeiten* 152-154.
[69]  Vgl. *Ko* 126f. Der Schluß des Romans bekräftigt noch einmal die angedeutete Beziehung zwischen Tod und Lichtung: »Das Ende ist kein Vorgang. Lichtung« (*Ko* 363).
[70]  Zum Beispiel F.N. Mennemeier (vgl. *Nachhall* 316). Ebenso abwegige wie willkürliche Bedeutungsidentifikationen finden sich auch bei Jurgensen: »[...] So zeichnet Bernhard im Wald den geistigen Widerstand gegen eine gesellschaftliche Bestimmung des Menschen. Das leitmotivische Gedankenbild reflektiert eine neue Wissenschaft« (*Kegel* 104ff.).
[71]  H. Gamper bestimmt den Wald in *Die Jagdgesellschaft* sowohl als »Inbegriff erstarrter Tradition« (*TB* 133, 135) als auch einer verlorenen, sinnstiftenden Metaphysik (*TB* 126, 146f.).
[72]  Wie W. Benjamin in seinem *Trauerspiel*-Buch ausführt, »liegt in der Allegorie die facies hippocratica der Geschichte als erstarrte Urlandschaft dem Betrachter vor Augen« (145). »Die Geschichte wandert in den Schauplatz hinein« (73).

men. In all diesen paradoxen Verrichtungen und Besetzungen vertritt der Wald keine bestimmten Inhalte oder Aussagen von Bernhards poetischer Metaphysik, sondern ist Vollzugsraum für das Verhalten seiner Protagonisten zu sich selbst und ihrer Existenz. Der Wald ist im Zeichensystem Thomas Bernhards also weder »Inbegriff erstarrter Tradition« noch steht er für eine »immergrüne metaphysische Mathematik« (*V* 45),[73] obwohl seine Waldgängerfiguren den Wald durchaus in dieser Weise besetzen können. Die paradoxen Überdeterminationen, die die affektive Beziehung der Hauptfiguren zum Wald darstellen, erklären sich nicht als diese oder jene Besetzung, sondern nur als Konkretisationen im Horizont einer Dialektik des Selbstbewußtseins. In diesem Sinne könnte man von einer metapsychologischen Orientierung des Schreibens Thomas Bernhards sprechen. So ist auch der Wald in *Die Jagdgesellschaft* in dem Sinne paradox überdeterminiert, als er zur Bühne widersprüchlicher, symbolischer Aktionen des Generals wird.[74] Die paradoxe Weise, in der der General den Wald symbolisch besetzt, zeigt sich zunächst in der Einheit von Todesangst und Schutz, wie sie der General und seine Frau in der unmittelbaren Nachkriegszeit, sich im Wald versteckend, erfahren haben. Ein weiterer Widerspruch besteht zwischen dem Aufwand, den der General für Hege und Pflege des Waldes treibt, und der Angst, von den zu diesem Zwecke angestellten Holzknechten hintergangen zu werden. In der Nacht schreckt er auf, wie seine Frau berichtet, »schwitzend wissen Sie schwitzend / und sagt / den Holzknechten auf die Finger schaun« (26); »der Gedanke quält ihn immer / daß etwas getan wird / das nicht getan werden darf« (27). Der Besitzende lebt in fortwährender Angst um seinen Besitz. Schon vor dem Ausbruch der Todeskrankheit und bevor die Generalin vom Borkenkäfer-Befall des Waldes erfuhr, habe bereits der General – offenbar in Angst um die Gesundheit seines Waldes – vom Borkenkäfer gesprochen (23f.). In mehrfacher, tatsächlicher wie symbolischer Hinsicht ist das Vermögen, das der Wald repräsentiert, ein »ungeheuere[s] Vermögen« (38).

---

[73] Dies sind zwei Deutungen, die H. Gamper dem Wald in *Die Jagdgesellschaft* gibt; vgl.u. den folgenden Exkurs.

[74] Bezogen auf die Existenz und Todeskrankheit des Generals hat der Wald die folgenden Funktionen: (1) Stätte der Erinnerung an die Schlacht von Stalingrad; (2) Versteck während des Krieges, als das Jagdhaus ein »Schlachthaus« war (*Jg* 38); (3) Ort, an dem der General Motivation schöpft und Gedanken entwickelt; (4) Ort, an dem der General seiner Ablenkung, der Jagd, nachgeht; (5) Ursache für das abrupte Eintreten der Finsternis; (6) durch das Fenster sichtbarer Szenenhintergrund für das Geschehen im Jagdhaus; (7) vom Borkenkäfer angefressene und schließlich gefällte Materialisation der Lebensgeschichte des Generals. – Parallel hierzu wird die Existenz des Generals von folgenden Seiten bedroht: (1) durch die Todeskrankheit als Oberbegriff; (2) durch die Minister; (3) durch den Grauen Star; (4) durch die Nierenerkrankung; (5) durch den Schriftsteller; (6) durch den Borkenkäfer; (7) durch die zum Schutze des Waldes ergriffenen Maßnahmen (Holzarbeiter etc.).

Exkurs: Zu Herbert Gampers Interpretation der Wald-Allegorie

Unter den Bedeutungen, die H. Gamper dem Wald zuweist, möchte ich die beiden folgenden eingehender diskutieren. Gamper versteht den Wald in *Die Jagdgesellschaft* zum einen als »Inbegriff erstarrter Tradition«, zum anderen als Gleichnis einer verlorenen transzendentalen Geborgenheit.

### *Transzendentales Obdach*

Mit dem Ausdruck »immergrüne metaphysische Mathematik« (*TB* 126) übernimmt Gamper eine Bezeichnung des Industriellen aus *Verstörung* für den seine Besitzung umgebenden Wald (vgl. S. 45 unserer Ausgabe). Unter Rekurs auf diese Parallelstelle identifiziert Gamper den Wald in *Die Jagdgesellschaft* als »Gleichnis universaler, metaphysisch zu artikulierender Sinnhaftigkeit, als deren Ausstrahlung die politische und soziale Ordnung gelten konnte und aus der auch die Einzelexistenz ihre Motivationen bezog« (126). Der Wald sei damit Inbegriff jener sinnstiftenden Metaphysik, die der wissenschaftlichen, aufklärerischen Klarheit zum Opfer gefallen und illusionsloser Kälte gewichen ist (146f.; vgl. Bernhard, *Klarheit*), und stehe mithin für etwas Positives, aber unwiederbringlich Verlorenes. Der Borkenkäferbefall entspreche dem Verlust dieser sinnstiftenden Metaphysik. »Der Unterhaltungsmechanismus des Kartenspiels macht den Unterhaltungsmechanismus sinnfällig, zu dem Existenz durch den ›Tod‹ des Waldes, vom toten Wald beherrscht, geworden ist« (135). Unter anderem an dieser Deutung zeigt sich die inadäquate Verallgemeinerung der Interpretation Gampers. Aus dem Borkenkäferbefall des Waldes, der nur in Bezug auf den General als Konkretisation einer Todeskrankheit zu verstehen ist, macht Gamper einen allgemeinverbindlichen Sinnverlust. Der Wald als Szenenhintergrund sei »Bedingung des eingeschlossenen Denkens« auch des Schriftstellers (vgl. 135). Dem ist entgegenzuhalten, daß der Schriftsteller über die anthropologische Ursache des ›verworrenen Triebs‹, den der General im Wald wesentlich unbewußt ausagiert, wohlinformiert ist. Der Sinnverlust, den der General – versinnbildlicht im Borkenkäferbefall – als finales Stadium seiner Todeskrankheit dramatisch erlebt, ist für den Schriftsteller als Relativisten Voraussetzung und nicht Entwertung der Existenz. Wenn die Existenz »Unterhaltungsmechanismus« ist, so ist sie es immer schon gewesen, auch vor dem Auftritt des Borkenkäfers. Das im Wald und seinem Verfall versinnbildlichte Geschehen ist nicht, wie Gamper glaubt, gemeinsame Basis aller Figuren der Jagdgesellschaft, sondern nur der spezifischen Todeskrankheit des Generals. Thomas Bernhard verwendet das Wald-Motiv nicht als Zeichen für bestimmte Inhalte, sondern als Ort, von dem das Sprichwort sagt: ›Wie man in den Wald hineinruft, so schallt es heraus.‹

*Erstarrte Tradition*

Zweitens identifiziert Gamper den Wald – wiederum durch nicht weiter begründeten
Rückgriff auf Stellen aus Bernhards Prosa, insbesondere *Verstörung* – als »Inbegriff
kultureller Überlieferung« (63) und »Gleichnis« (135) bzw. »Inbegriff erstarrter Tradition, die Leben zum ›Marionettismus‹ (gleichbedeutend mit ›Verkrüppelung‹) wer-
den läßt« (133). Der Wald verkörperte damit Tradition als Sammlung blind befolgter,
Authentizität verwehrender Rituale; er stünde für »›erfrorene Geistesverfassungen‹«.
Das mag schon sein; der Text besagt darüber nichts. Wie wir gesehen haben, ist der
Wald für den General primär Allegorie als stillgestellte Geschichte (nicht: Tradition[75]). Aber selbst dann, wenn der General den Wald unter anderem als erstarrte
Tradition erleben sollte, wäre es abwegige Abstraktion, das aggressive Moment seiner
Beziehung zum Wald aus dem bloß Traditionsmäßigen der erstarrten Tradition ab-
zuleiten. Das Aggressive wäre keine Revolte gegen die Tradition. Es entspräche der
verspäteten Erkenntnis eines verfehlten Lebens, das auf fatalen Selbsttäuschungen
und Gewalttaten beruht, die der General erlitten, verübt und mit zu verantworten hat.

Festzustellen bleibt, daß beide Deutungen Gampers auf der unlegitimierten Assoziation von Parallelstellen beruhen. Ferner stehen beide Deutungen (transzendentale
Geborgenheit vs. Existenztheater) in einem Widerspruch zueinander, der aufzuklären
wäre. Selbst dann, wenn man den beiden von Gamper vorgeschlagenen Deutungen
des Waldes in *Die Jagdgesellschaft* ein gewisses Recht zuerkennen möchte, ist festzustellen, daß sie einschließlich ihres Widerspruches zueinander nur im Rahmen einer
Dialektik des Selbstbewußtseins sinnvoll zu formulieren sind. Der Wald »ist« nicht
dieses oder jenes, sondern wird vom General symbolisch besetzt als Stätte von Ablenkung und Bedrohung (vgl. Fn. 74). Der General besetzt den Wald also paradox.
Das gibt dem Interpreten aber nicht die Lizenz, diese widersprüchlichen Besetzungen
mit beliebigen, aus anderen Texten Bernhards herbeizitierten Paradoxien anzurei-
chern. Dies ist in Gampers Interpretation der Fall.

Das Motiv der Jagd

Der Wald ist aber auch Schauplatz von Fluchtbewegungen wie der Jagd, zu der der
General geladen hat. Mit diesem Motiv spielt Thomas Bernhard auf einen *pensée*

---

[75]  Seine Traditionsthese belegt H. Gamper sogar explizit mit eindeutig nicht-traditionalen Ge-
schichtserfahrungen, ohne den Widerspruch zu bemerken: »den ›erfrorenen Geistesverfassungen‹ [...] entsprechen die erfrorenen Soldaten« (133), und verweist richtig auf jene real-
geschichtliche »›Erschütterung‹, die aller Verstörung, aller Obsession als objektive zugrundeliegt« (134). Aber gerade über den Anteil des Realgeschichtlichen an der Verfassung des todeskranken Generals erfahren wir nichts. Wir erfahren nichts darüber, ob seine Verzweiflung die
eines ewig Unbelehrbaren in feindlicher Umgebung ist – wie die des nationalsozialistischen Gerichtspräsidenten Rudolf Höller (*VdR*) – oder die eines Menschen, der ob seiner Schuld verzweifelt. Gerade in Anbetracht des in *Die Jagdgesellschaft* unspezifizierten Realgeschichtlichen
wird die Nebensächlichkeit eines ästhetischen und narzißtischen Verzweifelns über *die* Tradition deutlich.

Pascals an, der am Exempel der Jagd das Wesen der Zerstreuung und deren dialektischen Bezug zur Beunruhigung erläutert. Die spezifische Dynamik der Zerstreuung besteht darin, die Tätigkeit und nicht deren Effekt, die Jagd und nicht die Beute zu suchen. »Dieser Hase [der gekaufte Hase] würde uns nicht vor dem Anblick des Todes und des Elends bewahren, aber die Jagd bewahrt uns davor« (*R* 181; *B* 139). Und in diesem Sinne will auch Bernhard die Jagd verstanden wissen.[76] Sie ist eine typische Form der Zerstreuung, sie vermeidet den Anblick von Tod und Elend, während sie gleichzeitig ‹ und hierin besteht eine besondere Pointe und Paradoxie – den Tod bringt. Nach dem Modell der Wiederkehr des Verdrängten reproduziert der General mit der Jagd, wovon sie ablenken soll.[77]

Im Zusammenhang mit der Jagdleidenschaft des Generals erhält auch seine Augenkrankheit, ein regelmäßig wiederkehrender Topos Bernhards,[78] eine besondere Qualität. Das Schießen ist trotziges Aufbegehren gegen die Augen- als Todeskrankheit, denn der General schießt und zielt wie »durch einen Schleier« (62). Indem er den sehbehinderten General auf die Jagd schickt, betont der Autor einmal mehr, daß es seiner Figur bei dieser Form der Ablenkung um die Handlung und nicht um die Beute geht. Der General, »als Jäger eine Berühmtheit«, regeneriert sich bei der Jagd (80):

GENERAL
    Da schöpfe ich Luft
    da bin ich ein anderer Mensch
    ein neuer Mensch                                (*Jg* 80)
    Die Tatsache daß auf der Jagd
    die Gedanken geschärft werden
    Das Einatmen der Luft
    Das Warten
    Vortasten
    Abtasten verstehen Sie
    Die Stille in die hinein
    dann der Schuß fällt                            (*Jg* 85)

Die Zerstreuung, die die Jagd ihm bietet, ist nicht Ablenkung *von* etwas, sondern »Ablenken *auf* die Konzentration« (82; Hervorhebung C.K.). Sie wehrt Irritationen ab und bestätigt Rollenidentitäten. An dem selbstauferlegten Zwang zur Konzentration zeigt sich ein weiterer Gegensatz zur ›synthetischen Persönlichkeit‹ der bernhardschen Relativisten. Die Absicht des Zerstreuung Suchenden wird jedoch durchkreuzt.

---

[76] Bernhard gibt einen Hinweis darauf, daß er auf den Beispiel-Hasen Pascals anspielt: Es wird eigens hervorgehoben, daß sechsundzwanzig Hasen erlegt wurden, obgleich der Schriftsteller gelesen haben will, es sei ein »Fasanenjahr« (vgl. *Jg* 61; 82).
[77] Vgl. Gamper: »Die Dialektik der ›Ablenkung‹ hat die Form tragischer Ironie angenommen, indem ›das Wild‹ die Jäger geladen hat [...]; die zur Jagdgesellschaft Geladenen betreiben gegen den General das Geschäft des Todes« (*TB* 138).
[78] Augenkrankheit und Erblindung stehen bei Bernhard meist im Zusammenhang mit einem nahenden Lebensende und zeigen zugleich, dem Topos vom sehenden Blinden entsprechend, mystische Erkenntnis an (vgl. *IK* 122-124). Thomas Bernhard hatte selbst »einen akuten grünen Star« und drohte zu erblinden, wie er im Spiegel-Interview berichtet (178).

Der Wald, Ort der Sammlung und Selbstbestätigung, stößt den General nämlich auch in Erinnerungen an verstörende Momente seiner Lebensgeschichte zurück:

GENERALIN
    Jedesmal wenn er in den Wald geht
    und er findet ein erfrorenes Wild
    denkt er an die erfrorenen Soldaten
SCHRIFTSTELLER
    An die Tausende und Hunderttausende
    Nichts als Erfrorene gnädige Frau
    Die Faszination zu hören
    was ich damals gehört habe
    sagt er
    und sofort
    alle diese Gesichter
    sehe ich einen Ast auf dem Boden
    glaube ich
    ein Arm ein Fuß
    der Kopf eines Toten [...]
    Er hat einen Blick für die Toten
    wie ja überhaupt der Tod in seiner Schrift
    die größte Rolle spielt [...]
    Seine Beschreibung der Erfrorenen
    ist die meiner Meinung nach ungewöhnlichste und überzeugendste
    Anschauung des Todes                                    (*Jg* 109-111)

Begünstigt durch den Grauen Star, sieht er, halluzinierend, überall Chiffren jenes Todes, dem er nur durch Zufall entronnen ist; die Sehschwäche sensibilisiert ihn außerdem, die damaligen Geräusche wieder zu hören: die Zerstreuung funktioniert nicht mehr im gewünschten Sinne; die Konzentration, auf die er sich jagend ablenken will, wird zu einer Konzentration auf den Tod. Für den General ist das Jagen nicht nur eine beliebige Form der Ablenkung unter anderen, sondern zugleich zwanghafte Wiederholung Stalingrads. Immer ausschließlicher wendet sich der General in letzter Zeit seiner Schrift zu und vernachlässigt sein politisches Amt. Den ersten offenkundigen Ausbruch der Todeskrankheit markiert ein Akt symbolischer und schließlich auch realer Selbstverstümmelung, der »Zwischenfall mit der Motorsäge«:

SCHRIFTSTELLER
    Aber während Sie glaubten
    die Krankheit werde erst später
    viel später zum Ausbruch kommen
    geschah der Zwischenfall mit der Motorsäge
    Eine Verletzung mit der Motorsäge
    bringt eine Todeskrankheit zum Ausbruch               (*Jg* 46)

Der Zwischenfall mit der Motorsäge

Nach einem Bankett, bei dem der Generalin zum ersten Mal eine beunruhigende Veränderung an ihrem Mann aufgefallen ist, geschieht der Zwischenfall mit der Motorsäge. Einerseits ist dieser Zwischenfall ein weiterer Akt trotziger Selbstbehauptung: ein Einarmiger vermag eine Motorsäge nur unter großen Schwierigkeiten in Gang zu setzen, keinesfalls aber zweckmäßig zu bedienen. Andererseits will er mit dieser Handlung gleichnishaft die Prägungen und Täuschungen umsägen, die der Wald symbolisiert und die dieses trotzig aufbegehrende Selbst fundieren. Mit einem Akt dumpfer Aggression will er symbolisch eine Schneise in das nicht nur irritierende, sondern auch tröstliche[79] und identitätsstiftende Dickicht der eigenen Lebensgeschichte schlagen – ein Werk, das schließlich Borkenkäfer und Holzfäller vollenden werden, während sich der General erschießt. Doch »vollkommene Durchdringung ist der Tod«; so lautet die Konsequenz, die der Schriftsteller aus seiner Ontologie der Täuschungen zieht (75). Der General hingegen ist ein »Hinterweltler« im Sinne Nietzsches. Er weiß nicht, daß das Wesen erscheint: er will freie Sicht auf den Wald, den er vor lauter Bäumen nicht sieht. Ein dritter Aspekt, eine Verbindung des Zwischenfalls zu Schuldgefühlen des Generals, wird nur sehr vage angedeutet.[80]

Auch in *Ein Fest für Boris* wurde ein Wald niedergelegt. Die Gute ließ ihn abholzen, um Boris den Blick auf seine Herkunft, das Krüppelasyl, zu ermöglichen. Die Besetzung des Waldes ist in *Die Jagdgesellschaft* demgegenüber komplexer. Der symbolische Versuch des Generals, die Chiffren seiner Lebensgeschichte als einer Geschichte erlittener und verübter Gewalt umzusägen, wird in seiner Selbstwidersprüchlichkeit gestaltet. Der Wunsch, die eigene Geschichte zu annullieren, löscht sich selbst als Resultat dieser Geschichte logisch mit aus.[81] Deshalb gerät der symbolische Akt zur tatsächlichen Selbstverstümmelung: der General sägt sich ins Bein. Zwischenfälle dieser Art entwirft Thomas Bernhard als extrem unwahrscheinliche Ereignisse, um die zielstrebige Eigenaktivität des Todeskranken hervorzuheben, sich der eigenen Katastrophe auszuliefern.[82] Unwahrscheinlichkeit, Übertreibung und Stilisierung weisen realistische Kriterien zurück und stellen die Gleichnishaftigkeit der dramatischen Handlung in den Vordergrund. Für die Inszenierung wünschte Thomas

---

[79] Vgl. hierzu einen Hinweis Bernd Seydels auf die Motivik von Wald und Borkenkäfer in dem Roman *Jodok Fink* von Johannes Freumbichler, Bernhards Großvater. Dort wird vom Wald als dem »größten Tröster in den Tagen der Verstimmung und Entmutigung« gesprochen (314; zit. n. Seydel, *Vernunft* 47).

[80] Einen Zusammenhang zwischen Mord, Schuldgefühl und dem Motiv des Baumfällens hat Thomas Bernhard in seiner frühen Kurzprosa »Der Großgrundbesitzer« aus dem Band *Ereignisse* (12) gestaltet; vgl. hierzu W. Schönau (260ff.). An einer Stelle spricht der Schriftsteller indirekt von Schuldgefühlen des Generals (*Jg* 104). Wie die Jagd wäre auch der Zwischenfall mit der Motorsäge eine von Schuldgefühlen begleitete und deshalb in Selbstverstümmelung mündende Wiederholung Stalingrads.

[81] Vgl. Max Frischs analytisch höchst präzise Darstellung dieser Problematik in *Biographie. Ein Spiel*.

[82] Diese Eigenaktivität verkennt H. Gamper, wenn er schreibt, daß der General seine Todeskrankheit »als *willenloses Opfer* bloß erleidet« (*Wissenschaft* 18).

Bernhard, die Dekorationsbäume mögen im Zimmer des Jagdhauses stehen, wodurch die allegorische Dimension von Wald und Bäumen zusätzlich betont werden sollte.[83]

In *Die Jagdgesellschaft* setzt der Autor das Modell der Todeskrankheit einem besonders harten Test der Lächerlichkeit aus. Er veralbert die Konkretion dieses Modells, die Erzählung vom Zwischenfall mit der Motorsäge, in drastischer Weise, ohne daß das subjektphilosophische Aktionsschema dadurch an Plausibilität verlöre und das Stück insgesamt umkippte:

> SCHRIFTSTELLER
> Es kommt vor
> unter der Intelligenz gnädige Frau
> daß ein Mann zu einer Motorsäge
> oder zu einem anderen Werkzeug greift
> mit welchem er überhaupt nichts zu tun hat
> daß ein Intelligenzler plötzlich urplötzlich
> daran denkt
> einen Baum zu fällen
> auf einmal hat ein solcher das Bedürfnis
> in eine Mauer einen Nagel hineinzuschlagen
> einer der jahrelang und ununterbrochen an einem Schreibtisch sitzt
> geht aufeinmal in eine Schottergrube
> oder ganz einfach in den Wald
> ein solcher glaubt plötzlich
> etwa zertrümmern oder umschneiden zu müssen
> wie ja Ihr Mann der General auch urplötzlich
> in den Wald gegangen ist mit der Motorsäge
> plötzlich bricht ein solcher aus seinem Kopf aus
> und geht in den Wald [...]
> oder er zieht plötzlich
> die Unterhosen an
> die von den Holzknechten getragen werden
> aufeinmal läuft ein solcher mit derben Schaftstiefeln daher
> oder er setzt sich eine Filzkappe auf
> wo er doch nur die ausgesuchtesten Hüte gewohnt ist
> Dann kommt es zu fürchterlichen
> und sehr oft tödlichen Verletzungen gnädige Frau [...]
> in einem jeden ist eine Todeskrankheit
> und eine kleine oft ganz unbedeutende ja oft gar nicht wahrgenommene Verletzung
> bringt sie zum Ausbruch                               (*Jg* 47-49)

---

[83] Der Regisseur Claus Peymann hat sich über diesen Wunsch des Autors hinweggesetzt; vgl. Peymann, 191.

# Die Rekonstruktion einer Todeskrankheit

In *Die Jagdgesellschaft* ist jeder des anderen Interpret. Der General charakterisiert den Schriftsteller, umgekehrt sind es Schriftsteller und Generalin, die die Todeskrankheit des Generals rekonstruieren. Was sie berichten, läuft auf die Beschwörung geheimer Zusammenhänge und finaler Determinationen hinaus, auf die Beschwörung eines in sich zweckmäßigen und sinnvollen Gesamtgeschehens, dem gegenüber einzelne Ursachen bestenfalls als »Ersatzursachen« gelten können.

Die Konversation über Vorgeschichte und Verlauf der Todeskrankheit ist ein musikalischer, zum Cross-Talk verschränkter Vorgang. In der ersten Szene, »Vor der Jagd«, beschwört die Generalin klimatische Stimulanzien, den Rhythmus der Verfinsterung und die Kälte, die die Wände des Jagdhauses wie eine fühlbare Substanz ausatmen (20ff.). In der zweiten Szene, »Während der Jagd«, stehen die zunehmend philosophischeren Ausführungen des Schriftstellers im Kontrast zur ausgelassenen Stimmung des parallelen Kartenspiels. Zunächst ist es jedoch die Stimmung von Klarheit und Kälte, die die Konversation grundiert. Zwischen die atmosphärischen Äußerungen der Hausherrin setzt der Schriftsteller seine Behauptungen vollständiger Evidenz hinsichtlich der geheimnisvollen Krankheitssymptome des Generals: »Ich weiß jetzt alles / über den Borkenkäfer / alles gnädige Frau / Und über die Augenkrankheit / welche als Grauer Star / bezeichnet wird [...] / Der Graue Star müssen Sie wissen / und der Borkenkäfer / Das Furchtbare / und das Ungeheuerliche« (21). Die zahlreichen Experten, die man in Sachen Borkenkäfer und Augenkrankheit konsultierte, waren überfordert und ratlos. Die »Professoren der Hochschule für Bodenkultur / greifen sich an den Kopf« (33). »Die Fachleute waren irritiert« vom naturgesetzwidrigen, gleichzeitigen Auftreten des Borkenkäfers an allen Stellen des Waldes (33). Als Experten für Ersatzursachen können sie immer nur die Tatsachen feststellen und klassifizieren; die wahre Determination durchschauen sie nicht.[84] Der Schriftsteller ist, wie er behauptet, »besser informiert / als die Augenärzte« (23). Er meint, den zweckmäßigen Zusammenhang der einzelnen Krankheiten und Symptome zu durchschauen:

> SCHRIFTSTELLER
> Der Borkenkäfer
> und der Graue Star
> damit er den Borkenkäfer nicht sieht [...]
> und die Erkrankung in der Niere
> als abrupten
> weniger peinlichen
> Lebensabschluß gnädige Frau                    (*Jg* 23)

---

[84]  Das Versagen der Fachleute beruht nicht darauf, daß der Wald eine Metaphysik repräsentiert, die ihre Kompetenz übersteige, wie H. Gamper meint: »weil sie eben Forstwissenschaftler und nicht Metaphysiker sind« (*TB* 126). Unfähigkeiten dieser Art zeigen bei Bernhard immer, also nicht nur bezüglich des Borkenkäfers, an, daß sich mit dem Blick auf die äußere Kausalität, für die die Experten zuständig sind, nicht die wahre Determination der Ereignisse aus der Todeskrankheit des Subjekts erkennen lasse. Das hat mit der angeblich vom Wald symbolisierten Metaphysik nichts zu tun.

So gesehen
ganz richtig gesehen ist seine Krankheit
ein Glück
und der Graue Star dazu                                                (*Jg* 35)

Die Erkrankungen mystifiziert der Schriftsteller in einem außermedizinischen Sinne.
Der Graue Star und der zu erwartende Tod wegen Nierenversagens verhindern, daß
der General seiner Krankheit zum Tode ansichtig wird, soweit sie sich im Befall des
Waldes durch den Borkenkäfer, der das Fällen sämtlicher Bäume erforderlich macht,
materialisiert. Doch die Detailauskünfte widersprechen sich zum Teil. Begrüßt der
Schriftsteller die Zweckmäßigkeit der Nierenerkrankung einerseits »als abrupten / weniger peinlichen / Lebensabschluß« (23), so spricht er wenig später von einem lang-
wierigen und im doppelten Sinne überaus peinlichen Prozeß:

SCHRIFTSTELLER
    Die halten das Wasser nicht mehr
    die eine solche Erkrankung haben
    es ist ein langwieriger
    gleichzeitig schmerzhafter Prozeß                                 (*Jg* 32)

Dieser Widerspruch unterhöhlt in gravierender Weise die Plausibilität seiner homöo-
statischen Argumentation, die eine psychisch-ökonomische Ausgleichsreaktion zwischen Entdeken und Verhüllen supponiert. Das mystische Mißdeuten vordergründig
analoger Verfallsprozesse wird ironisch gebrochen. Selbst wenn man nicht voraussetzt, daß der Autor diesen Widerspruch bewußt kalkuliert habe, muß man ihn als
Hinweis verstehen, daß es auf derartige Nebensächlichkeiten wie kausale Zusammenhänge gerade nicht ankomme, sondern allein auf das poetische Bild eines mit
bestürzender Zwangsläufigkeit sich abspielenden Prozesses.
    Die Generalin will den Borkenkäfer zum erstenmal vor eineinhalb Jahren entdeckt
haben, die Todeskrankheit vor einem Jahr (32), und zwar bevor die Ärzte auf diese
aufmerksam wurden (45). Die Andeutungen hinsichtlich des Charakters der Todeskrankheit bleiben stets im Unbestimmten. Einmal wird der organische Aspekt hervorgehoben, etwa wenn es heißt, daß der General im unmittelbaren Anschluß an die Jagd
in die Klinik müsse: »Ein kleiner Eingriff / glaubt mein Mann« (45), »eine Atempau-
se« wie er sagt (79), obwohl es sich »um eine äußerst komplizierte / und sogar sehr
gefährliche Operation« (46) handelt. Ein andermal wird der unorganische Aspekt einer Erkrankung des Selbst hervorgehoben: Die Generalin schließt von einer plötzlichen (nicht spezifizierten) Veränderung im Verhalten ihres Mannes auf dessen Todeskrankheit; und gegenüber den Ministern, die den Sturz des Generals betreiben, belegt
die Generalin ihre Überzeugung, daß ihr Mann bald sterben werde und deshalb gar
nicht zurücktreten brauche, ausgerechnet mit dem Hinweis, der Wald sei schließlich
vom Borkenkäfer befallen (47). Die teils vorsichtigen, teils widersprüchlichen Andeutungen zum Charakter der Todeskrankheit haben nur die Funktion, deren Charakter
zu verbergen und zugleich zu mystifizieren. Ebenso ungewiß bleibt letztlich, ob der
General von seiner Krankheit weiß: So spricht der Schriftsteller von der »Todeskrankheit / die ihm nicht bewußt ist« (42); er fragt sich, »ob der General wirklich

nichts weiß [...] oder ob er nur so tut als wisse er nichts« (43);[85] die Generalin meint, er wisse zwar »etwas / aber das Tatsächliche weiß er nicht« (47). An einer Stelle fragt der Schriftsteller sogar lachend, ob es sich bei der Erkrankung des Generals überhaupt um eine Todeskrankheit handele (56).

Die Generalin, vom nahen Ende ihres Mannes überzeugt, tut alles, um ihrem Mann die Wahrheit über seine Erkrankung und den Zustand des Waldes zu verheim-lichen (vgl. *Jg* 35, 42, 62). Ihm dürfe nichts verraten werden, eben weil es nur noch eine Frage der kürzesten Zeit sei (45). In dieser Frage vertritt der Schriftsteller die entgegengesetzte Auffassung. »Das Verschweigen einer Todeskrankheit / ist eine Un-geheuerlichkeit« (20), besonders einem Manne gegenüber, »dessen erstes Kennzei-chen / die rücksichtslose Offenheit ist« (43).

> GENERALIN
>   er darf
>   vom Borkenkäfer
>   nichts wissen
> SCHRIFTSTELLER
>   [...] einem General kann gesagt werden
>   was gesagt werden muß
>   offen verstehen Sie gnädige Frau
>   was sein Zustand ist
> GENERALIN
>   Ihm nicht
>   nicht ihm                                                              (*Jg* 42f.)

Nach dem Ausbruch seiner Todeskrankheit entzieht sich der General in steigendem Maße seinen politischen Verpflichtungen. Seine Arbeit im Ministerium muß von an-deren erledigt werden, man moniert seine »politische Unzuverlässigkeit« (96), denn er widmet sich ganz seiner »Schrift«, in welcher er sich vor allem mit dem Tod be-schäftigt:[86] »Darunter leidet natürlich der Wald« (81).

## Eine Bernhardsche Dreiecksgeschichte

Schriftsteller und General sind komplementäre Figuren. Der Schriftsteller vertritt den Typus des Post-Konventionellen, des Relativisten und Ironikers, der programmatisch »an der Oberfläche« (72) denkt. Der General gehört demgegenüber zu den Apokalyp-tikern in Bernhards Werk, zu jenen Figuren, die in ständiger (bewußter) Verzweiflung existieren, ohne Distanz dazu gewinnen zu können; sie glauben an die Existenz einer heimtückischen, für ihr Unglück verantwortlichen »Hinterwelt« (Nietzsche). Der Ge-

---

[85]  Als der Hausdiener Asamer einmal vom Befall einiger weniger Bäume berichtete, habe der General nur gelacht (34). Man weiß nicht, ob aus Unglauben oder Todesverachtung.
[86]  SCHRIFTSTELLER: »Er hat einen Blick für die Toten / wie ja überhaupt der Tod in seiner Schrift / die größte Rolle spielt / merkwürdigerweise beschäftigt ihn der Tod / am tiefsten« (110f.).

neral spricht immer »von zwei Welten«: »die eine ist hinter dem Rücken / in welche *plötzlich* geschaut werden muß / wie er sagt / überraschend« (27). Während der Schriftsteller Verzweiflung als quasi-ontologische Voraussetzung versteht, erfährt der General seine Krankheit zum Tode als Skandal, als permanente Entwertung des Lebens. Der Schriftsteller ist ein Beobachter, während der General den unverhüllten Anblick seiner Abgründigkeit nicht erträgt und darum in symbolische Ersatzhandlungen flüchtet. Der Kontrast zwischen beiden Typen wird um so deutlicher dadurch, daß beide ähnliche Erlebnisse hinter sich haben. Beide haben nur zufällig überlebt, beide existieren seither im Bewußtsein der Allgegenwart des Todes. Die Aussicht auf den eigenen Tod wird dem Schriftsteller zur einzigen Gewißheit, wie er mit einem Abschnitt aus Lermontows *Ein Held unserer Zeit* andeutet, den er der Generalin bereits vor der Jagd vorliest: »Was mich betrifft, so bin ich nur von einer / Sache fest überzeugt, sagte der Arzt. / Und das wäre? fragte ich, weil ich die / Ansicht eines Mannes hören wollte, der bisher / geschwiegen hatte. Daß ich, entgegnete er / früher oder später an einem schönen Morgen / sterben werde« (*Jg* 11).[87] Während der Schriftsteller ähnlich Lermontows Petschorin durch sein Warschauer Erlebnis zum »Fatalisten«[88] wird, läßt sich vom General nicht mit Bestimmtheit sagen, welcher Art seine Beschäftigung mit dem Tod ist. Durch die Ähnlichkeit des Erlebnisses werden die individuellen Unterschiede in deren Verarbeitung um so deutlicher. Im Gegensatz zum General redet der Schriftsteller über den Tod – mit einem Wort des Autors – »wie ein anderer über a Semmel«.[89] Der Schriftsteller hat eine abstraktere, philosophischere Perspektive auf den Tod. Er sieht *sub specie finis* das ganze Leben als Absterben, gleichwohl: »Aber natürlich lieben wir / unsere Absterbensmöglichkeiten« (99). Dialektisch konstatiert und konstruiert er mit seiner »Vergrausungsmethode« (*AM*) Zeichen des Absterbens in all ihren kulturellen Verhüllungen: im Kunstwerk, in der Schönheit:

SCHRIFTSTELLER
Wenn wir einen Menschen anschauen
gleich was für einen Menschen
sehen wir einen Sterbenden                                    (*Jg* 67)

Dieser schöne Mensch sagen wir
Der Tod ist es
Dieses exakte Werk
Der Tod ist es [...]                                          (*Jg* 68)

In jedem Falle hat der General eine viel unmittelbarere Anschauung des Todes als der Schriftsteller (vgl. 110f.). Die Warschauer und die Stalingrader Todeserfahrungen sind von so unterschiedlicher Qualität, daß man sie nur bedingt vergleichen kann: Während der General vor Stalingrad »beinahe verblutet« wäre (vgl. 57, 78), hat der

---

[87]  Der Schriftsteller liest aus der Übersetzung von Arthur Luther (1922), die ich nach der Ausgabe im Diogenes-Verlag, Zürich 1982, verglichen habe.
[88]  Der Schriftsteller liest aus dem dritten Abschnitt von »Petschorins Tagebuch«, »Der Fatalist« (165-175), vgl. insbesondere aaO. 175.
[89]  *Interview* mit André Müller in *Die Zeit* vom 29. Juni 1979.

Schriftsteller in Warschau nur mit angesehen, wie ein herunterfallender Eiszapfen eine sechs oder sieben Schritte vor ihm gehende junge Frau tötete.[90] Die Ursachen für die Unterschiede der existentiellen Haltungen hält Bernhard dadurch in der Schwebe zwischen individueller Disposition und blindem Schicksal.

Schriftsteller und General hassen einander, wie die beiden Konkurrenten selber zugeben (60). Dem General erscheint der Schriftsteller als ein freier Mensch, was dieser mit lautem Lachen quittiert (77). Sie begegnen einander nur notgedrungen.[91] Die Generalin, die gleichermaßen Ekel und Angst vor ihrem Mann empfindet, lädt sich den Schriftsteller ein, um während der von ihr verabscheuten Jagden (80) nicht allein im Jagdhaus bleiben zu müssen (62). Auch in *Die Jagdgesellschaft* ist eine ›Dreiecksgeschichte‹ Grundmodell der Interaktion. Wie beispielsweise der Doktor in *Der Ignorant und der Wahnsinnige*, der Kaplan in *Der Präsident*[92] oder Clara in *Vor dem Ruhestand* so ist es auch hier der philosophierende Typus, der eine bestehende Beziehung zweier Personen bedroht: »Mein lieber Herr Schriftsteller / Sie betreiben eine verabscheuungswürdige Kunst / meine Frau bewundert Sie« (94f.).

Sozialpsychologische Voraussetzung dieser Dreiecksgeschichten ist das bürgerliche Milieu, in dem sie spielen. Die todeskranken Ehemänner haben sich eine herausragende Position im bürgerlichen oder politischen Leben erkämpft. Für ihren Erfolg, der auf nach außen wie nach innen verübter Gewalt, auf Identitätszwang basiert, mußten sie den Preis lächerlicher Zwangsneurosen zahlen. Die Ehefrauen gehen ihren kulturellen Neigungen nach. Sie laden sich Schriftsteller und subversive Geistliche ins Haus. Diese freidenkerischen Hausfreunde machen sie mit einer Welt des Geistes bekannt, deren Irritationen die erfolgreichen Gatten gerade fürchten. Die Ehefrauen leben zwar in den gleichen Widersprüchen wie ihre Männer, doch sind sie sich dessen mehr oder minder bewußt. Sie können die Irritationen aushalten und beobachten die Zwangshandlungen ihrer Ehemänner mit einer Mischung aus Faszination und Abscheu. So berichtet die Mutter in *Am Ziel* dem jungen dramatischen Schriftsteller, den sie in ihr Katwijker Ferienhaus eingeladen hat, wie gebannt sie immer ihren winselnden Ehemann durchs Schlüsselloch beobachtet habe. Sie war weder bereit, dem verachteten Neurotiker sein Leid zu mildern, noch fähig, auf den Anblick zu verzichten (*AZ* 55): »Ich ertrage es nicht wenn du vor mir kniest / Aber ich kann nicht anders / Ich will es sehen« (*AZ* 80).

Es sind immer wieder die gleichen drei Typen von Figuren, die in Thomas Bernhards Dreiecksgeschichten die Hauptrollen spielen: der erfolgreiche Zwangsneurotiker; die in Ansätzen reflektierende, aber entschlußunfähige Mittlerfigur; und der intellektuelle Freigeist. Der Logik dieser Dreiecksgeschichten, mit denen Bernhard identi-

---

[90]   Vgl. *Jg* 10. Die Geschichte mit dem herunterfallenden Eiszapfen hat ein Vorbild in *Frost*: »Die Turmuhr rasselte, und im selben Augenblick löste sich ein Eisbrocken vom Kirchendach und fiel mir vor die Füße. Ich blieb erschroken stehen. Ein Schritt weiter und...« (*F* 90).
[91]   Die Generalin treibt einen ungeheuren Aufwand, um dem Schriftsteller seine Besuche, falls er die Einladungen annimmt, angenehm zu gestalten (vgl. 66), und verlangt von ihrem Mann, den Schriftsteller persönlich einzuladen (97).
[92]   Wie sein Kollege in *Ein Fest für Boris* (vgl. *FB* 45-50) tritt auch der Kaplan in *Der Präsident* nicht selber auf.

täts- und subjektphilosophische Probleme poetisiert, zufolge ist das Leben ein Null-
summenspiel, in welchem für alle Anpassungsleistungen und Erfolge mit Neurosen
und Ängsten bezahlt werden muß. Die Mächtigen haben unter anderem damit zu zahlen, daß konspirative Schriftstellerfiguren in ihre Ehe eindringen, die naturgemäß
hausgemachte Privathöllen sind. Die dramaturgische Situierung der Dreiecksgeschichten bewirkt eine relative Verengung der Perspektive: Identitätskonflikte bringt Bernhard stets auf eine spezifisch bürgerliche Bühne.

Trotz einer gewissen Überlegenheit des Schriftstellers, die auf seiner Beobachter-
position beruht, sind die Widersprüche zwischen ihm und dem General symmetrisch.
Beide können nicht miteinander reden, weil sie das Gespräch über ihre eigene Profes-
sion ablehnen und nur über die des anderen sprechen mögen:

> SCHRIFTSTELLER
>     Bin ich mit dem General zusammen
>     höre ich gern etwas über Waffenkunde
>     insbesondere über die Ballistik gnädige Frau
>     er aber klammert sich an einen philosophischen Gegenstand
>     Unter diesem Umstand
>     kommt kein Gespräch zustande [...]
>     auf diese Weise kommen Ihr Mann und ich
>     gleich in Schwierigkeiten
>     Bald schweigen wir
>     Dann kommt es daß der General sagt
>     ich beobachtete
>     Diese Art von Beobachtung gnädige Frau
>     Von welcher nach und nach alle irritiert sind                    (*Jg* 103)

Tatsächlich kommt es im Stück zu keiner direkten Kommunikation zwischen den beiden. Beide reden nur über einander und erläutern den Umstehenden den Charakter
des jeweils anderen, und zwar auch während dessen Anwesenheit. Der Schriftsteller
tut dies auf eine zunächst indirekte Weise. Sein Vortrag über Todeskrankheit und
prinzipielle Andersheit ist offenkundig, aber unausdrücklich auf diesen zugeschnitten.
Beide Männer verachten die vom anderen jeweils bevorzugte Form der Ablenkung.
Der General haßt das Kartenspiel (62) und überhaupt alle Einflüsse des Schriftstellers
auf seine Frau (80). Kartenspielen, Nichtstun und Schreiben sind ihm gleichermaßen
widerlich (96). Umgekehrt fühlt sich der Schriftsteller von der Jagd abgestoßen. Doch
während der General die Anwesenheit und den Zeitvertreib des anderen als eine
Bedrohung empfindet, deren Abschaffung er fordert, liefert sich der Schriftsteller
dem Abstoßenden gleichsam zu Studienzwecken aus: »das Abstoßende zieht uns an«
(59). Auch die Generalin ist sich einer ähnlich gespaltenen Affektstruktur bewußt,
denn sie schätzt am Schriftsteller gerade dessen Entsetzlichkeit und Rücksichtslosigkeit:

> GENERALIN
>     Sie sind der rücksichtsloseste Mensch
>     den ich kenne                                                    (*Jg* 64)
>     Der Vorzug in dieser Unterhaltung ist
>     daß Sie ein entsetzlicher Mensch sind                           (*Jg* 65)

In der Beurteilung des Schriftstellers unterscheidet sich die Generalin also gar nicht so sehr von ihrem Mann. Die Differenz liegt im Verhalten zu des Schriftstellers Bedrohlichkeit.[93] Doch während der General den Kontakt mit dem Schriftsteller am liebsten vermeiden würde, ist die paradoxe Einstellung seiner Frau am treffendsten mit dem Terminus ›Angstlust‹ zu bezeichnen – eine Einstellung, welche die Beziehung aller Bernhardschen Frauenfiguren zu ihren geistlichen oder philosophierenden Hausfreunden charakterisiert. Der symmetrische Widerspruch zeigt sich noch in einer weiteren Hinsicht: Der General interpretiert die Kunst des Schriftstellers existentiell, während der Schriftsteller die Stalingrad-Erfahrung des Generals ästhetisch aufnimmt, als »[s]eine beste Geschichte« (57).

## Der Schriftsteller und seine Philosophie prinzipieller Andersheit

Die Figur des Schriftstellers in *Die Jagdgesellschaft* trägt unverkennbar Züge des Autors. Der Schriftsteller – für den General »ein ganz und gar undurchschaubarer Kopf« (54) – spielt die Rolle des beobachtenden Angstmachers. Er reißt während des Kartenspiels in beiläufig geäußerten Satzfragmenten poetisch-existenzielle Grundsätze an, die zugleich als solche des Autors gelten können:

> SCHRIFTSTELLER
>     Wenn wir beobachten
>     und nicht in dem Geschehen sind                           (*Jg* 55)
>     Wir müssen nicht teilnehmen
>     teil*haben* ja
>     aber nicht teil*nehmen*
>     Wenn wir unsere Beobachtungsgabe
>     *wirft seine Karten auf den Tisch* [...]                   (*Jg* 56)

Dem distanzierten Beobachter, der am Existenztheater nicht teilnimmt, aber notgedrungen teilhat, werden alle Lebensvorgänge einschließlich der Todeskrankheiten zu »theatralischen Vorgängen« (55). In zwei Monologen skizziert der General die diabolische Arbeitsweise des Schriftstellers.[94] Schon früher einmal habe der Schriftsteller das im Jagdhaus Gehörte und Beobachtete auf die Bühne gebracht, und zwar als Komödie und Operette (93f.). Der General warnt die Minister:

> GENERAL
>     Passen Sie auf was Sie sagen

---

[93]  In einem Interview, das Thomas Bernhard ungefähr zu der Zeit gegeben hat, als er an *Die Jagdgesellschaft* schrieb, erwähnt er, daß auch er als Schriftsteller von seiner Umgebung für einen gefährlichen Menschen gehalten werde: »Schriftsteller sein bedeutet etwas Gefährliches, ...man darf nicht zugeben, daß man Schriftsteller ist. Die Leute stellen sich darunter etwas Gefährliches vor«; Interview mit Marlies Hörbe, Januar 1974.
[94]  *Jg* 50-54 sowie, mit Unterbrechungen, 79-98.

> dieser Herr
> bringt was er sieht
> auf die Bühne
> überlegen Sie was Sie zum besten geben
> und was Sie verschweigen meine Herren
> denn es kommt als etwas Philosophisches
> das nichts anderes als eine Gemeinheit ist
> auf die Bühne
> Dieser Herr macht auch aus Ihnen eine Operette                (*Jg* 52f.; vgl. 95ff.)

In Verstößen gegen terminologische Ständeklauseln definiert der General das Philosophische der dramatischen Attacken des Schriftstellers auf die Philosophien (52): als »eine Gemeinheit« (52), als »etwas Unanständiges« (65), als Komödie (92). Fortwährend notiere der Schriftsteller, er habe schon »ein gänzlich vollgeschriebenes und dadurch völlig verfinstertes Gehirn«, in welchem alles unlesbar übereinandergeschrieben sei (97). Doch die Komödienschreiberei des Schriftstellers scheint nicht nur chaotische Abbildung zu sein; auch die Identität des Beobachteten ist durchaus ungewiß: Der Schriftsteller beobachte zwar, »aber er beobachtet etwas anderes / als die Wirklichkeit« (53). Diese Äußerung des Generals bleibt für sich genommen dunkel und seltsam. Ihr Sinn wird erst im Kontext der Philosophie prinzipieller Andersheit erkennbar, die der Schriftsteller vor allem in zwei monologischen Passagen entfaltet (70-76, 98-109). Aufgrund seiner Erwartungen, die immer enttäuscht werden, sei der Mensch krank, todeskrank, unglücklich (70f.). Die unausweichlichen[95] Gedanken über biographische Zusammenhänge und Ursachen seien derartig,

> SCHRIFTSTELLER
> daß sie die Materie zersetzen
> und immer alles in Auflösung begriffen
> wissen Sie
> wodurch wir verzweifeln müssen [...]
> Dann verlieren wir aber
> weil wir so konsequent sind
> alle Augenblicke immer wieder
> den Zusammenhang müssen Sie wissen
> und alles ist eine grobe Fälschung
> Plötzlich denken wir
> an der Oberfläche
> *Schüsse*
> und greifen uns an den Kopf                                          (*Jg* 72)

Die Gedankenfigur, daß alles etwas anderes sei und insofern nur den Tod repräsentiere, wendet der Schriftsteller auf alle möglichen Gegenstände an. Die Prämisse eröffnet ein unabsehbares Feld von Analogieschlüssen. Das Glück sei ebenso nur »Täuschung« wie das Unglück (75).

> SCHRIFTSTELLER
> Die Vorgänge immer nur täuschend ähnliche
> Unser Verstand ein anderer
> Aber vollkommene Durchdringung ist der Tod                          (*Jg* 75)

---

95 »Und wenn wir den einen [Gedanken] abtöten / ist der andere da« (*Jg* 71).

Die Aussage des Generals, der Schriftsteller beobachte etwas anderes als die Wirklichkeit, läßt sich nun folgendermaßen verstehen: Das Sichtbare und das Wirkliche überhaupt, die Summe der erschreckenden Tatsachen (72), löst sich im Prozeß der Reflexion über Ursachen und zeichenhafte Zusammenhänge auf; das Erscheinende wird dem teilhabenden Beobachter zum Ausdruck eines anderen. Doch dieser Prozeß reflektierender Durchdringung ist an kein Ende zu bringen, er offenbart keine letztlich determinierende »Hinterwelt«, an die der General glaubt. Der Reflexionsprozeß basiert immer nur auf spontanen Einfällen, die einen Zusammenhang zwar plötzlich überraschend beleuchten, deren Status aber anschließend selbst fragwürdig wird. So bewegt sich das Denken, wie der Schriftsteller sagt, stets »an der Oberfläche«, hinter der nichts ist. Das Wesen des (Lebens-)Waldes wird nicht durch das Abholzen der Bäume, d.h. seiner Erscheinungsform sichtbar. In diesem Sinne bestimmt der Schriftsteller den Tod als »vollkommene Durchdringung«.

Diese Art dezidierter erkenntnisskeptischer Flachgründelei droht an sich selbst verrückt zu werden: »Denn andauernd alles ablehnen / den Kopf verweigern gnädige Frau / ist eine Unmöglichkeit« (72). Den absoluten Zweifel unausgesetzt durchzuhalten, ist aber nicht nur unmöglich, sondern sinnlos, denn wenn alles zur Täuschung wird, ist eben die Täuschung real. Dies ist auch der entscheidende Grund, warum Thomas Bernhard, nachdem die Scheinwelt als nicht-transzendierbare ontologische Wahrheit erkannt ist (vgl. vom Hofe, *Ecce Lazarus* 33), wieder über eine Vielzahl literarischer Verfahren, Motive und Mythen verfügen kann, deren metaphysischer Hintergrund längst hinfällig geworden ist. Nicht nur in *Die Jagdgesellschaft* gibt Thomas Bernhard absurdistische Philosopheme dem Gelächter dadurch preis, daß er sie fortschreitend und immer abwegiger verallgemeinert. Kurz bevor der General den Raum verläßt, entwickelt der Schriftsteller den Anwesenden die Vorstellung einer Komödie, die sich wie die Kurzfassung des tatsächlich gespielten Stücks, *Die Jagdgesellschaft*, ausnimmt. »Eine Komödie stellen Sie sich vor / in welcher ein General eine Hauptrolle spielt [...usw.]« (vgl. 104f.). Doch im krassen Gegensatz zu den offensichtlichen Entsprechungen zwischen Bühnengeschehen und projektierter Komödie beharrt der Schriftsteller auch hier auf der Andersartigkeit des Beobachteten und Beschriebenen:[96]

SCHRIFTSTELLER
 Das Beschriebene meine Herren
 ist etwas Anderes
 wie ja schon das Beobachtete etwas Anderes ist
 Alles ist anders                                                                           (*Jg* 105)

Nicht nur »[d]iese ganze Jagdgesellschaft / ist eine andere«, sondern »Alles«, worin nach dem Vorbild der klassischen Antinomie der Standpunkt des Redenden eingeschlossen ist. Mit derlei epistemologischen Scherzartikeln demonstriert Bernhard die

---

[96] Diese Neigung zur Derealisierung relativiert der Schriftsteller selber durch psychologische Motivierung: »Ununterbrochen reden wir über etwas Unwirkliches / damit wir es ertragen« (*Jg* 102).

absurden Konsequenzen der »ganze[n] Philosophie« im Gegensatz zum spontanen fragmentarischen Philosophieren.[97] Die entscheidende Konsequenz ist aber eine ethische: der Schriftsteller plädiert dafür, das Bewußtsein ontologischer Unsicherheit wachzuhalten:

> SCHRIFTSTELLER
> In dem Zustand der Unsicherheit
> der Bodenlosigkeit
> der Zügellosigkeit zu verharren gnädige Frau
> das ist es
> diese unverständliche Sprache sprechen
> diese einzige gültige unverständliche Sprache
> sich gegen Verständlichmachen zur Wehr setzen                        (*Jg* 109)

Diese imperativischen Infinitive, die der Schriftsteller ausspricht, als der General bereits hinaus gegangen ist, zu befolgen, heißt, die »Bezauberung des Sinnenbetrugs« (*KzT* 42) aufzukündigen. Die »unverständliche Sprache« bildet, mit Kierkegaards Worten, »ihre Schlinge aus dem Nichts« (*KzT* 25), indem sie den falschen Schein gegenseitigen Verstehens zerstört.

Als obsoleter Gegenentwurf zur Irritationsdramatik des Schriftstellers fungiert in *Die Jagdgesellschaft* das allegorische Weihnachtsspiel, von dem General und Generalin berichten (88ff.). In diesem Weihnachtsspiel spielt jeder sich selbst, der Prinz einen Prinzen, die Prinzessin eine Prinzessin und der General spricht die Stimme des Herrn (vgl. 90f.). Das Personal von sichtbarem Bühnengeschehen und berichtetem Spiel ist also deckungsgleich. In dieser Hinsicht ähnelt das Weihnachtsspiel der projektierten Komödie des Schriftstellers. Doch im Unterschied zu dieser scheinen die Rollenidentitäten des allegorischen Spiels intakt zu sein – zumindest für den General.[98] (Deshalb erträgt der General auch ausschließlich dilettantische Laientheateraufführungen, denn diese wahren den beruhigenden Schein; Theateraufführungen mit Kunstanspruch sind ihm hingegen widerwärtig.[99])

---

[97]   »Ganz plötzlich eine Redewendung gnädige Frau / das ist philosophisch / aber die ganze Philosophie ist ein Unsinn« (*Jg* 76).
[98]   Der ideologische Charakter dieser Weihnachtsspiele und ihre Funktion als spielerische Bestätigung von Herrschaftsstrukturen wird in mehrfacher Hinsicht kenntlich gemacht (*Jg* 88ff.). Vgl. ferner die ganz ähnlichen Theateraktivitäten der Präsidentin (*Pr* 70f., 86).
[99]   Vgl. *Jg* 94: »Das Agieren auf einer Bühne / verursacht mir Übelkeit / tatsächlich ist mir nur der Dilettantismus auf dem Theater erträglich / die Vorstadtbühne / Liebhaberaufführungen in geschlossener Gesellschaft verstehen Sie / nicht aber ein Theater / als hohe Kunst«.

## Spiel im Spiel mit leerer Transzendenz

In *Die Jagdgesellschaft* sind insgesamt drei Theaterstücke impliziert, die bei der anschließenden Nachzeichnung der stückimmanenten Reflexions- und Rezeptionsprozesse wie folgt bezeichnet werden:

$S_1$: Stück$_1$ ist die bereits aufgeführte, eine frühere Begegnung im Jagdhaus abschildernde Komödie des Schriftstellers, von der der General berichtet (50ff., 93f.). Dieser hat das Stück zwar selbst nicht gesehen, aber er beruft sich auf die Auskünfte seiner Sekretärin.

$S_2$: Stück$_2$ bezeichnet das aktuelle, sinnlich wahrnehmbare Bühnengeschehen, *Die Jagdgesellschaft*.

$S_3$: Stück$_3$ ist das für die Zukunft erwartete Stück über die gegenwärtigen Vorgänge im Jagdhaus; der General fürchtet, daß der Schriftsteller dieses Stück schreiben werde, und warnt seine Gäste; der Schriftsteller skizziert seine Pläne für dieses Stück in vollständiger Analogie zu Stück$_2$ (vgl. 52f., 95ff.).

Nur Stück$_2$ ist sinnlich unmittelbar wahrnehmbar, während über $S_1$ und $S_3$ nur gesprochen wird. Die aktuelle Bühnenhandlung von $S_2$ enthält die (über die Sekretärin vermittelte) Rezeption der Komödie durch den General und damit dessen Antwort auf Bernhards poetische Zentralfrage »Ist es eine Komödie? Ist es eine Tragödie?« Werkimmanent wird in dem Stück über seine Rezeption reflektiert, wie das folgende Schema verdeutlicht:

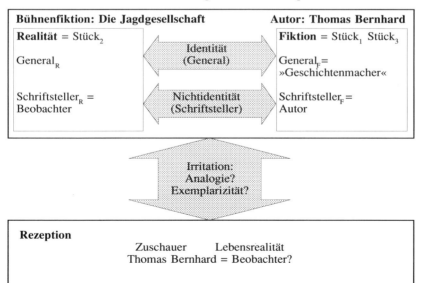

**Theater = Bühnengeschehen + Rezeption**

| **Bühnenfiktion: Die Jagdgesellschaft** | | **Autor: Thomas Bernhard** |
|---|---|---|
| **Realität** = Stück$_2$ | Identität (General) | **Fiktion** = Stück$_1$ Stück$_3$ |
| General$_R$ | | General$_F$ = »Geschichtenmacher« |
| Schriftsteller$_R$ = Beobachter | Nichtidentität (Schriftsteller) | Schriftsteller$_F$ = Autor |

Irritation: Analogie? Exemplarizität?

| **Rezeption** |
|---|
| Zuschauer     Lebensrealität |
| Thomas Bernhard = Beobachter? |

Der Schriftsteller philosophiert über die prinzipielle Andersheit des Beobachteten und Beschriebenen, während sich der Rezipient, der General, in einer der Komödienfiguren, dem »sogenannte[n] Geschichtemacher« (50), wiedererkennt. Der Dissens zwischen beiden Figuren hinsichtlich des Wirklichkeitsbezuges der Komödie gibt zugleich Möglichkeiten der Rezeption durch das Publikum vor.[100] Der Schriftsteller bezieht eine ähnliche Position, wie sie in späteren Jahren auch Thomas Bernhard vor Gericht in Fragen des Realitätsgehaltes seiner Werke immer bezogen hat: Wer sich wiedererkennt, tut dies auf eigene Veranlassung hin. Vielleicht hat dieses dramatisierte Planspiel Thomas Bernhard auch erst auf die Idee gebracht, wirkliche Personen in ähnlicher Weise zum literarischen Vorbild zu nehmen: gewissermaßen als Probe auf das hier entwickelte existenzdialektische Modell.[101] Die »dramentranszendierende Enthüllungsfunktion« des Spiels im Spiel (Kokott 9) besteht in *Die Jagdgesellschaft* also nicht darin, eine bestimmte Rezeptionsweise vorzugeben, sondern zu pointieren, daß das rezipierende Subjekt alle Beweislast allein trägt, wenn es sich und seine Welt im Werk wiedererkennt bzw. wiederzuerkennen glaubt. Der Autor und sein Vertreter in *Die Jagdgesellschaft*, der Schriftsteller, enthalten sich aller Vorgaben über den Zusammenhang zwischen Theaterstück und Wirklichkeit.

## Die unbestimmte Determination des Endes

In Interpretationen zum Stück *Die Jagdgesellschaft* wird durchweg die Auffassung vertreten, der Schriftsteller habe den General mehr oder minder direkt in den Selbstmord gedrängt, indem er dessen Lebenslüge entlarve. Es sind vor allem drei Umstände, durch welche die Selbsttäuschungen des Generals Schaden genommen haben könnte: Die Tatsache, daß Leben und Person des Generals den Stoff zu einer Komödie abgeben konnten (a), das nur vordergründig fiktionalisierte Aussprechen der Wahrheit über die die Todeskrankheit begleitenden Verfallsprozesse (b) sowie das Philosophieren einschließlich des Vorlesens aus Lermontows *Ein Held unserer Zeit* (c). Ich möchte demgegenüber zeigen, daß von einer ursächlichen Einflußnahme oder sogar einem Drängen durch den Schriftsteller nicht gesprochen werden kann. Dagegen sprechen vor allem drei Umstände. Erstens: Hätte der General die Reden des Schriftstellers so verstanden, wie es dessen Absichten entsprochen hätte, so würde er sich gerade nicht das Leben genommen haben. Zweitens: Es fehlen jegliche Hinweise auf eine Beeinflussung, denn es kommt aufgrund des symmetrischen Widerspruchs

---

[100] Zur werkimmanenten Thematisierung der Rezeption durch Formen des *Spiels im Spiel* bzw. des *Theaters auf dem Theater* vgl. Joachim Voigt (*Spiel* 5ff., 39, 169) und Jörg Henning Kokott (*Theater* 28).

[101] Man denke an die Personen, die sich in Bernhards Werken porträtiert glaubten und den Autor daraufhin verklagten; vgl. u.a. Schmidt-Dengler, *Authentizität*, sowie die Affäre um Bernhards inkriminiertes Buch *Holzfällen* (1984).

ihrer Redeinteressen und Ablenkungsbedürfnisse zu keiner unmittelbaren Auseinandersetzung zwischen Schriftsteller und General. Beide sprechen nur über den anderen und in philosophischen Allgemeinheiten, kaum aber über sich selbst. Es gibt
nicht einmal Indizien dafür, daß das Verstummen des Generals (98) als Reaktion auf
äußere Vorgänge aufzufassen sei. Drittens: Der General hat sich bereits entschieden,
bevor der Schriftsteller seinen zweiten Monolog beginnt, der jenem, Gamper zufolge,
erst »den letzten Schlag« versetzt habe (*TB* 145). Folglich ist die Frage nach einer
Beeinflussung sekundär, obgleich es Einflüsse geben muß, denn sonst wären die Ab-
neigung des Generals gegenüber dem Schriftsteller und die Gründe, die er hierfür
nennt, ganz unverständlich. In der dritten und letzten Szene des Stücks, »Nach der
Jagd«, tritt die Todeskrankheit des Generals, kommentiert vom Schriftsteller, in ihr
finales Stadium. Die Anmerkung Thomas Bernhards, daß der dritte Satz »der langsame Satz« sei, spricht dafür, daß nicht die Zuspitzung eines dramatischen Konflikts im
Vordergrund steht, sondern das Ende eines zum Tode Kranken als langsames, wenn
auch von eigener Hand vollzogenes Absterben. Nicht um den kausalen Zusammenhang der dramatischen Handlungen geht es Thomas Bernhard, sondern um
die kontrastive Artikulation weitgehend unbeeinflußbarer Rollenmuster als typischer
Existenzmodelle.


## Der Operetten-General als Spiegelbild

Die bloße Anwesenheit des Schriftstellers enthält für den General die Drohung, dramatisiert zu werden. Der General wird in eine selbstreflexive Einstellung gezwungen;
er wird indirekt gezwungen, sein Verhalten unter theatermäßigen Kriterien zu betrachten. Durch seine Beobachterhaltung versetzt der Schriftsteller den General in
Selbstdistanz und Selbstentfremdung. Die Aggression des Generals gegenüber er-
zwungener reflexiver Rollendistanz ist auch der Grund für seine grundsätzliche Ab-
neigung gegen das Theater:

> GENERAL
>  Ich gehe nicht in Theaterstücke
>  grundsätzlich nicht
>  etwas Widerwärtiges ist das Theater
>  an dieses Widerwärtige bin ich fortwährend erinnert
>  bin ich im Theater
>  wenn ich mir auch nicht erklären kann
>  was dieses Widerwärtige ist                                    (*Jg* 93f.)

Das Bedrohliche des Schriftstellers ergibt sich nur aus den Äußerungen des Generals.
Seine Bedrohlichkeit wird auch nur als solche beschworen, nicht aber durch das Geschehen bestätigt; alles, was im Stück auf direkte Einflüsse hindeuten könnte, bleibt
vage und unbestimmt. So bleibt unklar, ob der General dem Schriftsteller sein Verfahren dramatischer Komisierung nur als gemeinen Etikettenschwindel vorwirft, da es
sich doch eigentlich um eine Tragödie handele, oder ob er die Darstellung seiner Existenz als Theater, Komödie, Operette tatsächlich als Enthüllung einer unschmeichel-

haften oder schmerzlichen Wahrheit erfährt. Wenn der General sagt, »ich empfinde nicht als Komödie / was Sie als Komödie bezeichnen« (93), so ist nicht klar, ob er sich auf das Werk und dessen Genrezugehörigkeit bezieht oder auf die damit verbundene Bewertung seiner Existenz. Jedenfalls empfindet der General seine Dramatisierung und Operettentauglichkeit als Skandal. Schließlich gibt er seine anfängliche Weigerung, die Komödie als Komödie zu betrachten, auf. Er wechselt in szenisches Präsens und überspringt damit rhetorisch die Differenz zwischen Stück$_1$ und Stück$_2$:

> GENERAL
>     Unser Schriftsteller
>     schreibt eine Komödie
>     und alle die wir hier sitzen
>     kommen in seiner Komödie vor
>     Der Vorhang geht auf
>     Da sitzen wir
>     und sind eine Komödie                          (*Jg* 96)

Die Hypotypose führt die ganze Lächerlichkeit einer solchen Situation vor Augen. Aufgrund der rhetorischen Doppeldeutigkeit des Präsens kann diese Bemerkung zugleich als ein *ad spectatores* gesprochener Kommentar über die gegenwärtige Bühnenexistenz (Stück$_2$) aufgefaßt werden. Schon bevor der Schriftsteller seinen philosophierenden Monolog hält, hat sich der General bereits entschieden:

> GENERAL *zu den Ministern*
>     Gedulden Sie sich meine Herren
>     gedulden Sie sich
>     Sie wollen meine Entscheidung
>     Ich habe mich entschieden                          (*Jg* 95)

Er sagt zwar nicht, wozu er sich entschieden habe, doch kann es sich nur um den Entschluß handeln, sich das Leben zu nehmen. Der General erweckt nicht den Eindruck, als sei er noch beeinflußbar. Er beschließt seinen Monolog mit der Vorstellung, der Komödie ein Ende zu bereiten:

> GENERAL *zu den Ministern*
>     Eine Komödie hören Sie
>     Eine Komödie
>     Und wenn wir das Ganze abreißen
>     wie ein Stück Papier einfach herunterreißen
>     abreißen
>     reißt die Komödie ab
>     *trinkt*
>     Urplötzlich
>     *zum Schriftsteller*
>     Nicht wahr
>     hat aufgehört
>     ist abgerissen                          (*Jg* 98)

Die Evokation läßt es offen, ob der General unter dem Einfluß des Schriftstellers und seiner Komödie (Stück$_1$) seine eigene Lebenstragödie als Existenzkomödie identifiziert oder ob er im Gegenteil die Widersinnigkeit und Ungeheuerlichkeit dieser Bewertung zum Ausdruck bringen will. Der Tempuswechsel ins Perfekt deutet vielmehr auf letzteres hin: als wolle er es denen, die ihn als komische Figur verlachen, schon zeigen; als verbürge sein Entschluß zum Selbstmord, den er zur Rettung seiner Offiziersehre zu diesem Zeitpunkt bereits gefaßt hat, Nicht-Lächerlichkeit. Doch selbst dann, wenn er die Perspektive des Schriftstellers sich zu eigen gemacht haben sollte, bliebe unklar, ob dies auch den Ausschlag für seine »Entscheidung« gegeben habe. Wenn dies so wäre, so stünde diese Konsequenz im Gegensatz zur Philosophie des Schriftstellers.

Die Wahrheit über den Borkenkäfer

Als der Schriftsteller sein Komödienprojekt (Stück₃) vorstellt, erwähnt er auch den Befall des Waldes durch den Borkenkäfer, den die Generalin ihrem Mann stets verschwiegen hat:»Und möglicherweise gnädige Frau / gestatte ich mir den Borkenkäfer auftreten zu lassen« (104f.). Aber auch diese Information scheidet als Ursache aus, da sich der General bereits vorher entschieden hat (95). Herbert Gamper bemerkt zu dieser Stelle, der Schriftsteller steche dem General »gleichsam den Star« (*TB* 127). Der Schriftsteller »benutzt sein Wissen über den General dazu, ihn zu vernichten« (129). Er reiße die Mauer des Schweigens nieder (*TB* 143). Dem steht aber eine Stelle entgegen, die auch Gamper selbst zitiert (vgl. *TB* 128). Schriftsteller und Generalin vermuten dort, daß der General bereits vom Borkenkäfer wisse, wenn er sich auch über das Ausmaß der Schäden täusche. Über das Ausmaß wird er jedoch auch vom Schriftsteller nicht aufgeklärt (vgl. *Jg* 42f., 47). Der General reagiert auf die Erwähnung des Borkenkäfers überhaupt nicht, so daß die Annahme einer aktuellen Beeinflussung durch den Schriftsteller schlicht grundlos ist.

Der zweite Monolog des Schriftstellers

Erst nachdem der General verstummt ist und sein Entschluß, sich das Leben zu nehmen, offenbar feststeht, kommentiert der Schriftsteller in allgemeinen Formulierungen das Geschehen, das sich mit dem General bereits vollzieht. Er setzt ein mit einem Bild für den naiven Idealismus des Generals:

> SCHRIFTSTELLER *nachdem der General verstummt ist*
> Die Leute die überall anstoßen
> weil ihr Kopf eine Linie ist
> und die Oberfläche der Welt
> eine Verunstaltung                                    (*Jg* 98)

Der Generalin gegenüber hatte der Schriftsteller schon zuvor erklärt, der General sei »ein Idealist« (73), und ergänzt: »Aber ein Idealist ist ein Dummkopf« (74). Andererseits billigt er dem General »Kompetenz« (60) und scharfen Verstand (110) zu; er sei

ein »unbestechlicher Mensch« (60), ein »aufgeklärter Mensch« (43). Wenn sich diese
einander widersprechenden Charakterisierungen überhaupt auf einen Nenner bringen
lassen, dann in der folgenden Weise: Kompetenz, Unbestechlichkeit, Verstandes-
schärfe bezeichnen die Art und Weise, in der sich der General mit seinem Stalingrad-
Erlebnis befaßt.[102] Der Schriftsteller schätzt vor allem das Paulus-Kapitel in den Auf-
zeichnungen des Generals:

> SCHRIFTSTELLER *zur Generalin*
>     Was mich am tiefsten beeindruckt hat
>     *zu den Ministern*
>     und worin sein scharfer Verstand
>     sich in der ungewöhnlichsten Klarheit ausdrückt meine Herren
>     ist das Kapitel
>     in welchem der General die letzte Zusammenkunft
>     mit dem Generalfeldmarschall Paulus beschreibt
>     Er hat einen Blick für die Toten
>     wie ja überhaupt der Tod in seiner Schrift
>     die größte Rolle spielt
>     merkwürdigerweise beschäftigt ihn der Tod
>     am tiefsten
>     Seine Beschreibung der Erfrorenen
>     ist die meiner Meinung nach ungewöhnlichste und überzeugendste
>     Anschauung des Todes                              (*Jg* 110f.)

Ohne »die geringste Resignation«[103] setze sich der General, wenn er in den Wald
gehe, der »Faszination« akustischer und visueller Todeschiffren aus:

> GENERALIN
>     Jedesmal wenn er in den Wald geht
>     und er findet ein erfrorenes Wild
>     denkt er an die erfrorenen Soldaten
> SCHRIFTSTELLER
>     An die Tausende und Hunderttausende
>     Nichts als Erfrorene gnädige Frau
>     Die Faszination zu hören
>     was ich damals gehört habe
>     sagt er                                           (*Jg* 109f.)

Der Wald fungiert als allegorische Chiffrenlandschaft: Der Waldgänger hält am Boden liegende Äste für Gesichter und Gliedmaßen von Toten (110). Doch die Chiffren-
wahrnehmung wird begünstigt durch die Augenkrankheit des Generals. Hierin besteht

---

[102] Ich verweise auf eine Parallele zu *Der Ignorant und der Wahnsinnige*. Dort ist es der Vater,
dem die gegensätzlichen Attribute von Kompetenz und Ignoranz zugesprochen werden. Kompetent ist der Vater nur für seine Innerlichkeit; vgl. oben S. 244ff. – Die Positiv-Attribute, die der
Schriftsteller für den General findet, haben außerdem einen strategischen Sinn. Er versucht, die
Generalin, die ihrem Mann den Borkenkäfer verheimlicht, davon zu überzeugen, daß dem General die Wahrheit gesagt werden könne und müsse (vgl. 43).
[103] Diese zuletzt zitierten Bemerkungen macht der Schriftsteller kurz nachdem der General den
Raum verlassen hat (vgl. 108). Es gibt Indizien dafür, daß diese Einschätzung des Schriftstellers auf Projektion beruht; vgl. das folgende.

Bernhards besondere Pointe: die getrübte Wahrnehmung ermöglicht oder erleichtert die Entzifferung der allegorischen Natur; doch die Entzifferung ist Projektion aus dem Bilderfundus der eigenen Lebensgeschichte. Aus den Chiffren des Waldes liest und hört der General immer wieder dieselbe Szene als Wahrheit seines Lebens heraus.

In seinem zweiten Monolog formuliert der Schriftsteller seine Gedanken in allgemeiner und unpersönlicher Form. Der General ist die meiste Zeit anwesend. Die Verwendung der Ersten Person Plural läßt es offen, ob der Schriftsteller glaubt, daß sich der Prozeß plötzlichen Aufgebens, den er beschreibt, gerade im General vollziehe oder nicht:

> SCHRIFTSTELLER
> Wir geben ganz plötzlich auf
> Wir müssen allein sein
> wir sterben ab
> wir sind tot
> sowie wir einen Menschen anschauen
> mit aller Deutlichkeit
> sehen wir
> daß *er* tot ist                                                   (*Jg* 98f.; Hervorhebung C.K.)

Der Schriftsteller beschreibt in allgemeinen Formulierungen ein Musterschicksal, zu dem der General zumindest äußerlich das Lehrbeispiel abzugeben scheint. Eine Bemerkung (»Wir müssen allein sein«) nimmt das tatsächliche Geschehen vorweg; später verläßt der General tatsächlich den Raum. Doch obwohl sich die Thesen des Schriftstellers zum Teil wie prophetische Kommentare zu dem Geschehen anhören, das sich mit dem General vollzieht, können sie nicht auf diesen Aspekt reduziert werden. Im Anschluß an die zuletzt zitierte Äußerung folgt eine Paraphrase mit Wechsel des Satzsubjekts im *daß*-Satz [»er« zu »wir«]: »Wenn wir wissen / wissen wir / daß *wir* tot sind« (99; Hervorhebung C.K.). Daraus wird deutlich, daß der General zumindest nicht allein gemeint sein kann. Die Rede ist metaphorisch, »tot« umfaßt mehr als den sich ankündigenden physischen Tod des Generals.

Das folgende Philosophieren des Schriftstellers ist nicht so zu verstehen, als dränge er damit bewußt den General in den Selbstmord.[104] Dieser Annahme steht entgegen, daß die Thesen des Schriftstellers eher geeignet sind, dem General die Selbstmordabsicht auszureden. Die Schuld- und Angstgefühle, die er beim General vermutet, erklärt er für »Unsinn«:

> SCHRIFTSTELLER
> Der Schuldbegriff ist ein Unsinn gnädige Frau
> Wenn wir Angst haben
> vor Beschreibung
> das ist Unsinn                                                          (*Jg* 104)

---

[104] Es sei denn, er kalkulierte ein, daß der General den Wortlaut in bestimmter Weise mißverstünde.

Mit seinen Wendungen gegen Verantwortungsethik und Metaphysik richtet sich der Schriftsteller grundsätzlich gegen Normen und Sinnerwartungen, die den Gefühlen von Schuld oder Sinnlosigkeit zugrunde liegen. In dieselbe, antispekulative Richtung zielt scheinbar[105] auch der Abschnitt, den der Schriftsteller aus Lermontows *Ein Held unserer Zeit* vorliest:

> Aber ich machte rechtzeitig auf diesem gefährlichen Weg halt [...]
> so warf ich die Metaphysik über Bord
> und richtete den Blick wieder auf den Boden zu meinen Füßen
> Und diese Vorsicht war sehr am Platze
> ich wäre fast gefallen
> denn ich stieß auf etwas Dickes und Weiches [...]
> Vor mir lag ein Schwein
> das von einem Säbelhieb mitten entzwei gespalten war
> [...] *Auflachen aller, außer dem General*          (*Jg* 107f.)

Nach dieser Lesung verläßt der General wortlos den Raum. Hierzu Herbert Gamper: »Der Schriftsteller benutzt die vorgerückte Stunde [...], um ihn Schritt für Schritt dahin zu bringen, ihn seiner tödlichen Wahrheit sich ausliefern zu lassen« (*TB* 142). Mit der Lesung aus dem Lermontow versetze der Schriftsteller dem General »den letzten Schlag« (*TB* 145).[106] Diese Interpretation erstaunt in Anbetracht der antispekulativen Tendenz des vorgelesenen Abschnitts. In der zitierten Passage ist der Abschied von der Metaphysik, hier: vom Glauben an Vorherbestimmung, die Voraussetzung für situationsadäquates Wahrnehmen und Handeln. Hätte der Binnenerzähler seine Augen nicht wieder auf den Boden vor seinen Füßen gerichtet, wäre er über das tote Schwein gestolpert. Wenn der Schriftsteller, indem er diese Passage vorliest, den General überhaupt zu etwas auffordern will, dann dazu, seinerseits die Metaphysik über Bord zu werfen. Bernhards Pointe besteht darin, daß der nicht-zitierte Kontext der gelesenen Lermontow-Stelle das genaue Gegenteil belegt, nämlich den Glauben an Vorherbestimmung. Und auf diese nicht zitierten Zusammenhänge beruft sich Herbert Gamper, weshalb sie kurz rekapituliert seien.[107]

Petschorin, der Binnenerzähler in Lermontows Novelle »Der Fatalist«, nimmt an einem Gespräch unter Offizieren über den Glauben an Vorherbestimmung teil. Unter ihnen ist auch ein Leutnant Wulitsch. Dieser verficht den Glauben an Vorherbestimmung und schlägt vor, jeder möge selbst beim russischen Roulette die Probe darauf machen, ob seine Todesstunde vorherbestimmt sei oder nicht. Petschorin wettet gegen Wulitsch. Petschorin verliert die Wette, denn die geladene Pistole versagt zufällig. Dies bleibt dem Erzähler vor allem deshalb rätselhaft, weil er mit untrüglicher Ge-

---

[105] Scheinbar deshalb, weil die Fortsetzung der Geschichte, die der Schriftsteller nicht mehr vorliest, gerade das Gegenteil, nämlich den Glauben an Vorherbestimmung vertritt.

[106] In ähnlichem Sinne hält Klingmann das Bild des von einem Säbelhieb gespaltenen Schweins für den Auslöser des Selbstmordes (*Begriff* 82).

[107] Petschorin vertritt in dieser Novelle Positionen, die dem Thomas Bernhard um 1970 geistesverwandt sind, auf die ich hier aber nicht weiter eingehe: das Dekadenzgefühl, zu den »jämmerlichen Nachfahren« eines heroischen Zeitalters zu gehören (vgl. 170), und die Überzeugung, durch Fatalismus die Fähigkeit zu erlangen, ohne falsche Rücksichtnahmen zu handeln (175).

wißheit Vorzeichen des Todes auf dem Gesicht des Leutnants wahrgenommen haben will. Auf dem Heimweg über Vorherbestimmung grübelnd, trifft Petschorin auf das tote Schwein. Diese Episode zitiert der Schriftsteller in *Die Jagdgesellschaft*. Petschorin weiß jedoch noch nicht, daß derselbe Betrunkene, der das Schwein gespalten hat, auch Leutnant Wulitsch mit dem Säbel töten wird. Petschorin hatte also recht, als er Vorzeichen eines nahen Todes auf dem Gesicht des Leutnants zu sehen glaubte. Wie es scheint, wird der Glaube an Vorherbestimmung durch die überraschende Wendung, die die Novelle nimmt, bestätigt. Vor dem Hintergrund dieser und weiterer Erfahrungen plädiert Petschorin am Schluß seiner Erzählung für einen zur Handlungsfähigkeit befreienden Fatalismus, der den Überzeugungen von Bernhards Schriftsteller entgegenkommt. Eine weitere Geistesverwandtschaft besteht darin, daß Petschorin von Komischem traurig, von Traurigem lustig gestimmt wird. Das Erlebnis mit Wulitsch führt aber nicht zu einer Art metaphysischer Erweckung; Petschorin ist auch später, wie der Rahmenerzähler berichtet, »überhaupt kein Freund metaphysischer Diskussionen« (175).

Auf diesen Hintergrund stützt Herbert Gamper seine Interpretation:

>»Der General hat verstanden, das heißt, er identifiziert sich mit dem Leutnant, der in derselben Nacht, vom selben Betrunkenen, der zuvor das Schwein entzwei gespalten hat, über das der Erzähler (Petschorin) fast gestolpert wäre, durch einen Säbelhieb gleichfalls mitten entzwei gespalten wird.« (H. Gamper, *TB* 145)

Gampers Interpretation beruht damit auf der überaus problematischen Annahme, daß der General Lermontows Novelle nicht nur kenne, sondern auch die Pointe akzeptiere und seinerseits an Vorherbestimmung glaube. Außerdem muß vorausgesetzt werden, daß der General Vorzeichen seines eigenen Todes wahrnimmt und das Ende abkürzen will. Auch die weiteren Interpretationsschritte Gampers unterstellen ungesicherte Identifikationen des Generals (vgl. *TB* 145f.). Diese Identifikationen lassen sich weder beweisen noch widerlegen.

Ich halte es grundsätzlich für verfehlt, nach kausalen Zusammenhängen zu forschen, wenn sie der Autor so bewußt ausspart oder verrätselt wie es Thomas Bernhard tut. Die intertextuellen Bezüge führen das Reflexionsverhältnis komplementärer Positionen (hier: zum Determinismusproblem) weiter, ohne die Komplementarität durch einseitige Stellungnahmen aufzulösen. Wenn Interpreten dennoch immer wieder nach kausalen Zusammenhängen suchen, so liegt dies sicher daran, daß Bernhards Stücke und Erzählungen nicht konsequent und ausschließlich allegorisch oder symbolistisch sind, sondern diese Formtendenzen stets mit ›realistischen‹ Zügen verschränken, die solche Fragen nach der kausal-finalen Struktur provozieren.

Im Widerspruch zu Gampers Deutung, der Schriftsteller treibe den General ins Bewußtsein seines nahen und unausweichlichen Todes, steht auch das, was der Schriftsteller im Anschluß an seine Lermontow-Lesung äußert. Er plädiert für die Auslöschung lebensgeschichtlicher Voraussetzungen,[108] für das Verharren im »Zu-

---

[108] »Herkunft / Ursprung / Abstammung / alles wegwischen« (*Jg* 108).

stand der Unsicherheit« (109), fürs Aufgeben um der Menschlichkeit willen.[109] Mit
›Aufgeben‹ meint der Schriftsteller hier gerade nicht Aufgeben der Existenz, sondern
Befreiung von Selbsttäuschungen und Scheinzielen, wie er sie zuvor angesprochen
hat: »Die Leute kaufen sich an / sichern sich ab [...] / alle suchen aufeinmal Zuflucht
/ plötzlich werden sie katholisch [...usw.]« (108f.). Der Schriftsteller plädiert für einen Fatalismus wie ihn auch Lermontows Petschorin vertritt.

Die Auffassung des Schriftstellers steht nicht nur im Gegensatz zur Selbstmordabsicht des Generals, der Schriftsteller scheint sogar davon überzeugt zu sein, daß sich
der General nicht das Leben nehmen werde. Schriftsteller und Generalin sind sich
zwar sicher, daß der General in kurzer Zeit sterben werde; sie sprechen von seinem
bevorstehenden Klinikaufenthalt und der anschließenden »Zeit der Rekonvaleszenz«
(46);[110] mit einem Selbstmord rechnen sie indessen nicht:

> SCHRIFTSTELLER
>     In letzter Zeit
>     erinnert er sich sehr oft
>     an Paulus
>     der am Abend vor seiner Gefangennahme
>     zum Generalfeldmarschall ernannt worden ist
>     weil Hitler glaubte
>     Paulus würde sich umbringen
>     aber auch Paulus hat das Leben
>     der Unsterblichkeit vorgezogen                                   (*Jg* 109)

Generalfeldmarschall Friedrich Paulus hatte entgegen Hitlers Befehl zwischen dem
31. Januar und 2. Februar 1943 die Reste der 6. Armee in sowjetische Kriegsgefan-
genschaft geführt.[111] Er starb 1957 in Dresden. Mit der Analogie zu Paulus (»aber
auch Paulus [...]«) bringt der Schriftsteller die Auffassung zum Ausdruck, daß sich
auch der General nicht umbringen, sondern das Leben vorziehen werde.

Wenn der Schriftsteller den Ausbruch der Todeskrankheit des Generals und ihr finales Stadium tatsächlich beschleunigt haben sollte, so steht dieser Effekt im Gegensatz zum Selbstverständnis des Schriftstellers. Der General ist aufgrund seiner äußeren Lebensumstände probates Anschauungsobjekt für des Schriftstellers subjektphilosophische Theorie der Krankheit zum Tode. Die ›wirklichen‹ Ursachen der Todeskrankheit des Generals erfahren wir nicht. Thomas Bernhard präsentiert die allegori-

---

[109] »Weil wir aufgegeben haben / sind wir menschlich« (*Jg* 109).
[110] Die Generalin sagt unter anderem: »In Rom wird das Ende sein« (46). »Mein Mann tritt
nicht zurück / Er stirbt / aber er tritt nicht zurück« (47). Eher hätten Schriftsteller und Generalin
mit einem »Unglück« vor Beginn der Jagd gerechnet; als der General hörbar das Jagdhaus betritt, sagt der Schriftsteller: »Kein Unglück also« (49).
[111] Zuvor hatte Hitler von Paulus vorgeschlagenen Ausbruchsversuch der seit November
1942 bei Stalingrad eingeschlossenen 6. Armee abgelehnt und alle sowjetischen Kapitulati-
onsangebote zurückweisen lassen. Paulus hat seine Entscheidung für das Leben und gegen die
Unsterblichkeit nicht ganz so einsam getroffen, wie es der Tenor in des Schriftstellers Äußerung lanciert, sondern nicht zuletzt aufgrund des Drucks, den die ihm unterstehenden Generäle
und die Kapitulation einzelner Einheiten auf ihn ausübten.

schen Zusammenhänge nicht als Wirklichkeit, sondern als Möglichkeit für den Rezipienten. Wie in *Der Präsident* fällt am Schluß von *Die Jagdgesellschaft* »der Schuß / in die Unsicherheit hinein« (*Pr* 141). Mit dem Abholzen des Waldes am Ende des Stückes wird der Schauplatz der Existenzkomödie gleichsam abgebaut wie Kulissen eines Theaterstücks.

# Anhang


## Verzeichnis der verwendeten Siglen und Abkürzungen


### Werke Thomas Bernhards


Siglen und Kurztitel in alphabetischer Reihenfolge

| | |
|---|---|
| A | *Amras*, Frankfurt am Main 1976 (= BS 489). |
| AdB | *An der Baumgrenze.* Erzählungen, München o.J. (= dtv sr 99). |
| AM | *Alte Meister.* Komödie, Frankfurt am Main 1985. |
| Atem | *Der Atem.* Eine Entscheidung, Salzburg und Wien 1978. |
| Aus | *Auslöschung.* Ein Zerfall, Frankfurt am Main 1986. |
| Ave | *Ave Vergil*, Frankfurt am Main 1981 (= BS 769). |
| AZ | *Am Ziel*, Frankfurt am Main 1981 (= BS 767). |
| Ber | *Die Berühmten*, Frankfurt am Main 1976 (= BS 495). |
| Berg | »Der Berg. Ein Spiel für Marionetten als Menschen oder Menschen als Marionetten«, in: *Literatur und Kritik* (1970) H.46, 330-352. |
| Bet | *Beton*, Frankfurt am Main 1982. |
| Bil | *Die Billigesser*, Frankfurt am Main 1980 (= es 1006). |
| DT | »Drei Tage«, in: *Der Italiener*, 78-90. |
| EjS | »Ein junger Schriftsteller«, in: *Wort in der Zeit* (1965) H.1/2, 56-59. |
| Ek | *Einfach kompliziert.* Keine Komödie, Frankfurt am Main 1986 (= BS 910). |
| Er | *Ereignisse*, Berlin 1969 (= LCB-Editionen; 12). |
| F | *Frost*, Frankfurt am Main ²1976 (= st 47). |
| FB | *Ein Fest für Boris*, Frankfurt am Main 1970 (= es 440). |
| G | *Gehen*, Frankfurt am Main 1971 (= st 5). |
| Goethe | »Goethe stirbt«, in: *Thomas Bernhard: Über allen Gipfeln ist Ruh. Komödie*, hrsg. von Schauspielhaus Bochum, Bochum 1982 (= Programmbuch; 37), 143-155. |
| H | *Holzfällen.* Eine Erregung, Frankfurt am Main 1984. |
| Hp | *Heldenplatz*, Frankfurt am Main 1988 (= BS 997). |
| Hunger | »Der große Hunger«, in: *Demokratisches Volksblatt* vom 15. Oktober 1953; überarbeitet als »Großer, unbegreiflicher Hunger« in: *Stimmen der Gegenwart* (1954), hrsg. von Hans Weigel, Wien 1954, 138-143. |
| IK | *Immanuel Kant*, Frankfurt am Main 1978 (= BS 556). |

It              *Der Italiener*, München 1973 (= dtv sr 122).

IW              *Der Ignorant und der Wahnsinnige*, Frankfurt am Main 1972 (= BS 317).

Ja              *Ja*, Frankfurt am Main 1978 (= BS 600).

Jg              *Die Jagdgesellschaft*, Frankfurt am Main 1974 (= BS 376).

Kälte           *Die Kälte*. Eine Isolation, Salzburg 1981.

Kartenspieler   »Der Kartenspieler«, in: *Die Neue Rundschau* (1958) 314-322.

Keller          *Der Keller*. Eine Entziehung, Salzburg 1976.

Kind            *Ein Kind*, Salzburg und Wien 1982.

Klarheit        »Mit der Klarheit nimmt die Kälte zu«, in: *jahresring 65/66*, 243-245.

Ko              *Korrektur*, Frankfurt am Main 1975.

Ku              *Der Kulterer*. Eine Filmgeschichte, Frankfurt am Main 1976 (= st 306).

Kw              *Das Kalkwerk*, Frankfurt am Main 1976 (= st 128).

MG              *Die Macht der Gewohnheit*, Frankfurt am Main 1974 (= BS 415).

Min             *Minetti*, Frankfurt am Main 1978 (= *Spectaculum*; 28, 15-57).

Monologe        »Monologe auf Mallorca« [Thomas Bernhard im Gespräch mit Krista Fleischmann], in: Schauspielhaus Bochum (Hrsg.), *Thomas Bernhard, Am Ziel*, Bochum 1981 (= Programmbuch; 28), 181-201.

Nie             »Nie und mit nichts fertig werden« [Rede anläßlich der Verleihung des Büchner-Preises 1970] in: Deutsche Akademie für Sprache und Dichtung Darmstadt: *Jahrbuch 1970*, Heidelberg, Darmstadt 1971, 83-84.

P               *Prosa*, Frankfurt am Main ⁴1973 (= es 213).

PM              »Politische Morgenandacht«, in: *Wort in der Zeit* 12 (1966) H.1, 11-13.

Pr              *Der Präsident*, Frankfurt am Main 1975 (= BS 440).

rde             *die rosen der einöde*. fünf sätze für ballett, stimmen und orchester, Frankfurt am Main 1959.

RDV             *Ritter Dene Voss*, Frankfurt am Main 1984 (= BS 888).

Rede            »Rede« [anläßlich der Verleihung des Kleinen Österreichischen Staatspreises] in: *Über Thomas Bernhard*, 7f.

Sch             *Der Schein trügt*, Frankfurt am Main 1983 (= BS 818).

»Der Schweinehüter«, in: *Stimmen der Gegenwart 1956*, hrsg. von Hans Weigel, Wien; München 1956, 158-179.

Sti             *Der Stimmenimitator*, Frankfurt am Main 1978.

Tm              *Der Theatermacher*, Frankfurt am Main 1984 (= BS 870).

U               *Ungenach*. Erzählung, Frankfurt am Main ⁴1975 (= es 279).

ÜaG             *Über allen Gipfeln ist Ruh'*. Ein deutscher Dichtertag um 1980. Komödie, Frankfurt am Main 1981 (= BS 728).

»Unsterblichkeit ist unmöglich. Landschaft der Kindheit«, in: *Neues Forum Dialog* 15 (1968) H.169-170, 95-97.

Unt             *Der Untergeher*. Roman, Frankfurt am Main 1983.

Urs             *Die Ursache*. Eine Andeutung, München 1977 (= dtv 1299).

V               *Verstörung*, Frankfurt am Main 1974 (= BS 229).

VdR          *Vor dem Ruhestand.* Eine Komödie von deutscher Seele, Frankfurt am Main 1979.

»Von sieben Tannen und vom Schnee...«, in: *Salzburger Demokratisches Volksblatt* vom 24. Dezember 1952.

W            *Watten.* Ein Nachlaß, Frankfurt am Main [4]1982 (= es 353).

Wahrheit     »Der Wahrheit und dem Tod auf der Spur. Zwei Reden«, in: *Neues Forum Dialog* 15 (1968) H.173, 347-349.

WG           *Thomas Bernhard Werkgeschichte.* Hrsg. von Jens Dittmar, Frankfurt am Main 1981 (= stm 2002).

WN           *Wittgensteins Neffe.* Eine Freundschaft, Frankfurt am Main 1982 (= BS 788).

Wv           *Der Weltverbesserer*, Frankfurt am Main 1979 (= BS 646).


Interviews


Eichholz, Armin: »Morgen Salzburg. Gespräch mit dem Dramatiker Thomas Bernhard«, in: *Münchner Merkur* v. 24. Juli 1976.

Fleischmann, Krista: »Die Ursache bin ich selbst. Thomas Bernhard – ein Widerspruch« (Madrid, Juni 1986) [eigene TV-Mitschrift].

Hörbe, Marlies: »Man weiß nie, wo und wann. Ein Gespräch mit Thomas Bernhard«, in: *Die Furche* v. 5. Januar 1974.

Hofmann, Kurt: *Aus Gesprächen mit Thomas Bernhard.* Mit Photographien von Sepp Dreissinger und Emil Fabjan und einer Vorbemerkung des Verlages, Wien 1988.

Kathrein, Karin: »›Es ist eh alles positiv‹. Thomas Bernhard über seine Bücher, seine Feinde und sich selbst«, in: *Die Presse* v. 22./23. September 1984.

Müller, André: »Der Wald ist groß, die Finsternis auch. Ein Gespräch mit Thomas Bernhard«, in: *Die Zeit* v. 29. Juni 1979.

Rambures, Jean-Louis de: »Aus einem Interview« [für *Le Monde*; übersetzt von Andres Müry], in: Schauspielhaus Bochum (Hrsg.), *Thomas Bernhard, Der Schein trügt*, Bochum 1984 (= Programmbuch; 52), 104-108. Auch in: *Frankfurter Allgemeine Zeitung* v. 24. Februar 1983.

*Spiegel-Interview:* »›Ich könnte auf dem Papier jemanden umbringen‹ Der Schriftsteller Thomas Bernhard über Wirkung und Öffentlichkeit seiner Texte«, in: *Der Spiegel* v. 23. Juni 1980.


# Werke Søren Kierkegaards


Die Gesammelten Werke Søren Kierkegaards werden zitiert nach der Übersetzung von Emanuel Hirsch, erschienen im Eugen Diederichs Verlag, Düsseldorf und Köln 1950ff.

BA            *Der Begriff Angst.* Vorworte (= *GW*; 11/12).

BI            *Über den Begriff der Ironie mit ständiger Rücksicht auf Sokrates*
              (= *GW*; 31).

EC            *Einübung im Christentum* (= *GW*; 26).

ER 43/44      *Erbauliche Reden 1843/44.* Vier erbauliche Reden 1844. Drei Reden
              bei gedachten Gelegenheiten 1845 (= *GW*; 13/14).

E/O I         *Entweder / Oder*, Erster Teil (= *GW*; 1).

E/O II        *Entweder / Oder*, Zweiter Teil. Zwei erbauliche Reden (16. V. 1843)
              (= *GW*; 2/3).

KzT           *Die Krankheit zum Tode.* Der Hohepriester - der Zöllner - die Sünderin
              (= *GW*; 24/25).

PB            *Philosophische Brocken.* Oder ein Bröckchen Philosophie. De omnibus
              dubitandum est (= *GW*; 10).

SS            *Die Schriften über sich selbst* (= *GW*; 33).

UN I          *Abschließende unwissenschaftliche Nachschrift zu den Philosophischen
              Brocken.* Mimisch-pathetisch-dialektische Sammelschrift. Existentielle
              Einsprache von Johannes Climacus. Herausgegeben von S. Kierke-
              gaard, Erster Teil (= *GW*; 16).

UN II         *Abschließende unwissenschaftliche Nachschrift zu den Philosophischen
              Brocken.* Mimisch-pathetisch-dialektische Sammelschrift. Existentielle
              Einsprache von Johannes Climacus. Herausgegeben von S. Kierke-
              gaard, Zweiter Teil (= *GW*; 16).

W             *Die Wiederholung.* Ein Versuch in der experimentierenden Psycholo-
              gie. Drei erbauliche Reden 1843 (*GW*; 5/6).


## Sonstige Siglen und Abkürzungen


GS            Gesammelte Schriften; Bandzählung
GW            Gesammelte Werke; Bandzählung
HKA           Novalis, Historisch-Kritische Ausgabe
mwN.          Mit weiteren (Quellen-)Nachweisen
SW            Sämtliche Werke; Bandzählung
WW            Werke; Bandzählung

# Bibliographie

Die folgende Auflistung verwendeter Literatur erfolgt in alphabetischer Reihenfolge unter Angabe des Kurztitels.

## Forschungsliteratur zu Thomas Bernhard

### Bibliographien in chronologischer Anordnung

Knapp, Gerhard P.: »Bibliographie«, in: *Über Thomas Bernhard*, 144-149.
Sorg, Bernhard / Rainer Gerlach: »Bibliographie zu Thomas Bernhard«, in: *Text + Kritik H.43*, [2]1982, 95-111.
Dittmar, Jens (*Journalist*): »Thomas Bernhard als Journalist beim *Demokratischen Volksblatt*«, in: *Annäherungen*, 31-35.
Dittmar, Jens (Hrsg.): *Thomas Bernhard Werkgeschichte*, Frankfurt am Main 1981 (= stm 2002).
Sorg, Bernhard / Michael Töteberg: »Bibliographie«, in: *Kritisches Lexikon zur deutschsprachigen Gegenwartsliteratur*, hrsg. von Heinz Ludwig Arnold, München 1978ff.

### Forschungsliteratur zu Thomas Bernhard

*Annäherungen*: Bernhard. Annäherungen. Hrsg. von Manfred Jurgensen, Bern und München 1981 (= Queensland Studies in German Language and Literature; VIII).
Bachmann, Ingeborg (*Versuch*): »[Thomas Bernhard:] Ein Versuch«, in: dies., *WW IV*, 361-364.
Barthofer, Alfred (*Sprache der Natur*): »Die Sprache der Natur. Anmerkungen zur Natur und Naturdarstellung bei Adalbert Stifter und Thomas Bernhard«, in: *Vjs 35* (1986) H.3/4, 213-226.
Barthofer, Alfred (*Cello*): »Das Cello und die Peitsche. Beobachtungen zu Thomas Bernhards ›Die Macht der Gewohnheit‹«, in: *Sprachkunst 7* (1976) 294-311.
Barthofer, Alfred (*Berge*): »Berge schwarzer Qual. Zur thematischen Schwerpunktstruktur der Lyrik Thomas Bernhards«, in: *Acta Germanica 9* (1976) 187-211.
Barthofer, Alfred (*Plays*): »The Plays of Thomas Bernhard – A Report«, in: *MAL 11* (1978) H.1, 21-48.
Barthofer, Alfred (*Wittgenstein*): »Wittgenstein mit Maske. Dichtung und Wahrheit in Thomas Bernhards Roman ›Korrektur‹«, in: *ÖGL 23* (1979) 185-207.
Barthofer, Alfred (*Vorliebe*): »Vorliebe für die Komödie: Todesangst. Anmerkungen zum Komödienbegriff bei Thomas Bernhard«, in: *Vjs 31* (1982) 77-100.

Bartsch, Kurt (Hrsg.) (*In Sachen*): *In Sachen Thomas Bernhard*, Königstein/Ts. 1983.

Becker, Peter von (*Bei Bernhard*): »Bei Bernhard. Eine Geschichte in fünfzehn Episoden«, in: *Theater heute* 19 (1978) Sonderheft, 80-87.

Becker, Peter von (*Die Unvernünftigen*): »Die Unvernünftigen sterben nicht aus. Thomas Bernhards ›Vor dem Ruhestand‹. Eine Komödie«, in: *Theater heute* 20 (1979) H.8, 4-10.

Betten, Anne (*Sprachrealismus*): *Sprachrealismus im deutschen Drama der siebziger Jahre*, Heidelberg 1985 (= Monographien zur Sprachwissenschaft; Bd. 14).

Betten, Anne (*Ad-Hoc-Komposita*): »Die Bedeutung der Ad-Hoc-Komposita im Werk von Thomas Bernhard, anhand ausgewählter Beispiele aus *Holzfällen. Eine Erregung* und *Der Untergeher*«, in: *Neuere Forschungen zur Wortbildung und Historiographie der Linguistik*. Festschrift für Herbert E. Brekle. Hrsg. von Brigitte Asbach-Schnittker und Johannes Roggenhofer, Tübingen 1987, 69-90.

Blöcker, Günter (*Rede*): »Rede auf den Preisträger«, in: *Deutsche Akademie für Sprache und Dichtung, Jahrbuch 1970*, Heidelberg 1971, 74-82.

Böhm, Gotthart: »Thomas Bernhard: ›Die Existenz... ist ein Alptraum‹«, in: *Die zeitgenössische Literatur Österreichs II*, hrsg. von Hilde Spiel, Frankfurt am Main 1980 (= Kindlers Literaturgeschichte der Gegenwart; 6), 448-456.

Botond, Anneliese (Hrsg.), *Über Thomas Bernhard*, Frankfurt am Main 1970.

Brettschneider, Werner: *Zorn und Trauer*. Aspekte deutscher Gegenwartsliteratur, Berlin 1979.

Buddecke, Wolfram / Helmut Fuhrmann (Hrsg.) (*TB*): »Thomas Bernhard«, in: dies., *Das deutschsprachige Drama seit 1945*, München 1981, 215-222.

Bugmann, Urs: *Bewältigungsversuch*. Thomas Bernhards autobiographische Schriften, Frankfurt am Main 1981 (= Europäische Hochschulschriften; I/435).

Bürger, Christa (*Schreiben*): »Schreiben als Lebensnotwendigkeit. Zu den autobiographischen Fragmenten Thomas Bernhards«, in: *Sehnsuchtsangst. Zur österreichischen Literatur der Gegenwart. Colloquium an der Universität von Amsterdam*, hrsg. von Alexander von Bormann, Amsterdam 1987 (= Amsterdamer Beiträge zur neueren Germanistik; 21), 43-62.

Dittberner, Hugo (*Apologie I*): »Die heimliche Apologie der Macht. Kritisches zu Thomas Bernhards *Verstörung* [I]«, in: *Text + Kritik*, H.43, [1]1974, 22-28.

Dittberner, Hugo (*Apologie II*): »Die heimliche Apologie der Macht. Kritisches zu Thomas Bernhards *Verstörung* [II]«, in: *Text + Kritik*, H.43, [2]1982, 46-53.

Dittmar, Jens (*Der skandalöse Bernhard*): »Der skandalöse Bernhard. Dokumentation eines öffentlichen Ärgernisses«, in: *Text + Kritik*, H.43, [2]1982, 73-84.

Dittmar, Jens (*Journalist*): »Thomas Bernhard als Journalist beim ›Demokratischen Volksblatt‹«, in: *Annäherungen*, 15-35.

Dittmar, Jens (Hrsg.) (*WG*): *Thomas Bernhard Werkgeschichte*, Frankfurt am Main 1981 (= stm 2002).

Donahue, William S. (*Andeutungen*): »›Andeutungen‹. Zu Thomas Bernhards *Die Ursache. Eine Andeutung*«, in: *MAL* 21 (1988) H.3/4, 89-106.

Donnenberg, Josef (*Österreich*): »Thomas Bernhard in Österreich. Dokumentation und Kommentar«, in: *ÖGL* 14 (1970) 237-251.

Donnenberg, Josef (*Lyrik*): »War Thomas Bernhards Lyrik eine Sackgasse?«, in: *In Sachen Thomas Bernhard*, 9-34.

Doppler, Alfred: »Die unaufhebbare Lebensspannung. Themen und Tendenzen bei Adalbert Stifter und Thomas Bernhard«, in: *Vjs* 36 (1987) H.3/4, 19-30.

Dorowin, Hermann: »Die mathematische Lösung des Lebens. Überlegungen zur jüngsten Prosa Thomas Bernhards«, in: *In Sachen Thomas Bernhard*, 168-178.

Ebner, Jeannie: »Was mir zu *Ungenach* einfällt«, in: *Literatur und Kritik* (1969) H.34, 243-245.

Eder, Alois: »Perseveration als Stilmittel moderner Prosa. Thomas Bernhard und seine Nachfolge in der österreichischen Literatur«, in: *Annali Studi Tedeschi* (Napoli) 22 (1979) H.1, 65-100.

Esslin, Martin (*Disease*): »A Drama of Disease and Derision. The Plays of Thomas Bernhard«, in: *Modern Drama* 23 (1981) 367-384.

Falcke, Eberhard: »Abschreiben. Eine Auflehnung«, in: *Der Spiegel* vom 3.11.1986.

Finnern, Volker: *Der Mythos des Alleinseins*. Die Texte Thomas Bernhards, Frankfurt am Main 1987 (= Europäische Hochschulschriften; I/998).

Fischer, Bernhard: ›*Gehen*‹ *von Thomas Bernhard*. Eine Studie zum Problem der Moderne, Bonn 1985 (= Bonner Arbeiten zur Deutschen Literatur; 43).

Fraund, Thomas: *Bewegung – Korrektur – Utopie*. Studien zum Verhältnis von Melancholie und Ästhetik im Erzählwerk Thomas Bernhards, Frankfurt am Main 1986 (= Studien zur deutschen Literatur des 19. und 20. Jahrhunderts; 2).

Fueß, Renate: *Nicht fragen – Zum Double-bind in Interaktionsformen und Werkstruktur bei Thomas Bernhard*, Frankfurt am Main u.a. 1983 (= Europäische Hochschulschriften; I/665).

Fuhrimann, Klara: »Die Krankheit zum Tode. Zum Werk von Thomas Bernhard«, in: *Das Wort*. Literarische Beilage zu *Du-Atlantis* 7 (1966) 301-302.

Gamper, Herbert (*Utopie*): »Utopie des Gestern. Zur neuen Prosa von Thomas Bernhard«, in: *Weltwoche* vom 9. Januar 1970.

Gamper, Herbert (*Wissenschaft*): »Einerseits Wissenschaft, Kunststücke andererseits. Zum Theater Thomas Bernhards«, in: *Text + Kritik*, H.43, [1]1974, 9-21.

Gamper, Herbert (*Allegorie*): »Die auf den Hund gekommene Allegorie. Essay über Bernhards *Präsident* von Herbert Gamper«, in: *Theater heute* 16 (1975) H.8, 28-31.

Gamper, Herbert (*TB*): *Thomas Bernhard*, München 1977 (= Dramatiker des Welttheaters).

Graf, Hansjörg: »Letzte Geschichten. Mutmaßungen über Thomas Bernhard«, in: *Neue Rundschau* 82 (1971) 343-353.

Großklaus, Götz: »Österreichische Mythen. Zu zwei Filmen von Thomas Bernhard und Peter Handke«, in: *LiLi* 8 (1978) H.29, 40-62.

Handke, Peter: »Als ich ›Verstörung‹ von Thomas Bernhard las«, in: *Über Thomas Bernhard*, 100-106.

Hannemann, Bruno (*Psychogramm*): »Satirisches Psychogramm der Mächtigen. Zur Kunst der Provokation in Thomas Bernhards *Der Präsident*«, in: *Maske und Kothurn* 23 (1977) 147-158.

Hannemann, Bruno (*Review, König*): »Josef König, *Nichts als ein Totenmaskenball*

[Review]«, in: *MAL* 19 (1986) 126-127.

Henniger-Weidmann, Brigitte: »Worttransfusionen. Bedeutungsverschiebungen und Neologismen bei Thomas Bernhard«, in: *Fruchtblätter*. Freundesgabe für Alfred Kelletat. Hrsg. von Harald Hartung u.a. Berlin 1977, 217-224.

Henrichs, Benjamin (*Todes Leid*): »Thomas Bernhard oder: Todes Leid und Lust«, in: *Die Zeit* vom 10. Mai 1974.

Hofe, Gerhard vom (*Lazarus*): »Ecce Lazarus. Autor-Existenz und ›Privat‹-Metaphysik in Thomas Bernhards autobiographischen Schriften«, in: *duitse kroniek* (Den Haag) 32 (1982) H.4, 18-36.

Hofe, Gerhard vom / Peter Pfaff (*Polyphem*): *Das Elend des Polyphem*. Zum Thema der Subjektivität bei Thomas Bernhard, Peter Handke, Wolfgang Koeppen und Botho Strauß, Königstein/Ts. 1980.

Hofe, Gerhard vom / Peter Pfaff (*Provokation*): »Die ästhetische Provokation des ›Eschaton‹ in der Prosa Thomas Bernhards«, in: dies., *Polyphem*, 28-57.

Höller, Hans (*Kritik*): *Kritik einer literarischen Form*. Versuch über Thomas Bernhard. Stuttgart 1979 (= Stuttgarter Arbeiten zur Germanistik / Salzburger Beiträge; 1).

Höller, Hans (*Minetti*): »Thomas Bernhards Theaterstück ›Minetti‹. Eine Untersuchung zur Sprachform, Rezeptionsstruktur und Tradition«, in: *Annali dell'Istituto di Lingue e Letterature Germaniche* 5 (1978/79) Parma 1979, 163-178.

Höller, Hans (*Nichts Ganzes*): »›Es darf nichts Ganzes geben‹ und ›In meinen Büchern ist alles künstlich‹. Eine Rekonstruktion des Gesellschaftsbilds von Thomas Bernhard aus der Form seiner Sprache«, in: *Annäherungen*, 45-63.

Höller, Hans (*Radikalisierung*): »Thomas Bernhard und Adalbert Stifter. Die Radikalisierung der Isolation und Todesfixierung von Stifters ›Hagestolz‹«, in: *Literarisches Kolloquium Linz 1984*, 29-41.

*In Sachen Thomas Bernhard*, hrsg. von Kurt Bartsch, Königstein/Ts. 1983.

Jooß, Erich (*Aspekte*): *Aspekte der Beziehungslosigkeit*. Drei Studien zum Monolog des Fürsten in Thomas Bernhards Roman *Verstörung*, Selb 1975.

Jurdzinski, Gerald (*Leiden*): *Leiden an der ›Natur‹*. Thomas Bernhards metaphysische Weltdeutung im Spiegel der Philosophie Schopenhauers, Frankfurt am Main 1984 (= Europäische Hochschulschriften; I/761).

Jurgensen, Manfred (Hrsg.): *Bernhard. Annäherungen*, Bern 1981.

Jurgensen, Manfred (*Sprachpartituren*): »Die Sprachpartituren des Thomas Bernhard«, in: *Annäherungen*, 99-122.

Jurgensen, Manfred (*Kegel*): *Thomas Bernhard. Der Kegel im Wald oder die Geometrie der Verneinung*, Bern 1981.

Karasek, Hellmuth: »Der fidele Gruftmoder [*Die Jagdgesellschaft*]«, in: *Der Spiegel* 28 (1974) H.20, 126-128.

Klingmann, Ulrich (*Begriff*): »Begriff und Struktur des Komischen in Thomas Bernhards Dramen«, in: *Wirkendes Wort* 34 (1984) 78-87.

Klug, Christian (*Simultane Widersprüche*): »Simultane Widersprüche. Ein Interpretationsvorschlag zum Werk Thomas Bernhards, dargestellt am Beispiel der ›Finsternis‹-Metapher«, in: *LiLi* 16 (1986) H.64, 132-136.

Klug, Christian (*Arbeiten*): »Thomas Bernhards Arbeiten für das Salzburger *Demo-*

*kratische Volksblatt* 1952 bis 1954«, in: *MAL* 21 (1988) H.3/4, 135-172.

Klug, Christian (*Interaktion*): »Interaktion und Identität. Zum Motiv der Willensschwäche in Thomas Bernhards *Auslöschung*«, in: *MAL* 23 (1990) H.3/4, 17-37.

Knapp, Gerhard P. / Frank Tasche (*Dissimulation*): »Die permanente Dissimulation. Bausteine zur Deutung der Prosa Thomas Bernhards«, in: *Literatur und Kritik* 6 (1971) H.50, 483-496.

König, Josef (*Totenmaskenball*): ›Nichts als ein Totenmaskenball‹. Studien zum Verständnis der ästhetischen Intentionen im Werk Thomas Bernhards, Frankfurt am Main 1983 (= Europäische Hochschulschriften; I/682).

Kohlenbach, Margarete: *Das Ende der Vollkommenheit.* Zum Verständnis von Thomas Bernhards ›Korrektur‹, Tübingen 1986 (= Mannheimer Beiträge zur Sprach- und Literaturwissenschaft; 10).

Kummer, Elke / Ernst Wendt: »Die Schauspieler in den Schauspielern der Schauspieler«, in: *Über Thomas Bernhard*, 116-125.

Laederach, Jürg (*Anschreiben*): »Anschreiben gegen die Flut der Einfälle. Jürg Laederach gibt im Gespräch mit Wend Kässens erstmals Auskunft über seine Literatur, das Theater, die Musik«, in: *Theater heute* 23 (1982) H.1, 28-34.

Laederach, Jürg (*Sinn*): *Der zweite Sinn oder Unsentimentale Reise durch ein Feld Literatur*, Frankfurt am Main 1988 (= es 1455).

Lederer, Otto (*Landschaftszeichen*): »Syntaktische Form des Landschaftszeichens in der Prosa Thomas Bernhards«, in: *Über Thomas Bernhard*, 42-67.

Leventhal, Robert S.: »The Rhetoric of Anarcho-Nihilistic Murder: Thomas Bernhard's *Das Kalkwerk*«, in: *Modern Austrian Literature* 21 (1988) H.3/4, 19-38.

Lindenmayr, Heinrich (*Totalität*): *Totalität und Beschränkung.* Eine Untersuchung zu Thomas Bernhards Roman *Das Kalkwerk*, Königstein/Ts. 1982 (= Hochschulschriften Literaturwissenschaft; 50).

*Literarisches Kolloquium Linz 1984: Thomas Bernhard.* Hrsg. von Alfred Pittertschatscher und Johann Lachinger, Linz 1985.

Löffler, Sigrid: »Maß für Maß«, in: *profil* vom 19. November 1984.

Magris, Claudio (*Geometrie*): »Geometrie und Finsternis. Zu Thomas Bernhards ›Verstörung‹«, in: *Etudes Germanique* 33 (1978) 282-297.

Maier, Wolfgang: »Die Abstraktion vor ihrem Hintergrund gesehen«, in: *Über Thomas Bernhard*, 11-23.

Mauch, Gudrun B.: »Thomas Bernhards Roman *Korrektur*. Die Spannung zwischen dem erzählenden und dem erlebenden Erzähler«, in: *ÖGL* 23 (1979) 207-219.

Mennemeier, Franz Norbert (*Nachhall*): »Nachhall des absurden Dramas (Thomas Bernhard)«, in: ders., *Modernes Deutsches Drama*. Kritiken und Charakteristiken, Bd. 2: 1933 bis zur Gegenwart, München 1975, 307-320.

Michaelis, Rolf (*Kunstkrüppel*): »Kunstkrüppel vom Übertreibungsspezialisten. Zu Thomas Bernhards Theaterstücken 1974-1982«, in: *Text + Kritik*, H.43, [2]1982, 25-45.

Mittermayer, Manfred (*Lust*): »›Die schaurige Lust der Isolation‹. Vorschläge zum Verständnis von Thomas Bernhards Schreiben«, in: *Literarisches Kolloquium Linz 1984*, 64-88.

Mittermayer, Manfred (*Strauch*): »Strauch im Winter. Thomas Bernhards *Frost* als Inszenierung eines Ichzerfalls«, in: *MAL* 21 (1988) H.1, 1-18.

Mixner, Manfred (*Leben*): »Vom Leben zum Tode. Die Einleitung des Negations-Prozesses im Frühwerk von Thomas Bernhard«, in: *Annäherungen*, 65-98.

Müller, Wolfgang G.: »Das Ich im Dialog mit sich selbst. Bemerkungen zur Struktur des dramatischen Monologs von Shakespeare bis zu Samuel Beckett«, in: *DVjs* (1982) 314-333.

Petrasch, Ingrid: *Die Konstitution von Wirklichkeit in der Prosa Thomas Bernhards.* Sinnbildlichkeit und groteske Überzeichnung, Frankfurt am Main 1987 (= Münchener Studien...; 2).

Peymann, Claus: »Thomas Bernhard auf der Bühne«, in: *Literarisches Kolloquium Linz 1984*, 187-200.

Pikulik, Lothar (*Eichmann*): »Heiner Kipphardt: *Bruder Eichmann* und Thomas Bernhard: *Vor dem Ruhestand*«, in: *Deutsche Gegenwartsdramatik*, hrsg. von Lothar Pikulik u.a., Bd.1, Göttingen 1987, 141-207.

Pittertschatscher, Alfred / Johann Lachinger (Hrsg.): *Literarisches Kolloquium Linz 1984: Thomas Bernhard*, Linz 1985.

Radax, Ferry: »Thomas Bernhard und der Film«, in: *Literarisches Kolloquium Linz 1984*, 201-213.

Reinhardt, Hartmut (*Subjekt*): »Das kranke Subjekt. Überlegungen zur monologischen Reduktion bei Thomas Bernhard«, in: *GRM* NF 26 (1976) 334-356.

Reinhardt, Hartmut (*Review*): »Herbert Gamper, *Thomas Bernhard*; Bernhard Sorg, *Thomas Bernhard* [Rezension]«, in: *TEXT & KONTEXT* 5 (1977) H.2, 124-135.

Rietra, Madeleine (*Poetik*): »Zur Poetik von Thomas Bernhards *Korrektur*«, in: *In Sachen Thomas Bernhard*, 107-123.

Rossbacher, Karlheinz (*Kalkwerk*): »Thomas Bernhards Roman *Das Kalkwerk* (1970)«, in: *Deutsche Romane des 20. Jahrhunderts: Neue Interpretationen*, hrsg. von Paul Michael Lützeler, Königstein/Ts. 1983, 372-387.

Rossbacher, Karlheinz (*Quänger-Quartett*): »Quänger-Quartett und Forellen-Quintett. Prinzipien der Kunstausübung bei Adalbert Stifter und Thomas Bernhard«, in: *In Sachen Thomas Bernhard*, 69-90.

Rühmkorf, Peter: »Marotten, dritter Band [Rezension: ›die rosen der einöde‹]«, in: *Die Welt* vom 13. Juni 1959.

Schings, Hans-Jürgen (*Methode*): »Die Methode des Equilibrismus. Zu Thomas Bernhards *Immanuel Kant*«, in: *Drama und Theater im 20. Jahrhundert*. Festschrift für Walter Hinck. Hrsg. von Hans Dietrich Irmscher und Walter Keller, Göttingen 1983, 432-445.

Schmidt-Dengler, Wendelin (*Authentizität*): »Verschleierte Authentizität. Zu Thomas Bernhards ›Der Stimmenimitator‹«, in: *In Sachen Thomas Bernhard*, 124-147.

Schmidt-Dengler, Wendelin (*Schwierigkeit*): »Von der Schwierigkeit, Thomas Bernhard zu lesen. Zu Thomas Bernhards ›Gehen‹«, in: *Annäherungen*, 123-141.

Schönau, Walter: »Thomas Bernhards *Ereignisse* oder Die Wiederkehr des Verdrängten. Eine psychoanalytische Interpretation«, in: *Psyche* 30 (1976) 252-267.

Schweikert, Uwe (*Im Grunde*): »›Im Grunde ist alles, was gesagt wird, zitiert‹. Zum

Problem von Identifikation und Distanz in der Rollenprosa Thomas Bernhards«, in: *Text + Kritik* H.43 (¹1974) 1-8.

Seel, Martin (*Beziehungen*): »Über einige Beziehungen der Vernunft zum Humor«, in: *Akzente* (1986) H.5, 420-432.

Seydel, Bernd (*Vernunft*): *Die Vernunft der Winterkälte*. Gleichgültigkeit als Equilibrismus im Werk Thomas Bernhards, Würzburg 1986 (= Epistemata, Reihe Literaturwissenschaft; 22).

Sorg, Bernhard (*KLG*): »Thomas Bernhard«, in: *Kritisches Lexikon zur deutschsprachigen Gegenwartsliteratur*, hrsg. von Heinz Ludwig Arnold, München 1978ff.

Sorg, Bernhard (*Leben*): »Das Leben als Falle und Traktat. Zu Thomas Bernhards *Der Weltverbesserer*«, in: *In Sachen Thomas Bernhard*, 148-157.

Sorg, Bernhard (*TB*): *Thomas Bernhard*, München 1977 (= Autorenbücher; 7).

Spiel, Hilde (*Wir*): »Wir sind tot, alles ist tot. Thomas Bernhards eschatologische Operette *Die Jagdgesellschaft* in Wien uraufgeführt«, in: *Frankfurter Allgemeine Zeitung* vom 5. Mai 1974.

Steinert, Hajo: *Das Schreiben über den Tod*. Von Thomas Bernhards »Verstörung« zur Erzählprosa der siebziger Jahre, Frankfurt am Main u.a. 1984 (= Forschungen zur Literatur- und Kulturgeschichte; 4).

Strebel-Zeller, Christa (*Verpflichtung*): *Die Verpflichtung der Tiefe des eigenen Abgrunds in Thomas Bernhards Prosa*, Zürich 1975.

Tismar, Jens: »Thomas Bernhard«, in: *Gestörte Idyllen*. Eine Studie zur Problematik der idyllischen Wunschvorstellungen am Beispiel von Jean Paul, Adalbert Stifter, Robert Walser und Thomas Bernhard, München 1973, 106-138.

Tschapke, Reinhard (*Hölle*): *Hölle und zurück*. Das Initiationsthema in den Jugenderinnerungen Thomas Bernhards, Hildesheim 1984 (= Germanistische Texte und Studien; 22).

*Über Thomas Bernhard*. Hrsg. von Anneliese Botond, Frankfurt am Main ²1970 (= es 401).

Weiss, Walter: »Salzburger Mythos? Hofmannsthals und Reinhardts Welttheater«, in: *Staat und Gesellschaft in der modernen österreichischen Literatur*, hrsg. von Friedbert Aspetsberger, Wien 1977 (= Schriften des Instituts für Österreichkunde; 32), 5-19.

Wellmer, Albrecht: *Zur Dialektik von Moderne und Postmoderne*. Vernunftkritik nach Adorno, Frankfurt am Main 1985 (= stw 532).

Wendt, Ernst: »Krankheit als musikalisches Problem. Fragmentarisches zu Thomas Bernhard«, in: *Theater heute* 13 (1972) H.9, 33-34.

Wiese, Benno von: »Thomas Bernhard«, in: *Deutsche Dichter der Gegenwart*. Ihr Leben und Werk. Unter Mitarbeit zahlreicher Fachgelehrter hrsg. von Benno von Wiese, Berlin 1973, 632-646.

Zelinsky, Hartmut: »Thomas Bernhards *Amras* und Novalis«, in: *Über Thomas Bernhard*, 24-33.

# Allgemeine und sonstige Literatur

Adorno, Theodor W. (*Fragment*): »Fragment über Musik und Sprache«, in: *Musikalische Schriften I-III*, Frankfurt am Main 1978 (= GS 16), 251-256.

Adorno, Theodor W. (*Parataxis*): »Parataxis. Zur späten Lyrik Hölderlins«, in: *Noten zur Literatur III*, Frankfurt am Main 1976 (= BS 146), 156-209.

Adorno, Theodor W. (*Relationen*): »Über einige Relationen zwischen Musik und Malerei«, in: *Musikalische Schriften I-III*, Frankfurt am Main 1978 (= GS 16), 628-642.

Adorno, Theodor W. (*Verhältnis*): »Musik, Sprache und ihr Verhältnis im gegenwärtigen Komponieren«, in: *Musikalische Schriften I-III*, Frankfurt am Main 1978 (= GS 16), 649-664.

Adorno, Theodor W. (*ND*): *Negative Dialektik*, Frankfurt am Main 1975 (= GS 6; stw 113).

Adorno, Theodor W. (*Kierkegaard*): *Kierkegaard. Konstruktion des Ästhetischen*, Frankfurt am Main [2]1986 (= stw 74).

Adorno, Theodor W. (*ÄT*): *Ästhetische Theorie*, Frankfurt am Main [4]1980 (= stw 2).

*Die Aktualität der Frühromantik*. Hrsg. von Ernst Behler und Jochen Hörisch, Paderborn 1987.

Anderson, Raymond E.: »Kierkegaards Theorie der Mitteilung«, in: *Materialien zur Philosophie Kierkegaards*, 437-460.

Anz, Wilhelm (*Selbstbewußtsein*): »Selbstbewußtsein und Selbst. Zur Idealismuskritik Kierkegaards«, in: *Kierkegaard und die deutsche Philosophie seiner Zeit*, 47-61.

Anz, Heinrich u.a. (Hrsg.), *Kierkegaard und die deutsche Philosophie seiner Zeit*.

Arendt, Hannah: *Vom Leben des Geistes, Band 1: Das Denken*, München, Zürich 1989 (= SP 705).

Aristoteles, *Poetik*, übersetzt und herausgegeben von Manfred Fuhrmann, Stuttgart 1982 (= rub 7828).

Bachmann, Ingeborg (*Wittgenstein*): »Ludwig Wittgenstein – Zu einem Kapitel der jüngsten Philosophiegeschichte«, in: dies., *Werke. Vierter Band: Essays, Reden, Vermischte Schriften*, hrsg. von Christine Koschel, Inge von Weidenbaum und Clemens Münster, München 1978, 12-23.

Bachmann, Ingeborg (*Sagbares*): »Sagbares und Unsagbares – Die Philosophie Ludwig Wittgensteins«, in: dies., *WW 4*, 103-127.

Bateson, Gregory: *Ökologie des Geistes*. Anthropologische, psychologische, biologische und epistemologische Perspektiven, Frankfurt am Main 1985 (= stw 571).

Bauer, Gerhard: *Zur Poetik des Dialogs*. Leistung und Formen der Gesprächsführung in der neueren deutschen Literatur, Darmstadt [2]1977 (= Impulse der Forschung; 1).

Beckett, Samuel: *Marcel Proust*, Zürich 1960.

Benjamin, Walter (*Trauerspiel*): *Ursprung des deutschen Trauerspiels*. Hrsg. von Rolf Tiedemann, Frankfurt am Main [2]1982 (= stw 225).

Benjamin, Walter (*Begriff*): *Der Begriff der Kunstkritik in der deutschen Romantik*, Frankfurt am Main [2]1978 (= stw 4).

Benn, Gottfried: *Gesammelte Werke in acht Bänden*, hrsg. von Dieter Wellershoff, München 1975.

Bense, Max (*Hegel*): *Hegel und Kierkegaard*. Eine prinzipielle Untersuchung, Köln, Krefeld 1948.

Bergson, Henri (*Lachen*): *Das Lachen*. Ein Essay über die Bedeutung des Komischen (1899), Zürich 1972.

Bessen, Josef (*Ionesco*): *Ionesco und die Farce*. Rezeptionsbedingungen avantgardistischer Literatur, Wiesbaden 1978 (= Athenaion Literaturwissenschaft; 14).

Betten, Anne (*EAP*): »Ellipsen, Anakoluthe und Parenthesen. Fälle für Grammatik, Stilistik, Sprechakttheorie oder Konversationsanalyse?«, in: *Deutsche Sprache* 4 (1976) 207-230.

Blumenberg, Hans (*Lesbarkeit*): *Die Lesbarkeit der Welt*, Frankfurt am Main ²1989 (= stw 592).

Blumenberg, Hans (*Sprachsituation*): »Sprachsituation und immanente Poetik«, in: *Immanente Ästhetik – Ästhetische Reflexion*. Lyrik als Paradigma der Moderne. Kolloquium Köln 1964. Hrsg. von Wolfgang Iser, München 1966 (= Poetik und Hermeneutik; 2).

Boase-Beier, Jean / Jindrich Toman (*Komposita*): »Komposita im Text. Überlegungen zur Unterscheidung zwischen grammatischem und textuellem Wissen«, in: *LiLi* 16 (1986) H.64, 61-72.

Böhme, Hartmut / Gernot Böhme: *Das Andere der Vernunft*. Zur Entwicklung von Rationalitätsstrukturen am Beispiel Kants, Frankfurt am Main 1985 (= stw 542).

Braak, Ivo: *Poetik in Stichworten*. Literaturwissenschaftliche Grundbegriffe. Eine Einführung, Kiel ⁴1972.

Brinkmann, Hennig (*Wiederholung*): »Wiederholung als Gestaltung in Sprache und als Wiederverwendung von Sprache«, in: *Wirkendes Wort* (1983) H.2, 71-92.

Brinkmann, Hennig (*Sprache*): »*Die deutsche Sprache*. Gestalt und Leistung«, Düsseldorf ²1971.

Brinkmann, Hennig (*Zusammensetzung*): »Die Zusammensetzung im Deutschen«, in: *Sprachforum* 2 (1956/57) 222-230.

Brown, Calvin S.: »Theoretische Grundlagen zum Studium der Wechselverhältnisse zwischen Literatur und Musik«, in: *Literatur und Musik*, 28-39.

Brummack, Jürgen: »Zu Begriff und Theorie der Satire«, in: *DVjs* 45 (1971) Sonderheft Forschungsreferate, 275-377.

Camus, Albert (*Mythos*): *Der Mythos von Sisyphos*. Ein Versuch über das Absurde. Mit einem kommentierenden Essay von Liselotte Richter, Hamburg 1959 (= rde 90).

Cassirer, Ernst (*Pascal*): »Die Fortbildung der Cartesischen Philosophie: Pascal«, in: ders., *Das Erkenntnisproblem in der Philosophie und Wissenschaft der neueren Zeit I*, Darmstadt 1974 (Reprint der 3. Aufl. 1922), 506-528.

Čechov, Anton: *Der Kirschgarten*. Komödie, deutsch von Johannes von Guenther, Stuttgart 1978 (= rub 7690).

Coseriu, Eugenio: »Das Phänomen der Sprache und das Daseinsverständnis des heutigen Menschen (1967)«, in: ders., *Sprache. Strukturen und Funktionen*. Zwölf Aufsätze zur allgemeinen und romanischen Sprachwissenschaft. Hrsg. von Uwe Petersen, Tübingen ²1971 (= TBL 2), 131-155.

Dahlhaus, Carl (*Idee*): *Die Idee der absoluten Musik*, Kassel, München 1978.

Dahlhaus, Carl (*Musiktheorie*): *Die Musiktheorie im 18. und 19. Jahrhundert*, Teil 1: Grundzüge einer Systematik, Darmstadt 1984 (= Geschichte der Musiktheorie; 10).

*Das Komische*. Hrsg. von Wolfgang Preisendanz und Rainer Warning (= Poetik und Hermeneutik; VII), München 1976.

Diem, Hermann (*Existenzdialektik*): *Die Existenzdialektik von Sören Kierkegaard*, Zollikon, Zürich 1950.

Dierlamm, Werner (*Ionesco*): »Ionesco und die ›Krise der Sprache‹«, in: *Aus der französischen Kultur- und Geistesgeschichte*, hrsg. von Werner Dierlamm u.a., 115-135.

Dubois, Jacques u.a. (*Rhetorik*): *Allgemeine Rhetorik*, übersetzt und herausgegeben von Achim Schütz, München 1974.

Duden: *Grammatik der deutschen Gegenwartssprache* (= Duden; 4), Mannheim ³1973.

Dürrenmatt, Friedrich: »Theaterprobleme«, in: *Theater. Essays, Gedichte und Reden*, Zürich 1985, (= Werkausgabe; 24), 31-72.

Fahrenbach, Helmut (*Ethik*): *Kierkegaards existenzdialektische Ethik*, Frankfurt am Main 1968 (= Philosophische Abhandlungen; 29).

Fahrenbach, Helmut (*Existenzanalyse*): »Kierkegaards ethische Existenzanalyse (als ›Korrektiv‹ der Kantisch-idealistischen Moralphilosophie)«, in: *Materialien zur Philosophie Søren Kierkegaards*, 216-240.

Fahrenbach, Helmut (*Gegenwärtige Philosophie*): »Kierkegaard und die gegenwärtige Philosophie«, in: *Kierkegaard und die deutsche Philosophie seiner Zeit*, 149-169.

Feuerbach, Ludwig: »Einige Bemerkungen über den ›Anfang der Philosophie‹ von Dr. J.F. Reiff«, in: ders., *Werke in sechs Bänden III: Kritiken und Abhandlungen II (1839-1843)*, Frankfurt am Main 1975.

Figal, Günter (*Freiheitsbegriff*): »Schellings und Kierkegaards Freiheitsbegriff«, in: *Kierkegaard und die deutsche Philosophie seiner Zeit*, 112-127.

Frank, Manfred (*Einführung*): *Einführung in die frühromantische Ästhetik*. Vorlesungen, Frankfurt am Main 1989 (= es 1563).

Frank, Manfred (*Intellektuale Anschauung*): »Intellektuale Anschauung. Drei Stellungnahmen zu einem Deutungsversuch von Selbstbewußtsein: Kant, Fichte, Hölderlin/Novalis«, in: *Die Aktualität der Frühromantik*, 96-126.

Frank, Manfred (*Magischer Idealismus*): »Die Philosophie des sogenannten ›magischen Idealismus‹«, in: *Euphorion* 63 (1969) 88-116.

Frank, Manfred (*Unhintergehbarkeit*): *Die Unhintergehbarkeit von Individualität*. Reflexionen über Subjekt, Person und Individuum aus Anlaß ihrer ›postmodernen‹ Toterklärung, Frankfurt am Main 1986 (= es 1377).

Freud, Sigmund (*Witz*): *Der Witz und seine Beziehung zum Unbewußten*, Frankfurt am Main 1986 (= Fischer TB 6083).

Freud, Sigmund (*Studienausgabe I*): *Vorlesungen zur Einführung in die Psychoanalyse. Neue Folge der Vorlesungen zur Einführung in die Psychoanalyse*, Frankfurt am Main 1969.

Freud, Sigmund (*Humor*): »Der Humor«, in: *Psychologische Schriften* (= Studienausgabe; IV), Frankfurt am Main 1982, 275-288.

Friedrich, Hugo (*Pascal*): »Pascals Paradox. Das Sprachbild einer Denkform«, in: *Zeitschrift für Romanische Philologie* 56 (1936) 322-370.

Frisch, Max: *Biografie. Ein Spiel*, Frankfurt am Main 1976.

Geismar, Eduard: *Sören Kierkegaard*. Seine Lebensentwicklung und seine Wirksamkeit als Schriftsteller, Göttingen 1929.

*Geschichtlichkeit und Aktualität*. Studien zur deutschen Literatur seit der Romantik. Festschrift für Hans-Joachim Mähl zum 65. Geburtstag. Hrsg. von Klaus-Detlef Müller, Gerhard Pasternack, Wulf Segebrecht, Ludwig Stockinger, Tübingen 1988.

Gessner, Nikolaus: *Die Unzulänglichkeit der Sprache*. Eine Untersuchung über Formzerfall und Beziehungslosigkeit bei Samuel Beckett, Zürich 1958 [Diss. Phil.].

Goodman, Nelson: *Sprachen der Kunst*, übersetzt von Jürgen Schlaeger, Frankfurt am Main 1973.

Goethe, Johann Wolfgang von: »Die Leiden des jungen Werther«, in: *Goethes Werke*, Hamburger Ausgabe, Band VI, München 1977, 7-124.

Goethe, Johann Wolfgang von: *Werke*. Hamburger Ausgabe, Band 6, München 1977.

Göttsche, Dirk (*Sprachkrise*): *Die Produktivität der Sprachkrise in der modernen Prosa*, Frankfurt am Main 1987.

Goldmann, Lucien (*Gott*): *Der verborgene Gott*. Studie über die tragische Weltanschauung in den Pensées Pascals und im Theater Racines, Neuwied Darmstadt 1971 (= Soziologische Texte; 87).

Greve, Wilfried: »Das erste Stadium der Existenz und seine Kritik. Zur Analyse des Ästhetischen in Kierkegaards *Entweder/Oder II*«, in: *Materialien zur Philosophie Søren Kierkegaards*, 177-215.

Greve, Wilfried: siehe auch unter Theunissen/Greve.

Grillparzer, Franz: »Selbstbiographie«, in: ders., *Werke in drei Bänden*, Erster Band, Berlin, Weimar 1980, 95-270.

Grøn, Arne (*Transzendenz*): »Das Transzendenzproblem bei Kierkegaard und beim späten Schelling«, in: *Kierkegaard und die deutsche Philosophie seiner Zeit*, 128-148.

Guardini, Romano (*Einführung*): »Einführung«, in: Blaise Pascal, *Gedanken*. Nach der endgültigen Ausgabe übertragen von Wolfgang Rüttenauer, Birsfelden-Basel o.J., VII-XXVIII.

Guardini, Romano (*Pascal*): *Christliches Bewußtsein*. Versuche über Pascal, Leipzig 1935.

Guthke, Karl S. (*Mythologie*): *Die Mythologie der entgötterten Welt*. Ein literarisches Thema von der Aufklärung bis zur Gegenwart, Göttingen 1971.

Guthke, Karl S. (*Tragikomödie*): *Die moderne Tragikomödie*. Theorie und Gestalt, Göttingen 1968.

Haase, Rudolf: »Die Herkunft musikalischer Grundlagen aus dem Gehör. Eine Morphologie der Intervalle«, in: *Musik und Zahl*, 11-50.

Handke, Peter: *Wunschloses Unglück*. Erzählung, Frankfurt am Main 1974 (= st 146).

Heidegger, Martin (*SuZ*): *Sein und Zeit*, Tübingen [15]1984.

Hering, Christoph: »Hermeneutik und Kombinatorik. Novalis und die lyrische Zeichensprache«, in: *Das Nachleben der Romantik in der modernen deutschen Literatur*. Vorträge des Zweiten Amherster Kolloquiums. Hrsg. von Wolfgang Paulsen, Heidelberg 1969, 53-70.

Heringer, Hans Jürgen: »Wortbildung: Sinn aus dem Chaos«, in: *Deutsche Sprache* 12 (1984) 1-13.

Hörhammer, Dieter (*Formation*): *Die Formation des literarischen Humors*. Ein psychoanalytischer Beitrag zur bürgerlichen Subjektivität, München 1984.

Hofe, Gerhard vom / Peter Pfaff (*Subjektivität*): »Zum Begriff der Subjektivität seit der Romantik«, in: dies., *Das Elend des Polyphem*. Zum Thema der Subjektivität bei Thomas Bernhard, Peter Handke, Wolfgang Koeppen und Botho Strauß, 1-27.

Hofe, Gerhard vom (*Romantikkritik*): *Die Romantikkritik Sören Kierkegaards*, Frankfurt am Main 1972 (= Goethezeit; 6).

Hofmannsthal, Hugo von: »Ein Brief«, in: ders., *Gesammelte Werke in zehn Einzelbänden: Erzählungen, Erfundene Gespräche und Briefe, Reisen*, Frankfurt am Main 1979 (= Fischer TB 2165), 461 472.

Holm, Søren: »Schopenhauer und Kierkegaard«, in: *Schopenhauer-Jahrbuch* 43 (1962) 5-14.

Ionesco, Eugène (*Argumente*): *Argumente und Argumente*. Schriften zum Theater, Neuwied 1962.

Janke, Wolfgang: »Verzweiflung. Kierkegaards Phänomenologie des subjektiven Geistes«, in: *Sein und Geschichtlichkeit*. Festschrift für Karl Heinz Volkmann-Schluck, Frankfurt am Main 1974, 103-113.

Joest, Wilfried: »Hegel und Kierkegaard. Bemerkungen zu einer prinzipiellen Untersuchung (1950) [Rezension zu Max Bense]«, in: Schrey, *Kierkegaard*, 81-89.

Kant, Immanuel (*Allgemeine Naturgeschichte*): »Allgemeine Naturgeschichte und Theorie des Himmels, oder Versuch von der Verfasung und dem mechanischen Ursprunge des ganzen Weltgebäudes nach Newtonischen Grundsätzen abgehandelt«, in: *WW I*, 219-400.

Kant, Immanuel (*Gedanken*): »Gedanken von der wahren Schätzung der lebendigen Kräfte und Beurteilung der Beweise...«, in: *WW I*, 9-218.

Kant, Immanuel (*KdrV*): *Kritik der reinen Vernunft* (= *WW III, IV*).

Kant, Immanuel (*KdU*): »Kritik der Urteilskraft«, in: *WW VIII*, 237-620.

Kant, Immanuel (*Neue Erhellung*): »Neue Erhellung der ersten Grundsätze metaphysischer Erkenntnis«, in: *WW I*, 401-509.

Kant, Immanuel (*WW*): *Werke in zehn Bänden*. Hrsg. von Wilhelm Weischedel, Sonderausgabe: Darmstadt 1983.

Kayser, Hans: *Akróasis*. Die Lehre von der Harmonik der Welt, Stuttgart 1947.

*Kierkegaard und die deutsche Philosophie seiner Zeit*. Vorträge des Kolloquiums am 5. und 6. November 1979, hrsg. von Heinrich Anz u.a., Kopenhagen 1980 (= TEXT & KONTEXT Sonderreihe; 7).

Kleist, Heinrich von: »Über die allmähliche Verfertigung der Gedanken beim Reden« [»Kunst- und Weltbetrachtung«], in: ders., *Sämtliche Werke und Briefe*. Zweiter

Band, Darmstadt [7]1983, 319-324.

Klotz, Volker: *Geschlossene und offene Form im Drama*, München [10]1980 (= Literatur als Kunst).

Kohut, Heinz: *Narzißmus*. Eine Theorie der psychoanalytischen Behandlung narzißtischer Persönlichkeitsstörungen, Frankfurt am Main 1976 (= stw 157).

Kokott, Jörg Henning: *Das Theater auf dem Theater im Drama der Neuzeit*. Eine Untersuchung über die Darstellung der theatralischen Aufführung durch das Theater auf dem Theater in ausgewählten Dramen von Shakespeare, Tieck, Pirandello, Genet, Ionesco und Beckett (Diss. Phil. MS), Köln 1968.

Krappmann, Lothar: »Neuere Rollenkonzepte als Erklärungsmöglichkeit für Sozialisationsprozesse«, in: *Seminar: Kommunikation, Interaktion, Identität*, hrsg. von Manfred Auwärter u.a., Frankfurt am Main 1976 (= stw 156), 307-331.

Kummer, Irène Elisabeth: *Blaise Pascal. Das Heil im Widerspruch*. Studien zu den Pensées im Aspekt philosophisch-theologischer Anschauungen, sprachlicher Gestaltung und Reflexion, Berlin, New York 1978.

Kurz, Gerhard (*MAS*): *Metapher, Allegorie, Symbol*, Göttingen 1982.

Kutschera, Franz von: *Sprachphilosophie*, München [2]1975.

Kutschera, Franz von: *Ästhetik*, Berlin 1988.

Laederach, Jürg: *Fahles Ende kleiner Begierden*. Vier minimale Stücke, Frankfurt am Main 1981 (= es 1075).

Laing, Ronald D.: *Das geteilte Selbst*. Eine existentielle Studie über geistige Gesundheit und Wahnsinn, München 1987 (= dtv: dialog und praxis 15029).

Landmann, Michael (*Pascal*): »Blaise Pascal«, in: ders., *De Homine. Der Mensch im Spiegel seines Gedankens*, Freiburg 1962 (= Orbis Academicus; I/9), 222-236.

Lang, Hermann: *Die Sprache und das Unbewußte*. Jacques Lacans Grundlegung der Psychoanalyse, Frankfurt am Main 1986 (= stw 626).

Lausberg, Heinrich (*Handbuch*): *Handbuch der literarischen Rhetorik*. Eine Grundlegung der Literaturwissenschaft, 2 Bde., München 1960.

Lermontow, Michail: *Ein Held unserer Zeit*. Hrsg. und übersetzt von Arthur Luther, Zürich 1982 (= detebe 21006).

*Literatur und Musik*. Ein Handbuch zur Theorie und Praxis eines komparatistischen Grenzgebietes, hrsg. von Steven Paul Scher, Berlin 1984.

Lukács, Georg: *Die Theorie des Romans*. Ein geschichtsphilosophischer Versuch über die Formen der großen Epik, Darmstadt, Neuwied [6]1981.

Mähl, Hans-Joachim, (*Einleitung IX*): »Einleitung«, in: Novalis, *Schriften*, Dritter Band: Das philosophische Werk II, hrsg. von Richard Samuel in Zusammenarbeit mit Hans-Joachim Mähl und Gerhard Schulz, Stuttgart u.a. [3]1983, 209-241.

*Materialien zur Philosophie Søren Kierkegaards*. Herausgegeben und eingeleitet von Michael Theunissen und Wilfried Greve, Frankfurt am Main 1979 (= stw 241).

Merker, Barbara: *Selbsttäuschung und Selbsterkenntnis*. Zu Heideggers Transformation der Phänomenologie Husserls, Frankfurt am Main 1988.

Müller-Henning, Detlef: »Vom Musikalischen der Kleistschen Dichtung«, in: *Literatur und Musik*, 312-325.

*Musik und Zahl*. Interdisziplinäre Beiträge zum Grenzbereich zwischen Musik und

Mathematik, hrsg. von Günter Schnitzler, Bonn – Bad Godesberg 1976 (= Orpheus; 17).

Nietzsche, Friedrich (*Geburt*): »Die Geburt der Tragödie oder Griechentum und Pessimismus«, in: *WW I* 7-134.

Nietzsche, Friedrich (*Genealogie*): »Zur Genealogie der Moral. Eine Streitschrift«, in: *WW II* 671-900.

Nietzsche, Friedrich (*Schopenhauer*): »Schopenhauer als Erzieher« [aus: »Unzeitgemäße Betrachtungen«], in: *WW I* 287-365.

Nietzsche, Friedrich (*WW*): *Werke*, hrsg. von Karl Schlechta, München $^7$1973.

Nietzsche, Friedrich (*Zarathustra*): »Also sprach Zarathustra«, in: *WW II* 275-561.

Novalis (*HKA II*): *Schriften*. Die Werke Friedrich von Hardenbergs. Hrsg. von Paul Kluckhohn und Richard Samuel, Zweiter Band: Das Philosophische Werk I. Hrsg. von Richard Samuel in Zusammenarbeit mit Hans-Joachim Mähl und Gerhard Schulz, Stuttgart $^3$1983.

Novalis (*HKA III*): *Schriften*. Die Werke Friedrich von Hardenbergs. Hrsg. von Paul Kluckhohn und Richard Samuel, Dritter Band: Das Philosophische Werk II. Hrsg. von Richard Samuel in Zusammenarbeit mir Hans-Joachim Mähl und Gerhard Schulz, Stuttgart $^3$1983.

Ortner, Hanspeter (*Wortbildung*): »Neuere Literatur zur Wortbildung«, in: *Deutsche Sprache* 12 (1984) 141-158.

Pascal, Blaise (*R*): *Gedanken*. Nach der endgültigen Ausgabe übertragen von Wolfgang Rüttenauer, Birsfelden-Basel o.J.

Pascal, Blaise (*W*): *Gedanken*. Eine Auswahl. Übersetzt, herausgegeben und eingeleitet von Ewald Wasmuth, Stuttgart 1975 (= rub 1621).

Paul, Jean (*Vorschule*): »Vorschule der Ästhetik«, in: *Werke V*, München 1963, 7-514.

Pavese, Cesare: *Das Handwerk des Lebens*. Tagebuch 1935-1950 (= BS 394).

Peacock, Ronald: »Probleme des Musikalischen in der Sprache«, *Literatur und Musik*, 154-168.

Perelman, Chaim: *Das Reich der Rhetorik*. Rhetorik und Argumentation, München 1980.

Petri, Horst (*Parallelen*): »Form- und Strukturparallelen in Literatur und Musik«, in: *Literatur und Musik*, 221-242.

Petri, Horst (*Musikalische Form*): »Die musikalische Form in der Literatur«, in: *Sprache, Dichtung, Musik*. Texte zu ihrem gegenseitigen Verständnis von Richard Wagner bis Theodor W. Adorno. Mit einem Vorwort hrsg. von Jakob Knaus, Tübingen 1973 (= Deutsche Texte; 25).

Plessner, Helmuth (*Lachen*): »Lachen und Weinen. Eine Untersuchung der Grenzen menschlichen Verhaltens« (1941), in: ders., *Gesammelte Schriften*, Bd. VI, hrsg. von Günter Dux, Frankfurt am Main 1982, 201-387.

Polenz, Peter von (*Wortbildung*): »Wortbildung«, in: *Lexikon der Germanistischen Linguistik*, Bd. I, hrsg. von H. P. Althaus, Tübingen 1980, 169-180.

Preisendanz, Wolfgang: »Zur Poetik der deutschen Romantik I: Die Abkehr vom Grundsatz der Naturnachahmung«, in: *Die deutsche Romantik: Poetik, Formen und Motive*, hrsg. von Hans Steffen, Göttingen 1978, 54-74.

Rehm, Walther (*Experimentum*): *Experimentum medietatis*. Studien zur Geistes- und Literaturgeschichte des 19. Jahrhunderts, München 1947.

Ricœur, Paul: »Philosophieren nach Kierkegaard«, in: *Materialien zur Philosophie Søren Kierkegaards*, 579-596.

Rohrmoser, Günter (*Kierkegaard*): »Kierkegaard und das Problem der Subjektivität« (1966), in: H.-H. Schrey, *Kierkegaard*, 400-427.

Rutschky, Michael: *Erfahrungshunger*. Ein Essay über die siebziger Jahre, Frankfurt am Main 1982 (= Fischer TB 3830).

Scher, Steven Paul (*Literatur*): *Literatur und Musik*. Ein Handbuch zur Theorie und Praxis eines komparatistischen Grenzgebietes, Berlin 1984.

Schopenhauer, Arthur (*WWV*): *Die Welt als Wille und Vorstellung*, 2 Bde., o.O. o.J. [Stuttgart, Frankfurt am Main 1968] (= *Sämtliche Werke*. Textkritisch bearbeitet und herausgegeben von Wolfgang Freiherr von Löhneysen; 1 und 2).

Schopenhauer, Arthur (*SW*): *Sämtliche Werke*. Textkritisch bearbeitet und herausgegeben von Wolfgang Freiherr von Löhneysen, Darmstadt 1976ff., 5 Bde.

Schröer, Henning: *Die Denkform der Paradoxalität als theologisches Problem*. Eine Untersuchung zu Kierkegaard und der neueren Theologie als Beitrag zur theologischen Logik, Göttingen 1960.

Schultz, Uwe: *Immanuel Kant in Selbstzeugnissen und Bilddokumente*, Reinbek bei Hamburg 1977 (= rm 101).

Schultzky, Gerolf: *Die Wahrnehmung des Menschen bei Søren Kierkegaard*. Zur Wahrheitsproblematik der theologischen Anthropologie, Göttingen 1977 (= Studien zur Theologie und Geistesgeschichte des Neunzehnten Jahrhunderts; 28).

Schwarz, Monika: *Musikanaloge Idee und Struktur im französischen Theater*. Untersuchungen zu Jean Tardieu und Eugène Ionesco, München 1981 (= Theorie und Geschichte der Literatur und der Schönen Künste; 57).

Seibicke, Wilfried (*Wenn-Sätze*): »Wenn-Sätze«, in: *Muttersprache* 74 (1964) 260-271.

Settekorn, Wolfgang (*Konditionalsätze*): *Semantische Strukturen der Konditionalsätze. Linguistische und logische Untersuchungen*, Kronberg/Ts. 1974 (= Skripten Linguistik und Kommunikationswissenschaft; 4).

Steinmann, Jean: *Pascal*, Stuttgart [2]1962.

Stierle, Karlheinz (*Komik*): »Komik der Handlung, Komik der Sprachhandlung, Komik der Komödie«, in: *Das Komische*, 237-268.

Strohschneider-Kohrs, Ingrid (*Ironie*): *Die romantische Ironie in Theorie und Gestaltung*, Tübingen 1960.

Szondi, Peter (*Versuch*): »Versuch über das Tragische«, in: ders., *Schriften 1*, Frankfurt am Main 1978 (= stw 219), 149-260.

Theunissen, Michael (*Ernst*): *Der Begriff Ernst bei Sören Kierkegaard*, Freiburg München 1958.

Theunissen, Michael (*Menschenbild*): »Das Menschenbild in der *Krankheit zum Tode*«, in: *Materialien zur Philosophie Søren Kierkegaards*, 496-510.

Theunissen, Michael / Wilfried Greve (*Einleitung*): »Einleitung: Kierkegaards Werk und Wirkung«, in: *Materialien zur Philosophie Søren Kierkegaards*, 9-104.

Theunissen, Michael / Wilfried Greve (Hrsg.): *Materialien zur Philosophie Søren Kierkegaards.*

Tugendhat, Ernst (*Selbstbewußtsein*): *Selbstbewußtsein und Selbstbestimmung.* Sprachanalytische Interpretationen, Frankfurt am Main 1979.

Vaget, Hans Rudolf: »Thomas Mann und Wagner. Zur Funktion des Leitmotivs in ›Der Ring des Nibelungen‹ und ›Buddenbrooks‹«, in: *Literatur und Musik,* 326-347.

Voigt, Joachim: *Das Spiel im Spiel.* Versuch einer Formbestimmung an Beispielen aus dem deutschen, englischen und spanischen Drama [Ms. Diss. Phil.], Göttingen 1955.

Walser, Martin: *Selbstbewußtsein und Ironie.* Frankfurter Vorlesungen, Frankfurt am Main 1981 (= es 1090).

Watzlawick, Paul / Janet H. Beavin /Don D. Jackson: *Menschliche Kommunikation. Formen, Störungen, Paradoxien,* Bern u.a. 1990.

Weischedel, Wilhelm: *Die philosophische Hintertreppe.* 34 große Philosophen in Alltag und Denken, München [15]1987 (= dtv 1119).

Wilpert, Gero von: *Sachwörterbuch der Literatur,* Stuttgart [6]1979.

Wittgenstein, Ludwig (*PU*): *Philosophische Untersuchungen,* Frankfurt am Main 1971 (= stw 14).

Wittgenstein, Ludwig (*TLP*): *Tractatus logico-philosophicus.* Logisch-philosophische Abhandlung, Frankfurt am Main [10]1975 (= es 12).

Zimmermann, Jörg: »Wandlungen des philosophischen Musikbegriffs. Über den Gegensatz von mathematisch-harmonikaler und semantisch-ästhetischer Betrachtungsweise«, in: *Musik und Zahl,* 81-135.

# Register